青白江年鉴 2015

QINGBAIJIANG YEARBOOK

成都市青白江区地方志编纂委员会办公室　编纂

（总第12卷）

四川科学技术出版社

图书在版编目(CIP)数据

青白江年鉴. 2015 / 成都市青白江区地方志编纂委员会办公室编. -- 成都：四川科学技术出版社, 2016.4
ISBN 978-7-5364-8332-3

Ⅰ. ①青… Ⅱ. ①成… Ⅲ. ①区(城市)-成都市-2015-年鉴 Ⅳ. ①Z527.11

中国版本图书馆CIP 数据核字(2016)第 072597 号

青白江年鉴(2015)

出品人　钱丹凝
主　　编　成都市青白江区地方志编纂委员会办公室
责任编辑　张　蓉
责任出版　欧晓春
出版发行　四川科学技术出版社
成都市槐树街 2 号　邮政编码 610031
官方微博：http://e.weibo.com/sckjcbs
官方微信公众号：sckjcbs
传真：028-87734039
成品尺寸　210×285
印张 26　　字数 530 千
印　　刷　成都市新都华兴印务有限公司
版　　次　2016 年 4 月第一版
印　　次　2016 年 4 月第一次印刷
定　　价　230.00 元
ISBN 978-7-5364-8332-3

图

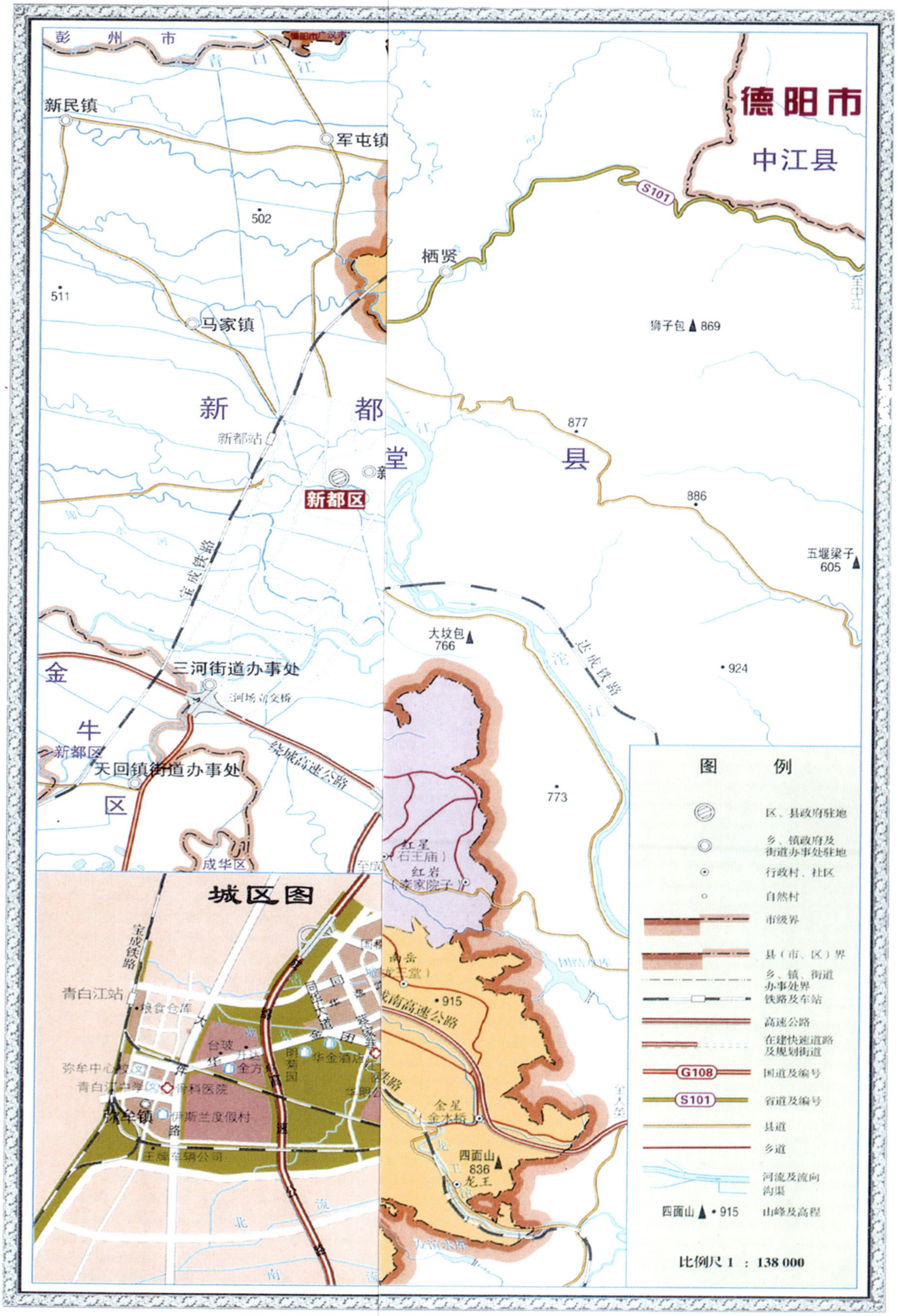

彭州市
青白江
新民镇
军屯镇
德阳市
中江县
S101
栖贤
502
511
马家镇
狮子包 869
新都
新都站
新都区
堂
县
877
886
五堰梁子 605
宝成铁路
大坟包 766
达成铁路
924
沱江
金牛区
三河街道办事处
三河场立交桥
天回镇街道办事处
绕城高速公路
773
成华区
城区图
青白江站
粮食仓库
弥牟中心校
青白江中学
弥牟镇
伊斯兰度假村
华金酒店
明菊园
成南高速公路
四面山 836
915
图例
区、县政府驻地
乡、镇政府及街道办事处驻地
行政村、社区
自然村
市级界
县（市、区）界
乡、镇、街道办事处界
铁路及车站
高速公路
在建快速道路及规划街道
G108 国道及编号
S101 省道及编号
县道
乡道
河流及流向
沟渠
四面山 • 915 山峰及高程
比例尺 1 ：138 000

领导关怀

2014 年 2 月 21 日，全国人大常委会副委员长陈昌智率队到区就节能减排工作调研巨石集团

2014 年 8 月 6 日，海关总署党组书记、署长于广洲率队考察成都铁路口岸运行情况

2014 年 8 月 6 日，海关总署党组书记、署长于广洲一行考察成都铁路口岸

2014 年 7 月 25 日，交通运输部党组成员、运输司司长刘小明率队到区调研“蓉欧快铁”运行情况

2014 年 10 月 14 日，海关总署党组成员、国家口岸管理办公室主任黄胜强到成都铁路口岸调研

2014 年 10 月 25 日，国家交通运输部党组成员、省政府副秘书长戴东昌到区西部铁路物流中心调研

2014年7月22日，副省长甘霖到区调研“蓉欧快铁”运行情况

2014年8月7日，省政协副主席、省工商联主席陈放一行到区考察经济社会发展情况

2014年9月2日，四川出入境检验检疫局局长孙颖杰、副局长邓明辉一行到区调研成都进口肉类指定口岸建设情况

2014 年 5 月 6 日，市委副书记、市长葛红林到区调研项目推进工作

2014 年 7 月 18 日，市委常委、常务副市长朱志宏一行到区调研构建新型农业经营体系建设工作

2014 年 9 月 12 日，副市长刘守成带队到区调研铁路物流枢纽建设情况

2014 年 8 月 5 日，市委任命刘筱柳同志任中共成都市青白江区区委书记

2014 年 9 月 26 日，市委任命傅学坤同志任区委委员、常委、副书记，提名任区人民政府区长

美丽青白江

生态青白江

凤凰湖湿地公园

凤凰湖湿地公园夜景

家珍公园

城厢镇新貌

2014 年 8 月 8 日，华逸中路公租房竣工交付

华逸中路公租房

人和乡三元村油桃基地

城厢镇十八湾村西部菌博园

福洪乡天府庄园

祥福镇西江村孔雀养殖基地

祥福镇爱民鲜花种植基地

城厢镇蔬菜园

开放合作

2014 年 3 月 4 日，区委书记廖仁松陪同丰益国际益海嘉里集团主席郭孔丰考察区粮食物流园区

2014 年 3 月 4 日，廖仁松、郭孔丰视察益海嘉里米面加工及物流项目现场

2014年8月26日，攀枝花市东区区委书记刘先伟、政协主席艾光临率东区区委员会代表团一行参观考察中国重汽成都王牌商用车有限公司。区长刘筱柳、区政协主席李光明陪同

2014年8月26日，攀枝花市东区区委书记刘先伟、政协主席艾光临率东区区委员会代表团一行参观考察台嘉成都玻纤有限公司

2014年8月26日，攀枝花市东区区委书记刘先伟、政协主席艾光临率东区区委员会代表团一行参观区博物馆

2014 年 11 月 22 日，区委书记刘筱柳在益海嘉里成都公司青白江项目部与丰益国际集团执行董事长郭孔丰座谈

2014 年 10 月 24 日，参加西博会的波兰外交部官员一行到西部铁路物流中心考察。区委副书记、代理区长傅学坤，区委副书记张丽陪同

2014 年 10 月 24 日，在西部铁路物流中心考察的波兰外交部官员，听取海关工作人员介绍成都铁路口岸进出口情况

2014 年 7 月 24 日，参加四川–欧亚经贸合作交流会的嘉宾考察万贯国际五金机电配送市场

2014 年 7 月 24 日，四川–欧亚经贸合作交流会在成都举行。会上，区委副书记张丽就西部铁路物流中心及"蓉欧快铁"进行了推介

2014 年 12 月 17 日，俄罗斯车里雅宾斯克州——四川成都青白江经贸洽谈会现场

2014 年 12 月 17 日，俄罗斯车里雅宾斯克州经贸代表团参观成都银犁冷藏物流中心

2014 年 12 月 17 日，俄罗斯车里雅宾斯克州经贸代表团一行，听取银犁冷藏物流中心情况介绍

2014 年 12 月 28 日，以“创新超越　价值”为主题的中国重汽集团成都王牌商用车有限公司 2015 年商务年会在成都隆重召开

2014 年 12 月 6 日，由中国石材协会主办，青白江区政府支持，建工精品石材园承办的全国石材行业年度盛会“第四届（2014）中国西部石材产业论坛”在青白江区举行

天马轴承–电轴承制造车间

重汽王牌车架组装现场

工业发展

重汽王牌总装车间

成都焊研威达科技股份有限公司生产现场

焊研威达自主研发的工业机器人

达海产业园

达海产业园仓储中心

达海产业园仓库

台玻成都玻璃有限公司镀膜玻璃生产线

台玻成都玻璃有限公司镀膜玻璃生产线

物 流 货 运

中铁联集成都中心站

成都铁路口岸

西部铁路物流中心集装箱装卸

2014 年 7 月 15 日,“中亚国际铁路货运列车”开行启动仪式现场

2014 年 7 月 15 日,首趟满载“成都造”货物的“中亚国际铁路货运列车”从成都铁路口岸出发

2014 年 10 月 25 日，丝路蓉欧 成功全球 2014 中欧班列"蓉欧快铁"暨成都铁路口岸推介会现场

成都银犁农产品冷链物流中心

绿色交通

青白江东站

成绵乐城际快铁

2014 年 2 月 7 日，区内第 8、9 路新公交线路开通

红阳路

成绵高速青白江入口

108 国道青白江段

文化生活

2014 年 5 月 13 日，2014·成都·青白江第三届青年文化艺术节暨“唱响主旋律·青春跟党走”青年歌手赛决赛

2014 年 5 月 16 日，青白江区“全国助残日”暨“橙丝带”志愿助残活动在城厢镇文化中心举行

2014 年 9 月 3 日，缘聚中秋青年人才联谊活动

2014 年 9 月 26 日，区首届全民健身运动会暨第四届运动会开幕式现场

太极表演

青春舞曲

2014 年 5 月 29 日，服务百姓中医义诊

2014 年 10 月 30 日，2014 成都青白江“三下乡”集中示范活动暨“最美家庭”故事分享活动表彰现场

2014 年 6 月 17 日，2013–2014 年度“龙王杯”全国钓鲫精英赛总决赛启动仪式

2014 年 2 月 13 日，第五届『春暖清泉』文艺汇演现场

祥福镇腾辉马术俱乐部

旅游休闲

2014 年 1 月 18 日，千名“老外游成都”之青白江活动

2014 年 2 月 28 日，青白江第七届杏花(果)生态旅游节在福洪乡杏花村开幕

2014 年 3 月 7 日，成都（青白江）第五届樱花旅游文化节开幕式

凤凰湖樱花盛开

福洪乡杏花村房车营地

杏花村沙杏亭

福洪乡杏果采摘

弥牟镇温家寨子

彭大将军塑像

彭大将军纪念堂

成都市青白江区地方志编纂委员会

顾　问　刘筱柳　张　丽　范　维

主　任　傅学坤

副主任　向　进　李永明　张　彬　吴　斌

成　员　廖平凡　杨明均　邓　刚　李　祥　张锡君

鲁　楠　熊　勇　贾夏申　刘　莉　任立新

徐　杨　曾雪梅　傅道荣　李维嘉　周大庆

张金干　鲁　涛　王祥辉　李跃兵　刘李俊

沈　伟　李　涛　李中志　谢　珂　吴　炜

《青白江年鉴》编辑部

主　　编　李维嘉

副 主 编　李　永

编写人员　黄先林　陈弟荣　李振宇　温贤军

编　　务　韦太琴　朱孟林

图片整理　李振宇　温贤军

编辑说明

一、青白江年鉴是由成都市青白江区人民政府主办，成都市青白江区地方志编纂委员会办公室组织编纂的地方历史文献，旨在全面客观地反映全区政治、经济和社会发展变化情况，保存重要区情信息。

二、《青白江年鉴(2015)》主体记述时间为2014年1月1日至2014年12月31日。部分内容考虑到信息的及时性、连续性与完整性，不受断限约定。

三、本年鉴采用分类条目体，以条目为记事单元。全书设有综述、特载、专文、大事记、中共青白江区委、青白江区人大、青白江区人民政府、政协青白江区委员会、民主党派、社会团体、政法军事、农业、工业、商贸旅游、财税金融、城乡建设管理、公用事业、教育科技事业、文化体育新闻出版、卫生事业、人口与社会保障、乡镇(街道)、人物、附录等一级篇目，采用述、记、志、传、图和表的形式编纂相关内容。

四、本年鉴所用的文字资料，均由区级各部门以及相关企事业单位负责人审核后提供，供稿人姓名统一在条目资料后署名。个人提供的图片予以署名，单位提供的图片未署名。

五、本年鉴采用青白江区统计局专业统计数据，所涉非专业统计数据均属各供稿单位审核提供。

六、本年鉴在编纂过程中，许多撰稿和编审人员付出了辛勤劳动，全区各级领导和社会各界人士给予了鼎力支持，在此表示衷心感谢。由于编辑水平有限，虽经多次修改、审核和校对，但仍不敢保证没有疏漏，诚请各级领导和广大读者批评指正。

成都市青白江区地方志编纂委员会办公室

《青白江年鉴(2015)》供稿单位

中共成都市青白江区委办公室

成都市青白江区人民代表大会常务委员会办公室

成都市青白江区人民政府办公室

政协成都市青白江区委员会办公室

中共成都市青白江区纪律检查委员会

(成都市青白江区监察局)

中共成都市青白江区委组织部

中共成都市青白江区委宣传部

中共成都市青白江区委统一战线工作部

中共成都市青白江区委政法委员会

中国人民解放军四川省成都市青白江区人民武装部

成都市青白江区人民法院

成都市青白江区人民检察院

中共成都市青白江区委成都市青白江区人民政府目标管理督查办公室

中共成都市青白江区委政策研究室

中共成都市青白江区委台湾事务侨务办公室

中共成都市青白江区委统筹城乡工作委员会

中共成都市青白江区直属机关工作委员会

中共成都市青白江区精神文明建设委员会办公室

中共成都市青白江区委机构编制委员会办公室

中共成都市青白江区委老干部局

中共成都市青白江区委党史研究室

中共成都市青白江区委党校

成都市青白江区总工会

成都市青白江区妇女联合会

共青团成都市青白江区委

成都市青白江区工商业联合会

成都市青白江区残疾人联合会

成都市青白江区红十字会

成都市青白江区科学技术局

(成都市青白江区科学技术协会)

成都市青白江区工业区管理委员会

成都市青白江区现代物流与商贸园区管理委员会

四川省(青白江)现代粮食物流加工产业园区管理委员会

成都市青白江区凤凰湖国际生态湿地旅游度假区管理委员会

成都市青白江区机关事务管理局

成都市青白江区人民政府政务服务中心

中共成都市青白江区委成都市青白江区人民政府信访和群众工作局

成都市青白江区发展和改革局

成都市青白江区教育局
成都市公安局青白江区分局
成都市青白江区民政局
成都市青白江区司法局
成都市青白江区财政局
成都市青白江区人民政府金融办公室
成都市青白江区人力资源和社会保障局
成都市青白江区安全生产监督管理局
成都市青白江区档案局(成都市青白江区档案馆)
成都市青白江区地方志编纂委员会办公室
成都市青白江区城乡建设局
成都市青白江区城乡规划管理局
成都市青白江区城乡环境综合管理局
成都市青白江区房产管理局
成都市青白江区交通局
成都市青白江区水务局
成都市青白江区农村发展局
成都市青白江区商务局
成都市青白江区文体广电新闻出版局
成都市青白江区新闻中心
成都市兴网传媒(青白江)网络有限责任公司
成都市青白江区卫生局
成都市青白江食品药品监督管理局
成都市青白江区人口和计划生育局
成都市青白江区审计局
成都市青白江区统计局
成都市青白江区国家税务局
成都市青白江区地方税务局
成都市青白江工商行政管理局
成都市青白江质量技术监督局
成都市青白江区国土资源局
成都市青白江区经济和信息化局
成都市青白江区环境保护局
成都市青白江区粮食局
成都市青白江区旅游发展局
成都市青白江区供销合作社联合社
四川省电力公司成都市青白江供电分公司
成都市青白江区邮政局
成都市青白江区烟草专卖局
成都市融禾现代农业发展有限公司
四川博能燃气股份有限公司
成都市青白江水业股份有限公司
四川省盐业总公司成都青白江支公司
中国电信股份有限公司成都市青白江区分公司
中国移动通讯集团四川有限公司青白江分公司
中国联合网络通信有限公司成都青白江分公司
中国工商银行股份有限公司成都青白江支行
中国农业银行股份有限公司成都青白江支行
中国农业发展银行成都青白江支行
中国建设银行青白江支行

中国银行股份有限公司成都青白江支行

交通银行成都青白江支行

中国邮政储蓄银行青白江支行

成都银行青白江支行

成都农商银行青白江支行

浙江民泰商业银行成都青白江支行

南充商业银行青白江支行

华夏银行青白江支行

中国人寿保险股份有限公司青白江支公司

中国人民财产保险股份有限公司青白江支公司

中国平安财产保险股份有限公司青白江支公司

锦泰保险青白江支公司

华西证券股份有限公司成都青白江营业部

国金证券股份有限公司成都青白江营业部

成都住房公积金管理中心青白江区管理部

大弯街道

红阳街道

弥牟镇

城厢镇

清泉镇

大同镇

祥福镇

姚渡镇

龙王镇

福洪镇

人和乡

目　录
CONTENTS

综　述
GENERAL DESCRIPTION

特　载
FEATURE

专　文
SPECIAL MANUSCRIPT

大事记
MEMORABILIA

中共青白江区委

THE CPC QINGBAIJIANG DISTRICT COMMITTEE,CHENGDU

青白江区人大
QINGBAIJIANG DISTRICT PEOPLE'S CONGRESS, CHENGDU

青白江区人民政府
QINGBAIJIANG DISTRICT PEOPLE'S GOVERNMENT, CHENGDU

政协青白江区委员会

THE CPPCC QINGBAIJIANG DISTRICT COMMITTEE, CHENGDU

民主党派
DEMOCRATIC PARTIES

社会团体
PUBLIC (MASS) ORGANIZAGION

林 业

Forestry

现代农业港

Modern Agricultural Port

融禾现代农业发展有限公司

Ronghe Modern Agricultural Development Co., Ltd

水 利

Irrigation Works

工 业

INDUSTRY

工业管理与服务

Industry Administration and Service

工业区

Industrial Park

产业代表企业简介

Industrial Representative Enterprise Profiles

商贸旅游

COMMERCE, TRADE & TOURISM

招商引资

Investment Attraction

城乡建设管理
URBAN & RURAL CONSTRUCTION AND ADMINISTRATION

公用事业
PUBLIC SERVICE

教育科技事业
EDUCATION, SCIENCE & TECHNOLOGY

文化体育新闻出版
CULTURE, SPORTS, MEDIA AND PUBLICATION

卫生事业
PUBLIC HEALTH

人口与社会保障
POPULATION & SOCIAL SECURITY

乡镇(街道)
TOWNS AND TOWNSHIPS (SUBDISTRICTS)

人 物
FIGURES

附 录
APPENDIX

索 引
INDEX

综 述

GENERAL DESCRIPTION

青白江区简况

【历史沿革】 青白江区境域原为四川省新都和金堂二县辖地。1956年,国家第一个五年计划重大项目之一的四川肥料厂(今川化集团有限责任公司)确定在金堂县华严乡(今成都市青白江区主城区)境内建设,中国共产党四川省委员会、四川省人民委员会决定设置四川省金堂工业区建设委员会。1957年,国家缩小基本建设规模,金堂工业区拟建的7个项目中,只保留四川肥料厂1个在建项目。同年7月,四川省人民委员会撤销金堂工业区建设委员会,四川肥料厂的建设改由中国共产党成都市委员会(以下简称中共成都市委)领导,地方行政管理工作主要由金堂县负责。

1958年,四川省小型氮肥示范厂(今玉龙化工有限责任公司)和成都钢铁厂(今攀钢集团成都钢铁责任有限公司)相继破土动工,职工和家属人数猛增,职工生活、市政管理等问题都急需解决。四川肥料厂现场党组多次向中共四川省委和中共成都市委汇报,提出建立地方政权组织的意见。

1959年1月,中共成都市委就扩大成都市区的问题向中共四川省委提出建议,将新都、金堂等县部分乡镇划归成都市管辖。同年11月,中共四川省委批复同意。

1960年1月,成都市青白江区筹备组在四川肥料厂招待所召集金堂县、新都县、四川肥料厂、成都钢铁厂负责人参加工作交接会,宣布成都市青白江区成立。同年7月,省人委批准成都市青白江区行政区划,辖弥牟、华严、大同3个公社。1981年1月,根据四川省人民政府通知,金堂县城厢区和太平区划入成都市青白江区,全区新增城厢镇及玉虹、绣水、祥福、姚渡、日新、龙王、太平、福洪、合兴、人和、云顶11个公社。1984年改革人民公社管理体制,恢复乡(镇)村建制。2005年5月10日,经省政府批准,龙王镇新谊、双柏、黄果、园林、石桩、长林6个村和一个社区居民委员会划归成都市新都区石板滩镇管辖。至2014年末,全区面积378.94平方千米。

【行政区划与人口】 1960年1月,成都市青白江区因国家重点工业建设需要而设置。1981年和2005年经过两次行政区划调整,至2014年末,全区面积378.94平方千米;辖大弯、红阳2个街道办事处,弥牟、大同、城厢、清泉、祥福、姚渡、龙王、福洪8个镇,人和1个乡;123个行政村(社区)。2014年末,常住人口39.55万人,户籍户数18.07万户、户籍人口41.67万人(其中农业人口26.44万人。)人口出生率7.98‰,人口自然增长率1.23‰,人口密度1 044人/平方千米。

【位置面积】 青白江区地处成都市东北部,东连金堂县,南邻龙泉驿区,西接新都区,北与广汉市接壤。区域地理位置介于东经104°9′37″—104°29′31″、北纬30°39′33″—30°55′0″之间,全区东西横距31.6公里,南北纵距28.4公里,总面积378.94平方千米。

【城区演变】 1998年以前,成都市青白江区人民政府所在地大弯镇为城区。1998年8月,大弯镇和华严乡合并调整行政区划,分设大弯镇、华严镇。城区一分为二,大致以青江南、北路为界,大弯镇居东,华严镇居西。2004年5月,撤销大弯镇,设立大弯街道办事处;撤销华严镇,变更名称设立红阳街道办事处,主城区位于大弯和红阳街道办事处境内,面积17.36平方千米。随着工业集中发展区建设,城区逐步向东南扩展,2014年,主城区面积38.06平方千米。

【地形地貌】 青白江区总地势为东南高,西北低,平原地区则北西高,东南低。区境兼有平原、丘陵、低山三种地形。西北部为平原,海拔451~480米,最低点在城厢镇玉虹桥,海拔451米。中部为丘陵,海拔480—700米。东南部为龙泉山低山区,海拔546~915米,最高点在人和乡高土地(人和乡险峰村)。全区分为冲、洪积平坝区、冲洪积构造剥蚀丘陵区和构造剥蚀低山区三种地貌。

【气候特点】 青白江区属内陆亚热带湿润季风气候,四季分明,雨量充沛,日照偏少,无霜期长。2014年平均气温17.2℃;最热月份为7月,月平均气温26.5℃;

最热天出现在7月23日，最高温度35.5℃；最冷月份为12月，月平均7.4℃；最冷出现在12月19日，最低温度-1℃；无霜期324天，年降水量864毫米，年平均湿度74%；年总日照数890.5小时、日照率20%；全年的平均气温大于0℃的总积温6 241.5℃。由于地形差异，伴有季节性突变，平原、丘陵、低山在温度、日照、降水等方面都有差异。

【水资源】 区境内河流属都江堰水系内江系统，分都江堰水系、排洪河流和山溪河流。青白江、毗河属都江堰水系两条干流，排洪河流主要分布在区境西北平原地区，以排洪为主，兼有灌溉功能，分布在低山和丘陵区的山溪河流，均为沱江次级小支流，低山区石板河积雨面积最大，丘陵区西江河积雨面积最大。青白江区多年平均地表水资源量1.07亿立方米，多年平均径流深273毫米，入境水资源量5.36亿立方米，多年平均地下水资源量1.31亿立方米，地下水与地表水资源重复计算量1.07亿立方米，全区本地水资源总量1.31亿立方米。人均水资源量332.99立方米，单位面积水资源量每平方千米99.66万立方米，单位耕地水资源量每亩542.68立方米，当地水资源贫乏，区境供水主要由都江堰供给。

【土地资源】 2014年末，全区土地总面积37 894.06公顷，其中耕地19 189.7公顷，占50.64%，园地1 293.5公顷，占3.41%，林地3 497.88公顷，占9.23%，草地33.65公顷，占0.09%，城镇村及工矿用地8 891.05公顷，占23.46%；交通用地1 896.5公顷，占5.01%，水域及水利设施用地1 831.16公顷，占4.83%，其他土地1 260.62公顷，占3.33%。

【矿产资源】 青白江区地处成都平原东部边缘，面积378.94平方千米，龙泉山脉由北向南贯穿区内东南部，境内形成山、丘、坝三种地貌。矿产资源主要分布在山区和浅丘地带，主要矿种有天然气、页岩、砂岩、黏土、砂砾石等，其中天然气、页岩和砂岩资源较为丰富，远近闻名的砂岩矿开发利用已有半个多世纪历史。2014年，全区有证矿山企业5家，其中页岩砖厂4家，砂岩开采矿企业1家。

【林业资源】 2014年，全区森林面积1.48万公顷，森林覆盖率达38.98%。全区主要植物品种300多个。其中，森林植物栽培品种130余个，主要树种有柏木、水杉、银杏、栎类（青冈）、桤木、枫杨、喜树、刺槐、梧桐、榕树、香樟、桉树、构树等树种，及少量的国家重点保护的珍稀濒危植物红豆树等。观赏植物主要有苏铁、银杏、雪松、落叶松、黄桷兰、垂丝海棠、贴梗海棠、龙爪槐、刺桐、腊梅、小叶榕、黄葛树、茶花、冬青、女贞、桂花、茉莉花等木本植物品种，以及以兰花、菊花为代表的多种草本植物。经济林主要栽植柑桔类、桃、李、杏、樱桃、草莓、梨、苹果、枇杷、葡萄、核桃、枣树、柿树、花椒、玫瑰、油桐、乌柏、棕榈等品种。

全区有野生动物42种，涉及15目23科。哺乳类动物有毛狗、果子狸、野兔等7个品种；爬行动物有菜花蛇、青竹标蛇、乌膘蛇、水蛇等；两栖类动物有青蛙、蛤蟆等；鸟类动物有苍鹰、秧鸡、杜鹃、画眉、喜鹊、麻雀、布谷鸟等23种。

【旅游资源】 青白江区旅游资源有人文旅游、生态旅游等资源。人文旅游有建筑面积5 417平方米、展厅面积3 797平方米的青白江博物馆；历史文化名镇城厢镇；保留了清代建筑结构和风格的绣川书院（原名金堂书院）；成都市人民政府公布为市级文物保护单位的蜀汉旱八阵图遗址；建于清雍正二年（1724年）的伊斯兰教民宗教活动场所弥牟清真寺；有寿佛寺（原名寿佛宫）、灵官庙（今三清观）、觉皇殿、文庙、武庙、家珍公园等。生态旅游有兼具中国园林自然山水景观及西式园林风貌的怡湖公园；举办过五届成都（青白江）樱花文化节的凤凰湖国际生态湿地旅游度假区；区桃花诗会举办地清泉花园沟、姚渡龙门桃花山；福洪杏花村、人和山地运动休闲旅游等。

2014年国民经济和社会发展统计公报

2014年，全区人民在区委、区政府的坚强领导下，认真贯彻党中央国务院稳增长促改革调结构惠民生重大决策部署，全面实施省委“三大发展”战略和市委“五大兴市战略”，主动适应经济发展新常态，有效应对经济下行压力，有力推动全区经济社会继续保持平稳较快发展，连续六年成为四川省县域经济综合评价十强县。

一、综合

全区实现地区生产总值(GDP)326.54亿元，按可比价格计算，比上年增长8.5%。其中，第一产业增加值13.72亿元，增长2.6%；第二产业增加值241.87亿元，增长8.8%；第三产业增加值70.95亿元，增长8.4%。按常住人口计算，人均地区生产总值82 690元，增长8.2%。

一、二、三产业的比例关系为4.2∶74.1∶21.7。第一产业对经济增长的贡献率为1.2%，第二产业贡献率为79.2%，第三产业贡献率为19.6%。

全区非公有制经济实现增加值150.76亿元，比上年增长11.5%，占GDP的比重为46.2%，对经济增长的贡献率为58.2%。其中，第一产业增加值2.76亿元，下降0.7%；第二产业增加值102.34亿元，增长9.8%；第三产业增加值45.66亿元，增长16.3%。

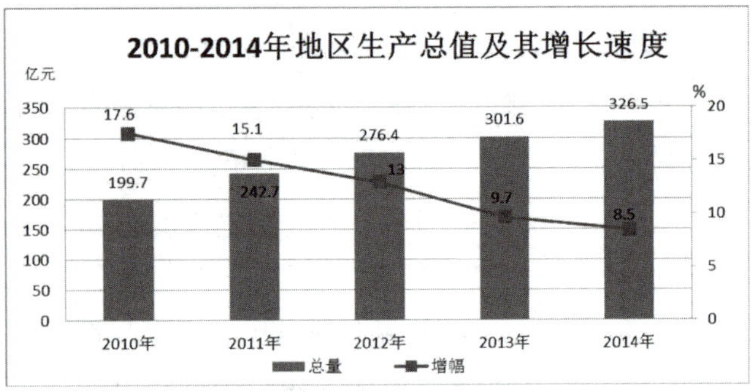

年末全区社会从业人员24.38万人。其中，第一产业5.51万人；第二产业9.1万人；第三产业9.77万人。

二、农业

全区实现农林牧渔业总产值22.56亿元，比上年增长1.2%。其中农业13.77亿元，牧业6.89亿元。

年末实有耕地面积20.46万亩，比上年减少0.51万亩。全年农作物播种面积48.49万亩，比上年减少2.06万亩。其中粮食播种面积29.88万亩，比上年减少2.31万亩。粮食总产量11.04万吨，比上年下降4.2%；油料总产量1.3万吨，比上年增长2.9%；肉类总产量1.57万吨，比上年下降1.3%。

年末农业机械总动力14.56万千瓦，比上年增长6.9%。

表1　主要农副产品产量

产品名称	计量单位	产量	比上年±%
粮食	万吨	11.04	–4.2
油料	万吨	1.3	–2.9
肉类	万吨	1.57	–1.3
牛奶	万吨	0.30	–1.2
禽蛋	万吨	0.59	–2.3
蔬菜	万吨	19.18	0.8
水果	万吨	2.02	6
水产品	万吨	0.31	0
生猪	万头	20.80	–4.7

三、工业和建筑业

全年实现工业增加值226.61亿元，比上年增长9.5%，对经济增长的贡献率达79.4%。规模以上工业增加值增长11.5%。规模以上工业企业实现工业总产值501.75亿元，比上年增长7.6%，实现主营业务收入441.59亿元，增长8.6%；实现利税总额2.01亿元，增长484.1%；实现利润总额–7.69亿元，减亏3.9%。规模以上工业企业产品产销率94%。

表2　规模以上工业企业主要产品产量

产品名称	计量单位	产量	比上年±%
化肥(折纯量)	万吨	24.02	–41.0
#尿素	万吨	11.22	–59.2
化学纤维	万吨	7.25	89.4
机制纸及纸板	万吨	0.26	–22.6
钢　材	万吨	240.72	–5.5
#无缝钢管	万吨	100.05	–14.5
合成洗涤剂	万吨	20.06	0.1
载货汽车	万辆	3.82	8.6
滚动轴承	万套	135.19	36.4
玻璃纤维纱	万吨	16.86	44.9
平板玻璃	万吨	52.51	–0.1
水　泥	万吨	56.59	–7.3

全年建筑业实现增加值 15.27 亿元，比上年下降 0.4%。建筑业企业完成总产值 77.46 亿元，比上年增长 2.6%；竣工产值 25.26 亿元，下降 14.7%；房屋施工面积 212.48 万平方米，增长 2.4%。

四、固定资产投资

全年固定资产投资完成 288.5 亿元，比上年增长 8.1%。民间投资完成 202.01 亿元，增长 22.5%。全年新增固定资产 122.09 亿元，下降 13.2%。分产业看，第一产业完成投资 2.4 亿元，下降 35%；第二产业完成投资 110.9 亿元，增长 8.6%；第三产业完成投资 175.2 亿元，增长 8.8%。

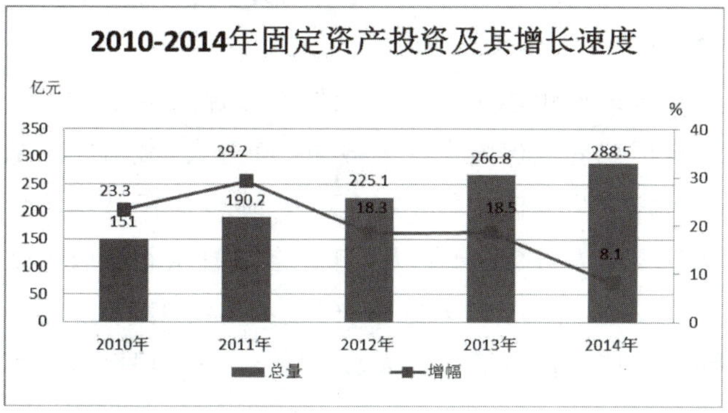

全年完成房地产开发投资（按项目地）29.84 亿元，比上年下降 7%。全年商品房销售面积 66.29 万平方米，比上年下降 5.9%；商品房销售额 31.2 亿元，比上年增长 5.1%。

五、国内外贸易

实现社会消费品零售总额 57.66 亿元，比上年增长 11.1%。分行业看，批发业零售额 3.1 亿元，增长 9.6 %；零售业零售额 40.2 亿元，增长 12.2%；住宿业零售额 1 亿元，增长 8.2%；餐饮业零售额 13.4 亿元，增长 8.4%。分地域看，城镇零售额 53.92 亿元，增长 10.7%；乡村零售额 3.74 亿元，增长 15.6%。限额以上单位商品零售额中，粮油、食品、饮料、烟酒类下降 11.8%，服装、鞋帽、针纺织品类下降 53.1%，日用品类增长 7.5%，中西药品类增长 11.6%，石油及制品类增长 11.1%。

全年进出口总额 59 650 万美元，其中：进口总额 19 130 万美元，出口总额（包括转口贸易）40 520 万美元，实际利用外资 27 188 万美元，引进到位内资 162.95 亿元。

六、交通、邮电和旅游

年末公路总里程 885 公里，其中高等级公路100 公里。全年公路客运周转量 117 003 万人千米，比上年增长 11.5%；公路货运周转量 93 197 万吨千米，比上年增长 14.3%。

全年完成邮电主营业务收入 36 834 万元，比上年增长 6.9%。

全年接待游客 680.41 万人次，比上年增长 13.3%；旅游收入 64 374 万元，比上年增长 16.1%。年末星级饭店 1 家。

七、财政、金融

全年实现财政总收入 58.36 亿元，比上年下降 3.5%；地方财政收入 44.31 亿元，下降 2%；地方公共财政收入 20.42 亿元，增长 12.5%。地方税收收入 13.49 亿元，增长 9%。其中，增值税 2.36 亿元，增长 48.5%；营业税 3.18 亿元，下降 13.6%；城市维护建设税 1.11 亿元，增长 6.9%；个人所得税 0.3 亿元，增长 9.3%。

全年财政支出 54.54 亿元，比上年增长 3.1%；地方公共财政支出 29.91 亿元，增长 20.9%。其中：社会保障和就业支出增长 26.9%，医疗卫生支出增长 41.4%，科学技术支出增长 24.6%，教育支出增长 5.8%，农林水事务支出增长 54.1%。

年末全部金融机构各项存款余额 261.68 亿元，比上年末增长 9.3%。其中，单位存款余额 86.23 亿元，下降 3.3%。全部金融机构各项贷款余额 154.58 亿元，比上年增长 4.6%。其中，中长期贷款 89.84 亿元，增长 10.5%。

八、科学技术和教育

全年组织实施省、市重大科技项目 5 项，其中，省级 1 项，市级 4 项。全年科技项目投入区级财政资金 43.85 万元。新认定高新技术企业 4 家，高新技术企业总数达到 21 家。全年完成专利申请总量 709 件，其中发明专利 129 件，企业专利 478 件。专利授权 355 件，其中发明 44 件，实用新型 250 件，外观设计 61 件。

年末全区有普通小学校 10 所，在校学生 20082 人，专任教师 1091 人；普通中学校 15 所，在校学生 19847 人，专任教师 1637 人；中等职业学校 4 所，在校学生 5464 人，专任教师 231 人；幼儿园 61 所，在园幼儿数 10679 人，教师 671 人。学龄儿童入学率 100%，初中升学率 96.4%，高中升学率 99.6%，3—5 岁幼儿入园率达 98.3%。

九、文化、卫生和体育

年末有卫生机构 34 个，其中医院、卫生院 24 个，疾病预防控制中心 1 个，妇幼保健院 1 个。各类卫生机构床位数 2 547 张，卫生技术人员 2 311 人，其中执业（助理）医师 747 人，注册护士 822 人。

年末全区有博物馆 1 个，体育场馆 2 个，公共图书馆 1 个，馆藏图书 11.63 万册。年末全区拥有电视台 1 座。光纤电视用户 135 051 户。

十、城市建设、环境保护和安全生产

年末城区面积 38.06 平方千米。

年末全区公交线路长度 322 公里；公共汽车营运车辆 137 辆，出租汽车 112 辆。全年公交客运量 1 151.2 万人次。自来水供水总量达 3 281 万立方米。

全年空气质量优良率（AQI 指数≤100 的天数）51.5%。城区区域环境噪声昼间平均等效声级 52.9 分贝，城区交通干线噪声昼间平均等效声级 67 分贝，功能区噪声昼夜等效声级 56.6 分贝。全区污水处理厂数 9 座，城镇生活污水处理率 95%，集中式饮用水水源地水质达标率 100%。垃圾收集房（不含露天垃圾场）1 299 个。

十一、人民生活和社会保障

年末全区户籍人口 41.67 万人，比上年增加 1 866 人。出生率 7.98‰，死亡率 6‰，机械增长率 2.5‰。年末常住人口 39.55 万人。城镇化率 50.52%。

城镇居民人均可支配收入 31 478 元，比上年增长 9.5%；农民人均纯收入 13 551 元，比上年增长 12.5%。

年末城镇职工基本养老保险参保人数 13 万人，城乡居民养老保险参保人数 16.69 万人，城镇职工基本医疗保险参保人数 15.26 万人，城乡居民基本医疗保险参保人数 24.64 万人。年末各种社会福利收养性单位 9 个，床位数 1 608 张，现收养人数 974 人。年末城镇居民最低生活保障人数 697 人，农村居民最低生活保障人数 4 327 人。

（注：1、本公报为初步统计数据，正式数据以《青白江统计年鉴(2015)》为准。2、地区生产总值、各行业总产值、增加值的绝对数按当年价格计算，增长速度按可比价格计算。）

（供稿人：黄　韵）

特　载

FEATURE

区委工作报告

站在新起点　适应新常态　谱写“五区”建设转型升级发展新篇章

——2015年1月10日在中国共产党成都市青白江区第十届代表大会第二次会议上

区委书记　刘筱柳

各位代表，同志们：

现在，我代表中共成都市青白江区第十届委员会向大会作报告，请予审议。

中共成都市青白江区第十届代表大会第二次会议，是我区实行区党代表大会常任制后的第一次年会，是在开创“五区”发展新局面的关键时刻召开的一次重要会议。这次大会的主要任务是，认真学习贯彻习近平总书记系列重要讲话精神，全面贯彻落实党的十八大，十八届三中、四中全会，省委十届四次、五次全会和市委十二届三次、四次全会精神，以及中央和省委、市委经济工作会议精神，总结2014年主要工作，研究部署2015年主要任务，全力推进“五区”建设，推动转型升级发展，加快富裕文明和谐幸福青白江建设步伐！

2014年的主要工作

2014年是全面深化改革的开局之年。一年来，面对复杂局面和多重挑战，区委坚决贯彻落实中央和省委、市委决策部署，团结带领全区人民，着力抓改革促转型、抓发展惠民生、抓队伍改作风，保持工作的连续性、稳定性和创新性，推动了全区经济社会持续健康发展。预计全年地区生产总值增长8.7%；地方公共财政收入增长12.5%；完成固定资产投资288亿元；社会消费品零售总额增长11.5%；城镇居民人均可支配收入增长9.5%；农民人均纯收入增长12%；连续六年跻身四川省县域经济综合实力“十强县”，连续两年入列“中国市辖区综合实力百强区”，被授予“国家生态区”称号。

（一）教育实践活动成效明显

一年来，我们紧紧围绕为民务实清廉主题，扎实开展教育实践活动，较真碰硬、严督实导、重点突出，收到明显成效。

理想信念和党性修养得到明显提高。全区党员干部积极主动融入到教育实践活动中，对照“四面镜子”，广泛开展“我是谁、为了谁、依靠谁”等专题讨论，以整风精神召开专题民主生活会和组织生活会，认真对照检查，真正做到了剖析问题刺刀见红，开展批评辣味十足。广大党员干部经历了一次十分严格的党内政治生活锻炼，达到了思想上“补钙”、作风上“洗尘”的目的。

“四风”突出问题得到有力整治。聚焦“四风”认真开展大排查、大检修、大扫除，开展“9+2+1”专项整治，重拳出击执行不力、侵害群众切身利益等突出问题。活动开展以来，已累计整改“四风”问题2 426个，立案查处涉及“四风”问题案件23件、处分26人，全区党员干部作风进一步转变。

权力运行和从政行为得到有效规范。坚持破立并举，注重建章立制，用制度来保障作风建设的系统性、长效性。制定规范公务接待等制度763项，废止制度150项，修订完善制度970项，构建起了“1+6+N”的制度体系，按规矩办事意识显著增强。

群众关心关注的实际问题得到切实解决。坚持走基层、解难题，践行“三视三问”群众工作法，开门开放广征意见，收集民生诉求3.5万余条，专项整治就业社保、安置房建设等16类热点问题，整改落实联系服务群众不作为、乱作为等12类突出问题，建账7 045个、销账6 774个，切实兑现了对老百姓的承诺，党群干群关系进一步密切。

（二）产业转型发展取得突破

一年来，我们按照市委“加快转型升级”要求，积极转变发展方式，优化经济结构，全区经济运行呈现稳中向好态势。

工业结构持续优化。紧抓列入全国全省老工业区搬迁改造机遇，优化冶金、化工产业结构，积极推动川化、攀成钢淘汰落后产能。商用车制造、成套装备制造、新材料等重点支柱产业持续发展，建筑工业化产业开始起步，重汽王牌012、台嘉玻纤、江河幕墙等一批重点项目相继建成投产。工业园区成功获批国家循环经济试点园区、四川省重点培育外向型产业园区。预计全年完成工业投资110亿元，工业总产值达600亿元，实现规上工业增加值增长11.5%。

物流商贸业加速崛起。进一步优化物商园区空间布局和产业结构，"两站两园三集聚区"规划日益明晰。面向业态领先、链条集成的综合性物流企业拓展招商工作，与全国物流行业10余家领先企业达成投资意向。大西南生旌等重点项目建成投运，万贯等项目加快建设，大型综合商品市场集群正在成形。物商园区获评"2014中国物流园区50强"，成都粮油储备（物流）中心成功入选第一批全国粮食现代物流建设示范单位。预计全年服务业营业收入500亿元，实现服务业增加值增长9%。

现代农业稳步发展。紧抓成都获批全国第二批农村改革试验区机遇，加快培育现代新型农业经营主体，农业龙头企业、农民合作社、家庭农场等不断壮大，发展农产品精深加工业和休闲观光农业，加快建设现代农业港、特色食用菌园区等加工产业园。全区涉及粮食规模经营、幸福美丽新村建设等113个农业项目，预计全年完成投资20.38亿元，实现农业增加值增长1.4%。

（三）改革创新取得阶段成效

一年来，我们整体谋划推动改革，积极创新体制机制，以实际行动促进改革落地见效，并取得了阶段性成效。

全面深化改革开局良好。制定出台全面深化改革实施意见和分工方案，从13大类49个关键环节入手，制定出深化改革的任务书、路线图、时间表。政府机构、工商登记制度、公立医院综合改革和农村集体土地三权分置等重点改革事项全面启动。老工业基地调整改造、公共租赁住房及廉租住房并轨运行等中央、省、市部署的改革试点稳步推进。探索养老机构市场化改革等多个典型做法成为省市亮点。

对外开放合作深入推进。"蓉欧快铁""中亚列车"稳定运行，全年发送3 942标箱，货值达5亿美元。成都铁路集装箱中心站累计实现吞吐量174万标箱，在全国18个中心站中位列第一。成都铁路口岸成功获批国家对外开放口岸和肉类进境指定口岸，保税物流中心（B型）已上报海关总署待批。不断深化与沿海沿江沿边城市的合作机制，至泸州的铁水联运班列开通。预计全年实际到位省外内资160亿元，实际利用外资2.56亿美元，实现外贸进出口总额5.71亿美元。

科技创新机制作用突显。国家知识产权强县工程试点区建设扎实推进，获批国家战略性新兴产业（高性能纤维材料产业）知识产权集群管理试点。拓展校、院、地合作创新和科研成果转化，与高校合作建设的市场营销研究院、物流产业研究院开始运行。全年专利申请达680件，增长25%；新增国家高新技术企业4家、省级创新型企业3家，知识产权试点示范企业6家，各类研发平台5个。

（四）城乡统筹持续纵深推进

一年来，我们围绕市委"四态合一"创新理念，找准经济社会发展与环境保护的平衡点，城乡一体化迈出坚实步伐。

基础配套设施不断完善。突出交通先行，以成绵乐客专等省市重点交通项目为牵引，区综合客运枢纽站、青白江大道北延线等路网建设加快推进。完成公交体系整合，开行惠民公交线路达到20条，基本实现公交体系全域覆盖。第二污水处理厂及配套主管网建成投运。前进、红阳、桂通三座110KV变电站建成投运，有效解决我区的用电问题，城市综合承载能力进一步提升。

新型城镇化进程加快。完成区域总体规划、新青卫星城总体规划等编制工作，初步构建起"一轴、两带、三大板块、四级中心"的区域城乡战略空间结构和"1+2+5+21+N"的区域新型城镇体系。12个新农村综合体和11个幸福美丽新村建设取得明显进展。小城市和特色示范乡镇建设集成推进，清泉镇成功入选全省"百镇试点"乡镇和全市10个小城市，城厢镇、祥福镇获批全国重点镇，福洪撤乡建镇。户籍、土地、社保、住房等配套政策不断完善，农村转移人口不断融入城市生产和生活。

生态环境日趋优化。健全大气污染联防联控协作机制，大力开展主要污染物总量减排工作，设立乡镇（街道）、产业园区环保机构，专项整治295家排污单位和17条黑臭河渠。大力提升生态人居环境，完成主城区107个老旧院落改造，实施城乡环境“盲点死角”整治600余处，启动凤凰湖生态湿地和怡湖公园整治提升工程。城厢镇玉龙村等3个村成功申报省级“美丽乡村”，姚渡镇光明村等5个村试点市级“百村容貌”整治。

（五）民生保障更加有力有效

一年来，我们把民生幸福作为党委、政府的执政追求，多谋民生之利，多解民生之忧，人民群众切身利益得到更大维护。

社会保障扩面提质。突出抓好就业工作，全年城镇新增就业4 217人，农村富余劳动力新增转移就业5 603人，特别是针对川化、攀成钢钒转型分流的职工群体，加大再就业工作力度。全区养老保险参保30.06万人，基本医疗保险参保39.83万人。在全市率先优化低保办理流程，累计保障困难群众6.53万人次，扶弱解困力度继续加大。公建民营养老机构红阳颐养居建成投运，新建17家养老日间照料中心。建成新型社区40.88万平方米，安置房80万平方米；1 099套保障性住房竣工验收；完成地质灾害避让搬迁、棚户区和农村危房改造644户。

社会事业协调发展。教育“三化”进程继续加快，优质教育资源覆盖面不断扩大，完成清泉学校学生宿舍楼工程等项目15个，新增等级幼儿园5所、公益性幼儿园8所。完成区中医医院川化病区改造，区疾控中心业务楼竣工，区医疗中心二期等项目加快推进，成功创建国家慢性病综合防控示范区、四川省结核病综合防治示范区。取消区级公立医院药品加成，累计为群众减负1 778.6万元。以培育和践行社会主义核心价值观为重点深入开展文明创建活动，成功举办全民健身运动会暨第四届区运会，开展“艺术周末·快乐人生”“百村文体系列活动”1 000余场次。

社会秩序和谐稳定。大力开展“平安青白江”建设，加强社会治安综合治理，健全立体式治安防控体系，开展食品药品“亮剑行动”和安全生产等专项整治行动，社会治安形势总体向好。区应急联动指挥中心加快建设，大同镇凤祥社区成为全国和谐社区建设示范单位。扎实推进社会稳定风险评估全覆盖，推进源头预防和“阳光信访”，化解信访突出问题56个，全区信访总量持续下降。

（六）依法治区工作全面铺开

一年来，我们将依法治区摆在全局突出位置，坚持以法治思维和法治方式解决矛盾和问题，“法治青白江”建设不断加强。

法治城市建设进展顺利。大力弘扬法治精神，采用以案说法等群众喜闻乐见的方式开展法治宣传，在全市率先创办具有独立域名普法网站，举办“百场法治故事进乡村”系列活动，推进“三级联创”和诚信守法企业等示范创建活动，全市推进“法律七进”工作现场会在我区召开，荣获全国“六五”普法中期先进区。

法治政府建设日趋完善。坚持建设法治政府，进一步规范了权力运行机制，清理行政审批服务事项23项，对保留的663项行政审批服务事项和5105项区级行政权力规范流程和优化服务；进一步健全了依法决策机制，法律顾问充分参与政府决策，重大行政决策全部依法依规公开；进一步完善了行政执法体制，积极开展分领域联合执法工作机制等探索，行政执法更加规范。进一步完善公共资源集中交易机制，规范国有资产资源管理。

法治社会建设不断加快。大力推行网格化管理，强化全区387个网格管理服务，初步建立起横向到边、纵向到底、覆盖全域的社会治理网；积极推进“大调解”平台建设，建成基层调解平台和专业性调解组织等44个，人民调解、司法调解、行政调解“三调联动”格局初步形成；在全市率先建立乡村法律顾问与法律服务志愿者相结合的运行机制，实现了“一村一顾问”，指导完善村规民约、居民公约，推进依法治村和依法治理社区。

（七）党的建设全面持续加强

一年来，我们把管党治党管到位、严到分、紧到点，夯实执政基础，党的建设科学化水平得到进一步提升。

区委领导核心作用充分发挥。充分发挥全委会总揽全局、协调各方的作用，加强对区人大、区政府、区政协和法检“两院”的领导，支持其依法依规履职，协调一致开展工作。民族宗教、台侨、双拥等工作取得新成绩，工会、共青团、妇联、残联等人民团体和社会组织工作不断创新，作用得到充分发挥，进一步形成了团结干事的生动局面。

干部队伍建设切实加强。深化干部人事制度改革，坚持“三重”导向，落实“好干部”标准，着力打造一支实干型的高素质干部队伍。试行区管副职领导干部拟提拔使用人选非定向推荐；完善领导班子和领导干部政绩考评体系；建立干部特征信息库，试点探索领导班子结构模型管理；全面推行干部选拔任用工作记实制；建立以“解难题、办实事、排民忧”为主题的“一把手”主题承诺活动长效机制。实施优秀年轻干部人才递进培养计划。

基层党组织建设不断发展。稳步推进区党代会常任制，深化乡镇党代会常任制工作，扎实做好乡镇(街道)党(工)委书记抓党建工作述职评议考核试点工作。深入实施“集中建党行动”，动态保持非公有制企业党组织覆盖率70%以上、社会组织党组织覆盖率60%以上。以“五个得到”为目标，区委常委、党员副区长全员联系指导，有效整顿转化35个软弱涣散基层党组织。完善党员发展和管理制度，建立了不合格党员退出机制。强化基层带头人队伍建设，基层党组织书记累计培训1 100余人次，公开遴选村(社区)主要负责人后备人选30名。

党风廉政建设扎实推进。认真落实“两个责任”要求，区委、区政府班子成员带队宣讲督导，带头“签字背书”，认真开展约谈，做实述责述廉，全区上下全面跟进、层层落实。在全市率先探索深化廉政风险防控工作，制定涉及“三重一大”决策的13项权力运行流程图，切实解决一些单位权力底数模糊不清的问题。完善反腐败协调机制，坚决惩治腐败。共计立案查处违纪案件105件，给予党纪政纪处分111人，其中副处级以上领导干部5人。

各位代表，同志们，过去一年的成绩来之不易，这是市委正确领导和关心支持的结果，是全区党员干部群众解放思想、苦干实干的结果，是社会各界鼎力支持、共同奋斗的结果。成绩值得珍惜，但我们也必须清醒地认识到，我区还存在新兴产业支撑不足、传统产业结构调整压力增大、服务民生综合实力不强、要素瓶颈依然突出、干部队伍能力还有所欠缺等问题，我们将在今后工作中采取有力的措施加以改进。

2015年的主要目标和工作任务

2015年是“十二五规划”的收官之年，是全面深化改革的关键之年，是推进依法治区、强化从严治党的开局之年。根据中央和省委、市委的总体部署，结合我区实际，今年全区工作的总体要求是全面贯彻党的十八大、十八届三中、四中全会精神，以邓小平理论、“三个代表”重要思想、科学发展观为指导，深入学习贯彻习近平总书记系列重要讲话精神，主动适应经济发展新常态，牢牢把握“稳中求进、统筹发展”工作主基调，认真落实省委、市委各项重大部署，坚持深化改革、依法治区、从严治党，着力提质增效，夯实民生保障，加强基层治理，再谱“五区”建设新篇章，为成都奋力打造西部经济核心增长极、加快建设现代化国际化大都市多做贡献!

2015年全区经济社会发展主要目标是：地区生产总值增长8%左右；城镇新增就业率、农村劳动力转移就业率稳步增长；万元地区生产总值能耗进一步降低，主要污染物排放进一步减少。为实现上述目标，重点做好以下五个方面工作：

(一)努力保持经济稳定增长，强化“五区”发展产业支撑。坚持以项目建设为抓手，突出发展新型工业和物流商贸业，加快打造“双千亿”产业，力求区域经济保持“稳中求进”发展态势。

一是提振工业竞争优势。加快工业转型升级步伐，更加有力有效地推动“新型工业领先区”建设。坚定不移发展战略性新兴产业，制定高端成长型产业集聚发展的促进政策，引导商用车制造、成套装备制造、新材料、建筑工业化等新兴产业全面释放产能，积极培育新的经济增长点。紧抓全国老工业基地调整改造机遇，用好用活省政府“8+1”城区老工业区搬迁改造政策，积极配合川化、攀成钢钒研究转型升级规划，力促川化全面关停化肥生产线，攀成钢钒关闭冶炼系统并启动搬迁。全力促进工业签约一批、开工一批、竣工一批、投产一批，鼓励企业开展技术改造和信息化提升。力争新增规模以上工业企业25户，实现规上工业增加值增长不低于8.3%。

二是挖掘物流商贸业发展潜能。围绕市委“建设服务业核心城市”定位，更加务实地推动“物流商贸核心区”发展。加快散货物流园区铁路专线等配套建设，着力培育物流业总部经济和冷链物流产业。扎实推进成都国际集装箱物流园区国家级服务标准化试点项目，打造欧亚货物转运中心、进出口商品采购（展示）中心，积极筹建中欧贸易加工园，力争保税物流中心（B型）、整车进口和水果进境指定口岸获批。全面推动城厢、弥牟、祥福三大生产性服务业集聚区建设。加快推进物流电子商务产业园区和跨境电子商务产业园建设，积极创建省级电子商务示范基地。实现服务业增加值增长不低于10.5%。

三是转变农业生产方式。以实现农民增收致富为核心目标，加快培育新型农村经营主体，推进农业经营方式创新。积极推进土地适度规模经营，提高农业产业化和集约化经营水平。着力推进龙泉山伏季水果示范带、青南大道等主要交通干线都市现代农业“一线一品”示范线建设，大力发展农产品精深加工。加快推进毗河以南旅游环线建设，鼓励农户因地制宜发展农事体验、果蔬采摘、林下经济和庭院经济。实现农业增加值增长不低于3%。

四是发挥投资和消费支撑作用。始终把投资作为促进经济稳增的“压舱石”和“顶梁柱”。进一步加强招商引资工作，优化投资促进和服务机制，突出产业链招商，抓紧引进一批体量大、带动力强的项目。力促成都天保重型离心机生产基地等82个项目竣工投产，福建华亚综合物流等51个项目加快建设，成都建工建筑工业化等135个项目开工建设，民生电商等20余个项目签约落户，力争形成更多实物量。大力推广政府与社会资本合作（PPP）模式，支持和鼓励社会资本通过特许经营权等方式，积极参与城市基础设施等公益性事业投资。认真落实增加居民收入的各项政策，瞄准群众多层次、多样化需求，重点挖掘养老、电子商务等新兴领域消费潜力，大力发展乡村生态旅游、赛事节会等消费业态，促进城乡消费结构升级。

（二）持续深化改革开放，激活“五区”发展动力源泉。坚持把全面深化改革和扩大对外开放作为推动经济社会发展的最大红利和关键一招，有效激活区域经济发展的内生动能。

一是推进重点领域改革。遵循市委“四化一驱动”改革路线设计图，按照我区“六化”改革路径，围绕老工业基地调整改造、全国生态文明示范工程试点、财税体制改革和公车使用改革等上级部署的改革试点，力争在重点改革领域形成新的突破。加快研究启动一批已具备条件的改革项目，着力扩大农村产权确权颁证范围，扩面农村集体建设用地开发利用试点、建立健全产业转型升级体制机制、创新养老服务体系、构建知识产权集群管理机制等改革任务，力争干在实处、走在前列。

二是持续扩大开放合作。依托成都铁路口岸和“双黄金通道”，大力发展外向型经济。瞄准“内陆口岸”向“国际口岸”提升总目标，完善口岸运行机制，强化口岸承载能力和服务功能，扩展口岸外联能力，引导企业开通“中俄班列”，开通至深圳、钦州等地货运班列，加快欧洲商品集散集聚节点城市建设步伐。发挥“蓉欧快铁”和“中亚列车”的带动效应，主动跻身全球供应和采购体系。积极开展面向中亚、俄罗斯的推介活动，助推企业拓展欧亚市场。进一步深化与相邻市县在产业、环境保护、公共服务等领域的合作。

三是推进创新驱动。坚持把科技创新作为转方式调结构最核心的源动力，依托重汽王牌等企业现有的国家级、省级技术中心，鼓励企业加大技术创新投入，不断提升企业核心竞争力。加快区科技创新（知识产权）服务中心建设，着力培育和引进高水平创业团队，以人才结构优化助推产业转型升级。健全“政、企、学、研、银”沟通协调机制，加强与四川大学、成都信息工程学院等高校、科研院所合作，促进科技成果转化应用。争创国家知识产权强县工程示范区和国家绿色建材高新技术产业化基地。

（三）遵循依法治区基本精神，筑牢“五区”发展法治根基。围绕“建设治理体系和治理能力现代化的先进城市”，将依法治区作为保障群众权益的民心工程来抓，着力打造“法治青白江”。

一是大力推进依法执政。将依法执政作为依法治区的核心内容，纳入区委常委会重点工作。严格落实全委会工作规则，深化常委分工负责联系制，健全重大决策社会稳定风险评估机制，完善“三重一大”决策前置程序和刚性门槛，提高科学决策、民主决策、依法决策水平。支持区人大常委会加强对“一府两院”的依法监督，支持区政协履行职能，推进协商民主广泛多层制度化发展。建立区级“四大班子”法律顾问团制度，推动涉法事务、矛盾纠纷依法依规办理。

二是深入实施依法行政。继续深化行政审批制度改革，清理减少行政审批事项和前置审批环节，逐步取消非行政许可审批。强化合法性审查，从源头上确保行政决策措施合法。建立健全政府常务会学法用法制度，开展依法行政责任联系点工作，建立行政复议委员会，全面提升政务服务水平。完善行政执法体制，探索重大行政处罚听证制度，加强行政权力监督，推进公开透明政务，积极打造阳光政府。

三是切实保证司法公正。完善司法管理体制和司法权力运行机制，建立领导干部干预司法活动、插手具体案件处理的记录、通报和责任追究制度。强化司法规范化、信息化建设，加快构建开放、动态、透明、便民的司法公开新机制。加强司法监督，强化诉讼服务点和基层诉讼服务站建设。完善人民陪审员制度，深化审务公开和检务公开，保障人民群众和诉讼当事人参与司法权益。开展诉讼“四难”问题整治，提升诉讼服务中心效能。

四是扎实开展依法治理。坚持用民主和法治方式理顺社会关系、规范社会架构，突出系统治理、依法治理、综合治理、源头治理。探索农民集中居住的新型农村社区管理服务新模式，创新推进“两老一新”居民院落社会治理体系建设。加强对社会组织的培育和管理。积极构建“大维稳”“大平安”“大调解”格局，搭建覆盖全区的网格服务四级管理平台。健全维护群众权益和化解纠纷机制，加强安全生产、公共安全等重点工作，不断完善城乡基层治理机制。

(四)坚持执政为民根本宗旨，提升“五区”发展民生指数。着力解决好群众最关心最直接最现实的利益问题，加大“宜人和谐幸福区”建设力度，让发展成果惠及全区群众。

一是千方百计落实民生保障。稳定和扩大就业，鼓励就业困难人员实现灵活就业；扩大社保覆盖范围，加大非公经济社保征缴力度；深化医保付费方式改革，健全医疗保险基金监督体系，提高医疗保障水平；加大安置房建设力度，探索构建阶梯形、递进式住房保障和供应体系。加大对弱势群体、低收入群体关注力度，切实保障妇女儿童合法权益，支持发展老年人、残疾人事业。

二是全力以赴发展社会事业。坚持教育均衡发展，加快推进智慧教育项目，抓好教育部国家中等职业改革发展示范校项目建设。持续推进区级公立医院综合改革，完成区医疗中心二期建设，区人民医院创建国家三级乙等综合医院、区妇幼保健院创建二级甲等保健院。加快区文体中心等项目建设，做好成都市第十三届运动会筹备工作，梯度推进城厢历史文化古城保护和开发，加大“文化发展特色区”建设力度。完善公交线网布局，力争新开行公交线路、公交环线、社区巴士等 10 条，加快公交服务配套设施建设，实施 70 周岁以上老人免费卡和学生优惠卡。

三是更大力度做优城乡环境。扎实开展城市建设管理转型升级“四改六治理”十大行动，深化大气和水污染治理，加大工业污染源、农村面源污染、黑臭河渠等治理力度，持续整治城乡结合部、老工业片区周边环境，形成环境污染综合治理创新机制；深入推进新型城镇化，启动棚户区和城中村改造，加快祥福、清泉等国家、省市重点镇建设；加快推进“百湖”水源工程三期、怡湖公园配套设施提升等项目建设；充分调动群众自主改造积极性，重点实施龙王梁湾、姚渡凉水等 11 个幸福美丽新村示范村建设，推动“生态田园示范区”再上新台阶。

(五)抓实党要管党从严治党，强化“五区”发展政治保障。坚决把抓好党建作为第一责任和最大的政绩，切实把从严治党重大部署全面落到实处，为推动经济社会健康发展提供坚实保障。

一是抓好思想政治建设。切实强化思想建党，坚持用党的十八大，十八届三中、四中全会精神和习近平总书记系列重要讲话精神武装头脑、指导实践、推动工作；按照省委、市委落实巡视整改暨党的群众路线教育实践活动整改深化工作安排部署，认真开展整改落实“回头看”活动，确保问题彻底改到位；严肃党内政治生活和组织生活，强化制度的执行和落实；持续深入开展“走基层”活动，推动联系服务群众常态化、长效化机制建设。

二是抓好干部队伍建设。坚持"三严三实"导向，深化干部人事制度改革，以健全干部选拔任用机制和管理监督机制为重点，建立符合我区实际的领导班子结构，探索实行新任职干部任职"双承诺"制。重视选拔一心干事、敢于担责、善于学习、实绩突出的干部，形成公开平等竞争择优的用人机制。创造有利于优秀人才脱颖而出、健康成长的社会环境，实施优秀年轻干部人才递进培养计划，加大干部交流轮岗力度。着力构建多元化、主题化、柔性化的人才支撑体系，大力锻造"五懂""四有"的高素质干部人才队伍。

三是抓好基层组织建设。落实党建责任制，不断完善"三级联述联评联考"制度。加强基层服务型党组织建设，加大基层基础保障力度，优化组织设置形式，拓展组织服务功能。开展"全领域建党行动"，实施"党员先锋工程"，继续深入整顿软弱涣散党组织，重点探索村转社区、"两新"组织等新领域组织建设，不断扩大党的组织和工作覆盖面。进一步发挥工青妇等群团组织在密切党和群众血肉联系、促进社会和谐、推动经济社会发展等方面的独特作用，坚持重心下移、走近基层、靠近企业村社，了解群众所需所盼，解决群众迫切需求。

四是抓好党风廉政建设。严格落实中央八项规定和党风廉政建设"两个责任"要求，全域推进廉政风险防控体系建设，不断提高信息化支撑能力，逐步构筑不能腐的立体防线。持续深入推进干部作风建设，深化正风肃纪，大力开展"为官不为""慵懒散浮拖"问题专项整治。聚焦人事、财经、资源三大核心岗位，加强对重要部位和关键岗位权力运行的监控力度。加大案件查办力度，以高压态势惩治腐败，将从严管党治吏、持续改进作风引向深入。

各位代表，同志们，青白江区的发展新机遇已经到来，让我们紧密团结在以习近平同志为总书记的党中央周围，认真贯彻落实中央和省委、市委重大决策部署，在区委的坚强领导下，携手同心、团结拼搏，保持定力、务实创新，站在新起点、适应新常态、推动新发展，为加快建设富裕文明和谐幸福青白江而不懈奋斗！

区人大常委会工作报告

——2015 年 2 月 5 日在成都市青白江区第十七届人民代表大会第四次会议上

区人大常委会主任　杨安莉

各位代表：

我受成都市青白江区第十七届人民代表大会常务委员会委托，向大会报告工作，请予审议。

2014 年主要工作回顾

2014 年，区人大常委会在区委的坚强领导下，认真学习贯彻党的十八大、十八届三中、四中全会精神，紧紧围绕全区工作大局，按照"稳中求进、改革创新、统筹发展"的工作基调和"五个转型升级"的重大要求，依法履行宪法和法律赋予的职责，圆满完成了各项工作任务，为全区经济发展和社会稳定作出了积极贡献。

一、围绕中心抓工作监督，助推发展转型升级

区人大常委会始终围绕全区中心工作，把促进发展转型升级作为重中之重，把监督和支持有机结合起来，取得明显成效。

紧扣发展大局，力促经济平稳增长。区人大常委会密切关注全区经济社会中长期发展，听取和审议了《关于青白江区国民经济和社会发展"十二五"规划纲要实施情况的中期评估报告》和《关于青白江区国民经济和社会发展 "十二五" 规划纲要修订方案（草案）》，准确掌握规划实施效果和各项政策措施落实情况，提出建议意见 10 余条，有力助推"十二五"规划确定的各项目标任务按期完成。在监督过程中将"十二五"规划纲要实施的中期评估报告在网上进行公示和

征求意见的做法，得到市人大领导肯定性批示。高度重视全区经济发展态势和财政收支情况，听取和审议了计划、财政、审计工作报告，有效促进重大产业项目建设和财政预算的执行。按照宪法和法律赋予的职责，依法决定重大事项，听取和审议了成都市成环快速通道东段青白江段、长流河二期安置房建设工程、区医疗中心二期建设工程等39个项目融资情况的报告，全年共批复政府重大项目融资贷款39项，为加快项目建设发挥了积极作用。同时，进一步加大了对政府融资项目的监督力度，专题听取和审议了我区国有平台公司经营管理和融资使用情况的报告，对作出的融资决议进行了全面跟踪和了解，促进了重大项目资金合理有效使用。

突出工作重点，助推发展转型升级。加快经济转型升级,促进科学发展，是“十二五”时期发展的主线。区人大常委会围绕“五个转型升级”要求，突出工作重点，关注经济社会发展，听取和审议了区域综合交通运输体系构建、物流商贸发展、房地产市场推进、乡镇财政体制改革、公共资源交易、公共卫生服务体系建设等专项报告，提出了80余条改进工作的意见，转交区人民政府及其职能部门办理，有力助推了我区发展转型升级。突出老工业基地调整改造这一重点，区人大常委会主要领导带头深入实际进行专题调研，形成了《关于成都市青白江区老工业基地调整改造的思考》的专题调研报告。此报告被省人大刊物《民主法制建设》采用。组织市人大代表小组专题调研青白江区老工业基地调整改造情况，向市政府提交了《关于青白江区老工业基地调整改造的建议》，该《建议》材料已由市人大转发各区县进行交流。

开展工作评议，监督干部依法履职。区人大常委会高度重视干部工作评议，把工作评议作为对干部履职情况进行监督的重要手段，作为工作监督的重要抓手。2014年，采取明察暗访、组织代表视察、召开座谈会听取意见、召开常委会审议和满意度测评等方式，对区建设局局长、区文体广新局局长、区质监局局长等部门主要负责人任职以来的工作情况进行了评议，并听取和审议了区地税工作情况报告。对评议中发现的工作问题，要求被评议单位和主要负责人限期进行整改，并向区人大常委会提出整改报告。在2014年干部工作评议中，紧扣依法治国的理念，创造性地增加了被评议干部提交依法履职专项工作报告的内容，促进干部用法治理念、法治思维分析问题、处理矛盾，推进工作开展。通过评议，加强了对干部的工作监督，有效促进了干部依法履职。

二、围绕法治抓依法行权，保障法律有效实施

区人大常委会始终坚持以依法治区为己任，支持和督促区人民政府、区人民法院、区人民检察院依法行政、公正司法，扎实推进依法治区进程。

严格执法检查，推进依法行政。区人大常委会既把执法检查作为对区人民政府依法行政进行监督的重要保障，又把执法检查作为检验区人民政府及其职能部门工作成效的重要手段。2014年，组织人大代表对我区贯彻实施《中华人民共和国社会保险法》、《中华人民共和国农产品质量安全法》、《中华人民共和国职业教育法》、《危险化学品安全管理条例》等法律法规情况进行了执法检查，提出意见建议30余条，推动了法律法规贯彻落实，为加快推进依法行政起到了重要作用。同时，积极协助做好《成都市地名管理条例》、《成都市非机动车管理条例》、《成都市烟花爆竹燃放管理规定》等成都市地方性法规起草、修订的征求意见和调研视察，所提意见部分得到采纳。

促进公正司法，维护公平正义。区人大常委会把促进区人民政府、区人民法院、区人民检察院依法履职和公正司法，维护社会公平正义作为法律监督落脚点，督促做好司法工作。2014年，听取和审查了区人民法院关于刑事审判(含少审工作)工作情况的报告、区人民检察院关于监所检察工作情况的报告、区公安分局关于我区近年来公安工作情况的报告，向人大代表书面印发了区人民法院和区人民检察院上半年工作报告，征求代表对区人民法院、区人民检察院工作的建议和意见；组织25名区人大代表开展“走进法庭听审判”活动，对促进提高案件审判质量、切实维护法律权威、保护公民合法权益提供了有力保障。加大规范性文件备案审查工作力度，在全市人大规范性文件备案审查工作会上作了经验交流发言。该项工作得到市人大领导的充分肯定，周边区(市)县到我区交流学习。

优化任免程序，依法任免干部。进一步优化任免

流程，改进任免办法。结合在党的群众路线教育实践活动中征求的意见，对区人大常委会任命干部任前法律知识考试内容进行了调整充实，建立和完善了考试题库。全年共组织任前法律知识考试12人（次），任免区人民政府、区人民法院、区人民检察院工作人员63人（次），保证了人事任免工作依法规范运行。

三、围绕民生抓工作创新，促进社会和谐稳定

区人大常委会始终坚持把改善民生摆在重要位置，创新监督方式，努力使人民群众最关心、最直接、最现实利益问题得到有效解决。

开展专题询问，回应群众广泛关切。针对人民群众普遍关心的工业大气污染问题，区人大常委会在综合运用专题审议、视察调研、督促办理等多种方式监督基础上，于2014年6月10日在全市各区（市）县率先开展了工业大气污染防治专题询问。既有力地宣传了区委、区政府在大气污染防治方面所做的大量卓有成效的工作，又将推进工业大气污染防治工作的压力和责任有效地传递给了企业。针对区人民政府提交的整改方案，专题询问后两个月，区人大常委会还专门组织常委会组成人员和代表到现场调研，督促整改落实。通过专题询问，回应了人们的广泛关切，维护了群众的根本利益。四川省人大《民主法制建设》、四川省人大新闻网、《成都人大》等杂志网站分别刊用了我区专题询问经验做法，蒲江、金堂等区县来我区学习经验。

改进监督方式，直面群众切身利益。我们重点在工作监督、常委会审议和干部工作评议中改进监督方式，增强监督效果。在工作监督中，对事关群众切身利益的事项，更加注重整改落实环节和整改效果。如主任会议在听取和审议关于我区房地产市场发展工作情况报告后，改变以往主任会议不形成书面审议意见的做法，专门向区人民政府送达了审议会议纪要，要求区人民政府责成有关部门及时就房地产市场及物业管理等方面的问题进行整改，对工作起到了较好的推动作用。在常委会审议中，除专题听取工作报告外，还在分组审议前专门安排常委会委员现场视察，从而提高了审议质量。如在审议《中华人民共和国农产品质量安全法》贯彻实施情况时，安排视察了农产品生产加工相关点位，使常委会组成人员在审议时能够更好地站在全局的角度进行评价，有针对性地提出整改意见。该做法得到了市人大领导的肯定性批示。在干部工作评议中，改进评议方式，结合被评议对象的特点设计调查问卷，制作调查走访记录，深入被评议对象管理的基层单位召开座谈会，采取“背靠背”的方式征求意见和建议，真实了解被评议对象维护群众切实利益的情况，从而增强了评议效果。

注重主动参与，解决群众现实问题。牢固树立大局意识，积极参与“走基层”、“挂、包、帮”等活动，解决群众现实问题，化解社会矛盾。深入联系的部门、镇、村300余次，切实解决群众之需，化解社会矛盾。全年共受理人民群众来信来访37件（次）。比如，针对群众反映强烈的西部化工市场污染问题，区人大常委会主要领导深入福洪镇进行调研并形成专题调研报告，协调相关部门加大工作力度，促使矛盾得到有效化解。区人大常委会领导班子成员注重与群众心贴心沟通，经常看望慰问困难党员和困难群众，关心关爱残疾家庭和贫困学生，协调筹措资金108万元帮助群众解决生产生活现实问题，受到基层和群众的好评。

四、围绕代表抓作用发挥，促进代表依法履职

区人大常委会始终坚持把发挥代表作用作为重要基础工作，支持和保障代表依法履行职责，努力增强代表工作实效。

强化代表培训，提高履职能力。采取“请进来、走出去、送下去”等多种方式强化代表培训。邀请成都市人大人事代表工作委员会负责同志对书写代表建议、批评和意见进行了专题培训；组织近30名基层区人大代表赴全国人大培训基地进行代表履职专题培训；组织驻区市人大代表参加市人大常委会组织的集中培训。各代表小组充分利用开展活动的机会，分别组织代表开展专题学习培训两次以上。区人大常委会还走下去对福洪、城厢、人和、大弯等乡镇（街道）的区人大代表就代表的权利义务，如何书写代表建议、批评和意见等内容进行了集中培训指导。通过形式多样的培训，代表参与管理国家事务的能力进一步提高，代表的履职积极性和责任心进一步增强。

规范代表活动，增强履职意识。加强和规范人大代表闭会期间的活动，是促进代表执行职务、参与地方国家事务管理的重要形式和主要途径。按照形式多

样、生动活泼、务求实效的要求，区人大常委会制定了《青白江区人大常委会领导联系代表小组方案》、《关于青白江区人大代表联系群众工作的意见》和年度代表小组活动计划，进一步加强对代表小组活动的指导。全区8个代表小组积极开展小组活动，组织市区两级人大代表视察了老工业基地调整改造、重大基础设施建设、重点产业化项目推进、公共交通线路优化、老旧院落改造、幼儿教育标准化建设等工作推进情况，提出意见建议30余条，有效促进了全区各项重点工作的开展。同时各代表小组还利用自身优势，组织代表积极开展扶贫帮困活动。如第一代表小组在2013年开展“结对帮扶”代表活动取得很好效果的基础上，2014年组织相关企业与人和乡贫困户签订5 000只跑山鸡养殖帮扶回购协议，促进了农民增收；区人大代表黄小波在“人大代表走基层”活动中，出资8万余元，帮扶人和乡平桥村一名孤儿修建了一套90平方米的砖混住房；史国兴代表则主动承担该孤儿的上学费用，赢得当地群众好评。市人大代表青白江小组多次就成都地铁3号线延伸至青白江区的建议开展专题调研，并向市人大及市级有关部门提交意见。该意见得到市委、市政府高度重视，地铁线延伸至青白江的建议已纳入成都市新青卫星城规划方案。

优化平台功能，发挥代表作用。利用“代表之家”平台，组织代表活动51次，接待选民726人次，收集意见建议590条、已办理意见建议462条，并全部向选民作出了反馈，满意率达到100%。印发了《代表履职备忘录》，督促代表积极履行职责。按照深化改革任务的要求，积极推进“代表履职监督机制的建立和完善”试点任务，在机制完善、平台建设和具体实践方面取得了积极成效和初步成果。同时认真做好代表建议、批评和意见办理，激励代表认真履职尽责。对收到的91件代表建议意见，全部建立了电子档案并办理完毕，满意和基本满意率达100%。如曾选蓉代表提出的关于“更换老旧公交车辆、优化公交线路”的建议，得到区委、区政府的高度重视。区委、区政府大力推进资源整合，投入新型公交车204标台，开行惠民公交线路达20条，切实让公交惠民政策最大程度惠及广大城乡群众，得到广大市民的高度赞许。积极抓好区人大代表建议办理“回头看”，对在区十七届人大二次会议期间代表提出的当年不具备条件办理的15件B类建议，经区人大常委会督促、催办，区人民政府相关部门的积极配合，15件代表建议所涉及的问题得到解决，由B类件转化为A类建议。如钟会萍、王玉代表提出的“关于建立社区养老服务中心”的建议，通过积极办理，全区将建成4所居家养老服务中心和13所日间照料中心，可有效解决老龄人的养老服务问题。同时，做好市人大代表青白江小组的代表服务工作，协助市人大代表向市人大提交建议19件。

五、围绕履职抓作风转变，加强机关自身建设

区人大常委会始终坚持高标准、严要求，加强作风建设和学习型创新型机关建设，不断提高机关工作水平。

着力工作作风转变，扎实开展教育实践活动。按照中央、省委、市委、区委统一部署，区人大党的群众路线教育实践活动紧紧围绕“为民务实清廉”主题和“照镜子、正衣冠、洗洗澡、治治病”总要求，取得了重要的阶段性成果。从健全制度着手，修订了区人大常委会议事规则，规范了区人大常委会组成人员直接联系人大代表制度，出台了区人大常委会专题询问试行办法，完善了机关车辆管理、财务管理等9个制度，废止了2项制度；从改进作风着手，进一步强调了区人大常委会会议纪律、视察调研规定、代表活动要求和机关工作作风；从改进工作着手，改进了常委会会议审议程序、视察调研方式、工作评议内容和工作监督手段等。同时，认真组织人大代表参加全区性征求意见、个别座谈、民主测评等重点会议120余人次，认真做好5个部门、1个乡镇和5个村的联系指导和5个督导组的督导，有力促进了全区教育实践活动的开展。通过教育实践活动的开展，进一步增强了人大常委会和机关工作人员宗旨意识，改进了工作作风，推动了人大工作。

着力整体功能提升，努力提高机关工作水平。区人大常委会把创建学习型创新型机关放在重要位置，深入学习十八大、十八届三中、四中全会精神和习近平总书记系列重要讲话精神，全年组织党组学习会12次，机关学习会30余次；召开主任会议23次、常委会议7次。支持机关党委和机关纪检组开展工作，进一步规范工作流程，完善内部管理制度。紧紧围绕

区委中心工作和社会普遍关注的重大问题，深入调查研究，完成专题调研报告12篇。积极加强对外宣传，按时办好《代表季刊》，及时更新“人大网页”，适时编发“人大手机报”，不断扩大人大工作的社会影响。全年累计报送各类信息稿件150余篇，超额完成区委信息工作目标；有5篇调研文章和35条信息被《民主法制建设》、四川省人大新闻网、《成都人大》等杂志网站采用。

各位代表，一年来，区人大常委会不断创新、锐意进取，在工作监督、法律监督、代表工作等方面都取得了明显成效。这些成绩的取得，是区委正确领导的结果，是区人大常委会组成人员、常委会工作机构和区人大代表辛勤工作的结果，是区人民政府、区人民法院、区人民检察院协同配合和各乡镇人大主席团、街道人大工作室大力支持的结果。在此，我代表区人大常委会表示衷心感谢并致以崇高敬意！

各位代表，我们在看到成绩的同时，也清醒地认识到，对照宪法和法律赋予的职责，对照党的十八大、十八届三中、四中全会精神和人民群众的愿望，区人大常委会的工作还存在不足之处，主要表现在：工作监督实效还需要进一步强化，法律监督手段还需要进一步探索，代表工作还需要进一步创新，部分乡镇对代表履职重视还不够等。针对这些问题，我们将认真研究改进，切实加以解决。

2015年工作任务

2015年，是深入学习贯彻党的十八届四中全会精神、全面推进依法治国的开局之年，也是全面深化改革、再谱“五区”建设新篇章的关键之年。区人大常委会的总体工作要求是：全面贯彻党的十八大、十八届三中、四中全会精神，以邓小平理论、“三个代表”重要思想、科学发展观为指导，深入学习贯彻习近平总书记系列重要讲话精神，主动适应经济发展新常态，牢牢把握“稳中求进、统筹发展”工作主基调，认真落实省委、市委、区委各项重大部署，坚持深化改革、依法治区，认真履行宪法和法律赋予的职责，加强工作监督和法律监督，为再谱“五区”建设新篇章作出新的贡献。

一、突出全面深化改革，进一步优化工作监督

围绕区委工作部署和全面深化改革各项要求，进一步探索监督手段、创新监督方式、充实监督内容、完善监督机制。严格执行《中华人民共和国预算法》，听取和审查国民经济和社会发展计划执行情况报告、财政预算执行情况报告、审计工作报告，进一步加强财政决算的审查和批准工作，推动经济更有效率、更加公平、可持续发展。创新监督手段，对全区食品药品安全工作开展专题询问，对2014年工业大气污染防治专题询问整改实施情况进行跟踪问效，确保监督落到实处。同时，听取和审议我区工业经济运行、提升口岸贸易功能推动外向型经济发展、台资企业发展、政府投资建设项目审计、粮油精深加工项目建设、黑臭河道治理、构建新型农业经营体系专项改革、全民健身和人防工作等情况的汇报；听取和审议中国人寿青白江支公司关于创新社会治理、关注民生情况的工作汇报。

二、突出推进依法治区，进一步强化法律监督

认真学习党的十八届四中全会精神，着眼于严格执法、公正司法、全民守法，认真履行法律监督职能，支持和促进区人民政府、区人民法院、区人民检察院依法行政、公正司法。听取和审议区人民政府关于“六五”普法规划实施情况的报告，增强全社会厉行法治的积极性和主动性；对我区贯彻实施《中华人民共和国母婴保健法》、《中华人民共和国公司法》等法律法规的情况进行执法检查，强化对行政执法的监督；听取和审议区人民法院关于司法公开工作情况的报告、区人民检察院关于行政执法与刑事司法相衔接工作开展情况的报告；组织人大代表对群众反映强烈、社会影响较大的案件进行监督，维护法律权威，保护公民合法权益。进一步完善并严格执行规范性文件备案审查制度，加大规范性文件备案审查的工作力度。

三、突出加强任后监督，进一步深化工作评议

按照每届任期区人民政府工作部门至少被评议一次的要求，开展好干部工作评议，依法做好干部任后监督。拟对区发改局、区教育局、区司法局、区财政局、区规划局、区安监局、区政务中心等部门主要负责人进行工作评议，坚持评议时被评议干部提交依法履职专项报告的做法，努力增强干部法治思维，提高领

导干部运用法治方式深化改革、化解矛盾、推动发展、维护稳定的能力，努力提高干部监督工作实效，促进被任命人员依法行使公共权力，履行好自己肩负的职责，做到工作监督和干部监督有机结合，使人大监督更具实效。

四、突出代表作用发挥，进一步夯实代表工作

进一步加强代表培训，规范代表小组活动，提高代表法治观念和履职能力；进一步完善人大代表联系选民制度，持续开展代表走访选民日活动和代表向选民述职活动，切实增强代表的责任意识和履职意识；进一步完善区人大常委会组成人员联系代表制度，支持代表依法履职，创新闭会期间代表履职的活动方式。继续做好市人大代表开展专题调研的组织服务工作，采取多种措施和方法，切实为市人大代表发挥作用服好务。切实抓好代表建议意见办理工作，采取区人大常委会领导包件和B、C类件“回头看”等方式，督促区人民政府、区人民法院、区人民检察院不断提高办理时效和质量。以“代表之家”为平台，组织代表开展好代表活动，不断完善代表与选民的联系和沟通机制，积极推进“代表之家”基层联系点工作。加强对乡镇和街道人大工作的联系指导，不断提高基层人大工作水平。

五、突出机关自身建设，进一步改进工作作风

深入学习贯彻党的十八大、十八届三中、四中全会和习近平总书记系列重要讲话精神，认真研究新阶段和新形势下人大工作的新特点和新规律，认真做好民主法制领域改革工作，推进人大工作与时俱进。继续推进区人大常委会自身建设，巩固党的群众路线教育实践活动成果，加强机关党的建设，支持纪检组开展工作，注重人大机关建设、干部队伍建设和各项制度建设，进一步建立和完善长效机制，改进机关作风。严格执行区人大常委会议事规则，推进区人大常委会工作的程序化、规范化建设；进一步提高区人大常委会会议质量，更加注重调研工作和成果转化，全力推动人大工作再上新台阶，为再谱“五区”建设新篇章作出积极贡献。

各位代表，在新的一年里，让我们在区委的坚强领导下，团结和依靠全体代表和全区人民，真抓实干，锐意进取，开拓创新，为推动全面深化改革、加快依法治区进程、全面建成小康社会而努力奋斗！

政府工作报告

——2015年2月4日在成都市青白江区第十七届人民代表大会第四次会议上

区人民政府代理区长　傅学坤

各位代表：

现在，我代表区人民政府向大会报告工作，请予审议，并请区政协委员和其他列席人员提出意见。

2014年工作回顾

2014年，面对外部复杂多变、下行压力加大的严峻形势，我们在市委、市政府和区委的坚强领导下，在区人大、区政协的监督支持下，认真贯彻党中央国务院稳增长、促改革、调结构、惠民生一系列重大决策部署，深入实施省委“三大发展战略”、市委“改革创新、转型升级”总体战略，坚定信心、攻坚克难、砥砺奋进，较好完成了“五区”建设的阶段性工作和年度目标任务，有力推动了全区经济社会平稳较快发展。全年实现地区生产总值326.5亿元，增长8.5%；地方公共财政收入20.42亿元，增长12.5%；固定资产投资288.5亿元，增长8.1%；社会消费品零售总额57.66亿元，增长11.1%；城镇居民人均可支配收入31 478元，增长9.5%；农民人均纯收入13 490元，增长12%；万元地区生产总值能耗下降1.9%。连续六年跻身四川省县域经济“十强县”，荣获“国家生态区”称号。

一、区域经济平稳较快增长

一是新型工业集群发展步伐加快。实现工业总产值620亿元，规模以上工业增加值增长11.5%。完成工业投资 111 亿元，台嘉电子级纤维丝及布等 19 个项目竣工投产，利亨新材料等 22 个项目加快建设，达海产业园等 17 个项目开工建设，瀚江玻璃棉生产线等 30 个技改项目有序推进，米高地效飞行器等 10 个项目签约入驻。优化产业规划和空间布局，突出发展以重汽王牌为龙头的商用车制造业，以成都建工、江河幕墙等为代表的绿色建材及建筑工业化产业；加快发展以天保重装、天马轴承等为代表的成套装备制造业，以台嘉、巨石等为代表的新材料产业；优化发展冶金、化工产业，积极研究川化和攀成钢转型升级腾出空间高效利用思路，推动传统产业转型升级。深入开展“两化融合”示范试点，提升工业园区孵化功能，支持中小企业发展。工业园区通过国家循环经济试点区验收，获批四川省新型工业化（节能建材）示范基地。

二是以物流商贸为核心的现代服务业加速提升。实现服务业营业收入 500 亿元，服务业增加值增长 8.4%。完成服务业投资 105 亿元（不含房地产），大西南生旌市场一期等 6 个项目建成投运，万贯五金机电市场等 10 个项目加快建设；金泉金龙广场等 2 个项目开工建设，港宏汽车商贸城等 6 个项目签约落户。成都铁路口岸获批国家临时对外开放口岸和进境肉类指定口岸，正积极申报国家汽车整车进口和进境水果指定口岸，保税物流中心（B 型）上报海关总署待批。成都铁路集装箱中心站累计实现吞吐量 174 万标箱，位列全国第一。蓉欧快铁、中亚列车稳定运行。商品市场抱团发展，已累计投营 9 个，入驻商家 4 500 余户。集装箱物流园区国家级服务标准化试点工作扎实开展，获评“2014 年中国物流园区示范基地”“2014 中国物流园区 50 强”。探索发展跨境电子商务、会展等新兴产业；实现金融机构存款余额 261.7 亿元，增长 9.3%；贷款余额 154.6 亿元，增长 4.6%。

三是以都市现代为特色的农业经济平稳发展。实现农业增加值 13.7 亿元，增长 2.6%。完成农业投资 20.38 亿元，九三食用油包装生产线等 15 个项目竣工投产，益海嘉里米面加工等 93 个项目加快推进，红旗油脂等 5 个项目开工建设，新签约引进洪福台湾农业庄园等 5 个重大项目。严格耕地保护，违法用地现象有效遏制。实施龙泉山伏季水果产业基地等项目 34 个，建立高产示范片 7 个，建成弥牟狮子村、火星村粮油全程机械化生产示范基地。新增农民专业合作社 20 家、家庭农场 24 家，培育龙渔泉等龙头企业 10 家，农产品精深加工率达 45.2%。完成无公害农产品产地整体推进复查换证工作，新增有机（转换）农产品认证 14 个，“三品一标”有效认证 58 个。启动“百湖工程”三期 5 座人工湖建设；完成水毁堤防、渠道节水改造等水利项目。都市现代农业“一主三支”示范线推进顺利，举（承）办四川花卉（果类）生态旅游节等节会活动 14 个，接待游客 680 余万人次，实现旅游总收入 6.4 亿元。

二、改革开放创新深入推进

一是重点领域改革稳步推进。深化工商登记制度改革，全区新增各类市场主体 3 338 户、注册资本总额 25.28 亿元，分别增长 21.21%和 53.03%。推进职能有机统一的大部门制，探索红阳街道综合管理体制改革，完成福洪撤乡设镇工作。深化公共资源交易体制机制改革，建成公共资源交易电子招投标交易平台，在全市率先实现小型政府投资工程统一进场、集中交易，完成公共资源交易项目 588 宗，实际成交金额 42.18 亿元，增长 137.77%。深化投融资体制改革，支持民营经济加快发展，民间投资占全区投资比重提高到 70%，民营经济占比提高到 37%。深化医药卫生体制改革，区级公立医院取消药品加成，区人民医院委托管理成效明显。试点村级公共服务设施设备后期管护机制，探索农户宅基地自愿有偿腾退机制。加快推进福洪、龙王统筹城乡综合改革示范项目建设。规范物商园区项目用地取得实效。

二是对外开放成效显著。与加拿大盖斯伯勒郡开展友城交流；大力开展招商引资和营销推介，全年实际到位内资 162.95 亿元、利用外资 2.72 亿美元。新增外贸进出口经营权企业 25 家，实现外贸进出口总额 5.71 亿美元、增长 37%，工业园区获批省级重点培育外向型产业园区。探索建立与沿海沿江沿边城市的合作机制，开通至泸州的铁水联运班列；积极参与《成德绵区域合作总体规划》编制，连接德阳的青白江大道北延线顺利通车。

三是科技创新工作持续开展。大力实施创新驱动发展战略，扎实推进国家知识产权强县工程试点区、国家技术创新工程四川试点示范区、成都市传统产业改造提升试点区建设。全年专利申请量709件，增长30.3%。新增国家高新技术企业4家、省级创新型企业3家，新建研发平台5个。与高校共建的现代物流研究院和市场营销研究院开始运行。区科技创新服务中心加快建设，建立基层科技创新工作站15个。引进、培养各类专业人才1 162名，新增副高级职称技术人才80名。

三、城乡建设水平逐步提升

一是区域城镇体系加快优化。按照现代卫星城规划建设要求，着力构建“一轴、两带、三大板块、四级中心”的区域战略空间结构。编制区域总体规划、土地利用总体规划和新青卫星城总体规划，完成祥福等4个乡镇总体规划修编。着力提升城市形态和功能，完成黄金北路、凤凰东一路等项目建设，改造主城区老旧院落107个。加快小城市和特色镇建设，弥牟等5个一般场镇改造通过市级综合验收。坚持“小、组、生”理念，启动龙王梁湾村等11个幸福美丽新村建设，新建、改造提升新村聚居点16个。城厢、祥福被列为全国重点镇，清泉等3个乡镇被列为全省“百镇建设行动”示范镇。

二是城乡基础功能切实提升。积极配合成都二绕等3个省市重点项目建设，成绵乐客专开通运营。区综合客运枢纽站等4个项目加快推进，新改建村组道路77.5千米。完成6座桥梁护基维修加固工程，安装农村公路波形护栏34千米、更换补充交通标志牌150套。积极推动都江堰灌区毗河供水一期工程建设；乡镇污水处理厂实现全覆盖，第二污水处理厂建成投运。前进、红阳、桂通110千伏变电站竣工。建成4G基站432个，主城区4G网络覆盖率达95%。

三是生态环境质量明显改善。积极推进生态文明建设试点，启动“四改六治理”十大行动。强化污染治理，制定大气污染防治实施方案和重污染天气应急预案，划定高污染燃料禁燃区；全面推行节能减排，淘汰攀成钢30吨转炉1座、丽雅玻璃纸生产线3条，秸秆综合利用率达97%。推进节水型社会重点县建设，加强水资源“三条红线”管理，饮用水源水质合格率100%；实施17条黑臭河渠综合治理工程，关闭禁养区养殖场39家，限期治理排污养殖场279家。严格执行环保准入制度。完成基层环保机构建设，环境监管能力进一步提升。大力实施“主城区盲点死角”专项整治，有效治理扬尘污染、道路病害等“城市病”。开展农村生活垃圾前端分类和集中收运处置，加快城厢玉龙村等3个省级美丽乡村建设。实施“天保”、退耕还林、龙泉山脉生态植被恢复“三大工程”，森林覆盖率达38.98%。推进团结路市政配套设施提升等项目，新增绿地面积10.25公顷，人均公园绿地面积28.4平方米，建成区绿化覆盖率达42.21%。

四、城乡社会事业全面进步

一是社会保障更加完善。坚持就业优先，培训劳动力6 125人，城镇新增就业4217人，农村富余劳动力向非农产业新增转移就业5 603人，城乡失业人员再就业2522人，动态消除“零就业”家庭。完成67个基层劳动就业和社会保障服务平台标准化建设。全区养老保险参保人数达30.06万人，基本医疗保险参保人数达39.83万人，基本实现社会保险全覆盖。优化低保办理流程，支出低保金1 655.04万元，累计保障困难群众6.53万人次；发放医疗救助金、临时救助金、扶贫资金等749.76万元，惠及1.6万余人；资助1 349名重度残疾人购买养老保险。新建17家城乡日间照料中心，红阳颐养居建成投运。建成新型社区40.88万平方米、安置房80万平方米；1 099套保障房交付使用；完成地质灾害避让搬迁、棚户区和农村危房改造644户。

二是社会事业全面发展。深入推进教育“三化”，完成清泉学校学生宿舍楼等项目15个，人和学校下穿通道贯通。启动5所公办幼儿园建设，新增公益性幼儿园8所，成都工程职业技术学校通过国家中等职业教育改革发展示范校建设省级中期验收。文体中心加快建设，全国钓鱼竞赛训练基地落户我区。成功举办首届全民健身运动会暨第四届区运会，完成全域成都图书馆集群管理“一卡通”建设，举办“艺术周末·快乐人生”“百村文体系列活动”1 000余场。加快推进区医疗中心二期、区妇幼保健院迁改建工程，区疾控中心业务楼竣工；区中医院成功创建国家二级甲等中医院，区人民医院心内科成为市级重点专科；获评国家级慢性病综合防控示范区、四川省结核病综合防治示范区。计生惠民政策全面落实，“单独两孩”政策有序实施。深入开展城乡公交一体化工作，大力推进民营公交资源整合，区内公交线路达 20 条，投入新型环保空调公交车 204 标台，建成公交便民服务中心；全面实行公交无人售票和惠民一票制。

三是社会秩序和谐稳定。深化“平安青白江”“法治青白江”建设。大力推行网格化管理，搭建起四级管理平台。创新新型社区服务治理机制，实施村级公共服务和社会管理项目 679 个，完成福洪杏花村等 12 个点位的公共服务和社会管理设施标准化建设，大同凤祥社区成为全国和谐社区建设示范单位。增强基层治安力量，推行群防群治，群众治安满意度再创新高；区应急联动(社会管理)指挥中心暨“天网”四期平台加快建设。严格落实安全生产“党政同责、一岗双责、齐抓共管”，积极推动企业安全标准化建设和安全社区创建，修订区总体应急预案。强化农产品质量监管和食品药品重典治乱，建立食品药品三级监管网络。深入开展“法治大讲堂”“法律七进”等普法活动，荣获全国“六五”普法中期先进区。健全群众权益表达和协调机制，组建区人民调解员协会及“医调委”，建成区群众接待中心和区视频接访中心。

五、政府自身建设全面加强

一是依法行政深入推进。坚决落实依法治区重大部署，认真执行区人大及其常委会决议决定，自觉接受区人大及其常委会的法律监督、工作监督和区政协的民主监督；认真听取各民主党派、工商联及社会各界人士意见建议。高标准办好人大代表建议、批评和意见以及政协委员提案 256 件，办复率、满意率均为 100%。坚持区政府常务会会前学法制度，健全依法决策机制，坚持“三重一大”事项集体决策，强化重大行政决策社会稳定风险评估和合法性审查，区政府法律顾问组作用有效发挥。进一步规范行政执法行为，公布行政权力事项目录，行政权力依法规范公开运行平台正式上线使用。

二是行政效能有效提升。启用市民中心暨新政务中心，深入推进行政审批“两集中、两到位”，“一站式”办结能力大幅提升，按时办结率达 100%。推进行政审批流程再造，实施投资建设项目“三段式”并联审批，审批时限压缩 60%。分别向重点镇、一般乡镇(街道)、村(社区)下放审批服务事项 97 项、80 项、22 项。大力开展上门服务、预约服务、延时服务，开通“青白江服务”微博(微信)，设立政务服务呼叫热线，群众办事更加便捷。新版政府门户网站上线运行，绩效评估位列全国前 100 名。

三是作风建设切实加强。扎实开展党的群众路线教育实践活动，严格落实“八项规定”和“三严三实”重大要求，认真开展“五个专项整治”，有力推动正风肃纪常态化，“四风”问题有效遏制。以经济责任审计为抓手，倒逼依法行政制度建设，配合完成土地出让收支和耕地保护专项审计。落实“两个责任”，健全惩治和预防腐败体系，聚焦人事、财经、资源“三大核心岗位”核定权力清单、规范权力运行。大力整治“文山会海”，文件和会议分别减少 16.67%、28.57%。“三公”经费支出下降 37.5%。

双拥、征兵、人防、消防、档案、供销、保密、老龄、台侨、地方志、民族宗教等工作实现新发展，国税、地税、邮政等工作取得新成效，工会、共青团、妇联、残联、红十字会等群团组织作用有效发挥。

在此，需要特别说明的是，经过全区上下的艰辛努力，我区经济社会保持了较好的发展态势，固定资产投资、规上工业增加值等主要指标增速均位居二圈层前列，农民人均纯收入等指标增幅高于全国、全省和同圈层平均水平，但地区生产总值、三产增加值、城镇居民人均可支配收入等指标与年初预期目标有一定差距。主要原因是：当前，我国经济进入新常态，正处于增长速度的换挡期、结构调整的阵痛期、前期刺激政策的消化期，经济下行压力较大；新增投资不足，部分项目产能释放尚需时日，一些重点项目推进缓慢，仍未形成有力的经济增长点。驻区传统企业刚刚进入转型升级起步期，经营效益不佳，对全区经济总量的增加贡献减少。

各位代表，过去一年的成绩，是在面临复杂局面和多重挑战下取得的，来之不易，弥足珍贵。这是市委、市政府和区委坚强领导的结果，是区人大、区政协和社会各界支持监督的结果，是全区上下共同努力的结果。在此，我代表区人民政府，向在各领域和岗位上辛勤劳动、作出贡献的全区人民，向给予我们支持与监督的人大代表、政协委员、各民主党派、工商联和无党派人士、各人民团体、社会各界人士，表示衷心感谢并致以崇高敬意！

在肯定成绩的同时，我们也清醒地认识到，当前全区经济社会发展依然面临不少困难和问题：宏观经济形势的严峻性、复杂性不容低估，企业投资信心不足，消费市场不够活跃；传统企业转型升级依然面临较大困难，新兴产业还有待进一步加大培育力度；要素瓶颈制约加剧，企业用地难、融资难、融资贵等问题较为突出；区域发展还不平衡，破解城乡二元结构压力还很大；服务民生的综合实力还不够强，交通出行、大气污染、安置房建设等群众关心关注的热点问题还有待进一步加大力度解决；部分干部懒作为、怠作为现象还不同程度存在，作风建设任务还很艰巨。对此，我们将在今后工作中高度重视、科学谋划，不以事艰而退避、不以任重而不为，采取更加有力的措施，切实加以解决。

2015年工作安排

2015年是全面深化改革的关键之年，是推进依法治区的开局之年，也是全面完成“十二五”规划、科学谋划“十三五”规划的重要一年。按照区委部署，做好今年工作，要全面贯彻党的十八大和十八届三中、四中全会精神，以邓小平理论、“三个代表”重要思想、科学发展观为指导，深入学习贯彻习近平总书记系列重要讲话精神，主动适应经济发展新常态，认真落实中央和省委、市委重大部署，牢牢把握“稳中求进、统筹发展”工作主基调，以提高经济发展质量和效益为中心，坚持改革创新、高端发展、扩大开放、夯实民生，促进经济社会持续稳定发展，再谱“五区”发展新篇章，加快富裕文明和谐幸福青白江建设步伐，为成都奋力打造西部经济核心增长极、建设现代化国际化大都市多做贡献！

2015年全区经济社会发展的主要目标是：地区生产总值增长8%左右，固定资产投资总额260亿元以上，地方公共财政收入增长8.5%，社会消费品零售总额增长11%，城镇居民人均可支配收入增长8.5%，农村居民人均纯收入增长10%，万元地区生产总值能耗进一步降低，主要污染物排放量进一步减少。实现上述目标，要重点抓好五个方面工作。

一、以提高发展质量和效益为中心，推动产业结构优化升级

坚持以项目为中心组织经济工作，调整优化产业结构，加速产业升级步伐，加快打造“双千亿”产业。

一是创新投资服务，优化投资环境。研究制定三次产业投资服务政策体系，强化谈判签约、项目促建、企业服务的“三段式”投资服务运行机制，努力形成高效化的营商制度，打造“林秀鸟自来”的投资服务环境。创新投资服务机制，建立投资服务联席会议制度，集中研究解决各阶段存在的困难和问题，促进项目顺利签约、加快建设、尽早达效，成为区域经济新的增长点。力争签约落户项目20个以上、开工建设135个以上、加快建设51个以上、竣工投产82个以上。注重招商选资、招优引强，建立重点招商项目名录，坚持广泛谈判、慎重签约，做好拟引进项目可行性论证，严格用地价格、投资强度、税收贡献等协议约束。积极做好项目促建，严格投资协议双向履约，畅通绿色通道，加强现有空间资源的储备和管理，统筹做好土地出让、基础配套等保障工作，确保项目顺利推进。加强政企互动，坚持周联系、月走访、季座谈，主动了解企业实际需求，提供全天候、全方位、全覆盖优质服务，帮助企业解决实际困难和问题；搭建企业沟通平台，促进企业合作共赢。坚持非禁即入，大力推广PPP模式，引进社会资本参与城乡基础设施建设。

二是扩增量调存量，领先发展新型工业。深入推进战略性新兴产业培育和传统产业转型升级，力争新增规模以上工业企业25家，实现规上工业增加值增长不低于8.3%。力争开工项目15个以上、竣工18个以上、投产达效19个以上。大力发展战略性新兴产业，做强商用车制造、成套装备制造、新材料、绿色建材及建筑工业化产业，延伸产业链，培育新型产业集群。统筹规划老工业基地转型升级发展方向，积极配合推动川化、攀成钢转型升级，力促川化全面关停传统化肥生产线、攀成钢关闭冶炼系统；加快推进25个技改项目，推动传统产业向高端化发展。支持重汽王牌开展国家“两化融合”贯标试点认定工作，支持中小微企业入驻成都市企业云服务平台。大力发展民营经济，积极支持和引导中小微企业发展，构建生产小型化、智能化、专业化新型产业组织体系。

三是做强物流商贸集群，加速发展现代服务业。把加快发展现代服务业作为结构调整、转型升级的战略重点，推动服务业发展提速、比重提高、水平提升。力争新增规模以上、限额以上服务业企业 80 家，服务业增加值增长不低于 10.5%。力争开工项目 6 个以上、加快建设 12 个以上、达产营运 6 个以上。加快物流商贸信息港、物流电子商务产业园区建设，打造欧亚货物转运中心、进出口商品采购(展示)中心，积极筹建中欧贸易加工园、跨境电子商务产业园，扎实推进集装箱物流园区国家级服务标准化试点，让更多“成都造”“四川造”自此走向世界。加大专业市场培育力度，支持专业市场应用二维码、平面店、移动电子商务等新型电商模式实现 O2O 商业形态，促进市场规范经营。支持银行新增服务网点，推动传统商贸、餐饮业提档升级，大力发展会展、信息服务、养老健康服务等新兴服务业，努力培育消费热点，释放消费潜力。

四是突出一三互动，特色发展都市现代农业。扎实推进“米袋子”“菜篮子”“果盘子”建设，严守耕地红线，持续巩固和稳定粮经生产，提高农业品牌化、市场化水平。力争农业增加值增长不低于 3%。加大农业投入，推进龙泉山伏季水果产业基地等项目，加快青南大道等主要交通干线“一线一品”示范线建设。完善农田水利基础配套，加快“百湖工程”三期 5 座人工湖建设，实施渠系配套建设及节水灌溉等项目 6 个，增强农业可持续发展能力。依托现代粮食物流加工产业园区、清泉农产品加工物流园区、城厢特色食用菌园区，大力发展农产品精深加工，新培育产业化龙头企业 3 家以上。围绕“山、河、花、湖”四大景观，大力发展乡村旅游，打造旅游环线；鼓励农户发展农事体验、果蔬采摘、林下养殖和庭院经济，支持推广家庭农场电子商务直销模式，力争新发展家庭农场 30 家以上，真正形成独具青白江特色的都市现代农业。

二、以全面深化改革为统领，激发区域发展动力和活力

坚持把改革创新融入经济社会发展各个领域和环节，强化创新驱动和开放引领，更多运用改革力量激发创新活力，聚集创新要素，汇聚创业力量。

一是深化重点领域改革，持续释放改革红利。深化行政执法体制改革，建立行政执法自由裁量权基准制度、执法依据定期梳理和公布制度；大力推进行政审批制度改革，完善行政权力清单制度。全面深化财税体制改革，建立全面规范、公开透明的预算管理制度；深入推进公共资源交易配套制度改革，加强对国有土地出让、政府投资建设工程、政府采购、国有产权出让交易等环节的监督管理；深化工商登记制度改革，推行“先照后证”“一照多址”等举措。健全政府、银行和企业协调沟通制度，拓宽信贷支持领域，增强国有公司的投融资能力。稳步推进农村产权制度改革，完善确权登记管理服务体系，维护农村合法产权权益；加强基层阵地建设，推动新型城乡基层治理机制创新，促进村(社区)组织职能归位。深化城乡住房保障制度改革，有序推进公共租赁住房和廉租住房并轨运行；稳妥推进社会组织管理改革，更好发挥社会组织在公共服务和社会管理中的作用。

二是以增强创新创业能力为核心，切实强化创新驱动发展。坚持把科技创新作为转型发展的根本路径，不断完善创新驱动发展体制机制，推进“政企学研金”协同创新，促进科技与经济深度融合。突出企业主体地位，鼓励加大技术创新和信息化投入，全年力争培育企业技术创新联盟 1 个、科技型企业 3 家，新建研发平台 3 个，企业专利申请增长 25%以上。深入落实“成都十条”，深化校院地协同创新，加强高校、科研院所合作，推动科技创新成果迅速转化及产业化。完善科技服务体系，加快区科技创新(知识产权)服务中心建设，引育科技服务平台公司，组建园区科协，加快中小企业孵化园、新型工业科技园等创新载体建设。启动“创业天府·青白江”计划，大力培育创业先锋，壮大创新创业队伍，引导形成全民创业环境。健全“项目推荐+创业培训+担保贷款+优惠政策”四位一体的创业帮扶机制，积极打造跨境电子商务青年(大学生)创业产业园，提升创业层次和成功率。深入实施“人才兴区”战略，引育更多高层次创新创业人才和专业技术人才。

三是树立区域形象和品牌，持续推进开放合作。坚持市场推广和形象宣传相结合，以“内陆开放新口岸　西部物流大枢纽”为主题，充分利用主流媒体，微博、微信等新兴媒体，加强城市对外营销推介，打响“双黄金国际通道”品牌，不断提升城市知名度和美誉

度。力争保税物流中心(B型)、整车进口和水果进境指定口岸获批,肉类进口指定口岸对外开展业务。推动蓉欧快铁回程班列、蓉深班列开通并稳定运行,促进枢纽优势变枢纽经济,口岸优势变口岸经济。积极参与成都内陆自贸区建设申报工作,加强外向型产业园区建设,培育外贸龙头企业,创建外贸出口品牌。鼓励企业开展外贸进出口经营权办理,力争新增外贸进出口企业30家以上,实现进出口总额5.9亿美元以上,实际到位内资160亿元以上、利用外资1.8亿美元以上。深化"走出去"战略,引导企业拓展欧亚市场;加强与内蒙古二连浩特等地的交流,力争新开通至广西钦州保税港、厦门港的集装箱五定班列。把握成绵乐城际快铁开通契机,深化区域间产业发展、民生保障和公共服务等领域的合作。

三、以扎实推进"四改六治理"为重点,加快新型城镇化进程

坚持以人的城镇化为核心,认真落实"五个转型升级"重大要求,推动城乡建设和管理再上新台阶,提升城市功能、品质和形象,建设成都北部卫星城。

一是梯次协调发展,优化新型城乡形态。开展主城区、产业园区的专业专项及控制性详细规划修编,完成姚渡等乡镇新一轮总体规划修编。持续开展老旧市场提升和违法建设治理,深入推进棚户区、城中村和老旧院落改造,梯度推进城厢历史文化古城保护和旅游开发,加快祥福、清泉等重点镇建设。扎实推进新农村综合体建设,新建姚渡凉水村等5个幸福美丽新村示范村,启动福洪拦冲村、清泉北宁村2个"小、组、生"建设,推动龙王镇统筹城乡综合配套改革示范。

二是完善基础配套,提升城乡承载功能。配合推进成都二绕、成兰铁路等省市重点项目,启动青解路改移、弥牟三西路建设等工程;确保区综合客运枢纽站建成、大件路东绕线(青白江段)具备通车条件;加快推进文澜路西段等园区主干道路建设;完成S101唐巴路唐家寺段大修工程,新改建村组道路70公里。新建和改造主城区公共厕所,启动清泉花园、福洪先锋等农贸市场建设,优化提升城市生活服务配套功能。力促110千伏城厢变电站开工。加快信息基础设施建设,实现4G网络全覆盖。

三是建设管理并举,创优生态宜居环境。刚性执行环境保护法,打造更加宜居宜人宜业环境。完善G108国道(青白江段)市政设施配套,持续开展老城区市容秩序治理和设施提升工作,推进生活垃圾分类试点,完成红阳路绿化节点盲点死角整治;积极开展美丽乡村创建,提升农村环境整体形象。落实各项大气雾霾专项治理措施,大力发展新能源汽车配套设施建设,全面开展禁燃区内高污染燃料锅炉淘汰和废气深度治理;加强对重点减排项目日常监管,确保完成"十二五"减排目标。加大重点流域规划项目和沱江流域重点治理项目推进力度,加快绣川河、西江河环境综合整治工程建设;完成毗河等20条黑臭河渠综合治理。新增公共绿地面积,提升城镇品质,让群众望得见山、看得见水,让城市融入自然,充满鸟语花香。

四、以保障和改善民生为根本,努力为群众创造更多福祉

坚持保基本、兜底线,深入推进"十大类民生工程",支持公益性服务型社会组织发展,进一步提升公共服务水平,激发社会自我管理活力,让发展成果更多更公平地惠及全区群众。

一是优化管理,持续完善社会保障体系。高度关注关系群众切身利益的热点难点问题,努力让群众过上更好生活。进一步完善公共就业服务体系,全年实现城镇新增就业3 900人以上;农村富余劳动力向非农产业新增转移就业4 000人以上;做好部分国有大中型企业的改革分流人员再就业服务工作,确保全区就业形势稳定。深入推进"全民社保工程",城乡居民养老保险参保覆盖率保持在90%以上,基本医疗保险参保覆盖率保持在98%以上。深化社会救助体系建设,提升扶贫济困能力。探索公办养老机构改革,加快福洪、人和敬老院迁建工程建设,提升村(社区)居家养老设施和服务能力,初步形成区乡村三级养老服务网络,努力让老人的晚年过得更加舒适、更有幸福感。探索建立农民工住房保障制度化体系,建成祥福天星二期等安置房73万平方米,启动建设大弯长流河二期等安置房85万平方米;完成地质灾害避让搬迁79户。

二是加大投入,提升公共服务水平。大力发展社会事业,进一步提升公共服务质量。建成大同童乐等

幼儿园8所，完成大弯小学等改扩建工程；加强教师队伍建设，加快推进国家教育资源公共服务平台规模化应用试点；抓好国家中等职业改革发展示范校项目建设。深入实施文化惠民工程，加快文体中心建设，精心筹备2016年成都市第十三届运动会。深入推进区级公立医院综合改革，优化卫生人才队伍，完成区医疗中心二期等项目建设，进一步提高卫生服务能力和水平。加大计生特殊困难家庭、残疾人等困难群体帮扶力度。优化公交服务体系，完善公交线网布局，力争新开行公交环线、社区巴士等10条公交线路，新投入公交车70标台；加快公交服务配套设施建设，启动主城区公交电子站牌建设；实施70周岁以上老人免费卡和学生优惠卡。

三是强化职责，深化平安青白江建设。大力推动依法治区和社会治理创新，进一步提升群众安全感和满意度。切实做好反恐防邪维稳工作，狠抓常态治安整治和防控体系建设，提高区应急联动（社会管理）指挥中心暨“天网”四期平台应用水平，全面推进网格化服务管理，巩固省级平安区创建成果。严格落实安全生产法，强化道路交通、消防、建筑工地等重点行业领域以及商场、学校、网吧等重点部位的安全监管，确保生产安全和公共安全。严厉打击食品药品违法犯罪行为，加快区食品药品快速检测中心和乡镇（街道）快检点建设，启动食品药品诚信体系电子监管平台二期建设，切实保障群众食品药品安全。深入推进“法律七进”和“法制大讲堂”活动，做好“六五”普法检查验收工作，深化人民调解员队伍建设，扎实开展法律援助“双延伸”活动，不断完善人权司法保障制度。认真落实信访逐级负责和领导接访下访包案责任制，大力实施信访系统“五项行动”，规范信访秩序，引导群众依法表达诉求。

五、以强化职能转变为核心，不断加强政府自身建设

切实加强政府自身建设，着力提升行政效能，依法全面履行政府职能，加快建设职能科学、权责法定、执法严明、公开公正、廉洁高效、守法诚信的法治政府、效能政府和廉洁政府。

一是全面推进依法行政，打造法治政府。自觉接受区人大的法律监督、工作监督和区政协的民主监督，高度重视社会监督和舆论监督。严格执行区人大及其常委会的各项决议决定，认真办理人大代表建议、批评和意见以及政协委员提案，广泛听取民主党派和人民团体意见。健全依法决策机制，完善重大行政决策法定程序。规范行政执法，推进综合执法。更好发挥政府法律顾问组积极作用；深化政府常务会会前学法制度，并将学法制度向乡镇（街道）、部门延伸，引导公务人员更好地运用法治思维和法治方式履职行权。全面推进政务信息公开。

二是着力优化政务服务，打造效能政府。深入推进减政放权，清理减少行政审批事项，逐步取消非行政许可审批项目，大力推行投资建设项目并联审批，提高审批效率。健全政务服务体系，进一步提升区政务中心服务品质，加强基层便民服务平台建设。提高政务服务信息化水平，健全电子政务大厅、移动电子政务大厅功能，完善行政权力运行基础平台和监察平台、基层公开综合服务监管平台，切实加快公民信息管理系统建设，为群众提供更加优质、规范、高效的政务服务。坚持花钱必问效，无效必问责，提高财政资金使用效益。

三是切实加强廉政建设，打造廉洁政府。落实“三严三实”要求，落实党风廉政建设“两个责任”，巩固党的群众路线教育实践活动成果，严防“四风”问题回潮反弹，推进政风行风进一步好转。坚持抓改革发展与反腐倡廉“两轮同轴、力度统一”。强化审计监督，加强财政专项资金、重大项目、民生工程等重点领域的监督管理，深入推进公共资源交易重点领域、重点环节、重点岗位的廉政风险防控，从源头上、制度上依法规范资源配置权运行和预防腐败。完善债务管控机制，强化“三公”经费管理，稳妥推进公务用车制度改革，把更多财力用于保障和改善民生。坚持科学理政、团结共事，坚持敢于担当、真抓实干，打造守规矩、有作为的公务员队伍。深化巩固“五个专项整治”成果，努力推动“走基层”和正风肃纪常态化，形成干部清正、政府清廉、政治清明的发展环境。

各位代表，今天的成都，已站在“新常态、万亿级，再出发”的新起点；今天的青白江，已踏上改革创新、转型升级的新征程。让我们紧密团结在以习近平同志为总书记的党中央周围，在市委、市政府和区委的坚

强领导下，紧紧依靠全区人民群众，以时不我待、只争朝夕的精神，敢为人先、争创一流的胆气，踏石留印、抓铁有痕的决心，戮力同心、锐意进取，为加快“五区”发展、建设富裕文明和谐幸福青白江而不懈奋斗！

区政协常委会工作报告

——2015 年 2 月 3 日在政协第八届成都市青白江区委员会第四次会议上

区政协主席　李光明

各位委员、各位同志：

我代表政协第八届成都市青白江区委员会常务委员会，向大会报告工作，请各位委员审议，请列席会议的同志提出意见。

2014 年工作回顾

一年来，在中共成都市青白江区委的坚强领导下，区政协认真学习贯彻中共十八大和十八届三中、四中全会精神和省委十届四次、五次全会，市委十二届三次、四次全会，区委经济工作暨城镇化工作会议精神，紧紧围绕区委全面深化改革的重大决策和“五区”发展战略，立足“稳中求进、改革创新、统筹发展”工作基调，牢牢把握团结和民主两大主题，深入贯彻落实区委的各项决策部署，认真履行政治协商、民主监督、参政议政职能。一心一意谋发展，齐心协力促改革，尽心竭力惠民生，凝心聚力创和谐，各项工作取得了新的成效，为全区经济社会持续稳定全面发展作出了积极贡献。

一、围绕中心、服务大局，全力助推深化改革

（一）政治协商促进深化改革。区政协始终坚持从全区人民的根本利益和经济长远发展出发，以全面深化改革为统领，以推进改革促进发展为抓手，规范有序地开展协商活动。一年来，以政协例会为协商的主要方式，通过全体会议对“一府两院”工作报告、国民经济和社会发展计划报告、财政预算报告等进行协商讨论，对全区民生工程及产业发展情况在全会期间进行集中视察，对“深入推进新型城镇化，加快‘五区’发展”等进行专题协商；通过常委会议对全区半年经济社会运行情况、全区党风廉政建设和反腐败工作情况开展专题协商；通过主席会议对全区重点项目建设情况、全区财政工作、2014 年重点提案办理工作等开展重点协商。深入讨论全区经济结构调整、资源合理配置、生态环境治理、民生改善、城乡统筹发展、交通组织优化等问题，委员们提出了“鼓励、支持民营企业做大做强，强化投资效益、实施退出机制，设立人才引进数据库和专项资金，盘活资源、促进产业转型，做好蓉欧快铁‘来回生意’，协调新都、广汉规划建设‘边界经济区’，加大扶持农产品加工企业，做实‘新青卫星城’规划和建设”等 38 条意见建议。报送区委后，引起了区委、区政府主要领导的高度重视，并安排相关区领导抓好研究落实。随后，各分管区领导迅速召集相关职能部门，制定出台了一系列政策措施，有力地推动了委员所提意见建议的落地和落实。

（二）民主监督服务深化改革。跟踪全区全面深化改革和统筹发展的推进步伐，通过开展民主监督，协助区委、区政府抓改革任务推进，抓重大决策落实。一是开展系列视察调研。根据区委、区政府全面深化改革的总体部署，有针对性地对全区改革发展中重大项目推进、专业市场发展扶持政策和老工业基地调整改造、大气污染防治、创名牌产品建设、城乡环境综合治理、改善民生、社区矫正、创新社会管理维护稳定、住房公积金管理、区级医疗资源整合运用、公共体育设施建设等方面的工作开展视察，了解各项工作进展情况，通过各种途径正面宣传被视察单位取得的突出成绩，激发干部职工加快“五区”建设的内生动力和工作热情。助力解决被视察单位工作中遇到的实际困难，以政协特有的渠道积极向区委、区政府呼吁反映，促成相关问题解决。二是以派出政协委员担任相关执纪执法和窗口部门政风行风监督员开展监督活动，为进

一步推进祛“四风”、转作风，落实中央“八项规定”，省委、市委、区委“正风肃纪”以及“五个专项整治行动”，优化我区发展软环境做贡献。

(三)参政议政推动深化改革。充分发挥政协智力密集、联系广泛的优势，积极就全区全面深化改革中的一些困难和问题认真组织调查研究，形成了一系列调研成果，共提交17篇调研报告，调研内容集中在两个方面：一是涉及我区改革发展的课题。主要是，针对我区产业转型升级中资源要素制约的问题，由相关副主席带队，深入走访老工业企业和工业园区，形成了“加快我区工业结构调整、实现产业升级”和“提高我区经济发展的质量和效益”的建议；针对我区养老服务方面的实际情况，组织调研撰写了“关于我区社会化养老服务体系建设的调查与思考”；针对人民群众普遍关心关注的食品安全和看病就医中存在的医德医风问题，调研报送了“加强食品生产质量监管、从源头保护舌尖上的安全”和“我区医护人员职业道德建设的现状与对策”。这些调研成果，引起了区委区政府领导的关注，一些意见建议被吸纳落实到有关的发展规划、政策措施和具体工作之中。二是针对现阶段改革发展中遇到的紧迫性问题，通过扎实开展党的群众路线教育实践活动，以及“走基层、解难题、办实事、惠民生”等活动载体，通过走访乡镇(街道)、村(社区)，掌握情况、出谋划策、促成相关问题解决。对倾向性问题组织调研，掌握了大量第一手资料，形成了“加快都市型现代农业发展”，“坚持‘三个集中’‘两化互动’、加快城乡统筹”等调研报告，引起了区委、区政府相关领导的重视。

二、以人为本、关注民生，着力促进社会和谐

(一)提案工作聚焦民生。认真贯彻落实中办、国办《关于进一步加强人民政协提案办理工作的意见》，积极发挥提案在解决民生问题中的重要作用。区政协八届三次全会以来共立案提案155件，其中涉及民生的101件，占全部提案的65.16%，内容涵盖医疗卫生、环境保护、食品安全、教育公平、文化生活、社会养老和交通建设等各个方面，提案已经成为反映民生诉求的重要渠道。同时，通过强化提案办理来响应民生诉求，把一批群众关注度高、涉及面广的提案列为重点提案，由区政协领导领衔督办。譬如把“关于加快城市营销步伐，开创“五区”发展新局面的建议”等7件提案确定为重点提案，由区政协主席会议成员率相关专委会进行跟踪督办，并就办理情况组织视察，听取承办部门、提案人和督办人的意见。在各方共同努力下，区政协八届三次会议以来提案所提建议得到解决的占42.6%，列入计划解决的占52.2%，因政策、法律条件所限不能解决的占5.2%。

(二)社情民意反映民生。进一步畅通社情民意信息反映渠道，完善信息报送网络，加强信息跟踪、反馈。坚持把反映信息作为履职的重要任务，把《社情民意》刊物作为反映民声、表达诉求的重要渠道和载体，为区委、区政府了解民意、科学民主决策提供社情民意信息支持，积极协助做好解疑释惑、协调关系、化解矛盾的工作。一些信息反映的问题引起区委、区政府领导的高度重视，并得到较好的解决。如针对我区城市配套设施建设中的一些问题和住宅小区停车秩序混乱的问题，报送了“主城区一些地方应当统筹配套建公厕”，“住宅小区停车秩序混乱、相关部门应当主动作为”等社情民意，引起了区委、区政府主要领导的重视并作出重要批示。区委、区政府相关责任领导迅速行动，深入实地调研，召集专题会议，落实规划建设和整改方案，有力促进了这些问题的解决。

(三)扶弱济困改善民生。按照区委的统一安排，组织开展挂钩联系乡镇(街道)、村(社区)，帮助他们理清思路、找准发展路子。区政协班子成员和机关干部通过在群众路线教育实践活动中“走基层、解难题、办实事、惠民生”这一载体，协调解决所联系村(社区)、困难群众生产生活中的难题。组织有专业技能的委员开展“三下乡”活动，发动委员和机关干部开展扶弱济困募捐以及慈善一日捐等帮扶活动。一年来，共挤出办公经费80 000元为帮扶联系的大弯街道革新村、大同镇界牌村、弥牟镇唐家寺社区、清泉镇牌坊村、龙王镇梁弯村、福洪镇进步村、人和乡油坊村提供帮扶支持，组织机关干部慈善捐款9 050元，组织部分政协委员、机关干部、省内社会爱心人士为政协委员王玲的女儿因患白血病募集治疗费52 599元、捐赠相关保健食药品价值3 720元。

三、发扬民主、增进团结，发挥政协独特作用

(一)团结各界人士，营造合作氛围。充分发挥政

协优势，切实加强与民主党派基层组织、人民团体和各界人士的沟通交流，营造民主协商、联合议政的合作氛围。支持和鼓励各界人士在政协各种会议上发表意见建议，组织他们参加政协的调研、视察、专题协商会，委派他们列席区政府常务会等多种形式的议政活动，把他们提出的合理化建议及时报送给区委、区政府领导或转交相关部门。制定各界别政协委员联系服务群众工作意见，完善政协委员界别小组活动实施办法，通过界别渠道团结各界人士，密切与群众的联系，倾听群众意见，反映群众呼声，协助区委政府解决好人民群众最关心、最直接、最现实的问题。

（二）编辑政协史料，总结履职经验。2014年，适逢人民政协成立65周年、区政协成立30周年，区政协通过深入学习党的十八大和十八届三中全会关于建立社会主义协商民主制度的重要论述，邀请市政协及区委、区人大、区政府领导，各民主党派基层组织负责人，各界别政协委员代表，社会各界人士召开纪念座谈会，深刻总结区政协成立30年来的协商实践和履职经验，挖掘、整理、编辑出版了《青白江政协30年》（专辑）一书，从“光辉足迹、履职风采、创新实践、溯源觅踪”四个部分，真实再现了区政协30年来履行职能的大量历史情况，在社会各界引起了较好反响。

（三）加强联谊交流，提升自身影响。加强与上级政协、省内外区（市）县政协的联系和交流，妥善做好各级领导、来宾调研考察我区生态建设、农业产业化发展、蓉欧快铁运行情况等的接待工作，大力宣传我区经济社会发展成就；积极承办市政协在我区举办的政协工作协同互动座谈会，加强民主监督、推动协商民主座谈会，民主法制社区（村）建设专题调研会等会务工作，在市政协主席会议及市政协召开的各区（市）县政协主席工作会上交流介绍我区政协“对重大问题协商于党委决策之前工作情况”，“主动对接共享政协资源、争取指导协同推进工作情况”，“学习习总书记重要讲话精神、加强我区政协履职能力现代化建设情况”等等。坚持不定期深入政协参加单位、委员所在单位开展调研，促进横向交流。关心在外青白江人的发展，区政协班子成员利用外出学习、培训机会看望在外政协委员和知名人士，宣传青白江投资环境，扩大青白江对外知名度。

四、健全机制、夯实基础，切实加强自身建设

（一）加强理论学习研究。通过中心组学习、主席读书会、专委委员培训会、参加全国、省、市政协干部培训班、领导干部党校培训学习和参加全国干部教育培训基地轮训等各种形式，学习中共十八大和十八届三中、四中全会精神，人民政协与统一战线理论等。把社会主义协商民主理论与政协工作实际结合起来，用理论武装头脑、指导实践、推动工作，以如何发挥政协作为协商民主重要渠道作用为主题，结合开展党的群众路线教育实践活动，认真学习习近平总书记在庆祝人民政协成立65周年大会上的重要讲话，形成相关学习成果，市政协理论研究会出版的《协商民主与人民政协》专辑收录我区政协“加强政协民主监督，推动协商民主建设”、“完善协商民主制度”等理论研究文章，《四川政协报》刊载区政协主要领导发表的“从严从实抓好教育实践活动”专题文章。

（二）扎实开展群众路线教育实践活动。按照中央、省委、市委、区委的统一部署，区政协党组和机关党的群众路线教育实践活动在区委的领导和市委第七督导组的指导下，严格按照教育实践活动“照镜子、正衣冠、洗洗澡、治治病”的总要求，坚持在学习教育上求“深”、听取意见上求“真”，查摆问题上求“准”，自身整改上求“实”，以积极的态度正视班子和机关干部存在的缺点和不足。活动中，立足以整风的精神开展批评和自我批评，做到“四风”突出的问题从严改、群众关切的问题优先改、自身存在的问题主动改，以组织开展“问自己是不是在忙着与党的根本宗旨不相关的事情？想我们干的事情是不是党和人民需要我们干的？”等讨论活动，统筹兼顾，推动工作，把开展教育实践活动与区政协八届三次会议确定的各项目标任务，以及区委批转的区政协2014年工作要点有机结合起来，做到两手抓、两不误，两促进，为祛“四风”、转作风，更好地履行政协职能，推动全区经济社会持续稳定全面发展提供保障。区政协教育实践活动实现了转作风强信念、接地气真为民、强学习促履职的预期目标。

（三）切实发挥专委会的基础作用。进一步健全和完善专委会与对口党政部门的联系制度，让专委会充当好委员履职的服务员和知情明政的信息员。各专委

会主动与对口部门加强联系，主动融入对口部门的工作计划和工作任务，掌握开展工作的主动权；主动通过提案、调研报告、联系座谈等形式，向对口部门反映社情民意；主动根据政协工作需要与对口部门联合开展调研，有计划、有目的地组织委员开展各项履职活动；发挥了专委会在政协开展活动的组织作用、在调查研究中的策划作用、在组织视察中的导向作用、在提出提案时的带动作用、在加强团结民主方面的协调作用，为推动我区政协事业发展奠定了坚实的基础。

各位委员、各位同志！2014年区政协履职成绩的取得，是中共成都市青白江区委正确领导的结果，是区政府和社会各界大力支持的结果，凝聚着区政协各参加单位和政协委员的智慧、心血和汗水，离不开历届区政协老领导的关心、理解和支持。在此，我代表区政协向所有关心支持政协工作的各级领导和同志们表示衷心的感谢，向认真履行职能、努力奉献社会的全体政协委员致以崇高的敬意！

在肯定成绩的同时，也要清醒地看到，我们工作中还存在一些不足。如，如何有效发挥政协作为协商民主重要渠道的作用还有待进一步深化，民主监督的实效性还有待进一步强化，参政议政的成果还有待进一步转化，政协自身建设水平还有待进一步提升，部分委员履职的积极性、主动性、创造性还有待进一步提高。对此，真诚希望全体委员和与会同志对我们的工作提出意见和建议，共同把我区政协工作做得更好。

2015年工作思路

2015年是“十二五规划”的收官之年，是全面深化改革的关键之年，是推进依法治区、强化从严治党的开局之年。区政协工作的总体要求是：高举中国特色社会主义伟大旗帜，认真学习贯彻中共十八届三中、四中全会精神，以及习近平总书记系列重要讲话精神，省委十届四次、五次全会，市委十二届三次、四次全会和区委十届八次全会暨区委经济工作会、区十届二次党代会精神，在中共成都市青白江区委的坚强领导下，动员和组织区政协各参加单位、全体政协委员，围绕“稳中求进、统筹发展”工作主基调，更加突出科学发展主题，更加致力依法治区导向，更加凸显转型升级主线，更加彰显民生幸福主旨，为落实中央“四个全面”部署要求，谱写“五区”建设转型升级发展新篇章做出新的贡献！

一、增进“四个全面”共识，凝聚“五区”建设正能量

去年12月，习近平总书记在江苏调研时首次提出，要协调推进全面建成小康社会、全面深化改革、全面推进依法治国、全面从严治党“四个全面”发展战略。这“四个全面”有机统一、相辅相成，要通过各种行之有效的载体，切实发挥政协优势和作用，把落实“四个全面”和中央、省委、市委、区委会议精神贯彻落实到区政协履行职能的全过程。全体政协委员要自觉在全面建成小康社会、全面深化改革的伟大实践中当先锋、做主力；自觉在推进全面依法治国的进程中学法、尊法、信法、守法、用法、护法，不断增强法治理念，树立法治信仰。政协委员中的中共党员要严守政治纪律和政治规矩，切实做到“心中有党、心中有民、心中有责、心中有戒”，做到政治信仰坚定不移、政治立场旗帜鲜明、政治定力坚如磐石。要始终把协调关系、汇聚力量、建言献策、服务大局作为履行职能的着力点，紧密围绕区委提出的“提振工业竞争优势”“挖掘物流商贸业发展潜能”“转变农业生产方式”，以及“推进重点领域改革”“持续扩大开放合作”“推进创新驱动”等重点任务，进一步深化与新经济组织、新社会组织、新社会阶层代表人士的联系，努力汇聚全区各族各界智慧和力量，共谋全面建成小康社会、深化改革、依法治国、从严治党，加快“五区”建设转型升级发展大业。

二、发挥重要渠道作用，推动民主政治建设

要通过认真学习贯彻习近平总书记在庆祝人民政协成立65周年大会上重要讲话精神，准确把握讲话对于推进人民政协事业发展的重大理论和现实意义。要深刻理解中国特色社会主义协商民主的独特性、独有性、独到性，切实发挥政协作为协商民主的重要渠道作用，推进协商民主广泛多层制度化发展；要努力推进履职能力现代化建设，着力提高政治把握能力、调查研究能力、联系群众能力和合作共事能力，不断增强大局意识和服务意识，以敢于担当的作风、昂扬向上的精神、奋发有为的工作，不断创造人民政协

事业更加辉煌的未来。要抓住新常态下全区经济社会发展中具有综合性、战略性、前瞻性的重要问题进行政治协商,重点围绕区委十届八次全会暨区委经济工作会、区十届二次党代会确定的“稳中求进,统筹发展”工作主基调和“着力提质增效,夯实民生保障,加强基层治理”等工作要求,采取整体工作全面协商、重点工作专题协商、部门工作对口协商的方式,让各党派团体和社会各界人士更多元、更全面、更负责地参与到区委区政府的重大决策实施之中。为推动决策科学化、民主化提供民意支撑、民利协调、民智参考,使政治协商成为各党派团体、各族各界人士了解区委、区政府决策意图和统一思想认识的过程。

三、强化民主监督职能,推动重大决策落实

认真贯彻中共成都市青白江区委《关于贯彻落实党的十八届三中全会精神全面深化改革的意见》、《关于贯彻落实党的十八届四中全会精神全面深入推进依法治区的决定》,围绕区委全面建成小康社会、全面深化改革、全面推进依法治区、全面从严治党的部署要求,围绕党和国家政策法律的执行、区委区政府重大决策的落实、重大投资项目与民生工程建设、生态环境保护、人民群众关注的热点难点问题的处置、机关工作人员勤政廉政等问题,积极履行监督职能,做到敢于监督、善于监督。进一步运用会议协商监督、委派民主监督员监督、提案办理监督、社情民意监督、委员调研视察监督等多种形式,发挥政协民主监督在促进区委、区政府中心工作的落实、维护社会公平正义、维护人民群众合法权益等方面的积极作用。

四、提升参政议政水平,增强咨政服务能力

要进一步发挥政协的人才库、智囊团作用,突出咨政服务的思想性、科学性、智慧性和创新性特色,密切关注国内外、区内外发展态势。紧紧围绕区委区政府关注的重点问题、新常态下“五区”建设和全面建成小康社会的难点问题、全区改革发展稳定和依法治区面临的突出问题、人民群众反映强烈的民生热点问题,着重选择事关全区经济社会发展的重点工作、重大决策开展超前调研、同步调研和跟踪调研,突出“专、精、深、实”特点,提出具有针对性和可操作性的意见建议,努力为区委区政府准确判断形势、作出科学决策提供参考。

要巩固党的群众路线教育实践活动成果,不断改进调查研究作风,加强视察工作,注重提案提出质量、办理质量和服务质量,畅通反映社情民意信息渠道,广开言路、广聚民智、广纳良言。探索成果报送、处理反馈、落实转化等机制,着重就区委区政府主要领导对政协委员意见建议、提案、社情民意信息的批办件加强跟踪督办,提高参政议政的实际成效。

五、反映民生民利民意,维护社会和谐稳定

人民政协既有群众工作的职能,又有民意反映的职能。要牢固树立群众观点,把人民群众利益放在第一位置,把深入群众作为工作的第一路径,把群众满意作为工作的第一标准,找准新形势下政协委员做好群众工作的着力点、切入点,在党政部门和群众间架设一座相互沟通、理解支持的桥梁。要积极运用好会议发言、提案、社情民意、调研报告等民意表达形式,不断扩展和深化民意反映工作,积极开展对党政重大决策的动态民意调查,了解各界看法,反映带有普遍性、倾向性、苗头性的民众呼声、群众情绪和社会动态,加强民意汇聚的综合研判,主动做区委区政府研判工作的信息员、情报员,在引领民意、集中民智、解决民困等方面发挥积极作用。要认真总结政协群众工作经验,继续组织政协委员、机关干部扎实做好新一轮“走基层、解难题、办实事、惠民生”活动,认真落实委员联系群众、服务群众制度。全体政协委员不仅要在政协会议上积极发表意见,更要勇于在网络上主动发声,唱响好声音,做好推动区委、区政府中心工作落实的宣传引导工作。

六、抓常抓长作风建设,提高履职保障水平

深化党的群众路线教育实践活动整改落实“回头看”,建立长效机制,持续抓好“庸懒散浮拖”专项治理,切实把区政协各参加单位和全体政协委员“守纪律、讲规矩”摆在更加重要的位置,认真按照习近平总书记“三严三实”和“心中有党、心中有民、心中有责、心中有戒”的要求,识大体、顾大局,强责任、重担当,促进政协自身建设不断提高。要坚持把解放思想、开拓创新贯穿于自身建设的各个方面,积极探索政协工作的新思路、新举措,进一步创新界别活动形式,探索开展界别视察、界别发言、界别提案、界别协商以及界别联合调研等活动,彰显界别特色和优势。继续推行

委员履职“五个一”活动，进一步建立健全委员履职服务管理平台，通过加强学习培训、畅通知情渠道、丰富议政形式，为委员履行职责创造条件；努力推动委员以提交提案、反映社情民意信息的方式履职建言，树立和展示政协委员的良好形象。要进一步强化专委会建设，加强专委会与党政对口部门的联系，努力探索发挥专委会基础作用的新途径。要不断完善机关各项工作制度，推进办文、办事、办会的规范化和制度化建设，扎实推进“学习型、服务型、创新型、和谐型、健康型”机关建设，不断提升机关服务保障水平。

各位委员、同志们：人民政协事业承载希望，肩负重任，前程远大，大有可为。让我们高举中国特色社会主义伟大旗帜，紧密团结在以习近平同志为总书记的中共中央周围，在中共成都市青白江区委的坚强领导下，倍加珍惜时代机遇，倍加珍惜组织重托，倍加珍惜人民期盼，以更加高昂的激情、更加科学的方法、更加务实的作风，认识新常态、适应新常态、引领新常态，为落实中央“四个全面”战略部署，全力助推我区经济社会持续稳定发展，再谱“五区”建设转型升级发展新篇章，开创政协工作新局面而努力奋斗！

专 文

SPECIAL MANUSCRIPT

关于推动区域建筑工业化发展的对策思考

区委书记　刘筱柳

党的十八大以来，以习近平同志为总书记的党中央，围绕推进经济社会转型升级发展，提出了许多新思想、新观点、新论断，特别就“推进绿色发展、循环发展、低碳发展”提出了更高要求。面对新形势、新任务和新要求，青白江作为成都市确定的建筑工业化项目的重要承载地，面对新一轮产业转型升级发展浪潮，将紧抓国家老工业基地调整改造这一重大发展机遇，坚持把突出发展建筑工业化作为优化产业结构的突破口，全力助推区域经济发展质量和效益实现“双提升”，为成都打造西部经济核心增长极、建设现代化国际化大都市做出青白江新贡献。

一、深刻认识建筑工业化发展的实践意义

建筑工业化是通过整合设计、生产、施工等产业链的各个环节，最终实现设计标准化、构件部品化、施工机械化、管理信息化和价值最大化的一种新型建筑生产方式，对促进产业结构调整、推动绿色低碳发展、加快城镇化进程具有重大意义。

（一）推进建筑工业化是产业结构调整的现实需要。习近平总书记指出，“要从当前我国经济发展的阶段性特征出发，积极适应新常态。”适应新常态，意味着必须把促进经济结构调整提到更加重要的位置上，实现经济发展方式从规模速度型粗放增长向质量效率型集约增长转变。近年来，随着宏观经济形势带来的深刻变化，我区化工、冶金、建材等传统产业逐步进入发展的瓶颈阶段，区域产业结构亟需转型升级。由于工业化住宅的全生命周期综合成本低于传统建筑模式，具有广阔的市场前景和更大的经济价值。因此，推动总量较多的传统建筑业走建筑工业化道路，对全区产业结构的优化调整显得尤为重要。

（二）推进建筑工业化是绿色低碳发展的必然选择。近年来，我们紧紧围绕中央和省委、市委的重大决策部署，始终坚持把促进绿色低碳发展作为落实“美丽中国”“美丽繁荣和谐四川”“宜人成都”建设的重要举措。但是，随着区域经济社会的快速发展，区内聚集了大量冶金、化工和传统建材企业，对生态环境带来了较大的承载压力。建筑工业化“五节一环保、质量标准高、使用寿命长”的特点，更符合清洁生产和循环经济发展的需要。特别是其“节能、节地、节水、节材、节时”的生产模式，体现出较大生态环境效益，能够减少住宅建筑施工中涉及的用水、用电以及建材资源的耗费。同时在建造、使用过程中的排放与回收上，工业化建筑部品可更新替换和循环使用，减少现场施工阶段材料运输和固体废料、废水排放，降低噪音污染和空气污染。

（三）推进建筑工业化是加快城镇化发展进程的内在要求。当前，成都正处于新型工业化、新型城镇化“双加速”时期。新型城镇体系和新农村建设加快发展，天府新区建设和“北改”工程深入推进，以及大量保障性安居工程建设任务，催生了大量建筑需求，为我们推进建筑工业化发展创造了广阔空间。青白江区作为国家老工业基地振兴计划中的重点区域，棚户区改造量大，每年的保障房和安置房建设任务达数万平方米以上，绿色建材和住宅需求经测算年均增幅达30%以上。按照国内其他城市在建筑工业化初期的发展模式估算（即保障性住房全部采用工业化方式建造、商品房新开工面积的10%采用工业化方式建造），建筑工业化相关产业在短期内可形成较大产值，到2016年，预计可实现销售收入650亿元。

二、牢牢把握建筑工业化发展的现实基础

青白江区作为四川省唯一的节能建材产业功能区以及国家第二批循环经济试点园区，拥有发展建筑工业化良好基础。

（一）建材产业基础较好。全区现有建材企业107家，2013年实现产值257.7亿元，占全区工业产值的

56.9%，覆盖钢材、水泥、玻璃及深加工等行业，拥有从原材料加工、建材产品生产到商贸物流等完整的产业链条。目前，以巨石、台玻为龙头的新材料（含节能建材）产业已具规模，能提供建筑节能玻璃、高性能纤维、金属基体材料、玻纤产品等节能型和特殊用途高性能复合材料；以攀成钢、中联水泥为龙头的冶金建材产业，能提供钢材、焊管、水泥等原材料产品。

（二）园区承载能力较强。作为国家"一五"期间重点建设的冶金、化工工业基地，青白江工业集中发展区内的道路、水、电、气、污水处理、物流等基础设施建设标准相对较高。目前，全区拥有天然气站11座，可提供双气源供气，日供气设计规模达1 213万标准立方米；拥有各类大型变电站24座，总装接容量405万千伏安；拥有专用工业供水渠道，实现不间断供水；有8座污水处理厂，日处理污水能力17万吨，在建1座，日处理能力5万吨。

（三）交通物流优势明显。青白江区位于成德绵经济带中心区域，区位优势突出。宝成、成渝、达成以及成绵乐城际铁路客运专线等铁路交通线路穿境而过，成南、成德南、成绵高速公路、108（大件路）国道和省道唐巴公路，以及成都第二绕城高速公路、成青快速通道等骨架路网，组成了区域"三纵四横"轨道交通网、"七纵九横四环"公路网和城乡全覆盖的公共交通网，能够实现与天府新区、成都中心城区两大极核以及周边区（市）县的快速对接。同时，作为西部铁路物流中心所在地，青白江拥有成都唯一的铁路口岸，海关、国检、铁路部门进行联合办公，提供全天候24小时通关服务。目前，高速发展中的成都铁路口岸，已经成功获批国家（临时）开放口岸（国家一类口岸），依托中亚列车与蓉欧快铁"双黄金通道"，实现了与西部及欧亚国家经贸往来的无缝对接，为建筑工业化"产供销"一条龙发展提供了便利的物流条件。

（四）产业辐射区域较广。作为"中调"和"北改"项目中建材专业市场的最大承接地，万贯国际、成都建工、华川银地、大港、青龙、俊翔等十余个专业市场已建成投运，形成了以装饰建材、机电五金、高端石材加工为主的建材产业集群发展区，具有较强的产业辐射能力。以青白江区为中心，从辐射半径100千米来看，预制品部件运输有效范围囊括新津、绵阳、都江堰和资阳等区域；从辐射半径300千米来看，运输范围涵盖汉源、广元、阿坝和重庆等区域。随着新型城镇化的深入推进，这些地区将有着不可限量的住宅以及保障性安居工程建设需求，为建筑工业化发展提供了广阔纵深的市场腹地。

三、大力推动建筑工业化发展的对策思考

遵循建筑工业化发展规律，依托现有产业发展基础，着力"政府推动、市场拉动、龙头带动、技术驱动"，深度整合设计、生产、施工的整个建筑产业链，助推建筑工业化裂变发展，促进全区三次产业发展转型升级。

（一）加强政策扶持引导，发挥政府推动作用。一是加强产业规划引领。成立由区委主要领导牵头，由区工管委、区经信局、区发改局、区规划局等多部门联动的建筑工业化发展领导小组，完善建筑工业化规划设计，明确土地出让、招投标、构配件工厂生产、造价监管等各环节的监管程序以及各职能部门的监管责任。加快建立完善领导小组联席会议制度，积极研究制定和发布产业发展指导意见、建材部品产品目录、建筑工业化实施细则等强有力的政策文件。二是加强产业政策促进。严格按照国家级示范基地标准，夯实园区水、电、气、通讯、铁路和道路等要素保障能力；强力推进实行一站式审批服务，简化办理程序、缩短办理时限，开辟"快速通道"，实行重大项目审批全程代办制，对重大、重点审批项目，落实专人负责，快速办理，为企业提供方便快捷的服务；完善中小企业孵化园、物流体系、建设开发、融资担保、环境保护、信息服务、技术服务、人才培训等公共服务平台，不断提升基地的集聚承载能力。加快国家级绿色建材和建筑工业化基地申报工作，积极争取住建部相关政策及资金的倾斜与支持。三是加强宣传引导工作。充分发挥行业协会的桥梁媒介作用，加快建立政府、媒体、企业与公众相结合的宣传机制，通过媒体、论坛、讲座、会议等多种形式，加强工业化试点项目的展示和社会科普宣传，广泛宣传建筑工业化发展带来的经济效益、社会效益和环境效益，提高社会认知度。

（二）全力培育壮大市场，加快释放有效需求。一是积极打造示范项目。以政府投资项目建设为突破口，积极在保障房建设、棚户区改造、公共设施建设，

以及新建园区厂房等项目中试点推行使用工业化、装配式方式建造，逐步打开区内工业化建筑部品部件市场。开展装饰装修工厂化试点示范和住宅小区"菜单式"装修试点，联合国内知名建筑开发商，重点打造1—2个"国家现代建筑产业化试点城市"的代表作品。二是突出招大引强。围绕建设千亿级新材料(绿色建材)产业基地的目标，进一步加大招商选资力度，严格按照产业基地的发展方向、市场准入条件和发展要求，重点引进拥有PC预制构件设计、制造，直至施工、运营的龙头企业及房地产开发各个环节的领军企业及科研单位，引领推动建筑工业化实现突破性发展。三是加大推广应用力度。积极开展住宅性能认定以及住宅部品部件推广认证，优先从通用标准件入手，支持和鼓励企业应用技术和施工难度大的结构件，推动建筑预制装配率逐年提升。规划建设成都市现代建筑产业国际会展中心、青白江区建筑工业化项目示范中心，搭建建筑部品部件电子商务平台，定期举办博览会，加强绿色建材及部品部件展示、交易及市场化推广，形成先行先试的带动效益。

(三)完善创新驱动机制，提升产业核心竞争力。一是加强技术标准体系建设。加快建立以企业为主体的技术体系和工程总承包模式，联合科研院所、重点企业、协会共同搭建技术研发中心或公共服务平台，完善各类装配整体式住宅体系的验收规范和现场施工安全质量技术要求，并与建设系统的相关标准和规范对接，推动全区工业化建筑技术标准体系和管理模式逐步成熟。二是鼓励企业开展创新研发。通过技改贷款贴息及投资补助、节能减排奖励、新上环保设施奖励等专项补助方式，鼓励并推动BIM技术、全程质量追溯物联网系统等信息技术在建筑工业化项目中的运用，进一步加大企业实施关键技术攻关及研发项目的支持力度。联合西南建筑设计院、省建筑科学设计院等科研院所及重点企业单位，成立新型建筑工业化创新研究中心，探索构建以大型企业集团为龙头，大、中、小型企业及科研单位共同参与、优势互补的产业合作联盟。三是大力引进培育专业人才。加大人才引进和培养机制的创新，推动"产业集聚人才"向"人才引领产业"方向发展。充分利用各种传媒，建立年度产业人才引进培养计划和需求信息目录发布制度。积极争取省、市科技计划项目经费，努力申报高层次人才创新创业基地，促进建筑工业化领域的专业人才集聚。加强与国内知名教育培训机构的合作，以绿色建材及建筑工业化部品部件设计、加工制造和服务外包人才为重点，建立新型人才输送合作模式，努力形成人才与产业、高层次人才与科技创新的良性互动。

询到关键处　问到点子上

——基层人大关于专题询问的实践与探索

区人大主任　杨安莉

导语：2013年，全国人大常委会重点就加强和改进县级人大工作进行了专题调研。中共中央政治局常委、全国人大常委会委员长张德江要求，县级人大要贯彻落实党的十八届三中全会精神，深入探讨人大工作面临的新情况新问题，依法健全工作制度和工作机制，推进人民代表大会制度理论和实践创新，要把人民满意当作第一标准，依法加强和改进监督工作，推进基层人大工作完善和发展。

"各类法定监督形式综合运用很少，对'一府两院'的工作监督过分注重程序，为督查而督查，督查结果大都反映大好形势，反映存在的问题避重就轻。"——这是在党的群众路线教育实践活动中，委员、代表给成都市青白江区人大常委会提出的意见建议。基层人大工作应该如何与时俱进？

“对社会普遍关注的问题、群众反映的热点难点问题，如环境保护、社会保障、拆迁安置等民生工程监督力度不够。”——这是在“走基层”活动中，成都市青白江区人大常委会组成人员听到的人民群众的呼声。基层人大如何把人民满意当作第一标准？

基层人大工作如何做到与时俱进、如何把人民满意当作第一标准，这是摆在成都市青白江区人大常委会领导面前的新课题。要推进基层人大工作完善和发展，重点是加强和改进监督工作，在经过反复调研、研究后，这一观点逐步达成共识。加强和改进监督工作，就要综合运用各种监督形式、注重监督效果。《中华人民共和国地方各级人民代表大会和地方各级人民政府组织法》第二十九条指出，“在地方各级人民代表大会审议议案的时候，代表可以向有关地方国家机关提出询问，由有关机关派人说明。”《中华人民共和国各级人民代表大会常务委员会监督法》第三十四条规定：“各级人民代表大会常务委员会会议审议议案和有关报告时，本级人民政府或者有关部门、人民法院或者人民检察院应当派有关负责人员到会，听取意见，回答询问。”询问，是地方人民代表大会及其常务委员会的法定职权。

经过积极筹备、认真组织，2014 年 6 月 10 日，成都市青白江区人大召开了一场别开生面的常委会——工业大气污染防治专题询问会议。会场秩序井然、会议节奏有序、气氛适度紧张，提问者直击问题、答问者真诚回应。这次专题询问，让代表更加深入了解了工业大气污染和空气质量现状，进一步督促人民政府加大工业大气污染整治力度，更加重要的是，通过企业负责人列席会议并作表态性发言，将人民政府工业大气污染整治的压力有效地传递给了企业，逐步形成了工作合力，取得了实实在在的效果。

这次专题询问的主要做法是：

一、会前注重“三报”，重点解决“凭啥询”

开展专题询问，要有计划、有组织、有重点，必须提前做好“三报”，这是专题询问顺利开展的前提条件。

（一）提前向党委汇报。专题询问作为地方人大监督工作的重要手段，主题往往涉及地方的重大工作、重要事项或重点项目，必须提前向党委做好汇报。在实际操作中，我们重点就为什么要开展询问、怎么样开展询问、询问的主要内容、询问的主要流程等向党委作了专题汇报，得到了党委的大力支持，这是专题询问工作取得圆满成功的关键。

（二）提前向政府预报。询问是人大常委会组成人员在人大常委会会议上审议工作报告或议案时，向有关国家机关询问、了解相关情况的一种方式，是人大对“一府两院”实施监督的法定形式。要使专题询问取得实效，要提前向政府 “通气”。在实际操作中，我们在专题询问前 3 个月，向人民政府作了预报，就询问时间、询问地点、询问事项、询问方式等内容向区政府作了通报，并就专题询问准备工作向人民政府及其职能部门提出了要求。

（三）提前向社会通报。询问权是法律赋予人大的一项重要监督职权，开展好专题询问是法律的要求、代表的呼声、人民的期盼。我们提前 1 周时间将常委会（专题询问）的基本情况在电视台作出公告，由群众自愿报名参加，但为了保证会议效果，对自愿参加的群众人数按照旁听人大常委会的要求作了限定。

二、选题注重“三心”，重点解决“询什么”

专题询问议题应当体现“三心”，即区域发展中心、人大监督重心和群众普遍关心，这是专题询问成功的基础条件。

（一）注重议题的应询性，体现区域发展重心。议题的应询性，就是把某个议题确定为专题询问的主题是必要的。专题询问的议题要围绕党委政府的中心工作来“定调”。具体来讲，我们主要依据区委全委会报告主题、区委工作要点和区委重要专题会议内容，参考了区人民政府工作报告关于当年工作安排，选择“一府两院”工作中存在的突出问题、薄弱环节和经过努力可以解决的问题，这样筛选的议题，才有应询性。

（二）注重议题的该询性，体现人大监督重心。议题的该询性，是指专题询问的议题要与人大的工作重心和监督重点来确定，最好是人大常委会要审议的议案和报告。从操作上来说，专题询问的问题应该是人大常委会的工作要点中涉及的内容，并且尽可能进行了目标分解的内容，这样确定的内容，才与人大监督工作重心合拍，不是“为询问而询问”，才有该询性。

(三)注重议题的可询性,体现群众普遍关心。专题询问议题,应该体现群众普遍关心、社会广泛关注。从时效上讲,应该是带有前瞻性、苗头性、倾向性的问题,利于强化事前监督。如果选择已经发生,根据现有条件根本无法改变的问题,专题询问的效果会大打折扣。如我们在选择议题上,就侧重了从人大信访问题上进行排查这个环节,确保专题询问议题是群众普遍关心的问题。

三、过程注重"三问",重点解决"怎么询"

专题询问的议题确定之后,要制定详细的工作方案,解决怎么询,这是询问成功的关键环节。

(一)深入调查研究,搞好会前寻问。会前寻问,这是非常重要的环节,是掌握有关工作情况和发现问题、分析问题、解决问题的基本方法和有效途径。会前询问要解决三个问题:一是知识问题,人大常委会组成人员大多不是相关议题方面的专业人士,要通过寻书本、寻专家、寻部门、寻企业,解决自身知识储备问题。二是实质问题,要采取视察、调查等方式,了解专题询问涉及工作存在的问题,这对设问环节非常重要。三是群众意见,要通过问卷调查、走访座谈等方式,深入开展问前调研,收集群众意见,全面掌握第一手资料。

(二)制定工作方案,注意合理设问。设计好询问题目是增强专题询问效果的重要环节,要通过制定详细的工作方案,使询问的题目更有针对性。设计问题要注意三个方面:一是宏微相扣。涉及问题时,既要有宏观方面的问题,便于了解整体情况,又要有微观方面的问题,便于了解细节问题。二是难易相加。为了确保专题询问效果,问题原则上要按难易程度分别涉及,既不能所有题目都"浅显易懂",也不能全部题目都"深奥难答"。三是密疏相衬。设计询问题目,逻辑性是个难点;要在问题的逻辑性上下工夫,不能让所有问题"一盘散沙",让答问者"不知所云";与议题无关紧要的题目要避免。

(三)强调会议程序,开展现场询问。专题询问一般应安排在常委会会议上进行,先听取和审议"一府两院"的专项工作报告,再集中进行专题询问。专题询问主持人非常关键,可由常委会主任或者副主任主持,采取现场面对面的"一问一答"的形式进行。询问主体主要是常委会组成人员、人大代表,询问对象主要是"一府两院"的相关领导和有关部门的主要负责人。提问环节完毕后,"一府两院"的领导应在专题询问会上作综合性的表态发言;人大常委会的主要领导应该作总结讲话。

四、会后注重"三书",重点解决"跟踪询"

询问是手段,督促改进工作才是目的。专题询问要切实解决实际问题,就要高度重视"三书"的作用。

(一)书面答复。在这次工业大气污染防治专题询问中,为了增加专题询问的针对性,我们组织了与议题有密切关联的市、区人大代表,作为"补充询问",并且事先没有对询问题目提出要求,这对区人民政府及其职能部门来讲,现场回答的难度就比较大。为此,对"补充询问"的问题,政府及其职能部门不能当场回答的,人大常委会同意其在询问会议结束后七天之内书面答复代表。

(二)书面意见。专题询问结束后,区人大常委会有关工作机构或者政府相关职能部门,要把专题询问的问题和建议进行整理,人大以纪要的方式或单独形成审议意见,交区人民政府及其职能部门研究处理,通过持续、跟进监督,实现由知情到监督的"无缝对接",实现专题询问的价值。

(三)书面报告。专题询问会议后,政府及其有关部门要结合会上的表态和承诺,认真抓好相关问题的解决落实,并按照《监督法》的要求,在规定的时限内向人大常委会报告处理情况。人大常委会也可要求"一府两院"及其职能部门定期报告办理工作,确保询问事项真正落实到位,维护好专题询问的严肃性,切实提高人大监督的实效性,防止专题询问止步于"一问一答"、流于形式。

深入实施创新驱动 加快推动转型升级

区人民政府区长 傅学坤

党的十八大提出实施创新驱动发展战略，把科技创新作为提高社会生产力和综合国力的战略支撑，摆在国家发展全局的核心位置。加快实施创新驱动发展，已成为我国面向未来的重大战略选择，也成为各地加快经济转型升级、抢占未来竞争制高点的核心抓手。当前，青白江区正处于经济结构调整的攻坚期和转变发展方式的关键期，深入实施创新驱动，已成为青白江区破解经济发展深层次问题、加快改革创新、推动转型升级的必由之路。

一、青白江区实施创新驱动、加快转型升级的紧迫性与必要性

（一）从发展规律看，实施创新驱动、加快转型升级是老工业基地重新焕发活力的必然选择。一个地区的经济总是按照一定规律运行和发展。作为典型的老工业基地，传统产业经历引进、增长、成熟和衰落四个周期后，这种高投入、高能耗、高污染、低产出的粗放式发展方式已走到尽头。青白江区要适应新常态，实现换挡提速，就必须抓住新一轮科技革命和产业变革的宝贵历史机遇，遵循经济发展规律，抛弃粗放式发展模式，向创新要动力，实现科技创新与产业变革的深度融合，努力培育新的经济增长点，为顺利实现从老工业基地到现代产业新城的华丽转变奠定坚实基础。

（二）从发展阶段看，实施创新驱动、加快转型升级是适应要素结构变化的内在要求。目前，青白江区人均 GDP 已达 7.6 万元（超过 1 万美元），根据现代竞争战略之父迈克尔·波特的经济发展阶段理论，青白江区正处于创新驱动发展阶段，经济增长的主要动力应由要素驱动、投资驱动向科技引领、创新驱动转变。在当前劳动力、资源、环境成本等要素条件发生较大变化的情况下，如果缺少创新的驱动，必然难以真正完成经济结构的调整和发展方式的转变，更谈不上实现“双千亿”奋斗目标和全面建成小康社会。

（三）从发展趋势看，实施创新驱动、加快转型升级是提升产业核心竞争力的现实途径。创新发展、转型升级不仅是青白江区的必然选择，更是全国各地经济发展的趋势和核心理念。纵观成都其他兄弟区（市）县，龙泉驿区借助汽车产业、双流县借助电子信息产业、新津县借助新材料产业加快推进区域产业更新换代，取得了令人瞩目的成绩。这充分说明，谁把握了创新驱动这一发展趋势，谁就抢占了先机、占据了主动。百舸争流，不进则退，面对日益激烈的区域竞争，青白江区只有准确把握这一趋势，才能实现新一轮赶超跨越。

二、青白江区实施创新驱动，加快转型升级的现实基础及有利条件

产业结构不断优化。“十二五”期间，青白江区“双轮驱动”效果初步显现，以新型工业和以西部铁路物流中心为支撑的现代服务业迅速崛起，特别是商用车制造、新材料、成套装备制造、建筑工业化等产业领域具备一定基础，进入了产业结构调整的加速期、科技创新的活跃期。在新一轮科技革命和产业变革提速的背景下，青白江区完全有基础、有条件依靠自主创新实现产业的赶超发展，走出一条以创新驱动推动为特征的发展之路。

政策环境越来越优。四川省委把创新驱动发展战略确立为“三大发展战略”之一；成都也坚持把科技创新摆在城市发展全局的核心位置，陆续出台的创新驱动“1+10”配套政策创下了科技创新扶持政策覆盖广度、支持力度之最。2013 年，四川 8 市 1 区列入《全国老工业基地调整改造规划》，青白江区作为成都市唯一区（县）入选。2014 年 10 月，省政府出台《关于推进城区老工业区搬迁改造的实施意见》，这些都为青白江区提升科技创新能力、加快转型升级带来了前所未有的机遇。

区位优势更加凸显。青白江区是全省乃至西部重

要的铁路物流枢纽，成都铁路集装箱中心站、成都铁路口岸、成都国际集装箱物流园区的建成投运，蓉欧快铁、中亚列车“双黄金国际通道”的相继开通，为新丝绸之路经济带、长江经济带开辟了又一陆运通道，也为青白江区加大国际科技交流合作，充分利用国际科技资源，提升区域科技创新能力搭建了平台。

科创能力持续提升。经过多年培育，青白江区科技资源配置进一步优化，创新环境明显改善。企业知识产权意识和自主创新能力不断增强，全区国家、省、市级工程技术研究中心、联合实验室、院士专家工作站等创新载体达到15个。“抗菌蛋白粘胶共混纤维的研发及产业化”等项目成功实施专利成果转化，取得了良好的经济和社会效益。

三、青白江区实施创新驱动，加快转型升级的路径选择

（一）着力构建以创新引领的现代产业体系。

一是培育发展战略性新兴产业。坚持把培育新兴产业放在战略位置，突出发展商用车制造和建筑工业化，着力引进商用车产业链的关键零部件生产等项目，快速形成全产业链的商用车制造基地；依托全区建材产业优势，搭建全开放的建筑工业化设计、研发、应用综合平台，推动现有建材企业向建筑部品部件制造企业转型。加快发展成套装备制造、新材料产业，着力引进新能源装备、冶金装备制造等项目，形成高端装备制造集群发展；引进玻璃纤维下游产业链企业，形成优势互补、分工合理、互动融合的新材料产业集群。

二是改造和优化升级传统产业。紧抓全国老工业基地调整改造和全市工业布局规划调整机遇，加快推进传统工业转型升级，推进冶金、建材、化工等传统优势产业向产业高端拓展。积极推动川化整体退出天然气化工传统产业和攀成钢冶炼系统搬迁，全力支持川化、攀成钢钒优化产业规划，探索共建新型高新技术产业园。深入开展淘汰落后产能促进节能减排专项行动，引导企业特别是氨氮化肥等粗加工产能有序退出。

三是创新现代服务业发展业态和方式。依托西部铁路物流中心和蓉欧快铁集聚效应，推进物联网、网络通信等现代信息技术、终端产品的广泛应用，提升现代物流服务水平。利用铁路口岸优势，加快打造欧亚货物转运中心，积极筹建中欧贸易加工园。创新商贸、金融等传统服务业商业模式，大力发展总部经济、大宗商品交易、服务外包等新兴服务业。

四是推进现代农业产业链延伸和整合。以科技创新引领现代都市农业发展，大力发展农产品加工业、农业生产服务业和休闲观光农业，不断提高农业规模化、集约化、标准化、生态化和智慧化水平，切实增强农业综合生产能力、产出效率和市场竞争力。创新农业经营体制和方式，完善农产品物流配送、农业社会化服务和农村金融保险服务体系。

（二）着力构建以企业为主体的技术创新体系。

一是增强企业创新能力。大力培育高新技术企业和创新型领军企业，着力培育大企业大集团。推动企业与高校院所、中介机构实施项目对接，开展深度合作。大力培育创新组织，鼓励企业建设院士（专家）创新工作站、联合实验室等研发平台。实施企业研发能力提升工程，大力培育各类科技型企业，支持企业承担各级各类科技计划项目。加快发展技术先进、主业突出、拥有自主知识产权和知名品牌、具有市场竞争优势的行业龙头骨干企业，使之成为转型升级的主导力量和重要依托。

二是推进公共服务平台建设。深入推进公共服务重心下移，健全园区企业服务中心平台功能。加快国家知识产权强县工程试点区、国家技术创新工程四川试点示范区、成都国际集装箱物流园区国家级服务业标准化试点项目建设。加强产、学、研协同，大力培育引进高效的科研机构，与中国重汽、西华大学成立合作研究院，并促进与四川大学、成都信息工程学院等已成立的研究院尽快形成科研成果，推动技术创新和产业链“双向融合”。

三是扩大科技交流与合作。加大科技招商力度，探索制定专门扶持政策，设立专项扶持基金，鼓励有条件的企业积极加入国内相关领域战略联盟，瞄准产业发展重大科技需求，开展科技攻关、技术改造、新产品开发。加强与省进出口商会合作，为企业“走出去”开展国际科技合作提供快捷的信息和技术咨询等服务，推动区域企业“抱团创新”和产业升级，实现产研分工、优势互补、风险共担、利益共享，在重点领域实现集群化、规模化发展。

（三）着力构建灵活高效的制度和管理体系。

一是推进重点领域体制创新。以服务创新为导向，统筹推进民营经济、外向型经济等领域经济体制改革。加强和改进对民间投资的服务指导，鼓励民间

资本进入战略性新兴产业、科技中介服务、科技金融服务等领域。借助蓉欧快铁开通,大力发展以出口为导向、产业为支撑、项目为基础的外向型企业。深化要素市场化配置改革,建立完善差别化电价、水价、土地使用费等政策。健全财政科技投入稳定增长机制,在梳理和整合基础上强化资金统筹,重点扶持企业技改、技术研发、平台建设和人才引进,扶持方式逐步实现由支持科技成果产业化向间接资助创新型企业转变,提高财政资金杠杆效应。

二是强化行政管理制度创新。加强行政服务流程再造,深化建设项目“三段式”并联审批,全面推行“一窗式”服务。深化公共资源交易制度改革,加强土地出让、工程建设、政府采购等重点领域和关键环节的监督管理。升级科技公共服务平台,建立企业创新档案,优化“一对一”服务。健全园区、乡镇(街道)科技创新(知识产权)工作网络,探索创新驱动统计和监测评价机制,开展创新能力评价。加强科技创新与产业发展、投资促进等部门协作,完善创新驱动发展体制机制,营造有利于创业创新的公平环境。

三是鼓励企业管理模式创新。积极引导企业制订创新发展战略,建立适应互联网时代的全新管理模式、商务模式和组织结构。顺应信息化、网络化新趋势和市场消费新模式,积极引导企业探索应用跨境电子商务平台发布信息、开拓市场,对市场营销网络体系和物流配送体系进行优化再造提升客户服务响应度,增强市场竞争能力。鼓励企业创新文化建设,引导企业员工积极参与企业发展战略制定、新产品开发、服务质量管理等企业管理,营造企业创新氛围,激发员工创新能力。

(四)着力构建适应创新需求的人才支撑体系。

一是加大投入引才。对于高层次人才和急需紧缺的人才,引进是最直接、最现实、最有效的途径。紧紧围绕全区经济社会发展的重点行业、重点技术领域、优势产业发展需要,大力引进科技领军人才、创新创业团队、高素质管理人才和高技能人才,舍得开出最优惠的条件,舍得投入相当的成本,力求引进一个高端人才,带来一个创新团队,突破一项重大技术,催生一个高新产业,培育一个经济增长点。

二是创新方式育才。改进人才培养模式,注重发挥产业和项目培养人才的集聚作用,依托重点项目工程,吸引各类人才向关键行业、重点企业和生产一线聚集,着力培养领军人物和青年英才。注重发挥企业培养人才的重要作用,通过校企联合培养、交流锻炼等方式,发挥传帮带作用,让后备人才尽快成长。

三是优化环境留才。探索推行“人才+项目”、“人才+产业”、“人才+课题”的人才开发模式,使各类人才尤其是高层次人才的成长发展与项目建设、产业开发、学科建设紧密结合起来,为人才提供施展才华的舞台。不断完善和落实更具竞争力和吸引力的政策措施,解决好对引进人才的住房保障、配偶安置、子女入学等问题,让优秀人才经济上有保障、社会上有地位、政治上有荣誉。

关于对重大问题协商于党委决策之前的思考和建议

区政协主席　　李光明

近几年来,青白江区委、区政府对政治协商工作越来越重视,坚持重大问题决策前听取区政协的意见,不断完善了“政协全委会议整体协商、主席会议重点协商、常委会议专题协商、专委会议对口协商、提案办理个案协商”等多层次协商格局。

一、主要做法和效果

区委以青委发〔2010〕19 号文的形式规定了“区人大、区政府、区政协要从提高履职能力和水平、体现人民意志的高度,完善各自的议事规则,形成落实‘三在前’、‘三先三后’的良性互动机制,进一步增强政治协商的理念,提高政治协商的自觉性”。

区委特别是区委书记在全局工作中牢固树立政协意识和民主意识,坚持凡属重大决策事项决策前听取区政协的意见。近几年来,随着改革的不断深入,经济社会快速发展中一系列不适应、不适宜,必须通过改革才能更加符合科学发展要求的重大问题摆在了区委、区政府的决策层面，在思考决定这些重大问题之前，区委、区政府特别是主要领导首先把问题交给政协，并按问题的大小和重要程度，分别听取区政协主席会议或相关界别政协委员的意见。近年来，先后就各年度区委工作要点，各年度区政府为民办实事民生工程，各年度重点项目投建，以及全区“十二五”规划，10大产业园区和区属国有平台公司整合、主城区中心广场改造、区人民医院托管、区文体中心规划建设、全区城乡公交一体化建设等重大事项，通过交给区政协主席会议和相关界别政协委员进行广泛协商。对协商中形成的意见建议，绝大多数或被写进相关文件中，或在决策实施中得以体现。特别值得一提的是，我区主城区中心广场规划改造项目因区政协委员及各界人士反对而搁浅并最终停止实施。

另一方面，区政协在履行政治协商职能中，主动组织相关专题协商，为区委、区政府重大决策部署的推进分忧出力。我们坚持每年在区政协全会期间，围绕区委、区政府作出的重大决策部署，精心选择事关全区改革、发展、稳定的重大事项，精心组织相关界别委员开展专题协商。其协商成果全都得到了区委书记的肯定批示和办理指示。同时，区政府及时将这些意见建议逐一分解，纳入区委、区政府年度工作目标进行督察和考核。我区重大决策事项决策前听取政协意见取得了积极满意的效果。

二、存在的主要问题

“重大决策事项协商于决策之前”是中央和地方各级党委的明确要求。但具体操作过程中，仍存在着：协商内容不明确，协商实效不够强，协商时间不能保证三个方面的问题。同时，就我自身的感受来说，政治协商工作在一定程度上还主要取决于党委主要领导个人民主意识的强弱，以及对政协工作的认识和态度，这种情况的存在让我们感觉到了政治协商的随意性。由于协商的主动权没在政协，故现行体制机制和制度让我们对开展政治协商心中无底也无数。同时，中央提出的“三在前”“三先三后”的规定至今也没有权威的、具体的、有可操作性的制度和程序保障，这也是造成现行政治协商随意性的根源。另外，以通报代替协商、以邀请政协负责同志或政协委员参加会议代替协商的这种不严肃的情况同样违背了中央确立政治协商制度的本意和初衷。

从全国各地的情况来看，协商机制不健全更是普遍的反映。由于中央和地方各级党组织在政治协商的规定中，缺少刚性制约措施，有的甚至连政协协商什么、由谁提出协商、什么时候协商、怎样开展协商、协商意见怎么处理、处理结果怎么反馈等协商机制的内容都没有明确规定。再者，对重大决策事项决策前不听取政协的意见该如何处理的约束机制更是没有任何说法。机制不健全、制度空白，使中央和地方各级党组织关于重大事项协商于决策之前的文件规定显得苍白无力。

与此同时，我们在履行政治协商职能的工作中还发现这样一些现象和问题：一是个别党政领导把“官本位”的思想带入协商活动中，故协商过程的民主氛围不浓，影响了协商效果；二是参加协商的政协委员自身有顾虑，从而协商过程中唱赞歌的多，提问题的少，提尖锐问题的更少；三是协商机制不配套。目前的协商规定有两种形式，即“中国共产党同各民主党派的政治协商”和“中国共产党在人民政协同各民主党派和各界代表人士的协商”，这就导致不易把握和区分，容易出现互相代替、相互重叠的现象。另外“政府工作条例”“党政干部选拔任用条例”等规章与政治协商纳入决策程序的要求不配套，没有规定政治协商是必经程序。故而社会上有政治协商主要靠党政主要领导开明，靠政协主席“作为”的“说法”。

三、思考和建议

一是要尽快建立协商实施细则，明确并规范协商主体、议题、流程、方式、方法，拓展协商形式，使协商民主有制可依、有章可循，从制度上进行保障。

二是要明确协商意见建议的送达、采纳程序。

三是要落实协商结果的公开和反馈程序。应当在规定的时间内，向参加协商的委员告知协商意见建议办理的结果。从制度上、程序上保证政治协商“说了不白说”。

四是要在优化协商平台上下功夫。如定期召开议政会、政情通报会、提案办理协商会、专题协商会和对口协商会等，积极搭建协商平台。

五是要加快推进政治协商纳入决策程序，进一步规范党委、人大、政府与政协的关系，建立政治协商良性互动机制。

六是要积极推动各级各部门对政治协商工作的重视和支持，努力形成“要我协商”为“我要协商”的协商民主新格局。

大事记

MEMORABILIA

1月

6日，青白江区召开2014年第一季度外商(来)投资企业及民营企业座谈会，通报2013年全区经济运行情况，并对外商(来)投资企业及民营企业的发展提出要求。区委副书记、区长刘筱柳，区委副书记蓝唯出席。

7日，区委经济工作暨城镇化工作会议举行。区领导廖仁松、刘筱柳、杨安莉、李光明、蓝唯出席会议。

9日，省民政厅副巡视员苟兴元，市民政局党组书记、局长詹庆一行督查区重点民政工作完成情况，实地查看了红阳街道玉带社区微型养老机构，区公建民营养老机构、清泉中心敬老院、祥福镇桂森养老公寓等建设情况。

同日，区委副书记、区长刘筱柳主持召开区政府13届第44次常务会议。会议审议了区政府办《关于提请审议<政府工作报告(送审稿)>的请示》、区公安分局《关于实施应急联动、社会管理系统及“天网”工程四期建设的请示》等8个议题。

11日，青白区各村(社区)分别组织召开第十届村民委员会和第九届居民委员会换届大会。

13日，区政协召开八届第八次常委(扩大)会议。

16日，区人大常委会主任杨安莉主持召开区十七届人大常委会第十三次会议。

17日，国家中小学校挂牌督导工作专项组，在省、市督导团领导陪同下到区检查中小学校挂牌督导工作。专项组先后巡查了外国语小学、川化中学、实验小学等五所学校的挂牌情况，对全区督学督导工作给予了高度评价。

同日，青白江区召开2014年银政座谈会。

21~23日，中国人民政治协商会议第八届成都市青白江区委员会第三次会议举行。大会通过了《中国人民政治协商会议第八届成都市青白江区委员会第三次会议决议》《中国人民政治协商会议第八届成都市青白江区委员会提案委员会关于八届三次会议提案审查情况的报告》。

22~24日，成都市青白江区第十七届人民代表大会第三次会议在大弯中学礼堂举行。大会听取了区长刘筱柳所作《政府工作报告》；审查青白江区2013年国民经济和社会发展计划执行情况及2014年国民经济和社会发展计划草案的报告(书面)；审查青白江区2013年财政预算执行情况和2014年财政预算草案的报告(书面)；审议区人民政府关于区十七届人大二次会议代表建议、批评和意见办理情况的报告（书面）。

28日，青白江区各界代表新春座谈会在区委五楼会议室举行。

2月

7日，青白江区新增的8路和9路公交车正式开行。

8日，区纪委十届四次全会召开。会议贯彻落实十八届中央纪委三次全会和省纪委十届三次全会、市纪委十二届三次全会精神，研究部署2014年全区党风廉政建设和反腐败工作。区领导廖仁松、刘筱柳、杨安莉、李光明、蓝唯出席会议。

14日，青白江区召开2014年春季教育行政工作会，通报全区2013年教育工作，安排2014年教育重点工作。

同日，区委政法工作会议召开。会议总结了2013年全区政法工作，安排2014年工作。

18日，2014年全区宣传思想工作会议在区委五楼会议室召开。

21日，全国人大常委会副委员长陈昌智率队到区调研节能减排工作。省人大常委会副主任黄润秋、省人大城环资委主任委员何大清、市人大常委会副主任孙传敏，区领导廖仁松、杨安莉陪同调研。

同日，区委办召开机关党委成立大会，以差额选举的方式，选举产生了首届中共成都市青白江区委办公室机关委员会，下属的5个支部进行了改选和补选。廖仁松、蓝唯等以普通党员身份参加了大会。

25日，副市长傅勇林率市口岸办、市商务局等单位领导一行到区调研成都铁路口岸工作情况。调研组到成都铁路口岸作业区、联检大厅等地了解了保税物流中心(B型)项目和铁路货运班列开设情况。

26日，青白江区党的群众路线教育实践活动工作会议召开，区委书记廖仁松出席会议并提出要求。

27日，区委召开十届第67次常委(扩大)会议，传达学习贯彻党的十八届三中全会、省委十届四次全会和市委十二届三次全会精神，研究贯彻意见。

28日，省委政法委副书记、省综治办主任王萍率省综治办基层处、市综治办有关领导到区调研平安创建和社会治理工作开展情况。

同日，2014四川花卉(果类)生态旅游节主会场暨青白江第七届杏花(果)生态旅游节启动仪式在福洪乡杏花村国家AAA级旅游景区举行。省政协副主席杨兴平宣布开幕，区领导向进、侯晓红、白涛、吴斌出席开幕仪式。

3月

3日，区委书记廖仁松，区委副书记、区长刘筱柳到成都银犁冷藏物流股份有限公司项目建设现场实地调研，对银犁冷链物流项目一期开业运营情况及二期、三期项目开工建设中存在的问题进行详细了解，现场办公解决企业实际困难。

6日，青白江区武装工作会议在区人武部五楼会议室召开。

同日，区委副书记、区长刘筱柳会见IBM大中华地区智慧城市首席规划师岳梅樱一行，双方就如何推进青白江区智慧城市建设工作进行了交流。

17日，区委副书记、区长刘筱柳主持召开区政府13届第47次常务会议。会议审议并通过了区政府办《关于提请审议〈区政协八届三次会议委员意见建议办理事项任务分解表〉的请示》、区经信局《关于提请审议〈推进智慧城市建设战略合作协议〉的请示》、区卫生局《关于区人民医院旧址改造项目有关事宜的请示》、区国土局《关于青白江与广汉两地区域合作相关事宜的请示》、区交通局《关于实施2014年公路安保工程的请示》5个议题。

18日，区委常委、政法委书记范维看望慰问弥牟镇狮子村1组见义勇为先进典型罗顺兵，并代表区委、区政府送上鲜花和1万元见义勇为奖金。

20日，市委常委、秘书长黄建发到联系点青白江区，调研指导第二批党的群众路线教育实践活动。

21日，由区文联、省作协主办的“青江春意涌诗情”2014成都·青白江第29届桃花诗会暨诗歌沙龙在姚渡龙门桃花园举行。区委常委、宣传部长向进，区人大常委会副主任侯晓红出席活动；副区长白涛致欢迎辞。

24日，青白江区召开党的群众路线教育实践活动区委中心组第二次集中学习(扩大)会。会议由区委书记、区委党的群众路线教育实践活动领导小组组长廖仁松主持；特邀省委党校彭穗宁教授作题为《坚定理想信念，保持党的先进性纯洁性》的辅导讲座，并进行了“为了谁、依靠谁、我是谁”的专题讨论。

25~26日，省委常委、市委书记黄新初到区调研现代农业发展情况。

26日，省委第一督导组成员鲁亚平率队到区调研指导党的群众路线教育实践活动。区领导廖仁松、蓝唯陪同调研并参加汇报会。

27日，区委书记廖仁松主持召开区委十届69次常委(扩大)会议，传达学习全国“两会”精神、市委常委(扩大)会议精神和市委书记黄新初在青白江调研时所作指示，研究全区贯彻落实意见。

31日，区人民政府与长沙远大住宅工业有限公司，在天府新城会议中心举行青白江区首个绿色建筑产业园项目签约仪式。市经信委主任施跃华，市建委主任张正红，区委书记廖仁松，区委副书记、区长刘筱柳，长沙远大住宅工业有限公司执行总裁閻军出席签约仪式。

4月

3日，青白江区组织工作会议召开。会议学习了全国、全省、全市组织工作会议和组织部长会议，中央《党政领导干部选拔任用工作条例》精神，安排全区组织工作。

8日，中国汽车工业协会常务副会长兼秘书长董扬到区调研商用车产业发展情况。区委书记廖仁松，区委副书记、区长刘筱柳陪同调研。

9 日，青白江区 2014 年文明创建工作会召开。会议传达了全国、全省、全市未成年人工作会议及全市文明办主任会议精神，通报 2013 年文明创建工作情况，安排 2014 年工作。

16 日，区委副书记、区长刘筱柳主持召开区政府 13 届第 49 次常务会议。会议专题学习了《四川省依法治省纲要》《成都市依法治市实施纲要》；听取了区发改局《关于青白江区 2014 年 1—3 月经济运行情况的分析报告》；审议并通过区委区政府目督办《关于实施 2014 年为民办实事民生工程目标（第一批）的请示》、区机关事务管理局《关于红阳街办办公场所维修相关事宜的请示》、区水务局《关于省管河道“7·9”洪灾水毁工程（堤防）汛前应急加固工程项目建设有关事宜的请示》等 5 个议题。

17 日，青白江区经济工作专题会议在田园广场会议中心召开。区委书记廖仁松主持会议并讲话，区委副书记、区长刘筱柳分析了全区一季度经济运行情况，并就下一步工作进行了安排。区人大常委会主任杨安莉，区政协主席李光明出席会议。

18 日，区政协召开八届第 10 次常委（扩大）会议。会议传达学习了全国政协十二届二次会议精神和区委批转《区政协 2014 年工作要点》，通报了区政协 2014 年工作计划、调研课题方案和视察方案、重点提案和督办工作分工情况。

21 日，青白江区“优秀年轻干部人才培训班”正式开班。区委常委、组织部长、党校校长钟毅出席并讲话。

23 日，国家口岸管理办公室正式下文批复，同意将成都铁路集装箱中心站作为临时口岸对外开放，是四川省唯一的铁路货运型国家对外开放口岸。

同日，海关总署监管司副司长苗跃学一行到成都铁路口岸调研，实地察看了场站卡口、海关堆场、口岸联检大厅，重点了解海关特殊监管区等相关工作情况。

24 日，青白江区召开成都国际集装箱物流园区国家级服务标准试点项目推进会。区委副书记、区长刘筱柳出席会议。

25 日，省司法厅党组成员、副厅长江金河一行到区督导检查“法律七进”工作开展情况。区委常委、政法委书记范维，成都市司法局相关负责人陪同。

同日，青白江区汽车产业战略联盟成立暨第一次会议召开。会议通过了第一届联盟成员名单及理事会成员名单，中国重汽成都王牌商用车有限公司总经理靳文生当选为第一届汽车产业战略联盟会长，选举 6 位副会长及秘书长；通过了《汽车产业战略联盟章程》及《经费管理办法》，通报了 2014 年联盟工作活动计划。区工管委、区经信局、区民政局、区工商联及新入会的 20 余家会员企业负责人参加会议。

28 日，青白江区第三届中小学生艺术节暨艺术调演活动开幕。

29 日，区政协召开成立三十周年座谈会，市政协副主席金嘉祥应邀出席，区领导廖仁松、刘筱柳、杨安莉、李光明出席会议。

30 日，青白江区“树立崇高理想，担当社会责任，争做守法公民”2014 年培育和践行社会主义核心价值观主题教育活动暨成人宣誓仪式在城市森林和谐广场举行。区领导向进、侯晓红、白涛，市委宣传部宣传处处长马高出席活动。150 名年满 18 岁的中学生进行了宣誓。

同日，四川建筑职业技术学院与成都市工程职业技术学校签订战略合作协议。

5月

5 日，成都市践行党的群众路线基层先进典型第二巡回报告团报告会（青白江专场）在区田园广场会议中心举行。区委书记廖仁松主持并讲话；市委第七督导组副组长高山，区人大常委会主任杨安莉、区政协主席李光明出席。

6 日，市委副书记、市长葛红林到区调研，实地察看中国重汽成都王牌商用车基地项目、中国重汽集团成都王牌“012”项目、台嘉成都玻纤有限公司等，并召开现场办公会。

7 日，副市长田蓉到区调研建材质量监管工作。市政府副秘书长邱海明、区委书记廖仁松陪同调研。

13 日，省台办主任周敏谦到区调研台资企业。区委常委、统战部长欧泽春，副区长白涛陪同调研。

14 日，省人防办党组书记、主任喻克彬在省、市人防办相关领导的陪同下到区调研人防工作。区委书记廖仁松出席座谈会。

同日，省委第一督导组副组长舒勇率队到区督查教育实践活动第一环节工作。区委书记廖仁松汇报工作，市委第七督导组副组长高山陪同参加。

15日，全市看守所“五化建设”工作现场会在区举行，市公安局党委委员、局长助理蒙超，副区长、区公安分局局长刘文雄出席会议。

20日，市、区两级政府重点工程——青白江大道北延线正式双向通行。该线路起于青白江华金大道四段，止于德阳旌阳大道，是连接德阳至成都的重要城市快速通道，全长4.8千米，其中城区段长800米、宽50米，按城市道路标准建设；城外段长4公里，主车道宽38米，按公路标准建设，设计时速80公里。

22日，乌鲁木齐海关党组书记、关长薛金楼一行到成都铁路口岸考察，实地察看了场站卡口、海关堆场、口岸联检大厅，重点了解成都铁路口岸及蓉欧快铁的运行情况。四川省口岸办主任李熊、成都海关关长窦志民、成都市物流办主任陈仲维等陪同考察。

23日，首届“四川果王子”评选启动仪式暨青白江“福洪杏果王子”评选专场活动，在福洪乡杏花村国家AAA级景区启动。

同日，青白江区分别与成都信息工程学院、四川大学锦城学院签约共建“青白江现代物流研究院”和“青白江市场营销研究院”，为全区打造“物流商贸核心区”、实现现代服务业千亿目标提供坚强的人才支撑和智力支持。

29日，中共成都市青白江区委十届七次全体会议举行。学习贯彻了党的十八大和十八届三中全会、省委十届四次全会、市委十二届三次全会精神，研究全区全面深化改革的重大问题，审议通过《中共成都市青白江区委关于贯彻落实党的十八届三中全会精神全面深化改革的意见》。

同日，青白江区举行服务百姓健康大型中医义诊活动暨首届名中医授牌仪式。省中医药管理局副巡视员、副局长冯兴奎，医政处处长方清，市卫生局副局长赵文，区委常委、宣传部长向进，副区长白涛出席。参会领导向获得青白江区首届名中医称号的6名医生授牌；省第二中医院向区中医医院授予“四川省第二中医院区域医疗联盟合作医院”牌匾。

6月

3日，省人大常委会副主任、省委第一督导组第一组长彭渝，省委第一督导组组长刘云夏、副组长舒勇到区督导教育实践活动。

5日，市防灾减灾工作组到区检查防灾减灾工作情况。

同日，市工商联副主席温莉艳率全市40余家外贸企业负责人到区考察商贸物流业发展情况，实地考察了成都万贯五金机电配送市场、现代物流与商贸园区、口岸联检大厅及铁路口岸作业区。

6日，青白江区召开区委常委班子第八次集中学习(扩大)会议，学习总书记习近平指导兰考县委常委班子专题民主生活会时的讲话精神和新华社刊发的《大胆使用批评和自我批评有力武器》纪实文章，集中观看警示教育片《阳光下的“黑幕”》，邀请市科技局(知识产权局)党组书记、局长唐华作了题为“科技创新驱动产业转型发展”的专题讲座。

8日，为期两天的2014年全国高考结束。高考期间，全区在大弯中学共设考场90个，其中文科41个、理科46个、高职3个，共有2666人参加考试。

10日，区第十七届人大常委会第十五次会议召开。会议审议通过了关于接受金武辞职的决定，表决通过任命吴世国为区人民政府副区长的决定，通过了关于区第十七届人大常委会第十六次会议建议时间和建议议题(草案)，对工业大气污染防治工作开展专题询问。

11日，共青团成都市青白江区第十二次代表大会召开。会上，区委书记廖仁松、团市委副书记苏呈祥出席会议并分别作了讲话；团区委负责人作了工作报告；审议通过了《关于共青团成都市青白江区第十一届委员会工作报告的决议(草案)》；团区委第十二届一次全委会选举了新一届常务委员会及书记、副书记。

12日，成都市青白江区妇女第八次代表大会召开。会上，区妇联负责人作了工作报告；区委书记廖仁松、市妇联副主席李洁出席会议并分别作了讲话；大会审议通过了《青白江区妇女第八次代表大会关于青白江区妇联第七届执行委员会工作报告的决议（草案）》；选举了区妇联第八届常务委员会、主席、副主席和常委。

15日，参加“第四届中国（四川）进口商品展览会”后波兰罗兹省副省长马勒钦·布加斯基专程到区访问，听取区物商园区项目建设、招商引资、口岸建设及园区管理等情况介绍，实地查看联检大厅、成都铁路口岸、集装箱中心站。区委常委、副区长周德强与客人进行了会谈。

17日，荷兰驻华使馆基础设施和环境参赞伊莉莎一行到区物商园区考察，参观了成都铁路口岸、口岸联检大楼，详细了解园区的规模及规划情况。区物商委相关负责人就蓉欧快铁运行方式等问题与客人进行交流。

同日，2013—2014年度“龙王杯”全国钓鲫精英赛总决赛在龙王垂钓基地拉开帷幕。国家体育总局社会体育指导中心副主任刘北剑代表国家体育总局和中国钓鱼运动协会，为龙王垂钓基地授予“全国钓鱼竞赛训练基地”牌匾；来自全国各地的150名钓鱼运动精英经过3天角逐，来自江苏南京的郑益村、成都的张同富、泸州的曾道伦分获冠、亚、季军。

21日，区委书记廖仁松带队调研全区防汛、地质灾害防治以及污水处理厂建设工作，实地查看羊叉河、王家河，清泉镇、人和乡地质灾害隐患点和区防汛指挥部等，对防治工作提出要求。

23日，青白江区召开统筹城乡综合配套改革发展工作推进会，传达中央、省、市、区关于全面深化改革相关会议精神。

26日，青白江区首个社区公益慈善基金——红阳街道玉带社区“慈善基金”成立暨银龄助老（残）热线启动仪式在玉带社区文化活动广场举行。

7月

1日，区委召开庆祝中国共产党成立93周年座谈会，深入学习领会习近平总书记践行党的群众路线系列重要讲话精神，传达贯彻省委庆祝中国共产党成立93周年暨表彰优秀县乡村党组织书记大会、市委庆祝中国共产党成立93周年座谈会精神，听取基层党建工作述职，交流基层党建工作经验，对深入推进党的群众路线教育实践活动进行安排。

3日，由四川省进出口商会承办的2014年度商务服务讲师团在青白江区举行专题培训会。四川省进出口商会会长李鸣、区委副书记张丽出席开班仪式。

4日，青白江区成立西南建材行业协会。区委副书记张丽出席成立大会并为协会授牌。

10日，省志编委党组书记、副主任马小彬一行在市地志办党组成员、副主任王家球的陪同下，到区调研地方志工作开展情况。区委常委、宣传部长向进，副区长白涛陪同调研。

15日，“中亚国际铁路货运列车”开行启动仪式在成都铁路口岸举行。商务部驻成都特派员史跃进，省商务厅巡视员钱锋，成都海关副关长倪藻，区领导张丽、王志刚、周德强、李跃军出席仪式。

16日，由成都市政府目督办、市农委、市环保局、市经信委和市水务局组成的成都市违法排污单位综合整治专项行动检查组，督查青白江区违法排污单位集中综合整治专项行动及沱江流域水污染源排查整治工作完成情况，对全区打击证照不全或违法排污单位工作取得的成绩给予了充分肯定。区委常委、区纪委书记刘文道，区政府副区长吴世国出席汇报会。

17日，省经信委副主任唐浩率队到区考察国家新型工业化绿色建材示范基地创建工作。区委书记廖仁松、区委副书记张丽陪同。

18日，市委常委、常务副市长朱志宏率队到区调研构建新型农业经营体系建设工作，实地考察了福洪乡优质杏基地、天府庄园等地。

22日，副省长甘霖到区调研“蓉欧快铁”运行情况。副市长傅勇林、区委书记廖仁松、区委副书记张丽以及省市区相关部门负责人陪同，甘霖一行先后到成都银犁冷藏物流股份有限公司和成都铁路口岸进行实地调研。

23日，青白江区召开新档案馆建设征求意见会。省档案局副局长张新、市档案局副局长郑飞、区委副书记张丽、副区长白涛出席会议。

29日晚，由区委、区政府主办，区委宣传部、大弯街道等单位共同承办的“筑梦家园·文化同心”2014年成都青白江“走基层”文化惠民巡演暨“三下乡”集中示范活动，在城市森林和谐广场举行。

30日，青白江区红阳颐养居开园。该园为市2014年民生工程，也是区第一座公建民营养老机构，自7月20日试运营以来已入住近百位老人。

8月

5日，青白江区领导干部大会在区会议中心召开，宣布省委、市委关于廖仁松、刘筱柳任职决定。市委常委、组织部长胡元坤出席会议并讲话。市委组织部常务副部长郑家荣主持会议，宣读《中共成都市委关于廖仁松等三名同志职务任免的通知》：廖仁松同志任中共成都市龙泉驿区区委委员、常委、书记，免去其中共成都市青白江区区委书记、常委、委员职务；刘筱柳同志任中共成都市青白江区区委书记。

6日，海关总署党组书记、署长于广洲，副署长邹志武一行到区考察成都铁路口岸运行情况。省委常委、市委书记黄新初，市委副书记、市长葛红林，市委常委、秘书长黄建发，副市长傅勇林，区委书记、区长刘筱柳，区委副书记张丽陪同考察。

7日，由中国人民解放军总参谋部主办、省军区承办的全国民兵应急力量规范化建设观摩活动将于10月中旬举行，省军区副司令员丁忠汉一行到区视察危险品事故应急救援演练（活动内容之一）准备情况。

同日，省政协副主席、省工商联主席陈放，省工商联党组成员、副主席陈建一行到区考察经济社会发展和民营经济发展情况。区委书记、区长刘筱柳，区政协主席李光明出席座谈会。

12日，由南京大学政府管理学院教授肖唐镖为组长的国家专家组一行，对大同镇凤祥社区创建“全国和谐社区建设示范单位”情况进行实地评估。

13日，青白江区就8月11日晚发生的北辰汽配市场火灾召开事故现场会。会议通报了事故调查基本情况，安排部署防范安全生产事故各项工作。区委常委、副区长周德强出席。

14日，四川省全国人大代表一行40余人到区红阳颐养居调研养老服务业发展情况。市民政局局长詹庆，区委书记、区长刘筱柳，区人大常委会主任杨安莉陪同。

19日，位于青白江区的中国西部铁路物流中心，自2010年4月建成投运以来，累计实现货物吞吐量151万标箱，货物吞吐量与发往欧洲集装箱运量均位列全国第一。

同日，区政协主席李光明主持召开区政协八届第29次主席（扩大）会议，传达学习政协第十四届成都市委员会常务委员会第八次会议精神，审议通过区政协八届第11次常委会议议程。

同日，成都市青白江区义工联合会成立仪式暨“爱在方寸间”助老公益志愿服务活动在区志愿服务基地（清泉中心敬老院）举行。区委常委、宣传部长向进，区人大常委会副主任侯晓红，区政协副主席王勇出席。

22日，青白江区与成都农商银行签订战略合作框架协议。

27日，成都市委副书记、市长葛红林到区调研建筑工业化工作，参观了北新集成房屋（成都）有限公司和成都建工集团青白江产业园。区委书记、区长刘筱柳陪同调研并作专题汇报。

同日，成都北片区危化品泄漏事故消防实战演练在区举行。

28日，区政协召开八届第30次主席（扩大）会议，听取区财政局负责人汇报2013年财政决算工作情况和2014年上半年财政工作情况，对做好财政工作提出强化财政资金管理，抓好制度落实等意见。

27~28日，中国卫生监督协会副会长白呼群率国家卫生计生委考评组，对区创建国家级慢性病综合防控示范区工作进行考评验收。

9月

2日，四川出入境检验检疫局局长孙颖杰、副局长邓明辉一行到区调研成都进口肉类指定口岸建设工作。市物流办主任陈仲维,区委书记、区长刘筱柳,区委副书记张丽陪同。

3 日,青白江区 2014 年“缘聚中秋·奋勇争锋”青年人才联谊活动在凤凰湖湿地公园举行。市委组织部人才处处长郭小平为“人才沙龙”活动阵地代表湖景壹号授牌。区委常委、组织部长钟毅出席开幕式并致辞。

5 日,区政协主席李光明一行视察区级医疗卫生资源整合与运营管理情况。

同日,市房管局党组书记、局长何立祥一行到区调研棚户区改造工作,何立祥实地视察了城厢镇余家湾棚户区以及明教寺觉皇殿、文庙、武庙等地,听取相关负责人的情况介绍,就土地、房产现状等情况与相关负责人交换了意见。区委书记、区长刘筱柳出席座谈会。

同日,副区长白涛主持召开全区经济运行情况通报会。2014 年上半年,全区实现地区生产总值 161 亿元,增长 8.7%;地方公共财政收入 10.98 亿元,增长 13.1%;固定资产投资 140.03 亿元,增长 6.3%;社会消费品零售总额 29.8 亿元,增长 11.9%;城镇居民人均可支配收入 16 248 元,增长 9.7%;农村居民人均现金收入 6 429 元,增长 12.6%。区委常委、统战部长欧泽春,区人大常委会副主任侯晓红,区政协副主席王健、王勇出席会议。

11 日,青白江区召开 2014 年“两纲”工作推进会,通报 2013 年“两纲”(即国务院妇女儿童工作委员会支持制定的《中国妇女发展纲要》和《中国儿童发展纲要》)整体实施进展情况,就做好 2014 年妇女儿童监测统计工作进行培训。

同日,区委举办中心组依法治区专题学习会(扩大),特邀省法学会法理学研究会会长、四川大学法学院副院长、教授、博士生导师里赞作《国际关系视野下的法治中国建设》专题讲座。区委书记、区长刘筱柳,区政协主席李光明,区委副书记张丽参加学习。

12 日,由市文明办主办,成都广播电视台、区委宣传部、区文明办承办的“成都榜样·中国好人”基层巡讲巡演青白江区专场活动举行。区委常委、宣传部长向进,区人大常委会副主任侯晓红,副区长白涛出席。

16 日,青白江区第三届旅游协会换届选举大会召开。会议选举产生了新一届旅游协会理事长、副理事长,区旅发局产业促进中心主任康国生为区第三届旅游协会秘书长。同时选举产生了区第三届旅游协会理事单位,为获选单位授牌。市旅游局副局长杨齐英,副区长、区委办主任吴世国出席会议。

17~19 日,经过为期 3 天的考核评审,青白江区中医医院“二级甲等”评审反馈会召开,评审组认为医院已达到二级甲等中医医院标准和要求。

19 日,来自中国台湾《英文旺报》、马来西亚《星洲日报》以及《中国日报》的 13 家亚洲媒体记者到区参观中国西部铁路物流中心。

25 日,国家交通运输部党组成员、省政府副秘书长戴东昌到区调研,对全区现代物流业的发展给予了充分肯定。

26 日,青白江区领导干部大会在区机关会议中心大会议室召开。市委常委、组织部长胡元坤出席会议并作重要讲话。市委组织部常务副部长郑家荣主持会议并宣读《中共成都市委关于傅学坤同志任职的通知》和《中共成都市委关于提名傅学坤刘筱柳同志职务任免的通知》。市委决定,傅学坤同志任中共成都市青白江区委委员、常委、副书记;提名傅学坤同志任成都市青白江区人民政府区长,免去刘筱柳同志成都市青白江区人民政府区长职务。

同日,青白江区首届全民健身运动会暨第四届运动会开幕。区领导刘筱柳、杨安莉、李光明出席开幕式,市体育局副巡视员杨敏到会祝贺。

28 日,青白江区人武部党委第一书记任职大会召开。市委常委、成都警备区政委竹中强宣读了警备区党委的任命决定:任命刘筱柳为区人武部党委第一书记。

10月

11 日,区政协主席李光明主持召开区政协党组(扩大)会议,学习习近平总书记在党的群众路线教育实践活动总结大会上的讲话精神,讨论并通过《政协成都市青白江区委员会关于委员密切联系群众的意见》《政协成都市青白江区委员会全体会议工作规则》。

14 日，海关总署党组成员、国家口岸管理办公室主任黄胜强在成都铁路口岸调研时强调，内陆口岸，特别是铁路口岸对当地经济发展和改革开放起着重要的作用，口岸不再只是一个门户，它已成为口岸经济产业链条当中的一个重要环节。

15 日，区十七届人大常委会第十八次会议召开，同意刘筱柳辞去区人民政府区长职务，任命傅学坤为区人民政府副区长、代理区长。

17 日，青白江区在区委 5 楼会议室举行 2014 年“成都慈善日”现场募捐活动。区领导刘筱柳、傅学坤、杨安莉、李光明带头捐款。90 家单位现场举牌捐赠 124.7 万元。

22 日，青白江区党的群众路线教育实践活动总结大会召开。会议学习贯彻中央和全省、全市党的群众路线教育实践活动总结大会精神，总结区教育实践活动的成效经验，对巩固和拓展活动成果、深入推进作风建设、落实“从严治党”要求进行了安排。

24 日，由区政府主办的 2014 年“艺术周末·快乐人生”百姓才艺秀(第六季)决赛在城市森林和谐广场举办。评选出舞蹈类、声乐类一、二、三等奖和优秀奖。

同日，总投资 1.455 亿美元的百利威(成都)国际电子商务产业园项目正式落户青白江区。

24 日，“2014 成都(青白江)第五届金秋菊花展”在凤凰湖国际生态湿地公园举办。活动展出菊花 8 万余盆(株)，品种 800 余个，持续至下月 23 日。

25 日，第 15 届中国西博会期间，市人民政府在成都新会展会议中心举办“丝路蓉欧　成功全球——2014 中欧班列‘蓉欧快铁’暨成都铁路口岸推介会”。国家商务部、中国铁路总公司相关司局领导、法国香槟阿登大区副主席 Jean-Marie　MEUNIER，副省长曲木史哈，副市长谢瑞武出席并致辞，市物流办主任陈仲维，区委副书记、代理区长傅学坤分别作主题推介。

27 日起，青白江区巴士公司新开通清泉镇—云顶社区(18 路)、清泉镇—北宁村(19 路)、清泉镇—五爱村(20 路)三条新公交线路，将原清泉镇经人和乡平桥村到人和场镇的公交车线路延伸到金堂县红花塘村，为沿线群众出行提供方便。

28 日，区委中心组(扩大)学习会暨国家知识产权强县工程试点区工作推进会召开。省知识产权局局长黄峰出席并作“实施知识产权战略，服务创新驱动发展”专题讲座。区领导刘筱柳、傅学坤、杨安莉、李光明、张丽参加学习。

31 日，青白江客运站—杏花村(7 路)公交车正式投入运营。

11月

4 日，省民政厅副巡视员王小平率督查组一行到区检查 2014 年民政工作目标任务完成情况。先后查看姚渡镇芦稿新型社区、大同镇凤祥社区和玉带社区常青藤养老中心。

6 日，青白江区首届建材采购节在城市森林和谐广场开幕。佳飞、华川、旗舰、大港、青龙五大建材市场代表联名宣言，作出“产品物美价廉、保质保量”的承诺。

12 日，毗河供水一期工程(青白江段)建设工作联席会议召开，资阳市政府副秘书长唐显国参加会议。相关部门及单位通报了毗河供水一期工程总体建设及青白江区推进情况。

13 日，市委副书记、市纪委书记、市依法治市领导小组副组长邓修明率队到区督查调研贯彻落实党的十八届四中全会精神和深入推进依法治区工作。

15 日，截至 15 日，“蓉欧快铁”稳定开行 72 班，成都铁路口岸掏拼箱业务区共操作 40 尺集装箱拼箱货物 435 个，货量 3 806 吨，货物总值 3 538 万美元。

17 日，区委书记刘筱柳率队到区法院、区检察院调研，强调要深入学习贯彻十八届四中全会精神，为建设法治青白江提供司法保障。

同日，青白江区村(社区)管理服务中心标识标牌、公示公告、宣传专栏规范设置现场会，在福洪乡杏花村活动中心召开。区委常委、区纪委书记刘文道出席会议。

18 日，市科技局(知识产权局)党组书记、局长唐华率队到区调研。区委副书记、代理区长傅学坤出席座谈会。

19 日，区委常委、政法委书记范维到姚渡镇看望慰问陈龙飞、曾元忠和陈代兴三名夺刀救人的见义勇为先进个人，为他们发放见义勇为奖金。

20 日，由区纪委(监察局)牵头组织，以“执纪为民促和谐，创建廉洁青白江”为主题的全区反腐倡廉成果巡展活动，在城市森林和谐广场拉开帷幕。现场发放党风廉政宣传资料 2 300 余份，还将走进各乡镇(街道)、村(社区)、园区和居民院落展出。

22 日，区委书记刘筱柳在益海嘉里成都公司青白江项目现场，会见丰益国际集团执行董事长郭孔丰一行，陪同实地考察益海嘉里一期面粉加工项目试生产情况。区委副书记、代理区长傅学坤参加会见。

26 日，广西钦州保税港区管委会工委书记、主任曹坤华一行到区调研。双方就开通成都市青白江区至广西钦州保税港区五定班列相关事宜进行磋商。区委书记刘筱柳出席座谈会，区委副书记张丽陪同调研。

28 日，青白江区首个综合资讯新闻网站——成都全搜索·青白江新闻网正式上线。网站涵盖新闻咨询、生活服务等各个方面，市民通过该网即可了解青白江区最新动态信息。

同日，中国绿色建筑产业联盟四川基地在青白江区正式成立。

12月

1 日，区委召开十届第 90 次常委(扩大)会议，传达学习省委十届五次全会和市委常委(扩大)会议暨中心组学习会议精神，研究贯彻落实工作。区委书记刘筱柳主持会议并讲话。

3 日，省食药监局党组成员、副局长魏夕和到区调研，先后视察城厢镇和弥牟镇食品药品监督管理所，了解机构建设、人员配置、办公设施设备及工作开展情况，对区食品药品安全监管工作给予充分肯定。

4 日，新疆维吾尔自治区商务厅副厅长李建杰率调研组一行到区考察。省商务厅副厅长杨春轩，副区长吴世国陪同考察。

5 日，青白江区召开 2014 年下半年纪检监察工作会，通报纪检监察系统干部队伍建设和案件查办情况，安排明年纪检监察工作。区委常委、区纪委书记刘文道出席会议，以《履职尽责真“三转”，再促工作上台阶》为主题讲廉政党课。

6 日，由中国石材协会主办，青白江区政府支持，建工精品石材园承办的全国石材行业年度盛会“第四届(2014)中国西部石材产业论坛”在区举办。活动现场发布了《中国天然大理石白皮书》，与会专家对建工精品石材园起草的《石材产业园区建设规范》进行了讨论。

10 日，中国共产党人和乡第十三次代表大会第四次会议召开，补选傅学坤为中国共产党成都市青白江区第十次代表大会代表。会议听取并审议通过了中共人和乡第十三届委员会的工作报告，审议通过了《中国共产党成都市青白江区人和乡纪律检查委员会工作报告》。

10~11 日，由省卫计委重传处副处长杨莉率队的省、市结核病防治专家考评组，对区创建四川省结核病综合防治示范区工作进行综合考评，以 952 分(满分 1 000 分)通过考核验收。

13 日上午，青白江区委、区人大常委会、区政府、区政协在城厢镇家珍公园抗战阵亡将士纪念碑前，举行“南京大屠杀死难者国家公祭日”公祭活动。区委常委、宣传部长向进出席活动并讲话，区领导侯晓红、吴世国、王勇出席公祭活动。

16 日，福洪乡举行第十八届人民代表大会第四次会议。预备会上，举行了福洪乡“撤乡设镇”揭牌仪式。区委书记刘筱柳，区人大常委会副主任李永明，副区长白涛、吴世国出席仪式。

17 日，俄罗斯车里雅宾斯克州经贸团到区开展商务考察。省商务厅副厅长杨春轩、市商务局总经济师周立志、区委副书记张丽出席洽谈会。

20 日上午 10:04，从绵阳发往成都东站的 C6201 次列车驶入青白江东站，载客后驶向成都东站，青白江区正式迎来“高铁时代”。

26 日，青白江区召开“走基层、解难题、办实事、惠民生”活动座谈会。区委常委、组织部长钟毅出席会议。

中共青白江区委

THE CPC QINGBAIJIANG DISTRICT COMMITTEE, CHENGDU

书记、副书记、常委名录

职务	姓名	任职时间
书记	刘筱柳	2014.08—
	廖仁松	2011.12—2014.08
副书记	傅学坤	2014.09—
	张丽	2014.05—
	刘筱柳	2012.08—2014.08
	蓝唯	2011.12—2014.03
常委	范维	2006.11—
	王志刚	2006.11—
	向进	2010.12—
	欧泽春	2011.12—
	刘文道	2014.05—
	钟毅	2013.09—
	周德强	2014.05—
	周胜	2014.04—
	张丽	2011.12—2014.05
	金武	2009.07—2014.05
	徐舸	2011.06—2014.04

概　　述

2014 年，中共成都市青白江区委在成都市委的正确领导下，以党的十八大、十八届三中、四中全会精神为指导，坚决贯彻落实中央和省委、市委重大决策部署，按照“五个转型升级”重大要求，坚持以全面深化改革为统领、以提高增长质量和效益为中心、以保障和改善民生为目的，扎实开展党的群众路线教育实践活动，加快转变发展方式、优化经济结构，积极创新体制机制，深入推进新型城镇化，持续改善民生福祉，不断加强“法治青白江”建设，全面提升党建工作水平，连续六年跻身四川省县域经济综合实力“十强县”，连续两年入列“中国市辖区综合实力百强区”，被授予“国家生态区”称号，保持了工作的连续性、稳定性和创新性，推动“五区”建设步入了全新历史时期。

10 月 16 日，区委书记刘筱柳率队督查青白江东站项目推进情况

重要党务会议

【中共青白江区委十届六次全委会议】　会议于 2014 年 1 月 3 日召开。区委书记廖仁松主持会议。会议传达学习中央和省委、市委经济工作暨城镇化工作会议精神；区委常委会向区委全委会报告 2013 年工作；审议 2014 年区委工作要点；区委常委会向区委全委会报告 2013 年度履行党风廉政建设和反腐败工作职责情况；区委常委会向区委全委会述职基层党建工作；区委常委会向区委全委会报告干部选拔任用工作；递补十届区委委员。

【区委经济工作暨城镇化工作会议】　会议于 2014 年 1 月 7 日召开。会议的主要任务是：深入学习贯彻党的十八大、十八届三中全会和中央、省委、市委经济工作暨城镇化工作会议精神，分析当前经济形势，部署 2014 年经济工作和城镇化工作。区委书记廖仁松作了工作报告；区委副书记、区长刘筱柳对 2013 年经济工作作了总结讲话，并对 2014 年经济工作和城镇化工作作出具体安排。会议强调，要准确把握市委确定的“稳中求进、改革创新、统筹发展”主基调；要准确把握全区经济工作的主遵循；要准确把握“五个转型升级”主方向；要准确把握“产业发展高端化、资源配置市场化、城乡统筹一体化、对外开放国际化”的主路径。会议要求，一是要确保各项工作实现“开门红”，加快推进续建项目、新开工项目和筹建项目相关工作；进一步强化生产要素保障，做好水、电、气等各类能源和物资的保障工作，抓好节日期间的企业生产经营，实现商品供求均衡、价格稳定，切实保障春节期间城乡居民基本生活。二是要扎实抓好安全工作，深入一线开展安全生产检查；大力开展烟花爆竹等专项领域及学校、医院、商场、娱乐场所等人流密集公共场所安全防范治理工作，严防各类安全事故发生。三是要切实维护节日期间社会秩序；要切实按照党的群众路线教育实践活动要求，深入开展"走基层"活动，通过多种形式的慰问帮扶活动，处理好困难群众的生产生活问题，畅通和规范群众诉求表达、利益协调、权益保障渠道，确保社会安定和谐。四是要严格执行相关规定，按照中央"八项规定"、省委"十项规定"，以及市委、区委相关要求，坚决杜绝公款吃喝、公车私用、迎来送往等不正之风。

【中共青白江区委十届七次全委会议】 会议于2014年5月29日召开。区委书记廖仁松主持会议。会议主要任务是：深入贯彻落实党的十八大和十八届三中全会、省委十届四次全会、市委十二届三次全会精神，研究部署我区今后一个时期全面深化改革的重大问题，审议《中共成都市青白江区委关于贯彻落实党的十八届三中全会精神全面深化改革的意见》。

【中共青白江区委常委会会议】

会议届次	会议时间	研究事项
十届六十三次	2014.01.03	一、传达学习中央和省委、市委经济工作暨城镇化工作会议精神，研究我区贯彻意见。讨论区委2013年工作总结和2014年工作要点，审议区委书记廖仁松同志，区委副书记、区长刘筱柳同志在区委经济工作暨城镇化工作会议上的讲话；二、讨论《2013年度履行党风廉政建设和反腐败工作职责情况报告》；三、讨论《关于2013年度区委干部选拔任用工作报告》；四、审议《关于递补十届区委委员的请示》；五、审议《关于补选刘文雄、何文全同志为区第十次党代会代表的请示》；六、讨论《2013年全区基层党建工作专题述职报告》；七、审议《关于召开中共成都市青白江区委十届六次全体会议和区委经济工作暨城镇化工作会议的请示》
十届六十四次	2014.01.14	一、审议《关于举行区十七届人大三次会议有关事项的请示》；二、审议《关于召开政协第八届成都市青白江区委员会第三次会议有关事项的请示》；三、审议《区政府工作报告(送审稿)》；四、审议《成都市青白江区2013年国民经济和社会发展计划执行情况及2014年计划草案的报告(送审稿)》；五、审议《成都市青白江区国民经济和社会发展"十二五"规划纲要执行情况中期评估的报告(送审稿)》；六、审议《成都市青白江区2013年财政预算执行情况和2014年财政预算草案的报告(送审稿)》和《关于调整2013年财政支出预算的请示》；七、审议《成都市青白江区人民法院工作报告》；八、审议《成都市青白江区人民检察院工作报告》；九、审议《关于福洪乡"撤乡建镇"相关事宜的请示》；十、审议《关于成立区十七届人大三次会议和区政协八届三次会议临时党委的请示》；十一、审议《关于区委提名区第十七届人大常委会委员候选人的请示》
十届六十五次	2014.01.29	一、传达中央和省委、市委党的群众路线教育实践活动第一批总结暨第二批部署会议精神，研究我区贯彻意见；二、传达十八届中央纪委三次全会、省纪委十届三次全会和市纪委十二届三次全会精神，研究我区贯彻意见；三、传达全国、全省、全市宣传思想工作会议精神，研究我区贯彻意见；四、传达中央和省委、市委政法工作会议精神，研究我区贯彻意见；五、传达全省、全市推进网格化服务管理建设相关精神，研究我区贯彻意见；六、审议《关于区公安分局党组改建党委的请示》；七、听取《关于清泉镇等三个乡镇党委书记选举结果的报告》；八、研究干部工作；九、审议《关于预发2013年度目标绩效奖励的请示》
十届六十六次	2014.02.14	研究干部工作

续上表

会议届次	会议时间	研究事项
十届六十七次（扩大）	2014.02.27	一、传达省委十届四次全会和市委十二届三次全会精神，研究我区贯彻意见；二、审议《关于成立区委全面深化改革领导小组的请示》；三、审议《关于成立成都市青白江区依法治区领导小组的请示》；四、审议《成都市青白江区人大常委会 2014 年工作要点的请示》；五、审议《成都市青白江区政协 2014 年工作要点的请示》；六、审议《成都市青白江区建立健全惩治和预防腐败体系暨建设廉洁青白江 2013—2017 年实施意见》；七、听取全区安全生产工作汇报，分析当前安全生产形势，研究部署下一步工作
十届六十八次	2014.03.10	一、审议《中共成都市青白江区委常委班子开展党的群众路线教育实践活动工作方案》、《关于增设区委党的群众路线教育实践活动督导小组第一组长有关事项的请示》；二、学习中央《党政领导干部选拔任用工作条例》，传达全国、全省、全市组织部长工作会议精神，研究我区贯彻意见；三、传达全国、全省、全市统战部长会议精神，研究我区贯彻意见；四、传达中央、省委、市委农村工作会议精神，研究我区贯彻意见；五、传达全国、全省、全市"扫黄打非"工作会议精神，研究我区贯彻意见；六、听取《关于 2013 年全区执行落实中央、省、市、区改进工作作风密切联系群众规定有关情况的报告》；七、听取《关于 2014 年深化文明城市建设相关工作的报告》
十届六十九次	2014.03.27	一、传达学习全国两会和省委、市委常委（扩大）会议精神，研究我区贯彻意见；二、传达学习新初书记调研青白江所作重要指示精神，研究我区贯彻意见；三、审议《关于召开全区经济转型升级发展工作会议的请示》；四、审议《关于召开青白江区第八次妇女代表大会的请示》；五、审议《关于召开共青团成都市青白江区第十二次代表大会的请示》；六、听取《关于区级各目标管理单位 2013 年度工作目标绩效考评情况的报告》；七、审议《关于调整区慈善会领导班子成员的请示》；八、审议《给予相关同志党纪处分的请示》
十届七十次	2014.04.04	一、研究省委第五巡视组反馈意见整改工作；二、审议《给予相关同志党纪处分的请示》
十届七十一次	2014.04.11	审议《成都市青白江区第二批党的群众路线教育实践活动深化正风肃纪工作切实解决"四风"突出问题工作方案》、《关于乡镇（街道）和区级部门党政领导班子及成员述责述廉的规定》、《成都市青白江区党风廉政建设巡察工作办法》
十届七十二次	2014.04.30	一、审议《关于实施 2014 年第一批为民办实事民生工程目标的请示》；二、审议《关于我区推进网格化服务管理建设工作相关事项的请示》；三、审议《关于实施创新驱动发展战略加快创新型城市建设的意见》；四、审议《关于进一步加强领导班子和干部队伍建设的实施意见相关事项的请示》；五、研究干部工作
十届七十三次	2014.05.08	研究干部工作
十届七十四次	2014.05.08	研究干部工作
十届七十五次	2014.05.13	一、传达学习全省县域经济工作会议精神，研究我区贯彻意见；二、审议《关于扩大住房保障范围提高住房保障标准的请示》；三、审议《青白江区华逸中路公共租赁住房申请、审核及配租管理实施方案》；四、审议《中共成都市青白江区委关于贯彻落实党的十八届三中全会精神全面深化改革的意见》；五、审议《成都市青白江区依法治区纲要》；六、审议《关于区管干部 2013 年年度考核结果的请示》；七、研究干部工作
十届七十六次	2014.05.21	讨论区委常委班子党的群众路线教育实践活动对照检查材料

续上表

会议届次	会议时间	研究事项
十届七十七次	2014.05.26	一、传达学习市委常委会关于传达学习王东明书记在全省县域经济工作会议上的重要讲话精神有关要求、市委书记黄新初在全市局级主要领导干部培训班上的重要讲话和在市委维稳工作专题会上的讲话精神，研究我区贯彻意见；二、审议《中共成都市青白江区委关于省委巡视组反馈意见整改方案的报告》；三、审议《成都市青白江区开展全国生态文明示范工程试点工作项目规划(2014—2016 年)草案》；四、审议《成都市青白江区大气污染防治实施方案(2014—2017 年)》；五、审议《区委中心组 2014 年度理论学习安排意见》；六、研究干部工作
十届七十八次	2014.06.06	研究区委常委分工调整
十届七十九次	2014.06.10	一、审议《关于选派第三批援藏干部人才有关事宜的请示》；二、审议《关于非定向推荐市管副职领导干部拟提拔使用人选工作方案的请示》；三、研究干部工作；四、讨论区委常委班子党的群众路线教育实践活动专题民主生活会对照检查材料
十届八十次	2014.06.18	一、传达学习市委常委(扩大)会议精神，研究我区贯彻意见；二、研究党的群众路线教育实践活动相关工作，进一步深化"四风"突出问题专项整治；三、传达学习成都市落实党风廉政建设"两个责任"工作会议精神，研究我区贯彻意见；四、审议《成都市青白江区 2014 年党风廉政建设和反腐败工作任务分工》的请示；五、审议《2014 年上半年全区基层党建工作专题述职报告》；六、研究干部工作
十届八十一次	2014.06.27	研究干部工作
十届八十二次	2014.07.17	一、审议《关于在党的群众路线教育实践活动中加强制度建设的意见》；二、审议《关于进一步规范和加强财政资金使用管理的请示》；三、审议《青白江区学前教育提升工程实施方案(2014-2016 年)》；四、审议《关于 2013 年目标考核结果有关事项的请示》；五、审议《关于明确区委新闻发言人、区政府新闻发言人、区委区政府新闻发言人助理的请示》；六、审议《关于市管干部 2013 年年度考核结果的请示》；七、审议《关于落实党风廉政建设主体责任和纪委监督责任的实施意见(试行)的请示》；八、研究纪委工作；九、研究干部工作
十届八十三次	2014.08.18	一、审议《关于推进青白江区党风廉政建设"两个责任"落实的工作方案》；二、听取信访维稳工作情况汇报，研究部署当前信访维稳工作；三、审议《关于成立区委网络安全和信息化领导小组的请示》；四、审议《关于开展 2014 年黑臭河渠综合治理项目有关事项的请示》；五、审议《关于贯彻全市领导干部出国(境)管理监督工作精神有关事项的请示》；六、审议《关于推荐成都市优秀年轻干部人才递进培养计划第二期培训班学员的请示》
十届八十四次	2014.08.29	一、听取《关于 2014 年上半年全区执行落实中央和省、市、区改进工作作风密切联系群众规定有关情况的报告》；二、审议《青白江区贯彻〈党政机关厉行节约反对浪费条例〉实施细则等 3 个文件的请示》；三、审议《成都市青白江区农村区域环境综合治理工作方案》；四、研究党的群众路线教育实践活动有关工作；五、审议《深化行政审批制度改革实施方案》；六、审议《关于超职数配备干部专项整治有关事宜的请示》；七、听取《关于干部监督管理专项整治工作有关事宜的报告》；八、研究干部工作
十届八十五次	2014.09.23	一、审议《关于在落实"两个责任"中深化廉政风险防控工作的实施方案(试行)的请示》；二、审议《关于加强和改进反腐败协调工作的意见(试行)》；三、听取《关于贯彻落实全市政府职能转变和机构改革动员大会精神的报告》；四、审议《青白江区参加全国民兵应急力量规范化建设观摩活动方案》；五、干部议题

续上表

会议届次	会议时间	研究事项
十届八十六次	2014.09.30	研究干部工作
十届八十七次（扩大）	2014.10.20	一、传达学习中央、省委、市委党的群众路线教育实践活动总结大会精神，研究我区贯彻落实意见；二、审议《中共成都市青白江区委关于报送〈青白江区开展党的群众路线教育实践活动情况总结〉的报告》，安排部署相关总结大会事宜；三、审议《成都市青白江区关于进一步完善乡镇财政管理体制的意见》；四、审议《成都市青白江区行政事业单位差旅费管理办法》；五、审议《打造国际性枢纽型“物流商贸核心区”助推服务业核心城市建设的实施意见》；六、审议《青白江区关于培育和践行社会主义核心价值观的实施意见》；七、审议《关于补选傅学坤等3名同志为区第十次党代会代表的请示》；八、审议《关于成立区政务中心机关党委的请示》；九、审议《关于建立"解难题、办实事、排民忧"主题承诺活动长效机制的实施意见》；十、干部议题
十届八十八次（扩大）	2014.11.05	一、召开区委常委（扩大）会议暨中心组学习会，传达贯彻党的十八届四中全会和省委、市委常委（扩大）会议暨中心组学习会精神，研究我区贯彻意见；二、审议《关于2014年选派机关干部驻村（社区）任职有关事宜的请示》；三、审议区政府党组《关于提请审议〈成都市青白江区国民经济和社会发展第十三个五年规划编制工作方案〉的请示》；四、审议《关于整合全区手机信息发布平台工作的请示》；五、审议《关于非定向推荐区管副职领导干部拟提拔使用人选的请示》；六、审议《关于提请审议〈关于贯彻中共中央关于加强新形势下党外代表人士队伍建设的意见的实施意见（送审稿）〉的请示》；七、干部议题
十届八十九次	2014.11.21	一、传达贯彻省委办公厅相关文件精神；二、听取《关于党风廉政建设社会评价情况的分析报告》；三、审议《成都市青白江区人民政府职能转变和机构改革方案》；四、审议《关于提请审议〈成都市青白江区区级公立医院综合改革试点方案〉的请示》；五、审议《关于〈第一批“成都市青白江区高层次创新创业人才计划”评审结果〉的请示》；六、干部议题
十届九十次（扩大）	2014.12.01	一、传达学习省委十届五次全会和市委常委（扩大）会议暨中心组学习会议精神；二、传达全省、全市落实巡视整改暨党的群众路线教育实践活动整改深化工作会议精神，研究我区贯彻意见；三、审议《成都市青白江区开展乡镇（街道）党（工）委书记抓党建工作述职评议考核工作方案》；四、审议《关于认真贯彻落实“三严三实”要求进一步加强党员干部教育管理监督的实施意见（送审稿）》；五、审议《贯彻落实〈中共成都市青白江区委关于认真贯彻落实“三严三实”要求进一步加强党员干部教育管理监督的实施意见〉责任分工方案（送审稿）》；六、审议《关于落实中央巡视组、中组部检查组反馈选人用人问题的整改实施方案》；七、审议《关于开展选人用人不正之风“8+1”专项整治工作方案（送审稿）》；八、审议《青白江区开展庸懒散浮拖问题专项整治工作的实施方案（审议稿）》；九、审议《中共成都市青白江区委关于建立健全作风建设长效机制的实施意见（送审稿）》；十、审议《贯彻落实〈中共成都市青白江区委关于建立健全作风建设长效机制的实施意见〉责任分工方案（送审稿）》；十一、研究干部工作
十届九十一次（扩大）	2014.12.08	一、传达贯彻市委十二届四次全会精神，研究我区贯彻意见；二、听取《关于开展“庸懒散浮拖”专项整治工作督查发现问题处理情况的通报》；三、审议《中共成都市青白江区委十届八次全体会议方案》；四、审议《中国共产党成都市青白江区第十届代表大会第二次会议方案》

续上表

会议届次	会议时间	研究事项
十届九十二次	2014.12.17	一、听取《关于市委组织部督查调研组赴青白江区督查情况的报告》;二、审议区纪委《关于提请审议〈成都市青白江区落实党风廉政建设主体责任检查考核办法(试行)〉的请示》;三、审议区纪委《关于提请审议〈成都市青白江区党政领导干部述责述廉实施细则〉的请示》;四、审议区委区政府目督办《关于提请审议〈2014 年目标绩效考评实施办法(送审稿)〉的请示》;五、审议区财政局党组《关于提请审议〈成都市青白江区财政专项资金管理暂行办法〉的请示》;六、审议区财政局党组《关于进一步规范财政预算管理相关事宜的请示》;七、审议区委统战部《关于增补八届区政协委员的请示》;八、审议区委组织部《关于区委提名推荐区第十七届人大代表候选人的请示》
十届九十三次	2014.12.25	一、传达全市"走基层、解难题、办实事、惠民生"活动座谈会议精神,研究我区贯彻意见;二、听取全区安全生产工作汇报,分析当前安全生产形势,研究部署下一步工作;三、审议《提请审议〈关于进一步加强基层服务型党组织建设的实施意见(审议稿)〉的请示》;四、审议《关于提请审议〈中共成都市青白江区委关于贯彻落实党的十八届四中全会精神全面深入推进依法治区的决定(常委会审议稿)〉的请示》;五、审议《关于提请审议〈中共成都市青白江区委关于坚持思想建党与制度治党紧密结合全面推进从严治党的意见 (常委会审议稿)〉的请示》;六、审议《关于提请审议〈成都市青白江区城市建设管理转型升级"四改六治理"十大行动工作领导小组建议名单〉的请示》;七、听取区直机关工委工作汇报

区委综合事务

【办文办会】 认真落实《党政机关公文处理工作条例》和治理"文山会海"相关规定,严格执行文件限额管理制度、简报备案制度和密件管理制度。完善办文流程,提高拟办水平,严把审批程序,严控发文数量,提高办文质量,确保文件办理顺畅、准确、高效、万无一失。2014 年,收到并办理来文 1 036 件,办理人民网信访件 20 件,办理主要领导批示件 2 810 件。制发事务性工作公文 106 件,顺利完成党内规范性文件审查备案工作 19 件。认真组织全区各类大型会议,完善会议办理机制,坚持在办会工作中做到早筹划、勤协调、细落实。筹办(协办)区委全委会及全委(扩大)会等全区性会议 104 次。

【秘书工作】 严格落实中央和省委、市委、区委关于进一步改进文风的要求,强化以文辅政,优质高效做好文稿起草、审核工作。牵头起草了区委主要领导《在区委经济工作会议上的讲话》等重要讲话材料 37 篇,牵头起草了《向新初书记的工作汇报》等汇报材料 15 篇,牵头或协助起草了《关于市第十二次党代会以来工作情况和 2014—2020 全面深化改革思路的报告》《中共成都市青白江区委关于贯彻落实党的十八届三中全会精神全面深化改革的意见》等区委重要工作的实施意见及总结、报告 28 篇,起草完成《关于进一步健全最低生活保障制度的思考与对策》《关于青白江区安置房小区物业管理模式的调研报告》等调研文章 5 篇。

2 月 26 日,全区党的群众路线教育实践活动工作会在大弯中学召开

【督办工作】 依托“大督查”工作格局,完善“上下齐督”“六结合”“三联合”“三对口”等督查机制,建立健全“七步工作法”和“三有三要”制度,进一步完善多维度督查管理模式。狠抓决策督查、领导批交办事项办理督查、专项督查和督查调研四项基本工作。2014年,对区委重要文件和重要会议明确的工作开展督查工作,到期办结170余项。跟踪办理上级批交办件事项8件,立项办理区领导批交办事项10件,到期全部办结。对整治会风会纪等10余项工作开展专项督查,对重大基础设施、安置房建设、生态环境治理、民生社会事业等19个重点项目开展专项督查,形成督查报告和督查通报13篇。在公共服务满意度测评中,青白江区排名二圈层第2位、全市第5位。

【综合工作】 制定《区委办公室厉行勤俭节约、反对铺张浪费的实施办法》,从严控制办公易耗品和办公设施设备的采购及管理,严格车辆管理,严格执行加油、保险、维修、洗车“四定点”制度,实行单车核算。建立政务接待点位资料分级动态管理制度,编制一级点位26个、二级点位29个、三级点位58个,分级完善文字、图片、展板、PPT等基础资料,确保了调研点位资料的完善齐备与及时更新。接待上级领导、重要客商、专家学者等来区调研考察60批次500余人次,圆满完成财富全球论坛和华商大会交办的接待任务,被市委市政府接待办评为全市政务接待先进单位。

9月16日,区委中心组(扩大)在金堂监狱开展反腐倡廉警示教育活动

【信息工作】 加大上报信息力度,加强信息分析核实,务求信息精准实效。上报信息200余条,采用60余条,获市委主要领导批示1条,在市级以上刊物发表外宣文章2篇。优化内部刊物版块设置及内容,增加“问题建议”和 “项目进展”版块。2014年,编发区内刊物《每日要情》249期、《领导参阅》24期、《综合资讯》35期、《领导活动预报》98期。推行信息跟班学习制度,建立优秀信息评选机制,创新信息目标下达及考核方式,在27个重点单位试行采用“季度目标+年度目标”的方式分解下达全年信息目标任务。完善网络平台管理,增设“党的群众路线教育实践活动”栏目,进一步加强区公众信息网信息报送工作,子网站累计更新信息116条。

【保密工作】 切实落实领导干部保密工作责任制,及时调整充实区保密委员会成员,完善组织领导机构。利用手机短信平台、宣传海报、法制宣传日等形式,开展《保密法实施条例》宣传活动,努力营造促进保密事业发展的良好社会氛围。从制度建设、涉密人员培训、涉密文件信息资料管理、网络保密管理等方面强化保密管理工作。加大日常保密监督检查力度,对相关部门政府信息公开保密审查工作进行抽查,严密防范政府信息公开中发生失泄密事件,切实做到“上网不涉密”“涉密不上网”。被评为2013年度全市保密宣传工作先进单位和学刊用刊工作先进单位。

目标督查管理

【概况】 2014年,区委目督办紧紧围绕区委、区政府中心工作,积极开展目标管理创新,强化督查督办,全面履行工作职责,通过目标管理的导向作用,有效保障区委、区政府重大决策部署的落实,有力推动全区各项目标任务的全面完成。

2014年,全面完成省、市、区目标任务362项(含237项民生工程目标),承办市委、市政府督办交办件36件,其中办理市委、市政府主要领导批交办件8件。围绕全区中心工作立项督办169项,到期办结163项。完成市、区人大代表建议和政协委员提案。

青白江区2014年度工作目标考评得分90.45分,在近郊区区县中排名第四。

【目标管理】 采取模块化组合方式设计考评指标体系。坚持统分结合，将某个时段的某项工作作为一个独立的模块，最终形成由各个模块共同构成某个考评类型的考评大体系，确保在不同时段的各项工作，及时分解落实到责任单位和责任人。围绕工作重点选定考评内容，按照横向分类区、纵向分层级，以及指标有区别、权重有差异的原则，加大民生建设、资源消耗、环境质量、生态保护、消化产能过剩、安全生产等指标的考评，突出工作重点，区级部门的工作重点放在省市级目标和“五区建设”中本单位职能职责牵头项目的落实上，园区管委会的工作重点放在经济发展、产业发展指标上，乡镇（街道）的工作重点放在“五区建设”和深化改革上。加大对发展质量、民生质量和生态建设等指标的权重，2014 年将发展质量类目标项目由 11 项增加为 51 项，基本分值由 15 分增加为 33 分；民生质量类目标项目由 176 项增加为 237 项，财政投入大幅度提高，在基本分值占 5 分的权重，还设置了基本分值外的加减分；生态建设类目标项目由 3 项增加为 6 项，基本分值由 1.2 分增加为 4 分。拓展社会公众参与渠道，健全机关服务对象和社会公众为评价主体的考评方式，将服务对象对入驻区政务中心审批职能部门的满意度和投诉情况纳入相关区级部门的基层评价；将乡镇（街道）的基层评价范围除辖区内的村（社区）负责人外，扩大至部分人大代表和政协委员，以及部分企业代表，确保评价结果的公正性。

【督查督办】 坚持执行《关于进一步加强和改进督促检查工作的实施意见》《关于重大决策部署贯彻执行情况监督检查的实施意见》的工作要求，充分发挥督查科组织协调、调查核实、情况通报、处理问题等职能。进一步整合督查资源，着力完善“统一领导、上下联动、横向配合、多方参与”的大督查工作模式，充分调动基层和部门的力量，坚持实施“对口督办”、“对口跟踪”、“专业辅助”、“归口备案”。以“大督查与小督查相结合、独立督查与联合督查相结合、座谈督查与现场督查相结合、明察与暗访相结合、跟踪督查和回访督查相结合、部门督查和社会民主监督相结合”的“六个结合”为抓手，建立“三联合模式”、市民监督员监督机制等，切实发挥督促检查“指挥棒”、“联络室”、“裁判员”的作用。坚持运用“体系管理、台账管理、流程管理”的多维度管理模式，建立“七步工作法”完善全链条督查机制，推行“三有三要”制度紧扣重要细节末梢，搭建“五大平台”畅通交流渠道，确保督促检查工作不留空白、不留死角。对纳入督促检查有明确完成时间节点及具体任务要求的重大工作推进落实情况实施督查考核，制定《考核细则》，定期制发《工作通报》，并将通报结果纳入各乡镇（街道）和区级各部门年度目标绩效考评。制发《工作通报》12 期。

10 月 16 日，区委书记刘筱柳率队督查交通重大项目推进情况

【目标考核】 全区目标绩效考评工作由区委目督办组织，区级牵头部门配合实施，时间为 2014 年 12 月 30 日—2015 年 1 月 30 日，依据《2014 年目标绩效考评实施办法》（青目督发〔2014〕33 号）和《关于做好 2014 年全区目标绩效考评工作的通知》（青目督发〔2014〕34 号），将区级部门分为党群部门、政府部门，乡镇（街道）分为毗河以北乡镇（街道）、毗河以南乡镇（街道）进行综合考评。采取年终分类集中会审与日常督促检查相结合、综合考评与单项考评相结合、领导评价与基层评价相结合的方式进行。区级牵头部门实施考评时以过程考评、资料审核、现场抽查、网上办公为主。区委目督办汇总年度目标绩效考评初评结果，报区目标管理工作领导小组审核后，报请区委常委会审定。目标管理单位对目标考评得分有异议的，公示期 3 日内向区目标管理工作领导小组提出书面申请复议。最终考评结果以《关于表扬 2014 年度目标绩效管理工作先进单位和突出贡献单位的通报》（青委发〔2015〕14 号）和《关于区级各目标管理单位 2014 年度目标绩效考评结果的通报》（青目督发〔2015〕5 号）两份文件下发公布。

政策研究

【概况】 2014年，区委政研室深入贯彻落实党的十八大，十八届三中、四中全会，省委十届四次、五次全会和市委十二届三次、四次全会精神，紧紧围绕省委“三大发展战略”、市委治蓉兴蓉基本方略和“改革创新、转型升级”总体战略、区委“五区”发展战略，突出调查研究，注重成果转化，抓好决策服务、牵头推进改革、充分发挥参谋辅政作用，在服务中心、服务大局、服务基层上不断取得新的进展。牵头或配合完成起草区委和区委主要负责人的重要报告、讲话、汇报等文稿材料50余篇，起草全面深化改革相关重要文件14份，组织筹备区委全面深化改革领导小组会议3次、专题会议1次，收集整理区委区政府顾问调研成果26篇，积极配合上级部门完成调研任务20余次，牵头完成区外考察团到区调研活动9次，编发《工作研究》36期、《建言专报》12期，编发《青白江改革》专报4期，在市级以上刊物发表文章13篇，在《成都改革》刊发经验文章及简讯11篇，改革信息上报排名居全市前列。

【专题调研】 深入开展战略性调研，及时把握中央和省市重大方针政策和战略部署，积极抓好区传统产业转型发展、区域合作、城市建设等方面的重大课题调研，提出具有前瞻性和可操作性的新思路、新对策，形成《关于我区传统产业转型升级的建议》《关于借力边界合作助推我区发展的建议》等调查报告，为区委决策提供参考。深入开展综合性调研，重点围绕加强投资促进、土地资源清闲、农村集体建设用地整理、客运三轮车营运管理等事关地区经济社会发展和民生民利的课题开展综合调研，形成《关于我区投资促进工作的建议》《推动“五步工作法”——清理低效工业用地》《探索“533”模式 推进农村集体建设用地整理》《关于治理我区客运三轮车营运问题的建议》等调研文章，得到区委有关领导的肯定性批示。完成浙江省嘉兴市南湖区委办等区外考察团到区调研活动9次，借它山之石助推“五区”发展。深入开展政策性调研，协助完成市委政研室对城乡新型社区党建、全市节能环保装备产业发展情况、农民集中居住区物业管理、农村产权制度改革、基层卫生综合改革等方面专题调研汇报材料，配合完成的《关于我市推进农村集体资产股份化改革促进集体经济发展壮大的调研报告》获得市委书记黄新初肯定性批示。积极做好区委区政府顾问到区调研的协调服务工作，针对我区老工业基地调整改造、发展现代物流与电子商务、推进依法治区与基层治理等方面重点内容开展政策性调研。

【参谋与服务】 充分发挥决策咨询智库作用，区委政研室作为区委不可缺的重要智力依赖，紧紧围绕全区发展大局和区委决策部署，准确把握经济社会发展中的重点、难点和热点问题，深入细致开展大量决策咨询研究，提炼出不少具有前瞻性、战略性、操作性的意见和建议，牵头起草《区委2014年工作要点》《区委关于贯彻落实党的十八届三中全会精神全面深化改革的意见》等文件，整理汇编《区委区政府顾问2013年调研文集》《区委区政府顾问2014年调研文集》《全国主要城区2013年总结和2014年部署情况汇编》等文集，为全区经济社会发展提供重要参考和智力支持。充分发挥以文辅政作用，牢固树立“身在兵位，胸为帅谋”意识，主动从领导的角度去思考、筹划和处理问题，牵头或配合完成起草区委和区委主要负责人的重要报告、讲话、汇报，《向新初书记的工作汇报》《在全市推进“法律七进”工作现场会上的交流发言》《关于市委十二届三次全会以来工作情况和下一阶段工作安排的报告》《关于2014年度青白江区党政领导班子履行党风廉政建设主体责任情况的报告》等文稿，较好的担负起参谋助手职责。

【成果转化】 2014年，区委政研室坚持“围绕中心，突出重点，适度超前”的原则，加强素质提升，创新工作方法，开展调查研究，注重成果转化，为区委领导决策提供参考依据。配合市委政研室完成的《关于我市推进农村集体资产股份化改革促进集体经济发展壮大的调研报告》获得市委书记黄新初和市委常委陈建辉的肯定性批示；《关于我市推进农村土地承包关系“长久不变”的调研报告》获得市委常委陈建辉的肯定性批示，《关于青白江区创新社会治理的调查与研究》《奋力实现青白江“竞飞赶超”》在省委政研室刊物《调查与决策》刊发，完成的《改造院落“实打实”，服务群众“心贴心”》《成都市青白江区汇聚民意做实台账破解难题》在省委组织部刊物《共产党人》刊发，《四种意识带来四大改变——青白江区投资促进工作的创新实践》在省发改委刊物《当代县域经济》刊发，《把为民务实清廉作为党员干部的价值追求》在《成都日报》刊发，《关于全区小微企业发展的几点思考》调研文章获区委常委、区纪委书记刘文道的肯定性批示。区委政研室撰写的调研文章为推进全区经济社会发展提供了有力的理论支撑和智力支持。

(供稿人:董心洁)

纪检监察

【概况】 2014年，区纪委坚持把党风廉政建设和反腐败工作放在突出位置，坚持从严管党治党，旗帜鲜明反对腐败，持之以恒改进作风，努力营造风清气正的政治生态。全区各级党委(党组)和纪检监察系统切实强化管党治党的政治担当，聚焦中心任务，主体责任和监督责任同步落实，形成强大合力，党风廉政建设和反腐败工作取得新成效，群众满意度在全省、全市党风廉政建设社会评价中保持前列，被评为2014年度成都市落实党风廉政建设监督责任先进单位。

【党风廉政建设】 厘清边界明晰责任。制定《关于落实党风廉政建设党委主体责任和纪委监督责任的实施意见(试行)》，细化党委主体责任50项，纪委监督责任16项，制定党风廉政建设和反腐败工作任务分工，分解任务76项，确保责任对等、权责清晰。层层宣传督促压实责任。区委常委会、区政府常务会27次专题研究党风廉政建设工作；区委、区政府主要负责人17次对反腐倡廉重大问题作出批示。班子成员带头开展专题学习、调研检查、专题约谈、宣讲督导、签字背书、责任追究、宣传报道“七大推进活动”，全区近2万名党员干部接受了教育。各乡镇(街道)、区级部门全面跟进，形成落实“两个责任”的广泛共识。考核问责倒逼责任落实。增加党风廉政建设目标考核权重，坚持日常考核与全面考核相结合，开展常态化督查，对发现的问题及时提醒、纠正，促进责任落实。强化党风廉政建设责任追究，开展“一案双查”，对落实主体责任不到位的3个单位“一把手”进行问责。

【正风肃纪】 开展各类专项整治。结合第二批党的群众路线教育实践活动，扎实开展正风肃纪“12+X”专项整治，严肃治理领导干部“走读”行为。深入推进“热点治理”专项行动，分类梳理汇总限期整改群众反映强烈的“16类热点问题”。围绕中央巡视组反馈四川问题开展“五个专项整治”，严肃查处收送红包礼金、违规发放奖金工资补贴、违规购置使用公务车、庸懒散浮拖、违规任用干部等问题。推进常态化监督检查。将明察暗访等日常督查与对关键问题、关键环节的专项督查相结合，紧盯重大节假日、领导干部婚丧嫁娶等易发多发时间节点，及时发现隐身、变异的“四风”问题。严肃惩处刹风。对违反规定踩“红线”、闯“雷区”的行为，发现一起、查处一起。2014年立案查处“四风”类案件23件26人，点名道姓通报曝光16批22件。推进制度建设。以区委《关于建立健全作风建设长效机制的实施意见》为统领，及时将正风肃纪成果固化为制度，完善津补贴发放、公务用车、值班纪律等规章制度，构建较为完备的作风建设制度体系。

【案件查处】 以零容忍态度惩治腐败。坚持有案必查、有腐必惩，全区受理信访举报237件，初核率100%，立案105件114人，办结率100%，给予党纪政纪处分111人，移送司法机关追究刑事责任7人，初步形成了“不敢腐”的强大震慑。坚持“老虎”、“苍蝇”一起打，查办重点类案件33件，占立案总数的31.42%；严肃查处县处级干部5人、乡科级干部6人、村组干部47人。加大基层办案力度，乡镇(街道)纪(工)委立案92件。坚持依纪依法办案。用好800平方米新办案场所，制定办案安全相关规定，规范办案流程。办结中央巡视组交办线索5件，立案查处3件。注重发挥查办案件治本功能。坚持抓早抓小，及时约谈、函询党员干部存在的苗头性、倾向性问题，开展任前廉政谈话49人次。坚持以案促教，摄制《疯狂“白蚁”》警示教育片，分批组织全区党员领导干部参观法纪教育基地，到法院旁听贪腐案件审理。坚持以案促建，实行重大案件“一案四报告”制度，在部分重点发案领域开展廉洁从政专项整治。

11月27日，区纪委监察局到红阳街道纪察工委指导案件查办工作

【纪检体制改革】 明确时间表和路线图。制定区纪律检查体制改革工作方案，确立2014年具体改革任务14项，按照分类推进的原则，有序推动各项任务落实。深化派驻机构改革。健全派驻(出)机构统一管理、统一考核的配套制度，分片设置4个协作组，推行交叉检查、协作办案等机制，实现监督力量全覆盖和统管统用。创新反腐败协调机制。制定《关于加强和改进反腐败协调工作的意见(试行)》，及时调整增补反腐败协调小组成员单位，建立健全案件线索报告、移送等制度，收集处理上报案件线索112件，同比上升21.74%。建立"反腐败办案人员库"，制定管理使用办法，统一调配办案力量，形成反腐合力。落实"两个为主"要求。落实查办腐败案件以上级纪委领导为主，完善线索集中管理、上报、处置等制度，支持和督促下级纪委依纪依法查办案件，区纪委交办乡镇（街道）纪(工)委线索33件全部办结。积极探索以区纪委会同区委组织部为主，提名和考察乡镇(街道)纪(工)委书记、副书记，区级部门派驻(出)纪检机构负责人。

【源头治理】 全面落实《成都市青白江区建立健全惩治和预防腐败体系暨建设廉洁青白江2013—2017年实施意见》，着力构建不敢腐、不能腐、不想腐的制度机制。探索"积极预防、系统治理"机制。建立党风廉政建设信息收集、信息研判、风险排查、防控措施制定、效果评估"五项"工作机制，提高新形势下党风廉政建设和反腐败工作的科学性、针对性和前瞻性。深入推进区综合客运枢纽站工程市级廉政风险专项防控项目、涉农资金三级联动监管市级预防腐败创新项目，开展廉洁学校、廉洁医院等7大类25个廉洁社会单元创建活动。大力开展廉政风险防控。按照区委"全域防控"战略，聚焦人事、财经、资源三大"核心"权力，区领导牵头绘制13项区级层面权力运行流程图，各乡镇(街道)、区级部门按照"七步工作法"，以岗位防控为重点，查找廉政风险点15 731个，制定防控措施36 283条。深入推进8家单位岗位廉政风险防控信息化平台建设。强化党风廉政建设宣传。以新兴媒体为延伸，打造全媒体廉政文化宣传平台，在区公众信息网、"成都青白江"、"微青白江"官方微博开设"廉政文化"专栏，发布信息100余条，投放展播户外、公交车身廉政公益广告，营造崇廉尚洁的社会氛围。

11月3日，区委常委、纪委书记刘文道检查区交通运输局廉政风险防控工作

【队伍建设】 紧紧围绕监督执纪问责主题，深入推进转职能、转方式、转作风，全面固本强基。聚焦主责主业。在全市率先进行内设机构预调整，区纪委纪检监察室由1个增加到3个，监督执纪工作室和人员均超过75%；牵头或参加的101个议事协调机构精简为9个，减幅91.9%。提升能力素质。注重实战锻炼，通过以案代训、专家讲解、上挂锻炼、业务骨干授课和远程视频会议等方式，有针对性地开展各类培训17次共2 000余人次，纪检监察干部业务水平进一步提升。强化自检自严。切实践行"六项承诺"，组织集中宣誓，全区308名专(兼)职纪检监察干部签订了责任书，公开评诺、晒诺。增挂纪检监察干部监督室牌子，对全区纪检监察干部作风、纪律、履职等

进行督查。建立健全委局机关内部管理规章制度4项，工作程序进一步规范。

（供稿人：冯永丽）

组织建设

【基层党组织建设】 2014年底，全区各级党组织760个。其中：党工委8个，党委44个（乡镇党委9个、机关（单位）党委18个、非公企业党委6个、村（社区）党委11个），党总支38个，党支部670个。

乡镇党委：弥牟镇党委、城厢镇党委、清泉镇党委、大同镇党委、祥福镇党委、姚渡镇党委、龙王镇党委、福洪镇党委、人和乡党委。

机关（单位）党委：区委办机关党委、区人大机关党委、区政府办机关党委、区政协机关党委、区教育局机关党委、区公安分局党委、区财政局机关党委、区人社局机关党委、区城乡建设局机关党委、区交通局机关党委、区卫生局机关党委、区工商局机关党委、区城乡管理局机关党委、区供销联社机关党委、区国税局机关党委、区地税局机关党委、区水务局机关党委、区人民医院党委。

非公企业党委：成都华夏建设公司党委、成都成异钢管有限责任公司党委、成都巨峰玻璃有限公司党委、成都天保重型装备股份有限公司党委、四川三洲川化机核能设备制造有限公司党委、巨石集团成都有限公司党委。

村（社区）党委：革新村党委、大夫村党委、凤祥社区党委、肖家院社区党委、化工路社区党委、大弯社区党委、怡湖社区党委、石家碾社区党委、玉带社区党委、青江路社区党委、蔡家庙社区党委。

党工委：大弯街道党工委、红阳街道党工委、区直机关工委、区"两新"组织党工委、区工业区党工委、成都国际集装箱物流园区党工委、区凤凰湖国际生态湿地旅游度假区党工委、四川省（青白江）现代粮食物流加工产业园区党工委。

【基层党组织分类定级】 根据《关于建立全区基层党组织"三分类三升级"活动长效机制实施基层党组织星级评定管理的意见》（青组发〔2013〕33号）精神，印发《关于开展2014年基层党组织星级评定管理工作的通知》（青组发〔2014〕20号）。2014年，全区743个基层党组织经过群众初评、党员评议、党组织自评、党员群众审议、上级党组织审定五个程序，评定"五星"党组织105个，占14.1%，"四星"党组织194个，占26.1%，"三星"党组织294个，占39.6%，"二星"党组织115个，占15.5%，"一星"党组织20个，占2.7%，"零星"党组织15个，占2.0%。并将35个"一星"和"零星"党组织列为软弱涣散党组织进行集中整顿，通过加强教育培训、加强组织建设、加强制度完善、加强联动共促、加强基础保障"五项加强"和日常督导、双向督导、验收督导"三类督导"，实现了软弱涣散基层党组织转化提升。

【领导班子及干部队伍建设】 坚持"好干部"标准选干部配班子。以新修订的《党政领导干部选拔任用工作条例》为基本遵循，坚持党管干部原则、好干部标准、"三严三实"要求和"三重"导向选用干部，紧紧围绕推进"五区"发展战略选贤任能、排兵布阵，真正把好干部选出来、用起来。2014年，全区充实调整区管领导干部62人，干部队伍结构进一步优化。实施优秀年轻干部人才递进培养计划，试行非定向推荐区管副职领导干部拟提拔人选，改进和完善领导班子和领导干部政绩考核办法，开展优化领导班子结构、增强整体能力问题研究，建立干部特征信息库，试点探索构建领导班子结构模型，增强班子配备的针对性和实效性。

4月21日，青白江区优秀年轻干部人才培训开班仪式

坚持从严治吏防止干部"带病提拔"。改进和完善民主推荐、民主测评和组织考察方式，坚持个别谈话

推荐和会议投票推荐并用，在民主测评环节评议个人廉洁自律情况，严格干部考察预告、任前公示、任职回避和任职试用期制度，充分发挥干部监督员作用，畅通“12380”干部选任工作举报渠道，不断扩大干部选任监督覆盖面。健全干部选拔任用工作廉政风险防控机制，强化纪检监察机关等相关部门在干部选拔任用中的监督作用，对拟提拔人选，全面征求党风廉政等方面意见，在考察环节严格核查干部档案和个人有关事项报告情况，对有问题的坚决启动“放下”程序，对疑点没有消除、问题没有搞清的，坚决做到不提拔不重用。全面推行干部选拔任用工作纪实制度，强化对选人用人全过程的监督，坚决防止干部“带病提拔”。

坚持问题导向匡正选人用人风气。在全区广泛开展“三超两乱”、“干部档案问题”、“违规兼(任)职问题”等“9+X”选人用人不正之风突出问题专项整治，着力解决突出问题。坚持边整改边规范，同步推进制度体系建设，做好“废、改、立”工作，力求以制度机制固化整改整治成果。结合党的群众路线教育实践活动整改落实，深入整治干部队伍精神不振、为官不为等“庸懒散浮拖”问题。认真践行“三视三问”群众工作法，结合“走基层”活动，深入开展“三结三帮”惠民生活动，建立“解难题、办实事、排民忧”主题承诺活动长效机制，2014 年，全区 72 名“一把手”承诺践诺解决群众关心关注的问题 118 个。

【党员队伍建设】 截至 2014 年底，全区党员 18 945 人，其中预备党员 309 名。女党员 5 180 名，占 27.34%；少数民族党员 124 名，占 0.65%；农牧渔民党员人数有 7 091 人，占 37.43%；离退休党员 2 672 人，占 14.10%。

严格党员发展，制定《青白江区 2014 年发展党员指导计划》，完善发展党员“六项”制度，进一步规范程序、严格发展。2014 年发展新党员 250 人，其中女性 100 人，占 40%；35 岁以下 177 人，占 70.8%；大专以上学历 164 人，占 65.6%；全年发展工人党员 71 名、农牧渔民党员 91 名、教师党员 8 名，三类重点发展人群新发展党员数占新发展党员总数的 68%。

强化日常管理，在认真做好党员志愿服务、组织关系转接、流动党员管理、党费收缴使用管理和定期帮扶困难党员工作的同时，探索制定了《青白江区处置不合格党员办法(试行)》和《青白江区党员档案管理暂行办法》，修订完善《青白江区党员积分星级管理暂行办法》四个配套制度，在各乡镇(街道)全面推行党员积分星级管理，在区公共资源交易中心和和乐门业党支部开展试点。

【干部教育培训】 紧扣中心制定培训计划。紧紧围绕中央、省、市要求和区委中心工作，制定《2014 年干部教育培训计划》，全年累计举办各级各类培训班次 94 个，培训党员干部 8 600 余人次；累计完成上级调训任务 20 多个班次，调训干部 50 多人。

紧跟形势实施各类培训。紧扣全区发展任务，结合十八大精神宣讲、当前经济形势分析、干部培训需求，先后开办以“高端讲坛”、“周末讲堂”为载体的各类主体班、“青干班”、“异地班”、基层干部班培训等各类别培训 28 个班次。紧跟时代高端，以提升干部能力素质为出发点，特邀王长江、王友明、孙立平、岳庆平、蒋永穆、沈大凯等全国、省市著名专家教授举办“党的十八大之政策解读”“从严治党，提高党的领导水平和执政能力”、“全面深化经济体制改革”、“从东海钓鱼岛争端看当前国家安全”等高端培训 12 期，培训各级干部 3 000 余人次。紧贴干部需求，采取“学员必修”与“菜单选学”相结合的方式，围绕“五区”发展主题，举办“经济金融”、“农业农村”、“城建规划”、“社会管理”、“科教文化”等 5 个专题“干部夜校”班，设置创新型城市建设、高端装备制造、新材料和现代物流发展、法治教育、统筹城乡、社会管理创新、优化交通、网络舆论引导、心理调适、美学鉴赏等等课程，培训副处级领导干部 200 余人，科级干部 300 余人。着眼实际需要，放眼全国，借智借力，依托北京大学、清华大学、四川大学、江西干部学院、省委党校等高校和党性锤炼基地资源，破解异地培训难题，全年组织“一把手”异地高端轮训班 3 期，副局级领导干部省内精品专题班 2 期；举办“优秀年轻干部递进培养班”培训 2 期，实现全区“一把手”脱产培训全覆盖，班子成员 3 年一轮训目标。立足夯实基础，加强普通党员和基础干部教育培训，全年举办“村(社区)党组织书记区外强化班”、“村(社区)负责人培训班”、“村(社区)组织员、议事会成员培训班”等各类班次 12 个，培训基层党员干部 8 000 多人次。

9月23日，青白江区2014年北京大学
“公共管理领导力提升”专题培训开班仪式

强化服务落实调训任务。根据上级调训要求和学员自我选学情况，确定专人做好省、市调训服务工作，确保上级调训任务落到实处。全年选派10名领导干部参加省委组织部调训；60名领导干部参加市委党校2013年度“一周制”专题培训；3名领导干部参加市委组织部“现代知识与信息”专题培训；6名新任公务员参加2013年公务员任职培训；39名领导干部参加全年10期市管干部“创新思维月讲坛”专题培训；60余名正处级领导干部参加中国浦东干部学院网络学习。

多项措施确保培训成效。完善《青白江区干部队伍“学习圈”考察实施办法》，按照个人自学与集中培训、理论学习与工作实践、参训表现与学习成效、教育培训与选拔任用“四个结合”的原则，通过学分制管理对干部受训情况进行考核，提升培训成效。坚持边培训、边考察的原则，根据干部参训情况了解其性格特征、理论水平、逻辑思维、综合分析等潜质，为全面深入了解干部提供参考。深化“分类培训”模式，细分全区干部类别，对全区干部进行分级分类培训，促进干部培训制度化和长效机制建立。训用结合完成“拟任考试”工作。全年组织35人参加拟任县处级党政领导职务政治理论水平任职资格考试，合格27人，合格率77%。

【远程教育】 截至2014年底，全区远程教育站点136个，其中村（社区）123个，园区4个、两新8个，机关1个。党员干部教育培训综合示范点13个，其中市级以上点位8个。党员活动服务中心21个，依托各党（工）委建立站点16个。

强化党员教育培训，建立《青白江区党员干部现代远程教育工作联席会议制度》。完善党员教育“学时制”管理服务体系，提升党员教育“学时制”管理服务水平。全区实名注册考核学时站点参学率100%，站点总体达标率和个体达标率100%。扎实开展党建信息通联工作，在区电视台《青白江新闻》栏目中开设“‘五区’先锋”系列报道，蓉城先锋采用党建信息131条。升级拓展“12371”党建信息系统，编印《青白江党建》25期，发放彩信16.5万余条、短信2.1万余条，受益党员近12万人次。

建立党建课资源开发联席制度。2014年已完成《服务于平凡、藏爱在心间》党员形象系列宣传片等远程教育电视片33部，推荐上报11部，其中《秸秆再利用　各乡有妙招》获全市科普技术培训片一等奖、《会“说话”的“积分”》获全市党建工作纪实片三等奖、《新新七彩梦》获全市文化文艺宣传片三等奖、《为党旗添彩　为企业增辉》获最佳摄影奖、《三尺讲台　厚重人生——追忆优秀共产党员　卢永红》获最佳剧本奖。

【干部档案管理】 认真做好档案管理、干部到龄退休等干部管理工作。2014年，完成全区在职公务员、参照管理人员和区属企事业单位领导班子成员1 400多份档案整理、电子化扫描和区干部档案管理中心标准化建设工作。购买干部人事档案回转柜7组，形成1 400多份干部人事电子档案，实现干部人事档案电子化管理。整理、装袋、编号农村党员档案7 000多份。认真研究政策，理顺关系，形成《青白江区区管干部到龄退休办理工作流程》，进一步规范有关工作。

【“两新”组织党建】 截至2014年底，全区非公有制组织1 596家，党组织239个，党员1 889人，覆盖企业1 136家，党组织覆盖率达71.17%。全区社会组织315家，党员383人，全区社会组织党组织28个，覆盖社会组织204家，党组织覆盖率64.76%。

全区市级非公有制经济组织示范党组织11个，市级非公有制经济组织党工共建创先争优示范点3个，市级“党建之星”非公有制企业2个，市级社会组织示范党组织2个。“非公有制组织和社会组织中，建立远程教育站点和党员活动服务中心18个，其中企业站点5个、社会组织站点2个，其余均依托各党

(工)委建立。

印发《关于建立社会组织党建指导团(站)的通知》和《关于在非公有制企业中开展“党建组团”工作的通知》,积极推进社会组织党建指导团(站)和非公有制企业“党建组团”工作的开展。开展2013-2014年“两新”组织党组织综合示范点申报推荐工作,确定区级“两新”组织党组织综合示范点25个。

【村级组织活动场所建设】 开展不达标村级活动场所清理摸排工作。摸排梳理不达标活动场所48个(已明确纳入全市财政补贴的31个),计划投入资金1700余万元新(改、扩)建活动场所,三年内将全部达标并配套到位。

精心打造省级调研点位3个:大同镇凤翔社区、姚渡镇芦稿村、福洪镇杏花村。

积极推进全市“2014—2015提档升级”活动场所建设,建成龙王镇清洁村、红阳街道蔡家庙社区两个场所。

【村(社区)干部队伍建设】 按照中央和省委、市委的统一部署,2014年1月底全面完成村级党组织和自治组织换届选举工作。按照民主程序选举新一届村(社区)“两委”班子成员648人(其中,书记123人、主任123人、委员402人)。648名班子成员中,男性388名、女性260名,具有大专以上学历的有293名。为全面提升村(社区)干部综合素养,邀请省、市专家学者和相关区级部门业务骨干对村(社区)党组织书记进行4期专题培训、对村(居)民委员会主任进行2期专题培训、对村(社区)一般干部进行1期专题培训,组织优秀村(社区)党组织书记开展1期“示范教育”和6期“集中宣讲”,组织村(社区)党组织书记到四川省(成都市)法纪教育基地(四川省锦江监狱)开展“廉政教育培训”,组织村(社区)党组织书记、村(居)民委员会主任到成都村政学院、成都大学参加5期全市村(社区)“两委”主要负责人培训班。

【干部监督管理】 实基础推动日常工作。认真开展干部离任(任中)经济责任审计工作。全年委托区审计局审计离任(任中)干部26人次,完成离任(任中)审计24人次。严把出国(境)政审审批关口,严格按规定、按程序办理,坚持出国(境)行前教育、材料齐全、程序完备、行后证件收缴。共计办理因公出国人员政审手续13人次,因私出国人员政审手续2人次。严格落实领导干部个人事项报告工作。全年完成626名区管领导干部个人有关事项报告的信息的录入、汇总综合和21名领导干部个人有关事项信息的随机抽查核实工作。

狠抓重点开展专项整治。创新开展“干部监督工作政策法规集中宣传月”活动。通过专题讲座、传统(新)媒体宣传、多种形式氛围营造、专题自查等方式,在全区范围内多层次、全方位、立体式集中开展干部监督工作政策法规宣传活动,实现了“全区领导干部熟悉、组工干部精通、一般干部了解、党员群众知晓”的宣传目标。狠抓专项整治工作。全年完成中央巡视组、省委巡视组巡视有关问题专项整治、配偶子女移居国(境)外干部清理、违规经商办企业干部清理等10多项专项整治工作。认真贯彻落实中央、省、市和区委有关规定,全年未出现违反干部选拔任用有关规定事件。

积极探索监督工作创新。继续探索干部工作监督员队伍管用办法,充分发挥干部监督员队伍作用。修改完善干部离任经济责任事项交接办法,创新推动青白江区党政领导干部离任经济责任事项交接工作。

【党的群众路线教育实践活动】 深入开展党的群众路线教育实践活动,紧紧围绕“为民务实清廉”主题和“照镜子、正衣冠、洗洗澡、治治病”总要求,认真扎实地做好教育实践活动各环节工作。在全区范围内抽调93人组建16个督导小组,由区级党员领导干部任督导小组第一组长,开展3轮集中督查和4类专项督导,对87家单位累计提出督导意见3 465条。

全区545名副处级及以上领导干部帮扶困难群众1 126名、联系普通群众3 435名,2 107名机关干部帮扶困难群众2 253名、联系普通群众8 123名,为群众送“金点子”259个、项目66个,解决生产生活等关系群众切身利益问题6 520个。

区委领导先后4次在成都市第二批教育实践活动座谈会等会议上进行交流发言,省市《简报》《快报》采用信息68条次,采用情况在全市排名前列,我区“走基层”活动台账管理“闭合环路”机制等做法在省市得到充分肯定和宣传推广,市级以上媒体宣传报道217条次。

3月26日，区委党校党的群众路线教育实践活动动员大会现场

【新型基层治理机制建设】 按照党的十八大“要健全基层党组织领导的充满活力的基层群众自治机制，保障人民享有更多更切实的民主权利”精神，针对村（社区）基层组织存在的权责机制不明、运行机制不畅、监督机制单一等问题，结合实际积极探索，厘清职责权限、推进规范议事、拓宽监督渠道，初步构建起基层治理透明的权责体系、运行体系和监督体系，有效保障了村级权力全过程阳光透明运行。通过“三级授权”、“四步决策”、“五权分离”三项举措，明确村级组织权力边界，为议事会决策范围的合理划分提供了依据，也为议事会规范开展村级自治奠定了基础。通过推行“六步议事法”，理顺村（社区）议事会的议事程序，明确各个环节的责任主体及各自的职能职责，并对履职形式进行规范，有效促进了村（社区）议事会的议事民主、讨论高效、科学有序。通过严格“四种监督”，从不同范围、不同角度、不同群体对村级组织权力的运行有效监督，进一步健全村级监督体系，有效引导村级组织依法依规决策处置村级自治事务，尤其是在涉及村级人事聘用、财务支出、基础项目等与民生、民利相关的重大事情上，做到不徇私、不枉法，最大限度确保议事结果的公平公正。

（供稿人：杨娟）

宣传思想道德建设

【理论学习】 围绕宣传贯彻党的十八届三中、四中全会精神和习近平总书记系列重要讲话精神、深化改革、依法治国等重大工作，组织区委中心组学习研讨14次，辅导讲座9次，为区级领导干部提供《全面深化改革重要论述》等自学书刊20余种。加强基层党委（党组）中心组学习指导和督查，印发学习资料10种2 000余套。组织党的群众路线教育实践活动专题学习9次，编印学习资料18期，努力提升领导干部的理论素养和政策水平。组建区委宣讲团、宣讲小分队开展“走、讲、送”宣讲活动150余场，印发宣传资料1.9万余份，实现乡镇（街道）、党员干部全覆盖。坚持“一月一讲”，办好“市民讲坛”，举办形势政策宣讲10场，统一基层干部群众思想，凝心聚力谋发展。结合全区实际组织理论研究，调研文章《为民务实清廉》《做好新形势下的群众工作》在成都市“群众路线理论研讨会”上交流，其中《为民务实清廉》被《成都日报》选载。开展社科课题研究，完成市级课题“青白江区关于基层宣传阵地建设的研究”，新立项市级课题3项，区级课题8项。

【新闻宣传】 持续推广青白江城市形象，刊播“连接欧亚无水港、西部最美赏樱区”、“蓉欧快铁、城际高铁，让青白江更精彩”等城市形象广告200余次，拍摄制作第二部城市形象宣传微电影《樱为有你》，围绕城市形象宣传策划的“樱花小萝莉”话题营销，80余家国内主流媒体跟进报道，成功抢占各大主流网站、微博头条，总点击突破5 000万次。承办市政府新闻办召开的西部铁路物流中心建设新闻发布会，举办的杏花节新闻发布会、“举报宣传周”新闻通气会等获得良好社会影响。完善《成都市青白江区党委新闻发言人制度》，组建160人的新闻发言人和新闻发言人助理队伍，组织培训2次。向上推介特色亮点工作，在市级以上媒体刊发（播）各类新闻及专题稿件1 925条（篇）。完成公益广告电子管理系统建设，提高公益广告管理水平。做好媒体采访服务，西部铁路物流中心建设和蓉欧快铁的运行，被国外媒体多次报道，在《人民日报》、中央电视台等中央、省、市主流媒体刊播新闻270余条，网络宣传上千次，其中，英国BBC对蓉欧快铁作了报道。围绕区委、区政府中心工作积极开展群教活动、全面深化改革、依法治区、老工业基地转型升级等系列主题宣传，用主流声音占领舆论高地。2014年出版报（刊）125期，编播电视新闻及专题410期、专题片10个；在区公众信息网发布要闻729条，其中被市政府新闻网采用324条。1件评论作品获成都新闻奖专项奖;6件报刊和电视作品获市新闻奖;1件新闻图片获得成都电视台图片评选专业组二等奖;电视访谈节目《聚焦行风》,被市文广新局发文在全市推广。

2014年度区城市形象宣传短片截图

【舆论引导】 成立区委网络安全和信息化领导小组,印发《关于切实加强网络舆论引导工作的意见》,强化领导和各单位的主体责任,完善舆情会商、协调配合、联动处置工作机制。建成60人的区级骨干网评员队伍,组织培训5次,提升从业人员的能力和水平。推动区内报、刊、台、网媒体融合,开办青白江新闻网,开通"成都青白江"官方微信,推出"青白江群众路线网"专题网页,推进全区手机信息平台,整合发布及手机客户端建设,探索构建舆论引导全媒体体系。推动全区249个政务微博集群发展,完成区级重点部门腾讯、新浪微博双平台建设,官方微博和政务服务微博共发布信息9万余条。健全7×24小时网络值班制度,加强舆情监控等互联网管理技术平台建设,畅通网上信息收集、处理和反馈渠道,形成舆情发现、预警研判、引导处置相结合的舆情监控处置机制。编发舆情专报67期,妥善处置重要网络舆情45起,无一起造成重大负面影响,及时发出正面声音,有效管住负面舆论。

【文化建设】 成功举办第29届"桃花诗会"、"艺术周末·快乐人生"百姓才艺秀、全国钓鲫精英赛等品牌活动30余场。指导开展"百村文体系列活动"等群众性文艺活动600余场次,创作文艺节目60余件,农村公益电影放映1 000场。指导各协(学)会举办"学习习近平同志在文艺座谈会上的讲话精神" 等主题沙龙40余次。开展"筑梦家园·文化同心"2014年"走基层"文化惠民巡演暨"三下乡"集中示范活动40余场。组建文艺志愿服务活动团队6个,开展文艺志愿服务活动60余次。

【精神文明建设】 开展社会主义核心价值观主题教育,举办"树立崇高理想·担当社会责任·争做守法公民"宣传教育、新中国成立65周年、邓小平110周年诞辰等活动10余场,组织"为民务实清廉"知识竞赛、演讲活动20余场。建立道德讲堂93处,开展"基层先进典型先进事迹巡讲"报告会200余场。组织道德模范、"青白江好人"评选活动,评选先进典型100余人,举办先进典型故事分享会10余场, 其中陈梅、夏克秀、方均全获第三届"成都市道德模范"称号,罗顺兵被评为"四川好人"。完善党委(党组)中心组集中学法制度和政府常务会"会前学法"制度。组织300余名领导干部到金堂监狱进行警示教育。组织 "六五"普法和"法律七进"集中宣讲活动30余场,开展典型案件巡回开庭活动,参与群众1万余人次。依法治市宣传工作经验在全市工作会上推广交流。

(供稿人:肖汶君)

统一战线

【民主党派】 引导民主党派围绕转变经济发展方式等改革发展重点建言献策。2014年收集党外区人大代表建议、党外区政协委员提案近200件。召开情况通报会3次,收集意见建议20余条。指导民主党派加强自身建设和开展政治交接学习教育活动。支持各民主党派关注和改善民生,民革总支积极帮扶人和乡三元村破解发展难题;民盟总支东风再创职校完成创业培训、初级工培训等1 886人次;民进支部依托蒲公英爱心公社积极开展捐资助学活动;农工党总支继续加强姚渡卫生院的对口帮扶,开展义诊义检活动。积极申报彭家珍大将军专祠为全市统一战线交流基地,获得基地建设资金30万元。

【民族宗教工作】 进一步加强少数民族优秀干部和民族工作干部队伍建设,先后推荐8名优秀少数民族干部担任领导职务。深入开展民族团结进步宣传"五

5 月 21 日，市委统战部联络处处长杨玉麟到彭家珍大将军专祠纪念馆调研

进"活动，推动民族团结进步示范点建设。为少数民族群众办实事，帮助解决回民公墓搬迁、用电等问题。配合做好援藏工作，选派 18 名优秀年轻干部赴甘孜藏族自治州丹巴县开展援助服务。做好涉藏涉疆维稳工作。加强外来流动人口管理。进一步完善应急突发事件处置机制。巩固和谐寺观教堂创建成果，认真落实《宗教活动场所财务监督管理办法》和《民间非营利组织会计制度》，做好教职人员登记备案，坚决取缔非法宗教场所和宗教活动，严防境外宗教势力和"全能神"等邪教组织的渗透和破坏。民族宗教工作得到市领导"青白江区多措并举抓好民族宗教工作值得肯定"和"青白江民宗工作紧抓服务、主动作为的状态值得充分肯定"的批示。

【非公有制经济】 认真贯彻落实《关于加强和改进新形势下工商联工作的意见》（中发〔2010〕16 号）及省市文件精神，研究制定贯彻实施意见，加强工商联队伍建设。坚持"两个健康"主题引导，深化非公经济代表人士理想信念教育，举办"追求卓越、践行功德、坚守幸福"主题培训和爱国主义教育活动。引导民营企业走科技创新发展之路，先后与西南科技大学、四川大学等 6 所高等院校签订院地合作协议，共建联合实验室 3 个，建立了长期战略性合作关系。支持企业加强工程技术研究中心等平台建设，建成各类研发平台 15 家。为非公企业解决发展难题，建立非公企业联系例会制度，定期听取建议和诉求。强化政务服务，杜绝"玻璃门""弹簧门""旋转门"等现象，切实帮助企业解决发展难题。实施"同心光彩圆梦"工程。引导社会阶层人士参与解决就业、扶贫济困等行动，组织民营企业参与公益事业。

【干部队伍建设】 严格落实中央八项规定及省市区相关规定，扎实开展文山会海治理和正风肃纪等工作，机关作风和效能进一步提升。按照"照镜子、正衣冠、洗洗澡、治治病"的总要求，扎实开展党的群众路线教育实践活动。切实加强统战干部队伍建设，先后派出统战干部 22 人次参加省、市统战部门业务培训，强化廉洁自律意识，努力打造风清气正统战干部队伍。加强党外代表人士队伍建设，在 2014 年省委统战部党外干部工作座谈会和全市党外代表人士队伍建设工作座谈会上作经验交流发言。

【统战宣传教育】 紧紧围绕中心工作，深入开展调研，形成《健全选育用管机制推进党外代表人士队伍建设》《民主党派基层组织在加强自身建设中应注意的几个问题》等调研文章。认真贯彻落实《关于我市统一战线和多党合作事业宣传工作若干问题的意见》，加强统战宣传阵地建设和制度建设。加强统战信息网络和信息员队伍建设，积极报送统战信息。2014 年，向市区两级报送各类信息 30 余条。

（供稿人：邹静波）

统筹城乡综合配套改革

【概况】 2014 年在区委、区政府的领导和市委统筹委的指导下，区委统筹委积极贯彻落实党的十八届三中全会、省委十届三次全会和市委十二届三次全会精神，紧紧围绕健全城乡发展一体化体制机制，加快重点领域和关键环节"先行先试"，构建以工促农、以城带乡、工农互惠、城乡一体的新型工农城乡关系，打造统筹城乡综合配套改革升级版，取得较好成效。

【农村产权制度改革】 全面深化农村产权制度改革，建立健全归属清晰、权责明确、保护严格、流转顺畅的现代农村产权制度，从根本上保障、维护和发展农民权益，让农民享有更多财产权利。

7月21日，中央编译局领导调研区城镇化工作

继续深化农村产权确权颁证。制定农村养殖水面经营权、农业生产设施所有权、小型水利工程所有权等登记管理办法，选择在统筹城乡综合示范镇、示范村开展登记颁证试点。

推进产改“常态化”管理。重点针对2010年以来因地质灾害搬迁避让、灾后重建、D级和C级危房改造、农村土地综合整治、零星征地拆迁等导致的已颁证农村产权开展变更登记，对原有确权颁证进行复核纠错。分类梳理需要实施变更登记对象4 466户，组织国土、房管、农发等权属主管部门对符合条件的农户实施权属变更登记，确保年底前实现“应颁尽颁”。

完善农村产权登记管理、交易服务体系。完善区、乡农村产权登记管理平台、农村产权交易服务中心。在区政务服务中心开设农村产权登记管理服务窗口，在乡镇设立农村产权登记管理服务站。正会同相关部门研究制定农村产权交易服务职能向区公共资源交易服务中心整合事项。

【城乡要素流动试点】 按照促进城乡要素自由流动根本取向，推进集体经营性建设用地开发利用等要素流动试点，加快实现农民更多财产权利。

针对存量集体建设用地、通过农村土地综合整治按政策预留给集体经济组织发展集体经济的集体建设用地、因“小挂”项目节余的集体建设用地开展先行试点。初步形成《青白江区农村集体建设用地整理、流转与开发利用及产权登记流程、操作办法》，在福洪、龙王、城厢等乡镇通过出让、租赁、入股等方式，试点探索集体经营性建设用地用于乡村旅游、商贸服务等的途径。其中：龙王镇利用农村集体建设用地指标，引进社会资本打造“龙吟长滩”项目，推进一三产业互动发展。

指导福洪镇结合全域土地整理，组织社区居民利用节余的集体建设用地，通过村民自愿参与、“股民”民主决策，成立土地股份合作社。在民主字库社区文化广场项目建设、新场镇农产品加工园探索开展农村集体建设用地开发利用新路径，探索农村集体资源股份化管理、运营新路。

在人和乡三元村开展农户自愿有偿腾退集体土地(宅基地)使用权试点。肖世贵一家退出农村宅基地使用权进城，集体经济组织突破用地瓶颈发展集体经济，初步建立农户自愿有偿腾退集体土地(宅基地)使用权的运行机制。

7月18日，常务副市长朱志宏调研福洪镇统筹城乡工作

【村级资金管理】 持续推进村级公共服务和社会管理改革。2014年，全区拨付村级公共服务和社会管理专项资金5 151.5万元，实施村级公共服务和社会管理项目804个。

草拟《关于创新建立村级公共服务和社会管理专项资金建设项目咨询服务平台的实施意见》，按照“咨询建设、参谋服务”的宗旨，创新建立建设项目前期咨询服务平台，有效解决村(社区)因专业人才缺乏导致村级公共服务和社会管理专项资金建设项目决策、实施、管护阶段面临的现实问题，本着“为民、便民、惠民”的原则，按村(涉农社区)的需求提供免费咨询服务。

加强村级公共服务设施设备后期管护。在姚渡镇芦稿村，开展设施设备后期管护试点，召开现场会，制定《青白江区村级公共服务设施后期管护工作意见(试行)》,探索建立"所有权和使用权分离,使用权与管护责任一致"的后期管护机制,按照"谁受益、谁管理,谁使用、谁负责"的原则,对全区111个村(涉农社区)使用公服资金建设和购置的设施设备进行管护。

率先用公服资金开展美丽新村建设。在姚渡镇光明村2组三个院落(45户197人)在全市率先用村级公共服务和社会管理专项资金开展美丽新村建设,用村公服资金12万元,硬化入户道路1 200米,整治排水沟、生活污水沟和卫生死角,每户划定卫生责任区域,形成每日清扫的长效机制。

【新型社区服务管理】 坚持多方参与、共同治理,统筹兼顾、动态协调的原则,创新新型社区服务管理机制,形成管理和服务合力。

强化基层治理机制建设。对全区村(社区)管理服务中心标识标牌、公示公告栏设置情况及所在区域公示公告、宣传专栏设置和临时宣传标语张贴悬挂情况进行调查,对规范村(社区)管理服务中心标识标牌、宣传公示专栏设置提出指导意见,在福洪镇杏花村开展标识标牌、楼牌指引、公示公告栏等样本示范。

强化集中居住区管理。在城厢镇十五里新型社区试点,形成1+3管理框架、五大机制、五大服务体系,有计划、有步骤地建立健全农村新型社区管理体制和运行机制,促进农村居民逐步实现自我管理、自我教育、自我服务、自我监督,引导农民从心理上、技能上、习惯上进城,有效推进农业转移人口市民化。

完成"1+N"配套。遵循"弹性配置、设施共享"原则,采用村级公共服务和社会管理专项资金、财政一事一议奖补资金、自筹资金相结合的方式,推进12个点位公共服务和社会管理设施标准化建设。

【统筹城乡综合示范】 以都市现代农业为支撑,推进福洪镇统筹城乡综合示范镇建设,打造统筹城乡综合配套改革"升级版"。

按照"涉农政策向综合示范项目倾斜、建设项目向综合示范项目集中、'三农'资金向综合示范靠拢、奖励扶持向综合示范项目优先、机制创新在示范区试点"的集成推进机制,从构建新型农业经营体系推进产业发展、推进农村土地综合整治建设美丽新村、强化基层治理完善公共服务等方面加快项目建设。《福洪乡"四个转变"探索健全新型农业经营体系》一文由市委统筹委专报市委主要领导,在市深改办《成都改革》第15期刊发。

启动龙王镇统筹城乡综合示范镇建设。龙王镇统筹城乡综合示范镇项目已通过市级评审。力争用三年时间,建成特色产业发展突出、基础设施配套完善、场镇新村面貌一新的天府垂钓小镇,打造青白江区城乡统筹综合示范新亮点,成为全市"产村相融、产城一体"特色乡镇协调发展的模范。随着龙王项目建设的深入推进,龙王镇将与福洪镇形成"成片示范"效应,辐射毗河以南乡镇,也将加快实现统筹城乡综合示范连点成线、扩线成面的预期效果。

打造都市现代农业"一线一品"。培育合作社、家庭农场等新型集体经济组织,推进全区41个都市现代农业"一线一品"重点项目,完成年度投资10.8亿元。福洪镇先锋村富硒特色农作物种植、弥牟镇有机蔬菜种植基地、龙王镇龙吟长滩?国际休闲水乡地等项目成效明显,运用"统筹城乡发展资金"对"蜀龙大道—成(青)金快速路—唐巴路示范线"城厢段打造给予29万元奖补。

推进"小组生"建设。根据市《关于推进小规模、组团式、生态化新农村综合体指导意见》,制定了《"小组生"新农村综合体建设简明导则》,邀请专家对相关部门及乡镇干部进行培训。结合省、市幸福美丽新村建设,突出"产村相融",注重机制创新,引导群众自愿出资出劳,整合各种涉农资金全力推进"小组生"建设。龙王镇梁湾村、福洪镇先锋村两个点位完成主体打造,明年全部建成。启动清泉北宁、福洪拦冲两个新申报点位的规划设计。

(供稿人:朱家玉)

机关党建

【概况】 2014年,区直机关各级党组织认真学习贯彻党的十八届三中、四中全会精神和习近平总书记系列重要讲话精神,围绕中央、省委、市委、区委部署,进一步强化服务中心、建设队伍责任意识,充分发挥机关党的思想、组织、作风和纪律保证作用。

【思想建设】 认真开展党的群众路线教育实践活动。按照中央和省委、市委、区委的统一部署，区直机关工委以党的十八大和十八届三中全会精神为指导，按照"照镜子、正衣冠、洗洗澡、治治病"的总要求，紧紧围绕保持党的先进性和纯洁性，以为民务实清廉为主题，全面落实"三严三实"要求，以制度建设为根本，认真开展教育实践活动。

指导全区机关党组织召开专题组织生活会。指导全区59个机关单位、201个机关党组织召开专题组织生活会，会前认真审核机关各级党组织专题组织生活会的方案和党组织班子对照检查材料，特别审查机关党组织书记的四风对照检查材料，精心组织、加强领导、明确步骤，强化督促整改。坚持参加并指导机关各级党组织专题组织生活会，紧紧围绕保持党的先进性和纯洁性，以为民务实清廉为主题，以"反对'四风'、服务群众"为重点，以增强党组织活力、加强党员教育管理为目标，对照"三严三实"要求，以整风精神督促机关党员干部拿起批评和自我批评的武器，着力解决"四风"问题、关系群众切身利益的问题和联系服务群众"最后一公里"的问题。保证了机关各级党组织专题组织生活会从严从实召开，确保了机关各级党组织专题组织生活会质量和效果。

【组织建设】 加强机关党组织书记党性锤炼。为进一步加强机关党组织书记党性修养、理想信念和宗旨意识教育，进一步地锤炼党性，自觉修身立德，更好地履职用权，经区委同意，区直机关工委于2014年10月14日至10月18日组织机关党组织(党委、总支、支部)书记共计31人到延安进行"党性锤炼"专题培训。通过专家讲座、现场教学、分组讨论、实践体验四种学习形式，了解革命老区人民在建国史上作出的巨大贡献，感受革命前辈艰苦朴素、一心为民的革命精髓，体会坚忍不拔、生生不息的延安精神。

建立领导分片联系基层制度。针对联系基层党员不够密切，深入区直机关基层党组织调研党建偏少的问题，区直机关工委建立区直机关工委领导干部分片联系指导机关基层党组织工作制度，将69个机关单位划分为三个片组，1个领导干部联系20余个机关党组织，积极组织开展片组活动，了解机关基层党组织诉求，密切联系群众，真诚倾听基层党组织的呼声，真实反映基层党组织的愿望。

创建机关党建工作交流QQ群。针对与基层沟通不够，联系不够的问题，区直机关工委建立3393315747机关党建工作交流QQ群。将《机关基层组织条例》、党员发展程序、党组织换届程序、机关党组织工作职责等相关工作内容以及重点工作安排、活动通知等及时在QQ工作群中公告。为机关各党组织、广大机关党务干部提供相互沟通探讨平台，集思广益，献计献策，提出宝贵意见建议，共同推进机关党建工作的发展。

牵头主办全区"为民务实清廉"主题演讲比赛。主题演讲比赛经全区67个单位的广泛发动、层层选拔，300余人参加。经过初赛、复赛、决赛三个环节，决出21名获奖选手。

承办"为民务实清廉"主题知识竞赛机关专场选拔赛。区级各部门积极参与主题知识竞赛机关专场选拔赛，获胜的三支队伍代表区级部门参加全区决赛。

与区委组织部、区委党校联合举办全区基层党组织书记专题培训共计3期。各乡镇(街道)党(工)委、各园区党工委、区直机关各党组织党员干部948人参加培训。

8月编印《中共成都市青白江区机关基层党组织实务工作手册》1 213册，下发区直机关基层党组织使用。

区直机关工委在"七一"前慰问全区17名机关困难党员，发放慰问金400元/人，慰问金额共计6 800元，送去《"七一"慰问信》。

开展"走进群众作奉献　共促和谐庆七一"党员义工日活动，发放各类宣传资料1 000余份，发放计

9月30日，开展"党员群众心连心精彩文艺献国庆"主题党员义工日活动

生用品100余盒,接受义诊义检及现场咨询400余人次。组织十二支党员文化志愿者队伍,在城市森林和谐广场,举行"党员群众心连心 精彩文艺献国庆"主题党员义工日活动。号召机关党组织组成"党员服务队"、"党员义工队"深入村(社区)和院落开展服务活动,为全社会学雷锋、树新风作出示范。

【制度建设】 区直机关工委年初印发《关于严格执行党的组织生活制度的意见》,进一步明确了"三会一课"制度、组织生活会制度、谈心交心制度、思想汇报制度、民主评议党员制度、党员领导干部参加双重组织生活等6项制度,要求区直机关各党组织从政治上、思想上、行动上高度重视党的组织生活,提高组织生活质量。

结合2014年基层党组织星级评定工作,加强区直机关各党支部执行党的组织生活制度的督促检查,特别是领导干部以双重身份参加组织生活会情况开展专项检查,大部分党支部认真遵守党的组织生活制度,按时开展党组织生活,专人记录《党支部工作手册》。

认真贯彻发展党员"六项制度",把好入党动机关、监督关、党内外群众公认关,将机关优秀分子吸收到党员队伍中并加强教育、培养。2014年发展党员82人,预备党员转正57人。区直机关工委联合区委组织部、区委党校,在田园广场会议中心,举办2014年全区发展党员工作业务培训,培训全区党务干部387人。

完善机关党组织规范化建设。将党性强、作风正,群众基础好,工作能力强,具有敬业精神的机关党员充实到党组织领导班子中,机关党组织换届调整106个。

继续深化新当选基层党组织书记任前谈话制度。新当选党组织书记由区直机关工委书记进行一对一谈话58人。重点考察《中国共产党党和国家机关基层组织工作条例》的内容,提高党务工作的能力和水平。

【作风建设】 落实"两个责任",抓好党风廉政责任制建设。认真做好廉政风险点防控工作,加强机关党员干部纪律教育,落实反腐败工作任务,认真做好正风肃纪工作,严格执行"三重一大"制度,加强机关干部廉洁从政的警示教育。

抓好廉政文化进机关第二批示范点建设。在区国税局、区公共资源交易中心召开廉政文化进机关示范点现场会,调动党员干部和广大群众参与廉政文化建设的积极性,加强区委办、区政府办、区计生局、区农发局等17个区直机关第二批廉政文化进机关示范点创建单位的工作指导,结合工作特点,创建内涵丰富、形式新颖的廉政文化示范点,开展廉政文化建设学习宣传教育活动,充分调动党员干部和广大群众参与廉政文化建设的积极性。

(供稿人:钟前华)

老干部管理

【概况】 2014年,全区离休、副区级以上退休干部52人,其中离休干部16人(易地安置3人),副区级以上退休干部36人,平均年龄76岁。全区老干部工作在区委、区政府的正确领导下,在市委老干部局的具体指导下,认真学习贯彻党的十八届三中、四中全会和习近平总书记系列重要讲话精神,落实老干部政治、生活待遇,进一步加强离退休干部党支部建设,充分发挥老干部在全区经济社会发展中的积极作用,促进老干部工作健康发展。

【政治待遇】 组织开展思想政治和形势政策学习,让老干部及时了解国际国内发展形势和全区经济社会发展情况。组织老干部集中学习四次,参加全区重大活动、会议等120余人次。组织全区离退休老干部参加党的群众路线教育实践活动。先后发放学习资料200余份,参加学习教育、座谈交流等活动130余人次,老干部为教育实践活动提出意见建议50余条。结合党的群众路线教育实践活动,通过集中学习、座谈交流等形式,组织离退休党员老干部参加每月一次的组织生活。先后四次组织老干部到福洪乡、城厢镇、祥福镇等地参观考察城市建设和新农村发展情况,2014年老干部为全区经济社会发展、民生改善建言献策20余条。坚持重大节日走访慰问老干部,2014年先后看望慰问离退休老干部160余人次。

【生活待遇】 坚持老干部工作"基本政治待遇不变,

生活待遇还要略为从优”的原则。完善离休干部“三个机制”,做到离休费及各种生活补贴按时足额发放,医疗费用依票据按月实报实销。2014 年 1 月,根据中组部《组通字〔2013〕37 号》文件精神,对全区符合政策的 14 名离休老干部调整护理费标准。认真落实市委组织部《成组通〔2014〕82 号》文件精神,为符合照顾条件的 47 名建国初期参加革命工作的老干部,兑现相关照顾补助费用。做好日常管理服务工作。2014 年,探望生病老干部 16 人次,走访慰问离退休干部及离退休干部遗属 86 人次,电话短信联系老干部 200 人次,为全区 52 名离退休老干部安排了健康体验。

【文体活动】 精心组织活动项目。老干部活动中心设置有书报学习、电子阅览、棋牌对弈、歌舞教学、乒乓球、台球、门球等 10 多项文体活动项目,除节假日、双休日外,活动中心坚持对全区离退休老干部和夕照合唱团、门球队等老干部团队组织全天开放,平均每天参加各种活动 30 余人次。培育和发展特色老年社团。老干部夕照合唱团有团员 100 余人,每月定期开展三次活动;老干部门球队由 12 名离退休老干部组成,每天坚持到活动中心参加训练。组建棋牌队、乒乓球队、舞蹈队等老年社团,动员老干部参加老体协、老年大学等协会或团体,力争让每一位老干部都能找到适合于自己的活动方式,促进身心健康。

【发挥老干部作用】 组织老干部参加文明创建、培养教育下一代和教育实践活动,为老干部发挥作用、贡献力量创造条件。开展建言献策,发挥经济社会的参谋作用。每季度定期组织老干部参观考察,让老干部更加了解全区经济社会发展状况,积极出点子、想办法,发挥参谋、顾问作用。2014 年 10 月,老干部提出涉及社会民生等五个方面、11 条意见建议受到区委高度重视。开展法制宣传,发挥培养下一代的辅助作用。老干部积极参与“六五”普法教育,参加“校园法治文化节”和校园“六五”普法活动,带动 110 名“五老”志愿者担任网吧义务监督员,协助整治黑网吧。开展文化惠民,发挥公益事业的骨干作用。2014 年老干部夕照合唱团等社团组织参与全区公益文艺汇演 4 场次。开展文明创建,发挥践行社会主义核心价值观的示范作用。开展 “进社区入楼栋,服务百姓家”活动,多名老党员干部走进所在社区,主动承担小区文明劝导和环境督查职责,影响和带动一批社区志愿者参加文明城市创建活动,为践行社会主义核心价值观发挥了示范作用。

(供稿人:张小红)

台侨事务

【概况】 2014 年,青白江区台侨工作紧紧围绕“五区”建设工作大局,以“突出重点,解决难点,打造亮点”为突破,以“服务台侨企业、服务台侨同胞”为指导,以“加强基层基础,助推经济发展”为重点,以“投身主战场,打好主动仗”为抓手,深入开展党的群众路线教育实践活动,认真贯彻落实“两个责任”,努力促进台侨工作再上新台阶。

5 月 13 日,省台办主任周敏谦一行到区调研

【台侨宣传】 深入宣传党的“和平统一、一国两制”总方针和党的十八大及省、市、区党代会精神,围绕省市级目标、“五区建设” 等重点工作开展对台侨宣传,充分运用第十五届中国西部国际博览会、2014“海科会”等重要会议,搭建宣传平台,提升青白江区对外影响力。围绕凝聚侨心、发挥侨力、弘扬民族优秀传统文化、增进对伟大祖国和中华民族的认同感、激发团结奋斗、共同繁荣发展开展对台侨宣传。加强涉台涉侨政策法律法规的学习宣传,与相关部门共同做好党政机关工作人员赴台管理有关事项宣传和落实,加强新闻报道、媒体采访、考察接待等预案管理。

【台侨交流交往】 坚持把对台侨交流交往作为工作重点,不断加强双向交流交往,加大两岸交流交往力度。充分运用第十五届中国西部国际博览会、2014“海科会”等重要会议搭建交流平台,联络与区产业相适应的新材料、新能源、生产制造行业的台侨商到区投资考察,促进全区社会经济发展。2014年上半年,台商魏宗蜀率团赴青白江区考察投资现代农业及水产养殖业项目,该项目正在进一步洽谈中。办理5批6人次赴台进行工业、现代农业、服务业考察,增进与台湾各界的联系。

【台侨经贸】 2014年,区台侨办把台嘉成都玻纤项目作为重点跟踪、重点服务项目,积极促进早日投产达效。9月30日,投资2亿美元的台嘉公司年产1.6亿平方米微电子玻璃纤维布生产线顺利点火投产。该项目将新增就业岗位1 000个,预计年销售收入9亿元,年上缴税金1.2亿元。5月13日,省台办主任周敏谦带领相关处室负责人到区调研,周敏谦对青白江区对台工作给予了充分肯定,对台嘉公司建设中的有关问题给予了大力支持。市台办主任戴浚对青白江区对台经济工作给予了充分肯定。

【联络服务】 台侨基层基础工作进一步夯实。在全区开展台情侨情普查,对11个乡镇(街道)及大中型企业的台侨情况进行全面调查摸底,此项工作已于2014年7月底结束,为全面深化改革,制定台侨工作规划奠定了坚实的基础。服务台侨企业进一步加强。坚持深入企业、深入一线了解台侨企业在生产经营中遇到的困难和问题。先后帮助青上化工公司解决经济合同纠纷、台玻成都公司因工伤亡事故,以及中山顶固家俱公司“办证难”的问题,为青白江区台侨资企业发展提供了良好的政务服务环境。社区侨务工作进一步深化。坚持把社区侨务工作作为开展侨务工作的重点来抓。大弯街道化工路社区在2013年建成“全国社区侨务工作示范单位”的基础上,2014年继续加大工作力度,投入资金10万余元完成“侨之家”的硬件配套。在端午节、中秋节、重阳节等重要节庆日开展形式多样、丰富多彩的文化体育活动,免费为社区台侨属体检、义诊,重新制作社区侨务《宣传手册》、宣传展板,组建志愿者队伍,建立健全社区侨情档案,完善为侨服务工作机制,广泛开展海外人脉宣传,深入居民院落开展侨法宣传,保证社区侨务工作在基层的落实。2014年,区委台侨办被市台办评为“成都市对台工作先进单位”、“成都市对台经济工作先进单位”。

(供稿人:张代华)

党史研究

【资料收集】 根据市委党史研究室的工作安排,开始收集全区1979年至2010年党史资料,为编辑出版《中国共产党成都市青白江区历史(1979—2010)》打好基础。收集开展党的群众路线教育实践活动的整理归档和青白江区英烈、革命遗址资料,分类整理存档。

【党史编辑】 编辑出版《青白江英烈》。收集、整理青白江英烈事迹,2014年8月,完成编辑出版《青白江英烈》。该书共4万余字、52幅图片,设置了回忆录、英烈小传、英烈名录、革命遗址等四个板块,收录了从辛亥革命以来到社会主义现代化建设时期青白江革命英烈153人。印制1 300余册,分发到全区各基层单位。

编辑出版《青白江党史》(“走基层”活动专刊)。9月,联合区委群教办编辑出版《青白江党史》(“走基层”活动专刊)一书。该书共6.8万余字、91幅图片,设置了卷首语、领导活动、经验交流、“三个好”征文、活动风采、后记等六个版块,客观真实地反映了全区开展“走基层、解难题、办实事、惠民生”活动纪实。印制1 400余册,分发到全区各基层单位。

编辑出版《青白江党史》(“党的群众路线教育实践活动”专刊)。10月,联合区委群教办编辑出版《青白江党史》(“党的群众路线教育实践活动”专刊)。该书共13.2万余字、233幅图片,设置了卷首语、重要讲话、领导活动、活动进程、经验交流、主题教育、督导工作、活动风采、成果展示、后记等十个版块,客观真实地反映了全区开展“党的群众路线教育实践活动”纪实。印制1 400余册,陆续分发到全区各基层单位。

编辑出版《城厢芳华》。为大力宣传城厢这座千年古镇,在党的群众教育实践活动中,联合市委党史室从城厢镇的历史文化精粹、革命英烈事迹、现代政治经济发展三个方面进行了深入挖掘、整理,编辑了《城厢芳华》。该书共 14 万余字、172 幅图片，是一本全面推介城厢镇政治经济社会发展情况的综合性刊物。已完成排版、校对工作，年底将正式出版。

（供稿人：刘开秀）

精神文明建设

【概况】 2014 年，全区精神文明建设工作坚持以培育和践行社会主义核心价值观为主线，紧紧围绕区委中心工作，坚持改革创新、创建为民，把文明城市建设作为推动社会发展进步、提升城乡文明程度和城乡居民文明素质的重要着力点，文明城市创建和精神文明建设取得新进展。

【深化文明城市建设】 2014 年牵头完成中央省市级大型综合测评 5 次、专项测评和督查 35 次，全面完成全国两套指标中三大测评板块 262 条指标的迎测工作。先后召开民生工程现场办公会 2 次、文明热线“96110”工作协调会 2 次、创建工作培训会 1 次。为成都市在全省城市公共文明指数测评中排名第一、在其他 4 个专项工作年度考评中名列前茅作出了积极贡献。

文明热线“96110”共接件 346 件，涉及占道经营、噪音污染、环境污染、水电气、路面、交通、社区、社会治安、油烟扰民、违章搭建、公共卫生环境、车辆乱停放、收费、绿化、其他类问题及文明建议等，下发整改通知 32 期，印发季度通报 4 期，回复率达 100%，整改率达 95%以上。开展市民常态督查 35 次，下发整改通知 15 期、督查通报 3 次。通过督办，330 余件民生诉求得到有效解决，1 000 余个问题得到切实整改。

认真开展文明创建主题宣传，形成文明和谐社会氛围。充分利用各类媒体媒介，大力宣传和践行《成都市民文明公约》、“讲文明树新风”公益广告及 24 字核心价值观。设计制作 4 000 余个孝德文化中国结，创作编排 10 个好人文艺节目，结合道德讲堂、百村文体系列活动等品牌文化活动，深入村、社区宣传。积极打造“讲文明树新风”公益广告宣传特色，在大弯、城厢等 4 个乡镇（街道）的 10 余个农民集中居住区、主城区的 60 余处街巷和 100 余个小区院落、3 个广场（城市森林、大邦、田园）、20 余处建筑工地打造特色街区、特色院落、特色广场。

【公民道德建设】 持续开展“好人”推评及道德讲堂系列活动。培育推评出各级好人（模范）7 人，其中中国好人 1 名、四川好人 2 名、成都好人 1 名、市级道德模范 3 名。开展身边好人关爱活动，对获得荣誉的各级好人进行常态走访并帮助他们解决实际困难。扎实开展道德讲堂建设，向成都市争取道德讲堂硬件设施 63 套 671 件。开展道德讲堂总堂活动 24 场、分堂活动 700 余场，成功承办 2014“成都榜样·中国好人”基层巡讲巡演青白江区专场活动，建立好人通报表彰和宣传展示常态机制。

扎实开展“三美”示范村创建活动。争取市级资金 110 万元，打造三元村、车站村、芦稿村、光明村、红岩村、杏花村、梁湾村 7 个“三美”市级示范村，其中人和乡三元村为市级重点示范村。

深入开展“我们的节日”主题活动。利用春节、元宵、清明、端午等传统节日组织开展各类民俗文化主题活动 300 余场次，开展经典诵读活动 1 000 余场次，制作发放“有德吉祥”灯笼 1 500 个，开展各级慰问关爱活动 300 余人次。

大力开展“三大文明行动”。组织“文明旅游”、“文明交通”、“文明餐桌”等文明劝导志愿服务活动 1239 次，发放文明礼仪吉祥挂件 2 000 余份。

9 月 12 日，2014“成都榜样　中国好人”基层巡讲巡演青白江区专场活动现场

【未成年人思想道德教育】 深入推进乡村学校少年宫建设。打造 2 所中央专项彩票公益金支持的乡村学校少年宫，建立形体室、科技活动室、美术作品陈列室

等多个功能室，完善设备，打造舞蹈、手工技能等具有全市推广价值的特色品牌活动。成功举办全区学校少年宫成果展示活动，推选舞蹈在市第二届少年宫成果展演活动中获一等奖，美术作品在市第二届少年宫成果展示活动中获一等奖1个、二等奖3个、三等奖6个。

深入开展未成年人思想道德建设主题实践活动。结合清明、“六一”“七一”“烈士纪念日”等重要时间节点，组织学生开展祭英烈、向国旗敬礼等网上活动。组织开展“节日小报”创评活动，向市文明办选送优秀作品140余幅，其中9幅获市级表彰。开展“美德少年”评选活动，推评区级“美德少年”20名、推选市级“美德少年”候选人15名，其中4名获成都市“美德少年”称号。创作的4件童谣作品获成都市二等奖。组织开展“童心向党”歌咏赛30余场次。

深入推进“三结合”网络建设。督促完善未成年人活动场所建设。打造包括爱国主义教育、科技馆、博物馆、农业体验园及杏花、桃花、樱花旅游等在内的市级未成年人社会实践基地9个。整合社区资源，建立青少年活动中心、心理辅导室、阅览室、网络室等功能室，建立市级社区未成年人心理健康示范站2个。建立“寸草心”家园留守儿童服务站20个，举办儿童应急逃生训练4期。开展文化市场专项整治2 000余人次，查缴非法出版物1 200余张(册)。举办父母大课堂讲座30余场，培训1.2万余人次。

【志愿服务】 培育扶持志愿服务组织。成立全区首个通过民政注册登记的志愿服务社会组织—成都青白江区义工联合会。夯实志愿服务阵地，新建8个社区标准化志愿服务站，在政务中心、广场、窗口等公共场所建立志愿服务点50余个，在敬老院、小区院落等地建立志愿服务联系点300余个。创新志愿服务活动，围绕“三关爱”主题，实施“邻里守望”“西部光明行”“爱在方寸间”“暖冬行”、植绿护绿、文明劝导等特色志愿服务活动项目7个，开展各类志愿服务活动9万余人次，覆盖全区11个乡镇(街道)。

完善考核激励办法，提升网络文明志愿者传播能力。2014年，区网络文明传播志愿者队伍共计发布原创博文1 363篇，同比增长222%；转发博文12 311篇，同比增长903%；发布微博42 821条，同比增长175%；论坛发帖6 994篇，同比增长470%；论坛跟帖4 124条，同比增长174%。25名网传志愿者中，8人获区级优秀志愿者称号，20余人次获市级表彰奖励。召开专题培训会8次，印发网络文明传播通报12期。

(供稿人：陈　萍)

党校教育培训

【概况】 2014年，区委党校深入贯彻落实党的十八大、十八届三中、四中全会精神和省、市、区全委会精神，紧紧围绕区委、区政府中心工作和党的群众路线教育实践活动，着力改革创新，做优干部培训和科研工作。承办干训主体班、专题班、异地培训班37期4 700余人次，完成省市党校、市区社科联系统重点调研课题9项，开展学术研讨活动2期，11篇文章在各级公开刊物发表，3个课题受到区委、区政府领导肯定性批示，为全区经济社会发展做出了积极贡献。

【干部培训】 教学组织能力有效提升。与区委组织部共同制定并实施《2014年青白江区干部教育培训计划》，完善干训体系，创新培训模式，加强学风建设，严格学员管理，提升培训品质，取得显著成效。举办优秀年轻干部人才培训班2期4个班次，借助成都市委党校、四川大学干训基地、成都村政学院等外训平台开展异地培训，培训后备干部127人。举办异地培训班5期，分别开设井冈山“党性锤炼”培训班、北大“公共管理能力提升”培训班、清华“区域经济发展战略暨财税金融”培训班、省委党校“经济转型和管理创新”培训班、四川大学“现代物流发展战略”培训班，培训乡镇(街道)、区级部门主要负责人、分管领导，遴选递进培养年轻干部共210余人。举办党的十八届三中全会和习近平总书记系列讲话精神轮训班2期，邀请省、市党建专家分6个专题进行解读，培训全区副局级以上领导干部、后备干部、挂职干部560余人次。举办周末讲堂(含高端讲坛)9期，邀请中央、省、市知名专家学者作专题辅导，培训副处级以上领导干部、科级干部、区管后备干部2 300余人次。举办“干部夜校”3期5个专题培训班、人文爱好兴趣班3期，设立经济金融、社会管理、诗歌鉴赏、国学爱好等8个专题班次，采取自主选学的方式，培训全区机关党员干部400余人次。举办网络在线培训 1 期,依托中国浦东干部学院网络学院和成都干部在线学习城,搭建区在线学习平台,首期培训处级干部培养对象 30 人。承办“为民·务实·清廉”党的群众路线教育实践活动知识竞赛 1 期,全区上千名党员干部参与竞赛活动。

【理论宣讲】 充分发挥理论研究和教学组织的职能作用,做好中央、省委、市委和区委重大决策部署的集中宣讲,将党的基本理论、政治主张和当前形势及时传递到最基层,较好的延伸了宣传触角。积极参与学习宣传党的十八届三中全会精神、党的群众路线教育实践活动暨市委十二届三次全会精神的宣讲,草拟宣讲提纲 2 篇,承担 5 个分团 20 场宣讲任务,培训乡镇(街道)、“两新”组织党员干部 2 000 余人次。依托“创新与发展”干部讲坛,开办“流动党校”,深入乡镇(街道)、区级部门、村(社区)、“两新”组织,开展专题辅导 20 余场上千人次。

【入党积极分子培训】 与区委组织部、区直机关工委(“两新”组织党工委)共同开展 2014 年发展对象培训班 1 期,培训全区入党发展对象 281 人。

【科研工作】 围绕“五大兴市战略”“五区”发展战略,深入调研,潜心研究,完成《新形势下密切联系群众路径研究》《公务员考核工作中存在的问题与改进方向》等 9 项省、市党校系统及市、区社科联重点调研项目。《做好新形势下的群众工作》《优化“一站式”服务,促进以人为本政务体系建设——青白江政务服务中心现状及对策研究》等多篇文章在《法制与社会》《中共成都市委党校学报》等公开刊物发表,《做好新形势下的群众工作》入选成都市党的群众路线教育实践活动理论研讨论文集,《邓小平处理突发事件的政治艺术对我们的启示》入选四川省纪念邓小平同志 110 周年诞辰学术研讨会论文集。结合教育实践活动,编印《青白江论坛》(2013—2014 年 “走基层” 专辑)1 期 600 册,汇集全区各级干部理论研究及优秀调研成果,总结经验成效,积极建言献策,受到区领导、乡镇(街道)、区级部门好评。结合重点调研课题成果和各级获奖论文,编印《党校调研》10 期。

开展主题研讨活动。承办“改革创新 转型升级”成都学术沙龙活动 1 期,市委党校、市社科联领导,市委党校邓研会专家,各区(市)县委党校领导、教师近 40 人到区参会。围绕学习贯彻市委十二届三次全会精神主题深入研讨,交流改革实践和党校工作经验,进行思维碰撞,为全区改革创新提供积极建议,到区物流商贸园区实地调研,展示全区发展成果。举办“全面深化改革 推进新型城镇化” 理论研讨会 1 期,特邀市委党校专家、相关乡镇(街道)、区级部门领导和理论工作者 20 余人参加会,围绕推进新型城镇化开展研讨,为区委、区政府决策提出对策建议,获区委、区政府领导肯定性批示。

(供稿人:文 闵)

信访和群众工作

【概况】 2014 年,区信访和群众工作局认真贯彻落实中央和省、市、区工作要求,创新举措破解关键问题,深入推进信访制度改革。全面推行“阳光信访”,增强工作透明度,提高信访工作公信力。放开网上投诉受理内容,让“数据多跑腿、群众少跑路”,降低群众信访成本。严格实行依法逐级走访,强化属地责任,提高工作效能。加强初信初访办理,把问题解决在初始和当地。建立群众满意度测评体系,落实主体责任,推动合理合法诉求及时就地解决。改进信访工作考核办法,建立科学合理的信访工作评价体系。推进诉访分离和法定途径优先,运用法治方式分类处理信访问题。完成区群众接待中心、信访信息化系统和视频接访系统新平台建设,方便群众反映诉求、查询处理过程和结果。认真行使“工作改进、完善政策、责任查究”三项建议权,参谋助手作用进一步发挥。继续深入开展“践行群众路线、化解信访突出问题”专项行动,做到全区信访总量、重复访总量、集体访总量、越级访总量、进京非访总量“五下降”,信访形势平稳向好,总体可控,全区信访形势整体好转。

区委区政府信访和群众工作局列为党委工作部门,配置领导职数 1 正 2 副 1 纪检组长。设办公室、督查督办科、网信科。设群众接待中心,为区信访和群众工作局下属科级事业单位。

【制度建设】 2014 年 3 月 26 日,按照市信访局《成都市信访事项三见面制度》的相关要求，制定《青白江区信访事项三见面制度》，进一步规范全区信访工作。

7月8日，按照国家信访局和省信访局《关于进一步规范信访事项受理办理程序引导来访人依法逐级走访的办法》和市信访局《落实〈国家信访局和省信访局关于进一步规范信访事项受理办理程序引导来访人依法逐级走访的办法〉实施细则》的相关要求，制定《关于印发落实国家信访局、省信访局、市信访局〈关于进一步规范信访事项受理办理程序引导来访人依法逐级走访的办法〉的实施细则》。

8月29日，依据《信访条例》相关规定和国家、省、市信访局办信工作要求，制定《人民群众给市委市政府、区委区政府主要领导来信办理规则》，规范了来信办理程序，明确了责任。

11月3日，区委区政府印发《关于加强和改进新形势下信访和群众工作的实施意见》《青白江区领导包案化解重点信访事项实施办法》，进一步规范领导包案工作。

11月12日，根据《成都市处理信访突出问题及群体性事件联席会议办公室关于印发〈成都市领导干部阅信、接访、包案工作制度〉的通知》要求，区委区政府印发《关于加强和改进新形势下信访和群众工作的实施意见》《青白江区区级领导干部定期接待群众来访工作实施办法》。进一步规范领导干部定期接待群众来访工作。

11月24日，制定《青白江区群众接待中心相关管理制度》。进一步提高信访件办理质量和效益。

11月24日，根据《信访条例》、《国家信访局关于进一步加强全国信访系统信息工作的意见》和《四川省信访信息报送工作制度(试行)》要求，制定《青白江区信访信息报送工作制度》。报送信访周报40期，月报10期，季报3期。

【来信来访】 2014年，全区受理到区和区以上群众来信来访1119批5 509人次，同比批次下降13.8%，人次下降23%。其中：来信246件，占信访总量的22%；来访788批，占信访总量的70%；网上信访85批，占信访总量的8%。出具答复意见书135件，备案率100%，未受理复查、复核案件。

【基层信访网络建设】 2014年11月，改建的区群众接待中心投入使用。按照"机构全覆盖、受理全天候、运行全保障"的工作要求，健全、优化网络信访平台，2014年，全区受理网上信访85批，占信访总量的8%。积极推进信访信息化建设，全区建成1个区视频接访中心、24个视频接访点、首批开通信访信息系统的单位64个；开通信访咨询服务电话83611100，定期收集、整理、分析群众的诉求、意见和建议，受理电话咨询14件，化解大调解案件24件。

【专项治理】 建立长效机制，扎实开展"走基层"活动和"党的群众路线教育实践活动"。按照上级要求和部署，结合信访工作实际，深入开展"走基层"和"党的群众路线教育实践"活动，针对13项突出问题制定专项方案，明确目标任务、责任分工和整改时限。收集各类问题24条，完成整改17条。限时整改7条。将好的经验做法以制度形式固定下来，新建和修订制度7个，防止"四风"问题反弹，让制度管人管事。

(供稿人：黄　莉)

机构编制

【概况】 中共成都市青白江区委机构编制委员会办公室，承担中共成都市青白江区委机构编制委员会的日常工作，既是区委的工作部门，又是区政府的工作部门，列入区委机构序列。

在区委、区政府正确领导下，区委编办认真贯彻落实党的十八大和十八届三中、四中全会及省、市、区重要会议精神，立足自身职能职责，紧紧围绕区委、区政府中心工作，着力推进各项工作。

2014年12月19日，区委编办事业单位分类改革工作、推进事业单位法人治理结构建设试点工作、机构编制管理工作、机构编制宣传信息工作受到中共成都市委机构编制委员会办公室通报表扬。

【机构改革】 积极稳妥推进机构改革。在区委、区政府正确领导和市委编办的大力支持下，按照中央、省、市安排部署，以及市、县政府机构改革年内基本完成的总体要求，加强与周边区(市)县沟通和交流，对涉及改革部门职能职责进行梳理，结合本区实际，有效把握政策尺度，积极稳妥地制定符合本区经济社会发展的机构改革方案及实施意见，机构改革方案已通过区委编委会审查，经区委常委会审议通过，待市委、市政府批准后实施。

稳步推进经济发达镇行政管理和街道综合管理体制改革试点。牵头做好改革试点镇的组织协调、工作推进事项，按照“权责一致、依法下放、能放则放”原则，在充分征求城厢镇和相关部门意见的基础上，对委托下放的81项权限进行调整和规范。及时解决改革中存在的问题和困难，指导城厢镇进一步完善机制体制建设，工作推进成效明显。按照全省体制机制创新促进城市街道和谐发展工作现场会议精神，加强与红阳街道、区级相关部门沟通协调，主动到周边区(市)县学习试点经验，系统梳理红阳街道职责，从“创新社会管理体制、健全综合执法机制、培育扶持社会组织、优化公共服务平台、规范公共服务项目”等方面进行积极探索，扎实推动改革试点。

11月25日，全区政府职能转变和机构改革涉改部门工作会现场

稳妥推进事业单位分类改革及登记管理。在初步完成全区228家事业单位分类基础上，结合本轮政府职能转变和机构改革，稳妥推进划入行政类的事业单位进行职能剥离或整合。在区中医医院开展区级公立医院法人治理结构建设试点，年底前完成章程备案、法人治理架构搭建等基础性工作，为后续推进改革试点奠定基础。做好事业单位登记管理，截至2014年，全区共办理设立登记单位188家，办理变更登记单位44家、变更事项50项，按时完成了年度检验任务，年检率达到100%，合格率达到100%。

稳步推进深化改革相关工作。对由区委编办牵头的6项和配合的18项事项，召开专题研究会，逐项进行分析研究，梳理工作思路，制定联系会议制度、信息报送制度、时间推进表等，确保相关工作落到实处。配合区发改局推进市场化取向改革，推动经济发展提质增效升级。配合区卫生局推进社会事业改革创新，加快推进基层医疗卫生机构标准化建设提升工程，健全网络化城乡基层医疗卫生服务体系和运行机制。配合区环保局开展生态环境保护管理体制改革，形成大生态建设与环境保护格局，建立健全乡镇(街道)和园区环境保护机构，在各乡镇(街道)和园区增设环保机构，进一步加强基层环境保护，完善环保监管体制。

【编制管理】 圆满完成机构和人员编制核查。按照中央、省、市机构和人员编制核查工作部署，会同区委组织部、区监察局、区财政局、区人社局等部门，做好业务指导及培训工作，做到“认真严谨、严把程序、数据真实”。10月中旬接受市机构和人员编制检查验收组的检查验收，受到充分肯定。

切实提升机构编制保障能力。积极做好各类人才引进编制保障。深入经济发展主战场和民生、教育、卫生等系统调研，全面掌握各单位职能职责运行状况、空编情况及人才队伍结构，会同区委组织部、区人社局广泛征求各部门人才需求意见建议，形成了详实的基础数据。遵循“管得住、管得好”原则，结合全区重点工作全面分析基础数据，上报区委编委，同意2015年教育系统公招用编100名、卫生系统公招用编80名、高层次人才招考用编50名，上报市委编办同意区司法局、区检察院、区法院招录用编14名，为全区发展储备人才资源。

实名制管理有序推进。继续巩固完善机构和人员编制核查成果，严格执行机构编制规定，严明机构编制纪律，严格规范机构编制管理，做到机构编制前置、审批到位，切实维护编制权威。进一步深化与组织、监察、财政、人社等部门的联动机制，加强机构编制实名制信息系统维护管理，采取定期抽查、数据比对等措施，确保信息准确、及时。

【自身建设】 区委编办按照省、市、区群教活动安排部署，紧紧围绕“为民务实清廉”主题，按照“照镜子、正衣冠、洗洗澡、治治病”总体要求，以“抓常抓细抓长”为目标，进一步规范权力运行和从政行为，强化行政效率，机关作风进一步改进，工作效率和执行力显著增强，塑造了“编办速度、编办作风、编办水平”。建章立制保障作风建设的系统性、科学性、长效性。2014年，新建5项制度，修改完善10项制度。发文数下降60%，以编办名义召开的全区性会议数下降66%，初步形成了简洁朴实的文风会风。“三公”支出同比下降35%，公务接待费同比下降85.8%。全办无违反“八项规定”和廉洁自律相关规定的情况发生。

继续坚持以党风廉政建设责任制为龙头，以深入推进惩防体系建设为抓手，强化“两个责任”落实，深化廉政风险防控和正风肃纪工作，持之以恒地推进党风廉政建设和反腐败斗争。把落实“两个责任”列入重要议事日程，建立“两个责任”落实台账，强化过程监督和管理，推进“两个述责述廉”和常态约谈。深化廉政风险防控工作，核定内部职权16项，绘制职权运行流程图，针对廉政风险点，制定防范措施。建立廉政风险信息库，完善廉政风险长效机制，加强对权力运行的制约和监督。抓好党风廉政宣传教育，深入开展理想信念和宗旨教育、党风党纪和廉洁自律教育，组织观看警示教育片10余次，到廉政教育基地开展活动20余人次，全年无违法违纪行为发生。

(供稿人:张媛媛)

青白江区人大

QINGBAIJIANG DISTRICT PEOPLE'S CONGRESS, CHENGDU

主任、副主任名录

职　务	姓　名	任职时间
主　任	杨安莉	2003.01—
副主任	谢文僖	2006.12—
	李永明	2006.12—
	刘和平	2012.03—
	李跃军	2012.03—
	侯晓红	2012.03—

概　述

2014年，区人大常委会在区委的坚强领导下，认真学习贯彻党的十八大、十八届三中、四中全会精神，紧紧围绕全区工作大局，按照“稳中求进、改革创新、统筹发展”的工作基调和“五个转型升级”的重大要求，依法履行宪法和法律赋予的职责，加强工作监督，有力保障经济社会持续健康发展；加强法律监督，促进“一府两院”依法行政与公正司法；依法任免干部，不断完善任命和监督并重的工作机制；强化代表工作，有力支持和保障代表依法履行职责；以共享和谐幸福为根本，坚持执政为民，切实维护人民群众的切身利益；以改进工作作风为抓手，加强自身建设，不断提高干部履职能力和服务水平。全年组织党组学习会12次，机关学习会30余次；召开主任会议23次、常委会议7次。对4部法律法规贯彻实施情况进行执法检查，决定重大事项39项，圆满完成各项工作任务，为全区经济发展和社会稳定作出了积极贡献。

人大重要会议

【青白江区第十七届人大四次会议】 2015年2月3—6日，成都市青白江区第十七届人民代表大会第四次会议在大弯中学礼堂举行。区十七届人大四次会议的主要议程是：听取和审议成都市青白江区人民政府工作报告；审查和批准成都市青白江区2014年国民经济和社会发展计划执行情况及2015年国民经济和社会发展计划草案的报告，批准2015年国民经济和社会发展计划；审查和批准成都市青白江区2014年财政预算执行情况和2015年财政预算草案的报告，批准2015年区财政预算；审查成都市青白江区人民政府关于区第十七届人民代表大会第三次会议以来代表建议、批评和意见办理情况的报告（书面）；听取和审议成都市青白江区人民代表大会常务委员会工作报告；听取和审议成都市青白江区人民法院工作报告；听取和审议成都市青白江区人民检察院工作报告；选举成都市青白江区人民政府区长、成都市青白江区第十七届人民代表大会常务委员会委员。

会议选举博学坤为成都市青白江区人民政府区长，刘越为成都市青白江区人大常委会委员。

2月4日，区十七届人大四次会议在大弯中学礼堂开幕

【青白江区人大常委会会议】

会议届次	会议时间	会议议题
十七届十三次	2014.01.16	1.人事任免 2.听取和审议区人民政府《关于青白江区国民经济和社会发展第十二个五年规划纲要实施情况的中期评估报告》以及《关于青白江区国民经济和社会发展第十二个五年规划纲要修订方案(草案)》 3.听取和审议关于我区 2013 年国民经济和社会发展执行计划执行情况及 2014 年计划草案的报告 4.听取和审议区人民政府《关于调整 2013 年财政支出预算的报告》 5.听取和审议我区 2013 年财政收支预算执行情况及 2014 年财政预算草案的报告 6.听取和审议关于福洪乡撤乡建镇的报告 7.讨论通过人大常委会工作报告(讨论稿) 8.讨论关于举行区十七届人大三次会议有关事项的报告 9.讨论区十七届人大三次会议选举办法(草案) 10.讨论区人大常委会代表资格审查委员会关于区十七届人大三次会议代表资格审查及变动情况的报告
十七届十四次	2014.04.24	1.人事任免 2.听取和审议我区贯彻实施《中华人民共和国社会保险法》情况 3.听取和审议我区贯彻实施《中华人民共和国农产品质量安全法》情况
十七届十五次	2014.06.10	1.人事任免 2.专题询问区人民政府关于工业大气污染防治工作情况
十七届十六次	2014.07.08	1.人事任免 2.听取和审议区建设局局长杨波工作情况的报告 3.听取和审议区文体广新局局长李华蓉工作情况的报告 4.听取和审议区质监局局长李明春工作情况的报告 5.听取和审议区供销联社主任夏吉才工作情况的报告 6.听取和审议区地税局工作情况的报告
十七届十七次	2014.08.29	1.听取和审议关于我区 2014 年上半年国民经济和社会发展计划执行情况的报告 2.听取和审议关于我区 2013 年财政决算及 2014 年上半年财政预算执行情况的报告 3.听取和审议关于我区 2013 年财政收支预算执行及其他财政收支的审计工作报告 4.听取和审议《成都市青白江区人大常委会组成人员联系区人大代表办法(试行)》 5.听取和审议政府半年工作报告,法检两院半年工作报告(书面)
十七届十八次	2014.10.15	1.人事任免 2.听取和审议我区贯彻实施《危险化学品安全管理条例》情况 3.听取和审议我区贯彻实施《中华人民共和国职业教育法》情况 4.听取和审议《青白江区人大常委会议事规则(修订草案)》
十七届十九次	2014.12.19	1.听取和审议关于代表辞职的决定(草案) 2.审议通过关于补选部分区十七届人大代表的方案 3.人事任免

人大工作

【代表工作】 强化代表培训,提高履职能力。采取“请进来、走出去、送下去”等多种方式强化代表培训。邀请成都市人大人事代表工作委员会负责人对撰写代表建议、批评和意见进行了专题培训,组织近30名基层区人大代表赴全国人大培训基地进行代表履职专题培训,组织驻区市人大代表参加市人大常委会组织的集中培训。各代表小组充分利用开展活动的机会,分别组织代表开展专题学习培训两次以上。区人大常委会还走下去对福洪、城厢、人和、大弯等乡镇(街道)的区人大代表就代表的权利义务,如何撰写代表建议、批评和意见等内容进行集中培训指导。通过形式多样的培训,代表参与管理国家事务的能力进一步提高,代表的履职积极性和责任心进一步增强。

规范代表活动,增强履职意识。加强和规范人大代表闭会期间的活动,是促进代表执行职务、参与地方国家事务管理的重要形式和主要途径。按照形式多样、生动活泼、务求实效的要求,区人大常委会制定《青白江区人大常委会领导联系代表小组方案》《关于青白江区人大代表联系群众工作的意见》和年度代表小组活动计划,进一步加强代表小组活动的指导。全区8个代表小组积极开展小组活动,组织市区两级人大代表视察老工业基地调整改造、重大基础设施建设、重点产业化项目推进、公共交通线路优化、老旧院落改造、幼儿教育标准化建设等工作推进情况,提出意见建议30余条,有效促进了全区各项重点工作的开展。各代表小组利用自身优势,组织代表积极开展扶贫帮困活动。第一代表小组在2013年开展“结对帮扶”代表活动取得很好效果的基础上,2014年组织相关企业与人和乡贫困户签订5 000只跑山鸡养殖帮扶回购协议,促进农民增收。区人大代表黄小波在“人大代表走基层”活动中,出资8万余元,帮扶人和乡平桥村一名孤儿修建一套90平方米的砖混住房;史国兴代表则主动承担该孤儿的上学费用,赢得当地群众好评。市人大代表青白江小组多次就成都地铁3号线延伸至青白江区的建议开展专题调研,并向市人大及市级有关部门提交意见。该意见得到市委、市政府高度重视,地铁线延伸至青白江的建议已纳入成都市新青卫星城规划方案。

1月22日,区十七届人大三次会议在大弯中学开幕

优化平台功能,发挥代表作用。利用“代表之家”平台,组织代表活动51次,接待选民726人次,收集意见建议590条、已办理意见建议462条,并全部向选民作出了反馈,满意率100%。印发了《代表履职备忘录》,督促代表积极履行职责。按照深化改革任务的要求,积极推进“代表履职监督机制的建立和完善”试点,在机制完善、平台建设和具体实践方面取得了积极成效和初步成果。同时认真做好代表建议、批评和意见办理,激励代表认真履职尽责。收到代表建议意见91件,全部建立了电子档案并办理完毕,满意和基本满意率100%。曾选蓉代表提出的关于“更换老旧公交车辆、优化公交线路”的建议,得到区委、区政府的高度重视。区委、区政府大力推进资源整合,投入新型公交车204标台,开行惠民公交线路20条,切实让公交惠民政策最大程度惠及广大城乡群众,得到广大市民的高度赞许。积极抓好区人大代表建议办理“回头看”,区十七届人大二次会议期间代表提出的当年不具备条件办理的15件B类建议,经区人大常委会督促、催办,区人民政府相关部门的积极配合,15件代表建议所涉及的问题得到解决,由B类件转化为A类建议。钟会萍、王玉代表提出的“关于建立社区养老服务中心”的建议,通过积极办理,全区将建成4所居家养老服务中心和13所日间照料中心,可有效解决老龄人的养老服务问题。做好市人大代表青白江小组的代表服务工作,协助市人大代表向市人大提交建议

19件。

【工作监督】 紧扣发展大局，力促经济平稳增长。区人大常委会密切关注全区经济社会中长期发展，听取和审议了《关于青白江区国民经济和社会发展“十二五”规划纲要实施情况的中期评估报告》和《关于青白江区国民经济和社会发展“十二五”规划纲要修订方案（草案）》，准确掌握规划实施效果和各项政策措施落实情况，提出建议意见10余条，有力助推“十二五”规划确定的各项目标任务按期完成。在监督过程中将“十二五” 规划纲要实施的中期评估报告在网上进行公示和征求意见的做法，得到市人大领导肯定性批示。高度重视全区经济发展态势和财政收支情况，听取和审议了计划、财政、审计工作报告，有效促进重大产业项目建设和财政预算的执行。按照宪法和法律赋予的职责，依法决定重大事项，听取和审议了成都市成环快速通道东段青白江段、长流河二期安置房建设工程、区医疗中心二期建设工程等39个项目融资情况的报告，全年共批复政府重大项目融资贷款39项，为加快项目建设发挥了积极作用。进一步加大政府融资项目的监督力度，专题听取和审议我区国有平台公司经营管理和融资使用情况的报告，对作出的融资决议进行全面跟踪和了解，促进重大项目资金合理有效使用。

突出工作重点，助推发展转型升级。加快经济转型升级，促进科学发展，是“十二五”时期发展的主线。区人大常委会围绕“五个转型升级”要求，突出工作重点，关注经济社会发展，听取和审议了区域综合交通运输体系构建、物流商贸发展、房地产市场推进、乡镇财政体制改革、公共资源交易、公共卫生服务体系建设等专项报告，提出80余条改进工作的意见，转交区人民政府及其职能部门办理，有力助推全区发展转型升级。突出老工业基地调整改造这一重点，区人大常委会主要领导带头深入实际进行专题调研，形成《关于成都市青白江区老工业基地调整改造的思考》的专题调研报告。报告被省人大刊物《民主法制建设》采用。组织市人大代表小组专题调研青白江区老工业基地调整改造情况，向市政府提交《关于青白江区老工业基地调整改造的建议》，《建议》材料已由市人大转发各区县进行交流。

10月9日，区人大检查区政府贯彻《中华人民共和国职业教育法》情况

【法律监督】 严格执法检查，推进依法行政。区人大常委会既把执法检查作为对区人民政府依法行政进行监督的重要保障，又把执法检查作为检验区人民政府及其职能部门工作成效的重要手段。2014年，组织人大代表对贯彻实施《中华人民共和国社会保险法》、《中华人民共和国农产品质量安全法》、《中华人民共和国职业教育法》和《危险化学品安全管理条例》四部法律法规情况进行执法检查，提出意见建议30余条，推动法律法规贯彻落实，为加快推进依法行政起到重要作用。积极协助做好《成都市地名管理条例》《成都市非机动车管理条例》《成都市烟花爆竹燃放管理规定》等成都市地方性法规起草、修订的征求意见和调研视察，所提意见部分得到采纳。

促进公正司法，维护公平正义。区人大常委会把促进区人民政府、区人民法院、区人民检察院依法履职和公正司法，维护社会公平正义作为法律监督落脚点，督促做好司法工作。2014年，听取和审查区人民法院关于刑事审判（含少审工作）工作情况的报告、区人民检察院关于监所检察工作情况的报告、区公安分局关于近年来公安工作情况的报告，向人大代表书面印发区人民法院和区人民检察院上半年工作报告，征求代表对区人民法院、区人民检察院工作的建议和意见。组织25名区人大代表开展“走进法庭听审判”活动，对促进提高案件审判质量、切实维护法律权威、保护公民合法权益提供有力保障。加大规范性文件备案审查工作力度，在全市人大规范性文件备案审查工作会上作经验交流发言。该项工作得到市人大领导的充分肯定，周边区（市）县到区交流学习。

【人事任免和评议】 优化任免程序，依法任免干部。进一步优化任免流程，改进任免办法。结合党的群众路线教育实践活动中征求的意见，对区人大常委会任命干部任前法律知识考试内容进行调整充实，建立和完善考试题库。全年组织任前法律知识考试12人(次)，任免区人民政府、区人民法院、区人民检察院工作人员63人(次)，保证人事任免工作依法规范运行。

开展工作评议，监督干部依法履职。区人大常委会高度重视干部工作评议，把工作评议作为对干部履职情况进行监督的重要手段，作为工作监督的重要抓手。2014年，采取明察暗访、组织代表视察、召开座谈会听取意见、召开常委会审议和满意度测评等方式，对区建设局、区文体广新局、区质监局等部门主要负责人任职以来的工作情况进行评议，听取和审议区地税工作情况报告。对评议中发现的工作问题，要求被评议单位和主要负责人限期整改，向区人大常委会提交整改报告。2014年干部工作评议中，紧扣依法治国的理念，创造性的增加了被评议干部提交依法行政专项工作报告的内容，促进干部用法治理念、法治思维分析问题、处理矛盾，推进工作开展。通过评议，加强干部的工作监督，有效促进干部依法履职。

【专题询问】 开展专题询问，回应群众广泛关切。针对人民群众普遍关心的工业大气污染问题，区人大常委会在综合运用专题审议、视察调研、督促办理等多种方式监督基础上，2014年6月10日在全市各区(市)县率先开展工业大气污染防治专题询问。既有力地宣传了区委、区政府在大气污染防治方面所做的大量卓有成效的工作，又将推进工业大气污染防治工作的压力和责任有效地传递给了企业。针对区人民政府提交的整改方案，专题询问后两个月，区人大常委会专门组织常委会组成人员和代表到现场调研，督促整改落实。通过专题询问，回应了人们的广泛关切，维护了群众的根本利益。四川省人大《民主法制建设》、四川省人大新闻网、《成都人大》等杂志、网站分别刊用专题询问经验做法，蒲江、金堂等区县到区学习经验。

【信访工作】 注重主动参与，解决群众现实问题。牢固树立大局意识，积极参与"走基层"、"挂、包、帮"等活动，解决群众现实问题，化解社会矛盾。深入联系的部门、镇、村300余次，切实解决群众之需，化解社会矛盾。全年受理人民群众来信来访37件(次)。针对群众反映强烈的西部化工市场污染问题，区人大常委会主要领导深入福洪镇进行调研并形成专题调研报告，协调相关部门加大工作力度，促使矛盾得到有效化解。区人大常委会领导班子成员注重与群众心贴心沟通，经常看望慰问困难党员和困难群众，关心关爱残疾家庭和贫困学生，协调筹措资金108万元帮助群众解决生产生活现实问题，受到基层和群众的好评。

【机关建设】 着力工作作风转变，扎实开展教育实践活动。按照中央、省委、市委、区委统一部署，区人大认真开展党的群众路线教育实践活动，围绕"为民务实清廉"主题和"照镜子、正衣冠、洗洗澡、治治病"总要求，从健全制度着手，修订区人大常委会议事规则，规范区人大常委会组成人员直接联系人大代表制度，制定区人大常委会专题询问试行办法，完善机关车辆管理、财务管理等9个制度，废止2项制度；从改进作风着手，进一步强调区人大常委会会议纪律、视察调研规定、代表活动要求和机关工作作风。从改进工作着手，改进常委会会议审议程序、视察调研方式、工作评议内容和工作监督手段等。认真组织人大代表参加全区性征求意见、个别座谈、民主测评等重点会议120余人次，认真做好5个部门、1个乡镇和5个村的联系指导和5个督导组的督导，促进全区教育实践活动的开展。通过教育实践活动的开展，进一步增强人大常委会和机关工作人员宗旨意识，改进工作作风，推动人大工作。

着力整体功能提升，努力提高机关工作水平。区人大常委会把创建学习型创新型机关放在重要位置，深入学习十八大、十八届三中、四中全会精神和习近平总书记系列重要讲话精神，组织党组学习会12次，机关学习会30余次，召开主任会议23次、常委会议7次。支持机关党委和机关纪检组开展工作，进一步规范工作流程，完善内部管理制度。紧紧围绕区委中心工作和社会普遍关注的重大问题，深入调查研究，完成专题调研报告12篇。积极加强对外宣传，按时办好《代表季刊》，及时更新"人大网页"，适时编发"人大手机报"，不断扩大人大工作的社会影响。全年累计报送各类信息稿件150余篇，超额完成区委信息工作目标。5篇调研文章和35条信息被《民主法制建设》、四川省人大新闻网、《成都人大》等杂志网站采用。

(供稿人：黄　毅)

青白江区人民政府

QINGBAIJIANG DISTRICT PEOPLE'S
GOVERNMENT, CHENGDU

区长、副区长名录

职　务	姓　名	任职时间
区　长	刘筱柳	2012 年 08 月—2014 年 10 月
	傅学坤	2014 年 10 月—2015 年 02 月（代理区长） 2015 年 02 月—
副区长	王志刚	2006 年 11 月—
	周德强	2011 年 12 月—
	崔益民	2011 年 12 月—
	白　涛	2006 年 12 月—
	刘文雄	2013 年 12 月—
	吴世国	2014 年 06 月—
	金　武	2011 年 01 月—2014 年 05 月

概　　述

【概况】 2014 年，区政府在市委、市政府和区委的领导下，团结带领全区干部群众，认真贯彻党中央国务院稳增长、促改革、调结构、惠民生一系列重大决策部署和省委“三大发展战略”、市委“改革创新、转型升级”总体战略，坚定信心、攻坚克难、砥砺奋进，有效应对经济下行压力，较好完成了“五区”建设的阶段性工作和年度目标任务，有力推动了全区经济社会保持平稳较快发展。实现地区生产总值 326.5 亿元，地方公共财政收入 20.42 亿元，固定资产投资 288.5 亿元，社会消费品零售总额 57.66 亿元，城镇居民人均可支配收入 31 478 元，农民人均纯收入 13 490 元，连续六年跻身四川省县域经济综合实力“十强县”。

区域经济平稳较快增长，综合实力不断提升。新型工业集群发展步伐加快。实现工业总产值 620 亿元，完成工业投资 111 亿元，台嘉电子级纤维丝及布等 19 个项目竣工投产，利亨新材料等 22 个项目加快建设，达海产业园等 17 个项目开工建设，米高地效飞行器等 10 个项目签约入驻。积极研究川化和攀成钢转型升级腾出空间的高效利用，推动传统产业转型升级。以物流商贸为核心的现代服务业加速提升。完成服务业投资 105 亿元（不含房地产），大西南生旌市场一期等 6 个项目建成投运，万贯五金机电市场等 10 个项目加快建设，金泉金龙广场等 2 个项目开工建设，港宏汽车商贸城等 6 个项目签约落户。成都铁路口岸被海关总署批准为国家临时对外开放口岸和进境肉类指定口岸；保税物流中心（B 型）已上报海关总署待批，正积极申报国家汽车整车进口和进境水果指定口岸。以都市现代农业为特色的农业经济平稳发展。完成农业投资 20.38 亿元，同比增长 1.4%。九三食用油包装生产线等 15 个项目竣工投产，益海嘉里米面加工等 93 个项目加快推进，洪福台湾农业庄园等 5 个项目签约落户。

改革创新持续深化，发展活力不断增强。财税体制、政府机构、工商登记制度、公共资源交易监管、医药卫生体制等重点领域改革取得明显成效，规范物商园区用地取得实质进展，统筹城乡综合配套改革有序推进，完成福洪撤乡设镇工作。大力开展招商引资和营销推介，2014 年实际到位内资 162.95 亿元，利用外资 2.72 亿美元。新增外贸进出口经营权企业 25 家，实现外贸进出口总额 5.71 亿美元、增长 37%。大力实施创新驱动发展战略，扎实推进国家知识产权强县工程试点区、国家技术创新工程四川试点示范区、成都市传统产业改造提升试点区建设。专利申请量 709 件，新增国家高新技术企业 4 家、省级创新型企业 3 家，新建研发平台 5 个。引进、培养各类专业人才 1 162 名，新增副高级职称技术人才 80 名。

新型城镇化加快推进，城乡面貌显著改善。按照现代卫星城规划建设要求，着力构建“1+2+5+21+N”

12 月 16 日，代理区长傅学坤到台玻成都玻璃有限公司调研

区域新型城镇体系。优化城市形态和功能，改造主城区 107 个老旧院落。加快小城镇和特色镇建设，弥牟等 5 个一般场镇改造通过市级综合验收，启动龙王梁湾村等 11 个幸福美丽新村建设，新建或改造提升新村聚居点 16 个。城乡基础功能切实提升，区综合客运枢纽站等 4 个项目加快推进，积极推动都江堰灌区毗河供水一期工程建设，第二污水处理厂建成投运。前进、红阳、桂通 110 千伏变电站竣工。启动“四改六治理”十大行动，实施天然林保护、退耕还林、龙泉山脉生态植被恢复“三大工程”，建成区绿化覆盖率达 42.21%。

民生工程深入实施，社会保障更加完善。坚持就业优先，培训劳动力 6 125 人，城镇新增就业 4 217 人，农村富余劳动力向非农产业新增转移就业 5 603 人。全区养老保险参保人数达 30.06 万人，基本医疗保险参保人数达 39.83 万人，支出低保金 1 655.04 万元，累计保障困难群众 6.53 万人次，资助 1 349 名重度残疾人购买养老保险。新建 17 家城乡日间照料中心，红阳颐养居建成投运。建成新型社区 40.88 万平方米、安置房 80 万平方米，1 099 套保障房交付使用，完成地质灾害避让搬迁、棚户区和农村危房改造 644 户。

社会事业全面发展，群众幸福指数不断提升。文体中心加快建设，全国钓鱼竞赛训练基地落户本区。完成清泉学校学生宿舍楼工程等项目 15 个，新增公益性幼儿园 8 所，成都工程职业技术学校通过国家中等职业教育改革发展示范校建设省级中期验收。加快推进区医疗中心二期、区妇幼保健院迁改建工程，区疾控中心业务楼竣工。深入开展城乡公交一体化工作，区内公交线路达 20 条，投入新型环保空调公交车 204 标台，建成公交便民服务中心。大力推行网格化管理，大同凤祥社区成为全国和谐社区建设示范单位。“天网”四期暨区应急联动指挥中心加快建设。深入开展“法治大讲堂”“法律七进”等普法活动，荣获全国“六五”普法中期先进区，组建区人民调解员协会及“医调委”。建成区群众接待中心和区视频接访中心，健全群众权益表达和协调机制。

依法行政深入推进，行政效能有效提升。坚决落实依法治区各项重大部署，认真执行区人大及其常委会决议决定，自觉接受区人大及其常委会的法律监督、工作监督和区政协的民主监督。认真听取各民主党派、工商联及社会各界人士意见建议，积极做好人大代表建议批评和意见，政协委员提案办理工作，全年办理建议、提案 244 件，办复率、满意率均为 100%，坚持区政府常务会会前学法制度，健全依法决策机制，坚持“三重一大”事项集体决策，强化重大行政决策稳定风险评估和合法性审查，区政府法律顾问组作用有效发挥。进一步规范行政执法行为，公布行政权力事项目录，行政权力依法规范公开运行平台正式上线使用。启用市民中心暨新政务中心，深入推进行政审批“两集中、两到位”，“一站式”办结能力大幅提升，按时办结率达 100%；行政审批承诺提速率达 86%。

作风建设切实加强，服务群众更加深入。扎实开展党的群众路线教育实践活动，严格落实“八项规定”，认真开展“五个专项整治”，有力推动正风肃纪常态化，“四风”问题有效遏制。以经济责任审计为抓手，倒逼依法行政制度建设。落实“两个责任”，健全惩治和预防腐败体系，聚焦人事、财经、资源“三大核心岗位”核定权力清单，规范权力运行。大力整治“文山会海”，文件和会议分别减少 16.67%、28.57%。“三公”经费支出下降 33.6%。站稳群众立场，切实转变作风，服务群众，开展上门服务、预约服务、延时服务，开通“青白江服务”微博(微信)账号，设立政务服务呼叫热线，群众办事更加便捷。

重要政务会议

2014 年区政府常务会议		
会议届次	会议时间	研　究　事　项
13 届 44 次	1 月 9 日	一、审议区政府办《关于提请审议〈政府工作报告(送审稿)〉的请示》;二、审议区发改局《提请审议〈关于成都市青白江区 2013 年国民经济和社会发展计划执行情况及 2014 年计划草案的报告(送审稿)〉的请示》;三、审议区发改局《关于提请审议〈成都市青白江区人民政府关于我区国民经济和社会发展"十二五"规划纲要执行情况中期评估的报告(送审稿)〉的请示》;四、审议区财政局《提请审议〈关于成都市青白江区 2013 年财政预算执行情况和 2014 年财政预算草案的报告(送审稿)〉的请示》;五、审议区公安分局《关于实施应急联动、社会管理系统及"天网"工程四期建设的请示》;六、审议区财政局《关于调整 2013 年财政支出预算的请示》;七、审议区财政局《关于提请审议按〈规范财政资金使用管理办法〉规定大额支出经费的请示》;八、审议区政府办《关于提请审议〈成都市青白江区人民政府工作规则(审议稿)〉的请示》;九、研究人事任免
13 届 45 次	2 月 13 日	一、听取区审计局《关于当前审计工作形势和任务的报告》;二、审议区政府法制办《关于提请审议〈成都市青白江区行政权力事项目录〉的请示》;三、审议区政府法制办《关于提请审议〈成都市青白江区行政审批事项目录〉的请示》;四、审议区安监局《关于提请审议〈成都市青白江区危险化学品事故应急预案〉的请示》;五、审议区工管委《关于提请审议四川港宏投资控股集团有限公司港宏汽车商贸城项目投资促进政策的请示》;六、审议区凤管委《关于对园内保洁安保等服务项目实行市场化管理的请示》;七、研究人事任免
13 届 46 次	2 月 27 日	一、审议区科技局《关于提请审议〈关于实施创新驱动发展战略加快创新型城市建设的意见〉的请示》;二、审议区工管委《关于提请审议成都蓉亨气体有限责任公司园区配套工业气体生产等 2 个项目投资促进政策的请示》;三、审议区投促局《关于提请审议四川北麓投资管理有限公司现代生态旅游休闲观光园项目投资促进政策的请示》; 四、审议区经信局《关于提请审议 220KV 泰兴变电站至 110KV 桂通变电站架空电力通道建设方案的请示》;五、审议区民政局《关于提请审议〈成都市青白江区公建民营养老机构营运单位招标实施方案〉的请示》
13 届 47 次	3 月 17 日	一、审议区政府办《关于提请审议〈区政协八届三次会议委员意见建议办理事项任务分解表〉的请示》;二、审议区经信局《关于提请审议〈智慧城市建设战略合作协议〉的请示》;三、审议区卫生局《关于区人民医院旧址改造项目有关事宜的请示》;四、审议红阳街道《关于调整设立村(居)民委员会的请示》;五、审议区国土局《关于青白江区与广汉市土地置换相关事宜的请示》;六、审议区交通局《关于实施 2014 年公路安保工程的请示》
13 届 48 次	3 月 31 日	一、审议区工管委《关于提请审议长沙远大住宅工业有限公司绿色建筑产业园项目投资促进政策的请示》;二、审议区民政局《关于提请审议〈"7·9"暴雨洪涝灾害受灾农户住房恢复重建工作方案〉的请示》;三、审议区文体广新局《关于提请审议〈关于调整和划定相关文物保护单位保护范围及建设控制地带方案〉的请示》;四、审议红阳街道《关于调整设立社区居民委员会的请示》;五、审议区交通局《关于对大石路毗河中桥等 8 座公路桥梁进行维修的请示》
13 届 49 次	4 月 16 日	一、《四川省依法治省纲要》《成都市依法治市实施纲要》专题学习;二、听取区发改局《关于青白江区 2014 年 1—3 月经济运行情况的分析报告》;三、审议区委区政府目督办《关于实施 2014 年为民办实事民生工程目标(第一批)的请示》;四、审议区机关事务局《关于红阳街办办公场所维修相关事宜的请示》;五、审议区水务局《关于省管河道"7·9"洪灾水毁工程(堤防)汛前应急加固工程项目建设有关事宜的请示》;六、审议区环保局《关于购置环境监测仪器设备的请示》;七、审议区物商委《关于与四川大学锦城学院共建青白江市场营销研究院的请示》

续上表

会议届次	会议时间	研究事项
13届50次	4月25日	一、审议区政府办《关于提请审议〈人大代表建议和政协提案办理任务〉的请示》；二、审议区农发局《提请审议〈关于推进农作物秸秆综合利用和禁烧工作的意见（送审稿）〉的请示》；三、审议区发改局《关于提请审议〈成都市青白江区开展全国生态文明示范工程试点工作项目规划（2014—2016年）草案〉的请示》；四、审议区环保局《关于提请审议〈成都市青白江区大气污染防治实施方案（2014—2017年）〉（送审稿）的请示》；五、审议区投促局《关于提请审议〈关于加强园区外招商引资项目管理的实施办法（送审稿）〉的请示》；六、审议区财政局《关于加强“三公”经费管理相关事宜的请示》；七、审议区财政局《关于申请调整园区年初预算的请示》；八、审议区水务局《关于福洪乡桤木河污水处理厂及配套管网建设相关事宜的请示》；九、审议区卫生局《关于提请审议〈青白江区创建四川省结核病综合防治示范区实施方案（送审稿）〉的请示》；十、审议区文体广新局《关于提请审议〈2014年成都市青白江区首届全民健身运动会暨第四届运动会方案（送审稿）〉的请示》；十一、审议区文体广新局《关于提请审议〈成都市青白江区承办成都市第十三届运动会工作方案（送审稿）〉的请示》；十二、审议区文体广新局《关于提请审议〈成都市青白江区体育竞赛奖励办法（送审稿）〉的请示》；十三、审议区工管委《关于提请审议四川川化量力物流有限责任公司现代物流基地及钢材深加项目相关事宜的请示》；十四、审议区工管委《关于提请审议四川禾浦化工有限责任公司年产4万吨亚氨基二乙腈项目二期用地退出相关事宜的请示》
13届51次	5月9日	一、审议区房管局《关于扩大住房保障范围提高住房保障标准的请示》；二、审议区房管局《关于提请审议〈青白江区华逸中路公共租赁住房申请、审核及配租管理实施方案〉等2个方案的请示》；三、审议区房管局《关于青白江区保障性住房附建商铺处置的请示》；四、审议区房管局《关于华逸中路保障性住房后期管理工作的请示》；五、审议区治理办《关于提请审议〈青白江区2014年盲点死角整治工作方案〉的请示》；六、审议区民政局《关于提请审议〈成都市青白江区颐养居营运管理服务协议〉和〈成都市青白江区养老机构考核办法（送审稿）〉的请示》；七、审议区发改局《关于提请审议〈成都市青白江区公益性幼儿园收费管理调整方案〉的请示》；八、审议新开元公司《关于成都市青白江巴士公交有限公司购置公交车的请示》；九、审议区国土局《关于全区已实施预拆迁村组相关情况的报告》
13届52次	5月15日	一、审议区政务中心《关于提请审议〈成都市青白江区投资项目并联审批管理办法（试行）〉的请示》；二、审议区审计局《关于提请审议〈成都市青白江区审计整改责任追究办法（试行）〉的请示》；三、审议区水务局《关于提请审议〈青白江区集中式饮用水水源保护区建设实施方案（送审稿）〉的请示》；四、审议区委统筹委《关于提请审议〈2014—2017年全区统筹城乡改革发展重点工作和工作任务分解意见（送审稿）〉的请示》；五、审议区委统筹委《关于青白江区2014年村、涉农社区公共服务和社会管理标准化配置有关问题的请示》；六、审议区文体广新局《关于提请审议〈青白江区城厢镇文态规划工作方案（送审稿）〉的请示》；七、审议区经信局《关于“智慧青白江”拟建项目相关工作的请示》；八、审议龙王镇《关于启动新场镇市政配套设施前期准备工作的请示》；九、审议区国投公司《关于发行青白江区小微企业扶持债券相关事宜的请示》
13届53次	6月13日	一、审议区维稳办《关于提请审议〈成都市青白江区重大决策社会稳定风险评估实施意见（试行）〉的请示》；二、审议区教育局《关于提请审议〈青白江区学前教育提升工程实施方案（2014—2016年）〉的请示》；三、审议区教育局《关于调增校园专业保安配备经费的请示》；四、审议区政府法制办《关于规范全区合同文本相关工作的请示》；五、审议区卫生局《关于开展青白江区疾病预防控制中心卫生检测技术法定资质认证工作的请示》；六、审议区民政局《关于提请审议〈人和福洪两所老旧敬老院迁建项目工作方案〉的请示》；七、审议区交通局、姚渡镇《关于实施老姚日路（西江河至姚渡场镇段）路面整治工程的请示》；八、审议区交通局《关于清泉人和片区开行农村公交客运的请示》；九、审议区交通局《关于对三西路弥牟段等道路进行改造的请示》；十、审议区工管委《关于提请审议鞍钢集团公司达海工业科技综合产业园项目投资促进政策的请示》；十一、审议区经信局《关于110千伏青景线、220千伏同青线局部迁改事宜的请示》；十二、审议区城乡建设局《关于怡湖园配套设施提升工程建设的请示》；十三、审议区国投公司《关于提请审议老厂前片区道路整治工程及青解路跨线立交工程BT投资建设协议的请示》；十四、审议区文体广新局《关于提请审议启动弥牟清真古寺保护维修工程的请示》；十五、审议区物商委《关于提请审议〈成都枢纽中铁快运和特货快运项目征地拆迁资金包干补助协议〉的请示》；十六、审议区政府金融办《关于政府性融资工作相关事项的请示》；十七、审议区财政局《关于2014年5—7月预计收支情况的请示》；十八、研究人事任免

续上表

会议届次	会议时间	研　究　事　项
13 届 54 次	6 月 26 日	一、听取区水务局《关于全区防汛工作专项检查情况的报告》；二、审议区水务局《关于提请审议〈成都市青白江区公益性人工湖管理办法（送审稿）〉的请示》；三、审议区水务局《关于申请成都市 2014 年市级财政农田水利前期工作经费的请示》；四、审议区国土局《关于签订城乡建设用地增减挂钩项目回购协议的请示》；五、审议区人和乡《关于提请审议融禾公司向成都市仁聚投资有限公司借款相关事宜的请示》；六、审议融禾公司《关于人和乡车站村新型社区外联道路及配套基础设施项目建设的请示》；七、审议融禾公司《关于区第二污水处理厂配套管网工程成绵乐客运专线铁路等三个特殊工程段施工委托事项的请示》；八、审议区公安分局《关于提请审议〈青白江区城区临时占道停车社会化管理实施方案〉的请示》；九、审议区公安分局《关于新增反恐防恐经费的请示》；十、审议区消防大队《关于申请 2014 年消防工作相关经费的请示》；十一、审议区财政局《关于进一步加强财政资金使用管理的请示》；十二、审议区财政局《关于部分大额支出经费的请示》；十三、研究人事任免
13 届 55 次	7 月 7 日	一、审议区审计局《关于提请审议〈成都市青白江区人民政府关于进一步加强审计工作的实施意见（送审稿）〉的请示》；二、审议区农发局《关于提请审议〈成都市青白江区畜禽养殖污染专项治理工作方案〉的请示》；三、审议区民政局《关于提请审议〈成都市青白江区关于进一步完善城乡困难群众临时救助实施办法〉的请示》；四、审议区民政局《关于提请审议〈人和福洪两所老旧敬老院迁建项目工作方案〉的请示》；五、审议区工管委《关于提请审议成都金汀金属制品有限公司不锈钢及透光大理石加工等 3 个项目投资促进政策的请示》；六、审议区工管委《关于提请审议四川香山门窗有限公司香山门窗改扩建项目投资促进政策的请示》；七、审议区国投公司《关于提请审议工业区文澜路西段等 9 个基础设施项目采取 BT 投资建设的请示》；八、审议新开元公司《关于修订〈成都市青白江区成青快速通道祥福安置房人和二绕安置房祥福镇安置房道路配套工程项目 BT 投资建设协议〉的请示》；九、审议新开元公司《关于与成都华湘润江投资有限公司签订终止部分投资项目协议的请示》；十、审议新开元公司《关于 110 千伏前进（清泉）变电站进线电缆浅沟建设项目相关事宜的请示》；十一、审议融禾公司《关于现代粮食物流加工产业园区益海路（暂定名）工程建设的请示》；十二、审议区政府应急办《关于提请审议〈成都市青白江区新增Ⅱ类应急避难场所建设方案〉的请示》；十三、审议区城乡管理局《关于主城区老旧公厕完善配套及新建公厕的请示》；十四、审议区粮管委《关于对四川金顶集团成都水泥有限公司水塔进行拆除还建的请示》；十五、审议区国土局《关于拨付 2012 年改造完善建设高标准基本农田项目资金的请示》；十六、审议区环保局《关于申请全国生态文明建设试点工作经费的请示》；十七、审议区商务局《关于提请审议〈成都市青白江区 2013 年度西部铁路口岸及功能区建设资金分配方案〉和〈成都市青白江区 2013 年西部铁路口岸及功能区建设资金使用管理意见〉的请示》；十八、审议区国资局《关于对原公交 6 路 12 辆公交车予以报废处置的请示》；十九、审议区国资局《关于处置四川省龙域房地产开发有限公司罚没财产的请示》；二十、审议区委区政府目督办《关于做好 2013 年度目标考核相关工作的请示》；二十一、研究人事任免
13 届 56 次	7 月 22 日	一、审议区农发局《关于提请审议〈成都市青白江区 2014 年农业机械购置补贴政策实施方案（送审稿）〉的请示》；二、审议区交通局《关于提请审议〈加快发展青白江区交通运输产业合作协议〉的请示》；三、审议集装箱物流公司《关于提请审议〈《茶花新城建筑工程施工合同》和《绣川新苑建筑工程施工合同》补充协议〉的请示》；四、审议新开元公司《关于提请审议成都市成环快速通道东段青白江段（大件路东绕线）公路工程等三个项目 BT 投资建设意向书的请示》；五、审议新开元公司《关于启动工业南区安置房一期建设工程户表及低压配电工程的请示》；六、审议新开元公司《关于与第一创业摩根大通证券有限责任公司签订〈《承销协议》补充协议〉的请示》；七、听取区国土局《关于祥福镇城祥路及支路项目拆迁经费会审情况的报告》；八、审议区经信局《关于申请给予台玻成都玻璃有限公司高档环保型装饰装修材料低辐射（LOW-E）镀膜玻璃技术改造项目支持的请示》；九、审议区商务局《关于提请审议 2013 年度促进外经贸发展的请示》
13 届 57 次	7 月 28 日	一、审议新开元公司《关于申请调整青白江区弥牟镇城乡统筹拆迁安置房项目总投资的请示》；二、审议新开元公司《关于提请审议青白江区长流河二期安置房建设工程、老厂前片区道路整治及青解路跨线立交桥工程、国光路和东风路建设工程、益海路建设工程等项目 BT 投资建设意向书的请示》；三、审议区政府办《关于提请审议〈联系区政府领导工作人员管理办法（送审稿）〉的请示》

续上表

会议届次	会议时间	研　究　事　项
13 届 58 次	8 月 14 日	一、审议区农发局《提请审议〈关于调整成都市青白江区畜禽养殖区域划分方案〉的请示》；二、审议区水务局《关于开展 2014 年黑臭河渠综合治理项目有关事项的请示》；三、审议区商务局《提请审议〈关于助推服务业核心城市建设打造"物流商贸核心区"的实施意见(2014—2020 年)〉的请示》；四、审议区城乡建设局《关于提请审议〈四川建筑职业技术学院成都校区迁建项目建设补充协议书〉的请示》；五、审议区发改局《关于青白江红阳颐养居试运营期间养老服务收费标准相关事宜的请示》；六、审议区政府金融办《关于区属国有公司融资事项的请示》；七、听取区国土局《关于祥福镇北麓汇通项目拆迁经费会审情况的报告》；八、听取区国土局《关于正大一级土地整理等五个项目约谈企业情况及清算建议的报告》；九、听取大同镇《关于一级土地整理及旧城改造项目情况的报告》；十、听取新开元公司《关于看守所片区等三个旧城改造项目资金结算情况的报告》；十一、审议区民政局《关于解决完善我区敬老院消防设施所需经费的请示》；十二、研究人事任免
13 届 59 次	8 月 20 日	一、审议区城乡管理局《关于提请审议〈成都市青白江区农村区域环境综合治理工作方案〉的请示》；二、审议区政务公开工作领导小组办公室《提请审议〈关于进一步做好政府信息公开工作的意见〉的请示》；三、审议区效能办《关于提请审议〈深化行政审批制度改革实施方案〉的请示》；四、审议新开元公司《关于提请审议〈成都市青白江区三西路建设工程 BT 投资建设意向书〉的请示》；五、审议新开元公司《关于提请审议〈青白江区城厢二绕安置房建设工程、福洪乡字库安置房建设工程等项目 BT 投资建设意向书〉的请示》；六、审议区政府金融办《关于提请审议〈金融合作框架协议〉的请示》；七、审议区水务局《关于将区污水处理厂污泥处置补贴费用纳入财政预算的请示》；八、审议祥福镇《关于恳请拨付东方新型社区电力设备维护资金的请示》
13 届 60 次	9 月 9 日	一、审议区民政局《关于提请审议〈成都市青白江区道路桥梁命名方案〉的请示》；二、审议区机关事务局《关于提请审议〈成都市青白江区党政机关办公用房维修租赁管理及公物仓管理办法(试行)〉的请示》；三、审议区凤管委《关于提请审议〈成都青白江 2014 金秋菊花展方案〉的请示》；四、听取区国资局《关于安置房附建商铺管理使用情况的报告》；五、听取区国土局《关于祥福镇成都建工三期项目拆迁经费会审情况的报告》；六、审议区粮管委《关于解决益海嘉里项目试生产污水临时排放问题的请示》；七、研究人事任免
13 届 61 次	9 月 22 日	一、审议区人武部《关于提请审议〈青白江区参加全国民兵应急力量规范化建设观摩活动方案〉的请示》；二、审议区政府法制办《关于提请审议〈行政规范性文件清理结果目录〉的请示》；三、审议人和乡《关于提请审议〈青白江区人和乡总体规划(2013—2020)〉的请示》；四、审议区农发局《关于青白江区姚渡镇光明村等 5 个幸福美丽新村建设项目有关事宜的请示》；五、审议区农发局《关于城厢特色食用菌园区和清泉农产品加工基地建设有关事宜的请示》；六、审议区农发局《关于福洪乡人和乡 2014 年龙泉山伏季水果产业基地专项资金项目有关事宜的请示》；七、审议区城乡建设局《关于实施 110 千伏红阳变电站 10 千伏出线电力浅沟一期工程建设的请示》；八、审议集装箱物流公司《关于提请审议〈青白江区北部物流建材配送中心建设项目 BT 投资建设意向书〉的请示》；九、审议集装箱物流公司《关于申请增加注册资本的请示》；十、审议区教育局《关于采取融资方式进行学校教育技术装备建设项目的请示》；十一、审议新开元公司《关于解除原成都广智达交通投资有限公司与成都璟悦投资有限公司借款协议的请示》；十二、听取区国土局《关于大弯街道预拆迁到期拆迁经费会审情况的报告》；十三、研究人事任免
13 届 62 次	10 月 9 日	一、审议区财政局《关于提请审议〈成都市青白江区关于进一步完善乡镇财政管理体制的意见(送审稿)〉的请示》；二、审议区财政局《关于提请审议〈成都市青白江区行政事业单位差旅费管理办法(送审稿)〉的请示》；三、审议区发改局《关于提请审议〈成都市青白江区国民经济和社会发展第十三个五年规划编制工作方案(送审稿)〉的请示》；四、审议区农发局《关于提请审议〈毗河供水一期工程征地补偿安置和工程施工工作方案〉的请示》；五、审议区农发局《关于对〈成都市青白江区都市型现代农业规划〉进行修编的请示》；六、听取区国土局《关于大弯街道预拆迁项目拆迁经费会审情况的报告》；七、审议区工管委《关于提请审议四川德力汽车技术服务有限公司项目投资促进政策的请示》；八、审议区工管委《关于实施珠江和枭龙等项目用地内部队通信光缆迁改工程的请示》；九、审议区商务局《关于提请审议〈2014 年青白江区服务业发展引导专项资金(因素分配部分)分配方案〉的请示》；十、研究人事任免

续上表

会议届次	会议时间	研　究　事　项
13 届 63 次	10 月 16 日	一、审议区食安办《关于提请审议〈成都市青白江区食品安全事故应急预案(送审稿)〉的请示》；二、审议区食安办《关于提请审议〈成都市青白江区食品药品违法行为举报奖励办法(送审稿)〉的请示》；三、审议区民政局《关于提请审议〈青白江区政府购买居家养老服务实施方案(送审稿)〉的请示》；四、审议区民政局《关于调整部分优抚对象抚恤和生活补助自然增长标准的请示》；五、审议区环保局《关于提请审议〈成都市青白江区设立乡镇(街道)和园区环境保护机构工作方案(送审稿)〉的请示》；六、审议区交通局《关于全面推进交通系统岗位廉政风险防控信息化平台建设工程的请示》；七、审议区交通局《关于支付民营公交资源整合资金的请示》；八、听取区国土局《关于祥福镇东绕线项目拆迁经费会审情况的报告》；九、听取区国土局《关于祥福镇国龙集团 2 期项目拆迁经费会审情况的报告》；十、听取区国土局《关于祥福镇港宏汽车 4S 店项目拆迁经费会审情况的报告》；十一、审议区政府金融办《关于区属国有公司近期融资项目有关事宜的请示》
13 届 64 次	11 月 13 日	一、审议区政府办《关于提请审议〈成都市青白江区突发公共事件总体应急预案(修订稿)〉的请示》；二、审议区财政局《关于提请审议〈成都市青白江区财政专项资金管理暂行办法(送审稿)〉的请示》；三、审议区财政局《关于进一步规范财政预算管理相关事宜的请示》；四、审议区民政局《关于提请审议〈青白江区未达标村级活动场所整改方案(送审稿)〉的请示》；五、审议区卫生局《关于提请审议〈青白江区医疗纠纷预防与处置工作实施方案(送审稿)〉的请示》；六、审议区卫生局《关于提请审议〈成都市青白江区区级公立医院综合改革试点方案(送审稿)〉的请示》；七、审议区凤管委《关于承办成都(青白江)第六届樱花旅游文化节相关事宜的请示》；八、审议区凤管委《实施凤凰湖生态湿地旅游度假区凤凰大道段围栏改造工程的请示》；九、审议区凤管委《关于对凤凰湖生态湿地旅游度假区内设施设备进行维修的请示》；十、审议区城乡管理局《关于解决嘉合置业(成都)有限公司竞得土地范围内苗木移植费用的请示》；十一、审议区城乡规划局《关于提请审议〈成都市青白江区祥福西片区控制性详细规划〉的请示》；十二、听取区国土局《关于集中安置房项目涉及大同镇第二批拆迁经费会审情况的报告》；十三、审议区国土局《关于解决全区引进社会资金实施增减挂钩项目遗留问题的请示》；十四、审议区国土局《关于签订土地综合整治项目终止清算协议的请示》；十五、审议区国土局《关于规范产业园区项目用地相关事宜的请示》；六、研究人事任免
13 届 65 次	11 月 26 日	一、审议区环保局《关于提请审议〈成都市青白江区高污染燃料禁燃区管理办法(送审稿)〉的请示》；二、审议区城乡管理局《关于调整 G108 国道青白江段景观改造工程方案的请示》；三、审议新开元公司《关于清泉及姚渡二绕安置房小区新增非机动车停车棚建设工程的请示》；四、审议集装箱物流公司《关于调整绣川新苑和茶花新城安置房总平方案的请示》；五、审议区机关事务局《关于提请审议〈成都市青白江区开展违规购置和使用车辆问题专项整治工作方案(送审稿)〉的请示》；六、审议区物商委《关于提请审议〈《成都市青白江区物商园区北片区控制性详细规划》《成都市青白江区大型商品交易市场集中发展区控制性详细规划》调整方案〉的请示》；七、审议区交通局《关于实施 S101 成南路青白江唐家寺段大修工程的请示》；八、审议大同镇《关于拟新建大同西路居民文化活动广场的请示》；九、审议区国土局《关于提请审议收购成都中铁运龙物流有限公司仓储用地协议的请示》；十、审议区投促局《关于提请审议〈成都新莲花置业有限公司城市综合体项目投资补充协议书〉的请示》；十一、审议区财政局《关于成都新莲花置业有限公司城市综合体项目投资终止协议资金偿还方式的请示》；十二、审议区财政局《关于提请审议〈成都市青白江区开展滥发奖金工资补贴问题专项整治工作方案(送审稿)〉的请示》
13 届 66 次	12 月 11 日	一、审议区政府办《关于提请审议“三重一大”事项职权运行流程图的请示》；二、审议区发改局《关于提请审议〈关于贯彻落实市政府办公厅《关于进一步加大攻坚力度确保完成“十二五”节能减排降碳目标的通知》的实施意见(送审稿)〉的请示》；三、审议区工商局《关于提请审议〈成都市青白江区工商登记制度改革推进方案(送审稿)〉的请示》；四、审议区农发局《关于提请审议〈成都市青白江区 2014 年集体公益林(地)生态保护资金拨付分配方案(送审稿)〉的请示》；五、审议区科技局《关于对 2013 年度专利成果转化优秀项目进行通报的请示》；六、审议集装箱物流公司《关于实施大西南建材城等项目杆管线迁改工程有关事宜的请示》；七、审议区物商委《关于提请审议青云商品交易城项目〈终止协议书〉及〈补充协议书〉的请示》；八、审议区政府金融办《关于区属国有公司近期融资项目有关事宜的请示》；九、听取区国土局《关于弥牟镇大西南建材城和六期安置房项目拆迁经费会审情况的报告》；十、研究人事任免

续上表

会议届次	会议时间	研　究　事　项
13 届 67 次	12 月 26 日	一、审议区治理办《关于提请审议成都市青白江区城市建设管理转型升级"四改六治理"十大行动专项整治方案的请示》;二、审议区民政局《关于提请审议〈成都市青白江区第二次全国地名普查实施方案(送审稿)〉的请示》;三、审议区民政局《提请审议〈成都市青白江区关于加强民政基层基础工作的实施意见(送审稿)〉的请示》;四、审议区教育局《提请审议〈成都市青白江区关于进一步加强教师队伍建设的实施意见(送审稿)〉的请示》;五、审议区粮管委《关于提请审议〈粮食园区 35KV 青台线迁改工作实施方案(送审稿)〉的请示》;六、听取区国土局《关于凤凰大道三段东段项目涉及大同镇和东绕线项目涉及祥福镇拆迁经费会审情况的报告》;七、审议区政府金融办《关于区属国有公司融资项目有关事宜的请示》

政府综合事务

【政务服务】 遏制文山会海。遵守治理"文山会海"规定,健全文件办理制度,严把文件"进出关"。2014 年处理来文来电 2 739 件发文 93 件,同比下降 16.67%;发文初审、校核率 100%,差错率控制在 0.5‰以内。举办区政府各职能部门公文处理培训 2 次,区级部门公文质量测评率 100%。建立会议协调制度,优化会议组织程序,筹办区政府全体会、常务会、电视电话会等各类会议 93 次,同比下降 28.57%。协调区政府领导出席各类会议及调研、考察活动 32 次。

认真落实《党政机关厉行节约反对浪费条例实施细则》《党政机关国内公务接待管理办法》,进一步修改完善《财务管理办法》《固定资产管理办法》《办公用品管理办法》《公务车辆管理办法》,制定《"三公"经费及差旅费管理办法》,规范权力运行,严控"三公"经费支出,全年"三公"经费实际支出占预算经费的 33.55%。完成上级领导、重要客商、专家学者等到区考察调研 13 批次;配合做好区政府会务 500 余次。

【信息与调研】 坚持信息调研为经济建设和社会发展服务宗旨,印发《关于 2014 年度政务信息目标任务的通知》,组织开展政务信息培训 2 次,上派 1 人跟班学习,切实提高政务信息质量。上报政务信息 558 条,被采用 138 条,专刊 2 篇,获得市政府领导肯定性批示 3 次;编辑《青白江政务》258 期、《大事记》11 期。围绕全区经济社会发展的重点、热点、难点问题和关系群众切身利益的问题开展调研,编发《信息调研专刊》16 期,其中《关于充分利用区园艺植物科普馆资源的工作建议》等 7 篇专刊得到区政府主要领导的关注和肯定;编发《政务参阅》9 期、《政务通报》7 期;在市级以上刊物发表调研文章 9 篇,其中《深入践行群众路线　奋力谱写"五区"发展新篇》被省政府研究室《政务》采用,《立足生态资源优势　打造山地运动休闲之乡》《对青白江工业经济发展的认识与思考》《关于青白江区商贸业发展的调查与思考》被市政府研究室《发展与研究》采用。坚持以文辅政,优质高效做好文稿起草,完成《政府工作报告》等区政府重要工作文稿 43 篇、领导讲稿 28 篇,100 余份其他文字材料的起草工作。

10 月 31 日,代理区长傅学坤到城厢镇调研

【督查督办】 按照市政府办公厅《成都市政府系统办公室工作绩效考评细则(试行)》要求,制定《督查督办工作绩效考核细则》《省、市政府领导、区政府主要领导批交办事项办理落实工作细则》,建立全区督查督办联系网,做好区委、区政府主要领导批示件及群众反映的热点、难点问题的交办、催办、核查和反馈。

2014 年办理区委、区政府主要领导批交办事项 25 件,办结率 100%。水务重点工程、物商园区重点项目、医疗中心建设项目纳入专项督办,编发《政务督办专报》19 期,立项督办 72 项,办结 58 项,在办 14 项;形成《督办事项报告单》16 期,督办事项 40 项,办结 26 项,在办 14 项。探索实施“一包案二走访三沟通”工作法,办理人大代表建议、政协委员提案 254 件,办复率、满意率均达 100%。

【政务公开】 打造“政务公开精品栏目”,及时公开保障性住房、征地拆迁、财政预决算和“三公”经费等重点信息 2 673 条,全面公开教育收费、医疗收费、农民工子女读书等办事服务信息 2 297 条, 在 “中国·成都”公开区政府、区政府办印发的行政规范性文件解读文本 11 件,在“青白江公众信息网”公开部门印发的行政规范性文件 16 件,办结申请公开政府信息 18 件。区公众信息网在 2014 年全国政府网站绩效评估的 451 个区县级政府网站中列第 91 名, 位居四川省第 5、成都市二圈层第 3,这是继 2011 年、2012 年后第 3 次进入全国政府网站绩效评估前 100 名。深入推进网络问政,办理人民网网民留言 52 件,更新政府办网站信息 345 条,发布政务微博 1 049 条。加强基层公开综合服务平台建设, 开展政府信息公开培训 2 次,参训 300 余人,基层信息公开水平不断提升。

【行政审批】 加强行政审批事项清理调整,制定《成都市青白江区行政审批事项目录》,2014 年区本级保留行政审批事项 663 项,建议取消非行政许可审批事项 13 项、调整 147 项。优化投资项目并联审批流程,制定《投资项目并联审批办法(试行)》,工作时间由 158 个工作日压缩到 64 个工作日,为 45 个重点项目业主出具并联审批流程图和报建清单,印制并联审批办事指南 8 000 余册。推进工商注册登记改革,取消公司最低注册资本限制,简化住所(经营场所)登记手续, 推行电子营业执照和全程电子化登记管理,3 至 10 月,新登记各类市场主体 3 046 户,新增注册资本 23.26 亿元。全力推进“一目录一厅二平台”建设,2014 年 5 月 1 日,行政权力依法规范公开运行平台上线运行,依法公开行政权力5 105 项,设置监察点位 94 205 个,系统运行办件 14 512 件。完成全区 121 个村(社区)基层公开综合服务监管平台优化升级,发布信息 40 990 条。成都市学籍管理系统、计划生育服务管理系统全省联网。依法审查行政规范性文件、区政府对外签订的合同、各部门请示等 193 件。建立领导干部学法长效机制,协助做好常务会会前学法 7 次。全面清理行政规范性文件,继续有效 77 件。认真落实《成都市行政规范性文件管理规定》, 依法向市政府法制办、区人大报备行政规范性文件各 6 件, 报备率 100%。开展依法行政培训 15 次,参训 1 000 余人次,新办行政执法证 292 个; 依法受理行政复议 2 件、行政调解 41 件。

【金融服务】 加快引进金融机构步伐,华夏银行青白江支行、兴业银行社区银行开业,民生银行青白江支行正在筹建中。2014 年全区存款余额 255.32 亿元,增长 13.02%;贷款余额 152.89 亿元,增长 6.21%。组织开展“金融服务进社区”、“小微家园”帮扶等宣传活动 11 次,组织银企专项融资对接活动 12 次,华夏银行青白江支行创新模式与青龙国际建材城合作批量贷。牵头完成政府性融资 49.61 亿元。督促银行、保险等金融机构及两类公司加大“三农”支持力度,会同人民银行和商业银行开展农村信用体系建设,评定信用村 75 个、信用户 1 588 户。加强“两类公司”的业务指导,担保公司在保余额 1.56 亿元,在保企业 21 家;小额贷款公司累计发放贷款 146 笔,金额 4.1 亿元,余额 2.55 亿元;缴纳税收 692.54 万元。开展“两类公司”专项检查 5 次,无系统性金融风险发生。组织“一对一”上市培育,推进优质企业步入资本市场,天保机械在创业板正式上市、蜀虹机械取得“新三板”挂牌函、瑞奇石化进入上市辅导期。牵头预防和打击非法集资工作,对现有 22 家投资理财类公司进行全面清查,督导民间投资理财行业风险处置工作,通过多种渠道向市民进行“远离非法集资”知识宣传,区无因“非法集资”引起的群体性事件发生。

【外事服务】 加强与加拿大盖斯伯勒郡的友城交流,双方在物流、教育等方面进行多次考察和洽谈。积极参加第二届中波论坛、第二届中国—中东欧国家地方领导人会议和中国投资论坛,宣传推介“蓉欧快铁”等全区经济发展情况。深入开展涉外领事保护知识进村组、进社区、进校园活动,在区人力资源市场进行为期一周的“境外务工 领事护航”涉外领事保护知识专题宣传，在《新青白江》刊登涉外领事保护知识、在区政务中心滚动播放领事保护宣传短片、邀请市外办领事涉外处对拟赴外留学、交流的学生和老师进行涉外领事保护知识讲座。严格落实因公出国(境)管理各项规定，完善因公出国(境)信息公开制度，2014 年因公出国(境)党政人员无违规违纪现象。参与接待外宾到区进行政务、商务考察和洽谈 15 批次。

【应急处置】 认真落实"统一指挥，功能齐全，反应灵敏，运转高效"的应急要求。截至 12 月 15 日，成功处置 5 起较大级别突发公共事件，协调、指导各乡镇(街道)、区级部门处置 22 起一般级别突发公共事件，到位处置率 100%。修订印发《成都市青白江区突发公共事件总体应急预案》，督导相关部门修编专项、部门预案。会同区级相关部门开展地质灾害、防汛、危化品泄漏等应急演练 8 次，超额完成市级考核目标。组织消防逃生、防暴力恐怖培训等 16 场次，培训人员 1 200 余人次。通过电视媒体、报刊、网络等向群众广泛宣传应急知识，积极参加市政府应急办组织的现场应急培训。坚持定时和不定时抽查乡镇(街道)和区级部门值班情况，抽查到位率 100%。在重大节假日、敏感时段，每周现场督查不少于 2 次，督导两个Ⅱ类应急避难场所完成建设。完善公开电话(信箱)办理制度、优化办理流程，受理公开电话和群众来信 5 679 件，撰写市(区)长公开电话(信箱)办理情况周报 46 期、月报 11 期，市(区)长信箱、公开电话数据分析专刊 1 期。

【队伍建设】 坚持以学提能、以能辅政，开展"学习型科室""学习型党组织"创建活动。依托业务大练兵、领导讲堂、科长讲堂、回望讲堂等形式，扎实开展学习教育。严格落实定期学习制度，将集中学习与个人自学相结合，组织学习 20 次、中心组学习 13 次、支部学习 10 次，深入学习贯彻党的十八大和十八届三中、四中全会精神，习近平总书记系列重要讲话精神，中央和省委、市委、区委重大决策部署，干部职工自觉在思想上、政治上、行动上同党中央、省委、市委、区委保持高度一致，政治理论水平和业务工作能力得到有效提升。选派领导干部参加上级培训 30 余人次，不断提高干部的政治素质和综合素质，提升在新时期、新形势下的领导能力和水平，为组织培养更多优秀干部人才。积极推进"职工书屋"建设，创造"爱读书、读好书"的良好环境，营造健康快乐、积极向上的良好学风。

构建"钢班子"带"铁队伍"的良性机制，提出"从我做起、向我看齐"，倡导班子成员带头讲党性、重品行、做表率，示范引领带动全局。建立科学、高效、规范的干部管理制度，强化日常教育管理，针对业务技能、工作作风、办公环境等开展督查 60 余次，将督查结果纳入年度目标考核，激励干部职工将智慧和力量集中到埋头苦干、务求实效上。每周开展"交心谈心"活动，就工作推进过程中形成的经验和遇到的困难、问题展开交流，共同探讨新方法、新途径、新措施，交心谈心 500 余人次。开展"1+1"传帮带活动 40 余次，以老带新、以新促老，营造"比学赶帮超"的良好氛围。鼓励干部职工参加在职教育，继续深造、自我提升，通过考试参加在职教育 3 人。推荐年轻干部顶岗锻炼、挂职锻炼、在村(社区)任职，鼓励干部深入基层、深入群众，提高做群众工作水平和解决实际问题能力，为组织培养输送 2 名优秀处级干部，推荐 2 名优秀年轻干部在大弯街道和物商委挂职锻炼、1 名干部在姚渡镇芦稿村任职，推荐区管副职领导干部拟提拔使用 5 人，推荐遴选优秀年轻干部参加递进培养 12 人。

注重提升干部队伍的凝聚力、战斗力和向心力。根据干部职工不同的兴趣爱好，组建篮球、足球、羽毛球、乒乓球、登山等文体队伍，在第四届区运会取得登山第二名、足球赛第三名、篮球赛第四名、自行车赛第四名和团体总分第三的佳绩。依托教育实践活动、走基层、计生三结合等，组织干部积极参加"青春相约走基层，汇聚爱心送温暖"暖冬行动，为结对帮扶的 5 名留守儿童送去 2 000 余元暖冬物资，为联系服务村留守儿童送去价值 3 000 余元学习用具，为 8 户帮扶联

10 月 31 日，代理区长傅学坤调研新型工业发展工作

系户发放3 200元种养殖业帮扶资金、购买2 720元医疗保险和少儿互助保险，支持芦稿村计生三结合基地建设经费5 000元。组织参加“为民务实清廉”演讲比赛、“依法治省”知识竞赛、“托起中国梦”征文比赛、“缘聚中秋　奋勇争锋”联谊活动、文化艺术培训、全民健身培训等。

【作风建设】 认真组织开展党的群众路教育实践活动，坚持把践行“三严三实”要求、学习弘扬焦裕禄精神贯穿始终，把聚焦“四风”、解决突出问题贯穿始终，认真组织理论学习，广泛听取各方意见，深入查摆自身问题，精心准备领导班子和个人对照检查材料，扎实开展交心谈心，召开专题民主生活会，积极开展“四风”突出问题整改。截至10月，班子29条、班子成员94条问题已全部整改。帮扶联系服务的芦稿村、永和村和黄坭村的，资助5万元用于城乡环境综合整治、秸秆禁烧、维稳等工作，压缩6万元办公经费开展“承诺践诺”活动，完成25项民生诉求、107户困难群众和3个稳定工作的程序性销账，做好92户帮扶户和358户联系户的帮扶联系。2014年，开展帮扶联系群众1 000余人次，送去2万余元现金和价值1.84万元的米、面、油等物资，解决群众实际困难19个，为群众增收致富出谋划策11条。撰写的《情系群众　让爱心似蒲公英飞扬》在市委群教活动简报上刊登。3月26日，代表青白江区顺利通过省委第一督导组和市委第七督导组的抽查。

贯彻省委、市委、区委正风肃纪会议精神，制定区政府办(系统)《深化正风肃纪工作切实解决“四风”突出问题工作方案及14个专项方案》，建立“主要领导亲自抓、分管领导重点抓、责任科办具体抓”的工作机制，明确职责任务、细化工作措施，层层落实责任，定期督促检查，纠正不正之风。同时，组织开展“执行不力”“侵害群众切身利益”和“行政行为不规范”的专项治理，加强政府职能部门依法行政和履行职责情况的监督，纠正涉法涉诉中侵害群众利益问题，全面清理行政审批事项。会同区委办、区纪委、区委组织部，开展“政绩观不正确”“变相公款旅游”“领导干部‘走读’”和“文山会海”专项治理。截至11月，区政府办(系统)班子及成员存在问题已全部整改，“文山会海”、干部“走读”、会所中的歪风、违规经商和兼职等专项治理均已取得明显成效。

把专项整治作为党的群众路线教育实践活动回头看的重要内容，与转变工作作风、提升行政效能结合起来，做到两手抓、两不误、两促进。先后制定了《选人用人不正之风专项整治工作方案》和《落实中央巡视组、中组部检查组反馈选人用人问题的整改实施方案》《庸懒散浮拖问题专项整治工作实施方案》《领导干部收受红包礼金问题专项整治实施方案》《滥发奖金、工资、补贴问题专项整治工作方案》《违规购置和使用车辆问题专项整治工作方案》，通过摸底调查、全面清理、公开承诺等形式，认真开展“五个专项整治”。加强监督检查，设置意见箱、开通举报电话，接受监督，对执行不力、落实不到位的坚决问责，目前尚未发现违法违规行为。完善内部管理规章制度，用制度管理干部，促进整治工作的常态化、长效化，巩固整治成果。

加强廉政建设。切实履行党组主体责任和纪检组监督责任，把抓好党风廉政建设与中心工作同安排、同部署、同落实。深入学习《廉政准则》《中国共产党纪律处分条例》，进一步增强干部职工遵纪守法的自觉性。印发《落实党风廉政建设党组主体责任和纪检组监督责任的实施意见》《2014年党风廉政建设和反腐败工作任务分工》和《廉政暨工作约谈实施方案》，明确责任、细化分工，逐级签订承诺书，进一步形成人人参与、层层负责的良好局面。组织干部职工观看《象牙塔里的蜕变》《阳光下的黑幕》《权戒》《蜕变与悔悟》等廉政教育片，组织干部职工到法纪教育基地(清江监狱、锦江监狱)参观监区、展厅，听服刑人员现身说法，不断筑牢干部职工拒腐防变思想防线。落实“七步工作法”，认真梳理权力清单、科学绘制职权运行流程图、仔细查找廉政风险、完善防控措施，有效防止廉政风险滋生蔓延，切实做到抓小抓早，从源头预防。

(供稿人：刘　斌)

机关事务管理

【车辆管理】 严格规范公务用车购置、公务用车“三定点”、报废审批及使用管理。从2014年8月7日起暂停党政机关和参公事业单位购置一般公务用车。办理车辆购置审批手续44辆，同比下降56.86%，划拨公务车辆17辆，报废公务车辆25辆。加强常态化管理，与纪委、财政、审计等部门加强协调、整体联动，加大督查力度，切实加强公务车辆购置、运行、报废及定点保险、维修、加油和公务用车实行单车核算、集中管理、统一调度和节假日集中封存、集中(定点)停放等管理。做好全区公车改革前期工作。制定了区委办、区政府办《关于成立成都市青白江区公务用车制度改革领导小组的通知》，做好区级党政机关一般公务用车分类统计摸底工作。

6月17日，开展全区公务用车问题专项检查

【安全保卫】 加强与区委政法委维稳办、区公安分局内保科的工作联系，与区机关大院内各单位的工作沟通，做好内保工作督查。做好安全保卫工作，优化红外线报警系统、闭路监控系统，组织消防安全检查，消除隐患，未发生治安刑事案件和安全事故。加强保安队伍管理，督促队员做好登记引领和服务礼仪。坚持做好重大节假日节前的安全检查和节日期间的值班工作。2014年未发生治安刑事案件。

【物业管理】 加强大院秩序管理，对进出车辆实行刷卡管理，定点定车号停车。机关大院实行全天候卫生保洁，派专人加强监督，实行动态管理。做好保洁和绿化工作的监督管理工作，对机关大院和第二办公区实行全天候保洁，安排专人定期检查，出现的问题立即整改。

【会务管理】 进一步优化会务服务管理，完成大型会议服务1 030余次，中小型会议440余次。接待省市领导调研、国土审计组、市委群教督导组等各级领导来宾336批次，8 700余人次。

(供稿人：白　薇)

政务服务

【概况】 2012年12月，成都市青白江区公共资源交易服务中心成立，位于青白江区凤凰大道二段便民路6号新政务中心四楼，是区政府直属事业单位，事业编制20名。2014年末实有人数17人，主任1名、副主任2名、纪检组长1名，事业编制管理人员13名。内设综合财务部、建设工程项目交易部、政府采购交易部、土地出让交易部、综合产权交易部、监督信息部、监察室。

2014年，区交易中心完成全区政府投资工程、政府采购、国有土地出让、国有产权交易等公共资源项目进场交易880宗，财政评审控制总金额55.22亿元，进场交易业务量同比增长152.04%，实际中标成交金额53.03亿元，节约财政性资金2.20亿元。

【交易平台建设】 建成电子招标投标系统交易平台和公共服务平台，率先实现政府投资工程全过程电子化招标投标。经区公管委批准，从2014年10月28日起，分步、有序地将进入区交易中心组织实施的政府投资建设工程项目交易、政府采购交易、国有固定资产交易、国有企业资产出租交易等实行电子招标、电子投标、电子开标、电子评标和电子竞价，逐步实现全区公共资源交易重要环节电子化。

完成政府采购网上竞价电子交易系统建设，实现政府采购网上竞价。完成政府采购网上竞价项目进场交易272宗，预算控制价481.69万元，实际中标成交金额433.61万元，节约财政性资金48.08万元，节约率9.98%。

【廉政风险防控】 规范资源权配置，确保公共资源交易公正、廉洁。在全市率先建立《重大公共资源交易项目集体决策制度》《主任办公会议事规则》，规范重大公共资源交易项目集体决策。两项制度实施以来，所有经主任办公会集体研究决策的项目均实施顺利，没有发生质疑和投诉。实施重要公共资源交易业务岗位的中层干部和关键岗位工作人员轮岗制。推进机关廉政文化建设，发挥廉政文化进机关区级示范点的示范带动作用。11月12日，全区推进廉政文化进机关工作现场会在区交易中心召开，区交易中心作经验交流发言。

【业务流程和制度建设】 进一步优化业务流程，实现交易规范、高效。率先在全市制定规范性文件，规范小额政府采购项目交易流程和小型政府投资工程项目交易流程。在全市率先实现区属公立医院医疗设备、器械及医用耗材统一进场、集中交易。优化政府投资工程建设项目比选业务流程。对符合规定进行比选的工程建设项目采用固定价比选方式(E方式)进行项目发包，实现提质增效。优化政府采购交易业务流程。印发《关于进一步优化和规范政府采购交易业务流程的通知》，编制《委托代理协议》《一次性告知书》和《投标人须知》范本，明确双方权利义务，保障采购人合法权利，提高政府采购交易服务水平。

完善交易服务制度，不断提升规范化服务水平。建立服务对象一次性告知制度，建立和完善服务对象现场评价制度和交易完毕的重大项目回访考察制度。

(供稿人：刘　莉)

发展和改革管理

【概况】 2014年，在区委的坚强领导下，在区人大、区政协的监督支持下，全区深入贯彻落实党的十八大和十八届三中、四中全会精神，紧紧围绕省委"三大发展战略"、市委"改革创新、转型升级"总体战略及区委"五区"发展战略，主动适应经济发展新常态，认真落实"稳增长"政策措施，积极应对复杂多变的宏观经济形势，团结拼搏，攻坚克难，奋力推动"五区"发展，全区经济社会呈现稳中有进、平稳健康的发展态势，连续六年成为四川省县域经济十强县，被正式授予"国家生态区"称号。2014年主要经济社会指标完成情况如下：地区生产总值326.5亿元，增长8.5%；固定资产投资总额288.5亿元，增长8.1%；社会消费品零售总额57.66亿元，增长11.1%；地方公共财政收入20.42亿元，增长12.5%；进出口总额5.71亿美元，增长37%；城镇居民人均可支配收入31 478元，增长9.5%；农民人均纯收入13 490元，增长12%；城镇新增就业人数4 217人；人口自然增长率1.23‰。

青白江区召开2014年固定资产投资管理工作会现场

三次产业协调发展。一是新型工业稳步发展。工业集中发展区通过国家循环经济试点单位验收，被批准为四川省新型工业化(节能建材)示范基地、第四批四川省知识产权试点园区、省级重点培育外向型产业园区，国家新型工业化绿色建材产业示范基地通过工信部专家评审；成都市唯一的建筑工业化基地落户工业园区。2014年，完成工业投资111亿元，规模以上工业增加值同比增长11.5%。工业经济平稳运行。全区规模以上工业企业产值501亿元，增长8%，其中冶金产业产值103.8亿元，下降15.6%；绿色建材和建筑工业化产值32.7亿元，增长19.8%；机械(含商用车)产业产值150.4亿元，增长15.1%；化工产业产值30.7亿元，同比下降25.7%；川化、攀成钢钒等大型传统国有企业迈出转型升级步伐。战略性新兴产业初具规模。全区新兴产业产值163.5亿元，增长14.3%，占全区规模以上工业企业产值的32.6%。重大工业项目顺利推进。台嘉年产6万吨电子级无碱纤维丝及布等9个重大工业项目竣工投产；达海工业综合产业园项目等5个亿元以上项目开工建设。能源基础设施不断完善。110千伏前进变电站竣工投运，红阳、桂通变电站完成主体工程，正在加快推进通道建设。二是现代服务业加快发展。完成服务业投资105亿元(不含房地产投资)，服务业增加值70.9亿元，增长8.4%。现代物流业快速发展。物商园区主营业务收入326亿元，增长69.79%。批准为国家对外开放口岸和肉类进境指定口岸，整车进口口岸上报待批，积极准备进境水果指定口岸申报前期工作。保税物流中心(B型)仓库主体工程完工，上报海关总署待批。成都铁路集装箱中心站有序运营，货运量42万标箱，增长13%，位列全国第一。“蓉欧快铁”累计开行76班次，发送集装箱6 232标箱，货值5.8亿美元；“中亚列车”顺利开通，累计开行17班次。粮食园区铁路集装箱散粮运输试点等项目进入投产试运营阶段。现代商贸业提档升级。积极引导商品市场抱团发展，累计投营市场9个，入驻商家4 500户；城厢集聚区批准为“省级服务业集聚区”；金泉金龙广场等2个项目开工建设；现代物流大厦批准为“市级电子商务专业楼宇”，引进跨境电子商务产业园项目，电子商务交易额160亿元，中小企业电子商务应用普及率70%。会展业蓬勃发展。成功举办第四届全国石材高峰论坛等会展活动50余个，参会参展19次，交易额累计1.05亿元。旅游业稳步发展。举办樱花节等14个乡村旅游节会，旅游总收入6.4亿元，接待游客680余万人次。金融业健康发展。2014年，全区存款余额261.7亿元，同比增长9.3%；贷款余额154.6亿元，同比增长4.6%。房地产市场平稳发展。2014年，随着产业园区的发展，非住宅成交占比上升，带动全区房地产市场持续稳步发展，市场供需总量基本平衡，供销比基本保持在合理稳定区间。商品房市场累计供应73.02万平方米，商品房预售备案8 039件，备案面积78.59万平方米；备案金额37.47亿元；二手房成交1 758件，成交面积15.95万平方米。都市现代农业健康发展。完成农业投资20.38亿元，农业增加值13.7亿元，增长2.6%。粮经生产能力稳步提升。粮食总产量11.1万吨；蔬菜总产量(含食用菌)19.18万吨；肉类总产量1.55万吨。新型农业经营体系逐步完善。2014年全区家庭农场新增24家，累计发展农民专合组织162家，区级龙头

9月25日，省发改委重点项目办公室主任胡玉清一行到区调研

企业累计76家；新签约引进洪福台湾农业庄园等重大项目5个，到位区外内资6.2亿元。产业联动水平稳步提升。依托四川省(青白江)现代粮食物流加工产业园区、清泉现代农业港、城厢特色食用菌园区3个农产品加工园区，大力发展农副产品精深加工业，2014年全区农产品精深加工率45.2%。

发展活力不断增强。一是体制改革协同推进。审批制度改革深入实施。制定《青白江区深化行政审批制度改革实施方案》，全面清理规范行政审批事项，行政审批承诺提速率86%；投资项目并联审批流程不断优化，办理工作时间缩短60%；实行工商登记制度改革，推行企业、个体工商户年度报告公示制度，进一步激发市场主体活力。全区新增各类市场主体3 338户，注册资本总额25.28亿元，同比分别增加21.21%和53.03%。公共资源电子化交易平台初步建成，首次实现部分政府投资工程建设项目电子招投标和政府采购网上竞价，在全市率先规范小型政府投资工程和小额政府采购项目交易流程，实行统一进场、集中交易。医药卫生体制改革扎实推进。制定区级公立医院综合改革试点方案，区级公立医院全面取消药品加成，累计减轻群众药品负担1 778.6万元。市第二人民医院托管区人民医院后，区医院医疗水平有效提升，门急诊、住院、手术等医疗业务量不断增加，合作成效明显。农村产权制度改革稳步推进。制定农村养殖水面经营权、农业生产设施所有权、小型水利工程所有权等登记管理办法，开展登记颁证试点。开设农村产权登记管理服务窗口，设立农村产权登记管理服务站，农村产权登记管理、交易服务体系不断完善。村级公共服务和社会管理改革持续推进。2014年，全区拨付村级公共服务和社会管理专项资金5 151.5万元，实施村级公共服务和社会管理项目679个，率先用村级公共服务和社会管理专项资金开展美丽新村建设。统筹城乡综合配套改革集成推进。完成福洪乡撤乡建镇工作，加快推进福洪镇综合示范镇建设。启动龙王镇统筹城乡综合示范镇建设，“成片示范”效应初显成果。都市现代农业“一线一品”重点项目进展顺利，福洪镇先锋村富硒特色农作物种植、弥牟镇有机蔬菜种植基地、龙王镇龙吟长滩·国际休闲水乡等项目建设成效明显。新建和改造提升新村聚居点16个，其中新农村综合体12个。二是创新能力显著提升。启动“智慧青白江”规划编制；继续实施2014年国家战略性新

兴产业(高性能纤维材料产业)知识产权集群管理试点项目;国家知识产权强县工程试点区、国家技术创新工程四川试点示范区、成都市传统产业改造提升试点区建设稳步推进。完成技术合同交易额 4 051 万元;专利申请量 709 件,同比增长 30.3%,其中发明专利申请量 129 件;大力培育科技型企业和研发平台,新增国家高新技术企业 4 家、省级创新型企业 3 家、市级知识产权试点示范企业 6 家,新建各级研发平台 5 个,新建市级科普基地 1 个、市级城乡科技信息服务站(点)2 个。与高校共建的现代物流研究院和市场营销研究院开始运行。区科技创新服务中心加快建设,建立基层科技创新工作站 15 个。引进、培养各类专业人才 1 162 名,新增副高级职称技术人才 80 名。三是开放合作稳步推进。2014 年实际到位内资 162.95 亿元,实际利用外资 2.72 亿美元,实现外贸进出口总额5.71 亿美元,同比增长 37%。区工业集中发展区批准为"省级外向型产业园区",培育出口"潜力企业"10 余家。招商引资质量不断提升。坚持在谈项目评审原则,提高项目引进质量,坚持瞄准高端成长型产业和区内主导产业,瞄准产业链缺失和薄弱环节,积极"补链""强链""扩链"。引进米高地效飞行器零部件生产和直升机组装项目等 20 个重大项目,总投资 150 亿元。经贸往来渠道有力拓展。紧抓蓉欧快铁、中亚列车"双黄金通道"运行、新青卫星城统筹建设等重大发展机遇,积极开展城市营销。先后组织万贯等 30 余家企业参加德国汉诺威工业展等境内外经贸洽谈活动,利用广交会、西博会等重大活动举行投资推介会,邀请近 100 家外贸企业赴区考察。

新型城镇化建设深入推进。一是城乡基础配套不断完善。青白江大道北延线全线贯通;成绵乐城际铁路客运专线开通运营;完成区综合客运枢纽站站房主体施工;全面完成 G108 青白江段加宽改造主体工程、人和学校下穿通道建设。成兰铁路大弯货站改建工程、同华大道西延线、成都第二绕城高速公路等正抓紧建设;完成新改建村组道路 77.5 千米;安装农村公路波形护栏 34 千米;大力推进民营公交资源整合、国有公交公司组建、惠民公交发展等工作,区内惠民公交线路 20 条,新型环保空调公交车 204 标台。建成开通 4G 基站 432 个,主城区 4G 网络覆盖率达 95%以上。整治防渗渠道 43 千米,新增喷、滴灌面积 500 亩,渠道节水灌溉面积 1.4 万亩。启动"百湖工程"三期 5 座人工湖建设,完成全区水毁堤防及水利工程等"7·9"水毁工程修复加固工作,完成山洪灾害防治非工程措施项目建设。二是城乡管理水平稳步提升。试点建立"社区城管工作站",实施"主城区盲点死角"及扬尘污染、城市道路病害、生活垃圾转运站(点)脏乱差等"城市病"整治。农村生活垃圾前端分类和集中收运处置工作进展顺利,建成垃圾房 1 299 座,农村垃圾分类收集试点场镇 100%,村(社区)86%,资源化利用率 29%。市政设施功能持续优化,完成金牛座沿线人行道提升、大弯中学周边路网升级等工作,全面完成 107 个老旧院落改造。深入实施小城镇建设,加快推进城厢、清泉等 8 个乡镇的小城市和特色镇建设,弥牟、祥福等 5 个一般场镇改造通过市级综合验收。城厢、祥福被列为全国重点镇,城厢、清泉和祥福被列为全省"百镇建设行动"试点镇。三是生态文明建设深入推进。启动《青白江区生态文明建设规划》编制工作。完成大弯中学生态文明教育示范基地、人和乡生态环境提升工程(一期)等生态文明示范工程试点项目建设。完成唐家寺大桥、川化铁路专用线周边及大弯片区盲点死角整治、城市园林绿化补绿植绿工作,城市建成区绿化覆盖率 42.21%,新增绿地面积 10.25 公顷,人均公园绿地面积 28.4 平方米。启动龙王镇梁湾村、姚渡镇光明村等 11 个幸福美丽新村建设,实施城厢镇陈家院子等川西林盘示范点整治 8 个,新建新农村绿色家园 3 个,完成义务植树 78 万株。积极开展退耕还林、龙泉山脉生态植被恢复、天然林资源保护三大工程,森林覆盖率 38.98%。秸秆综合利用面积 25.3 万亩,秸秆综合利用率 97%。加强大气污染治理,印发《成都市青白江区重污染天气应急预案(试行)》,启动二级应急预案 1 次,三级应急预案 5 次,及时应对重污染天气。推进节能降耗,淘汰攀成钢钒 30 吨转炉 1 座、丽雅纤维 0.1 万吨玻璃纸生产线 3 条,完成三洲特管、台玻电力等 5 户企业的清洁生产审核,台玻公司两条浮法玻璃生产线烟气除尘脱硝治理正常运行并通过验收。推进城乡水环境治理,关闭禁养区养殖场 86 家,治理排污养殖场 263 家,启动雨污管网普查和 17 条黑臭河渠综合治理,第二污水处理厂及配套管网建成投入运行。2014 年,主城区、乡镇污水收集处理率分别达到 95%、70%。

社会民生事业全面进步。一是就业和社会保障水平不断提高。城镇新增就业 4 217 人,农村富余劳动力向非农产业转移就业新增 5 603 人，动态消除“零就业”家庭。深入推进“全民社保工程”。2014 年，城乡居民社会养老保险参保率 97.8%；城乡居民基本医疗保险参保率 98.39%，基本实现社会保险全覆盖。城乡医疗累计救助 15 542 人次，发放医疗救助金691.06 万元。公建民营养老机构“红阳颐养居”正式投入营运，大弯等 11 乡镇（街道）17 家城乡日间照料中心全面建成，其中 4 家农村居家养老服务中心（即农村社区日间照料中心）投入营运。全区养老机构入住老人 1 123 人，养老床位 2 404 张，农村五保和城镇“三无”人员集中供养率 72.68%。二是教育医疗文体等民生事业均衡发展。教育事业全面发展。深入推进教育“三化”发展，完成清泉学校学生宿舍楼、城厢学校综合楼、福洪中学扩建，龙王等 13 个学校运动场地标准化改造工程建设，启动 5 所公办幼儿园建设，新增公益性幼儿园 8 所、等级幼儿园 5 所。医疗卫生事业健康发展。完成区中医医院川化病区改造、区疾控中心业务楼、区爱心献血屋建设，区医疗中心二期、区妇幼保健院迁改项目正加快建设，区人民医院心内科成功创建为市级重点专科，区中医医院创建为国家二级甲等中医医院，成功创建国家级慢性病综合防控示范区、四川省结核病综合防治示范区。文化体育事业稳步推进。区文体中心主体建设顺利推进，建成村（社区）全民健身工程 21 套、村级固定电影放映点 12 个，完成全域成都图书馆集群管理“一卡通”建设和全民健身“个十百千万”工程，区、乡、村三级公共文体设施免费开放，区博物馆获评成都市“我最喜爱的博物馆”。成功打造“艺术周末·快乐人生”等群众文化活动品牌，成功举办首届全民健身运动会暨第四届区运会。居民饮水安全工程加快实施。全区农村自来水管网全覆盖，入户安装 6 626 户，后期安装正加快进行。全面启动城市集中式饮用水源保护区建设，饮用水源水质合格率 100%。保障性住房建设有力推进。1 099 套保障性住房建设工程顺利通过综合竣工验收，发放廉租住房租金补贴 15.45 万元，100 套新建公共租赁住房完成主体封顶。地质灾害避让搬迁、棚户区和农村危房改造 644 户，建成新型社区 40.88 万平方米，安置房 80 万平方米。

【重点项目管理】 2014 年初，区委区政府多次召开项目梳理及审议工作专题会，明确全区 2014 年首批重点推进项目 280 个，区委办、区政府办印发《关于下达青白江区 2014 年第一批实施项目计划的通知》（青委办发〔2014〕16 号），充分发挥项目引擎和带动作用，推动“稳增长”目标顺利实现。为确保项目加快建设，区委区政府主要领导多次召开项目建设和目标工作专题会，进一步明确责任，增添措施，对全区形成密集竣工、密集开工、密集落地的工作态势提了具体要求，项目工作按照时间节点顺利推进。按照区委区政府项目推进工作思路，在土地指标、财政资金等要素较为紧张的情况下，区政府主要领导牵头，按全区产业布局、项目成熟程度、企业投资意愿等因素，分轻重缓急统筹安排全区项目土地指标、拆迁及建设资金，实现资源合理有效配置。加大重点建设项目天然气、水、电等能源保障力度，满足施工需求，推动项目建设。

全面推进省、市重点项目建设。先后印发了《关于转发 2014 年省市重点项目计划的通知》（青重办〔2014〕2 号）、《关于分解下达 2014 年省市重点项目目标任务的通知》（青重办〔2014〕3 号）、《关于调整青白江区 2014 年省、市重点项目计划的通知》（青重办〔2014〕8 号）等文件，分解重点项目工作目标，逐一落实到区级各相关领导和项目责任单位，纳入全区目标绩效评估体系。

2014 年全区市重点项目 41 个，总投资 470.82 亿元，2014 年计划投资 85.55 亿元。完成投资 102.98 亿元，占年度计划的 120.37%。其中：省重点项目 13 个，总投资 249.7 亿元，2014 年计划投资 42.76 亿元。完成投资 47.94 亿元，占年度计划的 112.11%。

【专项规划编制】 做好计划执行情况跟踪分析。起草并提请区人大审议《关于我区 2013 年国民经济和社会发展计划执行情况及 2014 年计划草案的报告》《关于我区 2014 年上半年国民经济和社会发展计划执行情况的报告》。启动青白江区“十三五”规划编制，拟定编制工作方案，明确时间节点，做好“十三五”规划前期重大课题研究。加强同上级发改委规划对接，积极争取将重点项目和重点工作纳入上级中长期发展规划。

【投资与项目管理】 及时分解市发改委下达的 288 亿元投资目标任务，按照全年、“开门红”、半年三个时间节点分解落实到相关部门、园区管委会和乡镇(街道)。统筹协调,推进项目建设。2014 年重点推进 280 个项目总投资 908 亿元。实行区领导包项目,分季度督查全区项目推进情况,帮助解决项目推进中的困难。实行“红绿灯”督查制。项目推进顺利的亮绿灯、推进缓慢的亮黄灯、停止不建的亮红灯,推进情况全区通报,年终纳入目标考核。强化要素保障,确保项目建设。在土地指标、财政资金等较为紧张的情况下,按照全区产业布局、项目成熟程度、企业投资意愿等,分轻重缓急统筹安排全区项目土地指标、拆迁及建设资金,确保资源合理有效配置,做好重点推进项目的拆迁、建设资金和土地保障,推动项目建设。2014 年向上争取土地指标 2 549 亩。其中,为四川建院成都校区迁建、福建华亚综合物流等 14 个省市重点项目争取“两非”项目年度用地计划 1 811 亩,保障了项目用地需求。每月梳理汇总各单位固定资产投资完成情况、项目进度和项目开工、竣工情况,形成动态监测机制,及时查找问题,加强沟通,提出解决建议,确保固定资产投资任务的完成。

2014 年,全区完成固定资产投资 288.5 亿元,同比增长 8.1%,增幅和目标考核均居市二圈层第一。

2014 年,审批政府投资项目 147 件,总投资 55.45 亿元;核准外商投资项目 1 件,总投资 250 万元;备案企业投资项目 162 件,总投资 130.92 亿元。

4 月 10 日,全区企业工作暨投资促进工作会召开

【国民经济计划和管理】 区发改局在经济社会发展中进一步调整和转变工作职能,加强转变经济发展方式的引导,注重经济又好又快发展、社会和谐、节能减排、生态文明建设、社会事业与经济建设的协调发展。积极参与重点建设项目及大的经济活动并做好协调服务,做好上级补助资金的争取和重点项目的贷款贴息。加强全区国民经济运行情况的分析、预测、监控,对经济运行和经济建设中的一些重要热点敏感问题及时向区委、区政府提出工作建议。继续把经济社会发展中的地区生产总值、地方财政一般预算收入、全社会固定资产投资额、社会消费品零售总额、就业、城乡居民收入、人口自然增长率、节能减排等主要指标纳入《区年度国民经济与社会发展计划主要指标表》。

【招投标管理】 认真贯彻落实国家、省、市有关项目管理与招投标文件精神,切实加强政府投资项目监督检查,积极开展招投标指导协调,确保政府资金的安全高效使用。会同区建设局、区监察局等部门加强招投标操作程序的指导、协调。2014 年参与现场监督开标 661 次,备案各类招投标比选事项 218 件,及时将全区开标投标定标信息录入成都市项目管理系统招投标监督管理版块。

2014 年,政府投资施工招标 93 项,控制价 43 039.48 万元,中标价 36 132.47 万元,节约资金 6 907.01 万元,节约率 16.05%。

【价格与收费管理】 加大“清费、治乱、减负”力度,从源头上规范价格收费行为。认真贯彻落实国家、省、市各项价格收费政策,2014 年取消、免征、调整行政事业性收费项目 34 项,审批敬老养老机构、公益性幼儿园收费标准 9 件。深化资源性产品价格改革,做好居民生活用气用水实行阶梯价格改革的前期调查。进一步优化投资环境,编制涉企行政事业性收费目录清单并对外公布。使用天然气价调金向 2013 年城市公交和农村客运车辆发放燃料补贴 192.58 万元。

【价格认证】 区价格认证中心协助公安机关、行政机关依法公正地做出价格鉴定结论,为维护社会稳定作出了积极贡献。2014 年,受理和办结刑事涉案物品价格鉴定 131 宗,鉴定涉案标的 402 件,鉴定标的金额 212 万元,无一例复议案件发生。按照市成本调查监审局的工作安排,完成攀钢集团成都钢钒有限公司的螺纹钢、普通线材和川化股份有限公司的尿素生产成本调查。2014 年,组织召开政府采购控制价评审会议 19 次,评审项目 88 项,涉及预算金额 8 677 万元,确认控制金额 8 144 万元,评减金额 533 万元,评减率6.14%。

【价格监测】 按照《成都市价格监测报告制度》规定的上报品种、时间,准确、及时地向省、市报送价格监测报表210期。深入商场、农贸市场开展重要生活资料和生产资料的价格监测,加强主副食品、生猪仔猪、农资化肥市场价格情况的监测预警,合理引导群众对物价涨幅的心理预期。加强春节、清明、端午、五一、中秋、国庆等节假日期间市场价格监测。以《发展和改革》期刊形式撰写价格分析报告上报区委、区政府和市价格监测局,2014年报送价格分析报告14篇。创新价格监管方式,强化民生服务意识,在发改局子网站新增城镇居民主副食品价格信息。

【价调基金】 2014年市区两级价调基金预算收入2 042.6万元,向全区低收入群体发放价格补贴3次,发放金额331.63万元(其中区级价调基金19.09万余元),补贴群众1.8万余人次。2014年计划补贴31个,价调项目1 920万元。

【服务体制改革】 生态文明体制改革。按照中央和省委、市委、区委全面深化改革总体部署,牵头制定《区委全面深化改革领导小组生态文明体制改革专项小组2014年重点改革任务》,青委改领发〔2014〕7号文印发。经济体制改革。按照中央和省委、市委、区委全面深化改革总体部署,牵头制定《区委全面深化改革领导小组经济体制改革专项小组2014年重点改革任务》,青委改领发〔2014〕10号文印发。企业改制。按照企业产权制度改革的政策及规定,协助配合相关部门,查阅企业改制历史档案,解决企业改制的遗留问题。医药体制改革。配合区卫生局制定《成都市青白江区区级公立医院综合改革试点方案》,青府办发〔2014〕66号文印发。政府特许经营权管理。向全区各相关部门下发《关于上报2014年政府特许经营权出让计划的通知》,梳理5个出让项目计划上报市特许办。向市特许办上报2013年政府特许经营权出让工作执行情况。配合区交通局做好区内公交线路特许经营权出让工作。

【公共资源交易管理】 2014年2月10日,区公共资源管理委员会全体会议确定建立政府投资工程建设项目电子招投标系统。新增成都市青白江区国有资产投资经营有限公司、成都新开元城市建设投资有限公司、成都集装箱物流投资开发有限公司、成都市融禾现代农业发展有限公司等4家区属国有平台公司为区公共资源交易工作管理委员会成员单位。

2月14日,区公共资源交易工作管理委员会全体会议召开

2014年10月10日,区公管委印发2014年1号文,调整了区公共资源交易工作管理委员会主任、副主任。傅学坤担任主任,区纪委领导不再担任副主任。

2014年10月28日,区公共资源管理委员会全体会议讨论并原则同意区公管办向本次会议提交的《成都市青白江区区级公共资源交易目录(2014版)的请示》《成都市青白江区小额政府采购项目交易流程(试行)的请示》和《成都市青白江区小型政府投资工程建设项目交易流程(试行)的请示》《成都市青白江区公共资源交易工作投诉处理制度的请示》《关于对〈关于进一步严格规范政府投资工程建设项目管理工作的意见〉实施中有关具体问题的解释意见的请示》。分别以区政府办、区发改局、区公管办文件印发实施。

2014年11月10日,青白江区电子招投标系统试运行,2014年12月9日正式运行。

(供稿人:杨彦希)

审　计

【概况】 2014年,在区委、区政府的坚强领导下,在市审计局的悉心指导下,区审计局按照党的十八届三中、四中全会精神，紧紧围绕"五区"发展战略，创新审计思路，探索监督权力运行等审计方法，切实当好国家利益的捍卫者、公共资金的守护者、权力运行的"紧箍咒"和反腐败的利剑。2014 年完成审计及审计调查项目 114 项，其中，财政审计 4 项，经济责任审计 17 项，专项审计调查 2 项，政府投资项目审计 91 项。查出问题金额 66 203.47 万元，其中违规金额 9 568.79 万元，管理不规范金额 45 545.22 万元，核减工程投资 11 089.46 万元，促进财政增收节支 9 562.25 万元，提出并采纳审计建议 139 条。

2014 年撰写审计调研报告及信息 141 篇，发表 98 篇(其中：国家级刊物发表 11 篇)。被评为 2013 年度全市审计工作优秀单位、2013 年度执行党风廉政建设责任制先进单位、2013 年度全区党委信息工作先进单位。

【财政审计】 紧紧围绕审查政府预算体系的完整性，从财政收入、支出、管理和国有资产管理四大方面内容审查预算编制、审批、执行、监督各个阶段的规范性，从体制、机制、制度和政策层面分析原因，提出建立健全预算体系、政府采购预算体系、规范预备费和超收收入使用流程、建立预算支出执行责任制度等审计建议，促进财政资金使用更加高效。加强对群众关心热点、难点问题的审计监督。先后对村级(社区)公共服务和社会管理专项资金、农业综合开发项目资金、生猪标准化规模养殖场建设资金、特色效益农业项目资金和拆迁过渡费等重大民生项目资金进行专项审计，并将区级各部门执行中央"八项规定"和省、市"十项规定"相关要求的情况作为预算执行审计、专项资金审计以及重点资金审计的重要审计内容。

【内部审计】 2014 年，全区各内审单位开展的内部审计从财务收支审计入手，不断完善审计内容，进一步规范单位财务收支行为，提高内部管理水平。以深化绩效审计为抓手，加强专项资金审计检查，提高财政资金使用效益。积极探索经济责任审计，加强对权力运行的监督，促进领导干部提高管理水平。加强固定资产投资审计管理，有效控制投资成本，节约财政资金。内审成果继续作为全区目标考核的重要内容，从内部审计机构和人员的情况、制度建立健全情况、工作职责分工和计划情况、项目质量情况、电算化和信息化建设情况及其他情况 6 个方面 29 个细项，按百分制对全区各内审机构内审工作开展情况进行考核，进一步推动全区内审工作开展。保障了内审质量，实现了审计监督的长效性，促进了党风廉政建设。

【政府投资项目审计】 多种方式复核，防控审计风险。在参审社会中介机构出具审计报告代拟稿后，由审计组长对社会中介机构所有参审项目进行复核，抽查数量不得低于项目工程量的 10%。对于审减率较低、疑点较多、审计组长复核误差在 5%以上或者出现其他违规操作的项目，采用参审社会中介机构"背靠背"审计复核。严把审计关口，提升政府投资效益。在审计实施中，严把设计变更、隐蔽工程、现场签证和跟踪审计四道关口，加大对结算价超过中标合同价的项目审计监督力度，有效控制投资成本，节约财政资金。完善制度，进一步规范管理。制定《关于社会中介机构参与政府投资项目审计业务管理办法（暂行)》(青审发〔2014〕8 号)，从资质准入、合同约定、项目安排、定期考评、末位淘汰、一票否决六个方面全程监督，规范社会中介机构的执业行为。

【经济责任审计】 科学制定经济责任审计计划。根据分类管理办法，对重点单位及关键岗位，特别是经济活动复杂、资产量大的部门领导干部逐渐开展任中审计。整合审计资源，将经济责任审计与财政预算执行审计、乡镇(街道)财政决算审计、企业资产负债审计等有机结合。按照"跳出审计看审计，突破传统搞审计"的审计理念，突破"死查账、查死账"的传统审计模式，紧紧围绕领导干部的"权力运行"这条主线，以权

1 月 10 日，区 2014 年领导干部任期经济责任审计集中进场见面会现场

定责，以责定审。通过转变审计方式、调整审计思路、强化计算机AO(现场审计实施系统)支撑、创新乡镇党政领导干部同步审计等方式，提高审计质量。全面加强与纪检监察部门的联系。除审计过程中发现的涉嫌违纪违规线索及时移交纪检监察部门配合办案外，所有经济责任审计结果报告抄送纪检监察部门。

【信息化建设】 进一步加快审计信息化建设步伐。加强审计干部计算机知识培训，积极派员参加并通过了省厅组织的计算机审计中级考试和市局组织的AO资格认证考试，提高审计人员的计算机操作水平。2014年成功运用计算机AO审计区财政、区地税、城厢镇等20多个审计项目，通过业务数据与财务数据的对比分析、单位数据与行业数据以及跨行业、跨领域数据的综合比对和分析，提高了"总体分析、系统研究、发现疑点、分散核实"的数字化审计水平，努力实现审计从单点审计向多点审计过渡、从离散审计向连续审计过渡、从局部审计向整体审计过渡、从微观审计向宏观审计过渡、从部分审计向全覆盖审计过渡。根据计算机AO审计结果制作的计算机案例《巧用对比分析查处过渡费问题》和计算机审计方法《银行贷款相互担保审计的计算机方法》已上报市局到省厅参评。

(供稿人：胡　璇)

统　计

【统计分析与服务】 2014年，区统计局围绕区委、区政府提出的"五区"建设的奋斗目标，以加强统计基层基础建设为根本，以提高全区统计人员素质和业务水平为目标，以提高统计数据质量为核心，以统计法制建设为基础，以改革创新为动力，进一步解放思想，迎难而上，较好地完成了各项统计工作，为区委、区政府领导提供统计分析和相关信息。根据全区经济结构现状分析GDP、农业、工业、服务业及城乡统筹等方面的运行情况，分月、分季度形成统计分析50余篇，每月定期编印《青白江区统计月报》，按时发布2014年青白江区经济和社会发展统计公报，编辑出版《2014年青白江统计年鉴》。

【社会与经济发展统计】 2014年区统计局时刻关注全区一、二、三产业发展状况，真实反映各行业经济指标完成情况，及时发现经济运行过程中出现的新情况、新问题。每月向区委、区政府和有关职能部门提供经济运行资料，促进全区经济健康快速发展。

【统计培训与检查】 2014年，区统计局加强全区各行业统计人员的培训，完成统计从业资格和继续教育培训，报名参加统计从业资格考试196人，参加继续教育877人。开展专业统计执法检查、从业资格专项执法检查、常规执法检查135次。

【专项统计调查】 配合做好民生民意、城乡统筹调查、文化产业调查、农村产权制度改革调查、成都市公众幸福感研究问卷调查等工作，反映全区群众对经济社会发展的意见和要求，为领导决策和部门工作提供依据。

【国情国力普查】 从2014年1月1日起至3月底，第三次全国经济普查工作进入全面入户数据采集阶段。区经普办认真做好全区普查员的业务培训和入户数据采集指导工作。在法人单位、产业单位和个体户入户普查阶段，积极做好经济普查宣传工作，营造人人参与经济普查的良好氛围。加强普查员的业务指导、入户普查工作进度督促检查、做好普查业务事项的答疑工作，协调做好各乡镇街道、各园区入户普查工作，协调解决普查员在入户普查工作中遇到的各种问题，确保3月底按时完成单位和个体户的入户普查工作。按照个体户抽样调查工作要求，积极做好个体

2月14日，市统计局丛艳萍组长一行到区检查经济普查工作

户抽样调查的组织、培训和指导工作，按时完成抽样调查。完成省、市两级“最美普查员”的评选推荐工作和省、市、区三级先进单位和个人的评选表彰工作，完成区乡(镇街)经济普查书面总结工作。

(供稿人：黄　韵)

人力资源管理

【公务员管理】 完成2014年度全区公务员（参公人员)年度考核以及新录用公务员(参公人员)、军转安置人员和调任人员的报批登记工作。开展公务员(参公人员)招考5次，招录68人，其中面向社会公招14人、定向招录乡镇公务员7人，定向招录村(社区)主任1人、食药监系统公招19人、遴选23人。审核备案政府系统科级以下干部任职275人次，涉及36个部门(单位)，其中科级领导干部选拔任用152人。按照干部管理权限提请区人大常委会任免干部3次共计16人次，提请区政府常务会议任免干部9次共计36人次，按规定代政府拟定任免文件。

【人才管理】 加强人力资源开发，优化人才队伍结构。围绕产业结构调整和重大项目建设，大力引进紧缺急需人才。向驻区企业输送各类大学生810人，为开创“五区”发展新局面提供智力支撑和人才保障。为机关事业单位引进新能源、新材料、会计、中文、法学、经济管理、教育、卫生等专业的机关事业单位工作人员245人。其中，公务员(参公人员)74人(含26名遴选公务员)，其他事业单位工作人员23人，教育系统专业技术人员100人，卫生系统专业技术人员48人，具有研究生及以上学历的64人。招募服务城乡基层项目大学生志愿者84名，有效提升全区人才队伍学历层次。

加强培训，提高技术人才水平。围绕全区特色产业，组织开展专业技术人才知识更新等专项培训，累计培训专业技术人员6 000余人次。按照严肃考风考纪、严格考试程序和严密考务组织的原则，组织8 000余人次参加全国二级建造师等各类职称考试，办理各类职称资格证书779份，审查专业技术人员晋升235人，评定初级职称201人，新增副高级职称74人。

3月20日，市委常委、市委办公厅秘书长黄建发一行，视察区政务服务中心人社分中心

【工资及事业单位管理】 继续开展事业单位岗位设置聘后管理。事业单位岗位设置首聘工作完成后，继续开展岗位聘用及合同签订工作。2014年签订事业单位聘用合同1 208份，其中新增217份、续签(改签)791份。

进一步完善和实施事业单位绩效工资。2013年全区事业单位实施绩效工资制。2014年在现行绩效工资基础上，进一步完善各行业各系统事业单位绩效工资政策，探索在全区建立一套体现事业单位行业特点、工作性质及彰显多劳多得的绩效分配制度。

继续做好机关事业单位工资审批。2014年办理各项工资审批7 281人次，其中正常晋升工资5 884人次、调进调出1 028人次、退休169人次、辞职57人次、辞退6人次、开除1人次、在职死亡6人次、其他130人次。

开展遗属困难补助清理及调标。2014年初对全区323名正在享受遗属生活困难补助人员进行了清理核查，提高遗属生活困难补助标准105人，停发遗属生活困难补助218人。

配合做好机关事业单位人事制度改革的准备工作。协助区委编办开展机关事业单位实名制管理工作，完成机关事业单位人员基础信息审核6 700余人；协助区委编办开展事业单位分类改革，初步完成200余家事业单位分类。

【专业技术人员管理】 完善专业技术人才考试、培训管理制度。开展专业技术人才知识更新工程等新理论、新知识、新技术、新方法的专项培训教育，累计培训 6 300 余人次。选派 78 名年龄在 45 岁以下,具有中级以上专业技术职称的城区专业技术骨干充实到各乡镇中小学、卫生院、农业综合服务站支援服务,提升农村基层公共服务水平。

【高校毕业生管理】 高校毕业生就业管理。全区接收高校毕业生 797 人。其中,本地生源 691 人,实现就业 608 人,就业率 88%。统计困难家庭高校毕业生 3 人,已全部实现就业,就业率 100%。扶持高校毕业生创业 42 人,完成创业民生工程目标任务的 105%。对区内 10 家大学生就业见习基地进行考核评估,考核全部合格,接收档案 1 398 卷。

高校毕业生创业管理。2014 年,区人社局组织区内 22 家高校毕业生创业项目,召开 2014 年青白江区高校毕业生创业项目座谈会。区人社局对 22 家高校毕业生创业项目发放一次性创业成功补贴 22 万元。

【人事代理】 区人才中心现存档案 18 304 份。2014 年事业单位托管人员总数在原来基础上增加了 210 人,达到 4 000 人。新增流动人员人事代理 1 758 余人,人事关系转出 350 余人。集体户新增 55 人,户口转出108 人。办理人才引进 85 人次。出具各种证明 1 900 余份。

【军队转业干部管理】 做好企业军转干部解困工作。2014 年兑现解困资金 320 余万元,生活困难补助 1 万余元,帮扶赵留群等困难家庭。企业在岗军转干部的生活困难补助标准按月平均工资达不到 4 898 元的,由企业补足 4 898 元,共计补助 6.8 万元。下岗、失业的企业军转干部月生活困难补助,原来领取的基本生活费、失业保险金合计达不到 2 047 元的,补足 2 047 元,共计补助 68 万元。下岗、失业的企业军转干部基本养老保险和基本医疗保险,仍按川委办〔2004〕40 号文件有关规定,由政府解困专项资金代缴,共计代缴 32 万元。

【职称评定】 进一步完善职称管理制度,探索专业技术职务结构比例管理指导体系。农业和卫生事业单位严格按照《关于农业事业单位实行专业技术职务结构比例管理的通知》和《关于卫生事业单位实行专业技术职务结构比例管理的通知》精神,实施专业技术职务管理。2014 年办理各类职称资格证书 779 份,审查专业技术人员晋升 235 人,评定初级职称 257 人,新增副高级职称 83 人。

2014 年新评聘副高级以上专业技术人员

序号	职称	姓名	性别	工作单位
1	中学高级教师	何庆华	女	北大附中成都为明学校
2	中学高级教师	钟　惺	男	成都市工程职业技术学校
3	中学高级教师	兰启彬	男	成都市工程职业技术学校
4	中学高级教师	张　健	男	成都市工程职业技术学校
5	中学高级教师	韩　超	男	成都市工程职业技术学校
6	中学高级教师	陈小刚	男	成都市工程职业技术学校
7	中学高级教师	熊　萍	女	成都市工程职业技术学校
8	中学高级教师	张　丽	女	成都市青白江区城厢学校
9	中学高级教师	李　菊	女	成都市青白江区城厢学校
10	中学高级教师	陈道海	男	成都市青白江区电化教育馆
11	中学高级教师	张忠发	男	成都市青白江区福洪中学校
12	中学高级教师	彭兴菊	女	成都市青白江区福洪中学校
13	中学高级教师	唐远祥	男	成都市青白江区福洪中学校
14	中学高级教师	温贤彬	男	成都市青白江区福洪中学校
15	中学高级教师	廖秀才	男	成都市青白江区福洪中学校

续上表

序号	职称	姓名	性别	工作单位
16	中学高级教师	钟星润	男	成都市青白江区红旗学校
17	中学高级教师	刘　蕾	女	成都市青白江区红旗学校
18	中学高级教师	彭　妍	女	成都市青白江区红旗学校
19	中学高级教师	范　伟	男	成都市青白江区红旗学校
20	中学高级教师	宋小琴	女	成都市青白江区教育研究培训中心
21	中学高级教师	柳　林	女	成都市青白江区龙王学校
22	中学高级教师	缪世伟	男	成都市青白江区龙王学校
23	中学高级教师	张发明	男	成都市青白江区清泉学校
24	中学高级教师	张国昭	女	成都市青白江区清泉学校
25	中学高级教师	唐　健	男	成都市青白江区清泉学校
26	中学高级教师	陈中兰	女	成都市青白江区清泉学校
27	中学高级教师	陈培江	男	成都市青白江区清泉学校
28	中学高级教师	向方超	男	成都市青白江区人和学校
29	中学高级教师	何　秀	女	成都市青白江区人和学校
30	中学高级教师	万成志	男	成都市青白江区外国语实验学校
31	中学高级教师	李建兵	男	成都市青白江区外国语实验学校
32	中学高级教师	曾　静	女	成都市青白江区外国语实验学校
33	中学高级教师	陈贵琼	女	成都市青白江区祥福中学校
34	中学高级教师	汤　兰	女	成都市青白江区祥福中学校
35	中学高级教师	廖信松	男	成都市青白江区姚渡学校
36	中学高级教师	杨登玖	男	成都市青白江中学校
37	中学高级教师	邓　敏	女	成都市青白江中学校
38	中学高级教师	陈勇志	男	成都市青白江中学校
39	中学高级教师	李杨德	男	成都市青白江中学校
40	中学高级教师	张方萍	女	四川省成都市城厢中学校
41	中学高级教师	甘良泉	男	四川省成都市川化中学
42	中学高级教师	李勇华	男	四川省成都市川化中学
43	中学高级教师	方　琳	女	四川省成都市川化中学
44	中学高级教师	高　攀	男	四川省成都市川化中学
45	中学高级教师	刘成文	男	四川省成都市大弯中学校
46	中学高级教师	秦李一	女	四川省成都市大弯中学校
47	中学高级教师	付普强	男	四川省成都市大弯中学校
48	中学高级教师	徐　华	女	四川省成都市大弯中学校
49	中学高级教师	陈　梅	女	四川省成都市大弯中学校
50	中学高级教师	王成勇	男	四川省成都市大弯中学校
51	中学高级教师	何露明	女	四川省成都市大弯中学校
52	中学高级教师	罗筱萍	女	四川省成都市大弯中学校

续上表

序号	职称	姓名	性别	工作单位
53	中学高级教师	鲜正风	男	四川省成都市大弯中学校
54	中学高级教师	徐红梅	女	四川省成都市大弯中学校
55	中学高级教师	黄小明	男	四川省成都市青白江中学校
56	副主任医师	薛　斌	男	成都市青白江区妇幼保健院
57	副主任医师	梁　川	男	成都市青白江区妇幼保健院
58	副主任医师	杨廷全	男	成都市青白江区人民医院
59	副主任医师	杨　琴	女	成都市青白江区人民医院
60	副主任医师	张　勇	男	成都市青白江区人民医院
61	副主任医师	陈祖蓉	女	成都市青白江区人民医院
62	副主任技师	任家荣	男	成都市青白江区人民医院
63	副主任技师	王小东	男	成都市青白江区疾控中心
64	副主任技师	向照英	女	成都市青白江区疾控中心
65	副主任护师	徐静茹	女	成都市青白江区人民医院
66	副主任护师	陈道蓉	女	成都市青白江区人民医院
67	副主任护师	邹代琼	女	成都市青白江区人民医院
68	副主任护师	李　娴	女	成都市青白江区人民医院
69	副主任药师	钟　琳	女	成都市青白江区人民医院
70	副主任中医师	张学成	男	成都市青白江区中医院
71	主任医师	孔祥平	男	成都市青白江区人民医院
72	高级工程师	欧天勇	男	成都市青白江区市政设施管理处
73	高级工程师	曾　海	男	四川亚联高科技股份有限公司
74	高级工程师	许章道	男	成都焓能化工机械有限公司
75	高级工程师	王榕林	男	四川三洲川化机核能压力容器制造有限公司
76	高级经济师	陈　涛	女	成都市青白江区园林绿化局
77	高级经济师	罗朝霞	女	攀成伊红石油钢管有限公司
78	高级会计师	廖清琼	女	四川博能燃气股份有限公司
79	高级统计师	秦兴建	女	
80	副编审	谭炜麟	男	电子科技大学出版社
81	高级农艺师	魏　波	女	成都市青白江区农发局
82	高级农艺师	彭家伟	男	成都市青白江区农发局
83	高级农艺师	庄昌琼	女	成都市青白江区农发局

（供稿人：张胜男）

环境保护

【概况】 2014年，青白江区环保局认真履行环境保护工作职责，全面贯彻落实全国、省、市、区环保大会精神，努力推动生态文明建设、主要污染物总量减排、大气和水环境综合整治、环境保护宣教等各项环保工作，有效遏制了环境质量的恶化，保障了区域环境安全，促进了全区经济社会稳定、持续发展。2014年青白江区被国家环保部正式授予"国家生态区"称号，主要污染物总量减排综合考核评分102分，全省排名第三、全市第一。

3月19日，国家环保部总量司副司长于飞调研区环境统计工作

【主要污染物总量减排】 2014年，区环保局(区减排办)以区委、区政府提出的"狠抓减排工程的建设和运行管理"为主线，在深入落实减排责任、细化工作计划、强化环境监管的基础上，创新推行月报告制度、月通报制度、倒排时间进度等措施，在各单位共同努力下实施并完成减排项目12个(其中:工程减排项目8个、管理减排项目1个、结构减排项目3个)，提前完成了"十二五"目标责任书下达的重点减排项目，超额完成了年度及"十二五"化学需氧量和氨氮两项指标总量控制目标。根据省环境保护厅对2014年主要污染物总量减排综合考核结果的通报，青白江区以102分的成绩，排名全省第三、全市第一，减排工作取得了显著成效。

【大气污染防治】 区政府办印发《成都市青白江区大气污染防治实施方案(2014—2017年)》《2014年进一步加强大气污染防治工作实施细则》等大气污染防治工作文件，明确了大气污染防治具体工作目标和工作措施。全力推动攀钢集团成都钢钒有限公司、成都丽雅纤维股份有限公司等重点工业企业的大气污染防治工程治理。认真开展燃煤锅炉清理，划定高污染燃料禁燃区，严把涉气项目准入关、加强企业废气污染源的执法检查、强化涉气企业清洁生产审核等各项管理措施，大气污染防治取得阶段性成效。建立健全大气污染联防联控协作机制，成立成都市青白江区重污染天气应急处置工作指挥部，区政府办印发《成都市青白江区重污染天气应急预案(试行)》，进一步健全大气污染联防联控协作机制，加强重污染天气应急处置工作。2014年，启动二级应急预案1次，三级应急预案4次，有效应对重污染天气。

【生态文明建设试点】 以国家环保部列为第六批全国生态文明建设试点地区为契机，启动生态文明建设试点工作，进一步巩固生态建设成果。成立成都市青白江区全国生态文明建设试点工作领导小组，建立生态文明建设试点工作的领导机制。开展全国生态文明建设试点工作基本条件、指标体系，全区各项指标现状的分析和研究，找准问题和差距，组织到附近区县调研，学习借鉴先进经验。邀请四川省环境科学研究院编制《青白江区生态文明建设规划》。

2014年，按成都市统一安排部署，为加强基层环保监管，充实基层环保工作力量，推进基层环保机构建设，在全区11个乡镇(街道)和3个工业园区建立基层环保机构。

【环保专项行动】 按照国务院、省、市的工作部署和要求，组织实施2014年整治违法排污企业，保障群众健康环保专项行动和违法排污单位集中综合整治。成立区政府分管领导为组长、区级各相关部门为成员的全区开展违法排污单位集中综合整治专项行动领导小组，制定具体方案，集中综合整治企业200家，其中工业企业146家，畜禽养殖企业47家，服务企业7家。

2014年，开展环保执法检查1 888次，出动执法人员3 784人(次)，出动执法车1 888辆(次)，检查企业1 888家(次)，立案查处环境违法案件52件，处罚金额264.6万元。受理群众来信来访437件，受理率和办结率均达到100%。

【水环境综合治理】 加强饮用水水源保护。成立区政府区长为组长,区政府分管副区长为副组长,相关部门主要负责人为成员的区饮用水水源保护工作领导小组,进一步明确和厘清了监督管理职责,完善了日常巡查监管制度。加强饮用水水源保护区环境监察巡查,定期对水质进行监督性监测,全区饮用水源水质合格率100%。深入推进重点流域整治,三峡库区及上游重点流域规划项目和沱江流域共15个整治项目已基本完成,其中,14个项目已全部完成并通过环保竣工验收,区第二污水处理厂建设项目正在实施。积极配合区水务局开展黑臭水体整治,对21条黑臭河渠进行了摸底调查、水质监测,协助审查综合整治方案,推进企业污染源整治。

(供稿人:蔡叶玲)

工商行政管理

【概况】 成都市青白江工商行政管理局(以下简称区工商局)的工作职能是建立和维护社会主义市场秩序,具体职权概括为"准入、监管、执法、维权"。准入是依法核准市场经营主体经营资格。监管是对经营主体经营行为依法进行监督管理,规范经营行为。执法是依法对违反法律法规的经营行为进行处罚。维权是保护消费者合法权益。

2014年,区工商局围绕区委、区政府及市工商局的中心工作,以"三项改革"任务和"两个体系"建设为抓手,全面提升服务、监管、执法、维权工作水平,努力推动青白江区经济增长,维护社会和谐稳定,得到区委、区政府和社会群众好评。

【组织机构】 区工商局设办公室、计划财务科、人事教育科、注册监督管理科、消费者权益保护科、市场监督管理科、商标广告监督管理科、法制科、纪检监察室、机关党委办(工会)、后勤服务中心11个科室;大弯工商所、弥牟工商所、城厢工商所、太平工商所、工业集中发展区工商所和公平交易执法分局6个直属派出机构。

局机关分为两个办公区:一办公区办公地址在清江北路62号、二办公区办公地址在青江中路43号。注册监督管理科办公地——华金大道229号,(区政务大厅),大弯工商所办公地——红阳中路以西新城小区以南(无门牌号),弥牟工商所办公地——弥牟镇商贸北街148号,城厢工商所办公地——城厢镇上北街53号,太平工商所办公地——清泉镇平安路107号,工业集中发展区工商所办公地——黄金路以南同旺路以西(无门牌号),公平交易执法分局办公地——青江中路43号。

【行政许可】 推行"审核合一"制度,实施"三项服务"。解困服务。针对部分国营大中型企业发展困境,区工商局第一时间介入,帮助企业确定整合重组方案等事宜,实施个性化服务,支持其主辅产业分离,实现产业转型。助力服务。以天保重装成功上市为示范,深入做好行政辅导,鼓励区内有实力的企业进行资产重组和上市融资。支持蜀虹机械等行业优势企业发挥龙头效应,形成行业区域化、产业集群化。增效服务。加大对农民专业合作社等新型市场主体的宣传,实施"农户+合作社+农户"的土地流转新模式,进行土地、产业和资金的复合型流转。结合品牌战略工程,支持城厢十八湾村等打造无公害绿色农业产业基地,形成运转良好的农业产业链。

推进工商登记制度改革。加强宣传和培训,引导思维转变。利用门户网站、公示公告、新闻报道等方式向社会公众宣传国务院以及省、市政府关于工商登记制度改革的相关政策,发放宣传资料2 300余份。采取业务培训、法规讲座、业务交流云平台等形式开展业务培训,促进工作人员服务意识和监管方式的转变。

区工商局以推进工商登记制度改革为抓手,不断激发市场主体内生活力,促进主体加快发展。相继制定《青白江区贯彻落实工商登记制度改革实施方案》《青白江区工商登记制度改革推进方案》《青白江工商局注册登记业务"审核合一"工作方案》等配套措施,积极营造良好的营商环境。

3月5日,老酒客酒业有限公司在提交增加注册资本变更登记申请后,十多分钟就领到核发的新营业执照,该公司免交工商登记费、免予验资节约费用近3万元。在区工商局指导下,攀钢集团成都钢钒有限公司及其下属企业在资产重组中,通过合并双方确认、股东决议通过等形式，省去了按原来登记程序在重组过程中需引入第三方机构进行资产评估、验资的步骤，该公司享受到免收验资报告新政带来的节约上百万费用的实惠，企业切实感受到工商登记制度改革带来的便利和改革红利。

2014 年，全区新增各类市场主体 3 945 户（企业 959 户，农民专业合作社 30 户，个体工商户 2 956 户，注册资本总额 34.11 亿元。截至 2014 年全区实有各类市场主体 24 222 户，注册资本总额 436.54 亿元，同比分别增加 18.06%和 7.49%。

5 月 30 日，青白江区企业信用信息系统工作会议召开

【市场监管】 开展民间资金中介机构清理。排查民间资金中介机构 29 户，拆除灯箱广告 23 个、电子屏广告 2 个、路牌广告 35 个，立案查处 1 件。

开展“红盾春雷行动 2014”整治。对汽车销售、机动车非法生产销售改装拼装等进行专项整治。加强《成都市非机动车管理条例》的宣传，开展流通领域电动自行车销售监管，督促全区 30 户经销商守法经营。

加强市场监管。开展网络交易市场摸底调查，完成农资商品化肥经营户 82 户的信息录入，实现农资市场监管信息化。开展“亮剑行动”“红盾护农”等专项整治 58 次，检查经营户 2 868 户(次)，下达行政提示书 75 份。采取日常监管和驻场式管理，检查市场 29 个(次)，办理灵活就业辅导证 170 户，督促业主整改存在的问题，迎接城乡环境综合治理、全国文明城市复查。

【商标合同监管】 建立商标“五进”服务机制。以宣传新的《商标法》为契机，深入蓝风、玉龙公司等 80 余户重点品牌企业了解情况，帮助企业解决品牌创建中存在的问题，提升企业自主创新能力。

注重打假维权，加强侵权案件查处。根据新《商标法》制定《商标侵权投诉立案标准实施意见》，确保更加有力地打击假冒侵权行为。2014 年查处侵犯商标专用权案 4 件。培育申报中国驰名商标 2 件、省著名商标 3 件、市著名商标 3 件。新获得驰名商标 1 件、省著名商标 3 件、市著名商标 5 件。全社会精心培育、主动运用、自觉保护商标的良好氛围明显提升。

加强广告监管。以“红盾春雷行动”广告整治为切入点，先后开展印制企业及非法小广告、房地产、金融类广告、电视购物广告等专项整治，立案查处违法广告案 2 件。

【行政执法】 开展行政指导 174 件，行政抄告 204 户。行政处罚 259 项、行政许可 62 项及其他行政权力20 项的行政权力公开运行平台录入和维护工作。

加大传统领域和互联网等领域不正当竞争行为的查处力度，健全打击传销联系成员单位体系建设。开展危害食品安全潜规则等专项整治 16 项 67 次，检查经营户 6 316 户，立案 57 件，处理投诉举报 31 件，办结率 100%。向公安、司法机关移送涉嫌构成犯罪案 3 件。

【消费者协会】 以新《消费者权益保护法》实施为契机，提升消费者保护维权能力。结合樱花节等节会活动，开展“新消法新权益新责任”宣传，狠抓 12 315 维权联络站建设，受理消费者投诉 268 件，为消费者挽回经济损失 32 万元。

【个体私营经济协会】 坚持自我教育，积极引导会员企业树立持续发展理念。坚持为会员服务，积极开展公益活动，不断提升协会的社会形象。努力做好会员的诉求、咨询、交流、商介、商盟等服务，积极组织会员争创“诚信全体工商户”“诚信私营企业”活动，做党和政府与会员的桥梁、纽带、助手，为个私经营发展服务。

（供稿人：韩永宏）

质量技术监督管理

【概况】 2014 年，在市局和区委、区政府的坚强领导下，按照市委“改革创新、转型升级”的总体战略，不断巩固党的群众路线教育实践活动成果，紧紧围绕总局“抓质量、保安全、促发展、强质检”的工作方针，狠抓特种设备安全、重要消费品安全，积极履职到位，质监事业得到稳步发展，各项工作有序推进，取得较好效果。

【质量管理】 工业产品生产许可证企业巡查检查70余次，组织召开生产企业负责人专题会议2次。建立生产许可证企业分类监管台账，巡查检查食品相关产品生产企业9家，年审抽查生产许可证6家。建立大港建材城监测中心。制定《青白江区质量强区2014年行动方案》，草拟《青白江区政府质量奖管理办法》。组织开展中小学质量教育社会实践活动，《中国质量报》《新青白江》进行跟踪报道。在规模以上企业和名牌企业中开展首席质量官培训，24家企业建立首席质量官制度。14家企业产品获第十一届四川名牌，全区四川名牌企业产品22家27个，7家企业列为第十二届四川名牌申报培育对象。8家企业参加首届成都市政府质量奖评选工作，3家企业通过初审，进入现场评审。

【质量监督】 开展建筑材料、装饰装修材料、妇女儿童用品、电动自行车、儿童玩具等10类产品的巡查检查、建档和资料完善工作，开展14类产品61个批次的产品监督抽样，合格57个批次，合格率93.4%，不合格4个批次，不合格率6.6%。完成食品相关产品标杆企业的打造工作，与辖区内全部食品相关产品生产企业签订质量安全承诺书。会同区公安分局对辖区2家机动车生产企业和机动车安全检测机构进行5次巡查检查；会同区交通局、工商局对区内汽修厂进行1次专项检查。完成省级、市级产品抽查不合格企业处理工作，4家不合格企业进行了产品质量监督约谈、复查抽样。

5月7日，市政府副市长田蓉带队调研区建材质量监管工作

【标准化管理】 全力推进成都国际集装箱物流园区国家级服务标准化试点工作，按照试点工作实施方案，完成调研和首次培训，召开试点工作推进会、技术研讨会，完成标准体系编制，起草标准约80个，已完成前期调研工作，进入起草阶段。区物商委、中铁八局现代物流有限公司、四川路威特物流有限公司成立试点项目领导小组、工作组。中铁八局现代物流有限公司被批准为四川省省级物流标准试点单位。

完成13个企业标准备案，企业标准备案信息录入率和准确率100%。开展公共信息标志检查，经专家组确认评价良好。福洪杏农业标准化专项资金使用情况通过市级相关部门检查，评价良好。

【计量管理】 开展计量惠民民生工程。打造4个示范点，每月对5个集贸市场进行巡查，每季度对11个基层医疗机构进行巡查。列入监管的计量惠民民生工程单位建立计量器具台账、巡查记录、投诉记录。集贸市场设置公平秤。对5个市场的70余户诚信计量经常户进行了复评。完成5个市场306家经营户的316台计量器具免费检定。“5·20”世界计量日开展计量宣传服务活动。推进能源计量工作。对全区11家列入成都市100家重点耗能企业的能源计量工作人员进行了考核，18人通过考核并取得计量管理员证书。完成5家重点耗能企业的资料审查，完成6家企业的资料初审。2014年能源计量审查工作目标任务全面完成。

【特种设备安全监察】 出动监察人员620人次，对360家使用单位开展7次特种设备安全大检查，发出安全监察意见160份。定检锅炉146台，锅炉安装改造监督检验6台，定检压力容器360台，安装监督检验压力容器50台。检验电梯1 360台，检验起重机械1 110台，检验叉车290台。

培训协管员11名。组织作业人员培训班7期，培训复训各类人员836名，发放各类特种作业人员证件836，与使用单位签订安全责任承诺书140份。对10

家危化品企业开展专项整治，明确专人负责落实整改。开展“青白江区电梯应急救援演练”活动4次，“电梯安全知识进社区”宣传活动1次。电梯使用维护保养安全专项整治发现违法违规使用单位7家、责令整改7家、发出监察指令书7份，发现违规维保单位4家、立案查处1家、责令整改3家。

【行政执法】 严厉打击涉及人身财产安全产品生产领域违法违规行为。办理立案查处案件28件，涉案金额20万元，罚没38万元，行政案件结案率100%，无行政复议案件，无行政诉讼案件，行政执法案件无错案。开展农资、建材、特种设备、计量等专项整治7次，立案查处和整改企业9家。坚持依法行政，案件录入率100%，报表报送率100%；备案率100%，案件准确率100%。邀请公安、检察院、法院、司法局和法制办等部门的法制专家开展开门审案。认真办理、及时回复12365中心、96110、市长信箱、区长信箱等交督办件的办理工作，处理群众申述举报25件，案件回复率100%，投诉举报案件查处率100%。贯彻落实《成都市依法治市实施钢要》，每周一全局职工学习会、专题培训等集中学习，发布相关宣传信息36条。开展送法下企业活动，组织企业400余人次学习相关法律法规。完成地理标志产品品牌发展编撰工作。

【认证认可】 认真开展辖区内22家企业341张3C认证证书、9家有机认证企业18份认证证书的检查工作，按照100%的要求进行逐一巡查建档。按照要求开展自愿性认证监管工作，掌握企业保持认证情况。开展3条“百城万店无假货示范街”专项监督检查，对无3C标志的产品要求商家整改。

（供稿人：刘　荣）

安全生产监督管理

【概况】 2014年，在区委区政府的坚强领导下，区安监局按照区委、区政府“五区”建设的总体部署，坚持“以人为本、安全发展、服务中心”的工作思路，切实履行安全监管职责，全面、深入、创新地开展安全生产监管各项重点工作，有效防范、坚决遏制安全生产事故的发生，为全区快速和谐发展筑起了一道强有力的安全防火墙。2014年1–12月，全区共发生安全生产事故25起，死亡13人，直接经济损失415万元。全年全区无较大以上生产安全事故发生，安全生产总体形势平稳可控。

9月29日，代理区长傅学坤带队检查节前安全工作

【安全监管责任落实】 2014年以来，区安监局认真贯彻落实中央和省、市关于安全生产责任落实的重大要求，充分履行区政府安办职能，以区委办、区政府办名义联合制发了《青白江区党政同责一岗双责齐抓共管实施办法》，明确落实各级党委、政府及其工作部门和党政领导干部的安全生产工作责任和企业安全生产主体责任，建立健全相应工作机制，全面落实“五个全覆盖”工作要求，有效地防范了各类生产安全事故的发生。

【安全生产宣传培训】 安全生产宣传教育培训扎实有效开展。以全国“安全生产月”和职业卫生宣传周等活动为载体，通过“6·16”宣传咨询日、事故教育进乡村（社区）巡展等多种形式，广泛深入开展安全生产和职业病防治宣传教育活动，进一步扩大安全生产知识的普及，营造了浓厚社会氛围；加强企业负责人、安全管理人员、特种作业人员等重点人员安全生产培训，督促企业依法进行全员培训，提升从业人员安全意识和素质，严格持证上岗制度。全年共组织各类培训班15期，培训企业负责人、安全管理人员及特种设备、危化从业人员3 300余人，有效杜绝了“三违”行为；通过邀请省市专家做辅导报告、开展主题集中宣传咨询活动、组织学习新《安全生产法》释义读本等多种方式，积极推进新《安全生产法》的学习宣传和贯彻落实，为新安法施行营造了浓厚的社会舆论氛围。

【安全生产大检查】 2014 年，按照“全覆盖、零容忍、严执法、重实效”的总要求，会同各乡镇（街道）、相关部门组成若干个安全生产检查组，以道路交通、危险化学品、建筑施工、非煤矿山、人员密集场所消防、特种设备、油气管网等行业领域为重点，认真开展安全生产大检查工作和监察执法，对企业安全生产责任落实、机制建立、隐患排查整改等情况进行全面检查。发现问题当场查处、现场警示，确保各类问题隐患排查整改到位，实现了全覆盖、抓重点、清死角、重防控。全区共出动检查组 243 个，人员 1 595 人次，监督检查各类企业及场所 581 家，责令整改、停止违法行为216 起，责令停产、停业、停止建设 1 家，行政处罚金额 33.57 万元。

【非煤矿山安全整治】 对全区 5 家非煤矿山企业（1 家型材采石场和 4 家页岩砖生产企业）进行执法检查 17 次，发出限期整改指令书 10 份，限期整改隐患 56 条，隐患整改率 100%。

【危险化学品监督管理】 围绕危险化学品行业“两重点一重大”开展安全生产大检查，共检查危化品生产、使用、经营、储存企业 55 家，发出责令限期整改指令书 13 份，整改隐患 170 条，隐患整改率 100%。检查了烟花爆竹仓库 2 家、零售经营户 126 户，依法督促烟花爆竹零售经营许可证已过期的经营户换了新证。

【安全生产基础建设】 强化企业安全生产基础建设。区安委会下发了《关于全面开展企业安全生产标准化建设的通知》，就 2014 年标准化建设目标、分工等作出具体要求；6 月召开了标准化建设推进工作会，对企业安全生产标准化建设工作进行再强调、再部署。全年共完成考评验收合格 75 家，超额完成建设 41 家的目标任务。

加强基层安全管理能力建设。聘请安全社区建设专家对开展建设的乡镇会诊解症，并组织区级牵头部门和各乡镇（街道）召开现场工作会，取得了较好效果。大同镇、城厢镇和姚渡镇均已成功创建省级安全社区，建成 1 个省级安全社区的民生工程目标已超额完成；大弯街道、弥牟镇的国家级安全社区建设正按计划有序开展。

充分发挥顾问专家技术支撑作用。自 2010 年全面推行“安全生产顾问”服务制工作以来，目前全区已有 220 家企业聘请了安全生产顾问专家，取得了初步成效。在此基础上，2014 年又制发了《关于继续深化“安全生产顾问” 服务制工作的意见》（青安委〔2014〕13 号），进一步明确了 2014 年工作目标和推进措施，同时将安全生产专家数据库充实到 369 人，促进顾问服务向规范化、常态化迈进。

（供稿人：李　游）

档案管理

【概况】 2014 年，区档案局紧紧围绕“五区”发展战略和民生问题认真做好档案的收集、整理、归档和服务工作，全面完成各项工作任务。2014 年度机关档案工作规范化管理、2014 年度重点项目档案、2014 年度新农村建设档案、2014 年度民生档案等 10 个单项工作受到成都市档案局的表彰。

【档案法制宣传】 开展以“走进档案”为主题的“6.9”国际档案日宣传活动，发送档案知识手机短信 1 万余条，接受群众咨询 50 余人次，发放《走进档案》等宣传资料 400 余份。参加青白江区“12·4”国家宪法日、全国法制宣传日暨“三下乡”集中宣传活动。接受市人大常委会《中华人民共和国档案法》执法检查。积极开展“法律七进”法制宣传教育活动，开展基层“法治大讲堂—档案法制”专题讲座 2 次，参加讲座 49 人次，发放普法读物 300 余册。

6 月 9 日，区档案局举办“走进档案”6·9 国际档案日宣传活动

【档案进馆】 2014年接收进馆档案1 309卷(盒),其中:接收资料24册、文书档案307盒、社保档案750卷、再生育档案194卷、会计档案24卷。

【农村档案】 结合"解难题、办实事、解民忧"主题承诺活动,整理福洪镇胜利村历来档案97盒,全文扫描1.8万余页。支持经费8 000元,帮助胜利村档案室购置档案保管设备,胜利村档案室规范档案管理9月30日通过检查验收,达到四川省档案工作规范化管理三级标准。

【档案业务】 档案馆馆务建设。印发《成都市青白江区国家综合档案馆收集档案范围实施细则》。接收进馆档案1 337卷(盒)、资料591册。鉴定开放档案105卷2 870件,到期档案50卷1 268件。录入馆藏档案文件级目录267 688条。完成馆藏43个全宗8 951卷文书、婚姻档案的清理。加强档案安全体系建设,印发《关于加强我区档案安全工作的通知》,开展档案安全检查,完成馆藏档案资料764卷(盒、册)消毒。编写档案利用典型事例5条。与区政协办公室合作编辑出版《辛亥魂——纪念英烈彭家珍书画作品选编》画册。

档案规范化管理。先后印发《关于做好2014年度档案归档工作的通知》《关于做好2014年档案工作规范化管理上等级标准的复查认定的通知》等文件,进一步规范档案规范化管理业务。加强业务指导,指导整理档案2 789卷(盒)。完成区检察院、城厢中学等21个机关、事业单位档案工作规范化管理等级标准的复查认定,合格率100%。完成区交易中心、福洪镇胜利村档案工作规范化管理等级标准的认定。与区委群教办联合印发《关于认真做好党的群众路线教育实践活动档案工作的通知》,开展业务指导与监督检查。加强龙王镇、祥福镇等创建标准化财政所档案管理工作的业务指导。举办乡镇机关、学校档案管理等培训5期,参训人员108余人次。

重点建设项目档案管理。认真宣传贯彻《四川省重大建设项目档案管理办法》,落实全市2014年度项目工作相关要求。与区重点办联合印发《关于做好2014年省市区重点项目档案管理登记和验收的通知》(青档发〔2014〕4号)。完成50个省、市重点建设项目档案管理登记,登记率100%,指导完成26个建设项目、1 974卷档案的移交进档案馆(室)工作。

民生档案管理。坚持以"以人为本"的服务理念,进一步加大全区农村五保供养、征地拆迁、社会保险、再生育、工伤认定等民生档案的监督与指导力度。接收企业退休人员、再生育、奖扶等民生档案944卷(盒)进区档案馆。完成馆藏档案数字化扫描240万页。

"双重"活动档案资料采集。采集"双重"活动资料89次,收集照片475张,纸质材料204件。收集区政府办等单位2014年度现行公开文件23份。

【档案查阅服务】 2014年,区档案馆接待档案利用4 432人次,提供利用档案5 143卷(件)次,出具证明2 643件。为全区经济建设、机关编史修志、落实个人政策、机关考查、调解纠纷、核实个人工龄、个人工作调动、房屋买卖、职工退休、个人养老保险金缴交、处理婚姻关系、民事案件审理等提供了翔实的第一手资料,解决了疑难问题,促进了社会和谐稳定。

(供稿人:胡天智)

地方志工作

【区志编纂】 二轮区志公开出版发行获市政府批准。自《成都市青白江区志(1991—2005)》顺利通过市志审验委员会终审验收后,区地志办按照验收会精神和区领导指示,及时开展区志终审稿内容增补和修改工作,形成90余万字的终审样书。该样书在编纂体式上进行调整,由首轮志书的篇章体体式改为中篇条目体体式。全书共设卷目30个、类目195个、条目963个,照片64张、各类图表178张。2014年上半年,区地志办协助区政府向市政府申请公开出版发行《成都市青白江区志(1991—2005)》,并获批通过。为进一步确保志书数据准确无误、史料真实有效,区地志办完成了志稿的再次审校。为确保青白江区二轮区志顺利完成公开出版工作,区地志办就志书出版招标工作积极开展调研,先后到已完成志书出版招标工作的锦江区、龙泉驿区、金堂县学习区志编纂及出版先进经验,并认真做好《成都市青白江区志(1991—2005)》公开出版发行前期准备工作。

【年鉴编纂】 2014年初，区地志办代拟了《关于认真做好〈青白江年鉴(2014)〉编纂工作的通知》，协助区委办、区政府办以青委办〔2014〕22号下发了编纂2014年《青白江年鉴》的通知，并以青志办〔2014〕7号《关于分解〈青白江年鉴(2014)〉编写任务的通知》，对编纂内容及时进行了任务分解。至5月底，完成了90余个承修单位资料搜集工作，6月起，先后开展并完成2014年《青白江年鉴》的初稿修改及“三审三校”工作，并按照省市地方志关于地方年鉴公开出版发行的要求，经过比选确定了2014年《青白江年鉴》出版供应商，完成了公开出版。

【省市年鉴组稿】 根据省、市年鉴组稿要求，区地志办按照分管区领导的批示，及时组织人员，于2014年3月底启动2014年卷《四川年鉴》《四川农村年鉴》《成都年鉴》青白江区部分的组稿工作。根据每部年鉴的编写重点拟定了相应的编写条目，并分解到相关部门，按时间进度先后完成了资料搜集、条目编写及审校审签工作。三部年鉴共编写形成文字资料4万余字，搜集反映区域亮点的图片30余张，于2014年5月将组稿资料报送省、市年鉴编辑部，圆满完成2014年组稿任务。

【方志服务】 指导全区首部村志编纂。《花园村志》是青白江区村志编纂工作的试点项目。区地志办结合群教活动的开展，全程指导《花园村志》编纂，选派专人指导《花园村志》编辑部，先后完成村志资料修改完善，组织样书初审及复审工作，至2014年底已形成了20余万字的终审样书。

启动《十八湾村志》编纂。2014年1月，区地志办结合“走基层”活动的开展，深入基层开展地方志服务，指导城厢镇十八湾村启动《十八湾村志》编纂工作。协助十八湾村召开了编纂《十八湾村志》动员会，组建了村志编辑部，并安排专人为该村拟定了编纂篇目。同时，就编纂村志的基本知识对编辑人员进行了培训。至2014年底，已完成原始资料搜集，开展初稿编写。

7月1日，区地志办开展“地方志六进”活动

【区情编辑】 认真编辑《青白江区情》，及时把区委、区政府的重要决策部署和区域内发生的重大信息、事件辑录成册，为社会各界和广大群众了解青白江提供平台。先后完成三期《青白江区情》内刊的编辑出版工作，并向社会各界免费赠送5 000余册。

(供稿人：温贤军)

政协青白江区委员会

THE CPPCC QINGBAIJIANG DISTRICT COMMITTEE, CHENGDU

主席、副主席名录

职　务	姓　名	任 职 时 间
主　席	李光明	2012.3—
副主席	唐雪玉	2012.3—
	王　健	2012.3—
	吴　斌	2012.3—
	王　勇	2012.3—
	姚元全	2012.3—
	姚明行	2012.3—2014.9

4 月 29 日，召开区政协成立三十周年座谈会

概　　述

2014 年，区政协认真学习贯彻中共十八大和十八届三中、四中全会精神，省委十届四次、五次全会，市委十二届三次、四次全会，区委经济工作暨城镇化工作会议精神，紧紧围绕区委全面深化改革的重大决策和“五区”发展战略，立足“稳中求进、改革创新、统筹发展”工作基调，牢牢把握团结和民主两大主题，深入贯彻落实区委的各项决策部署，认真履行政治协商、民主监督、参政议政职能，为全区经济社会持续稳定全面发展作出了积极贡献。

区政协通过全体会议对“一府两院”工作报告、国民经济和社会发展计划报告、财政预算报告、全区民生工程及产业发展情况，“深入推进新型城镇化，加快‘五区’发展”等进行专题协商；通过常委会议对全区半年经济社会运行情况、全区党风廉政建设和反腐败工作情况开展专题协商；通过主席会议对全区重点项目建设情况、全区财政工作、2014 年重点提案办理工作等开展重点协商。跟踪全区全面深化改革和统筹发展的推进步伐，通过开展民主监督，协助区委、区政府抓改革任务推进，抓重大决策落实。派出政协委员担任执纪执法和窗口部门政风行风监督员开展监督活动，推进祛“四风”、转作风，落实中央“八项规定”，省委、市委、区委“正风肃纪”以及“五个专项整治行动”，优化全区发展软环境。

发挥政协智力密集、联系广泛的优势，针对全区全面深化改革中的一些困难和问题开展调查研究，提交 17 篇调研报告。一些意见建议落实到有关发展规划、政策措施和具体工作中。针对现阶段改革发展中遇到的紧迫性问题开展调研，形成“加快都市型现代农业发展”“坚持‘三个集中’‘两化互动’、加快城乡统筹”等调研报告，引起区委、区政府领导的重视。

以人为本、关注民生，着力促进社会和谐。认真贯彻落实中办、国办《关于进一步加强人民政协提案办理工作的意见》，积极发挥提案在解决民生问题中的重要作用。进一步畅通社情民意信息反映渠道，完善信息报送网络，加强信息跟踪、反馈。坚持把反映信息作为履职的重要任务，把《社情民意》刊物作为反映民声、表达诉求的重要渠道和载体，为区委、区政府了解民意、科学民主决策提供社情民意信息支持，积极协助做好解疑释惑、协调关系、化解矛盾的工作。一些信息反映的问题引起区委、区政府领导的高度重视，并得到较好的解决。

扶弱济困改善民生。按照区委的统一安排，组织开展挂钩联系乡镇（街道）、村（社区），帮助他们理清思路、找准发展路子。区政协班子成员和机关干部通过在群众路线教育实践活动中“走基层、解难题、办实事、惠民生”这一载体，协调解决联系村的困难和问题。

团结各界人士，营造合作氛围。切实加强与民主党派基层组织、人民团体和各界人士的沟通交流，营造民主协商、联合议政的合作氛围。反映群众呼声，协助区委、区政府解决人民群众最关心、最直接、最现实的问题。

编辑政协史料，总结履职经验。2014年，适逢人民政协成立65周年、区政协成立30周年，区政协挖掘、整理、编辑出版《青白江政协30年》(专辑)，从“光辉足迹、履职风采、创新实践、溯源觅踪”四个部分，反映区政协30年来履行职能的历史。

政协重要会议

【政协青白江区委员会全体委员会】

会议届次	会议时间	会议议定事项
八届三次	2014年1月20—23日	一、集中视察全区民生工程及项目建设情况；二、听取并审议政协第八届成都市青白江区委员会常务委员会工作报告；三、听取并审议政协第八届成都市青白江区委员会常务委员会关于八届二次会议以来提案工作情况的报告；四、列席区十七届人大第三次会议开幕大会，听取并讨论区政府工作报告，协商讨论区计划报告、区财政报告和区法院工作报告、区检察院工作报告；五、举行“深入推进新型城镇化，加快‘五区’发展”专题协商会；六、审议通过政协第八届成都市青白江区委员会提案委员会关于八届三次会议提案审查情况的报告；七、审议通过政协第八届成都市青白江区委员会第三次会议决议

1月21日，区政协八届三次会议开幕

【政协青白江区委员会常务会会议】

会议届次	会议时间	会议议题
八届第八次	2014年1月13日	一、传达学习了区委经济工作暨城镇化工作会议精神以及市政协十四届二次会议精神；二、听取了区政府关于区政协八届二次会议以来提案办理情况的通报；三、听取了2013年度全区党风廉政建设情况通报；四、听取并审议通过了调整增补政协委员相关事项；五、审议通过了召开区政协八届三次会议的有关事项；六、审议通过了《关于授权区政协主席会议审议八届八次常务委员会议未尽事宜的决定》；七、审议通过了有关人事事项；八、审议通过了《政协成都市青白江区委员会提案工作规则(审议稿)》；九、审议通过了区政协各工作部门2013年工作总结暨2014年工作要点(书面)
八届第九次	2014年1月23日	一、听取“深入推进新型城镇化，加快‘五区’发展”专题协商会情况汇报；二、听取各小组讨论情况汇报；三、审议通过政协第八届成都市青白江区委员会提案委员会关于八届三次会议提案审查情况的报告(修正草案)；四、审议通过政协第八届成都市青白江区委员会第三次会议决议(修正草案)
八届第十次	2014年4月18日	一、传达学习了全国政协十二届二次会议精神；二、学习了区委批转的《区政协2014年工作要点》；三、通报了区政协办公室、研究室及各专委会2014年工作计划；四、通报了区政协主席会议和各专委会调研课题方案、视察方案；五、通报了区政协2014年重点提案和督办工作分工
八届第十一次	2014年8月21日	一、传达学习了市政协十四届第八次常委会议精神；二、区政府领导通报了2014年上半年全区经济社会运行情况；三、通报了区政协办公室、研究室及各专委会2014年上半年工作情况和下半年工作思路；四、审议通过了有关人事事项
八届第十二次	2014年11月13日	一、传达学习了中共十八届四中全会精神和区委十届第88次常委（扩大）会议暨中心组学习会精神；二、区纪委通报了2014年以来全区党风廉政建设和反腐败工作情况；三、审议通过了有关人事事项

政协工作

【政治协商】 始终坚持从全区人民的根本利益和经济长远发展出发，以全面深化改革为统领，以推进改革促进发展为抓手，规范有序地开展协商活动。一年来，以政协例会为协商的主要方式，全体会议对"一府两院"工作报告、国民经济和社会发展计划报告、财政预算报告等进行协商讨论，对全区民生工程及产业发展情况在全会期间进行集中视察，对"深入推进新型城镇化，加快'五区'发展"等进行专题协商。常委会议对全区半年经济社会运行情况、全区党风廉政建设和反腐败工作情况开展专题协商。主席会议对全区重点项目建设情况、全区财政工作、2014年重点提案办理工作等开展重点协商。针对全区经济结构调整、资源合理配置、生态环境治理、民生改善、城乡统筹发展、交通组织优化等问题，委员们提出"鼓励、支持民营企业做大做强，强化投资效益、实施退出机制，设立人才引进数据库和专项资金，盘活资源、促进产业转型，做好蓉欧快铁'来回生意'，协调新都、广汉规划建设'边界经济区'，加大扶持农产品加工企业，做实'新青卫星城'规划和建设"等38条意见建议。区委、区政府主要领导高度重视，安排相关区领导抓好研究落实。分管区领导召集相关职能部门，制定一系列政策措施，推动委员意见建议的落实。

1月21日，区政协八届三次会议专题协商会议

【民主监督】 跟踪全区全面深化改革和统筹发展的推进步伐，开展民主监督，协助区委、区政府抓改革任务推进，抓重大决策落实。派出政协委员担任相关执纪执法和窗口部门政风行风监督员开展监督，进一步推进祛"四风"、转作风，落实中央"八项规定"，省委、市委、区委"正风肃纪"以及"五个专项整治行动"的开展，不断优化发展软环境。

【提案办理】 提案立案155件，其中涉及民生的101件，占全部提案的65.16%，内容涵盖医疗卫生、环境保护、食品安全、教育公平、文化生活、社会养老和交通建设等各个方面，提案已经成为反映民生诉求的重要渠道。强化提案办理反映民生诉求，把群众关注度高、涉及面广的提案列为重点提案，由区政协领导领衔督办。如把"关于加快城市营销步伐，开创'五区'发展新局面的建议"等7件提案确定为重点提案，由区政协主席会议成员率相关专委会进行跟踪督办，组织视察办理情况，听取承办部门、提案人和督办人的意见。在各方共同努力下，区政协八届三次会议以来提案、建议得到解决的占42.6%，列入计划解决的占52.2%，因政策、法律条件所限不能解决的占5.2%。

【委员视察】 根据区委、区政府全面深化改革的总体部署，有针对性地对全区改革发展中重大项目推进、专业市场发展扶持政策和老工业基地调整改造、大气污染防治、创名牌产品建设、城乡环境综合治理、改善民生、社区矫正、创新社会管理维护稳定、住房公积金管理、区级医疗资源整合运用、公共体育设施建设等方面的工作开展视察，了解各项工作进展情况，通过各种途径正面宣传被视察单位取得的突出成绩，激发干部职工加快"五区"建设的内生动力和工作热情。协助解决被视察单位工作中遇到的实际困难，区政协向区委、区政府反映，促成问题解决。

11月21日，区政协领导视察全区"大气污染防治"工作

【对外联谊】 加强与上级政协、省内外区(市)县政协的联系和交流,妥善做好各级领导、来宾调研考察生态建设、农业产业化发展、蓉欧快铁运行情况等接待工作,大力宣传全区经济社会发展成就。积极承办市政协在区举办的政协工作协同互动座谈会,加强民主监督、推动协商民主座谈会,民主法制社区(村)建设专题调研会等会务工作,在市政协主席会议及市政协召开的各区(市)县政协主席工作会上交流介绍区政协"对重大问题协商于党委决策之前工作情况""主动对接共享政协资源、争取指导协同推进工作情况""学习习总书记重要讲话精神、加强区政协履职能力现代化建设情况"等经验。

【文史工作】 总结区政协成立30年来的协商实践和履职经验,挖掘、整理、编辑出版《青白江政协30年》(专辑),从"光辉足迹、履职风采、创新实践、溯源觅踪"四个部分,真实反映区政协30年来履行职能的历史和现实,在社会各界引起了较好反响。

【调查研究】 充分发挥政协智力密集、联系广泛的优势,积极就全区全面深化改革中的一些困难和问题认真组织调查研究,形成了一系列调研成果,提交17篇调研报告,调研内容涉及全区改革发展的课题。针对产业转型升级中资源要素制约的问题,由分管副主席带队,走访老工业企业和工业园区,形成"加快我区工业结构调整、实现产业升级"和"提高我区经济发展的质量和效益"的建议。针对全区养老服务方面的实际情况,组织调研撰写了"关于我区社会化养老服务体系建设的调查与思考"。针对人民群众普遍关心关注的食品安全和看病就医中存在的医德医风问题,调研报送了"加强食品生产质量监管、从源头保护舌尖上的安全"和"我区医护人员职业道德建设的现状与对策"。这些调研成果,引起区委、区政府领导的关注,一些意见建议被吸纳落实到有关的发展规划、政策措施和具体工作中。针对现阶段改革发展中遇到的紧迫性问题,通过开展党的群众路线教育实践活动,以及"走基层、解难题、办实事、惠民生"等活动载体,走访乡镇(街道)、村(社区),掌握情况、出谋划策、促成相关问题解决。开展倾向性问题调研,掌握了大量第一手资料,形成了"加快都市型现代农业发展""坚持'三个集中''两化互动'、加快城乡统筹"等调研报告,引起了区委、区政府相关领导的重视。

【自身建设】 扎实开展群众路线教育实践活动。按照中央、省委、市委、区委的统一部署,区政协党组和机关党的群众路线教育实践活动在区委的领导和市委第七督导组的指导下,严格按照教育实践活动"照镜子、正衣冠、洗洗澡、治治病"的总要求,坚持在学习教育上求"深"、听取意见上求"真",查摆问题上求"准",自身整改上求"实",以积极的态度正视班子和机关干部存在的缺点和不足。以整风的精神开展批评和自我批评,做到"四风"突出的问题从严改、群众关切的问题优先改、自身存在的问题主动改,组织开展"问自己是不是在忙着与党的根本宗旨不相关的事情?想我们干的事情是不是党和人民需要我们干的?"等讨论活动,统筹兼顾,推动工作,把开展教育实践活动与区政协八届三次会议确定的各项目标任务,以及区委批转的区政协2014年工作要点有机结合起来,做到两手抓、两不误、两促进,为祛"四风"、转作风,更好地履行政协职能,推动全区经济社会持续稳定全面发展提供保障。区政协教育实践活动实现了转作风强信念、接地气真为民、强学习促履职的预期目标。进一步健全和完善专委会与对口党政部门的联系制度,促进专委会当好委员履职的服务员和知情明政的信息员。各专委会主动与对口部门加强联系,主动融入对口部门的工作计划和工作任务,掌握开展工作的主动权。通过提案、调研报告、联系座谈等形式,向对口部门反映社情民意;主动根据政协工作需要与对口部门联合开展调研,有计划、有目的地组织委员开展各项履职活动。发挥专委会在政协开展活动的组织作用、在调查研究中的策划作用、在组织视察中的导向作用、在提出提案时的带动作用、在加强团结民主方面的协调作用,为推动全区政协事业发展奠定了坚实的基础。

(供稿人:冯文波)

民主党派

DEMOCRATIC PARTIES

中国国民党革命委员会青白江总支

【主委、副主委】

主　委:何锡玲

副主委:屈　志、罗礼建、蒋大根、邱　珍

【组织建设】 2014 年，民革青白江总支始终坚持不懈地抓好自身建设,开展纪念孙中山诞辰、辛亥革命、抗战爆发、抗战胜利等活动,继续开展学习践行社会主义核心价值体系主题教育活动,进一步坚定走中国特色社会主义道路的信心和决心,做到与中国共产党在思想上同心同德、目标上同心同向、行动上同心同行,不断增强建设中国特色社会主义的使命感和责任感。发展新党员 4 名。

【参政议政】 2014 年,总支党员充分发挥自身优势,积极为促进青白江区经济建设和社会发展建言献策。党员中的人大代表、政协委员围绕青白江区中心工作,认真调查研究,撰写高质量的提案、议案、建议。2014 年撰写政协提案 10 件,人大建议 8 件。副主委蒋大根撰写的提案《加大农业投入,改变投入方式》,得到民革中央常务副主席的亲自批示,蒋大根被评为民革市委参政议政先进个人。部分党员担任部门行风政风监督员。

【社会服务】 2014 年，总支全体党员充分利用自身优势,积极开展各种社会服务。副主委蒋大根,党员曾蜀强、陈厚福、温银君、唐鑫波、张天中、陈后彬、庄光伟等为贫困家庭捐款 20 余万元。

中国民主同盟青白江总支

【主委、副主委】

主　委:何　丽

副主委:刘　洲、秦际友、钟先海、蓝　云

【组织建设】 2014 年,民盟青白江总支共有盟员 139 人,是成都市民盟在郊区县盟员最多的基层组织。民盟青白江总支始终坚持把组织建设列入重要议事日程,高度重视后备干部培养。坚持开展组织活动,每季度按时召开总支委员会，支部每 2 个月组织一次活动,认真落实各项工作安排。切实加强盟员的教育引导,先后 3 次组织盟员到张澜故居、邓小平故居等地参观学习。组织盟员参加民盟市委、市社会主义学院、区委统战部举办的各类学习培训。2014 年 11 月,民盟青白江总支被民盟四川省委评为“四川民盟基层组织建设先进基层组织”,经验交流材料《加强基层组织建设,发挥好参政党作用》被民盟省委收入《四川民盟先进基层组织建设经验汇编》。

1 月 2 日,民盟青白江总支召开换届及年终总结表彰大会

【参政议政】 2014 年,民盟总支有市政协委员 2 人,区人大代表 2 人，区政协委员 11 人，区人大常委 1 人,区政协常委 4 人。围绕中心,服务大局。总支盟员围绕全区中心工作,认真履行参政议政职能,积极建言献策。在市、区“两会”期间,提出提案、建议 10 件,上报社情民意信息 2 条。积极申报民盟省、市课题研究。盟员钟先海申报的《新媒体条件下创新民盟宣传工作研究》调研课题入选民盟省委 2014 年度理论研究中标课题(全省共有 40 项,其中成都市 2 项),撰写的《关于提升农村学前教育质量的调研报告》获得成都市第十五届基础教育优秀科研成果三等奖,钟先海被评为“四川民盟思想宣传理论工作”先进个人。总支申报的《推进区县中小学教育质量综合评价改革的建议》课题被民盟市委批准立项。积极发挥民主监督作用。3 名盟员分别担任物价监督员、公共资源交易中心监督员、政风行风监督员。

【社会服务】 2014 年，总支充分发挥民主党派自身特点，深入基层，了解民情，开展有特色、重实效、见真情的社会服务活动，在讲学办学、再就业服务和区域经济服务等方面充分发挥自身特长。参与“烛光行动”，开展新市民技能培训，围绕扶贫助困做实事，开设幼儿园，为政府减轻入园难压力。大弯中学获得“烛光行动传大爱”——民盟“烛光行动”北京四中数字化校园捐赠，与北京四中网校签约。2014 年民盟东风校培训 1 886 人，其中创业培训 503 人，技能培训1 383 人，被全国总工会授予“全国职工教育培训示范点”称号。开办的凌云幼稚园 5 个班，入园儿童 160 名。盟员积极参加“一日捐”活动，捐款 3 500 余元。部分盟员在教育、医卫第一线辛勤付出，取得丰硕成果。

中国民主促进会青白江支部

【主委、副主委】

主　委：吴　斌

副主委：杨　艺、石红樱、赵国兴

【组织建设】 2014 年，民进青白江支部有会员 57 人。支部始终把思想建设作为加强自身建设的第一要务。坚持用科学理论武装头脑，通过集体会议、小组学习等形式学习中国特色社会主义理论，中共十八大、十八届三中、四中全会和习近平总书记一系列重要讲话精神。参与群众路线教育实践活动，了解教育实践活动的内容及成效，通过各种形式的学习教育活动，进一步提高会员的思想觉悟和政治素质，加深对中国共产党加强执政能力建设和民主党派提高参政议政水平重要性的认识。

【参政议政】 2014 年，支部会员中有区人大代表 3 名，政协委员 10 名(其中：省政协委员 1 名，区政协委员 9 名)。人大代表和政协委员围绕两会建议和提案深入调研，集思广益，认真履职，参政议政工作取得了明显成效。在区两会期间，提交提案议案 8 件。

【社会服务】 2014 年，支部会员发挥自身优势，积极参与各种社会服务和公益活动。副主委石红樱担任民间公益组织蒲公英爱心公社社长，新增帮扶学生 16 名，完成帮扶 5 人。会员王国人撰写的《“四自四主”教学方法，提高思想政治实效性的探索》获得成都市二等奖；课题研究报告《通过主体性教学提高思想政治课实效性研究》获得成都市教改论文评比一等奖；主持并参与 4 个区级课题的研究与立项申报。会员杜洁关心贫困学生，帮助筹集学习生活费，被成都工程职业技术学校评为年度优秀班主任。会员黄铖在学生儿童基本医疗保险工作中被评为区先进个人，所在集体被学校评为先进集体。会员兰小琴编写的《盘古开天地》获北京师范大学生命教育说课大赛一等奖，《孩子，让我们一起并肩行》获北京师范大学生命教育论文评比一等奖。

中国农工民主党青白江总支

【主委、副主委】

主　委：王　勇

副主委：侯晓红、胡　杰

【组织建设】 2014 年，农工党青白江总支精心组织党员认真学习中共十八大、十八届三中、四中全会精神和习近平总书记系列讲话精神，以及省、市、区相关重要会议精神。通过学习，进一步提高党员对中国共产党先进性和执政必然性的认识，增强坚持中国共产党领导的多党合作和政治协商制度的自觉性，提高加强参政党自身建设重要性的认识，自身素质不断提高，履职能力不断增强。总支获得市委会的多项表彰，50 余人次受到各级、各类的表彰奖励。按照组织规程加强组织建设，发展 4 名新党员。

【参政议政】 总支认真履行参政党职能，在两会上，党员中的人大代表、政协委员围绕“五区”建设，提出建议、提案 10 余件，为区委、区政府提供决策参考，得到区委、区政府和相关部门的重视。组织党员参加区委、区人大、区政府、区政协、区委统战部和有关部门的情况通报会、座谈会、征求意见会，提出意见建议 50 余条。

【社会服务】 总支全体党员立足本职岗位，奉献社会，多名党员成为单位业务骨干，获得各种奖励，受到所在单位领导和干部职工的充分肯定。充分发挥农工民主党自身优势，开展多种形式的社会服务活动。到祥福镇等地开展义诊义检，为当地老百姓诊治病症500余人次；到大同小学举办健康讲座，听众达1 000余人次；党员尹兴国积极参加“千名干部援藏活动”，挂职丹巴县卫生局副局长兼医院院长，为藏区医疗卫生事业贡献自己的力量，被四川省委组织部、统战部评为四川省对口援藏工作先进个人。

（供稿人:邹静波）

社会团体

PUBLIC (MASS) ORGANIZAGION

青白江区总工会

【概况】 2014年，青白江区总工会在区委、区政府的坚强领导和上级总工会的正确指导下，紧紧围绕区委中心工作，以推动稳中快进、竞飞赶超为主题，以维护职工合法权益、构建和谐劳动关系为主线，以提高服务职工水平、打造高素质职工队伍为重点，以加强自身建设、改进工作作风为保障，充分发挥工会组织在组织职工、引导职工、服务职工和维护职工合法权益中的重要作用，在提升职工素质、丰富职工生活、维护社会稳定等方面取得了实实在在的成绩。

【工会活动】 深化劳动竞赛活动，提升职工技能素质。开展"工人先锋号"创建活动，全区创建44家单位。开展百万职工技能大赛，组织职工参加市级一类大赛6项，举办焊接、数控车工等区级二类大赛6项，组织300多个基层企事业单位广泛开展岗位练兵、技术比武活动，规模以上企业参与率达92%。开展三室一制建设，在天保重装公司建立董显银劳模创新工作室，在焊研威达公司建立闵作树职工创新工作室，在三鹏公司建立黄泽厚技师创新工作室。

推动工会宣传文化阵地建设。举办"劳动光荣美好歌声"职工歌手大赛暨"艺术周末·快乐人生"百姓才艺秀活动，17人参加歌手大赛，15支团队参加区级决赛，推荐6名歌手参加市级歌手大赛。举办"中国梦·劳动美·幸福路"职工摄影大赛，推荐10个作品参加市级比赛。开展"用劳动托起中国梦"青白江区职工征文大赛，21篇文章参加比赛。联合区直机关工委等单位举办"为民、务实、清廉"演讲比赛。

【组织建设】 以25人以上非公企业建会为抓手，推动企业普遍建会，带动各类法人单位全面建会。2014年，新建基层工会40家，新增涵盖单位145个，新增会员1 230名。企业建会率达到95.6%，职工入会率达到96.8%。

深入开展创建"示范乡镇(街道)、村(社区)工会"活动，指导弥牟镇成功创建市级示范乡镇（街道)工会、白马村成功创建市级示范村(社区)工会。开展创建职工之家活动，和乐门业、天保重装成功创建市级职工之家。

【职工维权】 巩固职工维权社会化联动机制。发挥职工维权工作领导小组作用，深化与司法、人社等部门的联动维权，开展法制宣传9次，发放资料5 000余份，开展劳动法律监督4次。完善工会信访工作制度，接待职工群众来访50件61人，市总工会网络舆情督办件11件，区政府应急办交办件1件，办结率100%。加强劳动关系动态排摸与研判，开展立法、女职工保护特别规定等调研，努力把劳动关系矛盾化解在基层、解决在萌芽状态，做到源头治理，促进社会和谐稳定。

发挥区职工维权领导小组、工会与政府联席会议制度和劳动关系三方协商机制作用，主动参与社会矛盾纠纷"大调解"工作体系建设，及时反映职工权益诉求，积极表达工会主张。联合开展整治非法用工、农民工工资清欠、劳动安全卫生等严重侵害职工权益的专项行动，促进企事业等用工单位劳动关系和谐稳定，维护职工合法权益。

着力提高工资集体协商针对性、实效性。签订工资集体协议40份，签订区域、行业性工资集体协议12份，覆盖企业2 941家，覆盖职工4.56万人，已建会企业法人单位集体合同、工资专项集体合同建制率94.38%。全面实施《成都市企业工资集体协商提质增效2014—2017年工作规划》，集体合同履约平均76.97分，评选巨石集团成都分公司等5家企业为工资集体协商示范单位。

【帮扶解困】 加强工会帮扶平台建设。完成228名建档困难职工的信息录入，走访慰问困难职工、农民工1 659人次，发放慰问金41.73万元。开展送清凉活动，为1 220名一线职工发放价值5万元的防暑降温药品。开展金秋助学活动，为88名困难学生发放助学金8.62万元。投入资金24.3万，为710名建档困难职工和环卫工人免费健康体检。新建"15分钟之家"10个，解决广大环卫工人及户外劳动者在工作中长期面临的如厕难、饮水难、吃饭难、休息难等现实问题。

实施创业就业援助工程。为50户农民工办理创业小额贷款贴息，创业贷款251万元，贴息14.4万元，带动就业490名。实施"就业转失业人员培训就业

8 月 28 日，区总工会 2014 年金秋助学金发放仪式

行动计划”，培训下岗失业人员和困难人员 203 名，50 人获得劳动部门技能证书。联合开展民营企业招聘周，提供岗位 1 769 个，帮助 1 203 名各类人员实现就业。开展农民工技能、创业、基础等培训，培训 2 591 人次。对 1 609 名农民工开展就业指导、职业介绍、实现就业等服务，提供农民工生活帮扶和维权服务 500 人次。

【劳模管理】 开展劳模推荐评选活动，16 人被评为成都市劳动模范，3 家单位被评为成都市模范单位，5 个集体被评为成都市模范集体(班组)。开展劳模关爱周活动，慰问劳模 34 人，发放慰问物资 2.66 万元。开展劳模体检、疗养、休养，组织 46 名劳模免费参加健康体检，组织 7 名劳模赴海南、云南等地疗养、休养。开展劳模宣传月，宣传模范人物的先进事迹，在全区营造“学习劳模、尊重劳模、崇尚劳模、争当先进”的浓厚氛围。

【劳动保护】 开展“安全生产大检查”。依法参加安全生产监督检查、工伤事故调查处理、劳动用工专项检查，认真履行监督检查职责，发挥工会劳动保护、监督检查员作用，督促企业整改治理安全隐患，全面落实企业安全生产主体责任。深入开展第十六届“安康杯”竞赛活动，全区 360 家单位、1 358 个班组、31 749 名职工参赛，企业参与率达 92%，企业职工参与率 93%。

采取“1+4”模式，在签订集体合同的同时，签订工资协议书、企业职业病防治专项集体合同、劳动安全与卫生专项集体合同和女职工权益保护专项集体合同。实现企业职业病防治专项集体合同签订率 100%，劳动安全与卫生专项集体合同签订率 100%，女职工权益保护专项集体合同规模以上企业签订率 100%，规模以下企业签订率 94.34%。

【基层工会】 开展“定位升级”，参与企业达到 92%，与定位时相比先进工会增加了 50%，较差工会减少了 68%；开展“双亮双促”，参与企业达到了 100%，通过工会组织对外挂牌、公示职责，工会干部亮出身份、承诺服务，增强工会组织影响力和凝聚力，提高职工对工会组织和工会干部的知晓率和认同度。

开展新市民素质教育培训工作，依托 1 个新市民学校培训基地、11 个基层培训站、4 个教学点，培训新市民 1 700 人。

大力加强职工书屋规范化建设和运作，新建区法院、大同镇凤翔社区和天保重装 3 家区级职工书屋，以“职工书屋”为主要阵地，深入开展“创做学习型组织，争做知识型职工”活动，加强职工队伍素质建设。

10 月 31 日，青白江区基层工会干部培训会召开

【工会经费管理】 坚持“为职工群众服务、为基层服务”的原则，严格执行财务管理制度，规范使用工会经费。按照市总工会《关于区(市)县总工会(办事处)工会经费绩效考评试行办法》优化经费支出结构，提高经费使用绩效，按规定开展财务竞赛活动。送温暖、困难职工帮扶、工会创业援助等专项资金做到专款专用。

加强工会经审组织建设，认真做好经审工作，做到各级工会经审委与全委会“三同时”。区总工会经审会对本级 2014 年度经费预算和 2013 年度财务收支决算进行了审查审计，对存在的问题及时纠正。组织人员对中国重汽集团成都王牌商用车有限公司、成都天保重型装备股份有限公司、成都飞亚曲轴有限公司等8家基层工会经费进行审计、审查,经审专用经费列入预算。

【自身建设】 深入开展党的群众路线教育实践活动。学习贯彻习近平总书记系列重要讲话精神和省委、市委、区委主要领导重要讲话精神,紧紧围绕保持党的先进性和纯洁性,以"为民、务实、清廉"为主要内容,以贯彻落实中央八项规定、省委省政府十项规定、市委市政府和区委区政府实施办法精神为切入点,坚持严的标准、严的措施、严的纪律,加强党员干部马克思主义群众观点和党的群众路线教育,切实解决"四风"问题,着力解决关系群众切身利益的问题,着力解决联系群众"最后一公里"问题。

加大工会干部培训工作力度,按照工会干部"十二五"培训规划,加强各级工会干部特别是乡镇(街道)、社区及非公企业工会干部的能力素质培训。参加市总工会举办的专项培训班16期,培训工会干部86人次。举办本级工会干部培训6期,培训工会干部625人次。探索建立工会专职工作者薪酬管理机制,选择部分非公企业工会试点建立工会主席考核机制,不断推进工会干部职业化社会化进程。

【厂务公开民主管理】 健全以职代会为基本形式的企事业单位民主管理制度,全区建立健全职代会(含职工大会)727个,覆盖中小企事业单位3 064家,建制率95.45%。其中,已建会公有制企业厂务公开、职代会建制率100%,已建会非公有制企业建立厂务公开、职代会制度498家,覆盖单位2 955家,覆盖率95%。

积极开展厂务公开民主管理工作。组织11家单位参加市厂务公开民主管理综合标准化试点工作。清泉学校被评为市级厂务公开民主管理示范单位,巨石集团成都分公司的标准化试点工作被评为A级。

(供稿人:陈培龙)

共青团青白江区委员会

【概况】 2014年,团区委在区委、区政府的坚强领导下,在团市委的精心指导下,认真贯彻落实党的十八大、十八届三中全会精神,紧紧围绕党政中心工作,立足青年成长成才需求,扎实推进各项工作,取得明显实效。青白江区"田心驿站"项目获省青年志愿服务项目大赛优秀项目奖,并获首届中国青年志愿服务项目大赛入围奖;团区委被评为四川省关爱留守学生(儿童)工作先进集体;2个留守学生暑期关爱项目被评为市级优秀项目;大弯肖家院社区12355青情家园服务中心被团市委评为市级示范点。

6月11日,共青团成都市青白江区第十二次代表大会会场

【青年创业就业】 进一步完善基础设施建设,联合相关职能部门开展优惠扶持政策宣传,征集创业项目15个,新增入园创业项目3个,培育重点项目2个,青年(大学生)创业43人,争取团中央创业就业资金3万元,市级资金2万元。实施"梦想起航"创业就业系列培训,获得"成都青年创新创业工作市级示范项目";开展农村青年技能培训,培训青年80余人。

【服务社会管理】 关爱重点青少年群体。加强留守学生之家、留守学生信息平台等基础建设,统筹社会爱心力量,开展关爱活动60余次,累计帮扶留守学生1 000余人次,两个暑期关爱项目入围市级关爱留守学生优秀项目。募集价值3万余元物资,发动社会爱心人士与265名家庭困难留守学生建立"一对一"结对帮扶;开展"爱我就陪陪我"关爱特教学生活动5次;为4名贫困高中毕业生申请"我要上大学"帮扶资金2万元;争取希望工程资金10万元,为弥牟小学购置洗漱清洁用品。

畅通青少年维权渠道。在肖家院社区设立集"教育、维权、服务"三位一体的12355青情家园服务中心,为青少年提供法制培训、维权服务10余次。开展"合适成年人"培训5次,为涉罪未成年人在法律诉讼中提供权益保障18人次;开展青春法制大讲堂、12355进校园等青少年法制教育活动14次,参与青少年2 000余人次,发放《未成年人保护法》、"青少年自护小知识"1 000余份,有效提升青少年法律意识。

【青少年思想教育】 新建团区委微信公众订阅号,配合团属微博、网站,实时发布全区青少年工作、活动动态,针对社会重大事件,主动发声,引领风向,传递正能量。推荐8位青年典型参与"成都榜样·身边好青年"评选活动;联合区委宣传部开展"践行核心价值观携手共筑中国梦"乡村好青年评选活动,推选10名区级乡村好青年;组织"奉献成就青春梦"道德讲堂,宣扬青年典型事迹,引领全区青少年学模范、争先进。

【青年志愿服务】 围绕服务"五区"建设,利用重大节会和重要节日,组织开展青年志愿服务1 000余人次,发放宣传资料10 000余份,服务群众3 000余人次;积极开展"青春献策成都发展"活动,收取青年意见建议23条,2篇获市优秀提案奖,团区委获组织奖;举办2014年"缘聚中秋·奋勇争锋"青年人才联谊活动,搭建青年人才交流平台,激励青年人才在"五区"建设中奉献青春、建功立业。

【基层团组织建设】 成功召开青白江区第十二次团代会,顺利完成团区委换届选举。新建非公企业团组织25家,指导新建直属企业团组织2家、社会组织团组织1家。对全区乡镇(街道)、重点村(社区)团干部开展业务培训,累计培训200余人次。人和乡车站村文体团支部获得四川省"五四红旗团支部"称号。

在大弯街道、红阳街道推进区域化团建,实现辖区内不同层级的团组织共建、资源共享、阵地共用、工作联动,累计开展区域团组织活动22次,建立区域品牌工作项目6个。继续实施"4个1"工程,指导大弯街道团工委建立12355青情家园服务中心,开设"晶晶热线""心灵花园"等公益项目,服务青少年1 800余人次;指导弥牟镇曙光村新建青少年之家,设置课业辅导、手工制作等公益项目,服务青少年1 000余人次。

(供稿人:胡志华)

青白江区妇女联合会

【概况】 2014年,青白江区妇联在区委的坚强领导下,认真学习贯彻落实党的十八大和十八届三中、四中全会以及全国、省、市妇代会精神,紧紧围绕"服务大局、服务基层、服务妇女"这一目标,以开展党的群众路线教育实践活动为契机,以"发展和维权"为抓手,大力实施"巾帼建功、巾帼维权、素质提升、家庭幸福、强基固本"五大行动,全面完成了区委、区政府和市妇联下达的各项工作任务,有力推进了全区妇女儿童事业的发展。

3月3日,区妇联举办婚姻家庭相关法律知识培训

【维权活动】 强化源头维权。利用"三八维权周"、国际禁毒日、消除对妇女暴力日、宪法日等重大节日,开展不让毒品进我家、反家庭暴力、预防艾滋病等法制宣传教育活动7次。配合司法机关,开展"法律七进"宣传活动,开展普法宣传讲座5场。举办留守儿童和家长性教育、性保护知识讲座,普及保护妇女儿童权益的法律法规,引导妇女群众增强法治观念,提高法律素养,推动社会形成尊重妇女、爱护儿童的良好氛围。认真做好来信来访,2014年接访126件,办结率

100%，无越级上访事件发生。深化“平安家庭”创建。围绕“平安青白江”和“法治青白江”建设，积极开展“平安家庭”创建活动和法律进社区进家庭活动，以家庭的平安幸福促进社会和谐稳定。截至2014年，全区“平安家庭”创建村（社区）覆盖率90.2%，创建“平安家庭”户覆盖率85.1%，示范镇（街道）覆盖率54.5%，示范村（社区）覆盖率26.8%。

【妇女儿童工作】 做好“两纲要”实施的组织协调、宣传动员、指导培训、监测统计、督导评估、调查研究、难点攻坚、信息报送等工作，贯彻落实国家和省、市、区妇女儿童发展纲要，协调整合各类资源解决妇女儿童关注的重大民生问题，推动妇女儿童事业健康科学发展。加强未成年人思想道德建设，举办“父母大课堂”等公益讲座30场，参加听讲1.3万余人次。实施“春蕾计划”，帮扶21名贫困学生完成学业，为10名品学兼优的困难学生发放助学金1万元。先后在大同镇凤祥社区和人和乡三元村建立市级“儿童之家”示范基地、“流动妇女平安之家” 示范点、“留守妇女阳光驿站”示范点各1个，在福洪镇字库村建“寸草心”家园留守儿童服务站1个，开展留守妇女儿童、流动妇女和困难妇女等特殊群体心理咨询、创业就业培训、拓展训练、安全演练和帮扶慰问活动。

【双学双比】 继续深化“学技能、学科学、比创业、比发展”的“双学双比”活动，以全面深化改革、加快建设幸福和谐青白江为主线，以提升城乡妇女素质、服务创业就业、促进增收致富、推进协调发展为重点，引领广大妇女为“五区”建设作出了新贡献。帮助妇女居家灵活就业。巩固居家灵活就业示范基地——大同镇凤祥社区蜀绣生产车间1个，新建弥牟镇曙光绣坊1个。开展妇女创业就业观念及技能培训1 519人次，其中“绣娘、织女”手工技能培训289人。帮助妇女增收致富。建立“巾帼科技致富示范基地”1个——青白江区承启猪业协会生猪养殖基地，培养“巾帼就业致富带头人”5名——陈蓉、罗显伦、古万俊、白德华、侯方华，妇女专业合作经济组织市级示范点1个——青白江区章奇种植农民专业合作社。开展农村妇女实用技术培训9期，帮助797人次农村妇女掌握农业新技术、新知识。帮助女大学生创业就业有新保障。建立了女大学生信息工作台账，举办女大学生创业就业指导讲座1场，建立成都逸风制衣有限公司女大学生实践基地。

【巾帼建功活动】 不断丰富“巾帼文明岗”创建内涵，利用文明岗的人力、物力等资源，结合“走基层、访妇情、办实事”开展形式多样的结对帮扶活动。开展岗村（社区）签约结对12对，为基层农村妇女儿童解难事、办实事。进一步加强巾帼志愿者队伍建设，开展巾帼志愿者活动。全区登记在册巾帼志愿者6 033人。开展“三关爱”“我们的节日”和关爱留守妇女儿童等主题活动，推进巾帼志愿服务活动常态化。2014年，区公安分局侯慧被评为成都市“十佳巾帼岗位明星”。

【家庭文化建设】 充分发挥家庭文化建设在构建和谐社会中的基础作用，开展以“扬家庭美德、树良好家风、创最美家庭”为主题的文明创建活动，引领广大妇女和家庭成员在弘扬中华民族家庭美德、树立良好家风中发挥独特的作用。举办“家美讲堂”“爱的传递”道德讲堂2场。开展优秀女性、巾帼服务标兵、女能手、最美家庭等创评活动，广泛宣传她们的先进事迹，努力提升先进妇女典型的影响力和营造妇女积极向上的氛围。先后举办“三八红旗手（集体）”“最美家庭”“优秀村（居）妇女主任”“身边的优秀女性”等评选活动和“最美家庭”故事分享等创评宣传活动。2014年，全区评选表彰区级 “最美家庭”10户、“最美家庭”提名奖10户、“优秀村（居）妇女主任”11人、“文明家庭”182户、“清洁之家”204户。获得市妇联表彰的市级“三八红旗集体”1个、“我身边的优秀女性”2名、最美家庭1户、优秀妇女主任1名、“文明家庭”180户、“清洁之家”97户、“巾帼岗位明星”1名、“最美母亲”1名、最佳少儿讲述人奖1名，陈梅荣获省级三八红旗手。开展“廉政文化进家庭”活动，把廉政文化进家庭融入最美家庭、文明家庭、幸福家庭创建活动，让家庭成为宣传反腐倡廉的重要阵地。与区检察院联合将现实生活中发生在我们身边的贪腐案件，创作成廉政小品到乡镇街道和廉政风险较大的区级部门演出，营造“人人崇廉、人人倡廉”的良好风气。联合区法院组织乡镇（街道）、村（社区）基层干部和区级部门女干部到法院旁听发生在本区的贪污、职务侵占、挪用公款等案件的庭审，接受教育。广泛开展发放《廉政文化进家庭倡议书》、征集治家格言、举办法治大讲堂、放映家庭助廉微电影等家庭助廉宣传活动，构建反腐倡廉的家庭防线，共保家庭安宁，共建社会和谐。做好“两癌”防治知识暨“关爱女性保障计划”工作。2014 年全区 10 712 名农村妇女参保，免费为 5 000 余名农村妇女进行“两癌”筛查，为 5 名“两癌”贫困妇女患者拨付专项救助资金 5 万元。

【组织建设】 认真执行中央八项规定、省委省政府“十项规定”和市委市政府、区委区政府的实施办法，坚决反对和纠正“四风”，坚持问题导向，全面完成教育实践活动领导班子整改措施 26 条，清理制度 26 个，其中废止 2 个，修改 8 个，新建 9 个，继续执行 7 个。

开展正风肃纪专项整治。建立单位正风肃纪工作台账，制定整改措施 5 条，建立班子成员正风肃纪问题台账，制定整改措施 11 条。2014 年，会议量、文件量、“三公”经费较同期分别减少 15%、17%、85%。

加强组织建设和队伍建设。召开青白江区妇女第八次代表大会，选举新一届区妇联领导班。开展妇联干部培训班 8 期，培训 960 人次。调整充实基层妇女组织 6 个，孵化培育服务妇女儿童的社会组织 5 个。加强妇联系统信息化建设。完成全区妇女儿童工作基础数据、活动开展等数据的采集和录入。

（供稿人：叶　蓓）

青白江区文学艺术界联合会

【概况】 2009 年 11 月 12 日，成都市青白江区文学艺术界联合会（简称区文联）成立。区文联是由全区文学艺术界各协会、学会联合组成的人民团体，是区委、区政府联系广大文艺工作者的桥梁和纽带，挂靠区委宣传部，有正式编制 2 名，设主席 1 名（由区委宣传部副部长兼任）。

【社会服务】 青白江区文联坚持“二为”方向、“双百”方针和“三贴近”原则，围绕市委“五大兴市战略”、打造西部经济核心增长极，推进青白江区“五区”建设等中心工作，加强文艺创作、拓展文艺交流、强化组织管理、开展文艺惠民，为推进文化发展特色区建设、促进青白江区文化大发展大繁荣起到了积极的作用。

（稿人：肖汶君）

青白江区科学技术协会

【科普宣传】 科普窗口宣传。在区公众信息网站的“部门动态”、“科普知识”等栏目中发布科普信息 310 余条。及时反映区级各部门推进全民科学素质工作，在区电视台、《新青白江》等区级媒体报道新闻共 370 余次条。以《科普大篷车》栏目为载体，不断创新科普宣传形式，在区新闻综合频道播出《科普大篷车》栏目 48 期，不断拓宽公民获取科学技术知识的渠道，提升公民科学素质，为全区“改革创新、转型升级”服务。

“科技之春”科普月活动宣传。3 月，开展以“创新驱动发展，提升科学素质”为主题的“科技之春”科普宣传月活动。全区 350 余名科技工作者参加科普活动，出动宣传车 90 余辆（次），深入乡镇（街道）、村（社区）、学校等开展科普宣传。举办各类讲座 27 场（次），参加听讲人数 13 940 人（次），现场咨询 31 550 人（次），发放各类技术资料 41 800 份，推广各类技术 21 项，放映科技录像电影 12 场（次），观看人数 12 800 人（次），发放科普挂图 310 幅，观看人数达 83 400 人（次），义诊 6 500 人（次）。

“全国科普日”活动宣传。9 月 22—26 日，开展以“创新发展，全民行动”为主题的“全国科普日”活动。区科协、区教育局联合组织大同小学、清泉学校 60 名科技爱好者参观省科技馆“科技梦·中国梦——中国现代科学家主题展全国巡展（成都站）”。在中节能祥福垃圾焚烧发电厂、食用菌展示中心、贵和高科农业、大弯中学天象馆等 4 个市级科普基地开展体验活动，2 000 余名青少年、村、社区居民参加。在大弯街道肖家院社区、化工路社区、大同镇凤祥社区，围绕安全节能、食品安全等内容开展科普宣传，1 663 名科普志愿者、社区居民参加，发放资料 1 万份。

【技术培训和技术推广】 在“科技周”期间，开展“科技进园区·十百千”科技创新宣传服务活动，举办实用技术讲座 12 次，培训科技人员 1 000 余人（次），深受广大企业和群众欢迎。在“科技之春”科普宣传月期间，发放各类技术宣传资料 41 800 份，推广各类新技术 21 项。区级企业科协申报的水轮机关键技术研究、二乙腈过滤 2 个项目获得成都市“金桥工程”优秀项目表彰。

【学(协)会】 大弯街道办事处等 51 个单位被区科协命名为青白江区科普示范单位。区优质猪科学养殖协会等 14 个单位获成都市科普示范单位称号。福洪乡优质杏产业协会、大弯街道肖家院社区被省科协列为四川省科普惠农兴村单位、四川省社区科普益民单位，分别获得奖补资金 10 万元。截至 2014 年 12 月，区科协下属协(学)会共 6 家，分别是区老科学技术工作者协会、区食用菌产业协会、区优质猪科学养殖协会、区微生物协会、区城厢水产协会、区新按摩研究会。

【院士(专家)创新工作站】 5 月 4 日，市科协等 5 家单位批复同意成都中泰新材料有限公司设立院士(专家)创新工作站，这是全区成立的第三家市级院士(专家)创新工作站。

7 月 23 日，成都中泰新材料有限公司院士(专家)创新工作站授牌仪式

【科普示范基地建设】 10 月 27 日，成都市青白江区博物馆被市科技局、市委宣传部、市科学技术协会认定为市级科普基地，获得 10 万元资助。至此，我区市级科普基地达 5 家，分别是成都市祥福生活垃圾焚烧发电厂、恒邦菌食用菌博览园、贵和高科有机农业种植农场、大弯中学天象馆、区博物馆。

（供稿人：雷　娜）

青白江区残疾人联合会

【概况】 区残疾人联合会是中国残疾人联合会的地方组织，是将残疾人自身代表组织、社会福利团体和事业管理机构融为一体的残疾人事业团体。残联的职能是代表残疾人的共同利益，维护残疾人的合法权益，团结教育残疾人，为残疾人服务。

1991 年 6 月，区残疾人联合会成立，由区民政局代管；2002 年 6 月，经区委批准，区残疾人联合会机构单设，对外独立办公。2006 年 8 月，区政府建立残疾人工作委员会。2008 年 4 月 7 日，成立中共成都市青白江区残疾人联合会党组。

7 月 1 日，省残联副理事长黄卫德一行到区调研

【组织建设】 区残联内设办公室、综合业务科、教育就业科，下设事业机构残疾人综合服务中心。建立了区、乡镇(街道)、社区(村)三级服务机构，成立了肢体、盲人、智力、精神、聋人五个残疾人专门协会。残联规章制度、工作业务流程、服务内容等标准规范。全区 11 个乡镇(街道)残联配备了主席、理事长、残疾人专干；123 个村(社区)按照市残联规范化基层残联(残协)的要求配备了主席、委员、残疾人联络员，落实相关公共服务设施，认真履行“代表、管理、服务”三大职能，为残疾人事业发展提供有力的组织保证。

【残疾人就业与培训】 2014 年，按照省、市残联就业工作要求，全面落实残疾人就业扶持政策，加强基层残疾人就业服务，规范残疾人就业运作，开展残疾人就业培训。多措并举解决残疾人就业问题。利用就业援助月等活动召开次残疾人专项招聘会 13 次，帮助 52 名失业残疾人再次就业，发放就业政策宣传单和资料5 000 余份。帮助 52 名失业残疾人再次就业，按比例分散安置残疾人 279 人，扶持残疾人自主创业 18 人、社区便民服务就业 58 人、居家灵活就业 4 920 人。大力扶持就业扶贫基地。2014 年在原有 3 个就业扶贫基地的基础上，新成立祥福镇攀越发廊家私厂、龙王镇残疾人优质生态鱼养殖培训 2 个市级示范基地。帮扶农村残疾人发展生产。实用技术培训 293 人，免费发放种、禽苗等实物，对 105 名残疾人就业培训 105 人。加大就业宣传力度。以“全国助残日”“国际残疾人日”等活动为载体，发放《残疾人就业条例》《成都市按比例安置残疾人就业办法》等宣传资料，广泛宣传残疾人就业政策法规，在全社会营造扶持残疾人就业的良好舆论氛围。

【残疾人康复】 围绕残疾人康复需求，完善康复服务保障体系，不断提高康复服务水平，增强服务能力。实施彩金康复项目，为 331 名视力残疾人配发电子助视器和眼镜式助视器。救助贫困家庭重度听力残疾儿 8 名，其中人工耳蜗植入手术后语言训练 3 人，在成都市聋儿康复中心参加聋儿语言训练 2 人，项目之外聋儿语言训练 1 人，聋儿助听器适配 2 人。开展残疾人辅助器具需求调查，摸清适配需求的种类和数量，为 926 名残疾人适配和发放 41 种各类辅助器具 960 件。帮助有康复价值和康复潜力的贫困家庭脑瘫儿童进行康复治疗。2014 年 35 名脑瘫儿童分别在八一康复中心、416 核医院、青白江区向日葵残疾儿童康复中心参加康复训练。实施白内障患者复明工程。完成贫困白内障免费手术 250 例，阳光救助重性精神病患者 72 人，为 554 名贫困精神疾病患者提供免费服药，精神病患者关爱行动全覆盖。规范运行社区康复站 2 个，开展盲人定向行走训练和肢体残疾人社区训练。

【残疾人维权】 认真贯彻中央、省、市、区关于信访工作的部署，积极稳妥地做好残疾人信访工作。做好残疾人来信来访接待登记，办理残疾人及亲友来信来访来电 230 余人次，办结率 100%。开展法制宣传教育 7 次，提供法律咨询服务 21 次，增强了残疾人依法维权意识。开展“全国助残日”“全国爱耳日”“国际盲人节”和“量体裁衣”式个性化服务，宣传《残疾人保障法》和残疾人政策，营造全社会关心、帮助残疾人和残疾人事业的良好氛围。

【残疾人帮扶】 2014 年，引导青白江义工联合会、大学生志愿者开展助残志愿活动 30 余次。与霸田美发红阳店建立长期合作关系，免费为托养中心残疾人提供爱心服务和捐赠。

建立政府资助重度残疾人购买养老保险、重度残疾人护理补贴制度。落实免费入户残情鉴定、取消残情鉴定费用等扶残助残惠残新政策，省、市、区民生工程 11 项，开展“温暖万家行”活动，走访慰问贫困残疾人家庭 1 230 户，临时救助贫困残疾人 25 名，为 100 户困难残疾人家庭发放居家生活设施补贴，落实轮椅行动和残疾人机动轮椅车燃油补贴，全额购买城乡居民基本医疗保险 7 417 人，资助参加大病医疗互助补充保险的困难残疾人 658 名；实施残疾人公办高中阶段（含职业高中）免费教育，为 23 名残疾学生全额代缴学费、住宿费、书本费、会考费、高考报名费，提高残疾人受教育水平。

【残疾人文体活动】 动员、组织各类残疾人参加职业技能大赛、残疾人摄影比赛等文体活动。2014 年 8 月组队参加青白江区首届全民健身运动会暨第四届运动会，选拔了一批体育苗子。2014 年 3 月听力残疾人陈明的画作获得国际残疾人艺术家竞赛二等奖。大同镇凤祥社区、福洪镇杏花村创建基层残疾人群众文体活动示范点。

【残疾人服务】 为残疾人提供“量体裁衣”式个性化服务。建立“量体裁衣”式个性化服务工作机制，提高基层残疾人工作者业务素质和能力水平，加大“量体裁衣”式个性化服务工作的督查和指导，不断提升工作质量不断提升，保障残疾人各项权益保障。2014 年，全区“量体裁衣”式个性化服务入库人数 14 675 人，制定和落实个性化服务 144 284 人次，人均服务 10.52 项次。

（供稿人：罗李洪）

青白江区红十字会

【概况】 2014年，青白江区红十字会认真履行党和政府在人道救助领域的助手职能职责，积极改善最易受损害群体境况，深入开展备灾救灾、应急救护、惠民救助、募捐筹资等工作。2014年获得中国红十字会总会“纪念中国红十字会建会110周年全国青少年红十字运动和防灾减灾知识竞赛最佳组织奖二等奖”。

【项目建设】 援建(助)项目4个、资金157.79万元。援助区特殊教育学校20万元，建立自闭症、唐氏等感觉统合失调儿童康复训练的感觉统合训练室。援助区特殊教育学校价值120万元的特殊教学用车1辆。定向援助人和乡三元村3万元，用于村道建设。援助区人和学校14.79万元，实施“博爱青白江——红十字·人和学校热饮工程”，为人和学校1 300余名师生安装全封闭电热水设备20台和专用配套供水管道。

【惠民救助】 深入开展惠民救助，打造特色救助品牌。开展“博爱青白江——红十字·救急行动”、爱心结对帮扶、红十字博爱送万家、关爱留守儿童、云南鲁甸地震灾害救助、红十字爱心接力助学、救助贫困学生、红十字救助先心病贫困患儿、救助白血病患儿、救助唇腭裂患儿等10个救助救援项目，累计救助资金32.95万元，救助4 151人。

1月14日，区红十字会博爱送万家活动现场

【募捐筹资】 创新筹资思路，通过打造自身品牌救助项目、上门走访企业、现场募捐、在公共场所设置视频募捐箱、开展“10·19”成都慈善日募捐活动、主动与上级红会沟通等多种形式，动员社会各界参与红十字事业，共筹集捐赠资金61.18万元。其中，慈善日募集53.45万元，日常募集7.73万元。

【红十字宣传】 围绕红十字重要时点，大力弘扬红十字精神、传播红十字运动的基本知识，不断加强社会主义精神文明建设和思想道德建设。开展“5·8”世界红十字日、“6·14”世界献血者日、“10·19”成都慈善日、世界急救日、“12·1”世界艾滋病日、义务献血、遗体捐献等宣传活动。

【应急救护培训】 2014年，将应急救护培训工作与“博爱家园——红十字应急救护志愿服务进社区”志愿服务活动有机结合，深入机关、事业单位、企业、社区、学校、家庭扎实开展应急救护知识“六进”活动。组织全区8 000名中小学生参加“纪念中国红十字会建会110周年全国青少年红十字运动和防灾减灾知识竞赛”，获得最佳组织奖二等奖。2014年开展急救员培训35期，培训合格急救员1 513名；开展应急救护知识普及培训30期，普及培训5 300余人；派送4名热心公益事业的医务人员参加市红会师资培训、派送1名优秀培训师参加总会师资提高班培训。

【志愿者服务】 围绕城市文明程度指数测评和安全社区建设，开展“博爱家园——红十字应急救护志愿服务进社区”志愿服务、红十字应急救援、红十字健康关怀、红十字人道救助、关爱留守儿童等志愿者服务活动。

(供稿人：李光霞)

青白江区工商业联合会

【概况】 青白江区工商业联合会(简称区工商联)，办公地址：成都市青白江区大弯街道便民路6号新政务中心19楼。区工商联在岗职工15名，全区商会会员466名。2014年，新发展会员单位6家。

【组织建设】 组织学习十八届三中四中全会、省委十届四次全会、市委十二届三次全会和区委十届七次全体会议精神。组织机关干部参加市工商联举办的“市委党校主体班”“助推民营经济发展流动学校”等业务知识培训。认真落实企业联系制度,定期召开企业联系会议。

4月,成立青白江区建材行业协会。4月8日,批复同意成立成都市青白江区家居装饰材料行业协会。6月,召开区机械商会换届大会,选举天保重装董事长邓亲华担任青白江区新一届机械商会会长。

【群众路线教育】 认真开展党的群众路线教育实践活动,组织集中学习及相关专题讨论18次,征求意见建议317条,梳理形成班子问题台账25条,个人问题台账75条。班子成员对照检查材料反复修改完善27次。班子成员间开展交心谈心12人次。8月13日,召开专题民主生活会,会上相互提出批评意见18条。

整改落实、建章立制。制定整改落实方案、专项治理方案及制度建设计划,形成班子成员个人问题整改清单,修改完善制度11项。

【教育培训】 3月26日,召开区工商联执委会议,传达学习全区企业工作会精神;5月16日,召开区工商联常委会议,开展企业规范化管理专题交流活动。

4月16日,区工商联邀请四川省工商联巡视员、四川省社会主义学院、四川大学客座教授钱卫东到区,开展“追求卓越、践行功德、坚守幸福”主题培训,区工商联执委企业55家,区机械商会、区餐饮协会、区房地产协会、区五金机电流通商会等行业商会的民营企业家参加了培训会。

4月21日,组织民营企业家到建川博物馆参观,35家规模企业负责人参加了教育活动,省政协常委、博物馆馆长樊建川为企业家做讲解, 开展了交流活动,进一步凝聚了民营企业家爱国主义情结。

(供稿人:高云翔)

青白江区社会科学界联合会

【组织机构】 青白江区社会科学界联合会(简称区社科联)2007年1月30日正式成立,按照“有机构、有编制、有经费、有场地”的四有要求,认真抓好组织建设。区社科联挂靠区委宣传部,由区委常委、宣传部长兼任名誉主席,分管副部长兼任主席,有正式编制4名,顾问11名、副主席8名、秘书长1名。落实了办公经费和办公场地,保障各项工作的顺利推进。

【组织建设】 逐步建立了学习、主席办公会议、学会管理办法、课题立项管理办法等规章制度,确保工作常规化。邀请省、市社科专家到区指导工作、举办讲座、开展咨询、参与课题研究,主动争取并得到省、市社科联的大力支持和悉心指导,不断提升区社科联工作水平。加强与周边兄弟区(市)县社科联的横向联系,学习、借鉴先进经验,拓展工作思路,共享社科资源,不断提升全区社科工作水平。

【社会服务】 2014年,区社科联先后举办“养生与健康”“增强法律意识,维护自身权益”“牢固树立法治观念,全面推进依法治国”市民大讲堂专题讲座和为基层干部群众作专题宣讲报告10余场次。完成《新形势下密切联系群众路径研究》《青白江区养老事业研究》等区级调研课题8项,其中《青白江区产业布局及产业结构调整的调查研究》等3项,被列为市级课题并成功结项。

(供稿人:肖汶君)

政法军事

POLITICS, LEGISLATION & MILITARY AFFAIRS

政　法

【概况】 2014 年，青白江区认真贯彻中央和省、市、区委决策部署，用习近平总书记重要讲话精神武装干警头脑、统领政法工作，尽职尽责、真抓实干，推进“平安青白江”、“法治青白江”和政法队伍建设，为切实维护全区和谐稳定、保障人民安居乐业做出了新贡献。青白江区在全省平安建设满意度测评中位列全市第一，全市治安满意度测评位居二圈层第二，再次被成都市上推荐为“省级平安先进区”。

12 月 12 日，区委书记刘筱柳主持召开全区维稳工作专题会议

【维护社会稳定】 青白江区围绕中心工作，维护全市稳定大局。进一步健全情报信息预警机制、矛盾纠纷调解机制、应急联动处置机制和重大决策社会稳定风险评估机制，全力做好重大安保维稳工作。2014 年开展拉网式排查 12 次，专项排查 7 次，收集各类维稳信息 610 余条，梳理汇总不稳定因素 100 余条，突出涉稳问题 31 个，妥善化解 80 余条，20 余条均在稳控之中。实施整体联动、协同作战“大联动”处置机制，成功处置突发小范围事件 44 件次，群体性事件处置率 100%。健全风险评估机制，对“川化集团分流富余人员”、“新发展主城区公交线路”、“重庆渝快物流投资建设物流交易中心”等 6 个重大事项进行了风险评估。重点部位实行武装巡逻、警戒守卫和 24 小时设卡检查，督导检查重点防范目标 11 个。圆满完成“两会”、十八届四中全会等重大时间节点的安保维稳任务，全区没有发生影响国家安全和社会政治稳定的重大事件，实现“大事不出、小事可控”的目标。维稳办信息科被评为全省维稳工作先进单位。

【综合整治】 深入开展“打击两抢三盗一诈骗”、“百城禁毒会战”等专项斗争，严打各种暴力犯罪和严重影响群众安全感的方面性犯罪，全区受理各类刑事案件 2 431 件，同比下降 1.1%，破案 711 件，同比上升 5.5%。其中，破“两抢两盗”方面性案件 253 起，同比上升 39.8%。启动“天网”工程四期和应急联动指挥中心建设，改造高清点位 300 个，组建群防群治人员 4 000 余名。11 处重点整治部位、路段，共发刑事案件 66 起，同比下降 51.47%。继续开展市、区两级平安示范村（社区）创建活动，“居民自治、共建平安，户户联勤、共保平安，部门齐动、共添平安”的工作做法受到市综治办肯定，并在全市推广。组建政法系统基层法治服务团，连续 5 天在全区 11 个乡镇，开展法制培训，培训镇、村、组干部 1 400 人。区公安分局在区电视台、开设“平安青白江”栏目，设置“综治视线”、“综治曝光台”、“老鲁说防”等六大板块，制作节目 20 期，总时长超过 150 分钟，增强群众法律观念和防范能力，进一步提高人民群众安全感和满意度。建立区域性调解组织 2 个、行业性、专业性调解组织 20 个，配备专兼职调解员 136 名。探索“坐诊式接待受理”、“巡诊式排查化解”、“会诊式分析研判”和“急诊式应变稳控”的调解运行机制。建成红阳怡湖西苑“和融调解文化大院”、大同凤祥社区“和畅调解文化大院”等 21 个“十和”调解文化大院，打造红阳城市生态绿廊调解文化长廊、城厢家珍公园调解文化茶园等大调解文化精品，形成“点、线、面”相结合的大调解文化宣传带。2014 年各类调解组织受理并解决各类矛盾纠纷 1 795 起，调处成功率 90%以上。

【社会管理】 以网格化管理、“三无院落”建设为抓手，切实提高社会服务管理水平。坚持以项目推进网格化服务管理，全区划分 387 个网格，申请并激活各级终端账号 340 余条，安装调试信息系统 160 余个，配发手持终端机 243 部，网格服务四级管理体系基本形成，初步实现全区网格服务管理全覆盖。以网格为收集单元，指导网格员入楼、入户采集基础信息，采录各类基础数据 72 万余条，收录并处理社情民意、邻里纠纷、民生服务等事项 3 000 余件。坚持“改得顺、改得靓、改得久、改得远”工作思路，推行“实施院落自治管理、完善院落物业管理、推行院落网络管理”模式，全面完成主城区 25 个“三无院落”改造。探索破产企业居民院落整治方法得到市委政法委肯定，四川电视台、《四川日报》《成都日报》等省、市媒体对“三无院落”改造作了专题报道。

【队伍建设】 认真贯彻落实中央八项规定，扎实开展党的群众路线教育实践活动和“转变作风，司法为民”活动，推进中央巡视组反馈问题整改，纠治涉法涉诉中损害群众利益的突出问题。收集政法基层单位和个人先进事迹，编印《踏石有印—青白江区政法系统先进事迹汇编》，用身边事教育身边人。深入开展“走基层”活动，累计安排 10 余万元帮扶白马村完成院落产业大道修建、提灌站建设等民生项目。严格按照德才兼备、政绩突出、群众拥护的用人原则，选拔任用政法委行政办公室主任 1 名。切实履行廉政主体责任，狠抓源头治理，深化廉政风险防控工作，建立和完善岗位风险防控体系，梳理和明确 5 个科(处)室和 1 个事业单位的职责，绘制内部职权业务流程图 11 张，查找风险点 33 个，制定防控措施 78 个。加强能力素质建设，分层分级分类开展执法司法业务轮训，政法队伍的综合素质进一步提升。区委政法委孙军被评为省委政法委系统先进个人。

9 月 12 日，区委常委、政法委书记范维主持召开工作协调会

（供稿人：屈峰）

审　判

【概况】 2014 年，区法院以邓小平理论、“三个代表”重要思想、科学发展观为指导，在区委的坚强领导、区人大及其常委会的有力监督以及区政府、区政协的大力支持下，深入贯彻落实党的十八届三中、四中全会和省、市、区委各次全会精神，扎实开展党的群众路线教育实践活动，紧密围绕区委中心工作，深化司法体制机制改革，狠抓审判执行第一要务，夯实诉讼服务基础，强化法院队伍建设，践行宗旨司法为民，深化改革维护公正，夯实基础提升公信，各方面工作取得了新的进步。共受理各类案件 4536 件，审结 4 246 件，同比分别增长 26.7%、24.2%，结案标的额 113 623.22 万元，同比增长 62.59%。

11 月 12 日，区委书记刘筱柳视察法院工作

【刑事审判】 2014 年受理一审刑事案件 317 件，审结 317 件，结案率 100%，判处罪犯 445 人。贯彻落实全市法院第八次刑事审判工作会议精神，根据全区各类刑事犯罪的现状、规律、特点，依法严惩盗窃、危险驾驶、交通肇事、故意伤害、抢劫、贩毒、生产销售假冒伪劣、有毒、有害食品等突出犯罪，审结此类案件 224 件，判处罪犯 293 人。认真贯彻“教育、感化、挽救”方针，做好未成年人犯罪案件审判工作，建立轻罪记录封存等制度，首次适用合适成年人制度审理未成年人犯罪案件，保障未成年人健康成长。加大力度惩治职务犯罪，判处贪污、贿赂、挪用公款等案件 9 件 11 人。积极参与特殊人群帮教管理，与有关部门共同推进社

区矫正等工作，促进社会和谐稳定。贯彻新修订的刑事诉讼法，严格执行非法证据排除规则，大力推进量刑规范化改革，探索轻微刑事案件快速处理机制，加强刑事和解中被害人合法权利保护，审结本区首例强制医疗案件。加强沟通协作，组织召开由法院、检察、公安、司法参加的刑事诉讼工作联席会，提高刑事案件的办案质量和效率。

【民事审判】 受理各类民商事纠纷案件3543件（含旧存178件），审结3 290件，同比分别增长37.22%、36.63%。针对2014年商品房合同纠纷大幅增长的情况，区法院从大局出发，建立完善特殊案件效果评估制度，加大调解工作力度，妥善处理涉及商品房预售合同纠纷1413起、追索劳动报酬纠纷以及建设工程合同纠纷等案件，化解一系列群体性信访、闹访事件，多名当事人送锦旗致谢。妥善审理买卖、金融、租赁、民间借贷等合同纠纷547件，规范市场秩序，防范和化解合同风险。审理机动车交通事故责任纠纷案394件，积极化解矛盾，切实维护防止当事人的合法权益。谨慎对待婚姻家庭、继承、赡养纠纷案件，双方情绪对立、引发极端行为，努力消除当事人之间的隔阂，增进社会和睦。办理协助台湾地区送达民事司法文书案件6件。

【行政审判】 受理一审行政诉讼案件与区政府法制办签定《关于进一步加强行政调解与司法协调衔接配合工作的指导意见》。参加区技术监督局“开门审案”活动2次。行政机关业务指导100余人次。

【执行工作】 高度重视弱势群体和困难当事人的合法权益，依法采取各种执行措施，积极化解当事人双方矛盾。2014年受理执行案件678件（含旧存25件），执结641件，结案率94.54%。深入开展长期未结案件专项清理，通过“假日执行”等形式打击被执行人规避、抗拒执行的行为。开展涉民生专项集中执行活动，建立审执联动机制，在法院内部形成审执一体的工作格局。开展“转变执行作风，规范执行行为”专项活动，深化执行公开，以公开倒逼和排除消极执行，增强执行透明度，接受当事人和社会的监督，进一步提高执行效率。区法院采取对失信被执行人曝光，多名被执行人迫于舆论压力，主动履行了法律义务。对2起案件中拒不履行法院生效判决、涉嫌构成犯罪的被执行人移送公安机关立案侦查，保障了生效法律文书的权威性。化解涉执信访工作，坚持“标本兼治、重在治本”，健全落实涉执信访预防化解工作机制，妥善处理多起有信访苗头的执行案件。涉执信访率0.63%，同比下降0.12个百分点。

【司法为民】 开展党的群众路线教育实践活动，进一步完善便民措施。坚持以“巡回法庭”、“坝坝法庭”的形式，选择典型的婚姻家庭纠纷、人身损害赔偿案件，将法庭设在村民家中、场镇集市、社区广场、学校、企业、驾校等场所。组织巡回审判110次，近8 400人次参与旁听。对确有困难的当事人实施司法救助，为166件案件的255名当事人减免诉讼费69 546元。选择162件对普及法律知识、提升法律意识、弘扬传统美德具有积极正面意义的、社会关注度高的、与普通群众日常生活密切相关且案情不太复杂的案件，邀请人大代表、政协委员、单位职工、社会群众等各界人士150人(次)参加旁听。深化院长“四公开”平台的建设应用，畅通群众诉求渠道，全方位接受和处理群众咨询、投诉、举报，听取社会各界意见建议。开通全市统一的12368院长公开电话。在互联网上向社会公开各类审判信息10 750条。推进司法民主，完善人民陪审员制度，人民陪审员参审案件365件。

【司法鉴定】 规范对外委托鉴定、评估、拍卖工作，在市中院确定的名单中选择鉴定、评估、拍卖机构，涉及需要抽签决定机构的程序全部在网上平台操作，确保公平、公正、公开。受理各类对外委托案件104件，其中：伤残等级23件，文鉴及印章类鉴定29件，工程质量鉴定1件、产品质量1件，评估类22件，审计8件，拍卖20件。结案78件，正在鉴定26件。向业务庭开展技术咨询5件次。拍卖公告公开101案，比例100%，当事人对鉴定意见的认可率达到100%。

【队伍建设】 加强法官素质和能力培训，坚持长期教育和短期培训并重，加大学历教育和岗位培训力度。本科、硕士以上学历78名，占全院干警总数的96.29%。选送干警参加“全市法院审判运行机制专项培训”、预备法官集中培训、“能动司法大讲坛”专题讲座等培训92人次。举办书记员技能、法警业务技能、新进人员岗前培训、法官业绩评价系统软件、文书(公文)写作等培训班以“老带新”的形式向青年法官传授审判经验。认真开展“人民法官为人民”、争创“两个一流”、“双好”等主题教育实践活动,着力打造人民信任的法院和法官形象。严格执行“五个严禁”、“五个不准”的廉政规定,紧密结合审判实践,构建惩治和预防腐败体系。贯彻落实中央、省、市、区关于改进工作作风、密切联系群众的各项规定,构建不易、不能、不敢腐败的司法廉洁防控体系,受理纪检监察信访11件。完善反干扰机制,构建“防火墙”和“隔离带”,营造依法独立审判的内外部环境。以“公正执法、一心为民”为宗旨,以“审务效能和作风建设”、“五禁两规”、“两查两提升”、“作风整顿”、“走基层”等活动为载体,全方位践行“司法为民”要求,严查问题,狠抓整改。班子成员切实履行“一岗双责”,率先垂范,在坚持廉洁从政和严肃纪律作风上起好示范作用。加大督察力度,规范干警行为。整改社会反映强烈的诉讼“四难”和接待群众“冷、硬、横、推”问题,完善诉讼引导,强化窗口职责,规范法官约见,合理安排接访,努力为群众参与诉讼活动提供规范高效的服务。按照“走基层、解难题、办实事、惠民生”的要求,认真落实“挂、帮、包”和“双报到”等工作,对接帮扶村2个、社区1个、困难群众116户,切实帮助群众解决具体困难。

(供稿人:侯咏梅)

检　　察

【概况】 2014年,在区委和上级检察院的坚强领导下,区检察院始终坚持科学发展观和正确的执法观,深入贯彻落实党的十八大和十八届三中、四中全会精神,紧紧围绕全区工作大局,依法履行检察职能,主动服务全面深化改革和促进依法治区,为推动“五区”发展作出了积极贡献。

【维护社会稳定】 区检察院始终将维护稳定作为首要责任和服务全区中心工作的切入点,严厉打击各类刑事犯罪2014年审查批准逮捕各类犯罪嫌疑人303人,起诉494人。坚持依法从快、从严惩处,加大对毒品、赌博类犯罪的打击,起诉容留他人吸毒犯罪13

11月17日,区委书记刘筱柳到区检察院调研

人,起诉开设赌场犯罪26人。保障群众居住出行安全,开展打击“三盗两抢一诈骗”专项整治,起诉95人。严厉打击影响公共安全的犯罪,起诉交通肇事、危险驾驶犯罪90人。积极回应社会关切,起诉生产、销售“毒豆芽”等有毒有害食品犯罪2人。完善来信、来访、电话、网络“四位一体”的群众诉求表达机制,与区委政法委、区信访局建立重大疑难信访案件报请制度,集中清理化解涉检信访案件4起。依托检察工作室(点),受理控告、申诉、举报线索55件。主动协调民政部门,对符合条件的刑事受害人及其家属实施司法救助4件。办理首例强制医疗案,依法将持刀砍伤他人的精神病人庄某强制送医治疗,彰显司法人文关怀,有效消除社会安全隐患。

【惩治和预防职务犯罪】 通过“抓系统、小专项”等工作方式,深挖窝案串案。立案查办贪污贿赂、渎职犯罪19人。突出查办大要案和行贿受贿犯罪,立案侦查处级干部3人,受贿犯罪4人,行贿犯罪4人。围绕解决人民群众最关心、最直接、最现实的利益问题,查办医疗卫生领域职务犯罪5人,工程建设领域4人,涉农领域2人。通过办理案件,纯洁干部队伍,顺应群众期盼,为营造风清气正的政务环境发挥了积极作用。加强行业预防、系统预防和专业预防,发挥“智库”优势开展预防咨询,提出预防意见21条。开展行贿犯罪档案查询100次,推进社会信用体系建设。深入大型国有企业调研8次,掌握职务犯罪易发环节,对重点岗位和管理人员开展预防警示教育7次。相继在11个乡镇(街道)进行巡回预防宣讲,受教育群众2 000余人次。通过廉政小品、微电影等文化载体,创新预防宣传方式，增强预防宣讲效果。

【法律监督】 积极回应人民群众对法治建设的新期待，着力加强和改进法律监督职能，牢固树立程序意识、证据意识，加强侦查监督。追加起诉漏罪 17 条、漏犯 9 人，书面提出纠正违法 12 件。加强审判活动监督，提出刑事抗诉 3 件，发出民事再审检察建议 3 件。加强刑罚执行和监管活动监督，建立完善驻所检察室与区看守所的监控联网系统，实时查询在押人员信息和羁押期限变动情况，严格执行换押制度，纠正和防止超期羁押，连续多年保持“零超期”。注重对社区矫正的检察，确保 270 名监外执行罪犯档案齐备、矫正措施严格落实。建立案件评查长效机制，复查案件 112 件，对 18 件不起诉案件开展重点督查，确保办案质量经得起历史检验。

【规范化建设】 坚持党的领导、人民当家做主和依法治国的有机统一。用党章指导党建，切实加强自身思想建设、党性教育和职业道德建设。通过贯彻执行“八项规定”、深入基层直接联系服务群众“五个一”活动、对照“四风”剖析不足等活动，全院干警的党性观念和宗旨意识进一步增强。积极邀请区人大专题视察指导检务公开改革情况。深化代表联络工作，建立院领导直接联系制度，走访省、市、区人大代表 150 余人，听取意见建议。开门办案，先后邀请人大代表 100 余人参加接访、观摩庭审、执法回访等活动，切实把代表的关心和支持转化为改进工作的动力。

【队伍建设】 以增强业务实战能力为核心，将实训作为教育培训的重点，为打造业务精通、执法为民的检察队伍发挥积极作用。强化带头引领，建立检察长办案制，实现检察长审讯、出庭公诉常态化。加强学习型检察院和学习型检察官建设，每季度开展一次业务测试，努力培养专家型人才，选送检察骨干到清华大学、国家检察官学院参训，开展小规模、多样化实战训练，培训覆盖面 100%。支持鼓励干警参加学历教育，打造高水平、专业化人才队伍。

2014 年区检察院正式在编干部 57 名（缺编 6 名），其中政法专项编制干部 51 名，事业编制干部 6 名。副处级以上干部 23 人、正科级干部 9 人、副科级干部 14 人、科员 9 人，试用期 2 人。具有大学以上文化干部 55 人，占总数的 95%，其中硕士研究生 22 人（8 名在读），占总数的 39%。

（供稿人：周金花）

公　　安

【概况】 2014 年，青白江区公安分局在区委、区政府和上级公安机关的坚强领导下，以党的十八届三中、四中全会精神为引领，认真贯彻落实省厅“三化建设”和市局“一二六”工作部署，深入推进党的群众路线教育实践活动，新一届分局党委班子按照“头年打基础、次年上台阶、三年见成效”的总体规划，团结带领全局民警奋勇拼搏，不断推动各项公安工作创新发展。2014 年，破获刑事案件 639 件、移送起诉犯罪分子 539 名，查处治安案件 915 件、行政拘留违法人员 528 名，强制戒毒 55 人，抓获网上逃犯 92 名，采集刑侦基础信息 5 600 余份，收集各类社会资源信息 35.9 万余条，积极稳妥地处置 44 起闹事事件，圆满完成各项安保、警卫任务 40 余次，确保全区社会政治稳定和治安大局持续平稳。

8 月 6 日，公安部监管局副局长黄智元一行到区看守所检查指导工作

【维护社会稳定】 面对日趋严峻的反恐防暴形势，分局党委及早部署、提前谋划，全面提升反暴恐犯罪和维护社会稳定的能力。强化反恐维稳工作部署。针对“两会”、“六四”、“四中全会召开” 等重要政治敏感节点，进一步完善应急处置预案，投入 300 余万元，新装备了运兵车、快反巡逻车、狙击步枪、防弹盾牌等反恐

防暴器材，组建一支快速反应专业队伍。推行“有警处警、无警巡防”的110接处警前移模式，在各大商业广场、重点路段和党政机关驻地部署常态化警务工作站，加大显性用警力度，全面提升快速反应能力。强化重点群体和邪教组织的监控。国保大队和各派出所对国企改制、征地拆迁、涉军群体等八类重点群体进行全面排查，逐人建档，逐人稳控，做到“底子清、情况明、不漏管、不失控”。排查各类不稳定因素160余起，甄别预警性和内幕性情报信息26条，在防范工作中发挥了重要作用，特别是驻区国企改制转型期间，坚持提前介入、及时掌控，积极帮助属地党委政府和企业排忧解难，确保川化股份富余人员分流期间的社会稳定，为全市其他区(市)县处置类似问题提供有益经验，工作成效被市局维稳支队纳入经典案例予以推广。查办利用邪教危害社会、破坏法律实施案件2件，捣毁邪教聚会点1个，完成教会活动安保任务一次。强化情报信息和网上舆情掌控。网监大队和国保大队对网上负面舆情进行导控，落地处置网上发表负面舆情10余人次，对网上敌对言论进行反制，在“六四”25周年推特舆论反制行动中，协助相关部门成功阻止了“六四天下围城”网络舆情活动。2014年收集上报网络信息208条，名列全市前茅。

强化单位内部稳控。国保大队和各派出所深入辖区重点内保单位开展安全检查，排查整改安全隐患70余处，稳妥处置涉校治安案件4件，与多个部门联合执法，整治川化、攀成钢驻区国企周边的治安环境。圆满完成2014年中、高考安保任务。强化信访问题整治。以“抓源头、打基础、强机制、促规范”为重点，积极适应信访工作改革的新变化，通过带案下访、领导包案、集体会商机制，妥善化解了省厅、市局交办的2起信访案件。2014年接待群众来信来访164件，化解矛盾纠纷3 320余起。

【打击违法犯罪】 立足主责主业，突出侦查打击的尖刀拳头作用。组织开展打击“两抢三盗一诈骗”、“肃毒害·保平安”、“涉赌电玩整治”等各类专项行动，始终保持对违法犯罪活动的高压严打态势。2014年，立现案2 294件，破案639件，同比上升2.7%，其中破侵财类案件480件，同比上升10.1%；打击539人，同比上升32.43%。加强专业力量建设。围绕建设“平安和谐青白江”的总体目标，对全局现有警力进行优化整合，重点充实了刑侦、经侦、禁毒、网监、情报、治安和派出所辖区刑警中队。充分发挥专业警种的尖刀作用，快速侦破了“民族花园绑架案”“冯丹入室抢劫案”“卢小杰拦路强奸案”“周谢、张家全抢劫案”等一批重特大案件。其中，“民族花园绑架案”被中央电视台《今日说法》《第一时间》等栏目以及北京卫视、重庆卫视、江苏卫视等多家媒体宣传报道。严厉打击多发性侵财犯罪。坚持“打团伙、打系列、打现行”的工作思路，以强化刑侦技术和信息化运用为突破口，充分利用现有网络、视频资源，特别是天网、社会监控等，结合辖区发案突出和影响恶劣的方面性犯罪，成功进行案件的串并分析，打掉方面性犯罪团伙36个，成功侦破了公安部部督“5·30信用卡诈骗案”“巨石集团成都分公司成品玻纤大量被盗案”“罗文系列盗窃诈骗汽车团伙案”等案、团伙案252件，打掉涉恶团伙3个，侵财类案件破案数同比上升14.9%。坚决遏制黑恶势力滋生。落实“打黑除恶”工作责任制，严防黑恶势力滋生蔓延，特别对征地拆迁、砂石开采、建筑等容易滋生黑恶势力的行业，加大控制力度，对黑恶犯罪做到“露头就打”。打掉恶势力团伙3个、处理恶势力人员13名、破案9件、破涉枪案件4起。严厉打击经济领域犯罪。针对近年来食(药)品和涉众型经济犯罪领域出现的新苗头、新问题，做精做强经侦专业队伍，先后对“奇乐吧”涉嫌传销、融资风险等问题进行预警和摸排，率先打掉了省内以“奇乐吧”网络游戏平台为幌子传销案中罗毅、黄作俊等人为首的重要分支；破获李金东、高利君等人非法吸收公众存款案，涉案金额近2亿元；破获了青白江区首例生产销售“毒豆芽”案和“毒笋子”案，严厉打击违法添加有毒害物质商贩；联合区食药监部门连续捣毁三个制售‘地沟油’窝点。严厉打击毒品犯罪。以遏制新型毒品犯罪、整治娱乐场所涉毒问题为重点，建立娱乐场所管理档案，严格审查从业人员、严格管理，有效遏制了新型毒品蔓延的势头。深度经营线索，多次组织开展以“堵源截流、打击零包贩卖”为重点的集中行动，先后破获涉毒刑事案件67件，同比上升19.64%；打击处理毒犯84人，同比上升40%；行政拘留吸毒人员303人，同比上升27.3%。

【治安管理】 狠抓基层基础工作，在社会治安综合治理中主动出击、有效作为，大力提升治安管理和治安防范能力。2014年，受理刑事案件2 490件，同下降

9月19日，成都市副市长、市公安局局长左正到区公安分局调研

3.1%。突出的入室盗窃、盗窃电瓶车等严重影响群众安全感和满意度的方面性案件得到遏制，实现了“发案少、秩序好、群众满意”的目标。巡逻防控精细化。建立每周警情研判机制，坚持警力跟着警情走，科学指导防控警力部署，坚持显隐结合的用警模式，把警力最大限度摆上街面，强化便衣巡线捕现，全面提升巡逻防控效能。积极推动科技助防。加强公安信息化建设，完成全区应急联动指挥中心方案以及应急联动系统、中心机房两个项目的招标工作，已投入施工建设。进一步加大“天网”工程和“电子眼”建设力度，全区运行二、三级公安监控平台13个，新建成高清天网监控探头300个，完成相关配套设备升级改造，基本实现重点部位全覆盖。做实做强基层所队。加强人员、装备、经费、机制等方面建设，以第六轮科级干部竞聘为契机，选拔10余名有丰富侦查工作经验和实战经验的干警到派出所任职。提高一线所、队经费保障标准，积极争取区委、区政府支持，新招录100名辅警充实到所、队，缓解了一线警力不足的问题。做精做细社区警务工作。积极协调政法委、综治办等部门，建立和完善全区网格化联动防控机制，对全区34个警务室进行清理、改造，推进“一标三实”工作，集中开展民警(多警种)下社区活动，编印《社区民警工作手册》，指导社区民警开展工作，把社区警务打造成为公安基层工作的第一道基石。狠抓突出治安问题专项整治。深入开展缉枪治爆专项整治，常态化开展涉枪涉爆涉危重点单位安全检查，收缴社会上流散的枪支弹药和管制器具，消除安全隐患。深入开展扫黄禁赌专项整治行动，查办“黄赌”案件102件、行政拘留170人，取缔无证经营场所5家，净化了社会风气。

【户政管理】 户政办证中心以建立“亲民、爱民、为民”窗口为主线，以“让群众满意”为目标，不断拓展各项便民、利民措施，全面建设“4S”办证中心。2014年获得“成都市工人先锋号”荣誉称号。深化延时服务举措。实行全天候延时服务，早上提前上岗，中午12:00–13:00安排窗口民警值班，坚持不间断服务，下午推迟下班，始终保持办证窗口有民警办证，直到接待完最后一名办事群众。着力构建新型服务体系。办证中心推行八条便民举措，优化服务质量，打造亮点窗口品牌。配备一名工作认真、仪表端庄、具有亲和力的女性工作人员在大厅门口担任引导员，引导群众到相应的窗口办理业务，主动为老、弱、病、残、孕全程代办相关业务。进一步敞亮“绿色通道”，为群众提供定期、定向服务。在元旦、春节期间为返乡群众开辟绿色通道，在节假日安排值班民警开门办公，解决上班族和学生办证需要。积极开展专项行动。按照市局统一部署，开展户口登记管理专项清理整顿工作。针对“同名、同出生日期”人员的清理，办证中心对4 016名人员进行比对甄别，确定同人重户人员26名，注销重户信息人员19名。通过人相比对系统核查疑似重户人员566对，查实重户87人，注销54人。清理全区年满十八周岁未办二代证人员1 452人，发现重户36人，注销重户32人。做好日常户政工作。2014年办理出生入户3 313人，凭准迁证入户2 879人，其他入户3 425人，注销户口2 866人，市(县)内移居13 253人，户口主项审批302件，准迁证2 204件，迁移证469件，办理边境通行证157个，未征地转已征地6 492人，办理二代身份证20 652个，办理临时身份证7 776个，发放身份证18 613个。办理户口信息查询7 000余人次，换发户口簿1.8万余本。 出入境窗口不断优化服务举措，提高窗口服务水平。2014年全区登记境外人员868人次，其中散居577人次，涉外宾馆、饭店登记291人次，现有常住境外人员30人、其中台湾同胞25人，外国人5人(日本1人〈寄养〉、英国3人〈就业〉、韩国1人〈探亲〉)。依法受理出国“三证”(护照、港澳通行证、大陆居民往来台湾地区通行证)申请29 887人次，其中申办护照8 428人次、港澳通行证14 443人次(含签注)、大陆居民往来台湾地区通行证7 016人次(含签注)。报备法定不批准出境人员365人(新增248人，续报14人，撤销102人、复控1人，合格率100%。)。

【公安法制】 法制工作以深化执法规范化建设为主线，以办案区“四个一律”专项检查、执法检查“回头看”等活动为切入点，以提高办案质量和执法效能为目标，切实保障公安机关严格、公正、文明、理性、平和执法。开展法制培训。

2014年组织全局性执法培训7次，参训1 000人次；对各单位专（兼）职法制员开展跟班培训10期，每期2名法制员在分局法制大队跟班工作一周。按照省厅“三化”建设要求，根据“练兵先练长，长强带精兵”的工作思路，从6月25日至7月18日在市局教育训练基地举行四期科级领导干部轮训，参训人数79人。组织民警参加公安机关执法资格等级考试。区分局在编民警464人均通过了公安机关基本级执法资格考试，其中237人具有中级以上执法资格，占民警总数的51.1%， 完成了市局对分局的考核任务。2014年组织56名民警参加中级执法资格考试，21名民警参加高级执法资格考试。以“四个一律”为重点促进执法办案场所规范化。全面完成13个办案区的改造、新建工作（派出所11个、1个专业大队办案区、1个集中办案区），并顺利通过市局验收。为进一步加强执法办案安全工作，强化对办案区突发事件的预防与处置，制定了《办案区应急处置工作预案》《办案区安全及管理制度》《办案区值班、巡查制度》及《办案区工作规范示意图》等，将执行情况纳入各单位年度执法质量考核。开展执法检查“回头看”活动。围绕2013年以来办理的行政、刑事案件和涉法涉诉案件，紧紧抓住接处警、受立案、调查取证、涉案财物管理和窗口服务等执法办案关键环节、重点领域，以“回头看”的方式对群众反映强烈的执法突出问题进行再梳理、再排查、再剖析，坚决遏制侵害群众利益行为，以实际行动取信于民。法制大队和督察部门通过听取各单位情况汇报、实地检查、走访群众、检查台账、抽查卷宗等方式，全面检查所有执法办案单位的执法工作。启动轻微刑事案件依法快速办理机制。分局与区人民检察院侦查监督检察科、公诉科，区人民法院刑事审判庭，区司法局社区矫正帮教安置科加强衔接，及时解决侦查、起诉、审判各个环节中遇到的问题。《轻刑快处》机制启动以来，办理12件案件，提高了诉讼效率，节约了司法成本。刑事行政执法综合数据。从2013年12月21日至2014年12月20日，受理审查刑事拘留案件330案422人；提请检察院批准逮捕242案349人，检察院批准逮捕224案309人，不批准逮捕41案48人，其他处理84案99人，刑拘转处率75.7%，逮捕批准率86.6%；移送起诉案件369案526人，其中直诉189案228人，人民检察院决定不起诉12案20人，检察院起诉率96.2%；退查案件39案66人，退查率9.6%；办理取保候审、监视居住共273人，处理218人，转处率79.9%。审批行政拘留530人、审批强制隔离戒毒78人。无行政复议撤销、无行政诉讼败诉、国家赔偿案件。

【交通管理】 深入推进城市交通管理转型升级和道路交通安全综合整治，不断提升管理服务水平和重特大道路交通事故预防能力，全面改善道路交通环境，维护全区道路交通秩序，努力保障人民群众生命财产安全，维护社会稳定。优化警务、转型升级，全面改善城乡道路交通环境。重新调整5个路面勤务中队管辖区域，增加10%的一线路面执勤警力。每天早晚上下班、上放学高峰时段在各主要交通节点、学校门口设立高峰岗位9个，护学岗位12个，投入警力32名，指挥疏导交通，查处交通违法。投入资金20余万元，购置65台执法记录仪、63部数码相机和15台行车记录仪配发民警。开展“打四非、查四违”等30余项集中整治行动，共查处各类交通违法行为16 225件，其中客车超员5件、酒后驾驶218件，醉酒驾驶25件，教育纠正交通违法5万余件，暂扣驾驶证695本，暂扣机动车1 132辆，组织集中教育学习1人，行政拘留14人，有效维护了路面交通秩序。积极联系协调安监、建设、交通、城管等部门建立联动管理机制，开展校园周边环境、运渣车、三轮车等联合整治行动80余次，查处电动三轮车交通违法行为295件，人力三轮车交通违法162件；查处运渣车交通违法行为2 771件，查扣机动车352辆，形成齐抓共管的道路交通秩序综合管理体系。科学规划、精细管理，充分发挥各级道路交通通行效率。积极向区委、区政府汇报，完善交安设施工程建设，投入资金430余万元，排查交安设施191次，维护信号灯337次、标志标牌115次、维护护栏3 800余米、更换窨井盖24个，接收区交通局信号灯21套。调整红绿灯配时48处，配合完成“成都铁路保税物流中心B型” 等项目15次交通影响评估，依法查处机动车乱停放1 825件，现场拖车1 265辆次。指导完成川陕复线货运大道改建等8次临时交通组织工作，圆满完成国际樱花文化节、金秋菊花节等大型活动保障任务 13 次，其他类保障任务 26 次，各类开道保障任务 52 次。多措并举、乘势而为，有效确保道路交通安全形势稳定。在辖区 3 个高速公路收费站和 1 个国省道交汇处设立“治超”点位 4 个，检查货车 9.8 万余辆，劝返 500 辆，与辖区 47 家企业签订承诺书、告知书 531 余份，在全部 9 个农村乡镇建立交管办，落实了人员、经费、场地、装备，完善了制度、台账，在 36 个行政村设立交通安全劝导点，全区 102 个行政村全部配备了交通安全劝导员，建立交警官方微博 3 处，发布微博信息 3 000 余条，开展宣传教育 71 场次，设置交通宣传专栏 16 个，悬挂宣传横幅 68 条，发放宣传资料 7 万余份，向有关单位赠送宣传光碟 300 份，到学校开展交通安全讲课 126 场次，到企业宣传 33 场次，进社区宣传 15 场次，开展电视报道 33 次，广播报道 4 次，报纸宣传 11 次，排查全区道路 15 次，在重大节假日之前以及暴雨等地质灾害之后进行突击检查 6 次，共排查安全隐患 26 处，整改完毕 22 处，正在整改 4 处。积极配合安监、交通等部门，加快公路安保工程建设，提前完成 34.86 公里的路侧护栏建设任务。召开联席会议 6 次，开展校园周边环境整治等联合行动 80 余次，上报待批校车 1 辆，抄告企业及相关部门 18 件，定期对全区 26 家客货运输企业，10 家危化品运输企业、3 家客运站客运车辆、175 辆危化品运输车辆及 400 余名重点驾驶人员进行全面检查 58 次，召开会议 15 次，受教育驾驶员 1 800 余人次。对 2 名累积记分满 12 分的驾驶员暂停营运资格。处理各类交通事故 9 583 件，完成交通肇事破案 84 件，打击处理 84 人。2014 年全区共发生道路交通事故 9 583 件，死亡 75 人，受伤 3 070 人，经济损失 1 367 万元，比去年同期(道路交通事故 8 718 件，受伤 2 907 人，经济损失 1 109 万元）事故件数上升 9.92%，受伤上升 5.61%，经济损失上升 14.25%。生产经营性道路交通事故死亡 9 人，没有发生涉校交通安全事故，没有发生客运车辆群死群伤的恶性事故，没有发生长时间、大面积的交通堵塞现象，道路交通安全形势总体平稳。强化理念，创新手段，不断提升亲民爱民为民服务水平。了解回应群众诉求，回复市长信箱 28 件，文明热线 11 件，区长信箱 185 件；收到人大建议 10 件，政协提案 14 件，当面向代表和委员进行了答复。按时按量完成了“严管严查机动车突出违法行为，狠抓黄标车、报废车、运渣车源头监管和路面执法”、“全面实施机动车简易工况法检测，建成机动车排气检验、维修、监管体系”、“完善交安设施工程”等 3 项 2014 年民生工程建设任务。简化办事流程，开展延时服务、周末服务等。办理机动车注册登记 4 956 辆、机动车转移登记 546 辆、抵押登记 316 辆、补领登记证书 202 本、变更业务 337 笔、注销 1 737 笔；换领驾驶证 14 648 本、补领驾驶证 675 本、满分学习 328 人次、提交体检证明 622 人、注销可恢复考试 67 人、驾驶证转入 362 本。召开运渣车企业管理会 9 次，将区内全部 3 家运渣企业的 75 辆运渣车、90 名驾驶员录入管理系统。发放绿标 22 852 枚，黄标 910 枚。淘汰政府“黄标车”53 辆，淘汰其他“黄标车”476 辆，查获报废上路机动车 5 辆。从严治警，从优待警，着力打造廉洁规范高效交警队伍。积极开展党、团活动，发展党员 1 名，确立入党积极分子 2 名。开展“每周之星”、“干警进万家”等活动，深入辖区群众家中 500 余户次，提供咨询服务 1 100 余次，召开社会各界代表座谈会 7 次，发放调查问卷 1 500 份，征求意见建议 17 条，解决具体问题 17 件。帮助困难群众 70 余人，解决困难问题 200 余件，爱心资助 2 万余元。2014 年交警大队获得上级部门表彰 9 次，民警个人获得省厅表彰 1 次(二等功 1 次)、市局表彰 14 次、市交管局表彰 8 次(三等功 2 次)、分局表彰 15 次。

3 月 4 日，青白江交警大队开展夜间集中清查行动

【消防管理】 区公安消防大队认真落实习近平总书记加强安全生产工作的重要讲话，深入贯彻国务院 46 号和国务院办公厅 16 号文件，坚决预防和遏制重特大火灾事故，全区消防安全形势基本稳定。落实三级消防工作责任。实行社会管理“网格化”、重点单位

管理“户籍化”、行业管理“标准化”、执法活动“规范化”，严格落实各级政府、行业系统主管部门、企业等单位消防安全责任。定期召开区消安委联席会议，发布“119 每周警情”，向各乡镇（街道）及区消安委各成员单位通报消防工作动态。区政府与有关单位签订《2014 年消防工作目标责任书》206 份，对全区 2013 年消防工作突出的 44 家先进单位和 57 名先进个人进行通报表彰。完善机制，确保火灾隐患排查到位。逐步推行“防消一体化网格”管理模式，将区政府消安委办公室、区级部门作为一级网格，11 个乡镇（街道）作为二级网格，26 个社区和 94 个行政村作为三级网格。成立由 145 人组成的区消防志愿宣传服务队，各乡镇（街道）、区级各部门成立消防志愿宣传服务小分队 46 支。区消防部门派专人开展对 160 家区级消防安全重点单位（含 26 家火灾高危单位）一对一的“户籍化”管理系统的指导和应用培训，成立了 2 支业务帮扶队，上门指导各单位加强“四个能力”建设、落实“五自查、四应会”自检机制。较真逗硬，确保火灾隐患整改到位。对不符合法定消防审批条件的工程，不予核发建设工程相关许可证照。先后开展“商场市场和居民住宅小区专项整治”“消防安全打非治违专项整治”“重大火灾隐患集中专项整治”“开发区、工业园区建设工程专项整治”等行动。在元旦、春节等重大节日和重要活动期间，在全区范围组织开展 5 次大规模“零点”夜查行动，及时消除一批火灾隐患。2014 年检查单位 6 397 家，发现和整改火灾隐患 2 312 处，区政府督促整改重大火灾隐患 2 处，临时查封场所 7 个，办理行政处罚案件 52 件，“三停”单位 12 家。加强消防工作宣传培训。发放消防宣传资料 2 万余份，印制《中小学消防安全教育读本》6 000 册，组织疏散演练活动 60 余次，办结投诉举报 15。加大投入，提升灭火救援能力。投入资金 659.234 万元，采购消防车辆、铁军装备和乡镇（街道）志愿消防队车辆。落实祥福消防站专项经费 649.316 4 万元，采购祥福消防站车辆器材、营产营具，年初正式投入执勤备战。为偏远乡镇配备多功能轻型消防车、消防摩托车，组建乡镇志愿消防队，提升全区消防和应急救援水平。2014 年 11 月，市消防支队组织的第四届打造现代化蓉城消防铁军比武竞赛，青白江区代表队夺得团体第三名。2014 年，消防大队接警 697 起，出动车辆 926 辆，出动警力 5 025 人次，抢救被困人员 82 人，疏散被困人员 254 人，抢救财产价值 42.72 万元。全区发生火灾 64 起，无人员伤亡，造成直接财产损失 559.54 万元，过火面积 1 684.0 平方米，受灾户数 37 户。

【监所管理】 区看守所围绕“2014 安全年”、“学习任文娟教育感化工作法”、“争创看守所五化建设示范单位”等中心工作，以打牢公安监管基层基础工作为目标，扎实有效推进监管执法规范化建设。收押各类刑事案件涉案人员 515 人，办理在押人员出所 448 人，（其中投送监狱 157 人，刑满释放 163 人，取保候审、监视居住 36 人，转其他监所 62 人，其他出所 38 人）。完成省厅、市局指定羁押重大职务犯罪等重要案犯 7 人次，转押至成都市看守所未成年及女性被监管人员 28 人次，保证刑事诉讼活动的顺利进行。连续14 年实现监所安全无事故和民警队伍无违纪。2014 年 3 月被公安部授予“全国一级看守所”称号；被省厅评为“全省安全文明监所”； 7 月被省监管总队评为“全省公安监管系统信息化建设先进集体”，9 月被公安部授予 “全国看守所‘五化建设’工作示范单位”。严格制度、规范执法行为。采取监控回放、DV 视频督察，与分局督察大队、区检察院驻看守所检察室等部门配合，及时对查出的问题进行整改落实。开展监所对社会开放，举办家属、律师、人大代表、政协委员座谈会，定期邀请社会各界群众深入监所监督检查。争创全国“五化建设示范单位”。区看守所在 “五化建设”创建工作中，作为全省首批四个看守所之一，率先通过公安部、省厅、市局验收，获得“五化建设”全国示范所的先进称号。副省长、省公安厅厅长侍俊在《四川省公安厅监管总队关于成都市青白江区看守所争创

3 月 4 日，省监管总队总队长刘宇翔到区看守所检查指导公安监管工作

全国标兵所的报告》上作出批示:望青白江区看守所再接再厉,进一步加强队伍和业务建设,始终保持工作的领先优势,为全省看守所建设,提供有益的经验。深挖犯罪工作进展有序。2014 年,提供各类犯罪线索 35 条,破获案件 20 起。强化信息宣传。完成业务信息 1415 条,完成队建信息 6 条,向省、市、区多家媒体投送信息 6 条。

区拘留所认真抓好"三项重点工作"和"安全年"及"六化"建设等专项活动,牢牢守住安全稳定这条底线,确保监所安全。2013 年 12 月 21 日至 2014 年 12 月 20 日收押违法人员 401 名, 因不符合收押条件未收拘人员 41 名。未发生在押人员死亡的责任事故,没有发生民警违令违纪违法行为,实现"双无"目标。收集情报,深挖余罪。向分局"深挖办"提供犯罪线索 3 条,破获案件 1 件。人性管理,教育挽救。改善被拘留人员伙食,保证吃得有营养,做好防病治病,对家庭贫困的被拘留人员,给予帮助。积极提供法律咨询,落实对新收被拘留人员的告知程序,提高维权意识。依托信息设备,保障监所安全。每个拘室有 2 个摄像头,24 小时不间断动态录像,全面提升监所安全管理的保障能力。

(供稿人:刘明元)

司法行政

【概况】 青白江区司法局系区政府工作部门,局机关内设政治处、办公室、公证律师工作科、人民调解工作科、社区矫正帮教安置工作科、法治宣传科,下辖派出机构司法所 11 个, 法律援助中心和公证处 2 个直属机构。

【法治宣传】 推进"法治青白江"建设,提升法治化管理水平。加强重点对象学法用法。完善党委(党组)中心组集中学法制度和政府常务会议会前学法制度,组织开展校园普法教育活动,全区领导干部、公务员、青少年学生普法受教育面达到 100%。开展依法治区工作。拟定《青白江区依法治区实施纲要》《青白江区依法治区 2014 年工作要点》《青白江区法治大讲堂 2014 年工作要点》等文件,会同区委办、区委宣传部

11 月 13 日,市委副书记、市纪委书记邓修明调研区依法治市工作

在全区范围内开展依法治省(市)宣传月活动,全区社会管理法治化水平显著提升。进一步深化"法律七进"活动。制定司法行政系统推进"法律七进"实施方案,分解下达"六五"普法惠民法制宣传教育民生工程目标任务,启动"百场法治电影进基层"活动,组织普法讲师团成员深入基层开展法治宣讲 35 场次, 开展法治宣传 65 场次,提供法律服务咨询 207 人次,发放宣传资料 40 000 余份, 受教育人数达 2.6 万余人次。2014 年 3 月,青白江区被全国普法办通报表扬为"全国'六五'普法中期先进集体";10 月,成都市"法律七进"工作现场会在区召开,市委常委、政法委书记王忠林高度评价区"法律七进"工作。进一步推进法治文化设施建设。建立健全法治文化设施建设管理制度,落实法治文化设施管理维护责任卡,完成凤祥法治广场和青少年法治教育基地两个法治文化基础设施的建设任务。全区法治文化基础设施建设已形成规模,市内外近二十家单位到区学习交流法治文化建设经验。

【城乡一体法律服务体系】 全面建立法律顾问制度。印发《成都市青白江区全面建立法律顾问制度实施细则》(青委办发〔2014〕43 号),明确法律顾问制度的范围、法律顾问的组成及基本条件、法律顾问的职责和工作规则、法律顾问管理和聘任、区级法律顾问组工作规则等。建立区级法律顾问组,指导区级各部门开展法律顾问聘请工作。培育法律服务人才队伍。新培育律师 10 名,律师总数增长 52.6%。在全市率先建立村(社区)法律顾问与法律服务社工相结合的运行机制,与西南石油大学法学院建立战略合作关系,组建

法律服务社工队伍，落实村级法律服务工作，通过法律咨询、收集群众法律服务需求、协助司法所开展村(社区)法制宣传、人民调解、社区矫正等工作，为群众提供咨询服务662人次，调解矛盾纠纷28件。9月25日，《四川法制报》进行专版报道，11月12日，市委副秘书长蓝唯到区调研给予充分肯定。在“走基层、解难题、办实事、惠民生”活动中，运用法治思维、善治方式为祥福镇西江村解决了一起200余亩土地流转纠纷。事迹被“成都日报”刊登，改编成广播类节目《棘手的土地租赁案》被评为成都市《998法治大讲堂》优秀节目，省委副秘书长、省依法治省办主任杨天宗高度评价，确定为依法治省宣传报道典型。按照分解下达的法律援助民生工程目标任务要求，纳入全区目标管理体系，建立目标督查通报和定期联席会议制度，2014年，为城乡困难群众提供法律援助服务4 880人次，完成目标任务(2 600人次)的188%；受理法律援助案件673件，完成目标任务(250件)的269%。

【矫正与帮教】 针对节假日、“两会”、西博会等特殊敏感时期，建立专门管控措施，加强对社区矫正人员的监督、教育和帮扶，确保全区特殊敏感时期的社会稳定。建立特困社区矫正人员救济帮扶制度。制定《特困社区服刑人员帮扶专项资金使用管理办法》，筹集特困社区服刑人员帮扶专项资金，对因重大疾病等特殊原因造成生活困难的，实施救济帮扶。进一步完善执法监督体系。定期开展社区矫正执法检查，配合检察院采取定期检查和个案检查相结合的方式加强社区矫正工作的法律监督。进一步完善法院、检察院、公安以及监狱机关衔接、协作的执法流程。分级分类管理措施，保证社区矫正工作质量。2014年全区共接收社区矫正人员127人，执行期满解矫131人，有2人因严重违反社区矫正管理规定被司法局提请撤销缓刑，得到法院支持。进一步探索刑满释放人员安置帮教工作的新举措。深入监狱开展延伸帮教活动，提供就业信息和就业指导。落实“三无”刑满释放人员和重点刑满释放人员的必接必送制度，重点帮教对象的接送率达到100%。建立服刑人员信息核查机制，信息核查率100%。2014年全区共衔接、帮教刑释人员145人，衔接率100%。

【矛盾纠纷调解】 创新调解组织建设机制。建立区妇幼保健院医疗纠纷人民调解工作室、龙王卫生院医疗纠纷调解委员会等专业(行业)性、区域性调解组织5个。与广汉市司法局签订《服务成德同城化建设合作框架协议》，制定《青白江区广汉市边界矛盾纠纷联防联调工作实施意见》，成立了矛盾纠纷联防联调协调指导中心。开展弥牟专业园区联合人民调解委员会工作，依托产业园区管委会成立中小企业专业园区矛盾纠纷联合调解委员会，建立规范化调解室，实现地方与企业的“资源共享、教育共抓、案件共破、治安联防、问题联治、纠纷联调”，促进园区健康有序的发展。该项工作被成都市委、市政府确定为2014年市级创新工作项目。2014年集中组织开展各类矛盾纠纷排查20余次，参与排查1846人次，受理各类矛盾纠纷808件、调解成功808件，调解成功率100%，无因重大矛盾纠纷引发的群体性事件和民转刑案件。加强调解队伍培训。实行“1+1+N”(由一名区人民法院驻乡镇、街道大调解工作指导站法官和辖区调解能手结对，负责培训辖区内基层人民调解员) 基层人民调解员培训工作，加大新建调委会(调解室)调解员培训力度。2014年开展人民调解员各类培训12次，培训人员3 200余人次。夯实矛盾纠纷排查调处工作基础。按照“条块结合、以块为主”的原则，充分发动和组织基层调解员以村(社区)为单位，定期对各类矛盾纠纷进行全面排查，牵头组织元旦春节、全国“两会”、“春耕大忙” 等重要时间节点矛盾纠纷排查调处工作。参与排查纠纷526次，预防纠纷56件，防止群体性事件7件。

(供稿人：文竹)

人民武装

【概况】 青白江区人民武装部1959年10月筹建，1960年1月正式授牌为中国人民解放军四川省成都市青白江区人民武装部，编入人民解放军序列，隶属中国人民解放军成都市人民武装部(今成都警备区)。1986年6月，按照《中共中央〔1986〕5号文件》县级人武部划归地方建制的规定，青白江区人武部脱离人民解放军序列。1996年4月，根据《中发〔1995〕12号文件》精神，青白江区人武部收归军队建制，称“中国人民解放军四川省青白江区人民武装部”，编制等级为正团级。下设军事科、政工科、后勤科。下辖 11 个乡镇(街道)、3 个企业武装部。

8 月 7 日，省军区副司令员丁忠汉率队参观区人武部

【兵役征集】 2014 年全区应征青年报名 706 人，上站体检 418 人，体检合格 229 人，政审合格 185 人。其中大专以上文化程度 29 人(含女兵 4 人)，高中以上文化程度 155 人，党团员 133 人，批准入伍 184 人(含女兵 4 人)。无责任退兵，高标准、高质量完成年度征兵任务。

【军事训练】 狠抓首长机关素质训练。以提高军事技能为重点，通过单个军人队列动作、轻武器操作与使用等训练，完成实投实射、战术标图、野战炊事车等训练及“天府使命-2014”演习。狠抓应急民兵队伍训练。针对目前国内暴恐事件增多的形势，采取不打招呼紧急拉动应急民兵连，开展反恐防暴处突应急演练，开展民兵擒拿格斗术和抓捕恐怖分子实战模拟训练和演练。6 月上旬，在城厢镇、人和乡组织民兵，参加区防汛暨地质灾害应急抢险科目演练。狠抓民兵应急力量规范化建设。在全国民兵应急力量规范化建设观摩活动中，受领城市危险化学品事故应急救援展演示任务。从 5 月上旬开始，论证演练场地、拟制演练方案、修改演练脚本、协调参演单位、购置专业装备、组织专业民兵队伍进行反复训练。在 9 月中旬的预演中受到四川省军区、成都警备区首长充分肯定。达到了锻炼队伍，熟悉应急预案、流程，掌握危险化学品事故应急救援的专业知识技能的目的。

【安全管理】 严格落实部队规章制度，坚持一日生活制度，每周一、三、五出早操，值班干部负责点名带操。干部坚持留营住宿，不准出现“走读”现象。开展武器弹药安全隐患排查，认真核对武器弹药，调整军械管理员，升级改造安防设施，值班领导坚持每周到武器库检查安防设施和仓库人员值班情况，落实值班人员日查夜巡、主官每日抽查制度，确保仓库绝对安全。严格执行派车制度，由值班领导审批公务用车。加强保密管理，所有涉密计算机都安装保密系统、上网控制系统和标签水印系统，对涉密载体进行登记，机密级以上文件实行专人专柜保管。设置集中文印室，打印设备集中管理，涉密办公与非涉密办公进行物理隔离。购置专用计算机安装“四系统”加密设备，确保不发生任何失泄密事故。坚持人员与车辆出入营院登记制度，规范外来车辆与私家车停放位置，严禁无关人员与车辆进入营区。

【国防教育】 2014 年 9 月 20 日是全国第 14 个全民国防日，为增强全民国防意识，区国教办召开全民国防教育日活动动员会，扎实开展“国防教育周”活动。区国教办在大弯中学、川化中学、至佳中学举行国防教育巡回展出，通过五大模块，83 块展板，向师生们展示“国防历史”“今日长城”“现代武备”“周边风云”“时代责任”等国防教育精品。各乡镇(街道)和机关学校设置宣传栏，在主要街道张贴标语、宣传画，悬挂条幅。通过宣传教育活动进一步增强人民群众关心国防、支持国防、自觉履行国防义务的使命感和责任感，推动全区国防教育不断向纵深发展。

【参建参治】 紧紧围绕区委、区政府中心工作，坚持在大局下思考和安排民兵预备役建设，把武装工作融入到全区经济社会发展全局之中，组织带领民兵预备役人员投身青白江区各项建设事业。2014 年，在秸秆禁烧、治理超载超限、防汛抗旱、巡逻执勤等重大活动中，累计出动民兵 1.3 万余人次。针对川化集团改制，不稳定因素增多，根据区委的安排和警备区指示，连续 3 天集结应急民兵备勤，协助政府做好维稳工作，以实际行动支持地方经济建设，确保辖区安全稳定。

(供稿人：罗　东)

人民防空

【人防宣传教育】 通过制作展板、宣传册等多种方式大力宣传人民防空知识;深入抓好中学生人防知识教育,今年首次在全区14所区级中学4 000余名初二学生中开展了以"三防"为主的人防知识教育,受教育面达到100%,同时组织学生开展了"三防"演练活动;7月9日,在1 121项目建设现场召开人防工程建设管理培训会;将全区民防宣传教育基地与区青少年活动中心合并修建,规模3 650平方米,于2014年5月开工,预计2015年完成场所建设。

【人防工程建设管理】 编制完成《青白江区地下空间开发利用与人防建设规划》,人防工程建设与管理持续快速发展,完成1.6万平方米在建人防工程质量监督和5.7万平方米人防工程施工图审查。2014年,全区"结建"(结合民用建筑修建的人防工程)人防工程面积为4.9万平方米(已建规模化人防工程2.6万平方米)、在建人防工程1.6万平方米、人防工程施工图审查5.7万平方米、方案设计审查1.6万平方米,预计到"十二五"末全区城市常住人口人均防护面积达到0.8平方米。

【人防指挥通信管理】 对《青白江区防空袭方案》数据、图表进行修改完善;完成1个本级重要经济目标单位防护方案的拟制;继续抓好人口疏散地域达标建设工作,把抓好人口疏散地域建设作为"立城优城"发展战略和"五区"建设的切入点,充分发挥人防部门的桥梁纽带作用,积极主动为疏散和接收双方牵线搭桥,进一步提高疏散地域的综合保障能力;抓好通信警报建设,依据城区建设与地域变化情况新增了2处警报点,并对因雷击损坏的警报进行了维护,更换了绣损严重有安全隐患的警报亭,全面加强了警报管理,确保了人民防空警报"平战结合"的双重职能的发挥,"9·18"全市警报试鸣演练,全区所有警报设备设施完好率100%,警报试鸣响率100%;加快人防专业队伍整组建设及训练,整组人防专业队伍100人,专业队伍骨干训练60人,并与攀成钢公司、玉龙公司联合开展了人防专业队伍实地演练,收到了较好效果。

【人防法制建设】 认真落实坚持依法行政责任制,定期不定期开展执法检查,全年共组织执法检查7次,依法收缴易地建设费3 166万元,做到了应收尽收;加强法律法规专业知识学习,优化行政审批事项办事流程,提高行政效能,全年窗口共进行办件咨询132件,办理行政审批事项33件,其中易地建设费10件,办结率为100%,评价率为100%。

(供稿人:雷　虹)

青白江
QINGBAIJI

农 业

AGRICULTURE

农业管理

【概况】 2014年，在区委区政府的坚强领导和市农委、市林业园林局的大力支持下，区农发局坚持以全面深化改革为动力，以“转型升级”为方向，以幸福美丽新村建设为抓手，不断完善农民持续增收长效机制，推动全区农业向都市现代农业、农村向幸福美丽新村、农民向现代新型农民转型升级。2014年农业增加值13.72亿元，同比增长2.6%；农民人均纯收入13 551元，同比增长12.5%。

5月23日，首届“四川果王子”评选启动仪式

【教育与培训】 2014年，全区开展农村实用技术培训490期，培训7.2万人次，发放培训资料7.26万份。其中采取农教联合的方式，开展农村中学应届毕业生绿证培训，取得绿色证书1 000人。举办农业产业培训20期，培训1 040人次，新增农业职业经理人培训100人，知识更新培训94名。组织7名农业职业经理人到中国农业大学参加培训。开展新型职业农民培训40人。科技入户工程培训150户，基层农技员知识更新培训80人。

【农业经营机制创新】 推进农业经营体系专项改革。加快培育龙头企业、农民合作社，重点培育发展专业大户、家庭农场和农业职业经理人等新型经营主体。支持龙头企业做大做强，培育自主创新能力强、加工水平高、处于行业领先地位、年产值或销售收入过亿元的龙头企业，提升家庭农庄(场)和种养业大户生产能力，结合所从事的农业行业领域、生产经营规模、素质能力需求，大力培养职业农民和农业职业经理人，切实发挥各类市场主体带动农民发展现代农业、带动农民持续稳定增收的作用，促进农民稳定增加经营性收入。2014年新培育农民专业合作社20家，龙头企业10家，发展家庭农场15家。

有序推进农用地流转。坚持稳定和完善以家庭承包经营为基础、统分结合的双层经营体制，深入实施城乡统筹，加快推进城乡一体化进程。按照“依法、自愿、有偿”原则，促进农村土地承包经营权流转，推动全区农业产业结构调整和都市现代农业发展。2014年，全区农用地流转面积累计20.05万亩，占全区农用地总面积41.77万亩的48%；耕地流转面积累计18.68万亩，占全区耕地总面积28.49万亩的65.6%。

【农村经济经营管理】 2014年，全区11个乡镇(街道)、111个村民委员会（含15个涉农社区)，1474个村民小组。农业户8.32万户，农业人口21.89万人，劳动力19.17万个，从业人员18.39万人，其中外出务工劳动力10.51万个。全区有农经人员43人，其中国家干部编制21人。中专以上学历20人，其中大专及以上学历15人。专业技术职称14人。

建立健全服务机构，全力服务土地流转。建立健全区、乡(镇)、街道农村土地承包流转管理服务中心和农村产权交易服务中心，村组建立土地承包经营纠纷调解小组，负责村组土地承包经营流转矛盾纠纷调解。

规范农村集体“三资”管理。全区113个村(社区)(含2个城市社区)、1 595个社的集体经济已纳入乡镇(街道)村社代理会计核算体系，按照统一标准进行财务公开。2014年底，全区村社集体资产总额22 988.78万元，其中村级资产17 859.65万元，社级资产5 129.13万元；村社负债总额6 168.9万元，其中村级负债5 506.5万元，社级负债662.4万元；村社所有者权益总额16 819.88万元，其中村级12 353.15万元，社级4 466.73万元。

指导农民专业合作社的规范化建设。2014年底，全区农民专业合作经济组织共计187家，其中：各类专业协会19家，共有成员2 673人，带动农户17 642户，农民专业合作社168家，成员总数6 182个，联系带动农户40 940户。其中：土地股份合作社22家。国家级示范农民专业合作社5个，全省农民专业合作社示范社7个，市级农民专业合作社示范社18个，市级龙头合作社2个。

2014年新增农村专业合作经济组织

合作社名称	地　　址
成都市金友养殖农民专业合作社	成都市青白江区龙王镇双埝村7组
成都市梁湾水产养殖农民专业合作社	成都市青白江区龙王镇梁湾村5组
成都优策种植农民专业合作社	成都市青白江区祥福镇福农村一组
成都市青白江区新山养殖农民专业合作社	新山村8组
成都市民宏农业专业合作社	成都市青白江区福洪乡民主村一组
成都市四方聚种植专业合作社	成都市青白江区福洪乡拦冲村13组
成都林泽养殖农民专业合作社	成都市青白江区城厢镇龙潭村11组
成都秋林花卉种植农民专业合作社	成都市青白江区城厢镇玉龙村10组56号
成都桂科种植农民专业合作社	成都市青白江区城厢镇龙潭村17组
成都市东和农机专业合作社	青白江区同济大道816号
成都市青白江区逸朗种植农民专业合作社	成都市青白江区清泉镇商贸北街406号
成都荣飞种植农民专业合作社	弥牟镇新星街25号2栋1层25号
成都智农农机专业合作社	弥牟火星10组
成都肖家坪农业专业合作社	成都市青白江区姚渡镇坪家村二组60号65栋一层
成都聚民种植专业合作社	成都市青白江区姚渡镇光明村3组
成都市青白江区鑫伦生猪养殖农民专业合作社	成都市青白江区姚渡镇光明村7组
成都市青白江清勇种植农民专业合作社	成都市青白江区石家碾东路289号
成都兴涛农村能源农民专业合作社	成都市青白江区大弯街道学苑路(大弯村6组)
成都市成荣养殖农民专业合作社	人和乡后街68号
成都市金凯迪阳种植农民专业合作社	成都市青白江区夏家巷5、7号

【农村扶贫开发】 按照全市农村扶贫开发总体部署，把扶贫增收和减贫作为全区相对贫困村扶贫开发和“插花”贫困户帮扶工作的重点，加大帮扶力度，提升扶贫开发的针对性、实效性和创造性。2014累计投放扶贫资金594万元，其中市区财政资金166万、领导协调资金140万、市区部门帮扶资金288万元。实施扶贫项目11个，其中：产业项目3个，水利项目3个，公路桥梁项目4个，村卫生站项目1个。6个乡镇的“插花”贫困户165户， 481人，发放农资代金券8.25万元。春节慰问困难户465户，其中：慰问残疾人113人、贫困学生37人、留守儿童35人，发放慰问金3.21万元，大米4 520千克、食用油2 457.5千克、肉650千克、衣物159件。举办相对贫困村培训5期，培训人员642人次，其中村组干部70人次，技术人员36人次，农村劳动力238人次，致富带头人32人次，组织劳动力输出165人次。相对贫困村农民人均增收1 542元、增长19.04%，“插花”贫困户家庭人均增收600余元。

6月19日，省委农工委副主任刘铁到区调研

【农产品质量安全监管】 建立“区、乡、村”三级监管体系，落实政府属地管理责任，明确成员单位职责，各乡镇(街道)配备1名以上监管员，村(社区)配备1名兼职协管员，构建农产品质量安全基层发现和信息体系。基本达到省级农产品质量安全监管示范区标准。

积极开展无公害农产品、绿色食品、有机农产品认证和证后监管，推进优势特色产业发展。2014年新增有机(有机转换)产品14个，全区“三品一标”(无公害农产品、绿色食品、有机农产品和农产品地理标志产品)有效认证56个。其中：地理标志产品2个、有机(有机转换)产品40个、无公害农产品14个。

【农业专业技术人员】 2014 年，区农发局共有农业专业技术人员 113 人，其中：高级 13 人，中级 58 人，详见附表 1。

【2014 年气候】 年平均气温 17.2℃；最热月份为 7 月，月平均气温 26.5℃；最热天出现在 7 月 23 日，最高温度 35.5℃；最冷月份为 12 月，月平均 7.4℃；最冷出现在 12 月 19 日，最低温度-1℃；无霜期 324 天，年降水量 864 毫米，年平均湿度 74%；年总日照数 890.5 小时、日照率 20%；全年的平均气温大于 0℃的总积温 6 241.5℃。

移民帮扶

【维护稳定】 整合各方力量，妥善处理移民来信来访，坚持政策引导，转变工作作风，把矛盾化解在基层。重点化解了民强村 19 组移民征地拆迁和部分养老保障人员农转非遗留问题。移民来访 16 批 67 人次，移民涉稳问题排查调处率 100%，无进京上访、无大规模聚集、无重大恶性事件发生，维护了社会稳定。

【培训帮扶】 结合安置区移民群众生活及生产发展意愿，联合区中医院开展移民健康知识培训，举办实用技术和就业培训，培训共有 902 人，投入培训经费 20.8 万元。开展困难移民救助，帮助因病残或其他原因导致困难的移民家庭渡过难关。对经镇、村、组共同核实的 30 户相对困难家庭给予困难救助，发放困难救助金 7.4 万元。

【财务监管移民点建设】 按时足额发放移民后期扶持金，发放自主迁入移民和瀑布沟电站农村外迁移民后期扶持金 66.22 万元、养老保障金 39.59 万元、养老保障金余额 4 900 元。移民扶持项目投资 56.85 万元，完善大同镇青龙村 2 组、4 组到凤凰新区、城厢镇龙潭安置区道路以及移民生产用水设施。

【毗河工程】 启动贯通成都、资阳、遂宁 3 市的毗河供水一期工程(青白江段)建设。7 月，成立“青白江区人民政府毗河供水一期工程移民安置工作领导小组”，明确了各成员单位工作职责；10 月区政府印发了《毗河供水一期工程征地补偿安置和工程施工工作方案》，11 月 12 日，区政府组织召开工作联席会议，安排部署相关工作。龙王镇、福洪镇、人和乡的工程设计红线图已经相关部门确认，龙泉山隧洞及支洞临时用地点位基本确定，申请临时用地因土地性质及审批权限问题，业主正协调上级部门处理。依照工程设计要求，毗河供水一期工程(青白江段)征地拆迁工作须在 2015 年启动并完成。

农业机械

【概况】 内设机构有农机管理科、区农机化技术服务中心(挂区农机技术学校牌子)，在区农业执法大队挂区农机安全监理站牌子。区、乡两级拥有农机管理、专业技术人员 32 人，其中，农机专业技术人员 22 人。全区农机专业大户 15 个，农机专业合作社 5 个，农机维修网点 65 个，农机经营网点 33 个。

【农机科技】 2014 年推广各类先进适用新型农机具 537 台，其中：拖拉机 51 台，耕整机械 159 台(微耕机 118 台、旋耕机 41 台)、沼渣沼液抽排设备 318 台、播种机械 4 台(油菜播种机 2 台、土豆播种机 1 台、插秧机 1 台)、收获机械 4 台(谷物联合收获机 1 台、土豆收获机 1 台、秸秆粉碎还田机 2 台)、饲料混合机 1 台。新(改)建农村机电提灌站 2 座，总装机功率 60 千伏，更新改造维修提灌机械 140 台/960 千瓦。示范推广机械喷(滴)灌节水农业灌溉面积 5 200 亩，新增设施农业面积 2383 亩，培训农机人员 287 人次。

【农机安全】 按照省、市、区安全生产的工作部署，认真履行工作职责，扎实开展农机安全监理工作，强化源头监控，加强农机安全教育、安全执法检查和隐患排查，保障全区农机生产安全。2014 年办理农业机械注册和转入登记 41 台，农业机械转移登记 20 台，农业机械停驶、复驶、注销登记 15 台，农业机械变更登记 10 台，农业机械驾驶、操作员证照初次申领 46 人，农业机械牌证补领换领登记 9 台，农业机械驾驶、操作员证照增加准驾机型 4 人，农业机械驾驶、操作员证照换补证 36 人，农业机械驾驶、操作员证照转入和转出 2 人；农业机械年检 805 台（其中委托年检372台）。组织拖拉机驾驶员集中开展农机安全知识培训 5 期、200 人次，开展拖拉机驾驶员日常农机安全知识宣传教育 500 人次，与科站签订农机安全责任书 15 份，与拖拉机驾驶员签订农机安全责任书（责任卡）805 份。开展农机安全专项检查 2 次，日常检查 30 次，出动执法人员 60 人次，检查拖拉机 433 台次、联合收割机 50 台次，全年没有发生农机安全事故。

【农机服务】 组织全区农业机械开展机耕、机灌、机收、机脱、机插、运输、加工等作业服务，支持帮助农机专业户、农机大户及农机专合组织的发展，加强农机维修、农机经营网点建设，增强农机社会化服务功能，促进农机化的发展。2014 年机耕作业面积 2 万公顷，机械化收获面积 1.23 万公顷，机械脱粒粮食 9.9 万吨，机械化秸秆还田 5 000 公顷，机械化插秧面积 1 700 公顷，精量（半精量）播种面积 4 300 公顷，机械化植保面积 7 300 公顷，常年提水保灌面积 5 000 公顷。农机运输作业量 1.53 亿吨/千米，农产品粗加工 20 万吨。主要农作物耕种收综合机械化水平 68.38%。

种植业

【概况】 2014 年，全区农作物种植面积 3.23 万公顷，其中：大春种植面积 1.86 万公顷、小春种植面积 1.37 万公顷。农作物种植面积中，粮食作物面积 1.99 万公顷，油料作物面积 5300 万公顷，蔬菜瓜果作物面积 5300 万公顷，其他作物面积 1800 万公顷。复种指数 2.46%。主要粮、油作物有：水稻、油菜、小麦、红苕、玉米、马铃薯等。

【优质粮油生产】 种子。水稻品种主要有川香 9838、宜香 1577、II 优 838、F 优 498、辐优 838。小麦品种主要有川农 25、川麦 42、川农 19、川育 20、川麦 47。油菜品种主要有油研 10 号、蓉油 11 号、中油杂 11 号、蓉油 12 号、德油 9 号。玉米品种主要有正红 6 号、成单 30、川单 15、东丹 80 等。红苕品种主要有南薯 88、南薯 99、徐薯 18。马铃薯品种主要有中薯 5 号、费乌瑞它、坝薯 10 号、川芋 56。

粮食作物。水稻种植面积 6 994 公顷，每公顷单产 7 995 千克，总产 55 878 吨。小麦种植面积 4 040 公顷，每公顷单产 4 637 吨，总产 18 734 吨。玉米种植面积 3 344 公顷，每公顷单产 4 635 千克，总产 15 526 吨。红苕种植面积 2 316 公顷，每公顷单产 4 005 千克（原粮、5 折 1 计算），总产 11 953 吨。春、秋季马铃薯种植面积 1 449 公顷，每公顷单产 4 657 千克，总产 6 748 吨。豌豆种植面积 828 公顷，每公顷单产 2 376 千克，总产 1 968 吨。胡豆种植面积 656 公顷，每公顷单产 2 458 千克，总产 1 613 吨。油菜种植面积 4 585 公顷，每公顷单产 2 388 千克，总产 10 949 吨。花生种植面积 709 公顷，每公顷单产 2 896 千克，总产 2 053 吨。

【新品种新技术】 2014 年，共引进农作物新品种 14 个，其中引进番茄品种凯越 2000、辣椒品种京彩 2 号、苦瓜品种胜秀、茄子品种华夏骄子、西兰花品种博尔特 80 等蔬菜新品种 5 个；引进春雪、霞辉 6 号、青脆李、脆红李等伏季水果新品种 7 个；引进川优 6203、花香 1 号等水稻新品种 2 个。

推广蔬菜嫁接苗栽培技术、大棚网式栽培技术。果树上继续推广聚土起垄栽培、节水栽培、长枝修剪、疏果套袋、绿色防控、避雨栽培等 8 项新技术。

【植保植检】 全区粮油作物病虫害发生总面积 68.31 万亩次，累计防治面积 81.65 万亩次，挽回粮油损失 4 216.95 万千克。农作物病虫草鼠害发生 109.04 万亩次，防治 117.55 万亩次，挽回损失 10 998.94 万千克。推广高效低毒农药 233.24 吨，占农药施用总量的 98%，推广新农药氯虫苯甲酰胺 6.06 万亩，生物农药防治病虫 5.13 万亩。实施小麦“一喷三防”面积 6.06 万亩，占小麦面积的 100%。推广应用绿色防控集成技术，开展蔬菜、果树绿色防控 2.3 万亩，示范区农残抽检全部合格。城厢镇十八弯村和祥福镇西江村各示范水稻二化螟性诱杀捕器 200 亩，在减少农药施用的同时确保了水稻丰收。全区有植物检疫专职检疫员 3 名，开展产地检疫 3120 亩，调运检疫 233 批次，种子 19 万千克。4 月和 10 月联合林业检疫分别在龙王镇、清泉镇等地开展植物检疫宣传和执法检查 2 次，发放资料 5 000 多份，共检查种子、种苗经营户 35 家。

【农残检测】 抽检水果、蔬菜、食用菌4 843个品种、生鲜乳22个品种，共计4 865个批次，其中公司481批次、合作社692批次、牛奶收购站22批次。水果、蔬菜、食用菌合格4 840个，不合格3个，合格率99.9%。生鲜乳合格22个，合格率100%。协助成都市农业质量安全中心、成都市食品药品检测所，每月对全区9个乡镇的蔬菜、水果、食用菌、蛋、奶、禽、畜等农产品进行评价性监督抽样检测，全年共抽检样本317批次，其中水果、蔬菜、食用菌281批次，检测合格率100%；生鲜乳禽蛋25批次，检测合格率100%；禽蛋5批次，检测合格率100%；畜禽肉6批次，检测合格率100%。

9月29日，省农药检定所科长万莉到成都科利隆生化有限公司检查

【农资市场专项整治】 按照省、市、区工作部署和现代农业发展工作要求，紧紧围绕执法工作“服务三农，保障农产品质量安全”目标，以种子、农药、肥料、兽药、饲料等专项执法检查为重点，强化源头监管，扎实开展农业执法检查工作，取得了较好成效。全年共开展农资专项执法检查11次，日常检查241次，出动执法人员850人次，检查种子、农药、肥料农资生产经营企业685家次，兽药、饲料经营企业153家次，检查种植生产基地101家次。立案查处违规经营农资案件13件，办结13件，涉案数量454.36千克，涉案货值1.29万元，没收经营假劣农药10.88千克，罚款1.56万元。开展农药肥料监督抽样20个，合格样品18个，抽样合格率90%；开发农产品质量安全监督抽样30个，合格样品30个，抽样合格率100%。通过执法检查，规范了农资生产经营企业生产、销售和使用违禁农业投入品的行为，净化了农资市场，维护了群众的利益，保障了农业生产安全和农产品质量安全。

加强农业法律法规的宣传，发放《种子法》、《农药管理条例》、《兽药管理条例》等宣传资料2 000份，接受群众咨询100人次。通过多种形式的宣传活动，督促农资经营店严格执行相关法律、法规和条例，引导农资经营户加强行业自律，提高了农资经营者的农产品质量安全意识和守法诚信意识，保障了农业生产的健康发展。

畜牧业

【概况】 2014年全区肉类总产量15 691吨，同比增长0.72%；奶类总产量3014吨，同比增长1.21%；禽蛋总产量5 895吨，同比下降1.82%；生猪出栏20.80万头，同比下降4.72%；牛出栏353头，同比增长2.32%；羊出栏1.5万只，同比增长3.98%；家禽出栏126.77万只，同比下降7.34%。畜牧业产值比上年增长3.2%，畜牧业农民人均增收68元。

【畜禽生产】 根据四川省畜牧食品局《畜禽养殖标准化示范创建活动工作方案》等相关文件精神，开展畜禽养殖标准化示范创建活动，成都源聚农民专业合作社获得“四川省畜禽养殖标准化示范场”称号。

2014年3月，2013年伏季水果产业成片推进示范基地、种养结合循环农业项目通过验收。该项目围绕青白江区伏季水果生产基地建设，推行“猪-沼-果”生态循环模式，引导伏季水果种植企业和果农综合利用畜禽粪便，发展种养结合循环农业，生产优质水果，实现养殖场粪便就近综合利用，达到污染物“零排放”的目的。

生猪三元杂交改良面提高4个百分点，达到78.31%；同比提高4个百分点。生猪、家禽等主要畜禽适度规模养殖占87%，同比提高6个百分点；改建、扩建新希望、锦巨等标准化养殖(场)8(个)。

兽医药政管理。全面完成兽药GSP(兽药经营质量管理规范)认证工作，实行统一店招、统一制度、统一货架、统一配送、统一管理、统一购销记录“六统一”标准。依据《兽药管理条例》，为辖区内个体兽药经营户办理变更经营场所1户，核发《兽药经营许可证》，到12月31日止，全区有10户个体兽药经营户取得《兽药经营许可证》。根据《动物防疫法》、《执业兽医管理办法》等法律法规，为取得《执业兽医资格证书》的人员，全国兽医队伍信息管理系统网上注册6人，注销注册3人。2014年全区兽医医疗机构5、执业兽医7名。

【动物防疫检疫】 动物防疫。实行春秋季集中免疫和日常补免，2014年全区共免疫生猪31.71万头，牛羊3.81万头，禽340.44万羽，犬只2.25万只，做到了应免尽免，消毒面积565.11万平方米。采集畜血样160份，禽血样100份，禽泄殖腔拭子100份，犬唾液拭子200份，2只犬测毒呈阳性，于8月7日扑杀并做无害化处理。春秋防疫均通过市农委组织的检查验收。检测奶牛"两病"1 216头，273头呈阴性，3头结核病变态反应阳性奶牛已于10月21日做无害化处理。耕牛血防采样713头，无检测阳性，为巩固血防阻断成效，对所有耕牛和接触疫水的肉牛加强防疫和治疗。

动物检疫监督。开展产地检疫生猪4.92万头，牛羊6 800头，禽4.21万只；检疫生猪产品1.16万吨，检疫牛产品3 800吨，检疫羊产品1 700吨，检疫禽产品5 900吨。快速检测农产品("瘦肉精")7623批次，开展执法监督检查362次，出动执法人员3 600人次。办结动物卫生监督案件15件，罚款6 580元。

【畜牧行政执法】 加强《畜牧法》《兽药管理条例》《饲料和饲料添加剂管理条例》等法律法规的宣传，对兽药经营门市、养殖场(户)的从业人员培训，宣传"瘦肉精"等违禁药物对人体健康的危害，畜禽产品生产中禁止使用的添加剂、饲料原料、兽药等农业投入品，提高兽药经营者、畜禽养殖者的质量安全意识和守法诚信意识，确保畜禽产品安全。2014年，组织执法人员开展违禁兽药、假兽药、饲料执法检查6次，日常检查68次，出动执法人员240人次。检查兽药、饲料经营门市153家次，畜禽规模养殖场(户)287家次，鲜牛奶收购站12家次。查处违规经营农资案件2件，已办结2件，数量11.4公斤，涉案货值500元，罚款1 700元。与兽药经营门市、养殖场签订农业投入品经营使用承诺书150余份。开展兽药、饲料监督抽样15个，合格样品15个，抽样合格率100%；畜产品质量安全监督抽样16个，合格样品16个，抽样合格率100%。通过执法检查，未发现兽药、饲料经营门市和养殖场销售和使用违禁兽药的行为，确保了全区畜产品质量安全。

【养殖污染治理】 加强畜禽养殖污染专项治理，关闭搬迁禁养区养殖场、限期治理排污养殖场、规范养殖场管理、落实养殖污染治理四项措施。开展常年存栏生猪50头以上、家禽2 000只以上、兔1 000只以上、牛10头以上和羊100只以上的畜禽养殖场的专项治理，从源头上解决畜禽养殖污染问题。累计关闭搬迁禁养区养殖场55家，限期治理排污养殖场279家，建成大中型沼气池2.1万立方米，配套建设田间储存池6.9万立方米、干粪堆沤场1.6万立方米。组织全区养殖场参观学习种养循环示范点，初步构建起资源节约、产出高效、环境友好的都市现代畜牧业生产经营体系，促进农业增效和农民增收。

林 业

【林业资源】 2014年，全区森林面积1.48万公顷，森林覆盖率达38.98%。全区主要植物品种300多个。其中，森林植物栽培品种130余个，主要树种有柏木、水杉、银杏、栎类(青冈)、桤木、枫杨、喜树、刺槐、梧桐、榕树、香樟、桉树、构树等树种，及少量的国家重点保护的珍稀濒危植物红豆树等。观赏植物主要有苏铁、银杏、雪松、落叶松、黄桷兰、垂丝海棠、贴梗海棠、龙爪槐、刺桐、腊梅、小叶榕、黄葛树、茶花、冬青、女贞、桂花、茉莉花等木本植物品种，以及以兰花、菊花为代表的多种草本植物。经济林主要栽植柑桔类、桃、李、杏、樱桃、草莓、梨、苹果、枇杷、葡萄、核桃、枣树、柿树、花椒、玫瑰、油桐、乌桕、棕榈等品种。

全区有野生动物42种，涉及15目23科。哺乳类动物有毛狗、果子狸、野兔等7个品种；爬行动物有菜花蛇、青竹标蛇、乌梢蛇、水蛇等；两栖类动物有青蛙、蛤蟆等；鸟类动物有苍鹰、秧鸡、杜鹃、画眉、喜鹊、麻雀、布谷鸟等23种。

【林业生产】 2014年，全区林业产值13.1亿元，一、二、三产业分别实现产值4.14亿元、7.83亿元、2.03

4月14日，保护野生动物果子狸

亿元。农民人均从林业获得收入1 900元。干果808吨，年末实有花卉种植面积47公顷，生产切花切叶110 万支，盆栽植物2 000盆，观赏苗木416.46万株，草坪380万平方米，花卉市场1个，花卉企业47户，花卉从业人员500人。

【义务植树】 2014年义务植树78万株(含管护)。24万人参加义务植树，尽责率96%，成活率95%，建卡率96%，保存率92%。新建社会主义新农村绿色家园3个，其中：红阳街道怡城北居集中居住区建成，新农村绿色家园带动点1个，大同镇界牌新型社区和祥福镇东方新村(一期)社区，新农村绿色家园示范点2个。

【天然林保护与退耕还林工程】 实施天保工程森林管护3.82万亩。区政府向有关乡镇下达目标任务，与有关乡镇人民政府签订目标责任书，通过行政手段，发动广大干部群众，加强森林资源保护。聘请护林人员巡山护林，广泛宣传林业法律、法规，林业执法人员加强巡查执法，杜绝损毁林木、乱砍滥伐、偷拉盗运等现象发生。按照划定省级生态公益林3.82万亩，按每年每亩14.75元的标准给予生态补助，按时兑付天保工程集体公益林生态效益补偿资金，有力地支撑了林业建设和管护，促进了林业事业全面发展。

实施退耕还林国家专项建设。巩固退耕还林成果，加强退耕还林政策宣传、技术指导及苗木补植，全区实施退耕还林1万亩。国家专项退耕还林建设。编制了《2014年退耕还林国家专项建设实施方案》，方案已通过市级主管部门的审核，正在抓紧实施。

【龙泉山脉生态植被恢复】 加强政策宣传。加强市政府龙泉山脉造林补助政策宣传，如实核对龙泉山脉各造林业主的合格面积，按要求采取“公示-兑付”程序，全面兑付市级补助资金。

按照《成都市龙泉山脉生态植被技术规程》和《成都市龙泉山脉生态植被检查验收办法》的技术要求，指导龙泉山脉生态植被恢复工程造林树木的管理，组织业务技术人员深入实地，为农户、造林业主举办科学施肥、病虫害防治，果树拉枝整形等技术培训会50余次，发放技术资料2000余份，对成活率、保存率未达到85%以上的区域进行补植补造，加强后期管理，确保成林，巩固龙泉山脉生态植被恢复造林3.07万亩的成果。

【资源管理】 落实森林资源管理任期目标责任制，做好林地使用、林木采伐、木竹材经营加工和流通管理。认真落实林木采伐制度，严格审批程序，严格执行森林采伐限额政策，重点把好发证关、公示关和验收关。严格木材运输管理政策，实行运输证专人办证制度和专人管理制度。严格执行木材经营加工企业审批备案制度，对新增的木材经营加工企业在申请条件和申报材料上重点把好关口。加强征占用林地的法律法规的宣传，严格工程征占用林地管理，做好征占用林地的审核和服务。

【林权制度改革】 深化集体林权配套改革，实施政策性森林保险。巩固集体林权制度改革成果，全面深化配套改革政策措施，认真落实2014年政策性森林保险计划面积等相关工作，森林保险8.09万亩。积极开展林权抵押融资工作，为企业服好务。

【森林防火】 做好重点时段森林防火，加强森林防火例行检查。区森林防火指挥部加强森林防火工作安排、森林火灾隐患排查整改、巡山护林、节假日值班、森林火灾应急处置准备等检查督促。加大巡山护林，护林员巡山护林督促力度，坚持每月巡山不少于25天，森林防火期坚持天天巡山的制度，如实记录巡山护林情况，做到林火早发现、早扑灭。加强野外火源管理。在重点林区设立临时检查站，禁止入山人员携带火种进山，在“清明”前后野外用火高峰，实行上坟烧纸人员登记备案制度。加强森林火灾隐患排查和整改。全区共发生一般森林火灾5起，累计过火面积0.92公顷，其中受害森林面积0.06公顷，占全区森林面积(14524.79公顷)的0.004 1‰。累计过火面积、受害森林面积、森林火灾损失率同比分别下降39.9%、50%、51.2%，确保全年无较大森林火灾发生，实现森林火灾损失率控制在0.1‰以内的目标。2014年与乡镇、街道和成员单位签订森林防火目标责任书29份，乡镇(街道)与村组、农户、驻林区单位签订森林防火目标责任书1万余份。认真落实分散坟主责任制，全区3个山区乡镇均开展了坟主登记，建立了登记档案。开展森林防火宣传，设宣传点12个，出动宣传车40辆次，张贴标语500余幅，分发宣传资料1.1万余份，新制和悬挂警示标牌178个，发宣传短信10余条。3月17日至3月19日，区农发局与区教育局等部门联合在人和乡、清泉镇和福洪乡三个山区乡镇的中小学校开展“认识森林火灾，学会火场逃生”为主题的安全教育进校园活动。3月27日在福洪乡杏花村景区对扑火人员进行了实战演练。

【林业有害生物防治】 2014年，全区林业有害生物成灾率控制在3‰以内。加强松材线虫病的防控，全区未发现松材线虫病疫情。开展检疫执法6次，苗木产地检疫4 278.5亩，调运检疫126次，涉及木材及制品1 691.1立方米，苗木110.9万株。

【全国生态文明示范工程试点工作】 国家发展改革委、财政部、国家林业局联合批复，同意青白江区开展全国生态文明示范工程试点。全省试点区(县)9个，青白江区是成都市唯一的试点区(县)。根据《四川省成都市青白江区生态文明示范工程试点实施规划》精神，制定了《成都市青白江区农发局关于开展全国生态文明示范工程试点工作实施方案》，成立了开展全国生态文明示范工程试点工作领导小组，主要指标进行了任务分解，同时做好生态文明示范工程的宣传动员工作。

现代农业港

【概况】 成都市青白江区现代农业港位于清泉镇秧田、永顺、龙洞、北宁四个村，规划用地2万亩，其中：设施农业区6 000亩、加工物流区2 800亩(一期启动1 100亩，远景规划1 700亩)、标准化种养殖区1.12万亩。2009年9月启动建设，同年11月省级农业科技园(试点)挂牌，2010年12月确定为四川省科技创新示范基地。现代农业港已初步形成以农产品精深加工为支撑、以冷链物流为引擎、以设施农业为典范的现代农业产业体系。

【基础设施建设】 维修损坏大棚，完成38亩，敷设园区水管等工作，验收后移交康顺公司管理和使用。

市财政局和市农委下拨农产品加工业项目价格补助专项资金1697万元用于园区基础设施建设。其中，城厢特色食用菌园区基础设施项目配套资金848万元，清泉农产品加工基地基础设施项目配套资金849万元。城厢镇和清泉镇按照资金使用要求分别编制《特色食用菌园区基础设施配套项目实施方案》和《清泉农产品加工基地具体实施方案》，9月22日通过区政府13届第61次常务会审定。

新希望牧场规划用地383亩，一期用地97亩。7月2日，办公大楼、牛舍等一期工程竣工，从乌拉圭引进的1 500头荷斯坦奶牛运抵牧场。

康顺有机蔬菜种植产业园完成农业信息化建设和喷滴灌建设，游客接待中心及生产管理用房主体完工。园区道路、塘堰整治、桤木河及绿化节点打造的施工设计、工程造价正在同步进行。

【招商引资】 坚持以幸福美丽新村建设为抓手，依托现代粮食物流加工产业园区、城厢特色食用菌园区、清泉现代农业港“三大农产品加工基地”，清泉镇、福洪镇、人和乡伏季水果产业带和龙王镇、姚渡镇精品

2014成都农博会青白江展位

园区重点引进世界500强、农业行业100强、有实力有规模的国家级农业产业化龙头企业和规划前景好、辐射带动强、科技含量高的现代农业新型经营主体，推进农业农村的快速发展。

2014年引进总投资6 500万元的洪福台湾农业庄园等重大项目4个，到位国内省外内资5亿元，省内区外资金1亿元。洪福台湾农业庄园项目流转土地1 000亩，开工建设。成都蜀润现代生态农业观光园项目正在完善流转土地的相关手续以及项目规划。

（供稿人：李　茜）

融禾现代农业发展有限公司

【概况】　2014年，在区委、区政府的领导和区财政局、区国资局、区金融办等部门的管理指导下，成都市融禾现代农业发展有限公司围绕“五区”建设，扎实推进公司优化调整，立足投融资中心工作，积极应对宏观经济调控，务实创新、攻坚克难，全年完成直接融资13.61亿元，协助完成融资5亿元，合计18.61亿元，完成固定资产投资2.05亿元，分别完成年计划目标的155.08%和102.5%，圆满完成年度投融资主要目标任务。年末资产总额81.79亿元，同比增加14.49亿元，净利润1 800万元，同比增加300万元，取得较好经营业绩。

【项目融资】　2014年，完成直接融资项目9个，协助完成融资项目1个，10个项目签约总金额29.32亿元，实际到位18.61亿元，实际融资超年度目标任务6.61亿，完成年度目标的155.08%。

【项目投资】　2014年，公司固定资产投资项目19个，完工项目3个，在建项目9个，筹建及暂停项目7个，固定资产投资2.05亿元，完成年度计划目标的102.5%。

【政策性农业保险】　2014年全区政策性农业保险计划目标500万元，实际完成1 100万元，为计划任务的2.2倍。按照市政策性农业保险领导小组办公室安排，2013年青白江区率先在全市开展蔬菜价格指数保险试点工作，2014年完成试点工作。得到市级相关部门的肯定。

【新怡公司】　2014年新怡公司正式承担保险项目24个，新增担保金额1.8亿元。其中农业项目8笔，担保金额4 300万元，中小微企业16笔，担保金额1.37亿元，保费收入3 600万元，利息收入4 500万元，实现利税400万元。在保业务累计237笔，担保金额11.87亿元，公司资产总额2.20亿元，较注入净资产增加5 000万元。

【嘉泰公司】　2014年，嘉泰公司商品销售总额300万元，收购农产品180万元，利税　9.8万元。2014年嘉泰公司先后参加全国“川货中国行”内蒙古农产品展销会、第十届食品博览会、第十三届中国西部国际博览会及青白江区举办的各类农产品展示展销会10余次，协助区内农户、业主和经营企业收购农产品3 800万元，带动农产品社会化营销4 000万元，同比增长5%和6%。

【党的群众路线教育实践活动】　根据《区委关于深入开展党的群众路线教育实践活动的实施意见》和《区国有企业开展党的群众路线教育实践活动指导方案》精神，制作专题横幅、建立群教活动学习宣传专栏、发放学习资料、设立意见箱及专线电话、组织开展“为民务实清廉”的主题演讲等多种方式，深入开展群教活动。通过学习交流、座谈走访查找问题、征集问题、整改问题，梳理汇总公司领导班子问题及意见建议46条，班子成员问题及意见建议152条，分别建立问题台账。通过“边学边查边改”贯通衔接，坚持领导带头，

融禾公司党的群众路线教育实践活动工作会

立行立改，整改决策、执行和监管不规范不健全等问题 34 项（其中班子立即整改 16 项，班子成员立即整改 18 项）。班子成员之间开展交心谈心 30 人次，相互指出问题 162 条。按照“于法周延、于事简便”的原则，围绕解决“四风”突出问题，从根本上堵住滋生“四风”等问题的漏洞，公司新建立《员工岗位档级常规管理办法》等 15 项制度，优化调整“三重一大”决策制度实施办法等 15 项制度。

（供稿人：彭国勤）

水　　利

【概况】 2014 年，区水务局在区委、区政府的坚强领导下，深入贯彻落实党的十八届三中全会、四中全会、省委十届四次全会、市委十二届三次全会精神，紧紧围绕党的群众路线教育实践活动及全区经济发展大局，解放思想、攻坚克难，按照既定目标推进水务工作。

【水资源】 青白江区多年平均地表水资源量 1.07 亿立方米，多年平均径流深 273 毫米，入境水资源量 5.36 亿立方米，多年平均地下水资源量 1.31 亿立方米，地下水与地表水资源重复计算量 1.07 亿立方米，全区本地水资源总量 1.31 亿立方米。人均水资源量 332.99 立方米，单位面积水资源量每平方千米 99.66 万立方米，单位耕地水资源量每亩 542.68 立方米，当地水资源贫乏，区境供水主要由都江堰供给。

【河流】 都江堰水系：青白江在区境流长 2.75 千米，平均河宽 120 米、多年平均流量 54.6 立方米/秒；毗河区境流长 17.5 千米，平均河宽 155 米，多年平均流量 27.3 立方米/秒。排洪河流：弥牟河区境流长 3.5 千米，平均河宽 11 米，多年平均流量 1.5 立方米/秒；长流河区境流长 18.5 千米，平均河宽 17 米，多年平均流量 5 立方米/秒；绣川河区境流长 10.75 千米，平均河宽 20 米，多年平均流量 3.4 立方米/秒；羊叉河区境流长 3.88 千米，平均河宽 12 米，多年平均流量1.6 立方米/秒。山溪河流：石板河区境流长 15 千米，平均河宽 10 米，多年平均流量 2 立方米/秒；高字库河区境流长 13 千米，平均河宽 7 米，多年平均流量 0.3 立方米/秒；水磨河区境流长 9 千米，平均河宽 5 米，多年平均流量 0.2 立方米/秒； 桤木河区境流长 17 公里，平均河宽 8 米，多年平均流量 1.5—2 立方米/秒；西江河区境流长 19 千米，平均河宽 45 米，多年平均流量 4 立方米/秒；湖江河区境流长 4.25 千米，平均河宽 10 米，多年平均流量 1.5 立方米/秒。

【水利基础设施建设】 投资 1 400 余万元，实施 2012 年青白江区规模化节水灌溉增效综合示范项目、2012 年青白江区省级小型农田水利设施建设补助专项资金项目等 8 项水利工程。2014 年整治防渗渠道 43 千米，新增喷、滴灌面积 500 亩，渠道节水灌溉面积 1.4 万亩。预算投资 5 000 万元，新建“百湖工程”三期人工湖 5 座人工湖，2014 年完成勘察设计。制定《成都市青白江区公益性人工湖管理办法》，并按照水库大坝安全鉴定办法，启动 10 万立方米以上人工湖安全鉴定。

【防汛抗旱防雹】 落实防汛行政首长责任制、区级领导联系乡镇（街道）责任制、河（渠）长责任制及地质灾害防治行政领导负责制，明确各级、各部门的防汛职责和责任人任务，实行“纵向到底，横向到边”的网格化管理。开展全区防汛准备工作大检查，落实 88 处防汛隐患点，整改措施。投入 56 万元，开展排水管网清掏及窨井盖检修。清掏水篦子 11 381 口、雨水井（盖）5 270 口。投资 430 万元，完成“7·9”水毁堤防及水利工程的修复加固，投资 500 余万元，完成山洪灾害防治非工程措施项目建设，已投入试运行。储备总价值 1 500 余万元防汛物资，与川化、中铁八局等大型企业签定抢险物资代储协议。组建以民兵为骨干的抢险队伍 222 支，5 200 余人，基本形成专业抢险队伍与群防队伍相结合的防汛抢险组织体系。严格执行 24 小时防汛值班制度、领导带班制度及重点部位专人值守制度，确保防汛讯息畅通，指令传达到位。2014 年全区安全度汛，未发生重大灾情险情和人员伤亡事件。

【饮水安全】 2014 年全区农村自来水入户安装 6 626 户。自来水售水量 2 935 万吨，合格率 100%。全面启动城市集中式饮用水源保护区建设。完成工业供水 3 243 万立方米（其中生活源水 1 197 万立方米），建成青白江供水现代化项目。

【水产养殖和管理】 推广名优水产养殖、无公害养殖和养殖产业化，组织全区3个水产企业成功申报休闲渔业发展、水产苗种繁育基地建设、标准化水产养殖场建设项目，已争取奖补资金220万元。开展水产品质量安全法律法规和健康养殖技术的宣传普及，2014年水产品产量3 500吨，水产品质量安全抽检141批次，合格率99%。

【水资源管理】 投资2 200万元，启动2013年、2014年省级水资源费项目、2013年度节水型社会重点县建设资金工程建设。实施计划用水管理。2014年下达用水计划3 354万立方米，实际用水3 082万立方米，节水率8.1%。开展重点工业行业用水效率调查，进一步分析重点企业工业用水性质，作出合规性评价，科学分析、查找进一步节水的空间。开展"世界水日""中国水周""全国城市节约用水宣传周"活动，在主城区和重要集镇设立宣传点，发放宣传资料1 000余份。进一步加大《中华人民共和国水法》《成都市节约用水管理条例》等法律法规的宣传发放宣传资料1 000余份。

【污水处理】 完成第二污水处理厂及配套管网建设，构建主城区、乡镇(场镇)、农民集中居住区污水处理体系，主城区、乡镇污水收集处理率分别达到85%、70%。启动雨污管网普查，为科学编制城市排水(雨水)防涝综合规划提供决策依据。

(供稿人：王　丽)

成都市青白江区农村发展局2014年专业技术人员一览表

1.高级技术员11个：

序号	姓名	性别	工作单位	从事专业	专业技术任职资格	取得时间	聘任时间	文件号
1	唐晓英	女	区农业技术推广中心	土壤肥料	高级农艺师	2002.12	2003.6	农〔2003〕63号
2	刘富光	男	区农业技术推广中心	农学	高级农艺师	2012.1.6	2012.3	青农发〔2012〕12号
3	贺德友	男	区农业技术推广中心	农学	高级农艺师	2004.11	2006.3	农〔2006〕11号
4	彭家禄	男	区农业技术推广中心	农学	高级农艺师	2011.2.14	2012.3	青农发〔2012〕12号
5	赵琼英	女	区农业技术推广中心	果树	高级农艺师	2005.11	2007.5	农〔2007〕52号
6	宋道清	男	区植保植检站	农学	高级农艺师	1992.12	2009.12	青农发〔2009〕61号
7	张盛忠	男	区农业技术推广中心	农学	高级农艺师	1993.11	2011.2	青农发〔2011〕13号
8	彭琼英	女	区农业技术推广中心	农业教育	高级农艺师	2001.11	2011.2	青农发〔2011〕13号
9	范贤乡	男	区植保植检站	果树	高级农艺师	2014.2	2014.4	青农发〔2014〕19号
10	马琼辉	女	区农业技术推广中心	农业教育	高级农艺师	2014.2	2014.4	青农发〔2014〕19号
11	陈栋梁	男	区植保植检站	农学	高级农艺师	2014.2	2014.4	青农发〔2014〕19号

2.中级技术人员：27个：(关系在局机关：9个、关系在乡镇农业综合服务站：18个)

序号	姓名	性别	工作单位	从事专业	专业技术任职资格	取得时间	聘任时间	文件号
1	廖开华	男	区农业技术推广中心	农业教育	农艺师	1992.12	1993.3	农〔1993〕2号
2	赵显义	男	区林业技术推广中心	农学	农艺师	2001.11	2002.8	农〔2002〕88号
3	曾念发	男	区农业技术推广中心	农学	农艺师	2002.12	2005.11	农〔2005〕90号
4	陈光跃	男	区动物卫生监督所	畜牧兽医	兽医师	1993.11	1993.11	
5	宋　健	男	区农经管理服务中心	农经管理	农经师	2001.8	2002.5	农〔2002〕52号
6	张道萍	女	区农业技术推广中心	农学	农艺师	2010.12	2010.12	青农发〔2011〕5号
7	周正中	男	区林业技术推广中心	林业	工程师	2001.12		
8	邓章贵	男	区林业技术推广中心	林业	工程师	2001.12		

续上表

序号	姓名	性别	工作单位	从事专业	专业技术任职资格	取得时间	聘任时间	文件号
9	何 勋	男	区农业技术推广中心	土壤肥料	农艺师	2012.12	2013.1	青农发〔2013〕4 号
10	马仕江	男	龙王农业综合服务站	畜牧兽医	兽医师	2009.12	2009.12	青农发〔2009〕116 号
11	肖坤鹏	男	弥牟农业综合服务站	畜牧兽医	兽医师	2009.12	2009.12	青农发〔2009〕116 号
12	张泽凤	女	城厢农业综合服务站	畜牧兽医	兽医师	2009.12	2009.12	青农发〔2009〕116 号
13	何成香	女	福洪农业综合服务站	畜牧兽医	兽医师	2009.12	2009.12	青农发[2009]116 号
14	郑光芳	女	清泉农业综合服务站	畜牧兽医	兽医师	2009.12	2009.12	青农发〔2009〕116 号
15	常凤昭	女	弥牟红阳农业综合服务站	畜牧兽医	兽医师	2009.12	2009.12	青农发〔2009〕116 号
16	彭家伟	男	城厢农业综合服务站	农学	农艺师	2009.12	2009.12	青农发〔2009〕116 号
17	刘方和	男	城厢农业综合服务站	畜牧兽医	兽医师	1998.3	1999.2	招干
18	庄昌琼	女	大弯大同农业综合服务站	畜牧兽医	兽医师	2003.12	2005.11	农〔2005〕90 号招干
19	叶先芬	女	弥牟红阳农业综合服务站	畜牧兽医	兽医师	2007.1	2007.2	农〔2007〕6 号招干
20	李胜梅	女	清泉农业综合服务站	畜牧兽医	兽医师	2010.12	2010.12	青农发〔2011〕5 号
21	薛常华	男	祥福农业综合服务站	畜牧兽医	兽医师	2010.12	2010.12	青农发〔2011〕5 号
22	何育琴	女	大弯大同农业综合服务站	畜牧兽医	兽医师	2010.12	2010.12	青农发〔2011〕5 号
23	赵志君	女	大弯大同农业综合服务站	农经管理	农艺师	2012.12	2013.1	青农发〔2013〕4 号
24	邓 兵	男	人和农业综合服务站	畜牧兽医	兽医师	2012.12	2013.1	青农发〔2013〕4 号
25	叶友会	女	城厢农业综合服务站		工程师	2012.12	2013.1	青农发〔2013〕4 号
26	王长海	男	福洪农业综合服务站	畜牧兽医	兽医师	2013.12	2014.1	青农发〔2014〕7 号
27	唐红珍	女	姚渡农业综合服务站	畜牧兽医	农艺师	2013.12	2014.1	青农发〔2014〕7 号

3.助理级技术人员 16 个:其中:(关系在局:12 个、关系在乡:4 个)

序号	姓名	性别	工作单位	从事专业	专业技术任职资格	取得时间	聘任时间	文件号
1	肖 斌	男	区农经管理服务中心	农经管理	助理农艺师	2013.12	2013.12	青农发〔2013〕79 号
2	李晓萍	女	区农机化技术服务中心	农机管理	助理会计师	1992.2	1992.12	
3	陈绍丽	女	区农业技术推广中心	财会	助理会计师	1992.2	1993.1	
4	钟 勇	男	区动物防疫监督所	畜牧兽医	助理兽医师	2005.1	2007.2	农〔2007〕6 号
5	胡莲莲	女	区产业科		助理农艺师	2012.10	2012.11	青农发〔2012〕76 号
6	杨 荣	男	区森林公安局		助理农艺师		1992.12	
7	鲜玉琼	女	区林业局		助理会计师		1988.4	
8	李 融	女	区林业局		助理工程师		2000.3	
9	吴建华	男	区林业技术推广中心		助理工程师		2002.1	
10	温贤慧	女	区农机化技术服务中心	农机管理	助理农艺师	2013.12	2013.12	青农发〔2013〕79 号
11	叶 勇	男	区农业技术推广中心	农经管理	助理农艺师	2013.12	2013.12	青农发〔2013〕79 号
12	赵 君	女	区农业技术推广中心	农学	助理农艺师	2013.11	2013.11	青农发〔2013〕74 号
13	邓宗福	男	区姚渡农业综合服务站	农机管理	助理工程师	2000.12	2001.1	招干
14	许昌红	女	区祥福农业综合服务站	农机管理	助理农艺师	2013.12	2013.12	青农发〔2013〕79 号
15	张玉凤	女	区龙王农业综合服务站	农机管理	助理农艺师	2013.12	2013.12	青农发〔2013〕79 号
16	钟金龙	男	区龙王农业综合服务站	农机管理	助理农艺师	2013.12	2013.12	青农发〔2013〕79 号

4.员级技术人员 2 个:(其中:关系在局:1 个、关系在乡:1 个)

序号	姓名	性别	工作单位	从事专业	专业技术任职资格	取得时间	聘任时间	文件号
1	周中华	男	区林业技术推广中心		会计员		1994.01	
2	邓　兴	男	区人和农业综合服务站	畜牧兽医	兽医技术员	2000.12	2001.12	农〔2002〕42 号

5.动物防疫、执法参公人员 28 个:(初级:12 个、中级:14 个、高级:2 个)

序号	姓名	性别	工作单位	从事专业	专业技术任职资格	取得时间	聘任时间	文件号
1	叶成东	男	区农发局		畜牧师	1994.44	1995.1	
2	陈志先	男	区农发局		兽医师	1995.12	1996.2	
3	张传金	男	区农发局		畜牧师	2009.12	2003.11	
4	刘业兴	男	区农发局		畜牧师	2003.12	2005.3	
5	曾绪春	女	区农发局		助理畜牧师	1998.9	1998.11	
6	黄登全	男	区农发局		助理畜牧师	1995.1	1995.11	
7	周继和	女	区农发局		畜牧师	2003.12	2005.11	
8	侯方华	女	区农发局		高级兽医师	2005.11	2007.5	
9	黄常蓉	女	区农发局		助理兽医师	2004.1	2005.4	
10	李维聪	女	区农发局		高级畜牧师	2003.11	2006.3	
11	刘发松	男	区农发局		畜牧师	2006.12	2007.2	
12	黄先杰	男	区农发局		兽医师	1994.11	1995.1	
13	康立友	男	区农发局		助理兽医师	2005.1	2005.4	
14	李勇军	男	区农发局		助理兽医师	2002.11	2002.11	
15	梁孝江	男	区农发局		助理兽医师	2002.11	2002.11	
16	秦继健	男	区农发局		助理兽医师	2002.11	2002.11	
17	何怀莉	女	区农发局		会计师	2002.8	2002.8	
18	钟福友	男	区农发局		畜牧师	2009.12	2010.12	
19	邓光斌	男	区农业执法大队	财会	助理会计师	2004.1	2004.1	农〔2004〕2 号
20	张于勇	男	区农业执法大队	农学	农艺师	1996.12	1999.9	农〔1999〕1 号
21	徐　国	男	区农业技术推广中心	农学	助理农艺师	2001.12	2001.12	农〔2001〕3 号
22	贺中娟	女	区农业技术推广中心	遗传育种	农艺师	2002.12	2005.3	农〔2005〕7 号
23	张巍	女	区农发局		助理农艺师	2009.11	2009.12.	
24	张家富	男	区清泉农业综合服务站	农经管理	农经师	2007.11		
25	黄　东	男	区农机化技术服务中心	农机管理	助理工程师	2004.9	2005.1	
26	黎德芳	女	区农经管理服务中心	农经	助理会计师	2001.9	2001.9	农〔2001〕2 号
27	向理翠	女	区农经管理服务中心	农经	农经师	1998.12	2001.3	农〔2001〕1 号
28	张发萍	女	区农业技术推广中心	农学	农艺师	1996.12	1999.9	农〔1999〕1 号

6.管理人员 24 个(其中:初级:7 个、中级:17 个)

序号	姓名	性别	工作单位	从事专业	专业技术任职资格	取得时间	聘任时间	文件号
1	邱有荣	男	区林业技术推广中心		农艺师	1995.12	1995.12	青(1996)5 号
2	史德毅	男	区农经管理服务中心		助理农艺师	1998.9	1998.9	农〔1998〕39 号
3	黄 军	男	区农经管理服务中心	农机管理	工程技术员	1998.12	1999.1	
4	杨国锋	男	区农机化服务中心	农机管理	工程师	2001.1	2001.11	
5	白美良	男	弥牟红阳农业综合服务站		助理经济师	1994.3	1994.7	招干
6	邓 勇	男	福洪农业综合服务站		助理统计师	1998.1	1998.1	招干
7	余庆玲	女	大弯大同农业综合服务站		会计员	1992.2	1992.2	招干
8	钟顺荣	男	大弯大同农业综合服务站		助理工程师	2002.12	2002.12	招干
9	卿 勇	男	区动物卫生监督所	畜牧兽医	畜牧师	1994.11	1995.1	
10	魏 波	女	区农业技术推广中心	农业教育	农艺师	2009.12	2009.12	青农发〔2009〕116 号
11	温琴利	女	区林业技术推广中心	林业	农艺师	2002.5		
12	庄昭宏	男	区农机化服务中心	农机管理	工程师	2011.12	2012.3	青农发〔2012〕11 号
13	刘 剑	男	区动物卫生监督所	畜牧兽医	兽医师	2002.12	2003.6	农〔2003〕63 号
14	吴 刚	男	区农业技术推广中心	农学	农艺师	2003.12	2005.3	农〔2005〕7 号
15	钟晓冬	男	区农机化服务中心	农机管理	工程师	2001.2	2001.8	招干
16	李 辉	女	区农机化服务中心	土壤肥料	农艺师	2012.12	2013.1	青农发〔2013〕4 号
17	常忠福	男	区农经管理服务中心	农经管理	助理农经师	1990.1	1990.4	农〔1990〕1 号
18	王道华	男	区植保植检站	植物保护	农艺师	2004.12	2005.11	农〔2005〕90 号
19	王 睿	女	区植保植检站	植物保护	农艺师	2010.12	2010.12	青农发〔2011〕5 号
20	包维刚	男	祥福农业综合服务站	畜牧兽医	兽医师	2013.12		
21	包维能	男	城厢农业综合服务站	畜牧兽医	兽医师	2009.12	2009.12	青农发〔2009〕116 号
22	曾 韬	男	姚渡农业综合服务站	畜牧兽医	兽医师	2007.12	2008.6	
23	刘生章	男	龙王农业综合服务站	畜牧兽医	畜牧师	2009.12	2009.12	青农发〔2009〕116 号
24	叶耀艳	女	福洪农业综合服务站	畜牧兽医	兽医师	2009.12	2009.12	青农发〔2009〕116 号

7.工人 5 个:(初级:5 个)

序号	姓名	性别	工作单位	从事专业	专业技术任职资格	取得时间	聘任时间	文件号
1	何长彬	男	区祥福农业综合服务站	动物检疫	助理畜牧师	2008.5		
2	陈 伟	男	区农业技术推广中心		助理畜牧师	2008..5		
3	冯万里	男	区移民办		助理畜牧师	2007.2		
4	陈敦森	男	区移民办		助理畜牧师	2008.5		
5	张孟琴	女	区农经管理服务中心		助理畜牧师	2007.2		

人和
金龙寺
杏花第一庄
野菜香熏东西南北人

工 业

INDUSTRY

工业管理与服务

5月6日，市委副书记、市长葛红林到区指导转型升级项目推进工作

【概况】 2014年，全区规模以上工业增加值同比增长11.5%；完成工业投资110.9亿元，同比增长8.6%；完成技改投资111.1亿元，同比增长13.6%；新增规模以上工业企业37家；竣工亿元以上重大项目12个；开工亿元以上重大项目7个；亿元以上重大项目完成投资额43.1亿元；规模以上万元工业增加值综合能耗降低率4.5%，万元工业增加值用水量降低率7.1%；工业污染源排放达标率100%。

【规模以上工业企业】

2014年青白江区规模以上工业企业名单

序号	企业名称	企业地址	主要产品产量
1	成都飞亚曲轴有限公司	大同镇一心社区大同路124	年产曲轴280 335支
2	成都大成功机械股份有限公司	弥牟镇正兴路188号	汽车零部件制造及销售
3	中国重汽集团成都王牌商用车有限公司	弥牟镇国光社区长城路8号	年产载货汽车3 610 180辆
4	成都君斯豪隆发动机配件制造有限公司	工业集中发展区九峰路383号	气门座圈
5	成都市大矩机械有限公司	工业园区九峰路369号	汽车配件生产制造
6	成都市成功汽车配件制造有限公司	弥牟镇国光社区	生产汽车方向盘
7	成都博盈车桥有限公司	弥牟镇国光社区南街2号	金属机械加工
8	成都蜀都纳米材料科技发展有限公司	同济大道386号(工业园区)	生产氧化钴
9	成都丽雅纤维股份有限公司	团结路社区团结南路207号	年产人造纤维(纤维素纤维)2 812 010吨
10	四川齐能新型材料有限公司	工业集中发展区同济大道南段	钢材
11	成都金嘉洲建材有限公司	大同镇创新路189号	防水材料生产
12	成都芝田高分子材料有限公司	工业集中发展区同旺路	生产销售木型复合材料
13	成都中泰新材料有限公司	祥福镇创新路418号工业南区	新型节能材料研发
14	成都玖铭塑胶有限公司	化工路社区化工北路183号	塑料制品生产
15	成都玉龙化工有限公司	大弯黄金北路1号	年产合成氨(无水氨)2 620 010吨
16	成都隆盛化工有限公司	大弯青华东路	制造销售催化剂及新型高分子合成材料
17	成都市成基新型材料有限责任公司	大同镇向阳路779号	生产加工销售新型建筑材料
18	成都顺美国际贸易有限公司	青白江大同创新路455号	生产玻璃纤维制品
19	四川鑫森管业有限公司	大同镇工业发展区创新路	玻璃钢电缆保护管
20	成都市青白江区升达环保装饰材料有限公司	同井村华金大道一段399号	生产浸渍纸
21	台玻成都玻璃有限公司	华金大道一段501号	年产平板玻璃3 041 010重量箱
22	巨石集团成都有限公司	大同镇巨石大道1号	年产玻璃纤维纱3 061 010吨
23	成都思立可科技有限公司	工业集中发展区创新路336号	生产、开发、销售；功能高分子材料
24	成都虹波钼业有限责任公司	大弯黄金路98号	生产钼酸铵

续上表

序号	企业名称	企业地址	主要产品产量
25	成都市红宝丽新材料科技发展有限公司	大弯大夫村	涂料生产
26	成都巨峰玻璃有限公司	红阳红锋村	年产钢化玻璃 3 051 010 平方米
27	成都瀚江新型建筑材料有限公司	复兴大道 88 号(工业园区)	生产离心玻璃绵及制品
28	成都市祥建玻璃有限公司	工业集中发展区向阳路	日用玻璃制品
29	成都圣宝钢结构有限公司	区同心大道南段(工业南区)	生产钢结构
30	成都申博玻璃有限公司	成都市青白江区向阳路	加工安装玻璃制品
31	成都瑞华幕墙工程有限公司	工业集中发展区同心大道 899 号	幕墙金属屋面门窗光电幕墙太阳能光电和光热
32	成都汇诚幕墙装饰工程有限公司	工业集中发展区同旺路 555 号	生产幕墙
33	成都市瑞如矿渣微粉有限公司	大弯双元五组	矿渣粉生产
34	四川佰汇混凝土工程有限公司	大弯通站路 333 号(工业园区)	预拌混凝土生产销售
35	四川东大板业有限公司	红阳永红村九组	制造轻型板材、建筑材料
36	四川省三剑建筑工程有限公司	大同镇同旺路(工业园区)	钢结构制作、销售
37	成都中联水泥有限公司	青白江区大同镇工业发展区	年产水泥 3 011 030 吨
38	成都亮生玻璃制品有限公司	弥牟镇华金大道一段 400 号	玻璃深加工
39	四川可耐建筑节能科技有限公司	青白江区龙王清洁村 13 组	玻化微珠
40	成都中鑫矿渣微粉有限公司	大弯双元村	矿渣微粉生产
41	成都市鑫沙商品混凝土有限公司	红阳永红村	年产商品混凝土 3 021 010 立方米
42	成都市源峰石材有限公司	四川省成都市青白江区祥福镇	石材加工
43	四川鸿宝石材有限公司	祥福镇工业集中发展区南区	石材加工
44	成都阿斯泰石业有限公司	工业集中发展区货运大道南侧 A4-2-02	石材加工
45	成都市石裕石材有限公司	工业集中发展区货运大道南侧	石材加工
46	成都尚石屹建材有限责任公司	工业集中发展区货运大道南侧	石材加工
47	成都鸿恒华石材有限公司	工业集中发展区货运大道南侧	石材加工
48	成都市锐隆钢结构工程有限公司	工业集中发展区同旺路 618 号	钢结构生产
49	四川毅恒钢结构工程有限公司	祥福镇工业集中发展区同心大道南段	钢化结构生产
50	成都兴传祥科技有限公司	工业集中发展区同旺路 618 号	生产销售金属制品
51	成都圣韩建材有限公司	工业园区同旺路	玻璃加工
52	成都航舰钢建工程有限公司	工业区同济大道 1236 号	钢结构制造
53	成都彬芬金属制品有限公司	复兴大道 318 号	年产钢筋 3 140 080 吨
54	成都金华通路桥设备制造有限公司	大同镇工业集中发展区敬业路	路桥模板钢构制造
55	成都宏杰达铝合金装饰材料有限公司	同济大道 280 号	加工、销售铝合金装饰制品
56	成都林盛未来木业有限公司	青白江区弥牟镇国光社区 2 组	年产木门 94 023 套
57	成都三义路桥设备有限公司	青白江区大同镇同旺路 889 号	制造、销售:路桥设备及配件
58	成都鸿安商品混凝土有限公司	弥牟镇车站北路 13 号	年产商品混凝土 3 021 010 立方米
59	成都市梓宁建材有限公司	区福洪乡胜利村 6 组	年产商品混凝土 306 063.70 立方米
60	成都宏宝康利石材有限公司	区祥福镇民强村	石材生产

续上表

序号	企业名称	企业地址	主要产品产量
61	成都鑫春蕾石材有限公司	青白江民强村	石材加工
62	成都华西大成钢结构有限公司	复兴大道 318 号	钢结构工程设计、制造
63	四川升达林业产业股份有限公司	红阳华金大道一段 42 号	年产人造板表面装饰板 2 029 010 平方米
64	成都置发金属制品有限公司	弥牟镇国光 2 组	年产钢筋 3 140 080 吨
65	成都福卡建材有限公司	大同镇同心大道	生产及销售建筑业材料
66	成都巨奥玻璃有限公司	大同镇同旺路	日用玻璃制品 3 054 010 吨
67	成都悦驰金属制品有限公司	红阳红锋	年产钢筋 3 140 080 吨
68	成都老木匠洁具制造有限公司	龙王镇狮子龙王社区居民委员会	洗手盆 24 520 套
69	成都市荣景商品混凝土有限责任公司	工业集中发展区南区（同济大道南延线）	年产商品混凝土 3 021 010 立方米
70	成都中砂预拌砂浆有限公司	红阳永红村五组	预拌砂浆生产销售
71	成都市和乐门业有限公司	工业集中发展区同心大道	生产销售钢质门防盗门
72	成都建业制品有限责任公司	姚渡镇光明村	摩插式排水管
73	成都恒正和冶金炉料有限责任公司	红阳教育街 81 号	石灰和石膏制造
74	成都磊鑫建材有限公司	青白江区福洪乡幸福村 4 组	年产砖 18 004 万匹
75	成都市长旺达新型建材厂	清泉镇快乐村	年产砖 12 982 万匹
76	成都市青白江区桔丰山建材有限公司	清泉镇桔丰村	年产砖 3 031 010 万块
77	成都市青白江区字库新型建材厂	青白江区福洪乡字库村 2 组	年产砖 12 141.80 万块
78	四川优佰特厨房设备制造股份有限公司	同心大道 499 号	商用炉灶
79	成都市飞鹰消防器材有限公司	工业发展区同旺路 577 号	生产消防器材
80	成都青铜商品混凝土有限公司	大同镇同福村 6 组	年产商品混凝土 29 121 010 立方米
81	成都博途顺达机械制造有限公司	工业集中发展区同济大道	生产销售金属制品
82	成都达海金属加工配送有限公司	青白江区华金大道 738 号	金属制品加工
83	四川国龙集团金属制品有限公司	祥福镇天星村	镀锌钢丝绳
84	成都市倍诚分析技术有限公司	大夫村同济大道 108 号	生产专用仪器
85	成都市青白江区复兴机械厂	创新路 366 号	制造加工机械设备
86	成都市中德制辊有限责任公司	红阳蔡家庙社区红阳路 380	钢卷钢芯生产
87	成都新拓五金制造有限公司	工业集中发展区同旺路	制造销售五金产品、防盗配件
88	成都恒越通用设备制造有限公司青白江分公司	同济大道 88 号附 6 号	机械零部件加工
89	四川辉红机械制造有限责任公司	工业集中发展区南区同济大道	机械设备制造销售
90	成都中迪焊割设备有限公司	成都市青白江区黄金北路 3 号	生产焊机、生产滚轮架切割设备
91	四川华工石油装备有限公司	市青白江祥福镇工业南区	生产销售石油管材器械普通机械设备
92	成都克密斯机械制造有限公司	工业集中发展区同辉路 193 号	机械设备及配件
93	成都华夏钢管加工有限公司	大同镇同心村 377 号	钢管加工
94	成都青冶正星金属制品有限公司	同心大道 366 号	金属表面及热处理
95	成都市青白江网围栏有限公司	弥牟镇国光社区	金属机械加工
96	四川新安达交通设施有限公司	大弯同济大道 718	生产高速公路护栏板

续上表

序号	企业名称	企业地址	主要产品产量
97	成都浩宇兴电器有限公司	青白江区大同镇红光社区	生产高低压成套设备
98	成都科利隆生化有限公司	同济大道 903 号	化学农药制造
99	成都怡瑞特机械制造有限公司	大同镇西林路	生产销售冷轧带筋钢筋、冷拉丝
100	成都嘉泽正达科技有限公司	工业集中发展区九峰路 339 号	吊篮
101	成都双龙科创机械制造有限公司	大同镇同旺路 618 号	建筑工程机械
102	成都华鼎机电设备有限公司	弥牟镇八阵大道 768 号	制造电器用箱柜屏台
103	四川吉源铸业有限公司	同心大道 469 号	制造、销售金属铸锻件
104	四川宇通路特机械设备有限公司	工业园同旺路	生产、销售、租赁隧道、桥梁工程用机械产品
105	成都市蓉联电线电缆有限公司	龙王镇三方村	年产电力电缆 3 831 030 千米
106	成都成化机械制造有限公司	大弯大夫村	机械设备及零部件制造
107	成都明生机械设备制造有限公司	肖家院社区团结东路 620 号	化工机械设备及零部件制造加工
108	成都东泉预应力成套设备有限公司	城厢镇五泉村	生产金属制品 5 725 吨
109	成都源丰泵阀设备有限公司	大弯青华东路 161 号	石材生产销售
110	成都德力斯实业有限公司	大同镇同旺路 181 号	年产气体分离及液化设备 3 463 020 台
111	成都大亚机械有限公司	大弯通站路 95 号	机械通用零部件制造
112	成都捷诺达科技实业有限公司	弥牟镇三星村 20 组	年产钢丝 4 541 520 吨
113	成都市第一预应力钢丝有限公司	弥牟镇国光社区 1 组	年产钢丝 3 340 020 吨
114	成都斯杰化工机械有限公司	同心大道 518 号	生产阀门
115	成都市青白江四方非标轴承有限公司	同济大道 88 号附 3 号	年产滚动轴承 3 451 010 万套
116	四川华兴伟业机械设备有限公司	同济大道 816 号	机械通用零部件制造
117	成都灯塔富林工贸有限公司	火星社区华金大道 568 号	年产钢筋 3 140 080 吨
118	成都市永益泵业有限公司	大弯同旺路(工业园区)	耐酸泵制造
119	成都市金堂县金源水轮机制造有限公司青白江分公司	大弯肖家院	水轮机制造
120	成都新全义机械制造有限公司	弥牟镇三星村	机械制造
121	成都东煌机械制造有限公司	大弯革新	机械零部件加工
122	成都立固制钉有限公司	城厢镇玉龙村	年产金属紧固件 3 482 010 吨
123	成都欣华荣化工设备制造有限公司	工业集中发展区盛华企业园	制造、加工、安装
124	成都川欧科技有限公司	大同镇大同路 316 号	凹印制版
125	成都百源机械有限公司	大同镇复兴大道 318 号	金属制品、电子机箱制造
126	成都盛华世代投资开发有限公司	大弯大夫村	机械零部件加工及设备修理
127	成都鑫恒瑞机械设备制造有限公司	工业园区创新路 266 号	制造机械设备配件
128	成都盈丰宝钢重型锻造有限责任公司	工业园区同辉路	年产钢材 3 140 270 吨
129	成都市腾洋机械有限公司	弥牟镇国光社区	金属机械加工
130	四川华西大成建设有限公司青白江分公司	大同镇复兴大道	生产活动板房
131	成都焊研威达科技股份有限公司	华金大道一段 388 号	年产电焊机 3 424 010 台
132	成都天马铁路轴承有限公司	城厢镇下北街 143 号	年产锻件 3 391 010 吨

续上表

序号	企业名称	企业地址	主要产品产量
133	成都科华重型轴承有限公司	大同镇一心社区	滚动轴承 3 451 010 万套
134	成都蜀虹装备制造股份有限公司	城厢镇玉虹宏业路 8 号	制造电工机械专用设备
135	家得润生态房屋有限公司	工业集中发展区敬业路 433	新型节能环保建筑房屋用材料开发生产
136	成都科特瑞兴科技有限公司	工业集中发展区景峰路	化工成套装置设备制造
137	成都科东合成材料有限公司	大同镇创新路 196 号	专用防锈涂料
138	中铁八局集团桥梁工程有限责任公司	肖家院社区青华东路 173 号	生产水泥制品
139	成都市祥福铸造厂	祥福镇高楼村	年产曲轴 382 335 支
140	成都市巨龙泵业有限公司	大同镇同旺路 622 号	水泵
141	四川实达塑胶有限公司	复兴大道 688 号	塑料型材、管材、管件、制品
142	四川维珍石化设备有限公司	大弯黄金北路 3 号	生产销售核电、石化、环保设备用管道及管件
143	成都迈特机械设备有限公司	弥牟镇国光社区	金属加工表面处理
144	四川华源高温炉管有限公司	同济大道 528 号(工业园区)	金属表面处理
145	成都胜达玻璃有限责任公司	同井村华金大道一段 392 号	年产中空玻璃 3 051 050 平方米
146	成都瑞奇石油化工工程有限公司	肖家院社区青华东路 288 号	压力管道设计制造
147	成都天保重型装备股份有限公司	大同路 188 号	离心分离设备
148	四川双弘空调设备有限公司	成都市青白江区龙王镇红树村	年产风机 3 462 010 台
149	成都市青白江区成青金属有限公司	弥牟镇北街 63 号	年产钢丝 3 452 010 吨
150	成都卡斯特精密铸造有限公司	龙王镇清洁村	年产铸钢件 3 130 020 吨
151	成都市永兴金属表面处理厂	城厢镇十八湾	金属表面处理
152	成都龙盛鑫机械制造有限公司	大同镇大同一心村	制造连轴器
153	四川三洲川化机核能压力容器制造有限公司	大弯南路 666 号	化工压力容器生产
154	四川三洲特种钢管有限公司	大弯大夫村	无缝钢管生产
155	成都国泰川化机核能热处理有限公司	祥福镇甘泉村	机械设备制造
156	四川华星炉管有限公司	青白江区同济大道 198	金属表面处理
157	成都望晖石油管有限责任公司	工业园区同心大道 666 号	生产石油管
158	成都中节能再生能源有限公司	红阳街办教育街 268 号	对城市生活垃圾焚烧发电、综合处理项目的投
159	四川安那际电力科技有限公司	工业发展区同旺路 1159 号	电力、机械设备
160	四川三洲川化机核能设备制造有限公司	大弯南路 666 号	年产铸钢件 3 130 020 吨
161	成都成异钢管有限责任公司	红阳红锋村	年产无缝钢管 3 140 250 吨
162	成都中远特殊钢管有限责任公司	工业集中发展区同辉路	年产无缝钢管 3 140 250 吨
163	成都锡蓉薄板有限公司	青白江工业园区同心大道	彩钢板
164	攀钢集团成都钢钒有限公司	团结南路 12 好	年产粗钢 3 120 010 吨
165	攀成伊红石油钢管有限责任公司	弥牟镇国光社区	年产用外购国产钢材再加工生产钢材 3 140 280 吨
166	攀钢集团成都板材有限责任公司	弥牟镇国光社区	年产镀层板(带)3 140 200 吨
167	成都固利科技有限公司	同济大道 88 号	研发、生产、销售混凝土外加剂
168	成都宝洁有限公司	团结路社区团结东路 148 号	年产合成洗衣粉 2 681 030 吨

续上表

序号	企业名称	企业地址	主要产品产量
169	成都蓝风(集团)股份有限公司	团结路社区团结东路 148 号	年产合成洗涤剂 2 681 020 吨
170	川化股份有限公司	大弯团结东路 311 号	年产合成氨(无水氨)2 620 010 吨
171	成都鑫尔泰塑料制品有限公司	大同镇一心社区巨石大道	塑料制品 2 920 010 吨
172	成都市青白江区磷肥厂	大同镇同福村 6 组	年产磷肥(折五氧化二磷 100%)2 622 010 吨
173	四川顺民肥料有限公司	弥牟镇火星村 8 组	年产复合肥 5420015 吨
174	成都泰和沥青发展有限公司	大弯黄金路	沥青制造
175	成都蓉亨气体有限责任公司	祥福镇红瓦店七组	溶解乙炔
176	四川日出化工有限公司	同心大道 598 号	助剂制造
177	埃斯科姆米高(四川)化肥有限公司	大弯街办通站路 278 号	年产氮肥(折含氮 100%)2 621 010 吨
178	成都市科尔化工有限责任公司	大同镇同心大道 468 号	加工复合二硅酸钠
179	川化青上化工有限公司	大弯肖家院社区通站路 101 号	生产盐酸
180	四川米高化肥有限公司	大弯黄金路 35 号	年产氮肥(折含氮 100%)2 621 010 吨
181	成都成钢梅塞尔气体产品有限公司	红阳团结南路	生产氧气、氮气等气体
182	成都迪欣生物科技有限公司	大同镇同心大道	生产销售精细化工产品
183	成都迪澳植化实业有限公司	城厢镇玉龙村	年产食品添加剂 1 495 010 吨
184	九三集团成都粮油食品有限公司	弥牟镇唐军路 30 号	年产食用油 56 603.861 吨
185	成都市玉虹罐头食品有限公司	城厢镇外东兰家店	蔬菜罐头
186	成都逸风制衣有限公司	大弯华金大道二段 267	生产服装
187	成都市青白江升达家居制品有限公司	九峰路	实木复合门
188	成都青白江水业股份有限公司	红阳金华大道 1 段 9 号	自来水生产量 4 610 010 万立方米
189	成都巨人树服饰股份有限公司	红阳华金大道二段 562 号	年产梭织服装 1 810 010 万件
190	成都市青白江区大兴纸箱厂	城厢镇马鞍社区	年产瓦楞纸箱 2 231 010 吨
191	成都润辰食品有限公司	城厢镇马鞍社区	年产蘑菇 2 000 吨
192	成都康祖食品有限公司	城厢镇十八湾	年产蘑菇 2 840 吨
193	成都宜家食品有限公司	青白江区城厢镇十八湾村	年产蘑菇 3 040 吨
194	成都天天绿食品有限责任公司	青白江区城厢镇十八湾 18 组	食用菌种植
195	成都市青白江区红旗油脂有限公司	城厢镇金河村	精制食用植物油 5 221 吨
196	四川儒雅教学仪器设备有限公司	祥福镇天星村	年产办公用品 21 405 套
197	成都巨华投资有限公司	弥牟镇国光村 10 号	年产棉纱 1 711 020 吨
198	四川博能燃气股份有限公司	青江路社区华金大道 1066 号	城市燃气供应
199	成都川老头食品有限公司	城厢十八湾村	调味料
200	四川科美纸业有限公司	红阳路 399 号	生产烟用纸
201	成都正点米业有限公司	大同镇新锋社区	年产大米 1 310 030 吨
202	四川恒森石油天然气开发有限公司	华金大道一段 366 号(南区)	天然气生产和供应
203	成都市鑫宏威野营装备器材有限责任公司	复兴大道 318 号	生产销售野营装备器材
204	成都新玉虹包装装璜有限公司	城厢镇十八湾村	加工纸箱
205	四川春意家具有限公司	祥福镇天星村	其他非金属加工专用设备制造
206	成都三宇纺织有限公司	工业园区纬五路(南区)	年产棉纱 1 711 020 吨
207	成都千年树家私有限公司	大弯黄金村同济大道 318 号	生产木制家具
208	成都市银丰和谐食品有限公司	姚渡镇芦稿村	年产鲜、冷藏肉 1 350 010 吨

【工业管理】 按照"产城融合"的规划布局,会同区工管委完善《青白江工业区产业发展规划》,优化产业规划和空间布局,进一步明确产业发展方向和重点。探索工业企业发展新路径,形成《关于建设青白江区中小企业园(孵化园)的报告》上报区政府,研究项目建设方式,实现集约节约用地,完善工业园区孵化功能。结合乡镇发展实际,探索"福洪乡工业集中发展点"试点建设。修编电力规划,编制全区加油加气站布点规划。加大技术改造和创新投入,2014 年审批工业技术改造项目 32 个,投资额 5.85 亿元。稳步推进节能降耗,淘汰攀成钢钒 30 吨转炉 1 座、丽雅纤维 0.1 万吨玻璃纸生产线 3 条;完成三洲特管、水业公司、十九冶商混、台玻电力、亿贝尔机械等 5 户企业的清洁生产审核工作;推动台玻公司两条浮法玻璃生产线烟气除尘脱硝治理和攀钢钢钒公司 210 烧结烟气脱硫系统改造项目实施。2014 年,积极申报国家级新型工业化绿色建材产业示范基地。强化要素保障,110 千伏红阳、桂通变电站完成主体建设,2014 年 9 月,110 千伏前进变电站通过验收投运。着力破解金融瓶颈制约,为 119 户中小企业协调落实贷款 35.3 亿元;累计争取淘汰产能落后资金、企业间协作配套资金、新能源汽车推广应用中央财政补助资金、生产性服务业专项资金、清洁生产补助资金、上规企业奖励等专项资金补助 6 789.49 万元。积极向上争取土地指标,认真梳理项目用地需求,优先支持省、市重点项目。已争取工业用地年度计划指标 738.3 亩,为重点项目建设提供了用地保障。向上申报 34 家微型企业列入今年市上扶持计划。开展 3 次企业人才培训,培训 600 余人。认真落实安全生产责任制和"一岗双责",建立安全生产专家库。全区开展安全检查规模以上工业企业 260 家(次)、液化气经营户 82 余家(次)完成了安全检查,指导博能燃气公司开展燃气安全应急演练,45 户企业开展安全生产标准化工作;185 户用人单位开展职业卫生基础建设,8 户企业签订安全生产顾问聘用协议书。

【冶金产业】 2014 年,全区规模以上冶金企业 7 家,均集中在钢铁行业,其中攀成钢(包括攀成钢钒、攀成钢板材、攀成钢伊红 3 家)产值约占全区冶金产业的 90%左右,主要产品为无缝钢管、建筑钢材、石油专用钢管。近年来,冶金产业规模有所减小,冶金企业效益较低,龙头企业攀成钢钒自 2009 年以来已连续 6 年亏损。

【建材产业】 青白江区是四川省节能建材示范基地,在节能建材领域拥有较强的竞争力。建材企业规模普遍不大,2014 年规模以上企业 26 家,其中产值达到 5 亿元以上的企业 1 家。建材产品大部分位于产业链低端,主要产品为石材、玻璃、混凝土、预拌砂浆等,产品附加值较低。

【化工产业】 青白江区化工产品仍以气投化肥、合成洗涤剂等为主。其中,化肥行业本身产能过剩,加上煤炭价格持续走低,煤投化肥的竞争力进一步提升,从而使青白江区气投化肥面临更加激烈的竞争。合成洗涤剂以洗衣粉、洗洁精等为主,产品附加值仍然不高。2014 年规模以上企业 19 家,川化公司化肥行业已全面停产。

9 月 29 日,区领导到工业区玉龙化工有限公司调研

【机械产业】 青白江区机械产业主要集中在机械基础件和专用设备两个细分产业。机械企业规模普遍不大、核心竞争力不强。2014 年,青白江区规模最大的传统机械企业——四川国龙集团金属制品有限公司仅完成产值 4.5 亿元,而其产品主要是碳素弹簧钢丝、镀锌钢绞线、钢丝绳等,产品附加值不高。

"十二五"以来,青白江区新兴产业发展取得了一定成绩,先后被批准为国家高性能纤维高新技术产业化基地、四川省新型工业化示范基地(节能建材基地)、国家绿色建材示范基地等。2014 年,全区新兴产业规模以上工业企业 47 家,实现产值 139 亿元,增长 13.6%,占全区工业产值的 27.7%。

【新材料产业】 2014年,规模以上企业17家,实现产值53.8亿元,同比增长19.3%。新材料产业是青白江区发展较快的新兴产业,初步形成了以巨石、台玻、玉龙为代表的新材料产业集群。大部分属于原材料型新材料,其应用产品制造企业缺失,如巨石玻纤产品的下游复合材料产业,目前仅有实达塑胶、顺美国际两家玻璃钢制造企业,且产品较为低端。

【成套装备制造业】 2014年,规模以上企业9家实现产值30.3亿元,同比增长6.6%。在管道、轴承等领域已经形成了一定的优势,如天马公司风电轴承、铁路轴承、短圆柱滚子轴承等产品市场占有率在国内排名第一。但成套装备制造业企业数量相对较少,大部分属于装备配套产品。

【商用车产业】 2014规模以上企业8家,年实现产值34.6亿元,同比下降1.7%,规上企业8家。产业总体规模偏小,除重汽王牌2014年实现产值23.8亿,其余企业规模均很小。君斯豪隆、大成功机械、博盈车桥年产值均为2亿余元,祥福铸造厂、飞亚曲轴年产值1亿余元,其他企业均在亿元以下。产业发展较慢,重汽王牌“012”生产线产能尚未完全释放,项目建设和市场推广力度偏小。

【绿色建材及建筑工业化】 2014年实现产值20.4亿元,增长68.5%。青白江大力开发高性能新型绿色建材产业链条,已经吸引了中建材、中节能等一大批行业龙头企业聚集,正在积极申报 “绿色建材?成都青白江区”国家级示范基地。青白江区是成都市发展建筑工业化产业核心区,建筑工业化相关标准还需要进一步完善,市场有待于进一步培育,产业发展有望逐步提速。

(供稿人:刘　彦)

工业区

【概况】 2014年工业区规模以上企业160家,规模以上工业总产值457.6亿元。新签约引进重大项目10个,新开工项目17个,新竣工项目19个,固定资产投资102.1亿元。国家级循环经济试点工作通过验收,被批准为四川省新型工业化(绿色建材)示范基地,获批第四批四川省知识产权试点园区、省级重点培育外向型产业园区。

10月14日,市经信委主任施跃华到工业区调研

【项目建设】 新签约引进米高地效飞行器、港宏汽车商贸城等10个项目,投资总额71.7亿元,项目整体竣工达产后预计可实现年销售收入278.5亿元,年税收10.6亿元,解决本地用工人数12 880人。储备洽谈项目24个,拟投资总额140亿元。鑫金力、瑞锦一期、攀钢研发中心等17个项目新开工,台嘉一期、巨石技改等19个项目竣工投产。

【基础设施建设】 2014年实际完成投资1.5亿元。南片区道路建设完成工程优化设计、用地保障等工作,完成工业区规划道路及市政配套BT招标工作。完成台嘉110千伏外线建设工程,巨石外线已完成工程量的80%。

【园区管理】 加强工业区安全管理进一步增强安全责任意识,健全安全生产责任体系。组织企业参加各类现场交流、专题培训6次,与230家企业签订《工业区安全生产目标责任书》,集中安全检查企业189家,发现并责令整改问题500处,督促企业安全整改率100%。申报安全生产标准化企业18家,10家企业落实安全生产顾问服务制。加强社会治安综合治理信访维稳、平安建设、环境治理等基础工作,维护工业区企业正常的生产经营秩序。

【企业服务】 初步建成工业经济信息化服务平台,筹建中小企业园(孵化园),培育创新创业载体。举办中小企业服务博览会,为园区企业提供免费服务产品召开安置房、保障房建设单位与园区建材企业对接会、园区区域产品配套工作会，印制园区企业产品目录，宣传推广园区企业。帮助24家企业融资贷款共计3.9亿元,申报高新技术企业18家,引导24家企业进行技改,完成技改投资4.1亿元。为青年(大学生)创业就业服务,新签约入驻创业项目4个。兑现企业优惠政策,协助建工集团、重汽王牌等13家企业兑现政府扶持资金1 000万元。协调解决企业职工子女入学20余人次。

2014年工业园区部分企业基本情况

企业名称	详细地址	主要产品	负责人	联系电话
攀钢集团成都钢钒有限公司	团结南路12号	生铁	李　镇	83616229
中国重汽集团成都王牌商用车有限公司	国光社区长城路8号	载货汽车整车制造	韦志海	83679198
成都达海金属加工配送有限公司	青白江区华金大道738号	金属制品加工	谢　海	69809031
攀钢集团成都板材有限责任公司	国光社区	加工彩涂板	邓　强	89303511
成都天马铁路轴承有限公司	下北街143号	铁路货车轴承制造	沈高伟	83632164
巨石集团成都有限公司	巨石大道1号	玻璃纤维制造	杨国明	89302066
成都江河幕墙系统工程有限公司	同井村华金大道一段399号	生产浸渍纸	董静涛	83693937
台玻成都玻璃有限公司	华金大道一段501号	生产平板玻璃	林伯丰	83667100
成都玉龙化工有限公司	黄金北路1号	生产尿素	邱述长	83600030
成都市和乐门业有限公司	工业集中发展区同心大道	生产销售钢质门防盗门	林雅琴	67965163
四川三洲特种钢管有限公司	大夫	无缝钢管生产	储小晗	83604926
成都丽雅纤维股份有限公司	团结路社区团结南路207号	生产粘胶纤维	邓传东	83302560
攀成伊红石油钢管有限责任公司	国光社区	石油钢管加工	晏　如	89303078
四川国龙集团金属制品有限公司	天星村	镀锌钢丝绳	赵中彬	83650299
四川华工石油装备有限公司	四川省成都市青白江祥福镇工业南区	生产销售石油管材器械普通机械设备	任建军	61766320
成都虹波钼业有限责任公司	黄金路98号	生产钼酸铵	阙兴正	83600333
四川米高化肥有限公司	黄金路35号	生产钾肥	刘国才	83600866
四川恒森石油天然气开发有限公司	华金大道一段366号(南区)	天然气生产和供应	王学俊	84386351
成都蓝风(集团)股份有限公司	团结路社区团结东路148号	生产洗涤用品	沈开林	65017625
四川博能燃气股份有限公司	青江路社区华金大道1066号	城市燃气供应	陈　奎	83611666
中铁八局集团桥梁工程有限责任公司	肖家院社区青华东路173号	生产水泥制品	米骥德	83605251
成都科利隆生化有限公司	青白江区工业发展区同济大道903号	化学农药制造	吴培军	67965010
成都天保重型装备股份有限公司	同旺路622号	水泵	赵美顺	83586161
成都瀚江新型建筑材料有限公司	复兴大道88号(工业园区)	生产离心玻璃绵及制品	顾春生	83673183
成都焊研威达科技股份有限公司	华金大道一段388号	生产焊接设备	金云龙	83662313
四川佰汇混凝土工程有限公司	通站路333号(工业园区)	预拌混凝土生产销售	黄小波	83602296
成都中远特殊钢管有限责任公司	青白江区工业集中发展区同辉路	推制业	黎自荣	83626010

续上表

企业名称	详细地址	主要产品	负责人	联系电话
川化青上化工有限公司	肖家院社区通站路 101 号	生产盐酸	李　枫	83604162
成都中节能再生能源有限公司	青白江区红阳街办教育街 268 号	对城市生活垃圾焚烧发电、综合处理项目的投资、建设、营运	吴　晓	66758589
成都成钢梅塞尔气体产品有限公司	团结南路	生产氧气	王世福	89305522
四川新安达交通设施有限公司	同济大道 718	生产高速公路护栏板	单春丰	83601292
埃斯科姆米高(四川)化肥有限公司	青白江区大弯街办通站路 278 号	农用硝酸钾	弗兰克毕奥	83602595
成都中联水泥有限公司	青白江区大同镇工业发展区	水泥	方　均	67999021
成都宝洁有限公司	团结路社区团结东路 148 号	生产销售洗涤用品		83305000
成都顺美国际贸易有限公司	青白江大同创新路 455 号	生产玻璃纤维制品	熊相华	83625357
成都恒正和冶金炉料有限责任公司	教育街 81 号	石灰和石膏制造	谷　华	89305087
成都博盈车桥有限公司	国光社区南街 2 号	金属机械加工	冯启泰	83672755
成都锡蓉薄板有限公司	青白江工业园区同心大道	彩钢板	陆玉红	83627333
成都青白江水业股份有限公司	金华大道 1 段 9 号	生产自来水	刘道国	83669668
四川升达林业产业股份有限公司	华金大道一段 42 号	生产强化木地板	江昌政	86788818
成都望晖石油管有限责任公司	工业园区同心大道 666 号	生产石油管	肖望东	89302113
四川三洲川化机核能设备制造有限公司	大弯南路 666 号	生产化工设备	储小晗	83604816
四川日出化工有限公司	成都市青白江区工业集中发展区同心大道 598 号	助剂制造	周松奎	83669232
成都思立可科技有限公司	青白江区工业集中发展区创新路 336 号	生产、开发、销售：功能高分子材料	徐龙平	83625089
成都科华重型轴承有限公司	一心社区	轴承制造	文　宇	83627802
成都瑞奇石油化工工程有限公司	肖家院社区青华东路 288 号	压力管道设计制造	唐联生	83602355
台嘉成都玻纤有限公司	青白江区大同镇同心大道 1000 号	生产、销售电子级玻璃纤维布	林伯丰	61589999
成都锐龙机械制造有限公司	青白江区大同镇工业集中发展区黄金路	生产销售钢结构	陈　煜	83303393
四川瑞锦板材有限公司	青白江区大同镇工业集中发展区同济大道 1079 号	加工销售金属板材、金属制品钢压延加工	苏显真	83633989
成都顶固集成家居用品有限公司	青白江区大同镇工业集中发展区创新路	生产、加工、销售钢、木门窗家具制品	林新达	61580400

产业代表企业简介

【商用车】 构建以重汽王牌为龙头，以中、重、轻、微卡为主导的商用车和城市专用车整车生产、销售、售后服务的完整产业链，特别是商用车整车和零部件供应的环形产业链。

中国重汽集团成都王牌商用车有限公司。公司是中国重汽集团与成都王牌汽车集团股份有限公司于 2010 年 9 月 28 日强强联合组建的商用车整车制造企业，公司注册资本 8 亿元，位于成都市青白江区弥牟镇长城路 8 号，占地面积 759 413.21 平方米，拥有各种生产设备 3 800 多台(套)，固定资产原值 6.17 亿元，资产总额 18 亿元，拥有三家下属全资子公司，现有员工 3 000 余人。公司建有重、中、轻、微型载货汽车总装、冲压、组焊、涂装和检测等五大工艺生产线，

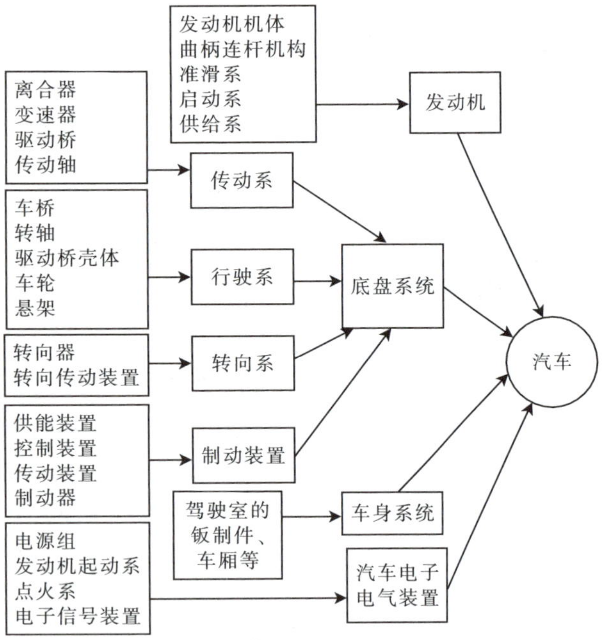

商用车整车制造和零部件供应的环形产业链

具有较强的汽车车身、货厢、车架、液压油缸等总成部件自制生产能力和整车总装生产能力,拥有国家汽车产品公告目录600多个,工艺技术装备水平名列川内同行业前茅。自主开发的欧虎、钱龙新车型获得国家级重点新产品称号;开发的“7”系轻卡新产品、微型卡车新产品获得80多项技术专利,新产品投放市场,快速获得用户认可并大幅增加销量;特别是在新能源纯电动车的研发上,已成为四川唯一纯电动车底盘生产企业,具备3 000辆市场销售规模。为提升重型商用车整车制造技术,进一步优化产品结构,实现整车档次快速提升,2013年12月建成了重汽王牌“012工程”项目,总投资10.35亿元,新建厂房及设施面积14万平方米,新购置各类设备、驾驶室模具及工装夹具800余台套,建成驾驶室冲焊、车架、涂装、总装、调试、检测等生产线,其中500米总装配线达到同行业先进水平。项目开发的中重卡产品包括工程自卸车、平板运输车、牵引车等,产品关键零部件采用国外先进技术和产品,整车技术和品质均达到国内同类产品领先水平,成为重汽王牌发展的主力产品。重汽成都王牌公司在全国建有35个销售分公司,拥有412多家经销商、817多个维修服务网点的营销网络,2014年产销量居川内本地商用车企业之首,实现产值23.8亿元,税金0.39亿元,同时公司积极开拓国际市场,2014年出口量是1 000台,出口额达到929万美元,产品畅销南美、东南亚、中东等十几个国家和地区。

中国重汽集团成都王牌商用车有限公司总装车间

【成套装备制造】 以天马、三洲特管等企业为龙头,着力发展风电、核电、水电等能源装备,重点发展风电轴承、风电发电电控设备、新型核电设备等。在节能环保设备方面,依托天保重装建设节能环保成套设备的生产基地。

成都天马铁路轴承有限公司。公司系浙江天马股份有限公司(股票代码002122)控股的全资子公司,注册资本60 000万元,用地600亩,现有职工2300余人。公司为AAA级信用企业,企业竞争力和效益指标全国第一,正迈进世界前十强。公司是西南地区规模最大、品种最多的轴承生产企业,拥有国内一流的轴承生产设备,数控机床已占公司所有设备的80%,技术优势和规模优势明显。三大主导产品:铁路货车轴承、风力发电轴承、轴承专用材料,广泛应用于铁路、汽车、船舶、电机、重型机械、工程机械以及军工机械等行业。其中,风电轴承兆瓦级偏航、变桨轴承年产1.5万套,铁路提速轴承现有年产45万套能力,国内市场占有率第一。公司是国内轴承行业唯一一家可生产高纯净轴承专用材料的厂家,现有年产10万吨铸锻生产能力。2014年实现产值10.8亿元,税金5 340万元。

四川三洲特种钢管有限公司。公司成立于2005年,固定资产30亿元,占地1 200余亩,现有职工1 500人,其控股企业有四川川化机核能设备制造有限公司、四川华星炉管有限公司和参股的四川三洲精密有限公司,主要从事国家大型能源设备特种管道的设计、制造,包括核电、军工、石油化工、火电等能源领域的大口径厚壁钢管和管件、压力容器的设计、制造。公司属于国内唯一同时拥有核电站核心设备制造

(含预制)资格的企业,国内提供军工级核用关键管道设备的企业,也是唯一实现了核电站核心设备制造产业链全部国产化的企业,四川省重大装备骨干企业和专用设备制造业最佳效益30强,市政府重点培育扶持的58户大企业集团及10家百亿规模潜力企业。公司已取得了发明专利3项,实用型专利3项,正在申报专利5项,正致力打造国家能源行业用管道研发生产基地。2014年实现工业总产值6.4亿元,税收0.12亿元。

成都天保重型装备股份有限公司。公司总资产22亿元,占地400亩,现有员工约900名,是中国西南地区为数不多的重型成套装备制造骨干企业之一,并于2014年1月21日在深交所上市(股票代码:300362)。2014年实现产值3.53亿元,税收0.21亿元。公司主要致力于节能环保及清洁能源设备、化工设备、环保设备与水电设备的研发、生产及服务,拥有同行业最先进的各类型制造及检测设备600余台(套),其中大、精、稀设备60余台(套),关键设备全部实现数字化;重型铆焊车间是西南地区建筑面积最大、起吊能力最大、设施最完善、加工检测设备最先进的铆焊基地之一。公司与全球大中型水电机组部套设备的重要分包商——奥地利安德里茨集团长期合作,同时在化工和水电等行业的工程设计、咨询及项目管理和工程总承包领域内快速发展。公司工程业务已覆盖化工、新能源开发、污水处理、工业废料处理等领域。

【新材料】 以台玻、巨石等企业为龙头,有代表性企业约30家。主导发展高性能纤维复合材料产业集群,重点推进碳纤维、玻璃纤维、玻璃纤维增强丝、阻燃纤维、竹纤维等高性能纤维产业发展。

台玻成都玻璃有限公司。公司是台玻集团在大陆投资的20余家生产基地之一,公司于2002年在青白江区投资设立,总投资18 300万美元,占地面积约700亩,拥有员工1 800余人。台玻2014年实现产值1.18亿元,税收1.03亿元。经多次增资扩建后,已建成日熔量700吨和日熔量900吨的优质浮法玻璃生产线各一条,年产优质浮法玻璃55万吨;建成年产量800万平方米的高档LOW-E镀膜玻璃生产线两条及配套玻璃深加工厂两座(其中含西南最大银镜生产线一条),已成为西南地区最大浮法玻璃和LOW-E镀膜玻璃生产基地,拥有国际领先的生产设备及技术。公司主要生产3—19毫米的优质浮法玻璃、镀膜玻璃、低辐射玻璃、钢化玻璃、中空玻璃、夹胶玻璃、彩釉玻璃、高档银镜等建筑玻璃。公司响应政府节能减排号召,不断技改创新。2011年1月,投资7,000万元的余热发电项目运行发电。该项目是国家大力提倡的新能源发电项目,年发电量达3014万千瓦时,提供公司约30%的电力需求,年减少CO_2排放量28 000吨。

台嘉成都玻璃纤维有限公司生产车间

巨石集团成都有限公司。公司是中国建材集团旗

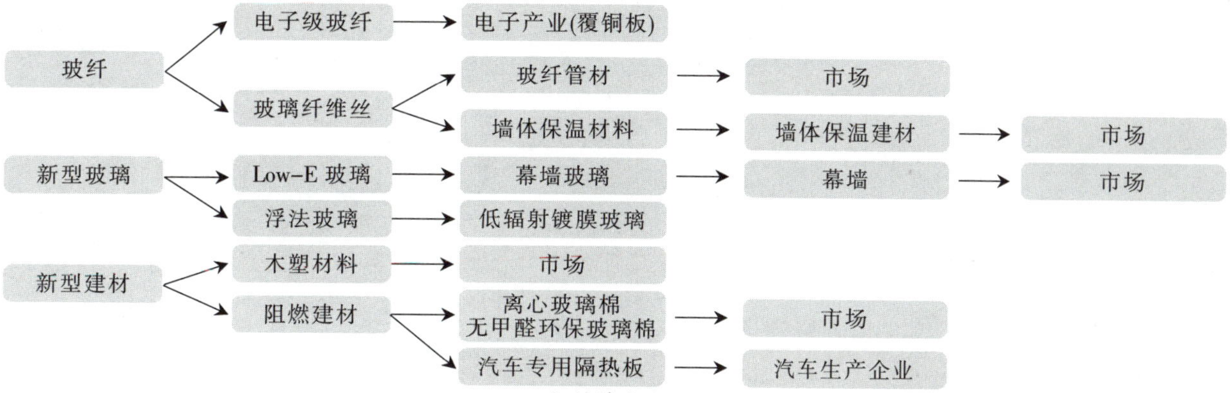

新材料产业链

下的中国玻纤控股企业巨石集团有限公司全资控股子公司，注册资本 88 990 万元，占地面积 805 亩，已累计完成投资约 28 亿元。公司建有四川省级技术中心，是四川省重点新材料企业和四川省高新技术企业。2013 年，公司总投资 8.8 亿元建设年产十三万吨玻璃纤维池窑拉丝生产线技术改造项目，现已全面竣工投产，达产后可实现年生产能力 22 万吨、年产值 12 亿元以上。在“十二五”期间，公司依托集团公司优势，研发应用于风力发电叶片、高压管道等新兴领域的高性能复合材料产品，建成西部地区最大的复合材料生产基地。2014 年公司实现产值 7.57 亿元，税收 0.16 亿元。

【建材】 以成都建工、北新集成为基础，积极整合现有建材产业，着力打造国家新型工业化(绿色建材)示范基地和建筑工业化基地。

成都建工建材有限责任公司。为成都建筑工程集团子公司，公司根据成都市有关“产城一体化”，“工业向集中发展区集中”、“产业升级”等要求，结合在建筑行业资源整合能力，在青白江投资并运营成都建工·建筑产业园，该园区是集新型建筑设计、新型建材研发与生产加工、建筑主材精加工与深加工、现代物流供应链、电子商务等功能为一体的中国首个新型建筑产业园。成都建工西部建材工业园于 2010 年 2 月落户青白江工业区，占地面积 2 471.8 亩，总投资 40 亿元，主要建设建材生产、建材交易区、仓储、设备租赁和新型材料研发及配套商务办公区等，该区域主要包括加工、交易、仓储、设备租赁和新型材料项目，占地 1 479.3 亩，建筑面积约 50 万平方米，建设时间 5 年，分为三期：第一期 2010—2012 年投入 7.5 亿元人民币，占地 446.8 亩，建筑面积约 15.9 万平方米，投入项目为建材交易中心、建材生产加工区、仓储货运中心及园区行政办公区；第二期 2012—2013 年投入 6 亿元人民币，占地 398.2 亩，建筑面积约 14.3 万平方米，投入项目为建材新产品新材料生产基地；第三期 2013—2015 投入 8.5 亿元人民币，占地约 634.3 亩，建筑面积约 20 万平方米，投入项目为新型建材研发基地、生产加工及配送区。2014 年实现产值 11.4 亿元，税收 0.15 亿元

北新集成房屋(成都)有限公司。公司是中国建材集团下属最大骨干企业北新集团投资的全资子公司，成立于 2010 年 7 月，位于成都市青白江区工业区，占地 200 亩，是新型节能环保房屋设计、制造、建设供应商，拥有轻钢墙体受力体系、轻钢板柱体系、轻钢框剪体系等建筑体系实施能力，该房屋体系全部实现工业化生产，并配以完善的供应链管理系统及专业的物流、安装服务体系，为客户提供全方位的新型房屋全套解决方案，公司产品和服务将军覆盖大西南区和部分海外市场。2014 年实现产值 2 409 万元，税收 140 万元。

(供稿人：曾雪梅)

商贸旅游

COMMERCE, TRADE & TOURISM

招商引资

【概况】 2014年，全区招商引资工作克服了金融危机带来的不利影响，牢牢抓住扩大内需、一带一路建设和西部大开发的历史机遇，创新工作思路，拓展招商领域，搭建招商载体，不断改善和优化投资环境，抢抓机遇引项目，保持了持续快速健康发展的良好势头。引进到位内资、合同利用外资、实际利用外资均超额完成市级目标任务，招商领域进一步拓展，项目质量进一步提升，为全区经济和社会持续健康发展奠定了坚实的基础。

【招商重点】 为避免盲目招商、重复招商，按照区委、区政府要求，区商务局和管委会积极借脑借智，前瞻性研判产业、技术、市场发展方向，深入研究产业发展现状及细分链条，列出重点产业目标企业，选准突破口，有针对性地制定招商方案。工业方面，重点分析商用车制造、高端装备制造、新材料、绿色建材和建筑工业化四大产业。服务业方面，重点分析电子商务、会展等新兴产业，聘请北大光华学院教授开展“青白江流通-物流服务体系建设”研究。农业方面，重点开展粮食园区产业发展战略研究。

【投资促进】 建立信息枢纽。招商信息的获取对招商引资工作起着决定性的作用。2014年，全区投促工作系统建立信息枢纽，对外积极对接省市投促部门，联系13个省市驻外办以及国际中介机构“五大行”、知名商协会等组织，广泛收集项目、人才、人脉信息；对内发挥投促局枢纽作用，做好信息梳理、整合、分析，多渠道无缝对接，将招商信息转换为成果。先后与深圳外商协会、上海肯耐珂萨等投资促进中介机构和商会探索建立委托招商新模式。收集有效项目（客商）信息500余条，捕获蒂森克虏伯电梯生产基地、深圳华南城乾龙物流电子商务产业园、碧桂园房地产项目等重大项目32个。

城市营销。展精准招商、小分队招商、以企招商等招商活动，围绕蓉欧快铁、中亚班列“双黄金通道”运行、新青卫星城统筹建设等重大发展机遇，开展城市营销，扩大城市影响力，打造投资“洼地”。2014年4月，以樱花为媒邀请40余名在蓉外商企业家到区参加每年一届的“外商研讨会”； 4月上旬，赴德国、波兰与拥有360万会员的IHK（德国工商企业联会法兰克福分会）对接，举行蓉欧商贸对接会。在广交会上会同市商务局举办“双黄金通道，共兴丝绸之路——成都铁路口岸及蓉欧快铁、中亚列车”推广活动，现场展台每天接待国内外采购商逾2 000人次；在西博会期间，再次承办由市政府组织的蓉欧快铁推介活动。

严格项目准入。提高项目引进质量，坚持在谈项目评审后签约的原则，对每个项目进行评审。2014年，进一步完善项目评审办法，制定园外项目管理办法，成立项目评审小组，优化专家库结构，建立“7天评审”工作机制。先后组织9次项目评审会，评审项目22个，取销引进项目1个，在招商源头杜绝高污染、高能耗、低效益的项目。

【重大项目引进】 引进总投资11.5亿元的香港米高实业有限公司地效飞行器零部件生产和直升机组装项目、总投资11亿元的达海工业综合产业园项目（二期）、总投资6.2亿元的四川美行青白江城市综合体项目、总投资3.86亿元的福建蜀润农业开发有限公司现代生态农业观光园项目等24个重大项目先后签约入驻。

【三资企业】 2014年，区外资企业25家，其中：外资独资企业16家，中外合资企业9家。，生产性企业17家 ，交通运输企业3家，房地产开发企业3家。投资方来自台湾、香港、日本、美国、新西兰、德国等。实施一站式服务，获得企业好评，无三资企业投诉。

商 贸

【概况】 2014年，全区服务业增加值70.9亿元，同比增长8.4%。社会消费品零售总额57.7亿元，同比增长11.1%。其中：城镇零售额53.92亿元，同比增长10.7%；乡村零售额3.74亿元，同比增长15.6%，乡村增速略高于城镇。充分利用“2013中国西部建材航母港青白江推介会”等系列活动的影响力，配合区物商委继续推动大型商品市场抱团发展。积极推动万贯集团与全球知名五金机电行业会展公司——德国科隆合作,打造国际性五金机电博览展会。

3月27日,省政府安委会第13督查组督查区安全生产工作

【服务业重点项目】 以重点商贸项目为抓手,促进商业业态进一步提升。2014年大西南生旌市场一期等6个项目建成投运,万贯五金机电市场等10个项目加快建设,金泉金龙广场等2个项目开工建设,港宏汽车商贸城等6个项目签约落户。商品市场抱团发展,累计投营9个,入驻商家4 500余户。

【服务业重点集聚区】 按照《关于印发〈成都市服务业集聚区建设管理暂行导则〉的通知》(成服领〔2014〕3号)文件精神,成立青白江区服务业集聚区管理领导小组,区政府制定《关于印发〈2014年度服务业集聚区工作推进方案〉的通知》(青府发〔2014〕24号),进一步明确集聚区管理工作小组职能分工,细化2014年重点推进工作,为集聚区健康发展奠定了坚实基础。在2013年市级服务业集聚区的基础上,2014年城厢国际化铁路口岸服务中心集聚区被批准为省级服务业集聚区。

【口岸建设】 成都铁路口岸批准为国家临时对外开放口岸、进境肉类指定口岸。申报的汽车整车进口口岸、进境水果指定口岸,保税物流中心(B型)已上报海关总署待批。成都铁路集装箱中心站累计实现吞吐量174万标箱,位列全国第一。集装箱物流园区被评为"2014年中国物流园区示范基地""2014中国物流园区50强"。开通至泸州的铁水联运班列,中亚列车、蓉欧快铁稳定运行,形成"双黄金国际通道"。

【对外经贸】 新增外贸进出口经营权企业25家,外贸进出口总额5.71亿美元、增长37%。工业园区批准为省级重点培育外向型产业园区,青电汇智跨境电子商务产业园落户。2014年,蓉欧快铁开行45班,发送集装箱3 698个,货量1.3万吨,货值4.9亿美元;中亚列车共计发送17班,244个标箱,11车散货,货量3 491吨,货值2 344万美元。先后组织万贯等30余家企业参加德国汉诺威工业展等境内外经贸洽谈活动,利用重大展会活动广泛宣传推介"双黄金国际通道",组织"成都·欧洲商贸周"活动,推介"蓉欧快铁"及投资环境;组织第116届秋季广交会推介活动,帮助班列公司拓展客户资源。加强与省进出口商会合作,邀请近100家外贸企业"走进青白江",中亚五国商务参赞、俄罗斯车里雅宾斯克州经贸团到区考察。

【商品市场】 成功举办青白江2014年首届建材采购节,四川电视台等十余家媒体报道开幕式及活动情况,微博微信共发布相关信息50余条,点击量达5 000余次。在青白江城区、主干道以及公交站台等设置大型广告牌。市场人流量平均每天达5 000余人,比平时人流量增加18%,销售金额增长25%。有效推进建材产业整合营销传播,打造建材市场整体品牌,形成区域影响力。

【商业安全监管】 加大商场、超市检查指导力度,规范食品销售流程,完善相关制度。加商贸企业安全生产监管和防汛安全,督促重点商贸企业做好应急救援物资储备,指导千盛百货、万家福等下沉式商场做好防汛工作。对企业消防、应急设施设备以及各种预案、相关制度建设情况开展常态化检查,消除火灾、踩踏等安全事故隐患。认真开展安全生产大检查、液化气罐使用等专项治理。2014年开展安全生产检查300多人次,排查安全隐患20多起,整治一批安全死角,完成家乐福等三家企业的安全生产标准化建设。

【生猪屠宰管理】 全区有,成都市罗杨权发食品有限公司、成都市和谐肉食品有限公司、成都清云屠宰有限公司3家生猪定点屠宰企业。2014年,开展生猪执法检查160余次,出动执法检查人员400余人次,开展 10 次凌晨执法行动，出动检查车 150 余辆次。开展打击私屠滥宰行业潜规则专项整治行动，设立举报电话，与食药监、农发、乡镇街道等部门建立执法联动机制，组织执法人员前往姚渡、清泉、龙王、福洪、祥福等偏远乡镇和城乡接合部开展生猪私屠滥宰专项整治行动 20 余次。指导屠宰企业安全生产标准化建设。全区生猪芯片绑定率 95%以上，病死(害)猪无害化处理率达到 100%，企业生猪屠宰生产、销售、检验检疫、无害化处理等资料完善，生猪肉质量追溯体系正常运转。

【住宿餐饮服务】 随着地方经济持续、健康的发展，为酒店餐饮服务业带来了发展商机。四星级凤凰湖天泉酒店已投入使用。川化宾馆、恒正和宾馆、凯宾酒店、华金大酒店等宾馆酒店设施齐全，服务周到，为不同消费层次的顾客提供优质的服务。全区餐饮企业 800 多家，从业人员上万人。全区限额以上餐饮企业有：凤凰湖天泉酒店、川化宾馆、百姓百味、成都德众餐饮、随和家宴馆、成都福满家餐饮、西江月农业生态观光园等 40 家大中型餐饮企业。驻区的全球性餐饮品牌有肯德基、德克士；国内知名餐饮企业有豪客来、乡村基；特色餐饮有获得了全国旅游饭店协会颁发的中国火锅名店称号的德众鱼头；具有回族特色的奎伊鲜清真酒楼、唐家寺白水鹅；被老百姓认可的家常品牌：百姓百味、太阳鸡、毗河土鲢鱼等，这些品种齐全、特色鲜明的餐饮企业促进了青白江区的餐饮业日渐兴盛。

【商贸会展活动】 充分发挥餐饮协会的作用，引导鼓励知名餐饮企业参加“第十一届中国(成都)国际美食旅游节”。美食节期间百姓百味、绿杏 2 家餐饮企业的锅边馍馍、窖香鸭等特色美食赢得了众多消费者的喜爱，展示了青白江区的饮食文化、旅游文化，树立“美食之区，休闲之城”的城市形象。

【商务网点规划与建设】 农贸市场和日用品放心店的布局按照社区商业中心和居住区建设进度设置，目标顾客为其服务半径内的居住区居民。主城区农贸市场服务半径 500 米左右，服务人口 1—1.5 万人，经营范围以肉类、蔬菜、副食品为主，经营方式以零售为主，单个市场占地面积不小于 2 000 平方米，设施先进、功能齐全，保证有足够的机动车、非机动车停车面积。乡镇、村农民集中居住区(新型社区)安置房的建设同步规划建设农贸市场和日用品放心店等配套商贸设施，农贸市场和日用品放心店等按照每 1000 人 400 平方米设置。对现有农贸市场供应能力不足，暂时不具备建设条件的区域，根据实际需要，设立便民菜店，方便群众生活。

完成全区 35 个新型社区、集中安置点配套商业布点规划编制，确保各小区菜市场、超市、餐饮等便民商业设施完善，新(改)建 11 个乡镇(街道)农贸市场，基本实现便民商业设施满覆盖。2014 年新(改)建大同镇界牌村农贸市场和大同镇供销社农贸市场。

【新兴会展】 围绕建设“国际工业博览城”的发展定位，积极谋划青白江会展版图。年初完成“青白江区会展业发展可行性论证”课题研究，在成都市众多以旅游资源为基础发展会展业的区(市)县中独树一帜。着力培育青白江会展品牌，按照政府引导，市场运作的原则，举办第二届“论道丝绸之路经济带 深化亚欧合作研讨会”，指导区内部门及企业举办中国建材家居行业发展方向与变革高峰论坛暨五届三次常务理事会、第四届全国石材高峰论坛等会展活动 50 余个。参加“万企出国门”活动，利用汉诺威工业展、广交会等境内外知名展会搭建经贸交流平台。2014 年，累计组织相关企业 30 多家，参会参展 19 次，累计交易额累计 1.05 亿元；促成万贯与国际知名展览公司德国科隆展览在五金机电展会方面的战略合作，进一步推动会展品牌国际化。借用移动网络技术手段搭建宣传平台，区商务局微信宣传公众号正式上线运行，成为宣传投资环境，掌握前沿招商政策的综合平台。2014 年制作并通过会展平台发放《赢在未来》《这里通向世界》《樱花树下的品质生活》等招商引资宣传材料 3 万余份，对全区产业概况、发展方向及宜业宜居环境等进行全方位宣传推介，营造了“西部投资首选地”的良好投资环境。积极樱花节、杏花节、钓鱼节等传统节会活动品牌。

(供稿人：曾　博)

供销合作商业

【概况】 2014年,区供销联社在区委、区政府的领导下,在省、市供销社的关心支持下,认真贯彻中央一号文件精神,深化供销社改革,以服务"三农"为宗旨,不断完善农村社会化服务体系,努力提升供销社服务能力和水平,有效地促进了农业增效、农民增收,全面完成了各项目标任务。2014年销售总额3.8亿元,同比增长20%;实现利润470万元,同比增长20%。

区供销社农产品展销配送中心

【网络建设】 农资物流体系建设。开展农资放心店星级复查评定,重组整合全区农资放心店(庄稼医院),新建农资放心店28个(因拆迁等原因拆销农资放心店44个),2014年农资放心店98个、庄稼医院31个。评定星级农资放心店83个,其中:五星级农资放心店16个、四星级农资放心店15个、三星级农资放心店18个、二星级农资放心店15个、一星级农资放心店19个,面临拆迁或规模较小未评星级15个。发挥供销社农产品展销配送中心作用,引进26家专业合作社、农产品生产加工企业到中心集中展示、宣传、销售名优特新农产品,设计制作有供销社标识的农产品包装32个。改建供销社大同农贸市场,恢复设立基层供销社农产品购销站6个,在专业合作社和社区综合服务社设立农产品购销服务点8个,在农贸市场设立鲜活农产品产销对接直销店5个,为专业合作社、农产品种植户及经营者提供产销对接平台。以全区131个供销社自建的再生资源回收站(点)为依托,区供销联社业务科牵头,区回收公司具体承办再生资源回收,严格按照"村收集、乡运输、区处理"的要求,收集处理农村可利用垃圾2 300余吨。升级改造农村社区综合服务社,累计投入资金108.5万元,在全区建成社区综合服务社33个,完善服务功能,把经营服务和公益性服务有机结合起来,开展系列化服务活动,既供应城乡居民的生产、生活资料,又宣传农技新知识,服务内容50余种,为农民发展生产提供全面技术指导服务,满足城乡居民生产、生活和文化需求。

【农资供应】 抓好农资商品淡储旺供工作。大春备耕期间储备尿素2 000吨、复合肥1 000吨、测土配方肥800吨、农药65吨、农膜36吨,保证供应不脱销。加强农资配送,制定了青白江区农资连锁配送实施方案,健全机构、落实人员,配送的农资商品加贴"青白江区农资公司连锁配送"标识,进一步提高配送率,从源头上确保农资商品质量。做好测土配方施肥产需对接,按照"政府主导、部门主推、多方参与、协同推进"的原则,结合青白江区建设配方施肥农业示范片要求,依托青白江区农资公司,筛选复合肥生产企业3家参与测土配方肥生产,筛选20个农资放心店为测土配方施肥供应点,促进测土配方肥推广应用和技术入户到田。转变经营理念,直接面向农村专业大户、农民专业合作社等新型农业经营主体开展农资直供业务,直供农资商品960余万元。参与区公共资源中心公开招标,承担基层农业技术推广体系示范基地、科技示范户物化补贴农用物资供应和区扶贫办"插花"贫困户农用物资供应任务。坚持农资放心店(庄稼医院)日常管理和监督检查,进一步规范经营行为,杜绝假冒伪劣农资商品进入市场,维护消费者合法权益。加强农资经营人员培训,召开培训会2次,对全区107名农资经营人员进行农资商品知识、农业技术知识和农业法律法规知识培训,进一步提高农资经营人员的业务技能和服务水平。

【为农服务】 按照供销社服务"三农" 的职能定位,制定促进农民增收的实施意见,聘请农业专业技术人员,开展送肥下乡和送科技下乡。在清泉、城厢、祥福、龙王等乡镇对新农药、新化肥、新品种进行现场试验示范,指导农民发展商品生产。培训农民实用技术人员 1 230 人次，发放各种农业实用技术和宣传资料 3.8 万余份，宣传推广农业新技术、新品种，保证农资商品质量安全，开展系列化服务活动，确保农业生产稳产增收。加强农产品购销和品牌包装，提升青白江农产品知名度和附加值，让农民得到更多的实惠。发展农民专业合作经济组织，引领农民专业合作经济组织调整农业产业结构，发展地方特色农业，开拓市场，扩大销售。发展供销社农村社会化服务体系，增加就业岗位，就近为农民提供就业岗位 220 余个。2014 年供销社助农增收 800 余万元，人均达 20 元以上。

【经营管理】 加强直属企业和基层供销社领导班子建设，加强干部职工教育培训，提高队伍整体素质。建立健全管理制度，进一步明确职能职责，完善绩效考核，规范企业经营，努力提高企业经济效益，增强供销社为农服务的实力。加强农民专业合作社管理，参与领办农民专业合作社 23 个，入社农户 2 280 户，筹备组建农民专业合作社联合社。按照《关于开展国家农民合作社示范社申报工作的通知》要求，推荐成都田源山珍菌业专业合作社申报为国家农民合作社示范社，结合供销社行业特点，积极组建农村专业协会，成立各类协会 5 个，入会会员 944 人。按照供销社网络建设标准，加强全区经营服务网点进行改造，统一制作经营管理制度牌、经营购销台账、经营质量承诺制度公示牌，亮牌经营，接受监督，提升服务水平，重塑供销社的形象。加强社有资产的监督管理，对社有资产进行再次清理，评估现值。按照改制企业剩余资产管理的相关规定和《供销社章程》权限，由区供销联社理事会行使管理职能，用市场机制盘活社有资产，逐步实现从管资产到管资本，有效促进资产的合理流动，优化配置，实现社有资产保值增值目标。强化安全维稳工作，按照安全工作“谁主管，谁负责”的原则，与各基层单位签订安全责任书，落实层级责任，坚持领导带班和 24 小时值班制度，加强安全工作的日常监督、检查，发现问题及时整改。2014 年投入安全整改资金 60 余万元，杜绝了各类安全责任事故的发生，确保了供销系统一方平安。以党的群众路线教育实践活动为契机，认真梳理历史遗留问题 11 件，已经处理 8 件，余下 3 件供销社自身无法解决，已上报区委、区政府协调国土、建设、规划、房管、人社、银行处理。同时做好宣传解释工作，维护了供销系统的稳定。

（供稿人：张建民）

粮油贸易

【概况】 青白江区粮食局机关内设办公室、管理科、财审科、业务科 3 科 1 室。辖大弯、弥牟、城厢、太平 4 个粮站。2014 年 3 月，区粮食局被市粮食局评为绩效管理优秀单位(成粮发〔2014〕30 号)；4 月 30 日，被市粮食局评为安全目标生产管理达标单位（成粮发〔2014〕52 号）。

【粮油购销】 组织召开粮食流通工作会议，安排粮油购销工作，分析粮油市场价格走势和全区粮油收购问题，银企之间、企业之间，协调达成共同做好粮油流通工作的共识。2014 年，区内主要粮油企业购进粮食 38 099 吨，购进油菜籽 2 530 吨。销售粮食 36 237 吨，销售食用植物油 4 603 吨。发挥了粮油企业在粮油流通中的主渠道作用。

【粮食宏观调控】 地方粮油储备。2014 年，区级储备粮食 6 000 吨(其中：稻谷 5 000 吨，小麦 1 000 吨)，菜油 100 吨。市级储备小包装大米 1 000 吨，储备小包装菜油 400 吨。

认真贯彻落实《成都市水稻规模化生产奖励方案(试行)》。2014 年全区申报纳入水稻规模化种植户 7 户，种植面积 6 032 亩(其中水稻 5 户，玉米、小麦各 1 户)。种植大户按相关规定向指定粮食企业交售粮食 374 吨。

社会粮食供需平衡调查。完成全区 7 个乡镇(街道)、74 户城乡居民的社会粮食供需平衡抽样调查，为政府加强粮食宏观调控、摸清粮食总量平衡提供了重要依据。

民生工程工作。完成省、市民生工程。其中，新建 5 家“放心粮油工程示范点”。新建 12 家粮食应急供应网点。1 个粮食烘干中心。

“粮食银行”建设。2014 年，全区“粮食银行”吸纳储粮农户 375 户，粮食储存量 220 吨。

粮油市场监测。进一步建立健全粮油价格监测体系和粮油供应监测网络。合理布置粮油价格采价点，认真汇总统计核实，加强市场粮价监测，每周通过区政府公众信息网站向社会公布，为农民、粮食经营者和政府决策提供粮食信息服务。

【粮食流通管理】 最低和最高粮食库存管理。实行粮食经营者最低和最高库存量分级管理，进一步明确粮食企业必须承担的社会责任和必须履行的最低、最高库存量义务，有效保障粮食市场供应和价格基本稳定。按照相关文件要求，核定了区内粮食经营企业的最低和最高库存量。

粮食流通服务。按照《粮食流通管理条例》的要求，强化服务意识，努力实现粮食行政职能由行业管理向社会化管理服务的转变。进一步核查清理全区粮食收购许可证。《粮食收购许可证》集中到区政务服务中心办理，采取措施，确保申办事项办理全部转变为即办件。

粮食流通监督检查。加强粮食收购资格办理、最低最高库存政策落实、收购活动规范、粮油统计制度执行、粮食质量检测等情况的监督检查。2014 年开展执法检查 56 次，出动执法人员 186 人次。

【粮油仓储管理】 区级储备粮油及市级小包装粮油的储备管理做到库存真实、质量合格、安全达标、轮换有序。2014 年度粮食库存管理工作通过市级普查。轮换入库稻谷 2 183 吨、小麦 1 000 吨、菜籽油 100 吨。受金堂中央直属库的委托，积极做好政策性托市收购工作，收购稻谷 5 000 吨。认真贯彻落实《成都市水稻规模化生产奖励方案(试行)》，做好水稻规模化生产者的审核及收购环节的主体确认。城厢粮站北官山仓库所储的区级粮油(粮食 6 000 吨，菜油 100 吨)，库存数量真实，质量安全可靠。代储的市级小包装粮油(1 000 吨大米和 400 吨菜油)储备管理、轮换工作有序。

粮食库存检查。按照中央及省、市统一安排，组织人员对全区所有中央储备粮、国家临时存储粮、地方储备粮以及国有粮食企业的商品粮等粮油库存进行全面检查。对纳入粮食流通统计范围的重点非国有粮食经营企业及转化用粮企业的商品粮库存进行全面调查。4 月 22 日至 23 日，成都市粮食普查组对全区国有粮食购销企业储粮型态进行测量，抽检库存粮食样品，核实粮食库存数量、质量、仓储管理及账实相符情况。全区国有粮食购销企业粮食库存数量、质量、财务、统计、仓储管理、储备粮轮换等情况真实可靠。

粮油仓储设施维修、管理。积极争取省、市专项资金，完成部分仓房的维修改造。加强国有粮食购销企业闲置仓房、设施的租赁管理，确保企业国有资产保值增值。全区国有粮食购销企业仓房设施得到有效利用。

【维护稳定】 认真落实信访、维稳、社会治安综合治理、安全等工作责任制，加强督促检查和责任追究，确保全区粮食系统的基本稳定。来访人反映的历史遗留问题本着“尊重历史原因、尊重客观实际”的原则，能解决的及时解决，不能解决的说明原因，做好解释工作。

(供稿人：张　林)

烟草专卖

【概况】 2014 年，青白江区烟草专卖局(分公司)在区委、区政府及市局(公司)的正确领导下，坚持以党的十八大精神为统领，加强市场监管，深挖市场资源，强化规范管理，积极应对宏观经济下行压力和非市场因素带来的不利影响，以凝神聚力“敢担当”、明辨发展“会担当”、敬业奉献“有担当”为己任，抢抓机遇、攻坚克难、主动作为，较好地完成 2014 年各项目标任务。

【专卖管理】 2014 年，青白江区烟草专卖局全面推广 APCD 工作法，加强卷烟零售终端监管，努力营造规范经营的良好氛围。查获各类涉烟违法案件 397 件，其中查获持证户案件 238 件。查获 5 万元以上案件 9 件，一类网络案件 1 件；查获各类违法卷烟 6 051.6 条，涉案价值达 187.31 万元，罚没款 6.08 万元。转变方式堵好口子。遏制非法渠道卷烟对辖区市场的冲击，先后开展了“春雷”、“天府利剑”、“卷烟大户专项整治”、“清源”等整治行动。细化整治方案，突出管控重点，有效净化辖区市场。调整作息时间，全力聚焦市场，灵活运用日常巡检、交叉联检、错时突检等方式，确保市场监管稳中有为。丰富手段管好市场。始终把打击各类涉烟违法行为作为巩固市场监管成效的有效手段。增设一个户籍小组，重点跟踪500条以上客户库存情况和订购情况，注重销量异常客户的“经营规模”、“同比增减”等线索收集，确保终端监管的针对性和有效性。为每位零售户制作张贴唯一编码的温馨提示卡，提醒消费者主动维权，打造更加规范、更加有序的零售终端市场。深入推进专卖工作转型。结合APCD系统预警信息，按照APCD工作法开展市场检查。转变执法人员工作作风，积极践行柔性执法工作理念，加快推进专卖工作转型。

【营销管理】 2014年面对攀成钢、川化集团两大支柱产业搬迁和工人裁员的不利影响，积极在危机中找商机，在压力下找潜力，在市场上找空间。通过挖掘市场潜力，优化品牌布局，深化精准营销，实现卷烟稳步增长。共计销售卷烟17 426箱，同比增长3%；单箱销售收入32 962元，同比增长6.2%；实现税利13 906万元，同比增长10.6%。坚持促销量保增长，着力把握发展优势。坚持将营销工作从“单位”挪向“市场”，立足区域优势拓展市场资源。做好加法账，以最新的货源分配办法为契机，借助社会消费升级的“拉力”和从实做事的“推力”，采取以“经营指导”、“延伸终端”等方式，不断推进完善网络覆盖。做好乘法账，以地产烟培育工作会为抓手，针对不同组别、不同市场类型的客户拟定重点品牌订购参考表和库存参考值，不断扩大重点品牌组合宽度。坚持育品牌拓市场，着力推进地产烟培育。在提升一类娇子影响力、巩固二类娇子竞争力的同时，挖掘三类娇子的增长潜力。以红河(硬)退市为契机，制定三类娇子置换提升工作方案。以“娇子(软阳光)”为培育重点，以大同镇、祥福镇等重点场镇作为培育窗口，积极发挥辐射能力。打造“示范街”、开展“地产烟专柜陈列”等举措，注重客户信息、明码标价、卷烟陈列等基础工作，有效提升视觉效果，调动客户积极性和主动性。推进工商协同，形成工商培育合力，确保地产烟逆势回升。共销售川渝烟6 878箱，娇子系列5 595箱，一类娇子814箱。坚持强终端促发展，着力提升现代终端水平。强化已建终端管理，积极向客户做好“即卖即扫”销售习惯的宣传，不断增强终端价值吸引力。持续推进网上跨行结算宣传，组织开展3次“烟草易付”培训会，指导客户全面掌握新商盟网上跨行结算流程。2014年建成现代零售终端114户、扫码枪日均使用率72%、电子结算率97.05%、网上跨行结算787户。

【内部管理】 认真开展党的群众路线教育实践活动，深入发动“强教育”，抛开面子“找短板”，沉下身子“听民声”，拓宽渠道“集民意”，以钉钉子精神“抓整改”，确保了教育实践活动进展有序，扎实深入，成效明显。上下联动强化学习，虚心纳谏听取意见。区局(分公司)先后组织10次专题学习、6次集体交流和1次党课辅导，夯实学习根基，筑牢理想信念。广泛听取各层面意见和建议32条，力促做到想群众所想、急群众所急、忙群众所需。率先垂范转变作风，真情服务增进团结。坚持带着问题下市场、带着感情访客户。先后制定了“领导干部定点联系制度”、“领导干部带班制度”等规定。开展“局长进大厅”7次、组织“跟客户经理的车”、“跑稽查员的线”、“坐零售客户的店”35次，进一步增进同客户的感情，拉近同客户的距离。求真务实建章立制，动真碰硬立行立改。针对查找出的18项“病症”，领导班子带头“摆进去”，制定“两方案一计划”，明确35项整改任务、44条专项整治具体措施，形成整改落实长效机制，不断提升为群众服务的能力，打通、走实“最后一公里”。

3月12日，区局(分公司)党的群教活动动员会

(供稿人：刘丽玲)

盐业监管

【概况】 2014年青白江盐业支公司在成都盐业分公司的正确领导下，在区政府的大力支持下，紧紧围绕分公司工作思路和方针，坚持以人为本，认真贯彻科

学发展观，加强公司内部管理，加大盐政市场监管力度，大力开拓非盐市场，注重销售质量，认真抓好盐产品和非盐产品的营销工作。团结一心，真抓实干，奋力拼搏，较好完成了上级下达的主要目标任务。

2014 年调入盐产品 10 102 吨。总量销量年计划 8 900 吨，实际完成 10 459 吨，完成年计划 117.52%。口盐销售年计划 1 300 吨，实际完成 1 326 吨，完成年计划 102%；非盐销售计划总额 500 万元，实际完成 505 万元，完成年计划 101%。非盐利润计划总额 12 万元，实际完成 13.57 万元，完成年计划 113.08%。利润年计划 100 万元，实际完成 142 万元，完成年计划 142%。

【内部管理】 认真贯彻执行分公司的工作思路和方针，加强人、财、物的有效管理，杜绝因管理不善造成财、物损失。

严格执行《支公司内部机构设置及岗位工作职责》《青白江支公司内部绩效激励办法》，做到奖惩分明，消除职工吃大锅饭，多干少干一个样，在分配上搞平均主义的思想，有效地调动了职工的工作热情和积极性。

加强业务、保管工作配合，保管服从业务工作，不能因为下班等情况协调导致业务工作滞后，有效保障业务工作的顺利进行，全年没有发生因后勤保障工作缺位而影响业务工作的开展。

【盐政市场监管】 强化盐政执法管理，规范盐业市场秩序，提高综合整治能力根据省局的统一部署，认真开展各类专项整治行动，针对全区市场特点，制定了以“超市、零售网点周”“食堂、餐饮行业周”“工业、食品加工复核周”为主的专项行动。集中对全区餐饮行业、食品加工、集贸市场、超市、农村食盐销售网点进行全面整治。重点检查学校食堂、餐饮行业和全区食盐零售户，走访了农村居民，清除居民灶台的不合格食盐。着重对玉虹，姚渡、清泉、福洪、人和等地的农副产品加工基地进行重点整治，严防私盐进入。全区盐业市场相对稳定、盐政管理网络构筑良好，销售形势呈现好的趋势，控制了市场主动权。2014 年共检查商店 479 个，餐饮企业 41 个，用盐企业 65 次，农贸市场 57 次。出动盐政检查车 136 辆次，人员 520 人次。

大力宣传科学补碘知识。2014 年 5 月 15 日，是全国第 21 个“防治碘缺乏病日”，区疾控中心、青白江区盐政管理所、青白江盐业支公司和清泉镇卫生院在清泉镇农贸市场联合开展以“科学补碘 保护智力正常发育”为主题的现场宣传活动。引导和带动社会公众对“食盐加碘防治碘缺乏病”和盐业法律的认同和支持。

（供稿人：杨善红）

物流园区

【概况】 2014 年，区物商委按照省委“多点多极支撑发展”战略、市委“五大兴市”战略和区委“五区”发展战略，结合党的群众路线教育实践活动，重点工作进展顺利，各项业务协调发展，多项工作取得了新突破。

完成固定资产投资 91.57 亿元，同比增长 41.64%；实现主营业务收入 326 亿元，同比增长 69.8%；实现全口径税收 3.709 亿元，同比增长 14.48%，地方留成 2.546 亿元，同比增长 21.54%。

【铁路口岸】 2014 年，成都铁路集装箱中心站实现吞吐量 42.5 万标箱，位列全国 9 个中心站首位。蓉欧快铁开行 45 班，发送集装箱 3698 个，货运量 1.3 万吨，货值 5 亿美元。9 月 11 日成都铁路口岸被海关总署批准为国家（临时）对外开放口岸、肉类进境指定口岸。汽车整车进口口岸、水果进口口岸和保税物流中心（B 型）申报待批。

新开通至中亚五国的中亚货运列车，至泸州的铁路集装箱五定班列，与钦州、二连浩特、泸州等地

10 月 14 日，海关总署党组成员、国家口岸办主任黄胜强等到成都铁路口岸调研

建立了区域合作关系，打通新丝绸之路经济带与长江经济带的铁路水路、海运铁运、公路铁路多种形式联运通道。

【招商引资】 2014年新引进物流、货代企业5家，在谈货代、船运公司13家。截至2014年，物商园区共签约项目74个，协议总投资338.37亿元。其中物流项目45个，协议总投资167.22亿元；商贸项目29个，协议总投资171.15亿元。

【项目和基础设施建设】 中国铁路物流、大西南建材城等13个项目已开工建设，生旌一期、万贯一期等6个项目已建成，金茂、博川等8个项目正加快建设。散货物流园区一纵四横道路骨架初步形成，北片区东西、南北干道建设已完成，国光路、东风路等即将开工建设。110千伏井三青支线等杆管线迁改正加快推进。对园区部分控规进行了局部调整，进一步完善了已建已按物流仓储供地和已建未供的商业用地相关手续，解决项目用地遗留问题。

【市场管理和服务】 进一步规范园区内市场管理秩序，组织开展消防演练、安全检查等活动，提升园区综合防控能力。建立劳务纠纷现场联动调处机制，拓展企业服务中心功能，探索推行“一口进、多口出”的企业服务机制，将为企业服务延伸到项目现场、企业一线。成功举办青白江区首届建材采购节，推进建材产业整合营销，打造建材市场整体品牌，形成区域影响力。

（供稿人：王琨程）

现代粮食物流加工产业园区

【概况】 四川省（青白江）现代粮食物流加工产业园区是四川省最大的专业性粮食产业园区，是成都市仓储、加工、物流配送、市场交易（含现货交易和电子交易）、商务服务和生活配套为一体的综合性现代化粮食产业园区，也是四川省重点支持的粮食产业园区项目。

【园区规划】 园区位于青白江区弥牟镇，规划占地面积6.19平方公里（粮油交易区2 000亩，物流仓储区2 500亩，粮油加工区2 500亩，基础设施建设1 500亩，生活配套区785亩，总投资100亿元），其中一期占地面积1.98平方公里，位于大件路以西，宝成铁路以东区域；二期占地面积4.21平方公里，向宝成线以西区域拓展。

【项目建设】 成都市粮油储备（物流）中心项目进入投产试运营，九三集团食用油包装生产线项目、北大荒大米加工项目建成试生产，瑞粮物流项目承接运输业务获得油罐和粮食集装箱开站批复，中国铁路总公司运输局批准青白江国家粮食储备库专用线开办20英尺、40英尺标准箱运输业务。北京中铁铁龙公司牵头，瑞粮公司配合中国铁路总公司完成了不同铁路集装箱的散粮运输试验。益海嘉里一期面粉加工项目基本建成，进入试生产，大米加工项目正在进行施工图设计。红旗油脂加工项目楼主体基本完成，压榨与浸出、精炼车间开展墙体砌筑与装饰，锅炉等设备安装全面开展，12个油罐安装完成。西南健佳饲料生产项目正在进行用地报批。湖南克明面业面条生产基地项目已完成打围，总评设计方案待批。益嘉物流项目完成施工打围和工商注册，正在修改完善总平施工图设计方案。四川兴丰西南粮油市场项目在修改完善总平设计方案。天特粮贸园项目开展协调土地年度指标和拆迁等项目前期准备。

【集装箱散粮运输】 主要承担“北粮南运”和粮食的“四散”运输。采用集装化运输的新方法和新技术，提高粮食物流“四散”化比例，促进粮食物流规模化、均衡化运输，保障市场供应，降低流通成本。项目总投资2.11亿元，新建集装箱硬化堆场3万平方米，集装箱铁路专用线段2条，同期购置铁路粮食专用集装箱5 000支，龙门吊及叉车3台，液压自卸式集卡车40辆，射频识别系统1套。

（供稿人：宋　涛）

旅　游

【概况】 青白江区旅游发展局（区龙管委）以党的十

八大、十八届三中全会精神为指导，深入贯彻省委“三大发展战略”、市委“五大兴市战略”和区委“五区”发展目标，以“旅游产业化、城市旅游化、全城景区化”为发展理念，推动全区旅游转型升级。2014 年接待游客 680 万人次，同比增长 13%；旅游总收入 6.4 亿元，同比增长 16%。

【旅游产业】 2014 年，青白江区旅游发展局（区龙管委）推动全区旅游产业升级发展。启动全区旅游发展总体规划修编。邀请专业规划编制单位修编区旅游总体规划。加快推进涉旅项目建设。全区申报市重大旅游项目 7 个，总投资 28.5 亿元，2014 年完成投资 5.5 亿元。市龙门山、龙泉山生态旅游综合功能区重大项目 11 个，总投资 20 亿元，2014 年完成投资 5.78 亿元。积极包装项目争取市级旅改政策支持。2014 年包装上报的人和旅游基础设施改造、龙王旅游业态提升及旅游与体育融合等 4 个项目，争取到市级旅游发展专项资金补助 450 万元。

【旅游行政管理及服务】 青白江区旅游发展局（区龙管委）狠抓旅游安全与行业管理。狠抓旅游安全。开展涉旅安全维稳专项检查 5 次，突击检查 10 余次。对 30 余家重点的、大型的涉旅企业进行不低于 3 次排查，发放安全告知书 1 000 余份。加强化旅游行业管理。毗河以南的人和等四个乡镇的农家乐进行 5 次培训，培训 260 余人，指导福临杏都等 10 余家涉旅企业承办节会、业态提升、点位打造。旅游投诉结案率 100%，理赔率和游客满意率 100%。优化旅游人才队伍。创新开展“局校合作”，区旅发局与成都工程职业技术学校开展培训活动 2 次，专题讲座 1 次，局校轮岗锻炼 3 人次。加强景区管理。制定《客家杏花村国家 AAA 级旅游景区建设管理专项经费管理办法》，规范杏花村景区管理。承（协）办杏花节、杏果采摘节、人和山地运动休闲季暨油桃采摘节活动、“月下贵和”中秋文化节等 18 个旅游节会活动，着力培育区域旅游特色品牌，杏花节、油桃节、中秋文化节，分别突出“春天第一烧烤地”、“成都青春季之旅”、“最传统最生态佳节”的特色，旅游总收入 5.5 亿元，接待游客 600 万人次。节庆活动的举办极大地提升了本区形象，聚集了人气，带动了全区农业和商贸业发展，发挥了旅游业在一三互动及现代服务业发展的支柱产业作用。

2014 年 10 月 20 日，客家杏花村国家 AAA 级旅游景区顺利通过成都市 A 级景区评定委员会复核验收。

【旅游节庆活动】 2014 年全区举办（承办）2014 四川花卉（果类）生态旅游节暨青白江第七届杏花（果）生态旅游节、四川花卉（果类）生态旅游节分会场暨青白江第五届樱花旅游文化节、2014 青白江人和乡第六届油桃采摘活动、2013—2014 年度“龙王杯”全国钓鲫精英赛总决赛、2014 青白江姚渡（仁康庄园）葡萄采摘节等节庆（赛事）活动 14 个，共接待游客 380 万人次，旅游总收入 3 亿元。成功牵头举办 2014 四川花卉（果类）生态旅游节暨第七届杏花果生态旅游节系列活动，接待游客 64.2 万人次，旅游收入 6500 余万元。

5 月 7 日，2014 四川花卉（果类）生态旅游节会主会场

【旅游宣传】 区旅发局（区龙管委）创新旅游营销工作。组织开展两次“千名老外游成都之青白江活动”，为成都市“72 小时过境免签”政策的宣传推广起到了积极作用。组织结对帮扶村 100 余名群众代表开展以“爱生活，爱旅游——我为青白江代言”为主题的“5.19 中国旅游日”宣传推介活动，通过省市新闻媒体、官方微信、微博进行宣传。以“中国智慧旅游年”为契机，建立“青白江旅游”官方微信公众号，拥有粉丝 4 200 余人，上百家商家参与互动。设计印制 2014 旅游宣传手册、青白江手绘美食地图各 7 万份，发放手机彩信 6 万余条。组织实施青白江旅游形象宣传片的拍摄及旅游形象推广语、形象标志设计

（供稿人：谢　婧）

凤凰湖国际生态湿地旅游度假区

【概况】 区凤管委于 2010 年 5 月成立，为区委、区政府的派出机构，专门负责凤凰湖国际生态湿地旅游度假区（下称度假区）的规划、建设、协调管理和服务工作。管委会共设综合部、宣传策划部、规划建设部、投资促进部、发展服务部 5 个职能部门；核定事业编制为 30 名，其中主任 1 名，副主任 2 名，部长 5 名，副部长 5 名。2014 年实有干部职工 29 名，临聘人员 69 名。

度假区于 2007 年开工建设，2009 年对外开放。一期项目占地约 1 000 亩，包括 400 亩核心湖面，地面建筑主要包括运动休闲中心、城乡规划展览馆、文博馆、樱花阁、景观桥等。二期规划面积 1 200 亩，包括 800 亩带状湖面，地面建筑主要以汉唐文化为基调，以“园中园”为特色打造八园十六景，项目由区城乡管理局建设中，建成后交由区凤管委管理。

【项目开发】 促进北部新区商贸集聚发展。秉承“一对一”的服务理念，建立国土、规划、建设、商务等多部门的联动机制，加强北部新区项目跟踪服务力度，有效推进项目建设。2014 年已入驻项目 39 个：其中已建项目 8 个，在建项目 20 个，待建项目 11 个。

大力提升旧城面貌。提升旧城区形象，活跃商业氛围，拓展城市利用空间。“老广场”改造项目已取得规划用地许可证，完成方案初审、立项、环评、交评等前期工作，进入正式施工阶段，计划 2015 年 5 月完成项目建设。根据“为民生、细管理、提品质”的要求，牵头实施“百日行动”专项工作，完成团结南路、团结东路、黄金北路等沿线企业内外环境综合整治，厂区周边环境死角、秩序治乱得到根本性改变，取得阶段性效果。

广开渠道加大引资力度。挖掘、整理和包装成熟项目，借助西博会、专题招商推介会等活动载体，大力宣传青白江区北部新区和旧城改造项目，促进项目尽快落地。2014 年完成投资促进目标实际到位省内内资 4.5 亿元，同比增长 350%；省外内资 9 亿元，同比增长 200%；新签约重大项目 3 个，同比增长 300%。

【景区管理】 理顺管理体制。改变园区管理“政出多门”，减少管理运行成本，对运动休闲中心运动健身设施、健身场馆、田园广场及凤凰湖一期绿化等项目在全面移交基础上，实施统一管理，提高管理效率，促进国有资产最大效能发挥。创新管理模式。切实提升园区规范化、精细化管理水平，降低管理风险，在前期考察学习基础上，结合园区实际，采取公开招标形式，对园区安保、保洁、绿化等项目实施市场化服务外包，充实人才队伍、杜绝用工风险、拓宽用工渠道、提升园区管理水平和服务质量。完善基础设施。牵头对园区座椅、公厕、栈道、围栏、路灯等 23 项设施设备进行全面清理排查，形成问题清单，制定维修方案，并交由区城乡建设局统一实施维护，进一步达到消除安全隐患、提升景观效果的目的。

【节会服务】 加强宣传造势。利用樱花节、菊花展全年两大活动，围绕青白江区产业优势、生态环境、五区建设成果和节会盛况进行全方位、大纵深的宣传报道，有效实现深化节会品牌，扩大城市影响力的预期效果。2014 年樱花节及菊花展期间，共计吸引国内外游客近 180 万人次，同比增长 20%；实现旅游总收入 1 600 余万元，同比增长 35%；直接和间接为当地群众提供保洁、安保、售卖、绿化维护等就业机会达 5 000 余个。建立联动机制。联合区旅发局、区商务局，利用节会活动，成功举办“千名老外游成都之春游青白江”、走进青白江—四川进出口商会沙龙、成都外商踏青赏樱沙龙等活动，展示青白江区良好的生态环境，宜居的城市形象，扩大对外开放程度，营造良好国际化氛围。提高服务水平。按照“以人为本”的原则，活动期间，在游客服务中心设置旅游咨询处、游客休息区、医疗救助点等特色工作窗口，为游客免费提供残疾人轮椅、婴儿车共计 200 余次，旅游咨询、寻人寻物等便利服务共计 800 余次，实现接待服务“零差错”；公示服务承诺、旅游投诉电话，设置游客意见征询箱，接受游客咨询 2 000 余次，免费发放旅游服务手册、青白江美食地图、凤凰湖手绘地图共计 8 000 余份，开展游客满意度测评和及时整改，实现游客投诉接待率、游客提问解答率、游客投诉查处率达 100%，游客满意和基本满意率达 98%以上。

（供稿人：康志涛）

财税金融

FINANCE TAXATION & BANKING

财　　政

【概况】 2014年，国内经济，回升态势尚不稳定，经济增长减速换挡，下行压力加大。区内经济处于结构调整压力聚集期，以攀成钢钒为代表的传统产业转型升级，以物流商贸为代表的新兴税源尚待壮大，制约全区经济发展。面对不利局面，区财税部门主动作为、迎难而上，采取有力措施突破收入瓶颈，积极应对产业结构调整升级带来的经济阵痛，税收体制改革形成的减收效应，竭尽全力保障全区经济稳定和谐发展。2014年，一般公共预算收入204 200万元，增长12.5%，一般公共预算支出299 081万元，增长18.5%；政府性基金收入218 870万元，下降19.1%，政府性基金支出226 263万元，下降18.2%；国有资本经营收入20 043万元，国有资本经营支出20 043万元。

【财政预算管理】 深挖收入增长潜力，密切关注收入动态变化，强化监测分析，不断加大重点税源和重点行业监控力度，规范非税收入管理，堵塞漏洞、深挖潜力、应收尽收，一般公共预算收入总量再创新高，首次突破20亿元大关。努力培植新兴财源，全面落实积极财政政策，扎实开展“营改增”试点工作，减轻企业经营负担。发挥财政资金的拉动作用，支持企业技术创新、产业结构调整升级，做大做强战略性新兴产业，增强财政收入增长后劲。尽力争取上级支持，紧紧把握政策导向，加强与上级部门沟通，争取各类上级无偿资金13.8亿元，全面享受三圈层上级补助待遇。针对困扰多年的攀成钢体制问题，多渠道汇报反映，调整上解基数。市级调低本区轨道发展基金统筹金额，增加了可用财力规模，缩小了经济建设发展资金缺口。

【国有资产管理】 依法开展国有资产监管，完善国有资产管理制度，优化国有资产管理方式，规范国有资产处置行为。开展资产清理、园区资产配置，完成全区行政事业单位国有资产统计工作。全面加强区属国有公司管理，实施绩效目标管理，完善激励约束机制，进一步优化公司法人治理结构，完善风险防控机制，深入推进公司党风廉政建设。

【财政支出】 重民生，护民利，提升百姓福祉。统筹安排，拨付资金238 109万元，加大民生保障力度。拨付资金59 575万元，支持全区教育事业发展。完善资助体系，执行国家助学金、免学费、免住宿费等资助政策。提高义务教育生均公用经费标准，实行普通高中公办学校生均公用经费财政补助政策。改善办学条件，实施校安工程、薄弱学校改造、标准化幼儿园建设，全面提升教育“三化”水平。拨付资金19 949万元，提升全区医疗保障水平。加快区医疗中心二期、区疾控中心业务楼、急救指挥中心建设和妇幼保健院迁建。城乡居民医疗保险基本实现全覆盖，实施基本药物制度取消药品加成，实施城乡困难群众医疗救助，成功创建国家级慢性病综合防控示范区和四川省结核病综合防治示范区。拨付资金23 229万元，巩固完善社会保障体系。及时发放农村五保、城乡低保补助，落实城乡居民养老保险补助，资助1 349名重度残疾人参加养老保险。加快养老服务体系建设，改善全区养老机构硬件设施，新建17个城乡日间照料中心，红阳颐养居正式投入营运。拨付资金19 438万元，落实各项社会救助政策。实施就业和再就业培训，动态消除“零就业”家庭。落实退役士兵安置、军转干生活补助、死亡伤残抚恤金等政策，发放优抚对象、义务兵等低收入困难群体补贴。拨付资金115 918万元，改善群众居住条件。1 099套保障房交付使用，完成地质灾害避让搬迁和农村危房改造，加快安置房项目建设，妥善安置被征地农民。

保重点，强基础，提升城乡品质。筹集资金234 555万元，改善基础设施条件、提升城乡风貌、营造优良人文环境，重点支持基础领域和薄弱环节发展。筹集资金126 107万元，完善城乡基础设施配套建设。实施青南大道、大件路东绕线青白江段、G108青白江段加宽改造、统筹城乡村组道路等建设。完善园区基础设施配套，加大城市生态绿廊、盲点死角改造和市政设施建设，改造107个老旧院落，开行惠民公交线路20条，市政设施功能持续优化，城乡风貌全面提升。筹集资金37 795万元，推进生态城市建设。实施城乡环境综合治理，启动17条黑臭河渠综合整治，第二污水处理厂建成投运，扬尘污染等“城市病”

得到有效控制；新增绿地面积 10.25 公顷，绿化覆盖率 42.2%，国家环保部授予“国家生态区”称号。筹集资金 70 653 万元，保障基层公共服务。保障全区运转支出，增强基层治安力量，加大村级公共服务和社区基层公共服务投入，提高基层服务水平。支持图书馆、博物馆免费开放，支持政府信息平台建设及维护。

兴产业，促发展，提升区域实力。投入资金 59 001 万元，构建以新型工业为主题、现代服务业为支撑、现代农业为基础的现代产业体系。投入资金 14 709 万元，促进新型工业发展。支持企业技术创新和产业升级，支持节能降耗减排和资源节约集约利用，淘汰落后产能，促进产业转型升级。落实中小企业发展专项资金，支持发展新兴产业，扶持中小企业做大做强。投入资金 32 787 万元，推动现代服务业稳步发展。打造“内陆开放新口岸、西部物流大枢纽”，被批准为国家(临时)对外开放口岸和肉类进境指定口岸，成都粮油储备(物流)中心项目已进入投产试运营阶段，蓉欧快铁和中亚列车稳定运行。投入资金 11 505 万元，支持都市现代农业健康发展。用于农业转型升级、种粮农民直接补贴、基层农技推广、农机购置补贴，都市现代农业“一线一品”重点项目顺利推进，推广特色农作物、农产品精深加工项目、有机蔬菜种植，新增农民专业合作社 20 家、家庭农场 24 家，培育龙渔泉等龙头企业 10 家，新型农业经营体系逐步完善。

【财政监督管理】 建立健全财政风险防控制度，进一步规范资源权、财经权，确保财政资金运行高效安全。加强制度建设，相继印发《关于加强“三公”经费管理的通知》《青白江区差旅费管理办法》等 16 项管理制度，规范财政资金使用，厉行节约反对浪费，建设节约型政府。强化监督检查，扎实开展会计信息质量检查、乱发钱物问题专项整治、贯彻中央八项规定、严肃财经纪律，开展“小金库”专项治理和滥发奖金工资补贴集中整治，增强财经纪律意识，规范财务管理。严格国有资产监管，完善国有资产管理制度，加强国有资产监管力度，实现国有资产信息动态管理，严防国有资产流失。开展存量资金清理，结合省、市关于激活存量资金的规定，开展全区存量资金清理，科学统筹安排提高财政资金效率。履行财政评审和政府采购职能，完成政府投资项目预算审查 140 个，审减金额 2.25 亿元，平均审减率 9.1%。开展政府采购活动 522 次，完成政府采购预算 1.49 亿元，实际采购金额 1.33 亿元，节约率 10.6%。积极推进信息公开，主动公开全区预决算、“三公”经费预算等信息，统一部署、有序推进预算单位信息公开，主动接受社会监督。

【财政体制改革】 有序推进预算绩效管理，开展项目支出绩效评价，完善绩效评价机制，扩大绩效评价范围，强化“花钱必问效、无效必问责”的支出理念。推动乡镇财政体制改革，全面完成 11 个乡镇财政所标准化建设，增强乡镇公共服务能力，制定《关于进一步完善区乡财政体制的意见》，推进乡镇区域经济发展。全面落实税收体制改革，推进“营改增”为重点的税收制度改革，执行省、市新分税制体制，协调税务部门和金库及时调整改革税种收入级次，夯实财务管理基础。把握最新财税政策，开展区域经济战略及财税金融、新预算法等专题培训。深化国库管理改革，实施覆盖区级所有预算单位的国库集中支付改革，延伸至乡镇。实施公务卡改革，从源头上防止腐败。试编权责发生制的政府综合财务报告，完整体现政府资产、负债、收支状况。完善公司债务风险预警防控机制，强化公司建设项目及日常事务的监督管理。

【会计培训管理】 全面贯彻落实《预算法》《会计法》，做好财经法规知识宣传培训，切实履行财政监督职能。进一步强化党风廉政建设，加强村组代理会计管理，做好全区财务人员培训，开展 2014 年会计从业资格无纸化考试。组织开展各类财务检查，强化财政法治建设和财政行政审批。

(供稿人：许良玉)

公共资源交易

【概况】 2012 年 12 月，成都市青白江区公共资源交易服务中心成立，位于青白江区凤凰大道二段便民路 6 号新政务中心四楼，是区政府直属事业单位，事业编制 20 名。内设综合财务部、建设工程项目交易部、政府采购交易部、土地出让交易部、综合产权交易部、监督信息部、监察室。2014 年末实有人数 17 人，主任 1 名、副主任 2 名、纪检组长 1 名，事业编制管理人员

13 名。

2014 年，区交易中心完成全区政府投资工程、政府采购、国有土地出让、国有产权交易等公共资源项目进场交易 880 宗，财政评审控制总金额 55.22 亿元，进场交易业务量同比增长 152.04%，实际中标成交金额 53.03 亿元，节约财政性资金 2.20 亿元。

3 月 4 日，市公共资源交易中心主任刘学到区交易中心调研

【交易平台建设】 建成电子招标投标系统交易平台和公共服务平台，率先实现政府投资工程全过程电子化招标投标。经区公管委批准，从 2014 年 10 月 28 日起，分步、有序地将进入区交易中心组织实施的政府投资建设工程项目交易、政府采购交易、国有固定资产交易、国有企业资产出租交易等实行电子招标、电子投标、电子开标、电子评标和电子竞价，逐步实现全区公共资源交易重要环节电子化。

完成政府采购网上竞价电子交易系统建设，实现政府采购网上竞价。完成政府采购网上竞价项目进场交易 272 宗，预算控制价 481.69 万元，实际中标成交金额 433.61 万元，节约财政性资金 48.08 万元，节约率 9.98%。

【廉政风险防控】 规范资源权配置，确保公共资源交易公正、廉洁。在全市率先建立《重大公共资源交易项目集体决策制度》《主任办公会议事规则》，规范重大公共资源交易项目集体决策。两项制度实施以来，所有经主任办公会集体研究决策的项目均实施顺利，没有发生质疑和投诉。实施重要公共资源交易业务岗位的中层干部和关键岗位工作人员轮岗制。推进机关廉政文化建设，发挥廉政文化进机关区级示范点的示范带动作用，11 月 12 日，全区推进廉政文化进机关工作现场会在区交易中心召开，区交易中心作经验交流发言。

【业务流程和制度建设】 进一步优化业务流程，实现交易规范、高效。率先在全市制定规范性文件，规范小额政府采购项目交易流程和小型政府投资工程项目交易流程。在全市率先实现区属公立医院医疗设备、器械及医用耗材统一进场、集中交易。优化政府投资工程建设项目比选业务流程。对符合规定进行比选的工程建设项目采用固定价比选方式（E 方式）进行项目发包，实现提质增效。优化政府采购交易业务流程。印发《关于进一步优化和规范政府采购交易业务流程的通知》，编制《委托代理协议》《一次性告知书》和《投标人须知》范本，明确双方权利义务，保障采购人合法权利，提高政府采购交易服务水平。

完善交易服务制度，不断提升规范化服务水平。建立服务对象一次性告知制度，建立和完善服务对象现场评价制度和交易完毕的重大项目回访考察制度。

（供稿人：刘　莉）

国家税务

【概况】 青白江区国税局内设 7 科 2 室，1 个办税服务厅，1 个信息中心，2 个税务分局。全局在职干部职工 86 人，平均年龄 41 岁，中共党员 52 人，占在职人员总数 60.46%。全局职工大专文化占 97.7%，集中本科学历占 80%。

2014 年，面对国家宏观经济调控和结构性减税，区内部分重点税源企业税收大幅下滑的重重压力，全体干部职工努力克服不利因素，坚持科学组织收入，强化税收征管，堵塞管理漏洞，认真组织收入，超额完成税收收入任务。2014 年国税总收入达到 122 532 万元，为青白江区社会发展提供财力支持。

区国税局以“始于纳税人需求，基于纳税人满意，终于纳税人遵从”为宗旨，遵循“法治规范、快捷简约、提速增效、维权减负”的原则，优化服务流程，推行网络办税，服务窗口在区测评中名列 33 个单位中的前两名，在各级多次明察暗访中均受到表扬，服务窗口导税员鄢瑞婷被评为全区“十佳服务明星”。在区委、区政府组织的行风测评中，连续多年名列窗口服务部门第一名。

加强干部队伍建设，努力提高队伍整体素质，深入开展党员干部创先争优活动，搞好党风廉政建设，开展各种寓教于乐的活动，不断深化和丰富精神文明建设的内涵。目前全局共建成省级“最佳文明单位”，“省局级最佳文明单位”、省级文明行业工作“先进窗口单位”“文明服务示范窗口单位”各1个，省局级“文明单位”3个，全国“巾帼文明岗”1个，省级“巾帼文明示范岗”1个、市级“巾帼文明示范岗”1个，纳税服务科获得省级“青年文明号”和“省十佳青年文明号”称号。

【国税收入】 2014年，累计入库税收122 532万元，同比增收14 833万元，增长13.77%；完成地方公共财政收入28 660万元，同比增收6 347万元，增长28.45%。

面对国家宏观经济调控和结构性减税以及区内企业增长乏力的重重压力，区国税局勇于担当，冷静应对，将组织收入工作作为重中之重，坚持“税收收入规模与质量并重”，做到“人人肩上有收入指标”，任务细化分解到年纳税额万元以上纳税人，各职能科室各司其职，相互配合，上下联动，形成了行之有效的“税收分析、纳税评估、税源监控”三位一体税源管理良性互动机制。制定“纳税评估专咬硬骨头”“税种行业分类管理”“突击征管薄弱指标” 等强化税收征管的措施，查问题找差距，树立“发现问题是进步，解决问题是发展”的观念，不讳疾忌医，不搞形式主义，对征管中长期存在的钢材经营企业低税负、个体工商户户均税额偏低、企业所得税征管等问题进行认真的解剖，制定整改措施，确定整改期限，从实处、小处抓起，提高征管的整体水平。

【税收执法】 坚持“内外并举、重在治内、以内促外”的依法治税工作方针，强化法制意识，落实行政执法责任，加强税收执法监督，依法治税取得明显成效。

抓好法制教育和培训，严格执行税收执法责任制和执法过错追究制，认真开展税收执法检查，按照行政执法责任制的要求，完善行政执法责任制实施方案，将责任层层分解落实到执法主体、基层单位和执法人员，建立一套责、权、利相统一的责任机制。国税干部职工的依法行政意识和执法水平大幅度提高，执法行为得到进一步规范，纳税人的合法权益得到充分尊重和维护。

深入持久地开展法制宣传、税收宣传，纳税人履行纳税义务的自觉性进一步增强，全社会依法治税的共识基本形成。税务稽查严厉打击涉税违法犯罪行为、整顿规范税收秩序的职能作用进一步发挥。“12.4”法制宣传日期间，通过悬挂税法宣传横幅、张贴标语、设立展板、发放资料等形式，开展税法咨询活动，修订后的增值税、消费税暂行条例作为重点宣传内容，让纳税人全面了解转型的重大意义，为纳税人正确理解和执行政策提供支持。

【涉外税收管理】 随着青白江区对外开放和招商引资力度的加大，入驻青白江区的涉外企业不断增加，逐渐显示出良好的发展势头。以台玻成都玻璃公司、米高化肥公司、成都宝洁公司为代表的涉外企业已成为该区的重点税源，涉外税收不断增加。

送政策上门、举办涉外政策培训会的方式广泛宣传新的企业所得税法和与外资企业密切相关的过渡期税收优惠政策。向纳税人推荐介绍总局、省、市局门户网站和“12366税收服务热线”等信息化宣传平台，引导纳税人多渠道获取税收政策，了解税收工作动态。加强与企业的日常联系，在年度联合年检和外资企业所得税汇算清缴工作中，主动与纳税人联系，耐心细致地解答疑问，深入到部分企业进行现场辅导。向企业宣传有关涉外税收政策的难点和优惠政策对符合条件的及时上报审批，让纳税人充分享受税收优惠政策。新的企业所得税法实行后，一些原有的优惠政策被取消，对涉及企业做好政策的宣传解释。深入企业，帮助查找经营状况、财务核算、税法落实等方面存在的隐患，分析企业发展思路、方向和潜在税源为企业提供参谋服务。

【税收服务】 区国税局坚持“纳税服务与税收征管是税务机关两大核心业务”的工作定位，本着“始于纳税人需求，基于纳税人满意，终于纳税人遵从”的服务理念，全新整合服务资源，系统优化服务流程，专业推出服务举措，创新打造服务品牌，构建“轻松无常、服务无式”的“轻松办税”服务新格局。

按照“服务资源集聚、服务事项集中、服务职能集成"的思路，在办税服务厅的基础上，新组建成立综合性纳税服务团队（纳税服务科），结合办税服务厅迁入青白江区政务中心，建设多元化纳税服务平台。按照标准化建设要求，不断完善国税大厅的各个功能区，投入近10万元，添置自助办税终端、网络办税设备以及导税咨询台、公示栏、资料柜等，单设自助办税室，办税窗口全部配置"一机双屏"和电子评价器。推广网上办税服务厅、蓉税通（微信微博）服务、同城通办、QQ服务群、ARM机24小时办税、网络发票，为纳税人提供高标准服务设施和多元化办税方式，基本满足了纳税人上厅办税、网络办税、自助办税、异地办税、全天候办税等便利性服务需求。

【税收检查】 按照市局推进"五个集中"构建"七大团队"工作实施方案，稳妥推进征管改革步伐，通过进一步规范风险管理，强化纳税评估、大企业管理，全面提升税源管理整体效能。同时，财政性资金专项清理、企业重组业务事项调查、高新技术企业税收优惠情况核查、跨省市总分机构情况调查等各类专项分析核查工作也取得了较大成效。成都市国税局将全市稽查合并后，区国税局着重积极配合和参与市局稽查三局在区局管辖范围内的稽查工作并提供依据。积极配合对大案、要案、重点案、协办案、虚开代开专用发票给予有力地打击，最大限度地组织税收收入。

（供稿人：李润蕾）

地方税务

【概况】 青白江区地方税务局设置办公室、政策法规科、综合税政科、服务征管科、收入核算与财务科、人事科、监察室、机关党办八个机关科室，设立稽查局、第一税务所、第二税务所、第三税务所、第四税务所、第五税务所、第六税务所、第七税务所、第八税务所、第九税务所十个基层单位。

2014年，区地税局在区委、区政府和市地税局的正确领导下，紧紧围绕区委"五区"建设总体目标和成都地税中期发展战略，坚持"为国聚财、为民收税"，凝心聚力、积极作为，推进地方税务稳步健康发展。

4月23日，区地方税务局中层干部大会

【地税收入】 2014年，区地税局全体干部职工坚定信心、迎难而上，成功应对经济下行压力、"营改增"削弱地方税基、收入连年高位运行以及结构性减税等一系列不利因素的影响，累计入库各项收入173 560万元，增收650万元，增长0.38%，完成市局下达年度计划的100.03%，如果剔除"营改增"因素，实际增长7.86%。入库区级税收收入106 848万元，增收5 246万元，增长5.16%，如果剔除"营改增"因素，实际增长14.15%。

【税收执法检查】 税收执法。全面规范行政权力，层层签订《税务行政执法责任书》，明确执法主体，严格过错追究。做好了税务行政执法案卷评查工作，评查面达到27%。公开公示行政权力清单，对照法律法规对基层税务局的授权，清理区局行政权力目录88项。加强房土"两税"的征管，逐户摸底、完善台账，动态管理、跟踪缴纳，"两税"入库31 772万元，占全局税收收入20.10%。做好耕地占用税催缴入库，入库耕地占用税8 850万元。集中清理城市配套费征收契税进展情况，入库契税1 100万元。

税收检查。强化税务稽查，充分发挥稽查工作"以查促收，以查促管"的职能作用。加大涉税违法案件的查处打击力度，认真查处举报案件和上级交办案件，积极开展专项检查，整顿和规范税收秩序。对7户企业实施税务稽查，查补税款845万元；质疑约谈纳税人14户，入库税款11 173万元。

【纳税服务】 深入开展便民办税春风行动，将7类共107项服务事项前置办税厅，形成"前端放权优化服务、后端控险强化管理"的便捷服务新格局。设立在区政务中心的地税服务窗口被成都市总工会授予成都市“工人先锋号”。

制作《税收优惠管理工作指引(试行)》。该《工作指引》从最大限度方便纳税人,最大限度规范地税人的角度出发,实现税收优惠流程的全面优化,促进税收优惠政策正确落实,构建科学完备的税收优惠规范化管理综合体系。

2014 年 9 月 1 日, 青白江区国地税联合办理税务登记和代开发票窗口正式启用。“一窗式”服务让纳税人办理税务登记证时间由原来的 1 小时缩短至 20 分钟,提高了服务效率。

深入贯彻实施“三三制”工作法,“管理员”变身“服务员”,认真落实区局班子成员“进大厅”、科所长轮流值守制度,12366 专人值守, 第一时间为纳税人解决涉税疑难。

【税法宣传】 突出地方税收工作的重点、难点和热点,将定期宣传与不定期宣传相结合。组织开展“以案说税” 等业务宣讲活动, 税法宣传 “进企业”、“进景区”、“进社区”,营造税收宣传声势,取得明显的成效。充分发挥各类网络媒体的平台作用,将税法新规通过公众信息网、成都地税子网站等向公众及时公开。进一步发挥微信、QQ 群等新兴媒体的信息传播作用,优化政务微博管理,探索创立青白江区地税微信公众平台,积极构建全方位、多元化的纳税服务宣传体系。

(供稿人:刘运宇)

金　　融

【金融机构】 全区金融运行情况整体良好,金融机构数量增加。2014 年 4 月,华夏银行青白江支行开业,民生银行青白江支行正在筹建中,全区开业的银行机构共计 12 家、证券公司营业部 2 家、融资性担保公司 2 家、小额贷款公司 2 家,人寿保险、人保财险、人保寿险、锦泰保险等保险机构。存贷款及保费收入稳步增长。截至 12 月末, 青白江区各项存款余额 261.68 亿元,同比增长 9.33%;各项贷款余额 154.58 亿元,同比增长 4.55%。金融惠民工作扎实推进。协调驻区金融机构开展妇女小额担保贷款、农村小额人身保险等惠民工程。信用软环境不断优化。开展“金融服务进社区”、“小微家园”帮扶、各类信用宣传、人民币反假宣传等活动 10 余次。

【实体经济融资服务】 鼓励银行机构加大中小微企业的贷款投放力度,协调银行、信托、基金、租赁等各类金融机构到区提供金融服务,优化全区金融机构结构,为中小企业提供更多的金融服务选择。建立中小企业融资服务机制,搭建“银、政、企、担”融资对接平台,组织银企专项融资对接活动。2014 年组织有融资需求的中小企业参加交通银行、光大银行、华夏银行等金融机构专项融资对接活动 10 余次。督促商业银行做好中小微企业信贷营销服务,降低小微企业信贷门槛,华夏银行青白江支行与青龙国际建材城合作实行批量贷(即市场管理方担保融资)融资方式。

【农村金融】 稳步推进金融机构向农村地区延伸服务网点。协调农行、农商行对全区助农取款空白村组进行摸底调查, 加强已安装的 405 部助农取款 POS 机的日常维护,方便偏远农村居民的金融需求。推进农村信用环境建设,指导涉农金融机构开展农村信用体系建设,2014 年全区共计评定信用村 75 个, 新用户 1 588 户。协调省银监局、新都银监办,积极推荐相关银行机构在本区开展村镇银行的筹建工作。

【地方准金融市场】 做好融资性担保公司、小额贷款公司的业务指导。截至 12 月末, 担保公司在保余额 1.5 亿元,在保客户 21 户;小额贷款公司累计发放贷款 158 笔,金额 4.34 亿元,贷款余额 2.53 亿元。积极向上争取奖励政策,鼓励扩大小微企业和“三农”的服务覆盖面。定期组织风险防范业务培训,严格执行省市监管要求,采用非现场检查、现场检查、专项检查相结合的方式,严格防范金融风险。

【资本市场建设】 广泛开展资本市场宣传,提升中小企业对资本市场各类金融工具的认知度, 邀请成都市股权服务中心对区内上市后备企业进行区域性股权交易市场业务培训,结合企业情况进行“一对一”培育,推进优质企业步入资本市场。2014 年,天保机械已在创业板正式上市,蜀虹机械、瑞奇石化两家企业进入“新三板”上市辅导期,推进新开元公司成功发行企业债。

开展 2014 年信用宣传、人民币反假宣传活动

【打击非法集资】 成立预防和打击非法集资工作领导小组，指导和督促全区民间投资理财行业风险处置工作，制定《成都市青白江区民间投资理财风险处置工作方案》。开展排查、摸清家底，对全区现有的 22 家投资理财类公司开展广告清查和登记清查。加强宣传和舆论引导，运用新媒体、青白江普法网、法制宣传讲座等形式进行投资理财法律法规和金融风险防范宣传，积极引导社会舆论，营造良好氛围。2014 年，全区无因“非法集资”引起的群体性事件发生。

中国工商银行青白江支行

【概况】 2014 年，工行青白江支行在上级行及区委、区人民政府的坚强领导下，始终坚持以科学发展观统揽全局，牢牢把握以市场为导向、以客户为中心、以效益为目标的经营理念，求真务实，开拓进取，注重质量、效益、效率，推进经营转型，强化基础管理，加快渠道建设，狠抓项目储备，加强中高端客户维护与投入，实施中间业务提升工程，确保支行持续、健康、科学发展。

【存款业务】 2014 年末，各项存款余额 49.02 亿元，其中：对公存款余额 19.36 亿元，储蓄存款余额 29.65 亿元。

【贷款业务】 2014 年末，各项贷款余额 29.05 亿元，其中：公司贷款余额 16.12 亿元，个人贷款余额 12.93 亿元。

【中间业务】 2014 年中间业务收入 4 377 万元。

【领导班子】 行长：曹自力，副行长：陈道和、杨阳

中国农业银行青白江支行

【概况】 中国农业银行股份有限公司成都青白江支行（简称农行青白江支行），2014 年在职员工 154 人。支行辖 9 个营业网点，支行本部位于成都市青白江区大弯镇怡湖西路 89 号。

2014 年，在上级行的正确领导和大力帮助下，在支行党委正确领导下，紧紧围绕“从规模大行向经营强行、服务强行转型发展”总体要求，坚持“稳中求进、稳中有为”的工作总基调，认真贯彻落实营业部“围绕收入调节构”各项工作措施，以“强管理、调结构、增效益，提升核心竞争力”为总体发展思路，积极迎接“新常态”，全行上下凝心聚力、攻坚克难、实干兴行，各项工作取得较好成效，综合竞争能力有效提升，经营管理水平稳步提高。2014 年支行综合绩效考核在省分行营业部 18 家支行中排名第 3 位，在省分行 156 家一级支行综合绩效考核中排名第 10 位，年内无重大违规违纪事件和案件发生。

【存款业务】 继续以对公扩户提质和个人客户维护、挖潜为基础，提高网点服务能力和水平，从改善服务着手，提高客户的忠诚度和认可度，实现存款稳步增长。搬迁改造一个乡镇网点入市场，成为首个在大型市场设点的区内银行机构，增加网点服务覆盖面。大力推进网点软件转型升级，增强网点服务功能，全行除北街分理处外，全部开办对公业务，提升农行服务水平，赢得了客户的认可。2014 年末，各项存款余额 47.3 亿元，较年初增加 4.5 亿元，当地“四行一社”市场占有率 21.9%，存款增量位居“四行一社”第二位。其中对公存款较年初增加 0.56 亿元，市场份额上升 0.8 个百分点；储蓄存款较年初增加 3.9 亿元，市场份额增长 0.42%。

【贷款业务】 注重信贷结构的调整和信贷产品与客户需求的有机结合。继续保持客户传统信贷业务，积

极引进国内融资、国际融资产品为客户提供资金支持。加强信贷基础管理，严控违规风险，做到及时预警、提早化解风险。2014年末，各项贷款余额18.9亿元，较年初增加3 329万元。其中个人贷款较年初增加1.7亿元，增长47.1%，“四行一社”市场占有率较年初上升1.4个百分点。到期贷款综合收回率100%，不良贷款率0.045%，控制在上级行下达的目标任务内。

【中间业务】 大力拓展中间业务收入渠道，全面提升中间业务创新能力，在稳定扩大传统中间业务收入的同时，大力发展新兴中间业务。国内保理、国际贸易、投行等业务快速发展，2014年实现中间业务收入3 297万元。其中：新兴中间业务收入1 903万元，同比增长48.2%。

【内部管理】 坚持稳健行远经营理念和安全就是效益的风险理念，加强合规管理，做好案件防控，杜绝一切案件事故的发生，确保支行健康发展。加强会计基础管理、内控管理和金库安全管理，严防操作风险。实现支行各网点运营管理“三化三铁”、安全保卫“三化三达标”目标，弥牟支行创建为总行“三铁”单位。2014年，支行内控综合评价保持一类行称号，继续保持总行“文明单位”和地方省级“文明单位”称号。

【领导班子】 行长：张晓声（女）；副行长：王志、申军、王晓梅（女）

中国银行青白江分行

【概况】 2014年，中国银行青白江支行紧密围绕地方经济发展和金融创新工作，结合支行工作实际，坚持以“利润、效益”为导向，以提高创新能力和竞争力为宗旨，努力强化内生动力、深化网点转型，不断扩大客户基础，狠抓核心存款，加强风险管理和内部控制，严格落实各项规章制度，积极培育企业和谐文化，确保了全年各项业务健康、稳健、安全运行。

【业务发展】 截至12月31日，人民币存款15.93亿元，较年初减少0.04亿元，其中对公人民币存款10.14亿元、较年初减少0.38亿元，个人人民币储蓄存款5.79亿元、较年初增加0.34亿元。各项贷款16.07亿元，较年初增加0.73亿元，其中公司贷款12.49亿元，较年初减少0.18亿元，个人贷款余额3.58亿元、较年初增加0.91亿元。

【内控建设】 针对近年来国内外各类金融诈骗案件频发，呈现复杂性、高科技性的特点，中行青白江支行切实加强内控建设和内控管理，依法合规操作，严格办理流程，有效控制风险，保护国家和广大客户财产安全，预防各类金融案件发生。贯彻落实总行、省行内生动力机制，加强绩效考核，细化任务指标，围绕利润中心，责任落实到人。制定切实有效的考核办法，定期通报相关业务指标，分析差距、找准对策、逐个击破，不留业务发展的死角。

【结构调整】 按照省行“稳中求进、转型图强”的工作基调，支行将“调结构、促转型、增效益”作为年度工作重心，以调整客户结构、收入结构为重点，加快拓展中小企业，储备一批，上报一批，做好客户贷后管理，截至12月末，中小企业新增存款2 373万元，新增贷款7 546万元。

【发展国际贸易】 解决客户融资需求，在传统授信产品推广应用受阻时，积极量身订制跨境人民币融资方案，全年累计实现跨境人民币结算量超15亿元，较2013年同期增加6 961万元。

2014年，中行渠道建设快速发展，离行式自助服务点新增一个、在建一个。支行成立机具维护团队保证ATM开机率长期稳定95%以上，有效分流客户、提升满意度。

【领导班子】 行长：张　迅；副行长：吴　波、冯　宇、周哲娟

中国建设银行青白江支行

【概况】 2014年，建行青白江支行按照省分行总体部署，在区委、区政府的领导下，在全行干部员工的共

同努力下，按照调结构、促发展、强管理的总体工作要求，以发展中间业务、负债业务及利润增长为核心，狠抓内部管理，认真开展各项工作，实现了支行健康持续发展目标。截至 2014 年 12 月 31 日，全行一般性存款余额 243 750.32 万元，各项贷款余额 115 816.63 万元，同比增长 9.39%。中间业务净收入 2 033.1 元，同比增长 0.64%。实现利润 5 804.34 万元，同比增长 19.93%。

【存贷款业务】 2014 年，建行青白江支行狠抓负债业务发展，个人业务以“发展客户、吸纳资金、拓展中收”为主要目标，明确经营思路、细化发展目标、创新管理模式。对公存款方面，切实改变工作思路、创新工作手段、动员支行全体员工积极营销，夯实客户基础，加强与工商部门和其他政府职能部门之间的联系，扩大客户群体，推动了存款业务的发展。

不断发展资产业务，个人住房贷款业务新增 20 412.05 万元，实现了业务发展、综合收益和管理水平的稳中有升。对公贷款结构进一步优化，基本账户贷款客户数量增加，为下一步工作打下了较为坚实的基础。

【中间业务】 建行青白江支行在省分行的指导协助下，努力拓展中间业务收入渠道。大力发展代理保险业务，以推行 ETC 信用卡为契机，重点拓展信用卡业务。争取 T+D 签约客户，持续发展贵金属业务。拓展对公结算产品，根据对公客户贸易特点，调整行内国际业务流程，稳步推进国际业务发展，进一步提升国际业务专业化水平，稳定中间业务收入。依靠领先区域同业的结算服务、结售汇价格保持了国际业务稳定发展。

【内部管理】 2014 年，建行青白江支行进一步加强内控管理，不断深化全面风险管理，规范各项合规工作流程，加大纪检监察工作力度，及时预防和处理经营管理中的各种问题。加大营业网点的监督检查力度。支行各业务条线按要求及时进行日常检查，积极主动配合内外部审计，不断规范员工行为，使支行内控管理水平进一步提高。按照上级行推进全面风险管理的要求，开展信贷业务平行作业和做好支行营业网点关键风险点监控。认真开展合规工作的宣传和培训工作，全行员工反洗钱、关联交易等工作能力得到有效提升。积极抓好案件防控和反腐败抓源头工作，确保了全年无案件事故发生。

【支持地方经济建设】 建行青白江支行积极支持企业实体经济发展，重点发展公司类贷款、小微企业贷款、个人住房贷款、贸易融资和供应链融资业务。公司类大中型客户贷款，按照国家产业政策和金融宏观调控要求，实行区别对待、有保有压，优化信贷结构，支持符合产业政策的节能、环保、低碳、循环经济等行业客户。尽量压缩对“两高一剩”行业融资，但对本内属于受限制行业的大企业，争取以供应链融资产品列入保理等予以支持，以满足企业资金周转的需要。大力发展小微企业贷款业务。成立专门的部门和人员，加大小微企业的支持力度，做到“专业、专心、专注”。加强与区政府有关部门的联系，支持新引进项目，拓展新客户。针对中小企业抵押担保相对薄弱的现状，积极做好与专业担保公司的联系，尽量满足客户的融资需求。

【领导班子】 行长：孙　抒；副行长：何卫东、刘亭宇；纪检监察特派员：胡爱民

交通银行青白江支行

【概况】 交行青白江支行按照上级部署，突出工作重点，明确主攻方向，以提高发展质效为中心，以改革创新精神扎实推进各项经营管理工作，圆满地完成了上级下达的各项目标任务。2014 年底，存款余额 107 682 万元，贷款余额 77 343 万元，减少 3 674 万元，中间业务净收入 1 589 万元，实现利润 3 336 万元。

【存贷款业务】 2014 年，交行青白江支行坚持以存款业务为重点，全行动员、全员营销，促进存款业务发展。持续抓好客户基础提升和资金结算留存，继续以创新型业务带动存款增长，各项存款市场占比率进一步提升。积极调整信贷结构，拓展市场，强化合规经营，控制经营风险，实现信贷有效投放。通过金融创新，服务实体经济，结合区域经济的产业转型升级，开拓思路，大胆创新，通过新业务、新产品为新兴产业、优势产业和传统产业提供信贷支持，为企业客户提供贴近、专属化的金融产品，满足企业多元的金融需求。

【中间业务】 2014 年，交行青白江支行积极发展中

间业务，开拓中间业务市场，扩大交行特色产品的销售服务渠道，品种和规模都有较大的发展。创新和改进中间业务服务平台，为社会提供快捷方便的金融服务，提高了支行的经济效益。

【内部管理】 2014 年，交行青白江支行坚持业务发展与内控管理并重的经营管理策略，坚持合规经营、稳健发展、防范风险的宗旨，进一步增强内控管理能力。不断深化全面风险管理，规范各类业务流程，加大纪检监察工作力度，加强各类业务培训和风险排查，及时处理和预防日常经营管理中的风险隐患，有效控制各类金融案件的发生，确保了全年无案件事故发生。

【领导班子】 行长：蔡显华；副行长：宋　恺、陈　薇

成都银行青白江支行

【概况】 成都银行青白江支行是成都银行股份有限公司总行下设的直属支行，在青白江区共有 1 个营业网点、2 家离行式自助银行、在岗员工 40 名。

成都银行青白江支行的业务网络已遍布青白江区所有乡镇和社区，业务范围涵盖存贷款、国内/国际结算、外汇融资、票据承兑与贴现、代理发行、兑付政府债券、银行卡、代理保险、代客理财、代收代付以及保管箱服务、手机银行、微信银行、网上银行等业务。开辟了票据置换、基金代销、黄金 TD 开户和第三方存管等新业务。

2014 年，成都银行青白江支行积极实施产品、渠道和服务驱动策略，全面推动发展方式优化转型，各项业务平稳较快发展。截至 2014 年末，各项存款余额 14.7 亿元，其中对公存款 9.45 亿元，储蓄存款 5.28 亿元；各项贷款余额 9.64 亿元，其中对公贷款 8.42 亿元，个人贷款 1.22 亿元。国际业务发生额 760.39 万美元。

【存款业务】 2014 年，成都银行青白江支行秉承“服务成都，奉献成都”宗旨，改善服务、加强宣传、抢抓资金旺季契机开展存款营销，与区内各企事业单位、政府平台公司及个人储户友好合作，促进了储蓄存款的增长。存款余额 14.7 亿，存款净增 1.2 亿元。

【信贷业务】 2014 年，成都银行青白江支行加大信贷结构调整力度，加强存量贷款风险管控，提高贷款管理水平，创新业务模式，积极开展信贷营销，完善操作规程，全面推动各项信贷工作稳步健康发展。微贷投放额 4.27 亿元，地方政府平台公司投放贷款年末余额 0.93 亿元，为促进地方经济发展做出了积极贡献。针对中小企业融资难问题，先后开发了“结结高”、“多融易”、“速抵贷”、“速保贷”、“动产质押贷”等新产品投放市场，为红旗油脂、巨奥玻璃、恒正和实业、顺美贸易、全义机械、历美商贸等中小微企业解决了融资需求，推动了地方经济发展。

【中间业务】 整合公私联动、全员营销资源，拓展中间业务。拓展银行卡业务，新发借记卡 9 857 张(其中含 586 张建设卡)。加大网上银行、手机银行、微信银行营销力度，新增网银用户 1 794 户。加大特约商户营销，广泛投放自助设备，新增特约商户 10 户，新增自助设备 4 台。

【内控管理】 树立全面风险管理理念，严格落实从严治行。2014 年，采取健全机制、完善制度、签订责任书、提高监督检查频率等措施，加强人、财、物的管理，进一步加强操作风险、法律风险、声誉风险及安全隐患的分析、识别和控制。制定各类制度细则 27 项，举办各类培训 24 期，参训员工 480 人次，开展担保公司担保贷款检查 12 次，层层签订《党风廉政建设责任书》《案件防控目标责任书》和《2014 年治安保卫、防火责任书》。开展群众路线教育实践活动、承办党建纪检片区小组活动、慵懒散浮拖专项整治。

【领导班子】 行长：艾志伟；行长助理：赵亮

中国邮政储蓄银行青白江区支行

【概况】 中国邮政储蓄银行股份有限公司成都市青白江区支行(简称邮储行青白江区支行)设行长室、综合管理部、综合业务部。辖分支机构 6 个，其中营业部 1 个，二类网点 3 个，代理网点 2 个，形成覆盖青白江区城乡的金融网络。在岗员工 31 人，其中本科以上学

历 20 人，大中专以上学历 10 人。

2014 年，邮储行青白江区支行坚持科学发展观，突出整体质量导向，大力推进“兴业、严管、增效、强行”四大工作，加强理念创新，深化改革，转变发展方式，推进转型升级，加强内控管理，较好地完成各项任务。

【存款业务】 2014 年，邮储行青白江区支行通过提升服务质量，进一步促进存款业务的增长。截止 2014 年底，各项存款余额 7.5 亿元，同比增长 17.4%。

【贷款业务】 2014 年，邮储行青白江区支行坚持以“调结构、升效益”为导向，积极推动信贷业务的转型发展，实现增量增效。截至 2014 年底，各项贷款余额 1.68 亿元，同比增长 41.9%。

【中间业务】 认真做好传统存贷业务，加强风险防控，积极拓展电子银行、理财产品、贵金融、外汇等中间业务，进一步满足群众对金融产品的需求，银行的金融产品呈现多元化、多层次的特点。

【风险管理】 2014 年，邮储行青白江区支行进一步完善“3+N”风险管理体系，深入推进动态风险管理和案件防控，强化安保和纪检监察的风险防控功能，全面提升反洗钱工作，构建平安银行。

【领导班子】 行长：胡 鸣

成都农商银行青白江支行

【概况】 成都农商银行青白江支行(简称农商行青白江支行)是成都农商银行总行下设的一级支行，在青白江区共有 22 个营业网点，是青白江区覆盖范围最广的金融机构。截至 2014 年 12 月 31 日，在岗员工 271 人，其中研究生学历 19 人，本科学历 123 人，职工平均年龄 35.91 岁。

农商行青白江支行不断转变观念，调整结构，实施综合金融服务，稳步推进各项经营管理工作。2014 年，农商行青白江支行成立小微业务部，实现批量业务零突破。完成现金中心建设，办理一笔出口信保融资，国际授信业务迈出坚实步伐，存贷款余额及增量均居青白江区金融市场第一位。

【存款业务】 多措并举，负债业务稳步增长。改善柜面服务、提升客户满意度。做好代发工资、代征税款、代收气费和代发涉农补偿款等业务，巩固存款客户基础。新建自助银行、发放银行卡、销售理财和银保产品，畅通吸储渠道，拓宽存款来源。依托“支农服务月”“金融知识进万家”等活动，加强业务营销，吸收“三农”领域富余资金。加强授信客户资金流向的跟踪监测，实现以贷促存。截至 2014 年末，各项存款余额 801 647 万元，比年初增加 98 285 万元，增长 13.97%。

【贷款业务】 优化结构，促进信贷业务转型升级。做好优质客户的收回再贷工作，周转土地储备贷款 5 亿元，为促进地方经济发展做出了积极贡献。与成都市青白江区人民政府签订了总额 80 亿元的金融合作框架协议，在代理国库集中支付业务、棚户区改造项目资金监管等领域开展互惠合作。立足全域成都，加大新项目拓展力度。截至 2014 年末，各项贷款余额 425 019 万元，比年初增加 42 539 万元，增长 11.12%。

【中间业务】 加强营销，中间业务平稳发展。新增借记卡 19 794 张，发放贷记卡 1 066 张，发展特约商户 140 户。新增自助设备 15 台，发展网银用户 3 189 户，其中个人网银 2 967 户，企业网银用户 222 户。发展移动银行用户 2 020 户，其中个人移动银行用户 1 943 户，企业移动银行用户 77 户。气费代收手续费收入 31.48 万元，与成都青白江水业股份有限公司签认《代收水费合作协议》，进一步拓展中间业务。

【服务“三农”】 大力推广“农户小额信用贷款”“农村产权抵押贷款”“惠农时贷”“下岗及失地农民创业贷款”“助学贷款”和“妇女贷款”等信贷产品，拓宽农村居民融资渠道。做好重度残疾人和低保对象缴纳养老保险贷款业务，为 108 位重度残疾人员发放养老保险贷款 248.3 万元。在春耕备耕期间开展“支农服务月”活动，积极提供信贷支持，满足粮食生产、“菜篮子”工程的资金需求。持续开展社区综合金融、金融知识进万家和金融消费者权益保护宣传等活动，普及金融常识，宣传各类金融服务。助推“迅通工程”建设，改善农村地区的支付结算环境，新增助农取款 POS 机 35 台。截至 2014 年末，农户贷款余额 68 086 万元，比年初增加 16 282 万元；当年累计投放涉农贷款 286 684 万元，涉农贷款余额占各项贷款余额的比例达 67.45%。

【内控管理】 预防惩治并举，狠抓风险防控。层层签订《案件防控治理工作目标责任书》，将案防工作职责分解到全体员工。加强信贷风险防控，认真执行《行业信贷政策指引》，主动避免外部风险传导；严格贷中审查，有效揭示信贷风险，前移监测关口；对不良贷款实行"一户一策"清收，全力化解不良存量。强化运营风险防控，制定各类制度细则 3 项，加密改造监控网络 IP 地址，更换所有消防灭火器，开展 7 次消防安全检查，举行 1 次防火、防洪应急演练，消除了安全隐患。

【领导班子】 行长：林　佳；副行长：刘宏伟；财务总监：付　琦

中国农业发展银行青白江支行

【概况】 农发行青白江区支行是青白江区唯一一家政策性银行，在职职工 16 人，退休职工 8 人，社会化用工工勤人员 4 人，总计 28 人，其中党员 18 人，占全行在职员工人数的 81.25%。

【业务经营】 2014 年末贷款余额 110 973 万元，存款余额 19 642 万元，年末账面利润 3 052 万元。2014 年支持区国有粮油购销企业地方储备贷款（展期）1 935 万元，储备稻谷 5 000 吨，小麦 1 000 吨，散装油 100 吨、小包装油 400 吨、大米 1 000 吨。发放国有粮油购销企业收购贷款 250 万元，收购稻谷 457 吨，小麦 595 吨。建立信贷风险控制体系，贷款前后台调查与审查相分离，保持法律合规审查的独立性以及独立审查官的一票否决制度。为防范信贷风险，除国家指令性贷款外，其余贷款原则上均采用担保贷款方式。

【内部管理】 为了业务经营实现安全合规、有效管控各类风险，成立支行"合规经营管控"小组。积极防范因管理流于形式或作风行为不洁而可能引发的信贷风险。防控小组成员将各项规章制度作为严格遵守的标准尺度，规范业务办理过程和操作过程，坚决杜绝改变管理要求、降低执行标准的情况发生，自身在工作过程中，严格坚持廉洁从业，守住拒腐防变的底线，树立农发行和自身的良好形象。

【员工队伍建设】 重视员工队伍的培养，努力为员工搭建各类学习平台，通过晨会、专题辅导、网络、视频等多种方式组织干部员工学习，将员工的个人发展与支行的发展有效融合，培育业务骨干。

【企业文化建设】 继续做好青年文明号和省级文明单位创建和复查工作，认真开展"中国梦"主题教育活动，将"道德讲堂"、学雷锋、树新风常态化，树立良好的农发行形象。组织多种形式的工会活动，在三八妇女节组织全行女性员工骑行支行支持的贷款项目所在地；在重阳节慰问退休职工并组织丰富文娱活动；在七一建党节号召全行员工不要忘记党和民族过去的峥嵘岁月，发扬优良作风，促进业务发展。组织年轻员工积极参加营业部举办的运动会和拓展活动，激发青年员工的参与感和积极性。

【领导班子】 行长：莫坤荣；副行长：何　勇

浙江民泰商业银行成都青白江支行

【概况】 浙江民泰商业银行成都青白江支行（简称民泰银行青白江支行）是浙江民泰商业银行总行下设的一家一级支行，在青白江区设有 1 个营业网点、38 名在岗员工。民泰银行青白江支行的业务范围涵盖吸收公众存款，发放短期、中期、长期贷款，办理国内结算，办理票据承兑和贴现，代理发行金融债券、代理发行、兑付、承销政府债券，从事银行卡业务，提供担保，代理收付款项，提供保管箱服务，按规定经中国银行业监督管理委员会批准及上级行授权的其他业务。

【存款业务】 截至 2014 年末，各项存款余额 2.38 亿元。2014 年，民泰银行青白江支行通过深化改革、创新业务发展模式，调动员工参与负债业务营销的积极性，巩固存量储蓄客户，积极参与政府土地拆迁款的代发，增强贷款投放对存款增长的拉动作用，和当地企业建立国际业务合作关系。

【信贷业务】 2014 年，民泰银行青白江支行按照转型升级的总体要求，在继续满足地方政府平台公司资金需求的同时，重点加大对中小企业、微型企业及广大农村金融主体的金融支持。2014 年共投放贷款 3.81 亿元，年末贷款余额 2.39 亿元。

【中间业务】 2014 年，民泰银行青白江支行大力拓展银行卡业务，加强高收益卡种营销。加大特约商户营销力度，改善银行卡用卡环境。开办代收代付和贵金属销售业务，丰富个人客户投资产品。拓展中高端客户，推广网上银行，增加高净值客户储备。

【服务"三农"】 2014 年加强"三农"领域金融支持。推广各种信贷产品，在风险可控的情况下，进一步简化贷款申请手续、优化审批流程。加大"商惠通贷款"等新产品的推广营销，扩大农村居民贷款产品选择范围。开展"人民币宣传"、"金融消费者权益宣传"、"小微企业金融服务宣传月"、"提升信用品质普及金融知识万里行"、"征信宣传月"、"反假货币宣传" 等活动，普及金融知识，宣传涉农信贷政策，帮助拓宽农村居民的融资渠道。重点推进"服务好一个乡镇，服务好一个社区(园区)，服务好一个村居，服务好一个市场，服务好一个商会(协会)""五个一"工程，深化区域发展模式。2014 年共投放各项涉农贷款 8 008 万元，涉农贷款余额占各项贷款余额的比例达 33.5%，比 2013 年增长 13.21%。

【内控管理】 2014 年，民泰银行青白江支行进一步健全机制、完善制度，签订综合治理责任书和消防责任书、提高监督检查频率，全方位加强人、财、物的管理，在稳定队伍、发展业务的同时，加强操作风险、法律风险、声誉风险及安全隐患的分析、识别和控制。建立和完善各类制度细则 10 项，举办各类培训 18 次，开展内部自查 4 次，举行应急预案演练 2 次，层层签订《岗位责任书》和《案件防控目标责任书》，依照银监会"七不准""四公开"规定开展"不规范经营"专项治理，运用远程监控加强柜面员工服务行为的非现场检查。

【领导班子】 行长：周 帆；副行长：李杨林

南充商业银行青白江支行

【概况】 南充商业银行成都青白江支行(简称南商行青白江支行)是南充市商业银行总行下设的一家二级支行，在青白江区设有 1 个营业网点、16 名在岗员工。南商行青白江支行经营存贷款、国内结算、票据承兑与贴现、银行卡、代收代付以及保管箱服务，推出手机银行、网上银行，开辟网上申贷等业务。

【业务发展】 2014 年，南商银行青白江支行开拓创新，加快发展，社会效益和自身效益同步增长，截至 2014 年 12 月 31 日，存款余额 15 012 万元，其中储蓄存款 3 669 万元，对公存款 12 331 万元。累计发放各项贷款 17 583 万元，其中公司贷款 152 952 万元，个人贷款 2 997 万元，贷款余额 17 583 万元；贷款收息率 100%，授信业务不良为 0，无垫款发生。新开银行卡 2 496 张，吸收存款 2 500 万元，理财产品销售金额 9 514 万元。

【内控管理】 2014 年，认真执行分行"严管理"办法，加强办公环境、风险防控、安防技防等内控管理。增强员工风险意识，整理国内外各类诈骗、抢劫等案例对员工进行培训，定期对员工进行风险排查，禁止员工兼职及参与民间融资。严格业务流程，消除业务隐患，确保全年无安全事故。

【领导班子】 行长：黄振刚

华夏银行青白江支行

【概况】 华夏银行青白江支行于 2014 年 4 月 25 日正式开业。在区委、区政府的大力支持下，认真贯彻华夏银行成都分行经营转型思路，全行员工上下齐心，抓发展、促实效，经营发展总体向好。

【业务发展】 截至 12 月末，一般性存款余额 78 657

万元，比年初增加 27 835 万元，其中对公存款余额 66 751 万元，储蓄存款余额 11 906 万元；一般性存款日均 62 599 万元，比年初增加 36 372 万元，其中对公存款日均 54 202 万元，储蓄存款日均余额 8 397 万元；支行用信余额 80 943 万元，比年初增加 16 064 万元。对公开户 12 159 户，比年初新增 4 438 户。新增个人开卡 823 张，安装 TPOS 130 台，手机银行 276 户。资产质量良好，无案件、无新增不良、无重大投诉。

【服务中小企业】 华夏银行青白江支行加强与区政府及各园区管委会的工作汇报和沟通交流，由园区管委会筛选推荐客户，通过年审制，对优质实体企业提供增值贷营销产品，为专业园区提供创新产品。利用乐业贷、批量贷等产品，为青龙市场、万贯市场等市场商户提供金融服务。积极联系各类行业协会，探索中小企业批量开发模式，提升市场知名度。截至 2014 年 12 月末，新增中小企业客户 14 户，用信金额 13 258 万元，支持市场批量贷款客户 31 户，用信 4 552 万，支持万贯市场和青龙市场按揭客户 313 户，按揭金额 1.7 亿元。

【领导班子】 行长：黄蓉玲

中国人寿保险股份有限公司青白江支公司

【概况】 2014 年，中国人寿保险股份有限公司成都市青白江支公司(简称中国人寿青白江支公司)区有农村营销服务网点 9 个，职工 362 人，其中个人代理人 330 人，内部管理人员 32 人。坚持“诚实守信”的原则，开拓进取巩固市场份额，彰显自身价值，为青白江区经济发展作出积极的贡献。

【保险业务】 加强队伍建设，加大市场占有率。分片区督导，强化追踪，扩大客户资源，加大新产品推动力度，提升统筹协调能力，营造良好的整体销售氛围，加强基础管理，充分激发员工的展业激情。增强团队凝聚力，积极应对发展中的困难和挑战，不断创新销售模式，加快业务发展步伐。坚守传统渠道，开拓和占领市场。做好学生、老龄、计生、女性、医护等工作。制定惠民利民专项措施，加大保险覆盖面，增强机遇意识和发展意识，进一步明确银保渠道阶段性和中长期目标，促进保险业务健康可持续发展。2014 年保费总收入 11 532 万元，其中中期保费 2 132 万元，短险保费 1 544 万元。

【保险服务】 坚持上门服务，立足保险服务深入到户。针对客户面广量大的特点，在 9 个乡镇设有农村营销服务网点，方便客户办理业务。2014 年赔款支出 1 621.71 万元，死亡赔付 272.71 万，医疗给付 1 342.11 万元，满期给付 1 670.51 万元，年金给付 68 万元。为广大客户提供快捷简便的保险咨询和理赔服务，推动了保险业务的发展。

【教育培训】 加强员工的专业素质培训，提高服务水平，培养有目标、有举措、有督导的员工队伍，建立营造队伍归属感、细化管理模式、有序内部竞争、新人育成等机制，实现销售队伍规模化、专业化、精兵化，以队伍建设驱动业务发展，促进队伍建设和业务发展的良性循环。

【领导班子】 经理：李晓梅；经理助理：李立秋

中国人民财产保险股份有限公司青白江支公司

【概况】 中国人民财产保险股份有限公司成都市青白江支公司(简称人保财险青白江支公司)，是目前青白江地区唯一一家经中国保险监督委员会批准挂牌经营财险业务的支公司。下设综合部、大客户业务部、中介业务部、个代营销业务部、理赔部、营业室六个部门，有员工 34 人，其中大专以上文化程度 29 人，中级经济技术任职 7 人。经营机动车辆保险、企业财产保险、家庭财产保险、货物运输保险、意外保险、雇主责任保险、工程保险等险种 100 余个，能充分满足全区各行各业的保险需求。

【保险业务】 2014 年，人保财险青白江支公司为青白江地区 4 万余辆机动车、近千户各类企业、上万户家庭提供风险保障，保费收入 5 897 万元。已决未决赔款 2 001 万元。支付车险赔案 5 704 件，全区车辆保险赔款 3 003 万元。支付非车非农险赔款 585 万元，主要包括企业财产保险、雇主责任险、意外险、家庭财产保险、货物运输保险、信用保证保险等。支付农险赔款 2 684 件、352 万元。

【保险服务】 开展"规范服务达标""保险诚信教育""服务 365,品质百分百""服务标准化建设"等客户服务活动,进一步强化员工服务意识,明确服务承诺。举办演讲征文、风采展示、业务技能竞赛、服务创新金点子征集和优秀团队建设等活动,创新服务内容,提高服务质量、服务水平和服务效率和客户满意度。

人保电话车险承诺在配送范围内提供免费送单上门服务,开展查勘"四个一"服务即车险查勘服务送一句温馨话、赠一瓶水、送一份《车险理赔指南》、做一次满意度回访。开展全国联网救援服务。全国范围内提供不限次数免费故障车救援服务,包括充电、更换轮胎、轮胎充气、拖车(50 千米范围内免费)。限时赔付。不涉及人伤、物损,资料齐全,万元以下 1 小时通知赔付。手机自助理赔。可通过自己的手机完成小额车损案件,快捷自助理赔,实现现场一站式轻松自助理赔。异地出险、就地理赔。无论何处出险,都能享受到从报案到领取赔款,全流程便捷、高效、统一的理赔服务。

【教育培训】 人保财险青白江支公司坚持教育培训,进一步提高广大员工的综合素质,着力打造一支技术精湛、服务一流、作风过硬的员工队伍。按照"全员培训、突出重点、按需施教、注重实效"的原则,做到全员参与、不留死角。根据上级公司统一安排和部署,制定有针对性的员工教育培训工作计划,定期组织开展素质教育、职业道德教育和岗位技能培训等活动。

【领导班子】 总经理:黄　振;副总经理:刘　路、熊晓玲

中国平安财产保险股份有限公司青白江支公司

【概况】 中国平安财产保险股份有限公司青白江支公司(简称"平安财险青白江支公司")隶属中国平安财产保险股份有限公司四川分公司。经营汽车保险、财产险、工程险、货运险、责任险、旅游险及意外健康险等法定产险业务及国际再担保业务,适时推出电话营销专用车险、环境污染责任险、董事及高级职员责任险、国内贸易信用保险、理财宝家庭投资型保险、境外旅行意外伤害保险、全球医疗保险、甲型 H1N1 流感保险等符合市场需求的新险种。

【保险业务】 平安财险青白江支公司与瀚江建筑材料厂、中德制辊、巨人树制衣、天马轴承厂、台玻集团、巨石集团等青白江区优良企业单位建立合作关系,新建物流园区物流单位的大宗货物运输保险在平安财险青白江支公司投保。2010 年 8 月首推电话车险,该产品省钱、省事、省时、省心、省人情的优势家喻户晓。电话车险由原来电话销售升级到网上销售,由原来的现金支付升级到刷卡服务,由原来的上门取单升级到 48 小时免费送单到家,极大地方便了客户。

【保险理赔】 平安财险在行业内率先实行全国通赔车险理赔服务,全面导入 ISO9001:2000 质量体系,顺利通过 SGS 认证。平安产险在产品终端建立优秀的服务体系——95511 全国统一服务热线,提供全天候全年无休假服务,受理各类业务报案、业务咨询、查勘调度、事故救援、客户投诉、电话销售、电话回访。2009 年,平安产险率先提出"快易免"的理赔服务承诺,持续 4 年升级服务标准, 成为中国车险服务风向标。2012 年,升级后的"快易免"服务承诺为:"快",平安车险业内首次聚焦案件从报案到赔付所需时间,启动"简单快赔"流程,提出"先赔付,再修车。万元以下,报案到赔款,3 天到账"的服务理念;"易",平安产险针对人伤案件和纯车损案件,分别推出"贴心在线,省心调解,安心理赔"的"三心"人伤案件服务和"足不出户,赔款到家"的上门代收理赔资料的服务;"免",平安产险将为所有车险客户提供"7×24 小时百公里"免费道路救援。平安产险最快理赔耗时 11 分 18 秒,客户满意度达到 97.52%。平安车险"快易免"产品不断升级服务标准和加强品牌建设,中国平安车险"快易免"获得"中国最佳品牌建设案例"奖。

锦泰财产保险股份有限公司青白江支公司

【概况】 锦泰财产保险股份有限公司是成都市委、市

政府主导、地方财力控股、第一家总部设在成都的全国性法人股份制财产保险公司。注册资本人民币11亿元,2011年1月28日正式营业,股东由国有大型及骨干企业集团和上市公司组成,涵盖金融投资、电力、煤炭、交通、港航、化肥等基础性、资源性产业及高科技产业等行业领域。

锦泰财产保险公司设立4家省级分公司(四川分公司)、16家市州中心支公司和20余家成都郊区(市)县支公司。2011年11月7日,锦泰财产保险股份有限公司青白江支公司(简称锦泰保险青白江支公司)正式成立,位于青白江区政府北路121号。先后承保成都第二绕城高速,二滩水电站,叙大铁路,两河口水电站,江油火电厂,巴基斯坦1R通信卫星,成都市公务车保险,国投电力统保板块、交通板块、高科板块、物流板块项目保险,雅砻江水电站企财险,雅砻江杨房沟、上游局、两河口项目建工险及意外险,政策性特色农业蔬菜保险,蔬菜价格指数保险,杂交水稻制种特色保险,成都地铁工程保险,中小学校园方责任保险等数十个关系国计民生的重大项目,为国家开发投资公司、中国五冶集团、中铁九局集团、四川省投资集团、四川路桥集团、新希望集团等数十家大型企业提供保险服务。2011年9月,获得第七届中国(成都)金融总评榜“年度最具成长性保险公司”。

【经营范围】 锦泰保险青白江支公司专业经营财产损失保险,责任保险,信用保险和保证保险,短期健康保险和意外伤害保险以及上述业务的再保险。国家法律、法规允许的保险资金运用业务,经保监会批准的其他业务。

【领导班子】 经理:冯献匀

华西证券股份有限公司成都青白江营业部

【概况】 2000年6月26日,华西证券股份有限公司经中国证券监督管理委员会证监机构字〔2000〕133号文批准,由原四川省证券股份有限公司与原四川证券交易中心合并重组、增资扩股成立,注册资本21亿元,注册地为四川省成都市,“泸州老窖”为第一大股东。公司倡导“助你成功,共享成果”的核心价值观,以“成就价值梦想”为使命,致力于成为最具活力和特色的证券金融服务商。无论市场变幻起伏跌宕,华西证券凭着其强大的市场适应能力,一直保持强劲盈利发展势头,是全国少有的连续10年持续盈利的证券公司,也是中西部唯一连续四年获得行业最高评价AA级的证券公司。

华西证券青白江营业部于2010年12月28日正式开业,营业地址位于青白江区新河路173号凤凰湖天泉酒店裙楼二层。华西证券青白江营业部采取非现场交易,依托华西证券公司的咨询、服务、研发平台,利用“华彩人生1点通”综合理财服务终端,根据客户需求建立全方位、立体化、多层次的服务套餐体系,积极打造“金融产品超市”,从海外引进高素质人才,精心组建营业部投顾团队,将贴心服务贯穿于经营活动的始终,满足不同类型客户多样化的投资理财需求。

【业务情况】 2014年,华西证券青白江营业部积极践行公司转型战略,注重客户体验,以服务引领营销,经营业绩在上一年基础上取得了大幅提升。营业部收入市占率同比增长33.33%,金融产品收入同比增长46.18%,融资型收入同比增长490.58%,交易量同比增长99.71%,新增开户数同比增长56.18%,服务客户总资产同比增长267.74%。

【领导班子】 总经理:钟　义

国金证券股份有限公司成都青白江营业部

【概况】 国金证券是一家综合类上市证券公司,总部位于四川省成都市青羊区。国金证券是一家资产质量优良、专业团队精干、创新能力突出、服务特色鲜明的上市证券公司,是沪深300指数、上证180指数、上证180金融股指数和上证中型企业指数成分股,注册地在四川省成都市。公司目前控股国金期货有限责任公司,在北京设立国金通用基金管理公司。2010年5月29日,在中国证券报、上海证券报、证券时报、证券日报联合主办的“1990—2010:走向资本强国——中国证券市场20年回顾与展望暨第四届中国上市公司市值管理高峰论坛”活动中，国金证券获得“中国20家最具影响力证券公司奖”。

【业务模式】 国金证券坚持“以研究咨询为驱动，以经纪业务为基础，以投资银行业务为重点突破，以自营投资业务和创新业务为重要补充”的业务模式，通过实施差异化增值服务商的竞争战略，不断提升核心竞争力。

【青白江营业部】 国金证券青白江营业部于1994年12月成立，营业部位于成都青白江区青江路1号商业广场2栋2楼。青白江营业部尊崇“责任、共赢、和谐”的企业精神，始终秉承“专业创造价值，诚信铸就未来”的服务理念，依托公司的咨询、服务、研发平台，竭诚打造高效的资本市场投融资平台。

【领导班子】 总经理：冯 文

（供稿人：王 颖）

成都住房公积金管理中心青白江区管理部

【概况】 根据《成都市人民政府办公厅关于区（市）县住房公积金管理机构清理移交工作中有关问题的通知》（成办法〔2004〕174号）要求，青白江区房产管理局原住房公积金管理职能于2004年11月上划到成都住房公积金管理中心（以下简称成都公积金中心）。成都公积金中心根据成机编〔2004〕25号文，2004年11月设置成都住房公积金管理中心青白江区管理部（以下简称“公积金青白江管理部”），2014年有工作人员7人，其中在编工作人员5人，聘用人员2人，设主任1名。公积金青白江区管理部是成都公积金中心的内设机构，由中心直接领导、管理。公积金青白江区管理部在成都公积金中心的授权下具体负责青白江区区域内的住房公积金归集、提取、贷款管理。公积金青白江区管理部办公地址在青白江区华金大道二段270号。

【归集业务管理】 2014年，新增住房公积金归集额38 863.83万元，完成全年目标任务的102.27%。新增缴存单位44个，新增职工5 072人，完成全年目标任务的338.13%。全区17 108名职工提取住房公积金28 421.94万元（其中：18 961.52万元用于全区14 958名职工的住房消费）。

公积金联名卡发卡率96.27%，高于目标值6.27个百分点。季平均逾期缴存率2.4%，低于目标值1.6百分点。2014年，发放《住房公积金催建、催缴通知书》115份，完成全年目标任务115%，与劳动监察部门开展联合执法3次。

【贷款业务管理】 2014年，新增发放住房公积金个贷16 291.60万元，放贷户数791户，完成全年目标任务的81.46%。其中委托工行青支行发放公积金贷款3 480.7万元，170户，委托建行青白江支行发放公积金贷款12 810.9万元，621户，贷款回收率99.99%。开展贷款网厅工作，签约率100%。

2014年，管理部采取多项措施，确保资金计划准确及时，季度资金使用率严格控制在100%以内，季平均活期备付率6.72%。

2014年12月31日，归集余额118 962.43万元，贷款余额101 498.86万元，历年累计归集274 460.95万元，历年累计发放贷款156 338.89万元，放贷户数10 761户。

5月29日，召开缴存单位业务培训会

（供稿人：陈利平）

城乡建设管理

URBAN & RURAL CONSTRUCTION AND ADMINISTRATION

国土资源管理

【土地资源】 2014年末，全区土地总面积37 894.06公顷，其中耕地19 189.7公顷，占50.64%，园地1 293.5公顷，占3.41%，林地3 497.88公顷，占9.23%，草地33.65公顷，占0.09%，城镇村及工矿用地8 891.05公顷，占23.46%；交通用地1 896.5公顷，占5.01%，水域及水利设施用地1 831.16公顷，占4.83%，其他土地1 260.62公顷，占3.33%。

根据2013年经省政府批准执行的《成都市青白江区土地利用总体规划（2006—2020年）》，到2020年，全区耕地保有量目标1 9247公顷、基本农田保护面积15 273.33公顷、建设用地总规模9 975.87公顷。

【征地拆迁安置】 征地拆迁。为确保省市重大项目和本区引资项目的及时用地，全力配合和指导各乡镇(街道)开展征地拆迁补偿安置工作，认真审核，严把政策关，举办政策业务培训规范全区征地拆迁工作，切实维护国家和被征地单位（个人）的合法权益。2014年，全区新实施征地面积6 394亩，办理农转非5 592人。

住房安置。完成祥福商都、福安怡景、龙和小区共1 026套安置房的安置抽签工作。

开展项目征地费用会审。按照区政府工作安排，会同区财政局、审计局对全区新实施征地项目进行征地费用会审。完成大弯货站、东绕线、大西南木材城等13个项目的征地费用审核。会审小组严把政策关，对审核中发现的问题责成所在乡镇(街办)及时整改，切实维护国家和被征地单位(个人)的权益。

切实规范征地拆迁补偿安置工作人员职务行为。严格执行国家关于征地拆迁补偿安置的法律法规和政策规定，切实推进“依法、文明、和谐”拆迁进程。联合区监察、人社等区级相关部门对各乡镇(街道)主要领导、分管领导和具体从事征地拆迁补偿安置工作的人员开展了征地拆迁补偿安置工作业务培训。认真执行《关于进一步规范征地拆迁补偿安置工作人员职务行为的意见》(青府办发〔2011〕110号)，规范征地拆迁工作人员职务行为。

维护社会稳定。妥善处理征地工作中的各类矛盾，推进全区征地拆迁补偿安置工作有序开展，对来访人员进行耐心细致的政策宣传，及时化解矛盾，确保无重大信访案件发生。上级转办的信访案，及时组织调查并予以回复，配合区信访局和相关乡镇(街道)及时向群众进行政策宣传解释，全力化解社会矛盾。

【土地综合整治】 强化民生保障，加快高标农田建设。按照“政府主导、国土搭台、部门联动、群众参与、整合资金”土地整治工作机制和田、水、路、林、村综合整治总体要求，开展以高标准基本农田建设为重点的农田整治。2014年开始实施改造完善建设高标准基本农田项目，清泉镇太平村、西平村、五桂村和快乐村、桔丰村、牌坊村2个改造项目已获得立项批复后完成工程招标工作，11月开工实施，力争12月完工。姚渡镇坪家，芦稿等5个项目立项资料已上报省市待批。

3月4日，市国土局党组书记、局长森林到区调研土地综合整治工作

加强土地整理，推进农民集中居住。大力实施土地整理和城乡建设用地增减挂钩项目，搭建农村土地综合整治新平台，有力推动全区新农村建设和城乡统筹发展。已完成人和乡车站村、壁山村、龙王镇清洁村等15个（其中4个农民集中建房项目，11个增减挂钩项目）建设用地项目立项资料编制，预计可产生建设用地指标5 669亩。龙王镇清洁村、清泉镇牌坊2个农民集中建房项目和清泉镇友好、西平2个增减挂钩项目已取得立项批复；人和乡车站村转挂钩项目待省厅批复；剩余10个项目正在立项审批中。城厢镇十五里、白贯村二期项目已完成复垦，1月获得验收合

格证书，取得可使用建设用地挂钩指标406亩；正在实施城厢、大同同福、祥福东方、福洪先锋（原先锋）、福洪先锋（原互助）、清泉五爱、清泉花园6个建设用地整理项目，预计可产生建设用地指标4 500余亩，可使用节余建设用地指标3 000余亩。同时，推动基础设施共享，促进农村院落拆迁合并，引导农民群众居住向城镇、中心村聚居点集中。

【矿产资源管理】 青白江区地处成都平原东部边缘，面积378.94平方千米，龙泉山脉由北向南贯穿区内东南部，境内形成山、丘、坝三种地貌。矿产资源主要分布在山区和浅丘地带，主要矿种有天然气、页岩、砂岩、黏土、砂砾石等，其中天然气、页岩和砂岩资源较为丰富，远近闻名的砂岩矿开发利用已有半个多世纪历史。2014年，全区有证矿山企业5家，其中页岩砖厂4家，砂岩开采矿企业1家。

【地质灾害防治】 地形地貌特点。青白江区地处成都平原东北部，总体地势东南高（低山区），西北低（平原区），中部地形起伏不大（浅丘陵区），有从东南低山区向成都平原依次过度的特征。低山区主要分布在人和乡、清泉镇、福洪镇，面积约126平方千米，属龙泉山脉，地势较为陡峻，是全区地质灾害高度易发区。丘陵区主要分布在龙王镇、清泉镇、福洪镇除去山区部分地带及城厢镇、姚渡镇、祥福镇部分地区，面积约133平方公里，地形起伏相对高差次之，是全区地质灾害中度易发区。平原区主要分布于城厢镇、祥福镇、姚渡镇部分地带及弥牟镇、大弯街道、红阳街道、大同镇等，面积约119平方公里，地形起伏不大，较为平坦，是全区地质灾害不易发区

地质灾害隐患点的分布情况。区境地处新华夏四川沉降带成都断褶东部，横跨龙泉山断褶带，地质灾害易发点主要分布在人和、清泉、福洪、姚渡、城厢、祥福、龙王等乡镇，共计149个隐患点，主要分布于人和乡、清泉镇、福洪镇、姚渡镇、祥福镇等5个乡镇23个行政村126个组。为了防治地质灾害，避免地质灾害造成损失，保护人民生命财产安全，坚持预防为主，避让与治理相结合的原则，圆满地完成了2014年地质灾害防治工作。

【执法监察】 2014年土地卫片执法监督检查。2014年青白江区按照国土资源部下发的地籍变更数据变更总量为7 474.65亩（耕地5 630.95亩），国土资源部下发卫片疑似违法新增建设用地488个图斑，159宗土地、面积2 232.64亩（耕地1 379.1亩）。通过实地勘查图斑情况、及时组卷上报国土资源部土地卫片执法检查信息系统，2014年土地卫片执法监督检查已通过市国土资源局、省国土资源厅的验收。

案件查处工作。2014年，土地执法监察工作坚决贯彻“预防为主，事前防范与事后查处相结合”的土地执法监察原则，狠抓“及时发现、及时制止、及时处理”动态巡查环节，健全、落实、深化土地监管长效机制，严厉查处并有效遏制了各类土地违法违规行为。充分利用土地“一张图”和“批、供、用、补、查”跟踪监管平台，实现“天上看、网上管、地上查”的执法方式，把土地执法着力点前移到乡镇、村、组。按照土地管理法律法规对符合立案条件的案件及时立案查处，对该移送的案件依法移送法院，确保土地违法案件立案查处到位、移送到位，强化国土、公安、监察、规划、发改等部门土地共同监管机制，持续保持对全区违法用地行为的高压态势。加强基层国土所和执法队伍建设，配备专用执法车辆、车载GPS、手持GPS和摄像机、照相机等，精准、及时、便捷地开展全覆盖的土地执法巡查工作，详实记录保存巡查路线、巡查频率和违法证据，强化土地执法监察手段，夯实执法基础。坚持联合巡查、交叉巡查工作机制，定期、不定期开展全域土地动态巡查，切实做到“地动我知、我制”畅通土地违法行为举报渠道，设立12336国土资源违法举报电话，充分发挥广大人民群众的监督作用。

（供稿人：黄海琴）

城乡规划

【概况】 2014年，在区委、区政府的领导和市规划局的支持下，区规划管理局紧紧围绕市、区城乡统筹发展目标，解放思想、开拓创新，积极按照市城乡规划重大决策和区委、区政府有关规划的目标任务要求，圆满完成了年度城乡规划编制、管理、监督等工作。

【城乡规划编制】 《青白江区区域总体规划》划定了

7 月 26 日，召开 2014 年第 4 次规委会

全区生态保护红线、城镇用地边界线、工业集中发展区（点）范围（简称“三线”规划），5 月 9 日通过市城乡规划与政策专业委员会 2014 年第 9 次会议审查。

《新青卫星城总体规划》，8 月 21 日通过市城乡规划委员会 2014 年第 7 次主任会议审议。

《青白江区城市形态分区规划》，8 月 12 日通过市城乡规划与政策专业委员会 2014 年第 21 次专委会审议。

《青白江区城镇及村庄技术管理规定（试行）》，8 月 12 日通过市城乡规划与政策专业委员会 2014 年第 21 次专委会审议。

指导和审查乡镇总体规划编制，按照“加快推进新型城镇化建设”要求，配合城厢等 7 个乡镇开展总规修编。其中，祥福、福洪、龙王、人和 4 个乡镇已通过区政府审批，城厢、清泉已通过区规委会审查，完成姚渡镇规划方案。

参与成都市规划局牵头的《成德绵区域合作总体规划》编制，为加速同城化进程提供规划基础。

继续开展新一轮法定总体规划《成都市青白江区城市总体规划（2013—2020）》修编，根据全市现代卫星城规划建设要求，更名为《青白江区城市总体规划（2014—2020）暨青白江区卫星城总体规划》，8 月 21 日通过市城乡规划委员会 2014 年第 7 次主任会议审议，11 月 28 日上报市政府审批。

开展《青白江区总体城市设计》编制，11 月 26 日通过区规委会审查。

开展《青白江区祥福西片区控制性详细规划》编制，分别于 10 月 21 日、11 月 13 日区第 6 次规委会和第 64 次区政府常务会审议通过，12 月 17 日经区政府批准实施。

开展《卫星城规划细化建议方案（一）——全区公共服务配套项目规划布局》《卫星城规划细化建议方案（二）——全区产业园区规划边界划定》的梳理，为下一步卫星城规划建设奠定基础。

编制《青白江区主城区道路附属设施规划导则》。

按照建设“美丽新村”的要求，开展清泉镇牌坊村、人和乡三元村规划编制，指导和审查城厢五泉、福洪幸福二期新型社区规划设计，加快推进全区土地综合整治。

【规划管理】 认真履行区规委会办公室工作职责，严格执行规划审查程序。建设单位报送的建设方案由局规划审查领导小组审查，征求区级各部门意见，报区规委会专家组审查，再按程序报送区规委会审议。2014 年，召开 8 次区规委会主任会议，审议 39 项建筑方案，16 项规划方案，9 项其他方案，汇报土管会审议通过的地块规划设计条件 5 次。

推进规范化服务型政府建设，切实做好规划服务保障工作。贯彻执行《城乡规划法》、《成都市规划管理技术规定（2014）》等法律法规，全面梳理行政审批事项，重点核实建设项目选址意见书、建设用地规划许可证等 6 项行政审批事项的法律依据和前置条件，确保法律依据准确和充分。进一步优化办事流程和内审流程，缩短审批事项办理时间，精简申请条件和申报要件，及时在行政权力公开透明运行平台和公众信息网规划子网站进行更新，制作新的《办事指南》200 份，为群众和企业提供更便捷、公开、高效的规划服务。开展川化量力、中铁运龙等全区重点项目方案设计的指导与审查、建筑放线等工作，为项目开工建设提供规划保障。2014 年办理《建设项目选址意见书》3 件、《建设用地规划许可证》43 件、《建设工程规划许可证》46 件、《建设工程规划合格证》27 件，审查建筑设计方案 52 件。

完成泰兴至桂通 110 千伏电力线、第二绕城高速 35—110 千伏、区客运枢纽站等 15 项电力线路的新建和迁改，拨地测量大件路东绕段等道路 12 条，完成区客运枢纽站、中石油 D711 南西线等燃气迁改试放线，完成区客运枢纽站站前大道通讯管线和 63 处通讯基站选址。

加强乡村规划师管理。完善《青白江区乡村规划师管理实施细则》，加强乡村规划师培训和考核，召开业务培训会和小组座谈会 11 次,10 月招聘第 5 批 3 名乡村规划师,组织岗前培训后上岗履职。

【规划执法监督】 开展利用公共资源改变规划用途的专项整治。结合整治“会所中的歪风”,会同区建设、工商、文体、城管等部门,重点对凤凰湖公园、怡湖公园等场所进行全面排查,未发现有改变规划使用性质设立私人会所的现象。

规范规划执法行为。制定《关于切实解决行政执法行为不规范问题专项工作方案》,清理行政处罚事项,实事求是地反映行政执法的基本情况及存在的问题,落实整改措施,强化行政权力运行的监督制约。组织各乡镇(街道)学习违法建设整治相关法律法规,进一步深化依法行政,规范行政执法行为。

组织各乡镇(街道)拆除违法建设 126 处,面积 21 932 平方米,超额完成市级目标任务。

【测绘工作】 2014 年完成测绘项目 166 项,其中,拨地测量 50 项,建筑试放线 38 项,建筑正负零验线 18 项,竣工测量 60 项,规划道(线)路测量 11 040 米。

(供稿人:史云迪)

城乡建设

【概况】 区城乡建设局下设办公室、计划财务科、行政审批科、建筑建材管理科、综合管理科、城市建设科、人民防空建设科,下属事业单位有市政工程管理处、建设工程质量监督站、建设监察大队、村镇管理服务中心和怡湖园管理处。2014 年,区城乡建设局紧紧围绕市委“五大兴市战略”和区委“五区”发展目标,深入贯彻落实区委经济工作暨城镇化工作会议、区委十届七次全会精神,扎实推进新型城镇化、城市基础设施配套建设等重点工作,城乡建设事业和人防工作取得可喜的成绩,给全区群众交上了一份满意答卷。

6 月 16 日,举行第十三个全国“安全生产月”宣传咨询日活动

【基础设施建设】 以完善城市配套功能、改善人居环境为重点,积极推进基础设施工程建设。完善城市规划体系。按照“新-青”卫星城定位,牵头编制青白江区电力、公交、通信设施布局规划、青白江区医疗卫生机构、中小学、幼儿园布局规划等。加快城市基础设施配套建设。牵头实施纬五路二期东段道路、北部新区凤凰西七路片区排水管道、红阳变电站 10 千伏出线电力浅沟一期工程、怡湖园配套设施提升工程,凤凰大道东三段、北部西区路网等项目建设,青白江大道广汉连接段通车。

【重点镇建设】 加快推进全区新型城镇化工作。成立全区加快推进新型城镇化工作领导小组,健全日常工作制度,完成全区新型城镇化现状情况调查,以城镇化为核心,以卫星城及小城镇建设为载体,统筹协调推进全区场镇规划、基础设施、公建配套、保障房及安居工程建设等重点工作,有序推进农业转移人口市民化,全区城镇化 49.06%,比 2012 年提高 2.4 个百分点。深入推进小城镇建设。牵头实施城厢、清泉等八个乡镇的场镇改造提升工程,开展“青白江区推进新型城镇化场镇提升总体研究”,同步推进城厢、清泉等八个乡镇总规、控规和修建性详细规划编制。正在推进全区场镇改造第一批项目 16 个,城厢、祥福被列为全国重点镇,清泉被列为全省“百镇建设行动”镇。

【新农村建设】 完成农村危房改造 471 户,分别是城厢镇 27 户、清泉镇 122 户、姚渡镇 50 户、龙王镇 72 户、福洪镇 72 户、人和乡 128 户。农村困难群众住房条件得到明显改善。实施城厢镇陈家院子等川西林盘示范点整治 8 个,完成林盘内道路、小径建设 6 000 米,整治沟渠 800 米,改造排水 4 400 米,农房风貌整治 156 户、448 人,改厕 10 户。

【建筑市场监督管理】 认真贯彻执行《中华人民共和

国建筑法》、《招投标法》等法律法规。严格执行法定办事程序，加强有形建筑市场的监督管理，所有政府投资工程进入交易市场。严格按照省政府《四川省建设工程监理规定》要求，加强监理企业的管理，实行工程总监压证制，督促监理在工程建设中履职到位，建设项目在申报施工许可证时应提供监理合同，加强监理收费管理，提高监理水平，应监理工程委托监理率100%。强制推行施工图审查制度，督促审查机构严格执行抗震及建筑节能规范等国家强制性标准。加强建筑市场各方主体的诚信管理，促进建筑业持续健康发展，积极推行《成都市建筑市场主体不良行为记分标准》，严把建设工程竣工备案关，对未完善建设程序的工程不予备案。

2014 年，办理各类审批备案 290 项，应招标工程招标率、应监理工程委托监理率 100%。11 家建筑业企业不良行为被扣分。完成建筑企业新办、升级、增项、变更等 48 项，房地产开发企业延期 26 项，四川省东鑫建筑工程有限公司成功申报房建总承包一级资质。

【施工现场综合管理】 在全区建筑工地开展“扬尘专项整治”，制定整治方案，落实整治措施和人员。进一步完善施工扬尘污染控制技术标准，实行施工扬尘控制专项方案报监制度。2014 年组织召开全区在建工地文明施工现场观摩会 2 次，培训会 3 次，发放宣传资料 3 000 余份。出动巡查人员 4 800 余人次，发出《责令限期整改决定书》376 份，对整改不到位的项目给予行政处罚 40 起。治理施工现场扬尘污染 500 余起，工地乱象 300 起，治理城乡接合部 10 余处，园区项目标准实体围墙打围 3 500 米，塑钢板打围 1.5 万余米。

【建设工程质量安全监督】 2014 年，新办建筑工程质量监督备案项目 80 个，建筑面积 240 万平方米；监督房屋建筑工程和市政基础设施工程竣工验收 94 个，工程竣工面积 256 万平方米，安全受监工程 79 个，面积 200 万平方米，报监工程质量监督率 100%。处理质量投诉 49 起，其中市长信箱 4 起、区长信箱 12 起、群众来访 33 起，投诉处理完结率 100%。创建市级安全文明施工工地 4 个，分别是青白江龙王镇大石路拆迁安置房一标段、凤凰岛 1 号和 11 号楼、绣川新苑、茶花新城拆迁安置房工程。

【清理拖欠工资】 2014 年，办理项目实名登记 60 个，农民工权益“双卡”4 500 张。接受投诉 133 项，解决拖欠金额 2 114 万元。加大拖欠企业的处罚力度，对 16 家施工企业进行不良行为扣分申报。

【新型墙材及建筑节能】 2014 年，节能设计备案面积共计 60.4 万平方米，区医疗中心、青白江商城可再生能源示范项目已完成可再生能源实体工程的施工。推进绿色施工，以标化工地为基础，确定大同安置房为全区绿色施工试点工地，开展以“四节一环保”（节能、节地、节水、节材和环境保护）为主要内容的绿色施工试点、示范活动。

【岗位培训】 3 月 31 日，区城乡建设局召集 30 余家建筑企业参加建筑节能工作宣传及统计工作培训会。

4 月 22 日，区城乡建设局组织开展城建档案业务交底工作培训会。

7 月 9 日，区人防办在 1121 项目建设现场召开人防工程建设管理培训会。

8 月 13 日，区城乡建设局组织建筑施工企业 58 家共 70 人参加了“青白江区事故警示教育培训会”。

9 月 23 日，区质监站组织召开了全区在建工程总监交流座谈会。

【建筑企业】 2014 年，青白江区有建筑企业 145 家。

青白江区部分建筑企业情况表

企业名称	资质等级
四川省东鑫建筑工程有限公司	总承包房屋建筑工程一级、钢结构工程专业承包二级
成都茂文建筑有限公司	总承包房屋建筑工程二级、市政公用工程施工总承包三级
成都市三鹏建筑工程有限公司	总承包房屋建筑工程二级、钢结构工程三级、市政公用工程
四川嵩亿建筑有限公司	总承包房屋建筑工程二级、总承包机电安装工程二级
成都市华严建筑工程有限公司	总承包房屋建筑工程二级
四川博能燃气股份有限公司	总承包房屋建筑工程三级
四川川化永鑫建设工程有限责任公司	专业承包 化工石油设备管道安装工程一级
四川香山门窗有限公司	专业承包 金属门窗工程一级

续上表

企业名称	资质等级
成都汇诚幕墙装饰工程有限公司	专业承包 钢结构工程三级、建筑装修装饰工程三级、金属门窗工程三级、建筑幕墙工程三级
成都三川实业有限公司	专业承包 土石方工程三级
成都泰恒水泥制品有限公司	专业承包 混凝土预制构件三级
成都兴七星沼气环保工程有限公司	专业承包 环保工程三级
成都市固强地基基础工程有限公司	专业承包 地基与基础工程三级
成都建业制品有限责任公司	专业承包 混凝土预制构件三级
成都市永庆建筑工程有限公司	专业承包 钢结构工程三级、专业承包 建筑幕墙工程三级
成都金泥安建材有限公司	专业承包 预拌商品混凝土三级
成都鋆源建筑劳务有限公司	劳务分包水暖电安装作业不分等级、混凝土作业不分等级、木工作业二级、钢筋作业二级、砌筑作业一级、抹灰作业不分等级
成都市瑞石建筑劳务有限公司	劳务分包混凝土作业不分等级、钢筋作业一级
成都农生劳务有限公司	劳务分包混凝土作业不分等级、劳务分包木工作业一级、劳务分包脚手架作业一级、劳务分包钢筋作业一级、劳务分包抹灰作业不分等级、劳务分包砌筑作业一级
成都市川蜀劳务有限公司	劳务分包焊接作业一级、劳务分包水暖电安装作业不分等级、劳务分包钢筋作业一级、劳务分包混凝土作业不分等级
成都兴成房地产开发有限公司	三级
成都市茂文房地产开发有限公司	四级

（供稿人：雷　虹）

城乡环境综合管理

【概况】 2014年深入开展城乡环境综合治理，实施“主城区盲点死角”整治，推进治理工作向薄弱环节和区域延伸，巩固“城市病”重难点问题集中整治成果。指导城厢镇玉龙等3个村成功申报省级“美丽乡村”，选取姚渡镇光明等5个村作为市级“百村容貌”整治试点村庄，示范推广光明村村容村貌整治成果。

4月23日，市城管局局长杨洪举调研区城乡管理工作

全面落实“大城市、细管理”工作要求，推进北部新区道路路网及区域环境综合整治、团结路市政配套设施提升等工程建设，完成唐家寺大桥及川化铁路专用线景观改造、大弯片区城市绿化节点改造等项目。制定环境卫生作业、环境卫生管理和农村生活垃圾分类工作新标准，规范主城区清扫保洁作业市场化运作。专项清理整治门楣及窗式LED广告、小广告及“牛皮癣”等违规行为。加强路、灯、桥等基础设施管理，修补破损人行道、破损沥青、砼路面，维修、升级路灯，强化城市道路桥梁应急管理，坚持城市桥梁检测的经常性、定期性、特殊性，开展防汛度汛应急演练。

【环境治理】 按照省、市关于深化城乡环境综合治理、推进城市建设管理转型升级和突出治理“城市病”等要求，以“转型升级”为主题，以“专项整治”为抓手，推动治理工作走向常态化、精细化和规范化。

大气污染防治。深入实施台玻等玻璃行业污染减排，加强玉龙化工、巨石等重点废气污染源强制性清洁生产审核，督促5家大中型饮食服务企业安装油烟净化处理设施。全面实施机动车尾气“工况法”检测，严格实行机动车环保检验标识制度。2014年清查排污单位775家，依法集中分类整治违法排污单位295家，发放绿标22 132枚，黄标854枚，淘汰黄标车及其他老旧车辆476辆。

水域环境整治。推进集中式饮用水水源保护区项目建设，做好饮用水源保护区封闭、隔离工作，监督查处在饮用水源保护区新建与饮用水源保护无关的项目,强化饮用水源保护的监管,确保饮用水源安全。成立黑臭河渠治理工作领导小组,制定《成都市青白江区开展违法排污单位集中综合整治专项行动工作方案》。完成17条黑臭河渠治理, 治理下河排污口46处。完成区第二污水处理厂建设,区第二污水处理厂大件路段和青山路段配套管网建设。完成祥福镇东方新型社区污水配套管网1.4公里,川陕货运大道污水配套管网7.2公里,区污水处理厂及7座乡镇污水处理厂通过环保验收,取得试运行合格证。

农村环境整治。制定《成都市青白江区农村区域环境综合治理工作方案》和《成都市青白江区农村区域环境综合治理工作监督考核方案》, 全面梳理汇总农村区域环境存在的问题,进一步明确各责任单位职能职责及管辖范围。2014年新建垃圾房130个,维修垃圾房309个,新增保洁员30多人,清理河渠3 000多米,清理淤泥500余吨。

道路交通整治。优化警务结构,强化交通管理。根据城区道路交通实际,增加一线路面执勤警力,新购置执法记录仪、数码相机行车记录仪等配发民警,提升管理效能。建立联动管理机制,开展校园周边环境、运渣车、三轮车等联合整治行动80余次,查处电动三轮车交通违法行为288件,人力三轮车交通违法行为151件,查处运渣车交通违法行为2 556件,查扣机动车321辆,形成了齐抓共管的道路交通秩序综合管理体系。加强交安设施建设,将完善交安设施工程列入2014年民生工程。排查交安设施158次,维护信号灯278次、标志标牌89次、维护护栏2 620余米、更换窨井盖22个, 接收信号灯21套, 调整红绿灯配时48处,依法查处机动车乱停放1 523件,现场拖车1 165辆次。

市场环境整治。进一步理顺市场管理机制,加强乡镇对农贸市场的日常管理,联合区级各职能部门开展专项整治。加强日常监管,坚持驻场式管理。全面排查市场内存在的环境卫生、车辆乱停乱放和出摊占道等问题,向市场业主发出责令整改通知书,限时整改,跟踪督促。加强各类市场内及市场周边环境的综合整治,清除"牛皮癣"200余处,规范不符合要求的店招店牌30个,制止垃圾乱倒、出摊占道220人次,制止车辆进出市场290辆次。

老旧院落环境整治。采取分组分片方式,加强非物管居民院落管理。落实院落保洁员网格责任制,每天对非物管居民院落进行巡查监督,督促门卫做好小区卫生,对背街小巷和农民安置小区楼栋间、绿化带每天进行清扫、保洁,及时清除乱倾乱倒的垃圾。组织全民卫生大扫除和除"四害"活动,清除小区内的卫生死角、积存垃圾、疏通阴阳沟。社区居民健康卫生教育宣传4次。

5月29日,区政协主席李光明率队视察区城乡环境综合治理工作

【生态环境建设】 2014年,稳步推进生态文明建设,进一步改善人居环境和提升城市形象。推进成绵高速唐家寺大桥桥下区域环境整治、川化铁路专用线风貌整治、大弯片区城市绿化节点改造、成绵高速路两侧四季杨栽植、团结路沿线市政设施提升等工作。加强园林绿化日常管护, 完成14条新建道路行道树树穴裸土覆盖,红阳路、新河路、同华大道、华金大道一、二、三段等道路绿化补植,更换红阳路、同华大道、市域节点等点位草花40万盆,对主城区的高大乔木、草坪、灌木进行修剪整形。修剪、扶正、加固树木6 300余株,修剪草坪15万平方米、灌木28万平方米,补植各类灌木13万余苗、麦冬4 000千克。2014年,全区增绿地面积10.25公顷,建成区绿化覆盖率40.69%,人均公园绿地为28.4平方米,绿地率31.64%。"嘉和瑞景"创建市级园林居住式小区。

【行政执法】 进一步落实市容秩序网格化路段社区责任制。坚持疏堵结合的原则,实施街道分类管理,规范设置便民疏导点、便民信息公示栏,强化市容管控。加强主城区、出入城通道和区县结合部等重点区域的监管,联合执法治理散发小广告、出摊占道、游动摊贩、“鬼饮食”、乱牵乱挂、乱贴乱画、乱堆乱放、乱搭乱建、占道亭棚等现象。纠正商铺越门出摊、流动摊贩占道经营违规行为万余起，纠正违规户外广告、橱窗广告、软式横幅 1 800 余处，清理牛皮癣 4 000 余张。

【垃圾收运处置】 主城区生活垃圾收运处置。严格实行“定路段、定标准、定人员、定处罚”的精细化管理标准，每日出动 1 100 余名环卫工人，对城区大小街道进行全天候保洁。2014 年清理卫生死角垃圾 120 余吨，处理路面沙石、泥土垃圾 160 余吨，更换果屑箱20个，维修垃圾桶 612 次，果屑箱 212 次，维修公厕 400 座次，清运和无害化处置生活垃圾 27 390 余吨，城市生活垃圾无害化处理率 100%。

农村生活垃圾收运处置。坚持“市场化、资源化、减量化、无害化”原则，推进农村生活垃圾前端分类试点和收运设施体系提档升级。建立农村生活垃圾集中收运处置长效机制，开展农村生活垃圾分类收集试点的场镇达到 100%，村(社区)达到 86%。建成区第 4 座生活垃圾压缩中转站，乡镇、村(社)建成垃圾房 1 299 座，分类收集点 125 个，堆肥池、点 201 个，回收站点 132 个，收集可回收垃圾 10 512 吨，可利用垃圾 2 470 吨，垃圾堆肥 3 818 吨，处置不可回收垃圾 39 664.5 吨。农村生活垃圾收集率达到 95%，农村生活垃圾无害化处理率达到 95%，场镇生活垃圾无害化处理率 100%，收运减量与资源化利用率均达 29%。

【乡镇城管】 2014 年，派驻乡镇城管分局(中队)在各乡镇党委政府的领导下，积极主动开展工作，深入推进城乡环境综合治理。

城厢分局集中对城太路、唐巴路一线进行风貌打造，整治建筑立面、商招店招、房前院落。加强出摊占道、流动商贩的管理，取缔各类占道亭棚、摊点和出摊占道经营 2 000 余起，重点治理违规户外广告，清理户外广告 500 余处。

清泉分局深入推进“七乱”治理，严查违法建设，全面整治辖区内噪音扰民，市场内及周边乱停乱放及脏乱差现象，规范商招店招 100 余处，清除“牛皮癣”900 余处，规范乱摆摊设点 450 余起。

弥牟中队、福洪中队、龙王中队深入治理场镇乱摆摊设点、乱贴乱画、乱悬乱挂、违规广告等行为，全面改善街道交通、经营秩序和乡镇环境面貌。

【扬尘治理】 2014 年，按照《成都市建筑垃圾处置管理条例》和《〈成都市建筑垃圾处置管理条例〉实施办法》相关要求，开展“三大工程”、“四大工地”整治行动，严格按照“六必须”、“六不准”管理标准，整治扬尘污染。发出《青白江区扬尘污染情况督查通报》99 期，对全区 77 家造成扬尘污染的工地实行限期整改和处罚。按照《成都市建筑垃圾运输企业信用考核办法》的规定，落实全密闭运输和公司化运营管理制度，督促 3 家建筑垃圾运输企业的 81 辆建筑垃圾运输车，完成全密闭运输技改，安装 GPS 装置，纳入全市数字化监控系统。组织召开全区扬尘治理现场工作会 4 次、培训会 8 次。联合区公安分局、区交通局等部门成立联合执法队伍，重点检查在建工地规范打围、裸土覆盖和运渣车密闭运输及冲洗情况，采取定点设卡检查和机动巡查相结合的方式，严格查处未办证和未密闭运输、超载冒载等违规行为的运渣车辆。2014 年开展扬尘治理集中整治 323 次，出动执法人员 6 000 余人次，检查过往车辆驾驶员 2 万余辆次，现场教育违规运输车辆 4 000 余人次，处理未密闭运输建渣、撒漏污染路面、超载、超限等违规车辆 1 100 辆。

【市政设施维护】 坚持全面提升、突出重点、分步实施的原则，对城区市政设施病害区域进行整治提升。修补破损人行道 2.8 万平方米、路沿石 1579 余米；回填修复破损沥青路面 6 500 平方米、砼路面 500 余平方米。日常维修路灯 2 200 余盏，更换维修灯杆门 100 余个，处理电缆及配电箱故障 210 余起，敷设新电缆 3 000 余米，更换、固定路灯灯罩 30 余个，拆除路灯 90 余柱，安装路灯 50 余柱，更换凤凰 LED 灯 90 余盏，矫正倾斜灯具灯杆 10 余处。维护桥梁桥面、桥梁柱 3 处；对管护范围内的城市桥梁更换增设桥铭牌、限重牌 68 个。

提前做好入汛准备，强化防汛应急管理。以快速路、主次干道为重点区域，利用雨天开展积水点位隐患排查整治，加强主城区城市桥梁安全排查。入汛前组织开展应急抢险演练 1 次，检验道路桥梁管理事故应急预案的可操作性和实际应变能力。聘请铁科院桥梁专家，对全区具有代表性的 6 座城市桥梁进行现场安全论证会，验证城市桥梁安全度汛准备工作的可行性和科学性,确保桥梁安全度汛。邀请具有桥梁专业资质的第三方检测机构，对我 14 座桥梁实施常规性检测,10 座桥梁实施结构性检测。检测结果显示 24 座城市桥梁总体状况良好。

（供稿人:刘　青）

房地产管理

【概况】 2014 年,成都市青白江区房产管理局(以下简称区房管局)在区委、区政府的坚强领导和区人大、区政协的监督支持下,积极贯彻党的十八届三中及四中全会、省委十届四次全会、市委十二届三次全会、区委十届七次全会精神,主动适应经济新常态,认真落实省委“三大发展战略”、市委治蓉兴蓉基本方略、区委“五区”发展战略等重大决策部署,牢牢把握“稳中求进、统筹发展”工作基调,以“保民生、保稳定、促增长”为主线,坚定信心、凝心聚力、攻坚克难、砥砺奋进,房产管理各项工作顺利推进,成效显著。先后获得目标管理工作先进单位、信息化建设与管理工作先进单位、住房保障工作先进单位、房产档案管理先进单位、房管系统登记业务知识竞赛第一名、优秀提案和提案办理先进单位等市、区表彰 20 余项,巩固了全国“房地产交易与权属登记规范化管理先进单位”和房产档案规范化管理省一级标准成果。

【房地产市场】 利用第 43 届成都房地产春季交易会、2014 第四届樱花节、四川首届高铁经济论坛以及省市区媒体、房协网站,开展城市营销和品牌推广。加大房地产招商引资和项目开工促建力度,新建房地产项目 6 个、续建项目 28 个,固定资产投资 29.8 亿元,引进到位内资 20 亿元,完成区级年度目标任务 18 亿元的 111%。配合房协定期组织召开全区房企座谈会,搭建互动合作平台。2014 年,全区商品房市场累计供应 28 个批次共 73.02 万平方米，商品房预售备案 8 039 件，备案面积 78.59 万平方米，备案金额 37.47 亿元。规范房地产销售行为,加大房地产市场监管力度,加强现场公示系统、预售资金、交房流程监管,加大矛盾纠纷排查力度,严肃处理企业违规行为,杜绝违法行为发生，确保房地产市场健康稳定发展。2014 年组织执法检查 30 余次,专项检查 5 次,纠正涉嫌违规行为企业 20 余家。

2014 年房地产交易会青白江展位

2014 年青白江区房地产开发企业名单

序号	企业(单位)名称	项目名称
1	成都兴诚鑫置业有限公司	书香别院
2	成都市万家和房地产开发有限公司	广场花园 嘉和瑞景
3	成都市青白江区青茂实业公司	香草洲 清溪园
4	成都万众蜀青房地产开发有限公司	怡和茗居 蜀青名苑
5	成都市茂文房地产开发有限公司	锦尚景
6	成都巨源房地产开发有限公司	廊桥翠庭
7	成都市红阳房地产开发有限责任公司	映泉美居
8	四川博能燃气股份有限公司	博能·天然居
9	四川绵阳金桥房地产开发有限责任公司	绿城尚品
10	成都市大湾房地产开发有限责任公司	学府雅园
11	成都新剑创房地产开发有限公司	七里溪香一期 七里溪香二期 斯迈特酒店
12	成都市好日子幸福家园房地产开发有限公司	幸福家园二期 天泉大酒店
13	四川宏恩房地产开发有限公司	宏恩康城
14	四川大邦置业有限公司	大邦第一城
15	康居锦湾(成都)房地产开发有限公司	翰林院
16	四川健生房地产开发有限公司	翡翠港
17	四川德通置业有限公司	德通未来城
18	四川龙域房地产开发有限公司	都市兰亭
19	成都御都投资有限公司	凯斯顿·华府
20	四川省广泽投资发展有限公司	广泽长河郡

续上表

序号	企业(单位)名称	项目名称
21	四川荣耀投资有限公司	栖凤居
22	四川经典房地产开发有限公司	经典华庭
23	成都市深业泰然房地产开发有限公司	深业泰然怡湖玫瑰苑
24	成都市盛鑫房地产开发有限责任公司	凤凰湖国际社区
25	成都英祥房地产开发有限公司	北城映像
26	成都和玺房地产开发有限公司	凤凰栖
27	嘉合置业(成都)有限公司	凤凰岛
28	成都恒辉房地产开发有限公司	凤凰一号
29	成都瑞居置业有限公司	海布斯卡
30	成都瀚翔置业有限公司	翰城国际
31	成都广聚源投资有限公司	恒大雅苑
32	成都青白江钱江银通置业有限公司	钱江凤凰城
33	四川大扬置业投资有限公司	公园世家
34	四川泰和置业有限责任公司	泰和欧城
35	成都武海大同置业有限公司	中华名城
36	成都成青置业有限公司	誉府世家
37	成都市青白江区九州房地产开发公司	金色港湾
38	成都华洲房地产开发有限公司	华洲名城
39	成都宝景房地产开发有限公司	宝景欧庭
40	成都市正鑫房屋经纪有限公司	大弯青年活动广场商业楼
41	成都市聚业房地产开发有限公司	蝴蝶洲
42	成都宏瑞房地产开发有限公司	阳光郦城 (大同)
43	成都丽锦房地产开发有限公司	丽雅美景
44	青白江宏轩房产开发有限公司	凤凰名城
45	四川美程置业有限公司(四川美程置地有限责任公司)	天府欧城
46	成都四兴置业有限公司	四季豪庭
47	蓝光和骏地产	蓝光·青溪华庭
48	成都万贯五金机电配送市场有限责任公司	万贯机电城
49	成都大港置业有限公司	大港建材城
50	四川顺天坊房地产开发有限公司	城市生态绿廊商业项目
51	四川康晟房地产开发有限公司	尚林幸福城

续上表

序号	企业(单位)名称	项目名称
52	成都中铁运龙物流有限公司	中益吉城
53	成都德佳投资有限公司	青龙(国际)建材装饰城
54	四川东博置业有限公司	海德名邸
55	成都康居环球房地产开发有限公司	西街上院
56	成都建工地产开发有限责任公司	凤凰锦城
57	成都城投地产有限公司	城投美庐
58	四川美腾置业有限公司	天美广场

【产权产籍管理】 做好新增和存量权属档案归档工作。2014年国有土地房产档案扫描组卷11 408册，抵押档案组卷上架2 832册，为群众提供档案查询8 939次。公检法房产信息查询148处，办理房屋注销抵押登记1 403宗，配合司法机关对160处房产进行司法查封、解封。

【城乡住房保障】 进一步完善保障性安居工程配套政策。制定《关于扩大住房保障范围提高住房保障标准的通知》《关于华逸中路保障性住房后期管理工作的通知》《关于印发<华逸中路公共租赁住房申请、审核及配租管理实施方案〉的通知》。将外来务工人员和进城务工农村劳动者纳入住房保障范围，对全区符合条件的住房困难家庭、大中专院校毕业新就业人员和农村进城务工人员分类实施保障。华逸中路1 099套保障性住房建设工程顺利通过综合竣工验收，231套经济适用房发售工作顺利开展，符合条件的25户申购家庭签订住房认购书符合条件的82户家庭发放廉租住房租金补贴15.45万元，2014年市政府下达的100套公租房新开工建设目标任务，区医疗中心二期已完成主体封顶。全力推进棚户区改造。2014年，组织各乡镇、街道对集中成片的棚户区进行全面摸底，对项目进行实地查勘、整体评估。省建六公司棚户区院落改造，完成综合整治项目80户。

【城乡统筹】 畅通农村产权流转、交易渠道，掌握区11个乡镇(街道)流转意向，探索农村住宅抵押、租赁有效途径。做好农房确权登记工作，2014年办理农房登记确权颁证551宗，面积10.73万平方米，完成农村房屋所有权更正登记51件、变更登记23件、转移登记4件，及时回收注销或公告失效错证、重证，有效解决了"新旧证并存，一权多证"的问题。

【城乡物业管理】 构建和谐物业，加强物业企业管理，提升物业管理水平提升。加强城乡新型社区物业管理。结合各乡镇（街道）实际，分类开展业务培训指导15次，业主活动在《成都日报》报道。为10个乡镇（街道）物业管理培训、40个农民集中居住区发放物业服务财政补贴427万元。严格物业管理招投标工作，新增项目全部实行公开招标。指导物业服务机构资质升级。全区新增暂三级物业管理企业3家，三级升二级企业1家。开展物业小区创优活动。现有农民集中居住区示范点1个，物业管理市优项目13个，市级园林式居住小区10余个，和谐物管星级住宅区24个。

2014年青白江区物业管理机构一览表

序号	公司名称	资质等级	法人代表	地址
1	成都居安物业服务有限责任公司	三级	罗　勇	成都市青白江区安居路88号
2	成都国龙物业管理有限公司	三级	刘志敏	成都市青白江区怡湖东路381号
3	成都兴成物业管理有限公司	三级	许红武	成都市青白江区石家碾东路95号附3号
4	成都市青白江永兴物业管理有限公司	三级	陈余胜	成都市青白江区华严镇青江中路87号
5	成都恒正和物业管理有限责任公司	三级	陈思亮	成都市青白江区教育街81号
6	成都吉诚物业有限公司	三级	刘翠芳	成都市青白江区大弯镇石家碾东路40号
7	成都市鑫源物业服务有限公司	三级	何泽伟	成都市青白江区大弯南路15号附38号
8	成都润佳物业服务有限公司	三级	陈家耀	成都市青白江区华金大道二段610号
9	四川圣爱融创资产管理有限公司	二级	卢业香	成都市青白江区大弯镇政府南路10号
10	四川省川化润嘉物业服务有限责任公司	三级	董英伟	成都市青白江区大弯大弯西路47号
11	成都怡和居物业服务有限公司	三级	李碧秀	成都市青白江区石家碾东路289号16栋副10号
12	成都瀚霖雨物业管理有限公司	三级	严　友	成都市青白江区华金大道418号
13	成都市仕和物业服务有限公司	三级	严　谊	成都市青白江区石家碾中路1、3号
14	成都乾坤物业管理有限公司	三级	宋　超	成都市青白江区石家碾东路97号
15	成都佳安洁物业服务有限公司	暂三	吴纯晏	成都市青白江区复兴大道318
16	成都茂瑞物业服务有限责任公司	三级	彭　丰	成都市青白江区政府北路100号
17	成都华贝物业管理有限公司	暂三	兰有欣	成都市青白江区大弯镇凤凰西六路28号33栋
18	成都诚信义物业管理有限公司	三级	陈学义	成都市青白江区青江北路102号
19	成都沃力美物业服务有限公司	三级	傅晓林	成都市青白江区弥牟镇民族街17号
20	成都中益吉城五金机电市场经营管理有限公司	暂三	隆贤建	成都市青白江区城厢镇清泉大道一段718号
21	成都大港陶瓷建材城管理有限公司	暂三	吴志刚	成都市青白江区工业集中发展区南区青白江大道111号
22	成都市令佳物业管理有限公司	暂三	龙　令	成都市青白江区红阳街道
23	成都市华川银地商务服务有限公司	暂三	胡　飞	成都市青白江区弥牟镇八阵大道666号
24	成都市俊力商务服务有限公司	暂三	陈树全	成都市青白江区弥牟镇正兴路99号21栋1-2层
25	成都建荣物业管理有限公司	暂三	周　荣	成都市青白江区弥牟镇华金大道一段555号附111号
26	成都市好日子物业管理有限公司	二级	高　智	石家碾中路4号
27	成都信谊物业有限公司	一级	邱凌云	成都市武侯区人民南路四段53号嘉云台办公楼7楼

续上表

序号	公司名称	资质等级	法人代表	地址
28	四川怡心物业服务有限公司	三级	向森林	青白江区石家碾东路 286 号
29	四川长青策划有限公司	三级	宋艺华	成都市锦江区水碾河路 14 号蜀都花园 7 栋 18 楼 4 号
30	成都中能物业管理有限责任公司	二级	柳　军	成都市温江区 1333 号
31	成都青龙汇商物业管理有限公司	暂三	张　泳	成都市青白江区青白江大道 2666 号
32	成都可信物业管理有限公司	三级	夏　刚	成都市武侯区晋吉北路 282 号
33	四川万联物业管理有限公司	三级	石永祥	成都市青白江区新河路 9 号
34	成都市同馨物业管理有限公司	暂三	王志胜	成都市高新区创业路 49 号
35	深圳泰然物业管理服务有限公司	一级	罗礼彪	深圳泰然物业管理服务有限公司
36	成都吉利物业管理公司	三级	张培莲	成都市高新区新雅横街 5 号
37	四川蜀府东润物业服务有限公司	二级	赵光辉	华逸路 99 号
38	四川盛德物业管理有限责任公司	三级	万朝宏	成都市青白江区华金大道二段 406 号
39	深圳市彩生活物业管理有限公司	一级	唐学斌	深圳市福田区深南大道 6021 号喜年中心 A 座四楼
40	成都盛佳物业管理有限公司	三级	杜　斌	成都市青白江区成绵连接西侧
41	自贡市英祥物业管理有限公司	三级	冯久明	成都市青白江区青江中路 43 号
42	成都长江紫东管理服务有限公司	二级	李　迎	成都市锦江区牛市口路 87 号
43	四川志俊物业服务有限公司	暂三	王书院	成都市武侯区聚龙路 120 号
44	四川时代鑫特物业管理有限公司	暂三	杜克宪	成都市成华区万兴街 1 号 2 栋 1 层新 13 号
45	宜宾雅信物业管理有限公司成都分公司	二级	李　勇	成都市青白江区华金大道二段 749 号
46	彭州市好管家物业管理有限公司	三级	赫晓琳	彭州市濛阳镇香榭街 45–46 号
47	成都市钱江银通物业管理有限公司	三级	李小林	成都市锦江区华兴街 5 号
48	金碧物业有限公司	一级	魏朝阳	成都市龙泉驿区
49	成都恒扬物业服务有限公司	暂三	杨　均	成华区东三环路二段龙潭工业园
50	成都清华坊楼宇服务有限责任公司	一级	黄　凡	成都市高新区神仙树南路 53 号附 91 号
51	四川悦华置地物业管理有限公司	一级	漆春刚	成都市青羊区清江西路 2 号
52	广州金碧物业成都有限公司	一级	刘检荣	成都市龙泉驿区
53	成都恒扬物业服务有限公司	暂三	杨　钧	成都市成华区成都市成华区东三环路二段龙潭工业园
54	成都市青白江区民主字库新型社区物业服务中心	其他管理人	林树方	福洪乡字库村村民委员会办公室
55	成都市青白江区花园村村委会物业服务中心	其他管理人	肖文英	清泉镇五爱村村民委员会办公室
56	成都市青白江区幸福新型社区物业服务中心	其他管理人	庄福才	福洪镇幸福村村民委员会办公室
57	成都市青白江区杏花新型社区物业服务中心	其他管理人	白洪金	福洪镇杏花村村民委员会办公室
58	成都市青白江区蔡家庙社区物业服务中心	其他管理人	李道华	红阳街道办事处蔡家庙社区居民委员会办公室
59	成都市青白江大弯街道大弯社区物业服务中心	其他管理人	黄兴建	大弯街道大弯社区居民委员会办公室
60	成都市青白江大弯街道办事处革新物业服务中心	其他管理人	李　波	大弯街道办事处革新村民委员会办公室
61	成都市青白江大弯街道办事处大夫村物业服务中心	其他管理人	常怀玖	大弯街道办事大夫村村民委员会办公室
62	成都市青白江区红光社区物业物业服务中心	其他管理人	梅定怀	大同镇红光社区居民委员会办公室

续上表

序号	公司名称	资质等级	法人代表	地址
63	成都市青白江区马鞍社区物业物业服务中心	其他管理人	戴孟康	城厢镇马鞍社区居民委员会办公室
64	成都市青白江区十五里社区物业物业服务中心	其他管理人	钟祖斌	城厢镇十五里村村民委员会办公室
65	成都市青白江区石家碾社区物业服务中心	其他管理人	周术枝	大弯街道办事处石家碾社区居民委员会办公室
66	成都市青白江区化工路社区物业服务中心	其他管理人	史志敏	大弯街道办事处化工路社区居民委员会办公室
67	青白江区红阳街道顺江村物业服务中心	其他管理人	张秀琼	成都市青白江区凤凰大道一段 188 号
68	成都市青白江区红阳街道青江路社区物业服务中心	其他管理人	邹 勇	成都市青白江区三家巷 4 号
69	成都市青白江区大弯街道肖家院社区物业服务中心	其他管理人	梁文革	成都市青白江区青华东路 196 号
70	成都市青白江区凤祥社区物业服务中心	其他管理人	何 涌	成都市青白江区凤凰大道三段 495 号
71	成都市青白江区政和社区物业服务中心	其他管理人	曾康莉	成都市青白江区怡湖西路 21 号

【维修资金管理】 加强维修资金使用管理。严格落实《新建住宅物业保修金缴交暂行办法》,完善维修资金使用机制。2014 年归集专项维修资金 3 287.35 万元,新建商品房、二手房归集率 100%。

【国有土地房屋征收与补偿】 认真落实国有土地上房屋征收与补偿条例,依法依规推行“阳光拆迁”。加快粮食加工园区、大型商品市场、散货物流园区、三西路、大同南片区旧城改造、大同北片区旧城改造、北部新城片区土地整理等项目拆迁进度,完成房屋拆除面积 2 638.39 平方米、土地 5.93 亩。

【规范服务管理】 加强房地产交易与权属登记、房产档案、直管公房、测绘成果管理规范服务流程,提高办事效率。文明创建、平安建设、综治和信访维稳等工作,先后获得“档案管理先进单位、信访工作先进单位、综治维稳目标先进单位”等称号。

【房屋安全管理】 以“安全生产月”活动为载体,深入排查物业小区、直管公房、保障性住房、国有土地上房屋征收拆迁工地等存在的安全隐患 50 余次。加大装饰装修知识宣传力度,加强装修日常巡查,依法查处违规装修 6 处,确保房屋装饰装修安全。认真落实农房安全协管员制度,发挥 11 个乡镇(街道)农村协管员的监管作用。农村自建房屋使用安全管理与建设、民政、国土农房管理相结合管理模式,得到市房安办的肯定,《成都日报》和成都电视台作了报道。

【房地产信息建设】 进一步优化房屋登记系统。完成区预(现)售方案系统升级工作,实现预(现)售方案网上申报。按照省市发改委要求,调整登记收费标准,梳理短信平台服务规则,完善商品房备案短信发送功能。协助推行销售公示系统安装,强化市场监管,究部署 GIS 系统上线工作。拓宽政务服务渠道。开通预(现)售方案网上申报、存量房档案验证、商品房备案查询等服务,开展区保障房申请网上公示,进一步加强跨部门信息共享和利用。依托销售及异动监测系统,做好预售房源、网签备案的数据分析研判及跟踪,按照工作机制每月定期向市局和区政府汇报监测结果,每月撰写青白江区房地产市场分析简报,为加强市场监管提供信息参考。

【白蚁防治】 2014 年,青白江区白蚁所签订新建房屋白蚁预防合同 58 份,面积 222 万平方米。完成新建房屋白蚁预防面积 222 万平方米,上门灭治旧房白蚁 142 余户,面积 2.02 万平方米。完成 2014 年度白蚁预防项目复查和回访。完成办证大厅,弥牟清真寺,城厢家珍公园等白蚁防治综合治理。

(供稿人:陶庆华)

公用事业

PUBLIC SERVICE

交通运输

【概况】 2014年，青白江区交通运输局在区委区政府的领导下，加大道路建设力度，区域内实施交通基础设施建设项目11个，其中配合省市建设项目3个(2个续建铁路项目、1个续建公路项目)，区内建设项目8个(2个续建项目、6个新建项目)。全区公路总里程880千米，其中国省干线58.235千米，县道126.459千米，乡道514.678千米，村道182.467千米，公路密度2.3千米/平方千米。全区铁路总里程95千米，其中宝成、达成、成渝、成绵乐客专等干线铁路79.68千米、铁路专用线15.32千米。全区公共客运线路55条，其中公交线路21条(含601路、11路)、班车线路33条（含外地过境补员线路15条），公交车159辆、客运班车69辆、客运包车25辆、出租汽车112辆，等级客运站3个、港湾式公交站127个、一般城市公交站27个。

7月25日，交通运输部党组成员、运输司司长刘小明率队到区调研“蓉欧快铁”运行情况

【交通规划】 围绕西部铁路物流中心、成德绵经济带、新青卫星城和“五区”发展定位，结合城市及产业发展规划，进一步优化完善《青白江区公共交通发展规划》《青白江区公交线网优化发展实施方案》《青白江区物流通道专项规划》。

【项目建设】 配合省市建设项目。

成绵乐铁路客运专用线。是西南地区第一条城际客运专线，线路北起江油，经绵阳、德阳、广汉、成都、彭山、眉山、青神、乐山，直抵至峨眉山下，全长约323千米，客专双线、速度目标值250千米/小时。区境内长3.85千米，途径弥牟镇、红阳街道，设青白江东站。2008年10月动工建设，2014年12月20日正式开通运营，青白江区进入高铁时代。从青白江至成都约需10分钟，从绵阳至成都只需30分钟，从成都至峨眉山只需要40分钟左右，形成高标准、快速度、大能力的城际间主要交通动脉，促进与成都中心区域、绵阳、德阳、眉山、乐山等次中心城市和众多中小城镇的快速对接和区域城市化进程。

成兰铁路。是川西地区旅游资源开发的重要旅游铁路和连接川、甘的省级便捷通道，以青白江站(货运)和青白江东站(客运)为起点，利用宝成铁路、成绵乐客专连接成都，新建线路经什邡、绵竹、松潘、九寨沟连接兰渝铁路哈达铺站至兰州，全长约462千米，Ⅰ级双线电气化、速度目标值250千米/小时。区境内改建大弯货站和青白江站，占地约1 300亩。2012年12月动工建设，计划于2017年底建成。成兰铁路建成后是川西地区旅游资源开发的重要旅游铁路和连接川、甘的省级便捷通道，形成成都-黄龙-九寨沟-陇南的精品旅游干线，促进川西北和甘南旅游业的发展，对全区生态旅游发展具有重要的推动作用。大弯货站扩能后是成都市“一线四站”铁路货运场站体系和西部铁路物流中心“两站两园一区”的重要组成部分，规划设计近期(2020年)年货物处理能力850万吨，远期(2030年)年货物处理能力1 100万吨。

成都第二绕城高速公路。是四川省高速公路网规划和成都市综合交通运输体系的重要组成部分，路基宽33.5米、双向六车道、设计速度100千米/小时。全长222千米，区境内长25.7千米，途经城厢、姚渡、清泉、人和4个乡镇96个小组，占地约3 300亩，设大同、城厢、人和三个互通收费站，与成南高速、成德南高速互通。2011年7月动工建设，计划于2015年8月建成。建成后将贯穿成都市二、三圈层以及周边广汉、简阳等12个区(市)县，与成绵、成南、成渝、成温邛、成灌等10条高速公路直接连接，对于缓解成都绕城高速公路交通压力，完善成都市综合交通运输体系和四川省高速公路网络，引导城市空间和产业合理布局，增强青白江区与成都市二、三圈层之间区县市及广汉市、简阳市的快速对接，有效解决毗河以南特别是人和片区出行通道问题，促进龙泉山脉功能区经济发展和圈层融合、物流商贸、产业倍增区域经济发展具有重要作用。

区内建设项目。

G108青白江段加宽改造工程。全长5.3千米，路基宽35—53米，主车道为双向4—8车道，沥青砼路面，计划总投资4.1亿元。2013年3月开工建设，9月完成主车道建设，2014年基本完成G108青白江段加宽改造工程。

同华大道西延线（含成绵乐客专青白江东站外联道路）。全长约2.5千米（其中同华大道西延线约1.7千米、青白江东站外联道路长约0.8千米），主车道双向6—8车道，沥青砼路面，包含成绵高速加宽段约1千米和排水、照明工程，总投资约1.9亿元。项目于2013年5月动工建设，目前已基本完成外联道路、成绵高速加宽段施工，正在加紧进行成绵高速加宽段桥梁工程、下穿船槽施工。

大件路东绕线。项目位于西部铁路物流中心南侧，是西部铁路物流中心重要货运通道，对实现我区与天府新区交通无缝衔接、主动承接其产业辐射，有效分流过境货运交通和城市交通意义重大。道路全长约11千米，双向4车道，沥青砼路面，总投资约6.9亿元。自2014年8月底启动拆迁以来，涉及的3个乡镇182户农户拆迁，已签订协议176户、完成97%，部分路段涉及的房屋已拆迁，涉及的杆管线迁改已签订协议并与施工同步进场实施。施工单位已于9月进场，现已完成起点段川陕复线中央分隔带绿化拆除，正在进行路基桥涵施工。

青解路改移工程（老厂前片区道路整治及青解路跨线立交工程）。项目对实现工业园区与川陕复线有效交通连接、缓解城区交通压力、促进工业和物流商贸业快速发展具有重要作用。目前已完成施工图设计和BT招商，计划2015年5月动工。

公路桥梁维修整治工程。新老姚渡大桥、新大石路毗河大桥、康家渡桥和老大石路康家渡大桥、东方渡大桥6座桥梁护基维修加固工程于2014年4月动工，5月上旬全部完成。计划拆除重建的老大石路观音庙桥、龙泰路双河桥2座桥梁，已封桥禁行，计划2015年5月完工。

区综合客运枢纽站。项目是成绵乐城际铁路青白江东站和成兰铁路起点，建设集公路、铁路、城市公交、班线客运、出租客运及社会车辆为一体的综合客运枢纽。毗邻成绵乐城际铁路青白江东站，占地约168亩，总建筑面积约28 000平方米，按国家一级客运站标准建设，总投资2.75亿元。目前已完成长途客运中心框架主体、砖砌体施工和基础回填；公交调度中心顶层混凝土浇筑。现长途客运中心正在进行钢结构网架、幕墙装饰工程、通风空调以及消防安装工程施工；公交调度中心正在进行砖砌体施工。

村组道路建设。全市村组道路标准化建设、加密乡村公路路网、实现“组组通”的统一部署和要求，2014年新改建村组道路77.5千米。

公路安保工程。按照省、市道路交通安全综合整治工作要求，2014年安装公路波形护栏34.86千米、更换补充交通标志牌150套、重新施划交通标线约60 000平方米。

【公共交通】 按照市委“圈层融合”、“政府办公交”理念，推进城乡公交一体化。稳妥完成区内10条民营公交线路、86辆公交车资源整合，全面完成原有公交线路、站点、运力配置、发班频率的优化调整。新开行主城区至成绵乐客专青白江东站、物流园区和工业园区以及清泉、人和片区等惠民公交线路，开行工业园区、人和学校等区域定制公交，全区共有公交客运线路21条（含601路、11路），公交车159辆，营运里程638.16千米。全年客运量1 151.2万人次，总行驶里程826.1万千米，完成客运收入2 342.1万元。区内公交线路情况见下表。

2月7日，区内第8路、9路公交客运线路开通

2014 年区内公交线路运行情况表

序号	线路编号	线路起讫点	每日运营时间	票价
1	1 路	川化量力钢材城—佳飞建材市场七号门	6:20—20:20	2 元
2	2 路	区客运中心站—城厢中学	6:00—21:00	2 元
3	3 路	区客运中心站—石板滩客运站	6:20—18:30(青白江) 7:00—18:30(石板滩)	2 元
4	3A 路	区客运中心站—龙王	6:45—19:00	2 元
5	4 路	区客运中心站—金堂客运站	6:30—20:00	2 元
6	6 路	区客运中心站—清泉客运站	6:00—21:00	2 元
7	7 路	区客运中心站—杏花村景区游客中心	7:00—17:30	2 元
8	8 路	田园广场—集装箱物流园区	7:00—20:00	2 元
9	9 路	团结中路—大港建材城	7:00—20:00	2 元
10	10 路	成绵乐客专青白江东站—田园广场	7:00—20:00	2 元
11	11 路	城厢客运站—新都客运站	7:00—19:40	阶梯票价
12	12 路	清泉—石板滩	6:00—18:00	2 元
13	13 路	清泉—红花塘	6:00—18:00	2 元
14	14 路	清泉—洪安	6:10—18:00	2 元
15	16 路	团结中路—散货物流园区	7:00—17:00	2 元
16	17 路	清泉—三元—人和	6:00—17:30	2 元
17	18 路	清泉—云顶	6:10—17:30	2 元
18	19 路	清泉—北宁	6:00—17:20	2 元
19	20 路	清泉—五爱	6:10—17:30	2 元
20	21 路	清泉—人和	6:00—18:00	2 元
21	601 路	青白江客运站—成都北湖公交站	青白江—北　湖 6:00—18:30 北　湖—青白江 7:20—20:00	空调车上车 2 元，全程 6 元

【公路客运】 2014 年全区共有客运企业 4 家，分别为青白江长运运业有限公司(下设一分公司、公交分公司、出租汽车分公司)、四川亚细亚运业有限公司青白江分公司、成都市通怡出租汽车公司、成都新开元城市建设投资有限公司。有公共客运车辆总数 365 辆(其中出租汽车 112 辆、客运班车 69 辆、客运包车 25 辆、公交车 159 辆)。有等级客运站 3 个(区客运中心站、城厢客运站、清泉客运站)、港湾式公交站 127 个、一般城市公交站 27 个。累计完成公路运输客运量 6 944.79 万人、客运周转量 117 003 万人千米，同比分别增长 11.36%、11.52%。

青白江区客运中心站是本区客运枢纽，开行有至成都中心城区、新都、龙泉、彭州、都江堰、邛崃、新津、郫县、双流、温江、崇州和广汉客运班线，连接德阳、绵阳、南充、自贡、简阳、乐山、宜宾、雅安、安岳、泸州、广安、遂宁、达州、重庆、巴中、通江、合川、蓬溪等 15 个地(市)的客运班线。

集轨道交通、城市公交、公路客运、社会车辆及出租车为一体的无缝换乘、有机衔接的区综合客运枢纽站已完成长途客运中心框架主体、砖砌体施工和基础回填，公交调度中心顶层混凝土浇筑。长途客运中心正在进行钢结构网架、幕墙装饰工程、通风空调以及消防安装工程施工，公交调度中心正在进行砖砌体施工。累计投资 25 950 万元。

2014 年青白江区跨区道路客运线路表

起点站	终点站	途经道路
青白江区客运中心站	成都北门车站	108 国道
青白江区客运中心站	成都五块石客运站	成绵高速
青白江区客运中心站	成都东客站	108 国道、成都三环路
城厢客运站	成都北门车站	108 国道
城厢客运站	成都五块石客运站	成绵高速路
清泉客运站	成都市五块石客运站	云石路
青白江区客运中心站	龙泉汽车总站	清泉大道、成环路

续表

起点站	终点站	途经道路
青白江区客运中心站	金堂县官仓镇	省道 101、金广路
青白江区客运中心站	彭州市客运中心站	唐军路、省道105
青白江区客运中心站	都江堰市客运中心站	唐军路
青白江区客运中心站	新津黄石桥客运中心站	青白江大道、绕城高速
青白江区客运中心站	郫县客运中心站	唐军路、新犀路
青白江区客运中心站	邛崃客运中心站	成温邛高速路
青白江区客运中心站	双流客运中心站	成绵高速路
青白江区客运中心站	华阳客运中心站	成绵高速路
青白江区客运中心站	温江客运中心站	成温邛高速路
青白江区客运中心站	广汉市东门汽车站	108 国道
城厢客运站	广汉市东门汽车站	同福路
青白江区客运中心站	绵阳市客运总站	成绵高速路
青白江区客运中心站	德阳市汽车南站	成绵高速路
青白江区客运中心站	自贡市客运总站	成自泸高速路
青白江区客运中心站	泸州西南商贸城客运站	成渝高速路
青白江区客运中心站	南充市嘉陵车站	成南高速路
青白江区客运中心站	重庆龙头寺汽车站	成南高速路
青白江区客运中心站	乐山市客运中心站	成乐高速路
青白江区客运中心站	雅安市西门客运站	成雅高速路
青白江区客运中心站	广安市新南站	成南高速路
青白江区客运中心站	达州市南客站	成南高速路
青白江区客运中心站	简阳市城东客运站	成渝高速路
青白江区客运中心站	遂宁市南门车站	成南高速路
青白江区客运中心站	安岳市汽车总站	成渝高速路
青白江区客运中心站	宜宾市高客站	成渝高速路
青白江区客运中心站	崇州客运中心站	成温邛高速
青白江区客运中心站	乐至汽车总站	成渝高速
青白江区客运中心站	蓬溪汽车总站	成南高速
青白江区客运中心站	通江客运站	成巴高速
青白江区客运中心站	合川客运中心站	成南高速
青白江区客运中心站	巴中江北客运站	成巴高速

【公路货运】 抓住西部铁路物流中心建设机遇，积极培育壮大物流市场主体，引导发展多元化物流服务，新发展物流企业 267 家，截至 2014 年底，全区共有货运物流企业 736 家、成规模的品牌物流企业 20 余家。全区货运车辆总数 4 174 辆、总吨位 33 803 吨；累计完成公路运输货运量 5 014.65 万吨、货运周转量 93 197 万吨千米，同比分别增长 14.1%、14.3%。

【交通执法】 坚持“廉洁奉公，文明执法”的原则，以“道路交通安全综合整治攻坚年”为契机，联合公安交警开展“双超”治理和打击非法营运，负责组织实施出租汽车行业服务质量提升综合整治，着力开展车站及校园周边环境治理，采取错时检查和流动巡查相结合的方式，深入开展公路“非标”治理、客运市场、危险品市场、驾培市场、公路开口接道、超限运输和交通扬尘等专项整治行动。2014 年，依法查处各类交通违法违章案件 520 余件、非法营运车 180 余辆（含电机动三轮车）、违法违规运输车 190 余辆，卸载、转运超限货物 2 000 余吨，清障排障 80 余立方米、晾晒 40 余处（含打场晒粮），查处违法接道 8 处、非公路标志 60 余块（含移动店招）、违规占道经营 20 余处，查处率达 98%，纠正违章率 100%，车辆超限运输控制在 5%范围内，保持无公路“三乱”现象，无不良曝光、无行政错案、行政败诉、违纪事件发生。

【公路养护】 2014 年，修复信号灯 41 处、修复波形护栏 196 米、修复桥栏杆 17 米、补缺窨井盖 20 套、修复水箅子 73 套、路缘石 35 米，拆除国省干线及县道公路沿线的非公路标志标牌 80 余个，增设、修复公路标志标牌 220 个、新设行车道隔离栏 213 米、新设黄闪灯 3 组，疏通涵洞 260 余座次、维修涵洞 2 座，完成清泉大道 A、B 段路灯的常态化管理维护，采用开槽灌缝、稀浆封层等先进技术，完成成青快速通道、清泉大道、祥龙路、大石路、广大路等道路路面坑凼沉陷维修 1 155.82 平方米，灌缝 27 598 米，稀浆封层 4 417 平方米。坚持每日全时段公路路面清扫保洁约 300 万平方米，处理临时性路面污染约 95 余万平方米，清理成环线、青南大道、川陕复线等公路沿线倾倒物 42 次，约 1 600 立方米；完成边沟日常清理约 1 600 千米，清理垃圾约 3 200 吨；坚持对国省干线和区内主要出入城通道每天进行洒水降尘，共出动洒水车 1 100 余台次，洒水 85 000 余吨，冲洗路面约 9 800 万平方米；完成边沟边坡打药除草 200 万平方米，清理路肩边坡 13 500 平方米，堆积物 1 800 平方米，撒播草籽

2 300 平方米。完成石化基地大件路宝成铁路立交桥周边交通安全隐患整治、成青下穿隧道路面渗水治理工程、桂红路神仙桥整治工程、区内桥梁护岸护基工程等多项道路维修及整治迎检工程，总投入 1 100 余万元。

【路政管理】 严格落实行政事业性收费与上缴制度。2014 年，依法办理公路路产损坏、行政审批事项 21 件，收取公路路产损坏赔（补）偿费、占用补偿费 95.8 万元，全额上缴区财政。开展公路环境乱象集中整治行动。4—5 月，在大石路、姚日路、云石路 3 条县道公路及公路用地范围内，清理非法开口接道 9 条、边沟堵塞 8 处、种植农作物 4 处、堆放物品 3 处；在公路建筑控制区内责令拆除非法建筑物 1 处、构筑物 1 处，极大地改善了公路环境形象。完成公路路政巡查、管理与执法任务。组织公路巡查和监督检查 440 次、专项调查 106 次，及时处理搭接道口、公路污染、路面堆占、非交通标志、修建设施、边沟堵塞、砍伐行道树、摆摊设点、打场晒粮等违法行为 120 件，保障了公路完好、安全、畅通和整洁。

（供稿人：周　瑞）

邮　　政

【概况】 青白江区邮政局隶属成都市邮政局，是成都市邮政局非法人分支机构。2014 年，区邮政局紧紧围绕省邮政公司“富民强邮”发展战略和成都市邮政局邮政工作总体部署，通过全局员工共同努力，克服种种不利因素，在艰难中跋涉，在探索中前进，邮政储蓄、保险业务保持了又快又好的发展势头。函件、集邮、报刊、电商等业务平稳发展，职工队伍稳定，推动了青白江邮政工作的发展，创造了一个又一个业务发展亮点。邮政业务收入 1 630 万元，同比增长 14.75%。

2014 年，区邮政局机关设综合办公室、运行保障中心、金融业务部、市场开发部（市场开发部下设：集邮中心、电子商务中心、函件集邮中心）。区邮政局二级单位有发投分局、怡湖邮政支局、弥牟邮政支局、城厢邮政支局、太平邮政支局、石家碾邮政支局。在岗职工 105 人(其中：局领导 2 人、合同工 49 人、劳务工56 人)。

【邮政服务】 2014 年，区邮政局把提高服务质量，内强素质，外树形象作为邮政服务宗旨。以文明测评为契机，狠抓服务质量，形成了创先争优的良好氛围。修订完善星级服务制度和用户使用邮政业务流程、用户投诉、申告及建议处理办法。开展规范服务，提高服务质量专项项活动，服务质量进一步提高，服务领域进一步扩展，服务意识进一步增强。开展服务教育和培训。利用周二、周四晚对前台职工进行系统培训，从专业知识、邮政礼仪、仪容仪表、服务标准、服务用语、服务理念等进行强化培训。充分发挥 11185 客户服务中心的监督功能，对客户反映的问题做到件件有落实，事事有回音，防止出现热点、难点问题。继续强化首问责任制。每周开展服务总结，查找服务差距。按照服务质量考核办法严格监督检查、严格考核，通报考核结果。继续推行用邮引导员制度，实行业务办理引导制，引导用户办理业务解答用户咨询。向社会公布监督电话，接受社会监督，发放服务质量意见函，收回率 100%，用户反映良好。不断创新服务举措，注重星级服务质量，强化个性化服务，坚持文明用语、礼貌用语，窗口一律实行普通话，规范化服务落到了实处，提升了整体服务水平和服务质量。

【邮政投递】 改革投递体制。按照报刊收投合一要求，继续加强营投网络建设，制定营投网络方案。设立汽车邮路 8 条，汽车投递段道 8 个，自行车段道 9 个，精品投递段 1 个。全局有男投递员 15 名，女投递员 14 名。实行报刊收投合一后，缩短了处理时限，加快了投递速度，做到了早报早投，解决了用户反映的报刊晚点，短缺等热点、难点问题。

2014 年报刊流转额 689 万元，投递平常函件 955.28 万件，收平常函件 13.6 万件，收包裹 1.1 万件，投递包裹 2.01 万件。

【报刊发行】 继续加强与党政部门和宣传部合作，拓展党报党刊市场。征订党报党刊 10 026 份。其中《成都日报》5 600 份，报刊收入 202.16 万元。

【代理速递】 2014 年邮政代理速递收入 80.32 万元。

【代理邮政储蓄】 2014 年代理邮政储蓄 8 964.55 万元，邮储余额累计达到 5.355 亿元。

【代理保险】 与保险公司合作，充分发挥临柜人员的营销力量，全年代理保费 2 968 万元。

【邮政管理】 精确经营，精细化管理是企业严格管理的根本，现代化管理又是新形势下企业生存与发展的内在要求，区邮政局始终把管理工作作为保障发展的重中之重。加强成本管理，严格财务预算是企业管理的重点，制定了青白江区邮政局控制成本费用管理办法和质量管理办法。强化资金管理，提高资金运作效能，实现成本管理的科学化。强化两岗履职，落实监督检查频次、监控岗位履职情况、完善监督检查实施办法，落实邮政业务管理规章制度。民主管理，实行政务公开、制度公开、奖惩公开、考核公开。强化内控管理，确保资金安全。严格车辆管理，确保行车安全。2014 年杜绝了资金票款、防火、防盗、车辆、人身安全等事故、案件的发生，保证了经营成果，确保了一方平安。

（供稿人：蔡长信）

电　信

【概况】 中国电信股份有限公司成都青白江区分公司位于青白江区大弯镇华金大道二段。

2014 年，分公司宽带用户数较 2013 年增长 16.8%；移动用户数较 2013 年增长 17.2%；光纤入户用户较 2013 年增长 63.8%。“商务领航”“169”等其他电信业务也得到不同程度的发展，2014 年业务收入 10 895.00 万元。

2014 年，分公司认真贯彻落实区委、区政府以及上级公司的各项工作部署，以迎接挑战，保持宽带优势，实现 4G 宽带发展新突破为工作重点，扎实推进企业转型战略、提速发展，持续深入开展优质服务提升等活动，全面提升服务水平和服务质量，保持了企业持续、全面、健康发展。

【经营业务】 2014 年，为加快发展方式转变，抓住发展机遇，突破发展瓶颈，奠定发展基础，分公司紧密结合实际，通过发展能力的全面提速以及服务质量的全面提升，全力拓展通信市场。

2014 年，在大力加速推进市场营销基础能力建设的同时，分公司对各项业务发展任务按时序进度逐一落实。梳理客户信息、细分客户业务类型，在稳定、保有存量客户的基础上，积极宣传、引导客户向光纤入户迁转，在宽带、天翼业务促销活动中，以 3G 比例提升为重点，宣传推介 4G 新业务，组织宣传、演示等活动，对小区、社区区域客户聚焦，保持饱和式宣传，采取体验式营销、驻点式营销等，树立电信宽带、移动等业务的优良品质形象。

2014 年 7 月 22 日，天翼 4G 首发式现场

【全光网络与基础设施建设】 按照区委、区政府统筹推进城乡通信基础设施建设的战略部署，打造“光网青白江”、“智慧青白江”，使现有的互联网接入带宽能力从兆级跨越至 100 兆级以上，达到发达国家先进水平，提升全区信息化水平和地位，改善招商引资环境，通过全区通信基础设施的不断优化、完善、升级，满足广大群众和社会各界、公司企业等不断增长的信息服务需求。

2014 年，总投资 1 530 万元，建设城区光纤入户端口 3.9 万个，城区光网覆盖率 100%；农村光纤入户端口建成 5.78 万个，全光网络覆盖自然村 98%；工业园区、专业市场全光网络覆盖 100%，用户接入网络能力达到 1—1 000 兆的能力。在大力进行光网建设的同时，全力加快 4G 网络建设，打造高品质移动网络。2014 年，新建 4G 基站 37 个，实现城区、农村乡镇以及道路、景区、所有的自然村全面覆盖。

【服务管理】 全面改善客户对电信服务的满意度和感知度，分公司强化服务支撑管理，健全机制，明确职责，深化服务理念，着力提升装维服务。

优化流程，加强管控。组织开展装维服务攻坚，梳理系统死单、错单、高次催单等，加强维护人员思想工作，稳定装维人员队伍，备足上网终端，及时为客户调换，线路障碍组织施工队伍集中处理。

分公司对装移维以及客户障碍受理流程进行全面梳理、优化，工程建设与客户营销部门加强协调沟通，做到客户资源和网络资源信息共享；网络维护与装移修部门要步调一致相互协作。加强服务技术支撑，由分公司服务支撑部组织线路工程建设、网络维护等实施"三个"快速响应：对有客户需求且线路不到位的迅速组织施工；对装维人员不能解决的线路网络技术问题迅速组织整治；对客户反映的无法上网障碍迅速进行"诊断"，有效提升宽带和其他障碍装维指标。

【服务范围及营业网点分布】 2014 年，青白江区分公司营业网点分布于全区 7 镇 2 乡共 26 处。

青白江分公司 2014 年营业网点及服务范围

网点名称	地　址	服务范围
大弯镇华金营业厅	青白江区华金大道二段 237 号	各类政企及公众客户
大弯镇成钢社区厅	青白江区玉带巷 12 号	购物商圈及住宅小区
大弯镇三桥广场社区营业厅	大弯南路三桥广场附 73 号	购物商圈及住宅小区
大弯镇青江南路天翼专营店	青白江区大弯镇青江南路 2 号	购物商圈及住宅小区
大弯镇红阳路社区营业厅	红阳东路 30 号	新兴住宅小区
大弯镇华逸社区营业厅	华逸花园铺面	新兴住宅小区
大弯镇幸福家园社区营业厅	青白江幸福家园铺面	新兴住宅小区
大弯镇东路社区营业厅	青白江大弯东路	新兴住宅小区
大弯镇政府路社区营业厅	政府北路 67 号	购物商圈及住宅小区
城厢镇建设路营业厅	城厢镇建设路 2 号	购物商圈及住宅小区
大同镇正街营业厅	大同镇正街 17 号	新兴住宅小区及农客
福洪乡永安街营业厅	福洪乡永安街 10 号	农村客户
合兴镇新华街营业厅	合兴镇政府街 40 号铺面	农村客户

续表

网点名称	地　址	服务范围
龙王镇商贸街营业厅	龙王商贸街 86 号铺面	农村客户
弥牟镇茶树街营业厅	弥牟茶树街 8 号 1 栋	聚类园区及农村客户
人和乡营业厅	人和乡信用社对面临街铺面	农村客户
祥福镇日新西街营业厅	祥福镇日新西街 31 号	农村客户
祥福镇中街营业厅	祥福镇南街 1、3 号铺面	农村客户
姚渡镇四通路营业厅	姚渡镇八达路 135-137 号铺面	农村客户
清泉清石路营业厅	清泉镇清石路 24-26 号	农村客户
弥牟镇鸡市巷营业厅	弥牟鸡市巷	聚类园区及农村客户
大同物流园区营业厅	物流园区现代物流办公一楼	聚类园区及农村客户
城厢镇南街营业厅	城厢镇南街友邻超市旁	聚类园区及农村客户
清泉镇平安路营业厅	清泉镇平安路 110 号	农村客户
祥福镇同兴街营业厅	祥福镇同心街	聚类园区及农村客户
弥牟镇民族街营业厅	弥牟伊斯兰民族街	聚类园区及农村客户

【安全生产】 分公司把安全生产工作列入重要议事日程。时刻注意安全生产警钟长鸣，着力增强员工自我安全意识，提高自我防范能力。

2014 年，以确保"两会"以及国庆等节假日期间通信网络安全为重点，按照确保通信安全保卫工作部署和确保企业稳定、维护企业和社会和谐要求，对网络通信安全作出专门安排。组织力量对党政军、金融、证券等重要政企客户网络设备、光缆线路、基站、全球眼的隐患排查及通信机楼、机房的用电、"四防"（防爆炸、防火灾、防破坏、防盗窃）安全检查，发现问题及时处理，培训专业维护人员，熟练掌握涉及全区范围内的网络预案内容的应急调度操作，一旦发生突发情况，立即启动预案并能熟练地进行应急处置，确保网络安全和生产现场安全。2014 年，无重大人身伤亡事故发生，无重大设备损毁事故发生，无重大治安案件和火灾事故发生。

认真做好内部员工稳定工作，排查影响稳定隐患。狠抓服务，提升客户感知，避免客户因通信服务质量问题的投诉、越级上访事件的发生，认真对待客户的投诉，迅速、高效地解决客户投诉的问题。2014 年，解决客户投诉 1 086 件，未发生一起客户上访事件，从而保证了分公司生产建设的正常进行。

【员工队伍建设】 分公司坚持以职业道德情操和岗位技能培训为重点,努力建设一支学习型、技能型的维护、营销和专业化的管理队伍。

从关爱员工入手,为员工提供实现其价值追求的事业平台,激励员工学习,实现自身增值需求,疏导员工精神、心理压力,建立渠道予以发泄、释放,尊重员工各种合理诉求。转变工作方式。从点滴小事着手,关注细节,掌握了解员工的言行举动,从实际工作出发,解决工作环境问题、解决员工自身实际生活问题等,从而全方位关注关心关爱员工,创造良好的工作氛围。

提高服务质量、服务水平。分公司不定时不定期开展各种业务知识学习培训,形成重学习、爱学习、"自我增值"的良好风气,使员工迅速掌握新的业务知识。提高整体业务素质。

开展企业文化建设,构建企业文化氛围。2014年通过组织开展服务于快速发展、服务于品质提升等活动,员工队伍不断深化服务理念。开展"党员突击队"、"青年突击队"等活动,充分发挥党员、青年在营销服务中的先锋模范作用。工会兴趣小组开展丰富多彩、健康有益的业余文体活动凝聚了员工,激昂了士气,促进了企业持续、健康、和谐发展。

(供稿人:彭忠良)

移动通信

【概况】 中国移动通信集团四川有限公司青白江分公司(简称青白江移动分公司)隶属于中国移动通信集团四川有限公司,是中国移动通信集团四川有限公司的非法人分支机构。2014年,青白江移动分公司有在册员工100人,员工平均年龄31岁。具有本科及以上学历员工41人,其中,具有硕士研究生学历的员工3人;大专学历31人、高中及中专学历25人。

2014年,青白江移动分公司在区委、区政府的领导和区级各部门的大力支持下,全体干部员工辛勤努力和奋力拼搏,实施"改革创新、转型升级"总体战略,坚持以促进信息消费为工作抓手,全面推进信息基础设施演进升级、扩大信息消费需求、支撑产业转型、服务民生改善,各项工作中取得较好成绩。2014年业务收入保持两位数增长,业务总收入再创历史新高,在话务量稳步提升的同时,拓展流量经营蓝海空间,跨行业合作发展初见成效。

【经营业务】 青白江移动分公司主要经营业务范围有:移动通信业务(包括语音、数据、多媒体等);IP电话及互联网接入服务;从事移动通信、IP电话和互联网等网络设计、投资和建设;移动通信、IP电话和互联网等设施的安装、工程施工和维修;经营与移动通信、IP电话和互联网等业务有关的系统集成、漫游结算清算、技术开发、技术服务、设备销售等。出售、出租移动电话终端设备、IP电话设备、互联网设备及其配件,并提供售后服务。2014年渠道网点180余家,渠道满意度,宽带满意度等月均情况全市排名第五位。

服务"五区"发展战略,加快产业园区移动通信设施建设。产业园区内2G网络覆盖率达到99.95%,3G覆盖率达到96%,4G覆盖率达到92%。网络语音承载能力、移动数据承载能力和速率指标居成都地区中上水平。完成传输光缆320多管孔千米,产业园区光纤覆盖面100%,网络出口总带宽20GB,园区内单用户出口的带宽最高值可达到1GB(与成都全域水平一致,高于其他地市州)。

大力推广行业信息化应用,打造"智慧产业"。在工业企业推行IMS固移融合通信解决方案、开通物联网火车GPS定位应用、架设省际出川视频传输专线,帮助传统企业减支增效、转型升级。与政府机构及服务型企业合作,布置智能传感器点位近千个,初步实现智能物联;在物流企业推广无线WLAN、无线视频监控、M2M物联网等应用,实现信息化方案多样化。

【网络建设与管理】 2014年完成投资1.2亿元。加强区域移动网络、线路传输及场镇(村社)宽带建设,进一步提高辖区网络规格承载能力。

4G网络覆盖全省领先。截至12月底,4G基站达到300个,实现了主城区及区域内党政军机关、各乡镇场镇街道、景区、工业园区和高校、高速高铁以及道路的4G网络全覆盖,总规模全省领先。城区网格内4G网络覆盖达到97%,各物流商贸园区覆盖率达到

95%以上，在圈层中辖区内无线利用率达到 60%，人均流量达到 132M。辖区内 4G 基站每平方千米达到 8 个，每万用户基站数达到 9 个，4G 下载速率最高达 60 兆，区域网络能力及质量居于西部前列。

光纤宽带走进千家。加快智慧城市建设，推进城乡信息一体化，有线宽带，已完成传输光缆 700 管孔千米，建成光纤端口 7 000 线，光纤达到行政村 27 个，农村光纤宽带村通工程覆盖近 2 万户，乡音网使用率由 12.3%提升至 19%，是成都全域光网建设领先区县。

2014 年 GSM 小区完好率年度值达到 99.97%，T 网小区完好率达到 99.98%，两项指标均超过行业优良标准。

【企业管理】 2014 年，青白江移动分公司从绩效管理、人力资源、激励模式、培训体系、班组建设及创新能力入手，优化考核机制，突出机制竞争力。优化人力资源管理，强化人才竞争力。加强民主管理，增强企业战斗力。量化薪酬管理，激发员工动力。加强培训管理，提高员工业务能力。完善创新激励制度，巩固持续发展能力。

【社会服务】 服务“智慧管理”。2014 年发送党政电子手机报 300 万次，电子门票及电影票 20 万张，校讯通管理平台教务通知 420 万次。建立社区服务点及医保刷卡点位 137 个，开通电子政企外网 72 个，各大银行 WLAN 点位 21 个。凤凰湖、杏花村等旅游景区引入四川移动“想看”平台，银犁冷链引入“和聚蜀商”云商圈，初步实现智慧政务、智慧校园和智慧旅游。

打造“智慧社区”。建成光纤端口近 4 万线，光纤网络覆盖 4 万户家庭，全区覆盖率近 70%。与广电合作推出，整合移动语音、光纤宽带、高清电视等多项业务，推出三网融合产品“爱家套餐”，深受广大家庭用户欢迎。

服务网点全面覆盖。各类服务网点 180 个，覆盖主城区、所有乡镇和部分村社，乡镇网点覆盖率达到 100%，方便移动客户办理通讯业务。在 2014 年，免费为 19 万移动客户更换 4G SIM 卡，区域 4G 业务月累计使用达到 3.84 万人次，人均流量 487M。

配合政府及相关部门做好迁改工作。完成线路迁改 20 次，迁改光缆长度合计 60 余千米，新增零星整治 24 处。其中青南大道光缆迁改 2.6 千米、龙洞光缆迁改 2 千米、万贯机电城光缆迁改 16 千米、重汽光缆迁改 10 千米、巨华纺织厂光缆迁改 2 千米。配合区综治办完成城区“乱像”整治 30 余处，更换井盖、光纤交换箱 20 余处。

做好重要活动通信保障。2014 年完成大型通信保障 15 次，出动应急通信车 10 车次，人员 110 人次。更换基站载频 5 个，处理基站传输故障 3 起，电源故障 2 起，通信保障基站发电 20 次，发电合计 10 600 余分钟。完成了区委、区政府各项通信保障任务。

联合网络通信

【概况】 中国联合网络通信有限公司青白江区分公司(简称联通青白江区分公司)成立于 2002 年，主要负责本地区 2G/3G/4G 移动网络、固定电话、互联网和增值业务等综合电信业务的经营管理和发展建设，在青白江区建立 9 个自办营业厅、15 个合作营业厅、13 个代理点，员工 93 人，办公地点位于华金大道二段 406 号二栋。

【基础设施建设】 2014 年，联通青白江区分公司紧紧围绕区委、区政府各项重大活动，做好通信保障工作。城区小区宽带全面覆盖，基站建设城区全覆盖，祥福、清泉等乡镇的点覆盖，俊翔和大港等大型市场的语音全面覆盖。

【智慧城市建设】 根据青白江区自身的发展愿景与目标，引入大数据、云计算、移动互联与社交网络等核心技术，通过感知化、互联化与智能化改造城市通信环境，营造有吸引力的产业环境和高质量的生活环境，带动经济发展和产业转型升级，构建有区域特色的智慧城市，提升青白江区的竞争力和吸引力，促进经济社会持续发展。

【诚信体系建设】 协助青白江区强化公共安全体系建设，联通青白江区分公司和青白江区政府完成餐饮行业食品安全诚信体系监控平台建设，利用信息化手段，改善现有的监管模式，加强食品、药品安全监管，保障食品、药品、公商、质检安全,降低重大意外事故发生,让更多的企业自愿接受监督管理。提升青白江区市场监督管理执法效率,推进政务公开、服务大众,提升企业形象、打造和谐社会。

【智慧残联建设】 联通青白江区分公司为残疾人提供“量体裁衣”式服务,为每个残疾人量身定做“一人一策”的发展和帮扶方案,应用互联网现代化技术进行科学管理,实现“残疾人自己能做什么”、”残疾人需要我们做什么“和”我们能为残疾人做什么“三者之间有机结合。通过在手机上填写电子版“两表一卡”,直接同步到“量服”系统,一步到位,既提高工作效率,又可使数据自动同步到后台数据库, 实现无纸化办公,并且信息永不丢失。以残疾人为主导,通过多种技术方式实现主动式监管,保证基础数据的准确性。联通青白江区分公司免费建设的移动互联网平台,扩展现有系统功能,实现残疾人、工作人员、系统三者之间的交流互动。

(供稿人:余俊虹)

广电网络

【概况】 四川省有线广播电视网络股份有限公司是根据全省文化体制改革和文化产业发展需要,整合全省有线广播电视网络组建的文化企业,青白江区分公司是该公司在青白江区设立的分公司。

2014年,青白江区公司有员工100余名。主要业务是提供有线广播电视信号传输业务、模拟电视业务、数字电视业务、互动电视业务、数据宽带业务、专网业务等。

广电网络公共文化服务升级活动现场

【营运业务】 2014年底,已发展有线电视用户10多万户,其中,数字电视用户近7万户,模拟用户近2万户,互动用户近2万户;宽带用户2万多户;地面数字电视用户1.5万户。公司经营收入近4 000万元。

(供稿人:廖 旭)

供 电

【概况】 国网四川省电力公司成都市青白江供电分公司(以下简称“青白江供电公司”)坐落于成都市青白江区。该区位于成都市东北面,东临金堂县,西接新都区,南邻龙泉驿,北与德(阳)广(汉)接壤,面积378.94平方千米,常住人口41.5万。是国家“一五”时期规划建设的西南第一个工业区, 青白江区是国家“一五”时期规划建设的西南第一个工业区,四川重要的冶金、建材和机械制造基地,西南最大的铁路物流枢纽, 成都市4个商品市场集中发展区之一。2014年,地区生产总值326.54亿元,同比增长8.5%,连续6年入围四川省综合实力“十强”县。

青白江供电公司是国网成都供电公司五个I型直属县供电企业之一, 供区面积148.2平方千米,担负着青白江城区2个街道办(红阳、大弯)和4个建制镇(大同、祥福、弥牟、龙王、)区域内工农业生产、人民生活用电的重要任务,该区城厢、姚渡、福洪、清泉、人和5个乡镇由金堂供电公司负责供电。

公司曾荣获中华全国总工会“工人先锋号”、全国电网企业“最具活力工会”、国家电网公司“工人先锋号”、国家电网公司新农村电气化建设先进单位、四川省五一劳动奖状、省电力公司“双十佳”文明单位、省电力公司安全生产先进集体、省电力公司“一流县供电企业”、成都供电公司先进单位、管理标杆单位、四好领导班子、五好基层党组织、安全生产先进单位等多项荣誉。

【人力资源】 按照四川省电力公司“三集五大”体系

建设对县级供电企业机构设置调整的要求，青白江供电公司设1室(办公室)、7部(人力资源部、财务资产部、发展建设部、安全监察质量部、运维检修部、党群工作部、乡镇供电所管理部)、2中心(电力调度控制中心、客户服务中心)和12个班组(其中五星级班组3个，输电运检班荣获成都供电公司2014年标杆班组称号)，管理3个电力服务所(弥牟、大同、日新)和2家集体企业(骏能青白江分公司、三新青白江分公司)。

有全口径员工321人，全民员工占30.53%，农电员工占35.83%，大集体员工占1.25%，集体自聘员工占32.4%。青白江供电公司坚持后续教育、技术培训和组织学习，员工中研究生、大学本科以上占30.53%，副高、中级职称员工占22.12%，有相当比例人员获国网公司、省电力公司优秀技能人才、优秀内训师称号。

【电网建设】 青白江供电公司积极参与地方政府出资编制的《成都市青白江区电力专项规划(2012—2020年)》，将其纳入地方规划。按照区域产业转型需求，梳理电网建设改造项目，将电网项目、大修、技改等纳入公司项目储备，2014年规划通过专家组评审。在成都供电公司指导下，开展配电网规划梳理和编制《2015—2020年配电网规划滚动修编》，加强政企联动，分析北部新城、龙王镇等重点片区配电网建设，制定针对性措施、协调政府修建电缆。

提前介入电网建设各项工作，确保建设项目顺利推进。2014年，110千伏前进、革新输变电工程投运，运行情况良好。排除110千伏桂通输变电工程通道障碍，清除牵引站扩容110千伏供电线路工程建设通道内的障碍，配合成都公司取得成都龙青西线220千伏线路改造工程项目前期工作的路条，协调区能源办、设计单位、经研所梳理220千伏祥福输变电工程进出线方案，优化220千伏接入和110千伏配套方案。

【经营管理】 以“四个服务”为宗旨，以安全基础扎实为前提和保证，以全年工作任务为中心，坚持管理精细化、标准化，践行“三个十条”，树立“地区发展电力担责，电力发展促地区经济”的服务理念，推进企业科技创新和管理创新，为发展地区经济、提高城乡居民生活质量提供电力保障和优质服务。

以建设“一强三优”现代供电企业为奋斗目标，以多项技术支持系统建设和主配网同步协调建设打造智能电网，以不断夯实管理基础、管理创新和技术创新为引领培养和锻炼人才队伍，以精益化管理促进工作质量和服务品质的不断提升，实现企业健康、稳定发展。

2014年，完成售电量15.68亿千瓦时，110千伏及以下线损率2.08%，优于年度目标值0.42个百分点，售电均价485.93元/千千瓦时，同比增长2.48%，电费回收率指标满足上级单位要求。综合电压合格率99.99%，供电可靠率RS399.978%。累计安全生产6 046天。无安全生产事故、无影响和损害企业形象的重大服务事件、无影响稳定和廉政建设重大事件发生。

2014年，青白江供电公司成为国网成都供电公司同业对标资产经营标杆单位。通过全面预算管理，加强资金、物资、工程、固定资产管理，和财务基础管理，充分运用成熟套装软件等信息化工具，结合县公司精益转型试点契机，使用精益工具，完成单位资产售电量51.06千千瓦时/万元，成本费用收入比重72.31%，每万元电网资产运行维护成本529.16元。

截至2014年12月31日，有变电站8座，主变32台，总变电容量121.13万千伏安。其中220千伏变电站2座、110千伏变电站4座、35千伏变电站2座。35千伏及以上线路18条，73.5千米；10千伏线路41条，378.93千米。规划中的变电站7座，其中220千伏2座，110千伏5座，计划投资8亿元。在建的1座，为110千伏变电站。2012年至2014年期间，新投110千伏变电站1座，新增主变容量10万千伏安。110千伏及以上电网容载比2.21，比2013年的1.8增加0.41。

【安全生产】 2014年，青白江供电公司未发生各类事故障碍，辖区内无输电线路事故跳闸，配网故障率降低28%，各类外力破坏事件同比下降46.88%，安全生产形势持续稳定。

青白江供电公司多措并举，确保设备安全运行和有效防范外力破坏风险。结合年度线路“三清理、三整治、三确保”工作的开展，重点完成35千伏停运青向线跨越成绵高速路的重大隐患处置。安装辖区内涉电鱼塘安全围网和警示标志103处，清理整治线路设施警示标志等 2 400 余处，清理整治输、配、农网线路通道 72 条。加强防外力破坏的宣传和安全隐患告知，发放电力设施保护宣传资料 6 000 余份，确保线路运行安全。

加强安全分析，变被动为主动通过现场违章照片和影像资料开展讨论，变被动学习为主动分析；针对大型施工召开现场会，分析任务分工、安全措施、人员交底等问题，变事后考核为事前控制；结合安全形势开展安全大讨论，优化工作流程及风险防控；将安全分析会列入班组安全学习内容，落实层层传递效果；领导干部、管理人员深入班组参与安全大讨论，传达安全精神，解决班组安全问题。结合集体企业“三清理、一提升”活动，加强集体企业及外委施工单位的安全管理，从安全组织结构、规章制度到安全工器具和劳动保护用品清理，到集体企业人员安全素质培训教育，严格与主业管理同标准、同要求，有效提升了集体企业安全管理水平。

2014 年完成大修技改及配网项目 12 项（大修 7 项，技改 2 项，配网项目 3 项），完成计划金额 485.6 万元，确保了大修技改项目完成率、资金执行完成率均达到 100%，提前完成了结算工作。加强电压无功管理，加强电压监测点检查维护，着重加强农网低电压整治，电压指标名列成都公司前列。精心编制方案，认真组织实施，顺利完成春节、国庆、两会、十八大、高中考、樱花节、菊花节、区运动会等重要保电任务。

【农电工作】 青白江供电公司完成 2014 年农电大修项目 33.9 万元的施工决算。完成 2014 年农网改造升级工程 233 万元，工程完成量 75%。2014 年农电专项成本资金总量 68 万元，完成率 100%。完成 2014 年农维资本金项目 263 万元，完成率 100%。完成 2014 年技改资金项目 89.1 万元，完成率 100%。完成青白江农网“2015 年青白江农网大修、技改项目库”规划及可研报告的上报、审批工作。新增及改造 10 千伏线路 15.2 千米，低压线路 12 千米，新增及增容 51 台配电变压器。电费解缴率 100%。农网低压综合线损率 4.84%，农村综合电压合格率 100%；农网供电可靠率 99.99%。未发生人身伤亡事故，未发生重大责任设备事故，未发生有责任的农村低压配网触电事故，未发生火灾及交通事故，实现了农电安全生产无事故的目标。

狠抓农电生产现场安全管理，有效保障了农电生产现场的安全有序。在四川省电力公司 2013 年度乡镇供电所同业对标工作中，弥牟供电所获得安全生产标杆 B 类供电所殊荣。深入开展“包片进村”工作，切实做到深入一线、深入基层、了解实情、解决困难。出动 158 人次，深入供电所 22 次，走访村（社）委员会 53 个，走访农村客户 20 319 户，设立宣传栏 53 个，发放农村安全用电常识、连心岗、连心卡等供电服务资料 3 万余份。发现问题 6 项，解决问题 5 项。

【科技与信息化】 2014 年，青白江供电公司 “武绍模创新工作室”取得发明专利 1 项，实用新型专利 5 项。以“便于装卸以及使用的占道警示系统”和“液压压接钳 240 毫米一次性压接成形模具”的专利，解决了日常生产工作中遇到的难题，提高了工作效率。

青白江供电公司在国内外无任何参考先例的情况下，开展县级供电企业全面精益转型试点工作，创造性地构建了《县级供电企业精益评价指标体系》，编写《县级供电企业精益评价工作指南》，在较大范围、较高层面为提升县级供电企业现代管理提供了理论依据，有效评估县级供电企业的精益水平，指导县级供电企业的精益水平提升。在项目实施过程中，两名参与人员获得省电力公司精益绿带人才认证，在基层供电公司尚属首例。

配合上级单位，做好信息及信息安全工作，化管理，防止发生信息安全事件。各类信息及时上报上级单位，通过企业媒体平台向公众传递，确保各项信息化工作顺利开展。

【市场服务】 全面规范业扩报装精益化管理，严格控制各环节办理时限，确保业扩报装时限达标率 100%。规范 SG186 系统基础数据，逐步提高完整性和准确性。加强营业抄核收管理，完成销售电价分类结构调整，开展预付电费推广，抓好电费回收。受理客户各项申请 3 672 笔，其中高低压客户新装增容申请 539 笔、变更用电申请 1 581 笔、杂项业务申请 1 552 笔。签订供用电合同 24 169 份，其中高压供用电合同 88 份，临时供用电合同 21 份，低压供用电合同 259 份，居民供用电合同 23 801 份。

加强供电优质服务管理，建立抢修应急联动机制，提高抢修协同服务效率。进一步规范故障抢修工作流程，切实提高故障抢修处理效率和质量，建立了故障抢修应急联动机制，明确调度、运检、营销等部门工作职责，用电客户按重要、敏感程度分级，各类主配网、客户故障抢修实施协同联动。根据青白江区十大园区合并整合的实际情况，开展专项走访，了解各园区管委会用电及服务需求，设立园区常设代表，更好地服务于园区。在迎峰度夏(冬)用电高峰期间，联合区经信局召开有序用电工作会，向全区工业企业、各乡镇、管委会等企业和政府职能部门，通报供需形势和应对措施，为迎峰度夏(冬)工作奠定了坚实基础。进一步拓展智能电表应用功能，大力宣传智能电表应急用电功能，为客户提供“10元”应急电量，有效化解了关于智能电表应用的服务风险和舆论压力。强化宗旨意识、践行群众路线、创新服务观念和思路，更好地服务民生，服务社会。开展“践行群众路线，架起服务连心桥”的服务活动，确立以营销副总经理为代表的21名管理人员为客户经理，服务全区78家重要高危客户、社区、村组。

【党的建设】 青白江供电公司党委坚持中心组学习制度，严于律己，遵守有关廉洁自律要求，严格执行议事规则和工作规则。强化作风建设，做到党员身边无重大思想问题，无责任事故，无违法乱纪。坚持“三会一课”制度，丰富教育手段，开展党员党性教育、廉政警示教育、专题廉政培训、廉政规章考试等活动，党员受教育面100%。加强党的组织建设，年度计划发展党员的重点是解决生产一线、重点岗位、艰苦岗位和大型班组无党员的问题。认真做好《2014年党风廉政责任书》的签订和督促落实工作，定期开展党风廉政专题分析，深化廉洁教育。落实“一支部一亮点”，完成2014年企业党群工作创新实践课题，突出重点，开展抢修应急联动精益化管理效能监察，确保了安全生产、电网建设、营销服务、廉政稳定无事故的目标。

2014年，深入开展党的群众路线教育实践活动，紧紧围绕“为民、务实、清廉”主题，落实“照镜子、正衣冠、洗洗澡、治治病”总要求，组织公司所属5个党支部、98名党员扎实开展党的群众路线教育实践活动，完成三个环节工作，党委中心组开展19次集中学习，各支部学习均达6次以上，征集到各类意见建议29条，收集班组意见建议21条。着力整治“四风”突出问题，全面整改办公用房，规范公车管理，以解决供电服务最后一公里问题为切入点，妥善处理红阳小区安置房变压器渗漏油隐患、帮助“颐养居”民生工程及时通电等供电服务效能得到社会肯定，群教活动成效得到成都公司第五督导组的高度评价和职工群众的广泛认可。

【精神文明建设】 加强企业文化建设，类行民族管理。发挥工会职能作用，保证员工知情权、参与权、监督权，充分发挥员工在民主管理中主人翁作用。工会以深化职工之家建设为载体，以减负工作为要点，开展职工创新活动，深化劳动竞赛，积极打造标杆班组和五星级班组(所)，开展合理化建议集中征集工作。开展“4.15工会维权咨询服务日”活动，开展拓展训练，举行读书、演讲比赛，组织时代观影活动。慰问特困员工2人次，困难员工5人次、劳动模范4人次，重大节日慰问退休员工，坚持生日问候，“六一节”慰问有子女的员工。开展春节游园活动、夏季游泳竞技，举办第四届职工羽毛球、篮球团体对抗赛，增强员工体质。

(供稿人:何景彦)

自来水

【概况】 成都青白江水业股份有限公司是一家集自来水生产、销售、服务和多种经营为一体的供水企业。公司前身是创建于1984年的成都市青白江区自来水公司，2000年6月成立股份制企业。2014年公司下设生产部、管网建设与发展部、营销部、行政财务部、监

成都青白江水业股份有限公司

察人事办公室 5 个部门。职工 159 人,本科及以上学历 55 人,中高级职称 33 人。公司现有水厂 1 座,日综合供水能力 22 万立方米。出厂水压力≥0.38MPa,输配水管网长度约 338 千米(DN80 以上),供水服务面积约 300 平方千米,供水人口约 30 万人。承担着青白江区的城乡供水任务。

【企业管理】 公司以 ISO9001 和 ISO14001 两个管理体系为基础,不断完善企业管理机制,实施精细化管理,将管理制度落实到组织机构的各个层次和单元,对各项制度的实施执行情况进行监督并及时反馈信息,充分发挥各项制度的实效,提升企业核心竞争力。

【安全生产】 公司严格按照《国家生活饮用水卫生标准》GB5749-2006 进行自来水生产,以优质安全供水为第一要务,严格控制自来水生产流程,坚持 24 小时水质检测制度,从出厂水的"水质、水量、水压"三方面保证了安全优质供水,满足全区用户的用水需求。2014 年全年水质综合合格率达 100%。

【供水服务】 发展青白江区供水事业,提高企业社会服务效益和经济效益,为全区广大用户提供优质服务是公司的主要目标。公司遵循"优质、高效、求实、创新"的企业精神,全心全意为用户着想,在公司服务窗口全面推行社会服务承诺制,实行首问责任制,主动接受社会和用户监督,供水服务热线和维修热线 24 小时开通,定期在公司网站(http://www.qbjwater.com/)发布水质检测数据。在每个街办、场镇设立用水服务点,已开通成都红旗连锁股份有限公司、中国银行及成都农商银行代收水费业务,方便用户缴纳水费,从多渠道加强与用户的联系,让用户感受真情服务。截至 2014 年公司用水总户数达到 90 620 户。用户来电、来信、来访回复率 100%。

【管网建设】 随着青白江区城市建设的快速发展,公司按照全区供水总体要求,根据市政道路建设规划,进行各街办场镇给水管网规划建设和户表安装工作。2014 年,新建 DN80 及以上给水管道 46 065 米,户表安装(改造)11 801 户。在施工过程中,公司严把工程质量关,确保各项建设工程保质保量地按期完成。

(供稿人:雷云淞)

天 然 气

【概况】 四川博能燃气股份有限公司(简称:博能燃气)成立于 1993 年 7 月,2000 年 12 月,经成都市人民政府批准成为股份制能源企业。公司总部设在成都市青羊区,本部位于成都市青白江区。公司的主要业务是:城镇和乡镇燃气管网建设及经营,销售民用和非民用天然气、液化天然气(LNG)、车用压缩天然气(CNG)及服务。

【运营能力】 建成输配气干、支管线 700 千米,其中村镇天然气管线 400 千米。设计日供气能力 50 万立方米,输配气站 3 座。

在建储气调峰站 1 座(设计能力为 5 万立方米,预计 2016 年 6 月前建成并投入使用)。CNG 加气站 1 座,位于青白江区华金大道 1056 号,占地面积 2 830.75 平方米,建筑面积 832.70 平方米,日生产销售能力 2.3 万立方米。民用天然气用户 110 959 户(其中村镇天然气用户 54 560 户);工业用户 116 户;公商用户 2 852 户。

2014 年销售收入 3.90 亿元。销售气量(含 CNG)1.32 亿立方米。税金 4 300 万元。

教育科技事业

EDUCATION, SCIENCE & TECHNOLOGY

教　育

【概况】 2014 年,青白江区教育系统中小学、幼儿园共 88 所,其中幼儿园 61 所(独立建制公办幼儿园 2 所,公办幼儿园领办 3 所,企办 4 所,民办 52 所)、中小学 27 所(小学 10 所、九年一贯制学校 5 所、初级中学 5 所、完中 3 所、高中 1 所、职高 1 所、特教学校 1 所、十二年一贯制 1 所)。全区在校学生 55 246 人,其中幼儿园 10 679 人、小学 20 179 人,初中 11 921 人,高中 8 153 人,职高 4 208 人,特教学生 106 人。全区教职工总数 4 764 人,在职 2 932 人,退休 1 832 人;在职教师 2 818 人,其中:高中教师 603 人,初中教师 1 022 人,小学教师 1 077 人,幼儿园教师 59 人(不含企办、民办幼儿园),特殊教育教师 19 人,直属事业单位教师 38 人。全区教师中,研究生学历 109 人,占在职教师的 3.9%;本科学历 1 949 人,占在职教师的 69.2%。

统筹城乡教育,切实保障教育优质均衡发展。固定资产投资 4 765 万元。完成福洪中学扩建工程、大弯中学生态文明教育示范基地以及龙王学校等 13 个运动场地标准化改造工程,新建校舍建筑面积 5 603 平方米,标准化改造运动场面积 60 574 平方米。完成《青白江区学前教育提升工程实施方案(2014—2016)》。新增等级幼儿园 5 所,等级园覆盖率 77%;新增公益性幼儿园 8 所,学位覆盖率 80.8%。新增 1 个区级社区教育学校、1 个区级社区教育工作站,启动"居家养老"社区教育项目。加快集团内教师交流,安排 19 名城镇教师和优秀教师到农村学校和教师资源相对紧张的山区学校任教,安排 22 名农村教师到城镇学校进修提高。2014 年直招研究生 34 人,公招新教师 50 人,招聘区外骨干教师 16 人、特岗教师 26 人,其中安排到农村中小学 85 人,占 67%。成功举办全区第四届中小学艺术节系列活动。围绕"学有良教",继续以"内涵特色发展,聚焦课程课堂"为中心,构建"生动高效课堂"体系,推进区域特色教育发展。2014 年高考本科上线 1 231 人(其中文科 302 人,理科 678 人,艺术、体育类考生 251 人),出国留学 16 人,上线率 49.0%。

11 月 13 日,市委副书记、市纪委书记邓修明到清泉学校调研"法律七进"工作

深化教育改革,全面推进教育现代化发展。加快现代学校制度建设,启动现代学校建设试点工作,成功承办全市依法治教工作现场会暨现代学校制度建设专题培训会。清泉学校作为唯一学校代表在 2014 年全省依法治教工作推进会上作交流发言。开展后备干部集中培训、校(园)长论坛和专题研修、绣川大讲堂等各类培训 500 余人次,组织管理干部、学科优秀骨干教师 140 余人到省外优质学校跟岗学习。2014 年新增区级名师工作室 2 个,完成区级骨干教师培训 400 余人。组建教育视导团,聘请特级教师、学科带头人等 14 人。加快青白江区智慧教育建设,推进"三通两平台"和"五个校园"建设与应用,深入推进国家教育资源公共服务平台规模化应用试点工作、全国中小学动漫课程实验研究试点、电子书包互动教学试点等项目。成功承办全市普通高中通用技术课程建设暨普职融通资源共享现场会,成都市工程职业技术学校通过国家中等职业教育改革发展示范校建设省级中期验收;与四川建筑职业技术学院签订合作协议,与成都纺专进行中高职衔接合作,努力构建中高职衔接立交桥,完善职业教育体系。

扩大开放程度,加快推进教育国际化发展。大力开展干部教师国际通识性培训,深入实施外教进校园工程,聘请 3 名优秀外籍教师到学校任教。成都市工程职业技术学校与新加坡管理和发展学院、澳洲詹姆斯库克大学新加坡校区初步达成职教课程引入协议,并与中德诺浩公司联合开设"中德"汽车机电班国际班。外国语小学与台湾元智大学科学教育研究中心正式开设元智科学科技创新课程,大弯中学与川大国际交流中心联合开设国际创新 MEGA GOAL 课程和Advanced 美国高中课程，以及 985 高校拔尖选拔课程，北大附中在小学、初中开设汤姆森国际课程体系。

【教育经费】 2014 年全区教育经费总投入77 703.2 万元，其中国家财政性教育经费 65 949.6 万元(教育内教育事业费拨款 49 984 万元、其他拨款446.3 万元、教育附加 8 576 万元、地方教育附加6 764.9 万元、地方基金 178.4 万元)，民办学校举办者投入 98.1 万元，捐赠收入 159.2 万元，事业收入9 604.4 万元，其他教育经费 1 891.9 万元。

深化农村义务教育保障机制，继续实施教育资助行动。2014 年，义务教育保障机制改革受益学生 29 493 人，补助资金 2 652.76 万元(不含义务教育寄宿生生活补助 299.7 万元)；中职免学费受助学生 3 321 人，补助资金 612.63 万元；中职免住宿费受助学生 543 人，补助资金 32.58 万元；中职国家助学金受助学生 5 371 人次，补助资金 80.57 万元；普通高中免学费受助学生 2 923 人，补助资金 242.86 万元；普通高中国家助学金受助学生 22 688 人次，补助资金 340.48 万元。对全区符合条件的学前教育、义务教育阶段及两类高中教育阶段城乡低保家庭和低保边缘困难家庭学生实施教育资助 2 827 人，补助资金 363.04 万元 (含义务教育寄宿生生活补助 299.7 万元)。为 121 名在校大学生办理生源地信用助学贷款 68.32 元。

【学前教育】 2014 年，制定并启动实施《青白江区学前教育提升工程实施方案(2014—2016 年)》。开工建设祥福羊叉河幼儿园、弥牟国光幼儿园、红阳华逸幼儿园、怡城幼儿园、北部新区幼儿园 5 所公办园，收回清泉中心幼儿园、人和中心幼儿园，分别办成城厢中心幼儿园、巨人树幼儿园分园，等级园覆盖率 77%。新增尚沃智能幼儿园、小燕子幼儿园、城厢宝宝幼儿园、城厢三心幼儿园、祥福星星幼儿园、弥牟小佳佳幼儿园、大弯阳光幼儿园、大弯启航幼稚园等 8 所公益性幼儿园，新增学位 990 个。截至 2014 年，全区共有公益性幼儿园 35 所，239 个班，学位 8 365 个，公益性幼儿学位占 3—5 岁户籍儿童数的 80.8%。

9 月 4 日，市教育局党组书记、局长吕信伟调研区公办幼儿园标准化建设

【小学教育】 2014 年，小学教职工 1 115 人，其中教师 1 077 人。小学教师中，高级职称 8 人，占 0.7%；中级职称 858 人，占 79.7%；初级职称 189 人，占 17.5%；未评职称 22 人，占 2.0%。研究生学历 15 人，占 1.4%；本科学历 435 人，占 40.4%；专科学历 517 人，占 48%；中师学历 109 人，占 10.1%；高中及以下学历 1 人，占 0.1%。

2014 年 9 月，小学一年级入学学生 3 600 人，入学率 100%，辍学率为 0。继续实施义务教育阶段学生在户籍所在地就近入学、公平就学，保障进城务工人员子女在本区享有接受义务教育的平等权利，建立农村留守学生(儿童)关爱服务体系，保障残疾儿童公平入学权利。加强名校集团的管理，充分发挥大弯小学、实验小学名校的示范带头作用，探索双青跨区域教育融合名校领办和委托管理新模式，东升小学领办华严小学，双流实验小学委托管理福洪小学。以“内涵特色发展，聚焦课程课堂”为中心，构建“生动高效课堂”体系，召开“构建生动高效课堂工作现场会”、开展“生动高效”样板课专家评议、组织“生动高效课堂”的赛课活动、开展“生动高效课堂”评测展评活动，创办区域特色教育。

【中学教育】 2014 年中学教职工 1 532 人(普高 474 人，初中 1 058 人)，其中教师 1 491 人(普高 469 人，初中 1 022 人)。中学教师中，高级职称 576 人，占 38.6%；中级职称 596 人，占 40%；初级职称 288 人，占 19.3%；未评职称 31 人，占 2.1%。研究生学历 84 人，占 5.6%；本科学历 1 331 人，占 89.3%；专科学历

69 人，占 4.6%；中师学历 6 人，占 0.4%；高中及以下学历 1 人，占 0.1%。

初中一年级入学学生 3 525 人，其中城区四所中学共有 473 名学生通过微机排位确定学位，入学率 100%，辍学率为 0，初中毕业升学率 96.65%，普高三年巩固率 96.3%，毕业率 96.15%。全区义务段残疾学生 233 人，入学人数 230 人，入学率 98.7%。构建“生动高效课堂”体系，创办区域特色教育。清泉学校代表本区六所新优质学校接受市级复查验收。高中教育走多样化发展道路，2014 年 1 月，城厢中学被命名为成都市艺术特色学校。

【职业教育】 3 月 6 日，承办成都市“普通高中通用技术课程建设暨普职融通资源共享现场会”。4 月 19 日，工程职校接受省教厅专家组对国家中等职业教育改革发展示范校建设的中期检查验收。完成 2012 级 1 235 名学生的顶岗实习推荐，高三年级毕业率 100%，就业推荐率 99%。完成职业技能鉴定 2 400 人次，开展各级培训 2320 人次。新、改、扩建实训车间(室)14 间，新增校外实训基地 2 个，与成都市宏特汽车零部件有限公司、成都市成化机械有限公司共建生产型实训车间 7 700 平方米。与行业企业共同完成校本教材的编写，引进德国 HWK“汽车机电服务技师”等国际通用证书课程。成都市工程职业技术学校与四川建筑职业技术学院签订战略合作协议，与四川职业技术学院、成都纺专进行中高职衔接。

【社区教育】 红阳街道社区教育学校被评为成都市规范化社区教育学校，弥牟曙光社区被评为成都市示范性社区教育工作站，认定 5 个区级社区教育学校和 7 个区级社区教育工作站，红阳街道青江路社区评为成都市学习型示范社区，红阳街道玉带社区、清泉镇廖家场社区、人和乡三元村被评为成都市学习型社区，福洪乡邓波被评为 2014 年 “成都市百姓学习之星”，人和乡三元村油桃基地申报为市级成人教育示范基地，清泉镇猕猴桃基地、龙王镇残疾人有机优质水果种植基地创建成区级成人教育示范基地。开展“老年人健康保健”“家庭烹饪课”“老年大学歌唱比赛”等培训活动，举办主题为“全民终身学习?创造出彩人生”的全民终身学习活动周，开展书画培训、创业培训、百姓故事会、油桃培训等培训活动 20 余场。

【艺术教育】 4 月成功举办青白江区第三届中小学生艺术节，11 月正式启动青白江区第四届中小学生艺术节。青白江区第三届中小学生艺术节共举办群舞、校园剧、表演唱、美术作品展、校园集体舞等五个专项大赛。4 月 28 日举办“童心向党”表演唱大赛和美术作品比赛。4 月 29 日举办校园剧大赛。4 月 30 日举办校园集体舞大赛。11 月 20 日，举行第四届艺术节启动仪式(舞蹈大赛)暨“廉洁文化进学校”活动。青白江区 27 所(含特殊教育学校)中小学校全部参加，活动覆盖面 100%。

【校园足球】 青白江区在成都市率先启动校园足球联赛，举办 56 场主客场双循环比赛。进行 2014 青白江区首届全民健身运动会暨第四届运动会青少年足球比赛，25 支球队参赛，举办 62 场比赛。全区有 11 个区级足球定点学校，青少年足球注册运动员 460 人。祥福小学足球代表队在成都市小学生综合运动会足球比赛中获得一等奖，这是本区小学阶段有史以来取得的最好成绩。5 月成功承办中国足协校园足球指导员培训班，8 月成功承办中国足球校园足球 D 级教练员培训班。

【安全教育】 开展 “安全教育日”“安全教育周”“安全教育月”等系列活动，把安全隐患的排查治理、安全知识的教育培训、安全文化的建设推广等融入到每一次活动。组织 43 216 名学生注册并积极参加“成都市安全教育平台”学生安全知识、技能学习，教学过程和教学效果位居全市第一。组织 8 000 名学生参加全国青少年红十字运动和防灾减灾知识竞赛，获得全国三等奖；组织学校编排维稳防邪学生文艺节目，在校园巡回演出，让师生在生动的演出中接受教育。积极组织师生现场实践，亲自体验、感受，掌握自护自救本领。

【招生考试】 2014 年，青白江区参加普通高考考生共 2 666 人(其中文科 1 226 人，理科 1 352 人，高职 88 人)，全区高考共录取 2 314 人(其中本科录取 884 人，预科 7 人，专科录取 1 423 人)。参加成人高考考生共 1 297 人(其中文科 298 人，理科 742 人，专升本 257 人)，成人高考录取 1 111 人。两次高等教育自学考试报名共计 8 299 科次，办理毕业证 6 人。全区中考考生共 4 324 人(其中校内指标到校生 168 人)。5 月和12 月组织大学英语四、六级考试,四川建筑职业技术学院青白江校区共有 1 281 人参加四级考试,174 人参加六级考试。2014 年 11 月组织全国中小学教师教育技术水平考试,全区共 132 人报考,其中:初级91 人,中级 41 人。12 月 24—26 日,组织首次计算机辅助普通话水平测试,全区 79 人参加测试。

【教师培训】 2014 年,完成教师全员培训 2815 人,培训率 100%;完成学历提升培训 10 人,高中专任教师本科及以上学历 99%,研究生及以上学历达 10%,初中专任教师本科及以上学历 89%,小学专任教师专科及以上学历 90%,幼儿园专任教师专科及以上学历 90%。建成市级名师工作室 2 个,区级名师工作室 6 个,有省、市特级教师 13 人,市学科带头人 17 人,市优秀青年教师 52 人。开展 2 期校长研修班培训,通过开展校长论坛、"绣川讲堂"、干部交流等形式促进干部素质提升。推荐区级骨干教师 409 人,通过集中培训、在岗研修、交流学习、跟踪指导和专项培训等形式对全体骨教师开展培训。2014 年,招聘新教师 83 人,引进区外骨干教师 16 人,招聘和引进教师学历水平和整体素质高,使青白江区教师整体素质得到较大提升。

9 月 9 日,青白江区召开庆祝第 30 个教师节暨表彰优秀教师大会

【教育督导】 进一步完善教育督导制度建设,初步建立相对独立、科学高效的现代教育督导机制,率先实行责任督学公示及挂牌督导制度,并代表成都市(仅 2 名)接受国家专项督导,受到肯定。切实做好督学责任区建设,全面落实中小学、公益性幼儿园责任督学挂牌督导工作,做到配齐、配强督导人员,将督导专项经费 20 万元纳入财政预算,确保督导工作顺利开展。切实做好教育均衡化、现代化、国际化监测评价和督导评估工作,义务教育校际均衡度同上年基本持平。教育现代化发展水平的目标总达成度 89.89%,比上年提高 4.86 个百分点,超目标 2.86 个百分点。扎实开展中小学质量评价、中小学素质教育督导评估等监测评价和各项督导评估工作。

【基础设施建设】 2014 年,累计完成固定资产投资 4 765 万元,完成福洪中学扩建工程、大弯中学生态文明教育示范基地建设项目,龙王学校等 13 个运动场地标准化改造工程,新建校舍建筑面积 5 603 平方米,标准化改造运动场面积 60 574 平方米。完成《青白江区学前教育提升工程实施方案(2014—2016)》,启动 5 所公办园建设。

【青少年思想道德教育】 2014 年青白江区开展"靓校塑品"校园环境管理工作,促进未成年人行为习惯养成教育。全区建设 12 所学校少年宫,打造全区未成年人思想道德建设阵地、文体活动平台、健康成长的乐园,建设"校园道德讲堂"26 所,实现乡镇、社区全覆盖。各校园道德讲堂围绕培育和践行社会主义核心价值观,在全面开展活动基础上,着力提升讲堂活动质量,规范仪式流程,积极推进"未成年人思想道德建设"工作。

【教育信息化建设】 2014 年完成"四加二"项目,全区装备总金额 17 946.788 万元,生均设备值小学达到 3 600 元,初中(包括九年一贯制学校)达到 3 900 元,高中达到 5 800 元,装备建设全面达标。开展"一对一数字化学习方式—电子书包试点项目",探索中央平台资源在电子书包实验中的规模化、常态化应用。推进"中国国际动漫人才培养计划"动漫教育实验区建设,全区学生动漫教学基本普及。积极推进国家教育云规模化区域试点工作,积极推进 11 个融合项目建设。正式启动青白江区机器人教育,开展首届青白江区机器人中小学竞赛活动。推进数字校园建设,组织开展构建"移动互联网支撑下的新学校"(学信)应用活动。

【公办学校】

2014年青白江区公办学校一览表

序号	学校名称	学校类别	地址	学生人数	班级个数
1	实验小学	小学	青白江区同华大道栖凤街118号	2469	48
2	大弯小学	小学	青白江区大弯北路86号	1928	39
3	外国语小学	小学	青白江区凤祥大道一段	1825	38
4	华严小学	小学	青白江区红阳教育街228号	1298	27
5	弥牟小学	小学	青白江区弥牟镇唐军路288号	1094	24
6	大同小学	小学	青白江区大同镇希望路81号	1267	25
7	祥福小学	小学	青白江区祥福镇康家渡社区三组	1069	20
8	日新小学	小学	青白江区祥福镇红瓦店东街64号	778	18
9	福洪小学	小学	青白江区福洪乡卷棚寺街希望路8号	1198	27
10	玉虹小学	小学	青白江区城厢镇玉虹正街35号	726	18
11	清泉学校	九年一贯制	青白江区清泉镇关云巷28号	2817	62
12	姚渡学校	九年一贯制	青白江区清泉大道二段999号	993	23
13	城厢学校	九年一贯制	青白江区城厢镇马鞍社区	2425	49
14	龙王学校	九年一贯制	青白江区龙王镇裕康路80号	1809	44
15	人和学校	九年一贯制	青白江区人和车站2组	1311	28
16	大弯中学	高完中	青白江区学苑路28号	4414	85
17	川化中学	高完中	成都市青白江同华大道1366号	2550	49
18	青白江中学	高完中	青白江区弥牟镇唐军路83号	1517	31
19	红旗学校	初中	青白江区大同镇同福东路	934	19
20	蜀星中学	初中	青白江区教育街117号	538	14
21	福洪中学	初中	青白江区福洪乡隆盛街13号	744	18
22	祥福中学	初中	青白江区祥福镇南街5号	1172	23
23	城厢中学	高中	青白江区城厢镇绣川河社区	1543	29
24	成都市工程职业技术学校	职中	青白江区祥福镇东方社区	3741	87
25	特殊教育学校	小学	青白江区栖凤街116号	106	10
26	巨人树幼儿园	幼儿园	青白江区政安巷	345	10
27	城厢幼儿园	幼儿园	青白江区城厢镇茶花路	451	14
28	祥福中心幼儿园(巨幼祥福分园)	幼儿园	青白江区祥福镇滨河南路90号	192	5
29	清泉中心幼儿园(城幼分园)	幼儿园	青白江区清泉菜市旁	440	12
30	川化润嘉幼稚园(企办园)	幼儿园	青白江区大弯街道办事处水果巷70号	730	20
31	川化润嘉幼稚园凤祥分园(企办园)	幼儿园	青白江区大同镇凤祥社区	131	5
32	川化润嘉幼稚园日新分园(企办园)	幼儿园	青白江区祥福镇红瓦店社区东街55号	211	6
33	玉龙幼儿园(企办园)	幼儿园	青白江区青华东路103号	175	5
34	人和中心幼儿园(巨幼人和分园)	幼儿园	青白江区人和乡车站村3组	133	4

【民办学校】

2014年青白江区民办学校一览表

序号	名　　称	类型	地　　址	教师人数	学生人数	班数
学　前　教　育						
1	成都市青白江区金橄榄幼稚园	学前教育	新河路177号8号楼	49	268	10
2	成都市青白江区金橄榄海布斯卡幼稚园	学前教育	青白江区凤凰西三路2号2栋1号	23	105	4
3	青白江区广场蓝天幼儿园	学前教育	大弯石家碾社区75号	38	234	6
4	青白江区阳光幼儿园	学前教育	大弯镇大弯村6组	15	125	4
5	青白江区童乐幼儿园	学前教育	石家碾东路50幢38号附5-10号	12	70	3
6	青白江区红苹果幼儿园	学前教育	大弯石家碾东路49栋	12	87	3
7	青白江区小星星幼儿园	学前教育	大弯街办市场巷103号	32	272	8
8	成都市青白江区快乐贝贝幼儿园	学前教育	大弯街道青江东路1号2栋67、69号	13	74	3
9	成都市青白江区凌云幼稚园	学前教育	老广场东侧	20	160	5
10	成都市青白江区贝航幼稚园	学前教育	青白江区凤凰大道一段699号	25	227	6
11	成都市青白江区启航幼稚园	学前教育	大弯街道大弯东路399号	18	138	4
12	成都市青白江区恒正和幼儿园	学前教育	红阳街道杨柳街三家巷180号	48	307	11
13	青白江区小丫幼儿园	学前教育	红阳路286号	27	191	6
14	青白江区利民幼儿园	学前教育	青白江区红阳路56号	11	54	3
15	成都市青白江区依恩幼儿园	学前教育	青白江区教育街228号	17	155	4
16	青白江区红太阳幼儿园	学前教育	青白江区教育街44号	16	122	4
17	成都市青白江区贝优幼儿园	学前教育	青白江区正和路88号	25	187	7
18	青白江区红阳小天使幼儿园	学前教育	青白江区团结西路79号	9	48	3
19	青白江区青苹果幼儿园	学前教育	青白江区华金大道412号	14	100	3
20	青白江区玉带幼儿园	学前教育	红阳街办玉带五组	28	238	7
21	成都市青白江区尚沃智能幼儿园	学前教育	红阳街道建设巷263号附1号	20	92	4
22	成都市青白江区博达幼儿园	学前教育	红阳街道青江西路24号	20	45	3
23	成都市青白江区弥牟镇中心幼儿园	学前教育	弥牟镇国光社区3组	29	208	6
24	成都市青白江区如意幼儿园	学前教育	青白江区弥牟半边街23号	16	120	4
25	青白江区小天使幼儿园	学前教育	青白江区弥牟镇国光村4组	14	132	4
26	青白江区小佳佳幼儿园	学前教育	青白江区弥牟镇火星村9组	16	138	4
27	青白江区新起点幼儿园	学前教育	弥牟镇白马村	13	130	4
28	青白江区花蕾幼儿园	学前教育	城厢镇十五里社区七幢	23	181	5
29	青白江区三心幼儿园	学前教育	城厢镇上寿巷44号	17	139	4
30	青白江区宝宝幼儿园	学前教育	青白江区城厢镇下北街粮站内	19	132	4
31	青白江区智慧树幼儿园	学前教育	城厢镇茶花七队	9	74	3
32	青白江区小燕子幼儿园	学前教育	青白江区城厢镇前锋村8组	16	145	4
33	成都市青白江区彩虹幼儿园	学前教育	青白江区城厢镇玉虹正街35号	17	145	4
34	青白江区希望幼儿园	学前教育	青白江区城厢镇万柳9组	7	42	2
35	成都市青白江区金钥匙幼儿园	学前教育	城厢镇大南街139号	33	197	6
36	成都市青白江区爱心培幼儿园	学前教育	清泉镇平安路27号附1号	45	458	12
37	成都市青白江区雨露幼儿园	学前教育	青白江区清泉镇牌坊村12组	4	24	1

续上表

序号	名　　称	类型	地　　址	教师人数	学生人数	班数
38	成都市青白江区成长幼儿园	学前教育	清泉镇花园村希望小学	8	69	2
39	成都市青白江区大同镇中心幼儿园	学前教育	大同镇青龙村12组	38	303	9
40	青白江区红星幼儿园	学前教育	青白江区大同镇同福路口	16	162	4
41	青白江区怡心幼儿园	学前教育	青白江区大同镇丰收六组	7	51	2
42	成都市青白江区博雅幼儿园	学前教育	青白江区祥福镇康家渡社区2组	17	198	6
43	青白江区七色花幼儿园	学前教育	祥福镇联合村4组	23	194	6
44	青白江区希望之星幼儿园	学前教育	青白江区祥福镇中街7号	13	62	3
45	青白江区祥福星星幼儿园	学前教育	祥福镇红瓦店社区1组	14	83	3
46	青白江区姚渡镇中心幼儿园	学前教育	姚渡镇清泉大道二段999号	33	239	7
47	青白江区智慧心幼儿园	学前教育	青白江区姚渡镇黄坭村一组	19	120	4
48	成都市青白江区龙王中心幼儿园	学前教育	青白江区龙王镇龙胜街76号	27	245	7
49	成都市青白江区育梦幼儿园	学前教育	青白江区龙王镇牟池塔村12组	25	210	6
50	成都市青白江区福洪中心幼儿园	学前教育	福洪乡卷棚寺街希望路8号	31	260	7
51	成都市青白江区福洪杏花幼儿园	学前教育	青白江区福洪乡杏花小区	12	149	3
52	成都市青白江区福洪幸福幼儿园	学前教育	青白江区福洪乡幸福小区	10	79	3
		学　历　教　育				
1	北大附中成都实验学校	学历教育	青白江区石家碾东路260号	178	1630	50
2	成都市大弯至佳实验学校	学历教育	青白江区大弯北路227号	86	1356	28
		培　训　机　构				
1	青白江区民盟东风培训学校	培训机构	青白江区大弯街道办青华西路	0	0	0
2	青白江区茂文艺术培训中心	培训机构	青白江区政府北路98号	6	180	6
3	青白江区蓝天教育培训学校	培训机构	青白江区委党校	4	80	3
4	青白江区蝶韵舞蹈培训中心	培训机构	青江中路怡湖市场后门正对面三楼	5	150	10
5	成都青白江区戴氏教育精品堂培训学校	培训机构	青白江怡湖社区服务中心三楼	10	68	4
6	青白江区映雪舞蹈培训中心	培训机构	青白江区大弯街办果市巷	3	113	5
7	青白江区卓乐钢琴艺术中心	培训机构	青白江区政府北路91号	9	127	5
8	青白江区宏图舞蹈培训中心	培训机构	城厢镇大南街70号	3	100	4
9	青白江区新思维培训学校	培训机构	青江南路32号	8	50	10
10	青白江区阳光飞扬英语培训学校	培训机构	华金大道二段270号二、四楼	12	615	30
11	青白江区添姿舞蹈培训中心	培训机构	青白江区城厢镇文化站二楼	3	45	4
12	青白江区川翔教育培训中心	培训机构	青白江区大弯荣生广场二楼	12	251	6
13	成都市青白江区鹦鹉教育培训学校	培训机构	青白江区青江中路99号	8	25	9
14	成都市青白江区睿联英语培训学校	培训机构	青白江区政府北路	8	338	16
15	成都市大弯中学校国际教育部	培训机构	青白江区学苑路28号	43	133	2
16	成都市青白江区亚西亚艺体培训学校	培训机构	青白江区安居路184号	8	150	5
17	成都市青白江区北清苑教育培训学校	培训机构	青白江区青江中路288号	11	40	6
18	成都市青白江区川化润嘉教育培训学校	培训机构	青白江区果市巷37号	12	70	4
19	成都市青白江区易佳教育培训学校	培训机构	青白江区华金大道二段669号	4	80	10
20	成都市青白江区天天向上文化艺术培训中心	培训机构	青白江区大弯镇教育街268号2栋	8	60	10

（供稿人：李小敏）

科　技

【概况】 2014 年，区科技局认真贯彻党的十八届三中、四中全会精神及区委十届七次全会精神，扎实开展党的群众路线教育实践活动，以深化科技体制改革为先导，以国家知识产权强县工程试点区、国家技术创新工程四川试点示范区、市级传统产业改造提升试点区建设为抓手，创新科技服务模式，构建区域创新体系，着力增强企业创新能力，加快推进科技成果转化和产业化，有力促进了科技与经济紧密结合，为“五区”建设提供了科技支撑。

【科技宣传】 4 月 21 日至 27 日，开展以“保护·运用·发展”为主题的 2014 年全国知识产权宣传周暨 4·26 世界知识产权日活动，纪念第 14 个世界知识产权日，推进以“尊重知识、崇尚创新、诚信守法”为核心的知识产权文化，为创新驱动发展营造良好的知识产权环境。

5 月 17 日至 25 日“科技活动周”期间，围绕“科技生活·创新圆梦”活动主题，精心策划，整合资源，开展“科普基地开放体验”、“十百千”科技创新宣传服务等 30 余项丰富多彩的“科技周”活动，取得了科技创新和科学普及新成效。

10 月 28 日，召开区委中心组(扩大)学习会暨国家知识产权强县工程试点区工作推进会。

11 月 17 日至 24 日，开展以“聚焦企业需求，服务创新发展”为主题的“2014 年第八届中国专利周”活动。

10 月 28 日，召开区委中心组(扩大)学习会
暨国家知识产权强县工程试点区工作推进会

【科技平台建设】 鼓励和支持企业加强工程技术研究中心等平台建设，创建市级企业研发机构 2 个，培育区级产学研联合实验室 1 个。盛华科技企业孵化器创新创业扩面 5 000 平方米。建设园区、乡镇科技创新(知识产权)工作站 15 个。

【高新技术企业】 2014 年，新增四川维珍石化设备有限公司、四川三洲特种钢管有限公司、成都中节能再生能源有限公司、成都大陆激光技术有限公司等 4 家国家高新技术企业，全区国家高新技术企业累计达到 21 家。新增成都瀚江新型建筑材料有限公司、台玻成都玻璃有限公司、成都中节能再生能源有限公司 3 家省级创新型企业，全区省级创新型企业累计达到 14 家。

【科技奖励】 2014 年，获得四川省科技进步奖 6 项。其中成都玉龙化工有限公司的“分子复合改性三聚氰胺氰尿酸阻燃剂制备技术及应用”、攀钢集团成都钢钒有限公司的“大口径长管气瓶用无缝钢管新工艺研究”、成都丽雅纤维股份有限公司的“10 万吨/线复合竹纤维低碳环保集成技术开发及应用”等 3 项成果获四川省科技进步二等奖。中国重汽集团成都王牌商用车有限公司的“CDW7 系列轻型载货汽车集成技术研发及产业化”、攀钢集团成都钢钒有限公司的“X70Q/L485Q PSL2 高钢级无缝管线管的研制与开发”、攀钢集团成都钢钒有限公司技术中心的“无缝钢管张力减径技术及应用研究”等 3 项成果获四川省科技进步三等奖。

【科技项目管理】 获批国家、省、市科技科普项目 41 项，争取上级科技项目资助经费 975.37 万元。区级应用技术与研究项目立项 9 项，资助金额 43.85 万元。

【知识产权保护】 5 月，根据国家知识产权局《关于继续开展战略性新兴产业知识产权集群管理试点工作的通知》(国知办函协字〔2014〕149 号)，青白江区获批继续开展 2014 年战略性新兴产业知识产权集群管理试点项目，全国共获批继续开展试点项目 8 个。

9 月 29 日，区知识产权局协同省知识产权局、市知识产权局、市知识产权维权援助中心，特邀新都区、新津县知识产权局等 8 家单位在成都大港建材城、成都青龙国际建材城开展2014年“质量月”专利联合执法行动。执法人员共计检查商品800余件，登记标注专利标识商品16件，现场纠正专利标识标注不规范商品3件，进一步检索已登记专利标识，立案查处涉嫌假冒专利。

【农村科技】 建成姚渡镇凉水村和光明村等市级科技信息服务站2个，全区累计建成市级科技信息服务站16个。

【专利奖励资金管理】 2014年，完成专利申请总量709件，其中发明专利129件，企业专利478件，同比增长30.33%、46.59%、32.04%。专利奖励资金严格按照《成都市青白江区专利资助资金使用办法》(青府发〔2011〕37号)执行，年度预算金额78万元，实际到位76.05万元，实际执行76.044万元。累计资助专利317件，资助53.044万元。四川三洲特种钢管有限公司“大口径厚壁不锈钢无缝钢管低成本高效生产攻关项目”、攀钢集团成都钢钒有限公司“超超临界电站用P系列无缝钢管的研制”、成都丽雅纤维股份有限公司“环保型有色复合竹纤维关键技术研发与产业化”3项区级专利成果转化项目被评为区级优秀项目，奖励资金23万元。

(供稿人：雷　娜)

文化体育新闻出版

CULTURE, SPORTS, MEDIA AND PUBLICATION

文　化

【概况】 2014年，举办“艺术周末·快乐人生”百姓才艺秀活动18场，参与群众20万人次。开展“文体大拜年”“城厢之春”“春暖清泉”等“成都文化四季风”活动20余场。继续做好“百村文艺大联动”“送文化下乡”“文化直通车进校园”等群众文化活动的组织，不断丰富群众文化生活。创编“筑梦家园·文化同心”2014年“走基层”文化惠民作品30余件，组织开展“走基层”文化惠民活动42场。深入开展各种形式的百姓故事会360余场，创作贴近生活、贴近群众、富有教育意义的百姓故事作品80余件。结合“我们的节日”“走基层”等活动，深入开展以公益电影放映、慰问孤寡老人、关爱留守儿童等内容的文化志愿服务活动9次，慰问2 000余人次。

3月25日，省委常委、市委书记黄新初到区调研文博建设工作

【桃花诗会】 3月18日，“桃花映春景　诗意青白江”2015·成都青白江第30届桃花诗会在姚渡镇龙门桃花山桃花园举办. 本届桃花诗会征集诗稿260余首。应征作品除了来自本区、本市、本省外，还有来自河南、甘肃、陕西、浙江、广东、广西、吉林、辽宁等10余省、市、自治区。作者涵盖高校和中小学师生、公务员、企事业单位员工、农民等各个社会层面，体现了诗歌征集活动的广度和深度。

经省作协专家组评定、组委会审定，共评选出一等奖2名、二等奖6名、三等奖10名，优秀奖20名。

【社区文化】 社区文化活动室。按照成都市创建国家公共文化服务体系示范区的要求，进一步完善全区24个社区综合文化活动室软、硬件建设，每周免费开放时间不少于42小时，进一步夯实基层文化阵地建设。

社区文艺队伍。2014年，全区社区业余文艺队伍新增20余支，基本达到每个社区都有两支以上的业余文艺队伍，并能常年开展各类文化活动。文艺队伍大多有较深的群众基础，腰鼓、连箫、龙灯、健身舞、合唱队等，年龄结构仍以40岁以上的中、老年人为主。

社区文化活动。2014年深入开展基层文化“3151”工程，开展文艺活动600余次，艺术辅导培训360余次，区级集中培训3次，新创作优秀文艺作品50余件。

区文化馆及各乡镇(街道)综合文化站(中心)开展声乐、舞蹈、文学创作、科普知识等，讲座30余场，培训社区文艺骨干3 000余人次。区文化馆文艺辅导队深入社区开展辅导培训100余次。

【企业文化】 企业工会、艺术团等组织开展职工演讲比赛、知识竞赛、运动会等文体活动，丰富企业职工业余文化生活。组织开展送文化进企业活动，以丰富多彩的文艺演出、文化宣传促进企业职工身心健康。鼓励、支持和动员企业职工中的文艺骨干参加市、区各类文艺演出及比赛，以点带面促进企业文化的蓬勃发展。完成青白江区“青工文化驿站”项目建设的选址、实施方案、设施设备采购清单等前期准备工作。

【区文化馆】 2014年区文化馆市民文化艺术培训学校举办声乐、舞蹈、摄影、绘画、书法培训(讲座)134课时，培训学员500人(次)；开展“3151”文化工程，深入村、社区、学校等开展文艺培训、辅导活动100天(次)，参与群众约5 000人(次)；组织创作以实现伟大“中国梦”、“五区”建设等为主题的音乐、舞蹈、文学和曲艺等文艺作品，其中歌曲《鱼水情深》入选成都市第九届精神文明建设“五个一工程”(2012—2014年)，获得优秀作品奖；《凤凰湖》综合文艺刊物出版3期，发行3 000余册；开展“艺术周末·快乐人生”百姓才艺秀比赛6季，19场；积极打造百村文体系列活动品牌，百村文艺大联动举办村级演出120余场、乡镇级专场演出11场，决赛1场。现有省级非物质文化遗产保护项目1项：祥福小金龙龙舞；市级非物质文化遗产保护项目1项:城厢过街连箭;区级非物质文化遗产保护项目10项:白水鹅制作技艺、詹黄张按摩技艺、城厢木刻等。

【区图书馆】 2014年区图书馆馆藏图书115 836册(剔除旧书8 334册),当年入藏图书11 611册,5 806种,订阅报纸68种,期刊360种,电子文献入藏100种。外借18万册次,流通20万人次。专题图书推荐12期。

【全民读书活动】 结合"走基层"开展多种形式读书活动。开展"4·23"世界读书日活动,让阅读活动进机关、进校园、进社区、进企业,形成全民阅读氛围。开展"百村读书""农民读书月""全市300场阅读活动进农家书屋"活动,进一步引导群众爱读书、读好书。开展"假期留守儿童读书活动""送书进军营""为特殊人群送书"活动。开展专题讲座、好书推荐、读书交流等活动,全年向群众推荐优秀图书400余种,赠送各类书籍14 836本(册)。

开展农家(社区)书屋提档升级,推进品牌农家书屋创建。培训书屋管理人员50余人次,根据群众阅读愿望,采用个性化采购的方式,补充更新111家"农家书屋"的图书,进一步满足群众的阅读需求。依托农家书屋,开展农民读书、假期辅导、专题讲座和图书交流等活动55次,提高农家书屋和图书利用率。

【文化市场管理】 坚持依法行政,切实做好文化市场行政管理。加强规范化服务型政府建设,进一步规范行政行为,提高服务意识,坚持管理与发展并举,强化文化市场监管工作。严把市场准入关,依法审批,无违规审批事件发生。进一步清理行政审批前置条件和行政权力,完成行政权力内、外流程图编制。现有行政权力事项252项,其中行政许可事项34项(含其他行政权力5项),行政处罚事项218项。前置条件保留24项,取消7项。服务事项承诺提速率85%。

深化行政审批制度改革,依据法律法规和上级业务部门的统一安排,进一步精简文化市场行政审批和审核事项。充分发挥市场在资源配置中的决定性作用,适应市场需求变化,进一步规范网吧市场秩序,2014年计划发展单体网吧10家。坚持"严格标准、严格监管、严格处罚、严格问责"和疏堵结合、标本兼治的网吧发展管理长效机制。新增(含筹建)各类文化娱乐场所6家,满足和丰富人民群众文化消费需求。

建立、完善文化市场技术监管平台,专人负责审批、文化市场管理信息录入。完成全国文化市场监管与服务平台上线工作,开始实际运用。完善网吧视频监管系统、游艺娱乐场所视频监管系统,充分运用科学技术手段监管文化市场。

充分发挥社会力量对文化市场监管的作用。引导文化娱乐行业协会搞好自身建设,积极开展行业自律,提升行业整体形象。加强宣传教育,召开文化经营业主、从业人员培训会7次,加强经营业主、从业人员法律、法规的宣传教育,强化守法经营,诚信经营,规范管理的意思。

制定《青白江区文化市场管理工作部门分工协作机制》,建立完善行政执法协作机制。深入推进农村文化市场委托协管,加强协管人员的统一培训考核,建立24人的文化市场协管员队伍,指导乡镇(街道)有序开展文化市场委托协管工作,2014年将委托协管工作纳入对乡镇街道文化工作目标考核内容。

向社会公开文化市场投诉举报电话"12318",受理处置各类文化市场投诉举报26件。出动文化市场执法人员近2 000人次,检查各类文化市场经营单位980余家次,责令整改43起,警告处罚21起,立案查处6起,查缴非法出版物1 000余张(册)。会同教育、公安、工商、红阳、城厢、人和等部门及乡镇(街道)开展校园周边环境整治16次,排查整改各类安全隐患40起,查缴各类非法出版物500余张。依法取缔"黑网吧"7家,非法演出活动2起,出版物游商摊贩12处,立案查处违规经营单位20家,查获各类涉赌游戏机500余台,行政拘留13人,行政罚款56人。进一步净化了校园周边环境,为全区文化市场发展营造一个健康有序的市场环境。

文物保护

【青白江博物馆】 2014年,青白江博物馆开放315天,共接待区内外游客3.2万余人次,提供免费讲解200多场。实施展陈提升工程,新增展厅WIFI服务、《赵抃与青白江》主题展览、画像砖拓印及游客互动设备、库房书画器物架、展厅湿度控制设备，创作并收藏《深切怀念小平同志》书法长卷，完善了乌木周界防护，维修乌木广场地面，展陈内容得到进一步丰富和完善。举办形式多样、内容丰富的临展和馆办活动，如：梦回绣川—绣川书画院首届书画展、变形金刚恐龙科技展、“古藏今鉴　翰道墨德”书法展、古玩鉴赏交流系列活动、“成德同城金三角”手拉手少儿美术作品展、花开锦绣-蜀绣作品展、“流动博物馆走基层”等展陈活动。联合各中小学校积极开展爱国主义教育活动和科普教育活动，进一步丰富群众文化生活，发挥博物馆的社会教育功能。2014年获得由成都市文化局(文物局)、成都商报社、成都博物馆协会共同颁发的“我最喜爱的博物馆”(国有类)奖励，并获得十佳“我最喜爱的讲解员”称号。积极完善科普设施，开展科普活动，被认定为“成都市科普基地”。

4月29日，市政协副主席金嘉祥调研青白江博物馆

【彭大将军专祠】 彭大将军专祠位于城厢镇家珍公园内。2014年，专祠纪念馆积极发挥省级爱国主义教育基地作用，充分利用“清明节”、“五一国际劳动节”、“五四”青年节、辛亥革命纪念日、9·30全国烈士纪念日、12·13南京大屠杀公祭日等节庆日开展丰富多彩的爱国主义教育活动，2014年接待区内外游客10万余人次到馆参观，提供免费讲解58场。先后接待了市人大、市政协、市委统战部领导以及台湾、香港、澳门等海内外人士。为弘扬爱国主义精神，培养和践行社会主义核心价值观、为海外联谊、促进祖国统一和发展地方旅游做出了积极贡献。

【文物普查】 按照国务院和省、市、区人民政府关于开展第一次全国可移动文物普查的通知精神，在全区范围内深入开展普查工作，截至2014年底，全区文博系统外文物收藏单位的可移动文物基础数据资料采集录入工作已全面完成。文博系统内单位的可移动文物基础数据资料采集录入已完成总量的50%。

【文物勘探发掘】 配合市考古队，开展“成都市第二绕城高速青白江段”的地下文物勘探及发掘工作。重点对五泉村墓群进行清理发掘，发掘面积约5 000平方米，发掘墓葬49座，出土陶罐、陶釜、陶豆等可修复器物200余件，出土秦半两、五铢钱等100余枚，铜器有铜鍪、铜钺、铜剑、铜刀、铜矛、铜饰品、铜戈、铜鸟、铜印章等60余件，其中有两件中原青铜剑及四件铜戈较为珍贵，为本区首次发现。

开展全区基建工程地下文物勘探发掘。先后开展龙域天地商务酒楼、金色港湾商住小区、凤凰岛商住小区、金茂凤凰湖商住小区、西街上院房产、虹信大厦、成都市亿贝尔粮食机械制造有限公司粮食食品机械设备生产项目、成都蜀江公交压缩天然气有限公司城厢CNG加气站项目、成都建筑工程集团总公司建筑工业化项目等9处建设工地进行了地下文物勘探工作，年勘探面积43.28万平方米。

【文物抢救维修】 积极寻求上级支持，争取到成都市文化局(文物局)文物保护补助资金60万元，用于开展城厢镇片区保护规划的编制工作；争取到国家文物局补助资金174万元，用于《成都市青白江区窖藏瓷器文物保护修复方案》的实施。投资9.8万元，完成市级文物保护单位八阵图保护性设施维修工程；投资3.6万元，完成文物库房新风系统改造工程；投资4万元，完成省级文物保护单位明教寺觉皇殿的瓦屋面抢救性维修工程。

广播电视出版监管

【概况】 2014年，青白江区加强广播电视和新闻出版行业的监管与服务体系建设，坚持一手抓管理，一手抓繁荣，日常检查和专项治理相结合，加强广播电视节目内容、频率频道管理，落实安全播出责任制。坚持不懈地开展“扫黄打非”斗争和专项整治，严厉打击出版物市场的违法违规经营行为，有效保障了出版物市场健康有序地发展。2014年底，全区广播电视和新闻出版产业生产、经营、服务单位96家。其中书刊零售、出租经营单位22家，音像制品经营单位10家，印刷企业27家（包装装潢13家、其他印刷品13家、专项印刷企业1家）复印打印企业32家，电影院3家，广电网络公司1家。

【广播电视行政管理】 加强广电有线网络传输和经营秩序监管。坚持日常管理和重大活动、重要保障时期安全播出的督促检查相结合，安全播出各项制度的落实。

2014年电影院线3家，资产总额2 000万元，共计容纳2 159人，票房年销售总额721万元。加强电影放映单位的管理、指导，促进产业健康发展，进一步规范电影院线放映活动。

【民生工程】 实施广播“村村通”工程。新建农民集中居住区标准化广播室2个。加强广播室的管理和维护，指导、督促广播室日常管理和使用，确保每天播放时间不少于1.5小时。

实施电视“户户通”工程。开展全区农村电视收视情况调查，推进地面数字电视发展，超额完成1 000户免费地面数字电视工作任务，维护直播卫星地面接收设备520户次，保障全区307个自然“盲村”、6 212套直播卫星地面接收设备正常运行，确保“不返盲”。

实施电影“人人看”工程。新建村级固定电影放映点12个，开展农村公益电影放映活动，确保每村每月放映一场，放映农村公益电影1 440余场。

【扫黄打非】 深入开展“扫黄打非”工作，完善“扫黄打非”的联动协调机制，制定工作方案，统一部署、组织协调和督促检查。坚持打防并举、标本兼治，开展“秋风”“净网”“清源”和“固边”等专项行动。坚持集中行动与日常监管、网下清缴与网上净化相结合，突出抓好封堵政治性非法出版物、清理网络淫秽色情、打击侵权盗版等重点任务，有效推进“扫黄打非”工作。2014年组织集中整治4次，出动执法人员2 665人（次），检查出版物市场、店铺摊点3 028个次，检查印刷企业294家次，网吧402家次，取缔游商地摊和无证照经营8个，依法查缴各类非法出版物2 491件，查办案件20件，进一步规范辖区出版物市场秩序。

加强全区27家印刷企业的监督管理，建立印刷企业检查台账，坚决打击非法印刷复制行为，加强企业管理人员落实印刷管理五项制度的培训。

开展打击侵权盗版和非法出版活动。2014年全区出版物经营单位32家（其中：书刊零售、出租经营单位22家，音像制品经营单位10家），资产总额1 632.25万元，从业人员112人。印刷企业59家（其中：包装装潢13家、其他印刷品13家、内资、专项印刷企业1家、复打印企业32家），资产总额1.87亿元，工业总产值1.72亿元，从业人员达792人。开展出版物经营单位、印刷企业以及教辅材料经营门店和校园周边出版物经营门店的专项整治6次，检查出版物经营单位376家次，印刷企业144家次。

【版权保护】 统筹推进本地深化全国版权示范城市建设，巩固全国版权示范城市创建成果。以深化全国版权示范城市建设为载体，深入推进政府软件正版化。加强版权宣传，进一步强化版权保护服务，增强公众的版权意识和版权认知度，版权自愿登记数量比2013年增强5%。积极推进市“版权示范单位”创建工作，进一步提升企业版权保护和运用能力。深入开展打击侵权盗版、保护知识产权的宣传教育，向出版物市场、文化市场经营单位、印刷企业、农家书屋、网吧等发放成都市版权局印制的版权小知识书籍等相关资料800余份。

（供稿人：蔡寿河）

新闻中心

【概况】 2014年，区新闻中心始终坚持政治家办报、办刊、办台、办网，把围绕中心、服务大局作为第一职责，把营造氛围、助推发展作为第一要务，牢牢把握正确的舆论导向，组织所属的区广播电视台、《新青白江》内刊社、青白江新闻网和@青白江区新闻中心官方微博、网站及负责的青白江公众信息网站“最新要闻”“视频新闻”栏目，着重围绕十八届三中、四中全会和党的群众路线教育实践活动、全面深化改革、依法治区、老工业基地转型升级发展等重点工作、重大事件和重要活动开展宣传，切实做到聚焦中心不散光，为推动全区经济社会发展营造了良好的舆论氛围。2014 年出版《新青白江》报 101 期、合刊 12 期，编播《青白江新闻》253 期、专题节目 157 期，栏目外专题汇报片 10 个，深度提炼采编反映经济社会发展的稿件节目 5 439 条(篇)；发布区公众信息网站要闻 729 条，其中，被市政府新闻网采用 324 条；发布新闻中心官方微博 556 条，拥有粉丝量 28 629 个；在青白江新闻网刊播稿件节目 809 条(篇)

【广播电视安全播出】 高度重视安全播出工作，严格执行中央、省、市、区关于安全播出工作的各项规定，层层抓好落实。制定安全播出管理和规范、网络系统安全管理和规范、网络信息系统安全应急处置预案，修订安全播出应急处置预案并上墙公示，组织

开展安全播出应急演练。开展安全隐患排查，整改播出中存在的薄弱环节。元旦、春节、国庆、十八届四中全会等重要时间节点及敏感时段认真执行 24 小时值班制度，双人双岗，加强重点时段的监听、监看，加强安全防范，严防非法信号插播，确保安全播出万无一失。坚持每周二认真做好广播电视发射机、硬盘播系统等重要播出设备的日常维护和定期保养，为安全播出工作正常开展提供硬件保障。

8 月 6 日，国家海关总署署长于广洲到区调研

【电视品牌栏目】 紧紧围绕区委、区政府重点工作，突出项目、产业、发展、民生等主题，把镜头对准基层，对准群众，组织开展宣传报道，提升节目质量，增强宣传实效，为推动全区中心工作、“五区”建设营造良好的舆论氛围。精心策划新闻栏目《青白江新闻》《一周点击》，新闻类专题栏目《视点》、访谈类专题栏目《聚焦行风》、农业类专题栏目《田园风》、时尚资讯类专题栏目《生活》，在服务区委、区政府中心工作的同时不断改进报道方式，使节目更加贴近实际、贴近生活、贴近群众。

【电视新闻栏目】 在《青白江新闻》中开设“走基层　解难题　办实事　惠民生”“反对四风　联系群众”“全力推进项目　加快‘五区’建设”“民生工程”“反腐倡廉　勤政为民”“依法治区　共建和谐”“厉行勤俭节约　反对食品浪费”“践行社会主义核心价值观”“深化文明城市”“贯彻四中全会精神　推进依法治区”“蓉欧快铁、城际高铁——让青白江更精彩”“整治慵懒散浮拖　深化教育实践成果”等专栏，全方位展现全区在经济建设、政治建设、文化建设、社会建设、生态文明建设等方面取得的突出成就和典型经验。

【报刊出版发行】 《新青白江》系区委、区政府机关刊物，坚持正确的舆论导向和“以人为本、科学发展”的办刊办报宗旨，注重地方特色，紧紧围绕区委、区政府的中心工作和老百姓关心的热点、难点开展宣传，使之成为党和政府联系群众的桥梁及纽带。《新青白江》内刊每月一合刊，30 日出版，大 16 开，图文并茂，铜版纸印刷，每期 32 页，印刷 3 700 册，出版合刊 12 期，全部免费赠送区级各部门、企事业单位和各乡镇、街道、社区、村组等。《新青白江》报每周两期，每周三、五出版，4 开 8 版，新闻纸印刷，出版 101 期。从 3 月开始，将中心城区主要街道的商家店铺、物业小区、加油站、菜市场摊位等发行盲区全部纳入报纸免费赠阅范围，报纸印量达到 23 260 份，进一步扩大了宣传效果。2014 年 12 月制作《新青白江》报、刊合订本，免费赠送全区各区级部门、乡镇街道，便于查阅。

【报刊栏目设置】 《新青白江》在保持原有传统特色栏目的同时，不断探索新版式栏目组合、归类，使版式更新颖，栏目设置更科学。《新青白江》内刊设有：“卷首语”“要情”“经济”“民生”“文明”“人物”“理论”“文艺”等栏目。《新青白江》报设有“要闻”“综合新闻”“专栏”“文艺”等版块，开设“贯彻四中全会精神　推进依法治区”“走基层　解难题　办实事　惠民生”“践行核心价值观　凝聚强大正能量”“全力推进项目　加快五区建设”“切实改进作风　密切联系群众”“反对

四风 正风肃纪""整治庸懒散浮拖 深化党的群众路线教育实践活动成果"等栏目。大力宣传"五区"建设取得的成效,及时把党委政府声音送到基层,动员和激励全区干部群众统一思想,振奋精神,为"五区"发展鼓劲出力。

【媒体融合发展】 加快传统媒体和新兴媒体融合发展,充分运用新技术创新媒体传播方式,将传统媒体的影响力向网络空间延伸,不断巩固壮大主流思想舆论阵地。利用青白江公众信息网改版后的优势,继续办好"最新要闻""视频新闻"栏目,充分发挥网站在信息传播中的及时性特点。继续办好"@ 青白江区新闻中心"官方微博,与区网信办合作在"@ 成都青白江""@ 微青白江"两大区级官方微博和"微青白江"官方微信上推送优秀新闻稿件,不断扩大宣传影响力。2014 年 11 月借力新闻网络平台成都全搜索,推出"青白江新闻网",开设"青白江新闻""视频青白江""青白江家常话""专题·活动""魅力青白江""光影青白江"等栏目,综合运用图文、图表、音视频等多种形式,全面展示青白江特色亮点。充分利用大数据和云计算技术推进新闻生产,构建媒体资源系统,建设专业化、规模化、现代化的视频内容数据库,切实提高工作效率。

(供稿人:刘文芳、胡 吟)

体 育

【概况】 2014 年,青白江区认真贯彻党的十八届三中全会"建设社会主义文化强国,完善文化管理体制,建立健全现代文化市场体系,构建现代公共文化服务体系,提高文化开放水平"的精神,根据《成都市全民健身实施计划(2011—2015 年)》,深入实施全民健身"个十百千万"工程深化体育改革,进一步完善全民健身公共服务体系,抓好竞技体育,加快推进体育产业发展,为建设"文化发展特色区",构建富裕文明和谐幸福青白江奠定基础。

2014 年,区文体广新局被评为"2010—2014 年度四川省群众体育先进单位",连续 3 年获得省级全民健身工作表彰。

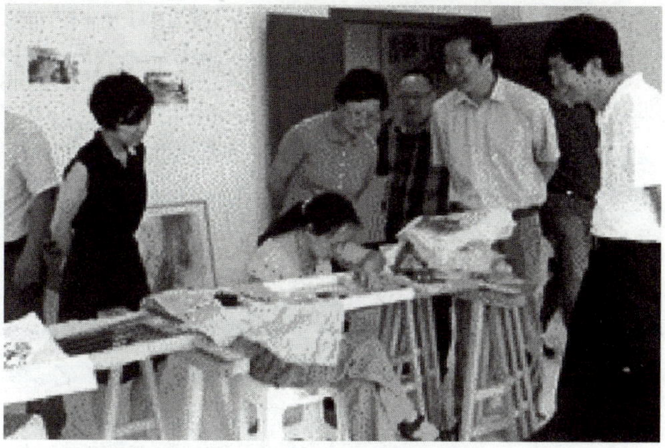

6 月 5 日,市文化局副局长李丹阳到区调研文化工作

【群众体育】 加强组织建设,健全保障机制。落实《成都市全民健身公共服务体系建设实施方案》,完善区、乡、村三级工作领导机构,成立区篮球协会、区极限运动协会,全区各类社会体育组织 13 个,体育网络进一步完善。

完善设施建设,夯实基层基础。推进青白江区文化体育中心项目建设,完成固定资产入库 3.6 亿元。建设村(社区)全民健身工程 21 套,村(社区)公共体育设施覆盖率 96.6%,人均体育健身场地面积 1.95 平方米;长期坚持运用各类公共体育设施锻炼的 6.2 万人次。

开展体育活动,打造特色品牌。深入实施"个十百千万工程",举办区首届全民健身运动会暨第四届运动会,设置 27 个大项、246 个小项,近万名运动员参赛,是历届项目最多,参赛人数最多的运动会。举办"百村体育系列活动"、全民健身日、山地车迷嘉年华、元旦越野赛、职工球类联赛等全民健身活动 90 余场,承办 2013—2014 年度"龙王杯"全国钓鲫精英赛总决赛。2014 年举办各级各类体育赛事活动 800 场次,参与群众 20 万人次,实现体育赛事活动参与人群全覆盖、城乡全覆盖、时间全覆盖。

培训体育人才,完善服务网络。培训社会体育指导员、体育服务志愿者 120 名,获得技术等级证书的社会体育指导员 1 100 名。各乡镇(街道)建立全民健身中心,配备 5 名以上社会体育指导员,各村(社区)成立全民健身辅导站,配备 3 名以上体育服务志愿者,科学指导体育健身、志愿服务城乡全覆盖。

【竞技体育】 健全体育竞赛奖励机制。制定《成都市青白江区体育竞赛奖励办法》，鼓励社会力量参与体育竞赛工作，激励运动员在体育比赛中顽强拼搏、争创好成绩。

加强体育传统校和青少年体育俱乐部训练。举办各级教练员、裁判员培训3期，培训112人。组队参加成都市小学生综合运动会、青少年田径锦标赛、青少年武术锦标赛等12项比赛，参赛运动员200余人，获得2个第二名、6个第三名，一等奖2个，二等奖1个，三等奖2个。为市运动队输送优秀运动员8名，参加省级比赛获得银牌一枚、铜牌一枚；参加全国比赛，获得两个第5名。

学校体育活动丰富多彩。开展校园乒乓球活动月、百日游、田径、班级赛、排球活动月、棋类活动、篮球活动月等十项活动，覆盖全区26所中小学校，参与人数达5万余人次。举办2013—2014年校园足球联赛决赛、2014—2015年校园足球联赛。

【体育产业】 深化体育改革，推进体育行政部门由“办体育”向“管体育”转变。按照国务院《关于加快发展体育产业促进体育消费的若干意见》和省、市有关精神等文件，努力推动体育事业与产业健康协调发展。

开展区级试点。将足球、体育产业融合发展作为2014年全区深化体育改革试点项目。深化足球体教结合，完善足球组织体系，将全区公共服务和足球管理事项的职责，通过政府购买服务方式，交由区足协承担，举办青白江杯业余足球联赛、校园足球联赛、高级裁判员、教练员培训等活动380场次。推进体育产业融合发展试点，加快“省山地自行车训练基地”建设，“全国钓鱼竞赛训练基地”落户本区，引入省内专业体育俱乐部等社会体育资源，探索建立赛事活动常态化机制，举行各类赛事活动20场次，达到“一月一活动”。

开展体育管办分离试点，向区内经营性体育场馆采购全民健身培训服务项目，开展羽毛球、网球、太极拳、体育舞蹈、篮球5个项目培训，广大群众掌握科学的体育锻炼方法。培训分为两期，共31个班496课时，第一期培训已于2014年8月正式开课，参训人员达到1万人次。

支持区内体育协会、俱乐部开展全民健身活动，在区运动会等政府主办的全民健身活动中，按照“政府主导，市场参与”办赛模式，将足球、篮球、羽毛球、跆拳道、棋类等项目竞赛服务工作交由对应的社会体育组织负责，发挥了体育组织的能动性，吸引社会广泛参与。

鼓励社会体育场馆对外开放。按照《全市开展拉动体育健身消费促进体育产业发展工作方案》，做好区内有法定资质健身场所的统计，加强有关优惠扶持政策的宣传，引导和鼓励市民参与体育健身消费。协同教育等部门，草拟《进一步贯彻落实<成都市学校体育设施向市民开放使用管理办法>的实施办法》，推动学校体育设施对社会开放。

【体育行政管理】 认真贯彻落实《全民健身条例》，学习和宣传体育政策法规，进一步规范体育经营场所管理，做好高危性体育经营场所的登记备案。开展游泳场经营责任人、水上救生员、游泳指导员及水质管理员培训，开展行政执法检查20次，确保无安全事故发生。

加快区全民健身工程建设。完成城厢镇壁峰社区、龙王镇天平堰村、姚渡镇凉水村、福洪乡团结村、清泉镇友好村、清泉镇永顺村、清泉镇五桂村、清泉镇龙洞村、清泉镇北宁村、祥福镇甘泉村、人和乡东风村、人和乡新民村等“市级1+2工程”12个。建成大同镇一心社区、人和乡三元村、城厢镇金河村中心站安置小区、城厢镇龙潭村17组、城厢镇万柳村、祥福镇康家渡社区、龙王镇双埝村等健路径“1+2工程”7个。

【体育赛事】

2014年青白江区体育活动一览表

序号	活动名称	时　间	地　点	参加人次
1	成都市青白江区第二届篮球冬季联赛	1月19日—2月2日	青白江区运动休闲中心	400
2	城市足球北部赛区第二届“青白江足协杯”决赛	1月12日	大弯中学	2 000
3	成都市青白江区2014年校园足球公益活动	1月15日	青白江区实验小学	4 000
4	城厢镇壁峰社区2014年第八届农民运动会	1月13日	城厢镇壁峰社区	1 200
5	青白江区祥福镇迎新春全民健身活动	1月31日	祥福镇敬老院	300
6	“我们的节日-春节”2014青白江民俗才艺大比拼	2月6—24日	城市森林和谐广场	3 000

续上表

序号	活动名称	时　间	地　点	参加人次
7	青白江区弥牟镇“龙腾狮舞闹新春”活动	2 月 10 日	弥牟镇场镇村(社)	8 000
8	青白江区“太极在弥牟”全民健身活动	2 月 1—31 日	弥牟镇各村(社区)	1 800
9	青白江区姚渡镇 2014 年“羽毛球”活动	2 月 22 日	黄坭新型社区	150
10	青白江区红阳街道顺江村徒步走健身活动	6 月 22 日	凤凰大道	100
11	青白江区弥牟镇绿道健步走活动	2 月 1—28 日	各村(社区)	1 200
12	2014 年成都市“城市足球”北部地区乙级联赛	3 月—11 月	青白江各足球场地	5 000
13	青白江区姚渡镇 2014 年“乒乓球”活动	3 月 25 日	黄坭新型社区	90
14	2014 年青白江区庆“五一”博能杯职工羽毛球比赛	4 月 15—21 日	区运动休闲中心	1 500
15	2014 年成都市青白江区首届全民健身运动会暨第四届运动会田径比赛	10 月 18—19 日	川化中学	1 200
16	游泳比赛	9 月 13 日	川化游泳池	120
17	篮球比赛(成年)	7 月 20—27 日	川化中学	400
18	篮球比赛(青少年)	5 月 11—17 日	川化中学	350
19	足球比赛(成年)	7 月 11—19 日	川化中学	500
20	足球比赛(青少年)	10 月 11—12 日	大弯中学	600
21	自行车比赛	10 月 11 日	凤凰大道	400
22	跆拳道比赛	9 月 16—17 日	城市森林和谐广场	180
23	乒乓球比赛	8 月 2—8 日	川化中学	200
24	羽毛球比赛	7 月 4—6 日	羽飞球馆	200
25	足跑比赛	9 月 26 日	川化中学	420
26	拔河比赛	8 月 2 日	城市森林和谐广场	320
27	趣味体育比赛	8 月 8—10 日	城市森林和谐广场	240
28	围棋比赛	9 月 26—28 日	毗河人家	50
29	中国象棋比赛			40
30	国际跳棋比赛			25
31	体育舞蹈比赛	9 月 16—17 日	城市森林和谐广场	100
32	钓鱼比赛	6 月 28 日	龙王垂钓基地	210
33	门球比赛	9 月 6 日	川化体育场	120
34	健身腰鼓比赛	10 月 16 日	城市森林和谐广场	800
35	健身秧歌比赛			800
36	登山比赛	10 月 13 日	人和乡	450
37	模型比赛	9 月 8—9 日	大弯小学	320
38	太极拳比赛	8 月 8—9 日	城市森林和谐广场	800
39	太极剑比赛			900
40	武术	8 月 8—9 日	城市森林和谐广场	320
41	健身球操	8 月 8 日	城市森林和谐广场	450
42	青江路社区趣味运动会	4 月 19 日	杨柳小区广场	80
43	健康长跑在弥牟	4 月 1—30 日	各村(社区)	20 000
44	弥牟镇骑游活动	4 月 8—12 日	各村(社区)	7 000
45	青白江区姚渡镇 2014 年“羽毛球”活动	4 月 18 日	芦稿新型社区	160
46	祥福镇广场舞活动	4 月	各村(社区)	51 000
47	祥福镇健身舞活动	5 月 16—20 日	各村(社区)	2 000
48	祥福镇健身舞活动	5 月 16—20 日	各村(社区)	200
49	祥福镇腰鼓表演	7 月 18 日	祥福镇敬老院	300
50	青江路社区太极拳练习	每天早上	杨柳小区广场	400
51	团结路社区广场舞活动	每天晚上	海洋广场	600

续上表

序号	活动名称		时 间	地 点	参加人次
52	顺江村竞走活动		7月5日	凤凰大道	80
53	团结路社区广场舞活动		每天晚上	海洋广场	600
54	祥福镇广场舞表演		8月27日	祥福镇三路车站	600
55	2014年青白江区"全民健身日"群众体育展示推广活动		8月8日	城市森林和谐广场	400
56	百村太极拳比赛大弯街道赛		10月18日	青白江区和谐广场	500
57	红阳街道青江路社区太极拳练习		每天早上	杨柳小区广场	400
58	红阳街道玉带社区广场舞活动		每天晚上	海洋广场	600
59	红阳街道蔡家庙社区自行车比赛		10月14日	凤凰大道	80
60	弥牟镇全民健身广场舞		10月1—30日	弥牟镇各村(社区)	21 700
61	成都·青白江第四届"百村篮球赛"预赛	大弯街道站	8月16—30日	大弯街道健身广场	200
62		红阳街道站	8月16—30日	红阳街道健身广场	300
63		城厢镇站	8月16—30日	大同镇健身广场	500
64		弥牟镇站	8月16—30日	弥牟镇健身广场	360
65		大同镇站	8月16—30日	城厢镇健身广场	500
66		祥福镇站	8月16—30日	姚渡镇健身广场	500
67		龙王镇站	8月16—30日	祥福镇健身广场	400
68		清泉镇站	8月16—30日	龙王镇健身广场	500
69		福洪乡站	8月16—30日	福洪乡健身广场	300
70		姚渡镇站	8月16—30日	清泉镇健身广场	300
71		人和乡站	8月16—30日	人和乡健身广场	300
72	成都·青白江第四届"百村自行车赛"预赛	大弯街道站	9月5日	大弯街道健身广场	200
73		红阳街道站	8月—9月	红阳街道健身广场	300
74		城厢镇站	8月—9月	大同镇健身广场	500
75		弥牟镇站	8月—9月	弥牟镇健身广场	360
76		大同镇站	8月—9月	城厢镇健身广场	500
77		祥福镇站	8月—9月	姚渡镇健身广场	500
78		龙王镇站	8月—9月	祥福镇健身广场	400
79		清泉镇站	8月—9月	龙王镇健身广场	500
80		福洪乡站	8月—9月	福洪乡健身广场	300
81		姚渡镇站	8月—9月	清泉镇健身广场	300
82		人和乡站	8月—9月	人和乡健身广场	300
83	成都·青白江第四届"百村太极活动"预赛	大弯街道站	8月—10月	大弯街道健身广场	200
84		红阳街道站	8月—10月	红阳街道健身广场	300
85		城厢镇站	8月—10月	大同镇健身广场	500
86		弥牟镇站	8月—10月	弥牟镇健身广场	360
87		大同镇站	8月—10月	城厢镇健身广场	500
88		祥福镇站	8月—10月	姚渡镇健身广场	500
89		龙王镇站	8月—10月	祥福镇健身广场	400
90		清泉镇站	8月—10月	龙王镇健身广场	500
91		福洪乡站	8月—10月	福洪乡健身广场	300
92		姚渡镇站	8月—10月	清泉镇健身广场	300
93		人和乡站	8月—10月	人和乡健身广场	300
94	2014-2015青白江区校园足球联赛		10月30日	大弯小学	200
合 计:94次			总人次:180 635人次		

(供稿人:蔡寿河)

卫生事业

PUBLIC HEALTH

医疗卫生

【概况】 2014年,在区委、区政府的正确领导下,在市卫生局的悉心指导下,青白江区卫生系统广大干部职工以党的十八大和十八届三中、四中全会精神为指导,深入实施“五大兴市战略”和“五区”发展战略,不断加强医疗卫生服务体系和公共卫生服务体系建设,医药卫生体制改革成效显著,各项工作取得新的成绩,成功创建国家慢性病综合防控示范区、四川省结核病综合防治示范区。制定区级公立医院综合改革试点方案。市二医院与区人民医院合作与委托管理取得显著成绩,区中医医院成功创建国家二级甲等中医医院,顺利完成区疾控中心、区中医医院川化病区、区爱心献血屋建设,区医疗中心二期、区妇幼保健院项目进展顺利。

2月15日,举办首届院长论坛

【人才引进】 首次在区人民医院开展高层次卫生人才引进工作,共引进高层次人才8名,其中主任医师1名,博士1名。公开招聘医学类专业技术人员39名,其中本科生32名,大专生7名。实施城市支援农村工程,从区级医疗卫生单位选派25名专业技术人员对口帮扶基层医疗卫生单位,通过查房、学术讲座、现场教学等形式,提高基层医疗卫生单位专业技术人员的技术水平。

【项目建设】 区医疗中心二期项目总投资2.25亿元(其中中央资金1 800万元,市级基本建设资金1 000万元),建筑面积42 399平方米,主要包括住院大楼扩建、后勤服务楼(超市、营养食堂和实习进修生宿舍等),2014年4月开工建设,2014年底完成工程总量的77%。区疾控中心业务综合楼项目总投资1 246万元(其中中央资金350万元,地方配套896万元),建筑面积3 200平方米,包括实验室用房、业务用房和行政用房,2014年3月开工,12月26日竣工验收。区中医医院川化病区改造项目总投资175万元,其中区财政投入100万元,其余自筹。按照“二甲”标准,对急诊科、手术室、住院部、中医集中诊疗等区域进行改造,安装中心供氧系统、呼叫系统等,改造面积1.3万平方米,2014年4月启动,5月29日投入使用。区妇幼保健院广场病区改造工程投资1 804万元,对门诊楼、住院楼及附属建筑、总坪绿化进行改造,改造面积12 521平方米。新建供应室、洗浆房、非机动车棚等共计2 056平方米。2014年10月3日开工建设,全年完成工程总量75%;区爱心献血服务站投资49.8万元,建筑面积108平方米,2014年10月30日进场施工,12月底完工。

【医疗卫生机构】 2014年全区医疗卫生机构263个,其中二级甲等医院2所,疾病预防控制中心1个,妇幼保健院1所,工矿改制医院和民营医院9所。乡镇卫生院9所,社区卫生服务中心2所。营利性医疗机构76个,非营利性机构187个。社区卫生服务站2个,村级医疗机构131个。2 014 年全区医疗机构卫生技术人员获得中级职称314人,副高级职称103人,高级职称3人。

全区医疗卫生单位建筑面积185 139平方米,其中业务用房面积131 724平方米。医疗机构床位2 547张,每千人拥有床位6.44张,固定资产总值2.5亿元。卫生人员3364人(含乡村医生165人和卫生员3人),卫生技术人员2 603人,其中执业医师770人,执业助理医师144人,注册护士896人,平均每千人拥有卫生技术人员6.58人,平均每千人拥有执业(助理)医师2.31人,平均每千人拥有注册护士2.27人。2014年医疗机构(门诊部以上,不含村卫生站、诊所、卫生所及医务室)完成诊疗人次162.03万人次,住院病人手术9 896人次,出院病人8.43万人次。

【医政管理】 深入推进“三好一满意”“医疗质量万里

行”等专项活动，为各医疗机构培养63名医疗质量“监管人”“守门人”。引入第三方机构开展医疗质量和医疗安全考核评估，提高医疗质量，增强服务能力，区内就诊率89%。印发《青白江区医疗纠纷预防与处置工作实施意见》，依法规范医疗纠纷的处置。

【无偿献血与管理】 加强区储血库的管理，推进科学、合理、计划用血，严格用血指征管理和输血风险控制，确保临床用血安全。深入发动各乡镇（街道）、部门、驻区企业等参加应急献血，2014无偿年献血1952人次。

【精神病管理和救助】 全区重性精神障碍患者常住人口检出率4.5‰、管理率85%、规范管理率70%、稳定率65%，国家系统检出率全市第二。开展重性精神障碍患者阳光救助，完成住院救助71人，救助金额53万元。开展肇事肇祸重性精神病人医疗救助，救助27人次。办理精神障碍患者特殊门诊4 800余人次，为500余名稳定的贫困重性精神障碍患者免费提供药物救助，救助金额32万元。

【卫生培训与科研】 举办区内专题培训36次，培训2 800余人次，组织参加省、市培训38次，参训268人次，成功举办省级继续教育护理业务学习班2次。区、乡两级医疗卫生机构继续医学教育覆盖率100%，学分达标率分别为90%和85%以上。区中医医院康复科、老年病科、脾胃科，区人民医院心血管内科成功创建为市级重点学科。区人民医院与市二医院联合开展皮肤病学（卡泊三醇对白细胞介素-22诱导的角质形成细胞异常增殖及分化的干预作用及机制研究）等科研课题20多项。

【妇幼保健】 落实城乡居民住院分娩补助政策，对住院分娩的孕产妇实行一站式结算补助。增补叶酸预防神经管缺陷项目全覆盖；孕产妇死亡率为零、新生儿死亡率2.78‰、婴儿死亡率4.87‰、5岁以下儿童死亡率6.96‰，分别比2013年下降21.02%、15.60%、22.41%。孕产妇系统管理率97.32%、住院分娩率100%、3岁以下儿童系统管理率96.06%；新生儿疾病筛查率、新生儿听力筛查率和新增新生儿耳聋基因筛查率分别达99.48%、99.36%和99.36%。围产儿出生缺陷发生率168.04/万，比2013年下降14.3%。剖宫率49.41%，比2013年下降15.12%。免费宫颈癌普查5 000人，乳腺癌普查1 500人。免费婚前医学检查3 960人，比2013年增加393%，妇女病普查率86.64%。

【中医中药】 区中医医院新设置川化病区，加强同省二中医医院合作，建成中医远程会诊和远程中医院适宜技术推广系统，三个科室打造为市级重点专科，成功创建国家二级甲等中医医院。区中医医院设置“治未病”中心、乡镇卫生院（社区服务中心）设置“治未病”工作室，区人民医院、区妇幼保健院完成标准化中医科、中药房建设，并通过市级验收。为152个村卫生室（社区卫生服务站）增添9种、685件简易中医诊疗设备。中医业务量、业务收入大幅提升，中医服务量占总医疗服务量的43%。

【卫生应急预案】 区政府印发《成都市青白江区区级公立医院综合改革试点方案》，积极稳妥推行公立医院改革。探索建立区级公立医院管理体制、补偿机制、价格机制、药品采购、人事编制、收入分配、医保制度、监管机制等新机制。基本建立三级医疗机构为指导、区级医疗机构为龙头、乡级医疗机构为枢纽、村级医疗机构为网底的医疗卫生服务体系，增强整体服务能力。继续实施全区医疗机构基本药物制度，乡村两级医疗机构100%配备使用基本药物、100%统一配送、100%零加价销售。区级公立医院基本药物配置使用率51%，三家区级公立医院全部取消药品加成，减轻患者药品负担1 800余万元。

修订完善《成都市青白江区四川石化危险化学品公路运输事故卫生应急预案》等应急预案。印发《青白江区卫生局开展应对暴力恐怖袭击事件工作方案》，强化恐怖暴力事件的应急反应能力。完成“两会”、“2014年国际樱花旅游文化节”、“高考”等36次医疗保障工作，出动医护人员155人次、救护车台60余辆次，为各级各类重要会议、活动提供医疗保障。开展急救技能进社区、进学校、进农村活动，指导和培训群众开展自救互救，培训4 000余人次。

【公共卫生机构】 全区公共卫生工作机构136个，其中区级7个，乡级9个，社区服务中心2个，村卫生站

118 个。公共卫生工作人员 426 人。全面落实重大公共卫生项目,甲乙类传染病报告发病率 129.96/10 万,成功创建省级结核病综合防治示范区和国家级慢性病综合防控示范区。

【基本公共卫生服务】 免费建立健康档案累计 38.92 万份,规范化电子建档率 93.56%。开展健康随访,管理高血压病人 30 823 名,管理率 60%以上,规范管理率 90.82%;管理 2 型糖尿病 13 105 名,管理率 50%以上,规范管理率 92.58%。管理 65 岁以上老年人 48 524 名,管理率均大于 70%,开展老年人中医药健康管理服务,服务率 47.66%,免费接种国家Ⅰ类疫苗 75 038 人次。规范管理重性精神病人 1 932 人,管理 0–6 岁儿童 2.1 万余人,管理孕产妇 2 830 余人,发放健康教育资料 20 余万份。全区人均期望寿命 78.48 岁。全市公共卫生服务考核名列第三,获得省市基本公共卫生服务项目奖励 20.5 万元。

【公共卫生监测】 饮用水主动监测 132 件、食品安全主动监测 76 件、公共场所主动监测 43 家、霍乱弧菌主动监测 42 件。自备水委托检测 60 件,合格 58 件;公共场所委托检测 88 家,合格 88 家。监测学校(幼儿园)191 所,其中餐具消毒监测合格率 99.80%,二次供水 2 件,合格 2 件。开展 2014 年高、中考考生就餐学校食堂餐(饮)具消毒效果监测,采样监测率 100%。农村集中式供水监测水样 72 件,全部合格。

【慢性病防治】 开展慢性非传染性疾病发病监测。2014 年缺血性心脏病、糖尿病、脑卒中、恶性肿瘤四种慢病共计报告 4974 例,报告发病率 1 197.67/10 万。其中男性 2 400 例,报告发病率 1 151.69/10 万,女性 2 574 例,报告发病率 1 243.98/10 万。通过政府主导、多部门行动、全社会参与综合控制慢性病,取得阶段性成果,8 月,成功创建为国家级慢性病综合防控示范区。

8 月 28 日,青白江区成功创建国家慢性病综合防控示范区

【传染病防控】 2014 年无甲类传染病报告。共报告乙、丙类传染病 16 种,2 138 例,报告发病率 557.93/10 万。其中乙类传染病 12 种,498 例,报告发病率 129.96/10 万;丙类传染病 4 种,1 640 例,报告发病率 427.97/10 万。发病前 10 位的病种为:手足口病、肺结核、其他感染性腹泻、乙肝、梅毒、流行性腮腺炎、丙肝、艾滋病、痢疾、淋病。

【血吸虫防治】 2014 年查螺 501.83 万平方米,反复巩固药物灭螺 200.40 万平方米;查病 50 500 人次,血清学阳性 1 584 人,扩大化疗 5 001 人。为 32 名现存晚期血吸虫病人建立数据库;对 994 名不明原因发热病人进行排查,对全区 48784 名历史血吸虫病病人开展情况摸底,建立档案,掌握了现存历史病人基本情况;与彭州、新都、金堂、什邡、广汉等地签订联防协议书,提高区域整体防控水平。承办省疾病预防控制中心 2014 年血吸虫病防治技术培训班,中医(血防)医院为学院提供现场观摩和现场教学。

【地方病防治】 全区抽取 5 个乡镇 20 个行政村 300 户进行碘盐监测,居民户合格碘盐食用率 98.0%,碘盐合格率 98.3%,碘盐覆盖率 99.7%。抽取 5 所中心小学校 400 名学生进行病情监测,甲状腺肿大率为 0,尿碘中位数为 159.5g/L。在姚渡镇开展土源性线虫病监测,检出蛔虫感染 19 人,感染率 1.89%。完成疟疾血片镜检 558 份,巩固了消除疟疾工作成果。

【社区卫生服务】 组建自助式健康检测室和健康小屋、完善中医服务“康复科”基地,打造 AAA 级预防接种门诊。创新家庭医生服务模式,深入推进基层首诊,建立社区医生和居民契约关系,共签订家庭服务协议 49 033 户,签约率 30%。

【村卫生站建设】 深入推进乡村卫生服务一体化管理,不断提高服务效率。开展村卫生站提档升级,投入

10万余元为全区118个行政村卫生站配置血糖仪、电子血压计等6类医疗设备425件。新打造18个“甲级”村卫生站,“甲级”村卫生站达54%,逐步实现等级村卫生站全覆盖。采用“多点执业”、“选派驻点”服务的方式,妥善解决人和乡“有站无人”问题。做好乡村医生历史遗留执业注册考试报名工作。组织全区41名符合条件的乡村医生执业注册考试,为31名考试合格的乡村医生办理乡村医生证书。完成209名乡村医生执业证书有效期满再注册工作。将基本公共卫生服务项目40%任务下沉到村卫生站,继续巩固基层医疗机构基本药物制度,及时落实乡村医生公共卫生服务和基本药物的补助政策。

【卫生执法】 2014年开展执法监督检查5 934户次,其中公共场所、医疗机构、消毒卫生、放射卫生监督频次均值大于4次。开展医疗技术临床应用专项整顿23户次、消毒供应中心专项卫生监督检查12户次、洁净手术部监督管理、医疗废物(污水)督查36户次,对全区8户临床用血单位开展医疗机构血液安全、核技术利用辐射安全监督检查。对11所乡镇卫生院、社区卫生服务中心开展基本药物制度检查。重点针对非法行医行为和集贸市场、建筑工地周边的游医、巫医等进行专项整治11次,检查场所185个,查获、取缔无证行医场所20处,立案查处4起。对公共场所、供水单位、医疗机构、放射单位实施量化分级管理。联合区教育局开展托幼机构卫生专项整治、学校量化评分综合评价和校园光环境检测。开展公共场所安全套推广专项监督。办理卫生行政处罚案件29件,结案率100%;处理投诉举报案件8件,调查处理率、回复率100%。

【行政审批】 规范行政审批事项,优化办事流程。完成行政审批1170件,开展审批下沉办件151件,开展局长进大厅10次,行政审批整体授权率100%,按时办结率100%,网上审批率100%,公众评价满意率100%。将行政钢印使用授权给审批窗口,极大方便了群众办事。窗口被评为“成都市工人先锋号”。

【爱国卫生】 城厢镇创建省级卫生镇,城厢镇十八湾村等20个村(社)创建省级卫生村,区卫生局、区法院等4个单位创建省级卫生单位,新评选10个星级院落。开展各类宣传活动140余次,发放健康教育资料20余万份,健康咨询2万余人。做好病媒生物鼠密度监测,继续开展以灭鼠为重点的“除四害”活动,投放灭鼠毒饵3 200余公斤,使用鼠夹320余个,封堵鼠洞400余个。

(供稿人:应成龙)

食品药品监管

【概况】 成都市青白江区食品药品监督管理局人员编制82名,实际在册48名。主要负责青白江区行政区域内食品、药品、保健食品、化妆品及医疗器械的生产、流通、餐饮服务环节日常监督管理和行政许可(含授权审查)、行政执法。内设办公室、政策法规科、食品生产流通监管科、餐饮化妆品监管科、药品及医疗器械监管科、行政审批科和食品药品稽查大队;11个乡镇街道食药监所派出机构纳入属地乡镇(街道)政府日常管理,聘请22名专职乡镇(街道)监管员和121名村信息员。为强化“四品一械”监管,挂牌成立12331食品药品投诉举报中心和青白江区食品药品快速检测中心;启动食品药品诚信体系电子监管平台二期提质扩面建设,平台二期建设被纳入“智慧青白江”重点建设项目和青白江区深化改革自建重点项目。

2014年,获得市政府颁发的爱国卫生先进集体、区级党风廉政先进集体等市、区级表彰8项;市政府分管领导,区委、区政府领导和市食药监局主要领导多次给予肯定性表扬。

【食品安全监管】 2014年全区有食品生产企业46家、流通经营户2 104户、小作坊115户、小食品店210个、小食品摊贩172户,餐饮服务单位1 063个。强化日常监督管理,制定《青白江区食品安全事故应急预案》等4个应急处置工作预案,召开打击地沟油回流餐桌、全区学校和托幼机构食堂食品安全警示会等警示教育会议21次,单独约谈银犁冷链等重点企业2次;集中培训专职监管员、信息员595人次,对象监管1 100余人次。

组织开展危害食品安全潜规则整治、肉及肉制品、建筑工地食堂、学校食堂和校园周边、农村食品市场“四打击四规范”以及中秋、国庆等节日期间专项行动37次。督促经营单位按要求落实进销货台账、索证索票制度，全区3家定点生猪屠宰场、4家农贸市场、39家餐饮服务企业、29家肉菜经营户已纳入溯源管理，肉类蔬菜来源可追溯、去向可查证。监督抽查生产流通食品607批次，对14个不合格产品进行了调查处置，收缴问题食品230公斤、食品添加剂16公斤、销毁有毒有害食品6 381公斤。查处食品生产及流通环节违法案件28件、化妆品违法案件2件；与公安机关配合查处食品违法案件7件，移送司法机关6人，刑事拘留3人、取保候审7人，判刑2人。填补了本区打击食品违法犯罪行为无刑事案件的空白。副市长田蓉对本区食品药品行刑衔接、案件查处工作给予肯定性批示，市食安办主任周万生两次对区食品药品监管工作给予肯定性批示。

1月26日，区领导带队检查超市食品安全

【餐饮服务环节监管】 组织开展“食品亮剑行动”，打击豆芽产品、豆腐制品、食用油非法使用添加剂以及节日市场等专项整治21次，制定《樱花节、杏花节重大活动保障实施方案》等7个工作预案，参与樱花文化旅游节、杏花节等重大活动食品安全保障11次，检查餐饮服务单位1 314个次，着重检查采购查验、索证索票、五病调离、废弃油脂及餐厨垃圾等制度执行情况。抽检餐饮服务环节食品129批次(其中8个批次不合格)，监督群宴2 325户次(41 509桌)。开展行政指导310次，发出监督意见书177份，督促整改学校食堂及校园周边食品经营单位22个，立案查处餐饮食品违法行为52件(其中移送4件)，吊销《餐饮服务许可证》1户。

2014年新增3户A级量化分级餐饮服务单位：四川建筑职业技术学院、成都市青白江区巨人树幼儿园和百胜餐饮(成都)有限公司肯德基青白江餐厅。

【药品医疗器械监管】 青白江区药品批发企业2户，药品零售企业165户，医疗器械生产经营单位4个。组织开展“药品亮剑”、医疗器械“五整治”等药品、医疗器械专项检查21次，检查涉药(械)单位1 646个次，药品开抽抽检64批次、医疗器械抽检17批次。组织实施西部试点电子监管，49家零售药店已按照要求开始试用电子监管设备，11家药店已经正式投入使用。全区33家二级以上医疗机构、乡镇卫生院、民营医院设立了ADR监测机构(部门)，上报ADR监测报告176例。收缴违法药品和医疗器械宣传印刷品1 500余份，立案查处药品违法案件24件、医疗器械违法案件6起。

【农村药品监督供应网络建设】 确定青白江区中医医院为中药溯源系统试点单位，安装并开始使用中药溯源设备；在城厢、清泉镇新增两家24小时便民药店。全区基本药品配送总额3 239.75万元，华安堂药业等4家社区惠民药店共向605人次城镇低保户优惠售药15 635.65元，优惠金额3 122.35元。

【法制宣传】 在红阳社区千盛百货、清泉镇廖家场社区、城厢镇槐树街社区分别建立“饮食用药科普宣传站”，在安居小区、上域中央等居民小区设置永久性食品药品科普宣传栏，在区电视台播出12331宣传短片等公益广告90余次，利用家乐福超市、凤凰湖天泉酒店等经营场所LED屏滚动播放食品药品科普知识。组织开展“食药安康幸福青白江”宣传周、“安全用药宣传月”、“食品药品科普知识进社区、进机关、进乡村、进学校”等大型集中宣传和专题讲座24次；发放宣传资料3.2万份(册)、发送食药安全科普知识手机短信2.6万条。中国食品安全网等11个国家级网站报道监管信息23次，《中国食品报》专版报道了区食药监局先进监管经验，《成都日报》等媒体也多次报道。形成了“报刊有文章、电视有影像、广播有声音、网络有专题、手机有信息、户外有广告”的全覆盖宣传格局。

2014 年青白江区零售药品销售网点

序号	企业名称	许可证号	注册地址
1	四川怡仁堂药业有限公司	SC01-Aa-20140312	成都市青白江区华金大道一段 139 号
2	四川佳钦医药有限公司	SC01-Aa-20140038	成都市金牛区韦家碾一路 118 号 401-406;429-433 室
3	青白江华强欣兴药店(成都本草堂药品连锁有限公司)	川 CA0283964(13)	成都市青白江区弥牟镇民族商贸西街 28、30、32 号
4	四川健之佳福利大药房连锁有限责任公司青白江区大弯中路药店	川 CB0282046(13)	成都市青白江区大弯中路 99 号-103 号
5	青白江区同福药房(成都百信药业连锁有限责任公司)	川 CA0284481(13)	成都市青白江区大弯东路 255、257、259、261 号
6	青白江区清泉镇万顺堂药房(成都百信药业连锁有限责任公司)	川 CA0281043(13)	成都市青白江区清泉镇平安路一段 51、53 号
7	青白江区友谊大药房 (成都百信药业连锁有限责任公司)	川 CA0281329(13)	成都市青白江区弥牟镇草市巷 24、26 号
8	青白江鸿仁兴惠大药房(成都百信药业连锁有限责任公司)	川 CA0283720(13)	成都市青白江区大弯街道安居路 210 号
9	青白江区康寿药店(成都百信药业连锁有限责任公司)	川 CA0282348(13)	成都市青白江区龙王镇商贸街 97、99 号
10	四川省华安堂药业零售连锁有限公司青白江区川化药店	川 CB0285245(13)	成都市青白江区大弯镇大弯西路 49 号
11	青白江区梓月星辰大药房(成都百信药业连锁有限责任公司)	川 CA0282518(13)	成都市青白江区大弯街道石家碾西路 108、110、112 号
12	青白江同安康药店(四川康贝大药房连锁有限公司)	川 CA0280382(13)	成都市青白江区大同镇同仁路 27、29 号
13	青白江区普济堂药房(成都本草堂药品连锁有限公司)	川 CA0283966(13)	成都市青白江区广场西 15-16 号
14	青白江明康药店(成都百信药业连锁有限责任公司)	川 CA0282517(13)	成都市青白江区红阳杨柳路 103 号附 28、29、30 号
15	青白江同福堂大药房	川 DA0285382(13)	成都市青白江区弥牟镇国光村 51 号
16	成都市康福尔药房有限公司青白江区城厢镇朝阳路药店(成都百信药业连锁有限责任公司)	川 CA0284276(13)	成都市青白江区城厢镇朝阳路 1 号
17	青白江区百草堂大药房(成都市粤通大药房连锁有限公司)	川 CA0283355(13)	成都市青白江区城厢镇下北街 144、146 号
18	成都市康福尔药房有限公司青白江区安居路药店(成都百信药业连锁有限责任公司)	川 CA0284709(13)	成都市青白江区安居路 123、125、127、129 号
19	成都市康福尔药房有限公司青白江区石家碾中路药店(成都百信药业连锁有限责任公司)	川 CA0284708(13)	成都市青白江区石家碾中路 97、99 号
20	青白江逸寿堂药店(成都百信药业连锁有限责任公司)	川 CA0281637(13)	成都市青白江区红阳街道华逸路 556、558、560 号
21	青白江区鑫泰华大药房	川 DA0286963(13) 二证合一	成都市青白江区大弯镇石家碾西路 75 号 8 幢附 12、13、14、15、16 号
22	成都市青白江区太平药店清泉镇古树街药店(四川康贝大药房连锁有限公司)	川 CA0285381(13)	成都市青白江区清泉镇古树街 37、39 号、菜市巷 4 号
23	青白江清泉大药房	川 DA0286886(13) 二证合一	成都市青白江区清泉镇太康路 282、284、286 号
24	青白江区东东药店	川 DA0286244(13) 二证合一	成都市青白江区福洪乡宏福路 48 号

续上表

序号	企业名称	许可证号	注册地址
25	郫县顺吉药店(成都本草堂药品连锁有限公司)	川 CA0285022(13)	郫县团结镇石桥村6组263号
26	青白江区裕康药店	川 DA0285300(09)	成都市青白江区祥福镇日新东街73、75号
27	青白江区祥康药房	川 DA0285385(13)	成都市青白江区祥福镇同心北路145、147号
28	四川省华安堂药业零售连锁有限公司青白江区大弯南路药店	川 CB0285362(13)	成都市青白江区大弯南路9号
29	青白江人和民康药店(成都百信药业连锁有限责任公司)	川 CA0285246(13)	成都市青白江区人和乡人和后街48、50、52号
30	青白江区昌龙药店(成都百信药业连锁有限责任公司)	川 CA0280922(13)	成都市青白江区龙王镇龙兴街5、7号
31	青白江区保安堂大药房(四川龙一药品零售连锁有限公司)	川 CA0284680(13)	成都市青白江区大弯街道华金大道二段82号
32	成都市康福尔药房有限公司青白江区华金大道药店(成都百信药业连锁有限责任公司)	川 CA0284711(13)	成都市青白江区华金大道三段66号附9、10号
33	新都区泰兴镇睿康药店(成都百信药业连锁有限公司)	川 CA0282801(13)	成都市新都区泰兴镇将军西街22号
34	青白江区中正药店(成都百信药业连锁有限责任公司)	川 CA0280943(13)	成都市青白江区清泉镇平安路159、161号
35	青白江芳香药店(成都百信药业连锁有限责任公司)	川 CA0280923(13)	成都市青白江区姚渡镇八达路58号5栋132号
36	青白江区保芝堂大药房(成都百信药业连锁有限责任公司)	川 CA0282499(13)	成都市青白江区大夫北路90、92、94号
37	青白江区永和堂药店	川 DA0280412(13)	成都市青白江区清泉镇商贸南街6、4、2号、青石路5、6号
38	青白江万年堂药房	川 DA0285384(13)	成都市青白江区红阳街道青江西路99号6、7号1层
39	青白江济众药汇大药房(成都百信药业连锁有限责任公司)	川 CA0283721(13)	成都市青白江区大弯街道安居路177、179、181号
40	青白江区民安堂药店(四川龙一药品零售连锁有限公司)	川 CA0285635(13)	成都市青白江区大弯街道华金大道三段118号附22、23号
41	青白江御方堂大药房	川 DA0281990(13)	成都市青白江区大弯街道新河路5号附1、2号
42	青白江人和青松药店(成都百信药业连锁有限责任公司)	川 CA0281647(13)	成都市青白江区人和乡中街27号
43	青白江区贝诺药店(成都百信药业连锁有限责任公司)	川 CA0283022(09)	成都市青白江区福洪乡民主村8组宏福路206号
44	青白江区德信药店(四川康贝大药房连锁有限公司)	川 CA0280326(13)	成都市青白江区红阳街道华逸路159、161号
45	青白江日新镇建新药店(四川康贝大药房连锁有限公司)	川 CA0283516(13)	成都市青白江区祥福镇日新西街72号、74号
46	四川省华安堂药业零售连锁有限公司青白江区石家碾东路药店	川 CB0285311(13)	成都市青白江区石家碾东路10号
47	青白江区彤华药店(四川康贝大药房连锁有限公司)	川 CA0282079(09)	成都市青白江区弥牟镇中街2号7栋附8号
48	青白江区寿康药店(四川太极大药房连锁有限公司)	川 CA0285100(13)	成都市青白江区姚渡镇八达路169、171号

续上表

序号	企业名称	许可证号	注册地址
49	青白江怀仁堂药店(成都本草堂药品连锁有限公司)	川 CA0283963(13)	成都市青白江区祥福镇同心北路 243 号、245 号、247 号
50	青白江区瑞源药店(四川康贝大药房连锁有限公司)	川 CA0283513(13)	成都市青白江区龙王镇裕康街 87 号、89 号
51	青白江区泰康药店(四川康贝大药房连锁有限公司)	川 CA0283515(13)	成都市青白江区怡湖东路 8 号、10 号
52	青白江区济仁药店(四川康贝大药房连锁有限公司)	川 CA0283518(13)	成都市青白江区城厢镇小东街 2 号、4 号
53	青白江区三元堂药店(四川康贝大药房连锁有限公司)	川 CA0281791(13)	成都市青白江区大弯镇菁华路 67 号、69 号、71 号、73 号
54	青白江区文汇大药房（成都百信药业连锁有限责任公司)	川 CA0282515(13)	成都市青白江区大弯街道文汇路 370 号、372 号、374 号、376 号
55	青白江区福安堂药店(四川康贝大药房连锁有限公司)	川 CA0282114(13)	成都市青白江区红阳路 74 号、76 号、78 号
56	青白江区团结药店(四川康贝大药房连锁有限公司)	川 CA0285270(13)	成都市青白江区红阳团结南路 19 号、21 号、23 号
57	青白江荣健大药房	川 DA0285386(13)	成都市青白江区大弯街道安居路 64 号、66 号、68 号
58	青白江区人仁药房	川 DA0285201(09)	成都市青白江区姚渡镇八达路 320 号、322 号、324 号
59	青白江区济仁堂大药房	川 DA0285274(09)	成都市青白江区祥福镇康家渡 2 组
60	青白江区康宁药店(成都百信药业连锁有限责任公司)	川 CA0282498(13)	成都市青白江区大弯街道青江东路 121 号附 8 号、9 号
61	青白江区平安药店(四川康贝大药房连锁有限公司)	川 CA0281264(13)	成都市青白江区清泉镇平安路二段 29 号、31 号
62	青白江区祥福顺成药店(成都百信药业连锁有限责任公司)	川 CA0284574(13)	成都市青白江区祥福镇同心北路 50 号
63	成都市青白江区姚渡医药合作商店上街药店(成都百信药业连锁有限公司)	川 CA0284490(09)	成都市青白江区姚渡镇上街 1 号、3 号
64	青白江区众仁康药店（成都百信药业连锁有限责任公司)	川 CA0282588(13)	成都市青白江区福洪乡玉兰路 139 号、141 号、143 号
65	青白江区健安堂药房（成都百信药业连锁有限责任公司)	川 CA0283736(13)	成都市青白江区大弯街道华金大道二段 265 号、267 号
66	青白江区团结汇鑫大药房(四川康贝大药房连锁有限公司)	川 CA0286477(13) 二证合一	成都市青白江区红阳街道窄巷子 17 号附 2 号 9 栋 1 层 2 号、附 3 号 9 栋 1 层 3 号
67	青白江区怡宁堂药店(四川康贝大药房连锁有限公司)	川 CA0283520(13)	成都市青白江区红阳青江中路 163 号、165 号、167 号
68	四川健之佳福利大药房连锁有限责任公司青白江区红阳街道华金大道二段药店	川 CB0282047(13)	成都市青白江区华金大道二段 551 号千盛百货购物广场负一层
69	成都市青白江区城厢供销社青白江区城厢镇西街药店(四川太极大药房连锁有限公司)	川 CA0285651(13)	成都市青白江区城厢镇西街三号
70	四川省华安堂药业零售连锁有限公司青白江区青江西路药店	川 CB0285312(13)	成都市青白江区红阳青江西路 29 号、31 号、33 号、35 号、37 号、39 号、41 号、43 号、45 号
71	青白江长春大药店	川 DA0285383(13)	成都市青白江区大弯街道政府北路 19 号、21 号
72	青白江区仁心药店(四川康贝大药房连锁有限公司)	川 CA0283514(13)	成都市青白江区祥福镇祥福西街 108 号
73	青白江区顺心药店(四川康贝大药房连锁有限公司)	川 CA0281787(13)	成都市青白江区城厢镇下北街 13 号、15 号

续上表

序号	企业名称	许可证号	注册地址
74	成都市青白江区姚渡供销社龙王分社裕康街药店(四川康贝大药房连锁有限公司)	川 CA0281792(13)	成都市青白江区龙王镇裕康街 18 号、20 号
75	青白江区益寿药店(四川康贝大药房连锁有限公司)	川 CA0283522(13)	成都市青白江区大弯镇果市巷 172 号、174 号
76	成都市青白江区祥福镇永利药店(四川太极大药房连锁有限公司)	川 CA0284461(13)	成都市青白江区祥福镇北街 11 号
77	青白江区康乐药店(四川康贝大药房连锁有限公司)	川 CA0283523(13)	成都市青白江区红阳教育街 115 号附 5 号、6 号
78	青白江德医堂药房(成都百信药业连锁有限责任公司)	川 CA0282791(13)	成都市青白江区清泉镇商贸东街 1 号附 1 号、2 号、3 号、4 号
79	成都市青白江区太平药店(成都百信药业连锁有限责任公司)	川 CA0285247(13)	成都市青白江区清泉镇和平下街 69 号、71 号
80	青白江区乐源堂大药房	川 DA0284681(13)	成都市青白江区嘉裕街 131 号
81	青白江区精诚药店(成都百信药业连锁有限责任公司)	川 CA0282505(13)	成都市青白江区弥牟镇茶树街 8 号附 56 号、57 号、58 号
82	成都市青白江区紫光药店(成都百信药业连锁有限责任公司)	川 CA0282519(13)	成都市青白江区大弯街道化工北路 5 号、7 号、9 号
83	成都市青白江区兴华严农业供销社有限公司姚渡镇平江路药店(成都百信药业连锁有责任公司)	川 CA0282356(13)	成都市青白江区姚渡镇平江路 21 号、23 号
84	青白江区紫龙药店(四川康贝大药房连锁有限公司)	川 CA0281790(13)	成都市青白江区红阳团结北路 36 号、38 号、40 号
85	成都市青白江区永安药店(四川康贝大药房连锁有限公司)	川 CA0281789(13)	成都市青白江区红阳怡湖西路 189 号附 183 号 5 栋 1 层、附 185 号 5 栋 1 层
86	成都市康福尔药房有限公司青白江区青江中路药店(成都百信药业连锁有限责任公司)	川 CA0284710(13)	成都市青白江区青江中路 352 号、354 号
87	成都市青白江区城厢供销合作社祥福镇中街药店(成都百信药业连锁有限责任公司)	川 CA0282508(13)	成都市青白江区祥福镇中街 7 号、9 号
88	青白江区逸生堂药店 (成都百信药业连锁有限责任公司)	川 CA0282792(13)	成都市青白江区石家碾西路 170 号、172 号、174 号、176 号、178 号、180 号、182 号
89	成都市青白江区弥牟医药店(成都百信药业连锁有限责任公司)	川 CA0283734(13)	成都市青白江区弥牟镇中街 2 号 7 幢附 1 号
90	青白江区康健药店(四川康贝大药房连锁有限公司)	川 CA0285271(13)	成都市青白江区红阳夏家巷 121 号 7 栋 1 楼 32 号、34 号
91	青白江区姚渡镇一心药店(成都百信药业连锁有限责任公司)	川 CA0282500(13)	成都市青白江区姚渡镇平江路 31 号
92	成都市青白江区姚渡医药合作商店(成都百信药业连锁有限责任公司)	川 CA0282516(13)	成都市青白江区姚渡镇上街 1 号、3 号
93	青白江区福聚堂药店(成都百信药业连锁有限公司)	川 CA0284185(13)	成都市青白江区福洪镇福聚小区玉兰路 159 号
94	青白江区仁源堂药店(四川康贝大药房连锁有限公司)	川 CA0283524(13)	成都市青白江区红阳怡湖西路 315 号、317 号、319 号
95	成都市青白江区华生堂药房(四川康贝大药房连锁有限公司)	川 CA0283517(13)	成都市青白江区红阳怡湖西路 277 号、279 号
96	成都市青白江区松寿药店(成都百信药业连锁有限责任公司)	川 CA0280944(13)	成都市青白江区红阳街道青江南路 88 号、90 号、92 号
97	成都市青白江区大同镇同心药店(成都百信药业连锁有限责任公司)	川 CA0282506(13)	成都市青白江区大同镇大同路 59 号、61 号
98	青白江鸿华兴惠大药房 (四川康贝大药房连锁有限公司)	川 CA0283519(13)	成都市青白江区红阳路 261 号、263 号

续上表

序号	企业名称	许可证号	注册地址
99	成都市青白江区城厢国药合作商店大东街第一药店(成都百信药业连锁有限责任公司)	川 CA0285356(13)	成都市青白江区城厢镇大东街 27 号、29 号
100	郫县树德堂大药房(成都百信药业连锁有限责任公司)	川 CA0281108(13)	郫县郫筒镇北大街 342 号
101	青白江区启源大药房（成都百信药业连锁有限责任公司）	川 CA0282497(13)	成都市青白江区大弯街道化工南路 193 号、195 号
102	青白江区城厢镇万寿堂药房(成都百信药业连锁有限责任公司)	川 CA0281660(13)	成都市青白江区城厢镇西街 69 号
103	成都市康福尔药房有限公司(成都百信药业连锁有限公司)	川 CA0284184(13)	成都市青白江区大弯南路 1 号
104	成都市青白江区益民药店(成都百信药业连锁有限责任公司)	川 CA0281661(13)	成都市青白江区大弯怡湖东路 93 号、95 号
105	成都市青白江区城厢供销社青白江区城厢镇下北街药店(四川太极大药房连锁有限公司)	川 CA0285652(13)	成都市青白江区城厢镇下北街 27 号
106	青白江区齐心堂大药房（四川康贝大药房连锁有限公司）	川 CA0281263(13)	成都市青白江区新河路 70 号、72 号 1 层
107	青白江区一千药房(四川康贝大药房连锁有限公司)	川 CA0284278(13)	成都市青白江区华严镇夏家巷 24 号、26 号、28 号、30 号、32 号、34 号、36 号(36 附 1–9)
108	青白江区叶有志药店（成都百信药业连锁有限责任公司）	川 CA0283722(13)	成都市青白江区城厢镇大南街 153 号、155 号和城埝街 1 号
109	青白江区太乙堂药店(四川康贝大药房连锁有限公司)	川 CA0283521(13)	成都市青白江区城厢镇西街 128、130 号
110	青白江区弥牟镇顺兴药店(成都百信药业连锁有限责任公司)	川 CA0282514(13)	成都市青白江区弥牟镇下街 91、93 号
111	青白江区仁安康药店（成都百信药业连锁有限责任公司）	川 CA0281638(13)	成都市青白江区华金大道二段广场东 2 号、3 号
112	青白江区清泉镇益康药店(四川康贝大药房连锁有限公司)	川 CA0281793(13)	成都市青白江区清泉镇平安路二段 28 号、30 号附 4 号、5 号 1 层
113	青白江区弥牟镇祯祥药房(成都百信药业连锁有限责任公司)	川 CA0286243(13)二证合一	成都市青白江区弥牟镇下街 12 号
114	成都市青白江区兴景峰农业供销社有限公司(成都百信药业连锁有限责任公司)	川 CA0285355(13)	成都市青白江区大同镇新街 3 号
115	青白江区和顺堂药店（成都百信药业连锁有限责任公司）	川 CA0281653(13)	成都市青白江区红阳团结北路 48 号、50 号
116	成都市青白江区太平供销社清泉镇关云巷药店(四川太极大药房连锁有限公司)	川 CA0285653(13)	成都市青白江区清泉镇关云巷 17 号
117	青白江区忠全堂药店(四川康贝大药房连锁有限公司)	川 CA0281262(13)	成都市青白江区红阳怡湖西路 115 号、117 号、119 号、121 号
118	成都市青白江区城厢国药合作商店大东街第二药店(成都百信药业连锁有限责任公司)	川 CA0283814(09)	成都市青白江区城厢镇大东街 44 号
119	青白江区蓉鑫大药房(四川康贝大药房连锁有限公司)	川 CA0282767(13)	成都市青白江区文汇路 28 号 1 栋 3 单元 1 层 54 号、56 号
120	成都市青白江区弥牟镇济康药店(成都百信药业连锁有限责任公司)	川 CA0282225(13)	成都市青白江区弥牟镇下街 2 号
121	青白江区保芝宁大药房	川 DA0283825(13)	成都市青白江区大同镇大同西路 162 号、164 号
122	青白江区仁爱药店(四川康贝大药房连锁有限公司)	川 CA0281788(13)	成都市青白江区姚渡镇八达路 109 号、111 号、113 号
123	四川中康源医药有限公司	SC01–Aa–20150513	成都市青白江区同济大道 80 号 8602–201、一层 6009

续上表

序号	企业名称	许可证号	注册地址
124	青白江敬业药房	川 DA0280755(13)	成都市青白江区工业集中发展区南区青白江大道 99 号（成都大港陶瓷建材城市场一期沿街街区 11 幢 126 号、127 号）
125	成都市康福尔药房有限公司青白江区华逸路药店(成都百信药业连锁有限责任公司)	川 CA0284275(13)	成都市青白江区华逸路 633 号
126	青白江区创名堂大药房	川 DA0286478(13)二证合一	成都市青白江区红阳杨柳路 2 号 7 幢 14 号、15 号、16 号、17 号
127	青白江区瑞安大药房（成都百信药业连锁有限责任公司）	川 CA0281044(13)	成都市青白江区八阵大道 1008 号 1 栋附 20 号、21 号
128	青白江鸿康兴惠大药房	川 DA0280960(13)	成都市青白江区红阳街道夏家巷 121 号附 72 号、73 号、74 号
130	青白江区中和药房	川 DA0286404(09)	成都市青白江区龙王镇商贸街 121 号
131	青白江区汇安大药房(四川芙蓉大药房连锁有限公司)	川 CA0284132(13)二证合一	成都市青白江区大弯街道化工北路 74 号、76 号
132	四川太极大药房连锁有限公司青白江区华金大道二段药店	川 CB0284496(13)	成都市青白江区华金大道二段 549 号附 1 号、2 号
133	青白江区祥福镇国跃大药房	川 DA0286079(09)	成都市青白江区祥福镇同心中路 113 号、115 号
134	青白江永鑫大药房	川 DA0282259(13)	成都市青白江区大同镇凤凰大道三段 495 号附 415 号、417 号、419 号、421 号
135	青白江区真味堂大药房(四川龙一药品零售连锁有限公司)	川 CA0286887(13)二证合一	成都市青白江区祥福镇滨河南路 104 号、106 号
136	青白江元康大药房	川 DA0280075(13)	成都市青白江区华严镇红阳东路 112 号
137	青白江福馨源大药房	川 DA0280155(13)	成都市青白江区城厢镇家珍路 58 号、60 号、62 号
138	青白江区泰祥堂药店	川 DA0280420(13)	成都市青白江区红阳街道凤凰西八路 20 号、22 号
139	青白江区众愈堂大药房（四川康贝大药房连锁有限公司）	川 CA0280478(13)二证合一	成都市青白江区大弯街道石家碾东路 21 号附 41 号、42 号、43 号
140	青白江区蓉鑫康城大药房	川 DA0284480(13)	成都市青白江区红阳华逸路 130 号、132 号、134 号和同金街 101 号(同一地址变更)
141	青白江常春大药房	川 DA0285636(13)	成都市青白江区红阳街道华逸路 71 号、73 号、75 号
142	青白江顺康大药房(成都百信药业连锁有限责任公司)	川 CA0286624(09)	成都市青白江区大同镇凤凰大道三段 443 号、445 号、447 号、449 号
143	青白江区纯正堂药店	川 DA0286626(09)	成都市青白江区祥福镇同心中路 176 号、178 号、180 号、182 号
144	青白江区民心大药房	川 DA0285940(13)二证合一	成都市青白江区大弯街道果市巷 178 号
145	青白江区诚春堂药房	川 DA0282337(13)	成都市青白江区城厢镇十五里村 18 号
146	青白江区日月堂大药店（成都本草堂药品连锁有限公司）	川 CA0280159(13)	成都市青白江区弥牟镇民族街 17 号附 11 号 1 层
147	成都全愈堂大药房连锁有限公司青白江区红阳街道同金街药店	川 CB0280169(13)	成都市青白江区红阳街道同金街 80 号
148	青白江区新城康健药房	川 DA0287160(09)	成都市青白江区城厢镇家珍路 90 号、92 号、94 号

续上表

序号	企业名称	许可证号	注册地址
149	青白江区美心大药房(四川太极大药房连锁有限公司)	川 CA0280084(13)	成都市青白江区大弯街道石家碾西路 166 号、168 号
150	青白江北城大药房	川 DA0280392(13)	成都市青白江区大弯街道凤凰西六路 27 号、29 号
151	成都市康爱多药房有限公司	川 DA0280466(13)	成都市青白江区城厢镇大东街 46 号
152	青白江区怡湖全愈堂药房(成都全愈堂大药房连锁有限公司)	川 CA0280475(13)	成都市青白江区红阳街道怡湖西路 182 号附 2 号 1 栋 1 层 1 号、2 号
153	成都易商宜大药房有限公司	川 DA0280468(13)二证合一	成都市青白江区怡湖东路 48 号、50 号、52 号
154	青白江区润安堂大药房（四川康贝大药房连锁有限公司)	川 CA0280479(13)	成都市青白江区大弯街道学苑路 404 号
155	青白江区蓉乐康大药店	川 DA0286359(13)二证合一	成都市青白江区大同镇凤凰东四路 208 号 1 楼
156	青白江区三仁堂大药房(四川贝尔康大药房连锁有限公司)	川 CA0286479(13)二证合一	成都市青白江区同金街 410 号
157	四川健之佳福利大药房连锁有限责任公司青白江区红阳街道教育街药店	川 CB0281897(13)	成都市青白江区红阳街道教育街 115 号
158	青白江区百姓药店(四川康贝大药房连锁有限公司)	川 CA0280803(13)	成都市青白江区弥牟镇八阵图商业场 2 幢 17 号
159	青白江区明宇药店(四川益生堂药房连锁有限公司)	川 CA0286888(13)二证合一	成都市青白江区大同镇凤凰大道三段 365 号附 30-31 号
160	青白江区众康大药房(成都本草堂药品连锁有限公司)	川 CA0286964(13)二证合一	成都市青白江区福洪镇福聚小区 11 幢 140 号
161	青白江区舒心堂大药房（四川太极大药房连锁有限公司)	川 CA0282636(13)	成都市青白江区大弯街道凤凰西三路 73 号、75 号
162	青白江区慈安堂药店	川 DA0280659(13)	成都市青白江区大弯街道学苑路 272 号、274 号、276 号
163	青白江区九杏大药房	川 DA0280752(13)	成都市青白江区大弯街道安居路 196 号
164	青白江区安顺堂大药店	川 DA0280808(13)	成都市青白江区大弯街道安居路 65 号、67 号、69 号、71 号、73 号
165	四川龙一药品零售连锁有限公司青白江区红阳街道华逸路药店	川 CB0282012(13)	成都市青白江区红阳街道华逸路 570 号、572 号、574 号
166	成都市康福尔药房有限公司青白江区石家碾东路药店(成都百信药业连锁有限责任公司)	川 CA0284707(13)	成都市青白江区石家碾东路 67 号、69 号、71 号
167	成都全愈堂大药房连锁有限公司青白江区大弯街道怡湖东路药店	川 CB0286708(13)二证合一	成都市青白江区大弯街道怡湖东路 5 号附 2 号、3 号

（供稿人：孟　波）

人口与社会保障

POPULATION & SOCIAL SECURITY

人口和计划生育

【概况】 2014年，全区人口和计划生育工作，在区委、区政府正确领导下，在市计生委的精心指导下，坚持计划生育基本国策，在稳定适度低生育水平的基础上，努力提高人口素质，把“和谐计生、幸福计生、科学计生”作为工作着力点，有序推进人口计生工作。

2014年，全区出生人口3 223人，出生率7.75‰（目标值为9.5‰），死亡2710人，死亡率为6.52‰，符合政策生育3 007人，符合政策生育率93.30%（目标值为91%），自然增长人口513人，人口自然增长率1.23‰（目标值为3.5‰），均控制在目标值内。

5月5日，召开基层人口计生干部政策业务培训会

【宣传教育】 开展幸福家庭创建活动。制定幸福家庭创建实施方案，明确创建目标，实施文明促进行动、优生促进行动、成长促进行动、健康促进行动、帮扶促进行动，取得明显效果。推进婚育新风进万家活动。全区建成人口文化阵地19个，人口文化书屋（角）98个，打造2个“生命绿岛.青春地带”，10个生命绿岛人口和计划生育服务室。2014年投入7.7万余元为全区符合条件的乡镇(街道)计生办、村级计生服务室更新宣传栏、制度牌。投入1.2万余元，改造姚渡镇芦稿村人口文化广场。各级媒体采用稿件193篇（条），其中国家级刊物8篇，省级刊物采用10篇，四川新闻网登载130篇，市级刊物采用45篇。加强宣传倡导服务。利用“三下乡·四进社区”、“5·29计生协会日”等主题宣传活动，接受群众咨询2万人次，制作发放各种宣传资料、宣传折页8万余份，发放安全套1万余盒。

【民生工程】 认真落实计生家庭奖励扶助、特别扶助、独生子女父母奖励等政策。经审核2014年将兑现计生三项奖励1 406万元，惠及计生家庭7.13万人，奖励扶助金已于12月底前兑现到位。继续开展计生特扶家庭的关怀行动。2014年全区享受“夕阳关怀”行动230户，投入帮扶金11.304万元。2014年全区共有48户低保计生特扶家庭和5个患重大疾病计生特扶家庭享受“双困双助”帮扶，投入帮扶资金共12.52万元。不断提高免费孕前优生健康检查质量。2014年为2 414人实施免费孕前优生健康检查，完成目标任务的144%，超额完成全年目标任务（目标任务为80%）。2014年完成“三结合”帮扶户1 252户，其中新增183户，联系户321户，帮带户740户，比市上下达任务超162户。新建基地1个，巩固基地7个，共投入帮扶物资19万余元。结合“暖冬”慰问、“计生协会日”等活动，走访慰问全区计生特扶困难家庭、计生流动人口困难家庭、计生女孩困难家庭和基层困难计生干部共335户，送去价值9.46万余元的慰问物资，投入4.4万元开展“金秋阳光助学”活动，帮助计生困难家庭39户。

【优质服务】 继续实施“生殖健康促进计划”、“服务百姓健康行动”，改进“三查”服务。2014年，深入基层服务群众11.59万人次，为1 491名育龄群众治疗妇科疾病，为304例育龄妇女实施免费计划生育技术，落实长效节育措施奖励108例，奖励资金4 680元。加强出生缺陷一级干预，为群众提供优生优育技术服务。2014年组织16个拟再生育的病残儿家庭到四川大学华西第二医院进行医学鉴定，7月5日邀请华西附二院专家对全区50余个符合再生育家庭或未生育的家庭进行优生一对一咨询服务。狠抓出生人口性别比综合治理，打击“两非”工作不断常态化。为独生女孩困难家庭（特别是留守女孩家庭）落实优先优惠措施，“金秋阳光助学”活动中，为20户计生低保女孩家庭子女发放助学帮扶金2.25万元。

【流动人口计生管理】 进一步夯实流动人口管理与服务工作。2014年为流入育龄妇女住院分娩补助1例，慰问补助金额500元。8月投入12.53万元，为流动人口育龄妇女实施“新市民健康倍增计划”免费体检358人；在流动人口较为集中地区增添5台智能避孕药具机，方便流动人口就近获得避孕药具。2014年流动人口登记率86%，计划生育基本公共服务均等化服务率93.95%。

【计生行政执法】 进一步加强行政审批。对全区历年来违法生育的495人进行了处理，再生育集体审批1086例(含单独两孩)，无行政侵权案件，无具体行政行为被责令撤销的情况。依法征收社会抚养费，严格执行“收支两条线”和全额上交财政。实施“单独两孩”政策。3月20日正式启动并实施“单独两孩”政策，积极采取“五大举措”，使“单独两孩”新政策顺利实施，再生育办理时限比法定时间减少了一半以上的时间，审批通过762对“单独两孩”夫妇再生育申请，做到审批对象“零差错”、审批材料“零问题”。

(供稿人：黄　兴)

民　政

【概况】 2014年，民政系统紧紧围绕区委区政府中心工作，深入实施“改革创新、转型升级”总体战略、市委“五大兴市战略”和区委“五区”发展战略，认真践行“以民为本，为民解困，为民服务”的工作理念，贯彻落实各级保障和改善民生的政策，大力发展城乡养老服务，着力提升民生保障水平，全面深化民政领域改革，各项工作取得了显著成绩。2014年区民政局被评为全市民政工作目标绩效考核先进单位。

8月12日，民政部全国和谐社区建设评估组在大同镇凤祥社区实地评估

【城乡低保】 认真落实城乡困难群众基本生活的城乡低保政策。2014年1月，在全市率先开展优化低保办理流程，制定《青白江区城乡低保申请审核审批工作流程(试行)》，低保办理时限由75天缩短至45天，城乡低保金由乡镇(街道)直发改为区级直发，进一步减少中间环节。2014年7—9月，开展为期3个月的社会救助专项整治，清理不符合条件的低保381户949人，确保“应保尽保、应退尽退”。2014年11月，全区城乡低保标准统一提高到450元/人.月。

【城乡医疗救助】 城乡医疗救助主要针对参加医疗保险的城乡低保户、低保边缘户、五保户等城乡困难群众实施门诊、住院资助。2014年，全区城乡医疗累计救助15 542人次，发放医疗救助金691.05万元。其中：城市医疗累计救助1 826人次，发放医疗救助金61.78万元，农村医疗累计救助13 716人次，发放医疗救助金629.27万元。

【社会救助】 2014年，认真宣传贯彻落实国务院《社会救助暂行办法》，建立“一门受理、协同办理”机制，修订完善《成都市青白江区关于进一步完善城乡困难群众临时救助实施办法》，加大突发性、临时性原因导致基本生活困难群众的救助力度。累计临时救助124人次，累计发放临时救助金39.5万元。

【优抚安置】 2014年，向优抚对象发放优待、抚恤和补助金21 686人次、2 025万元。8月，开展优抚对象服务机制建设试点工作。2014年接收退役士兵119人，政府安排工作4人，向115名退役士兵发放一次性经济补助金255万元。

【双拥工作】 2014年10月，申报四川省第十届双拥模范区，2014年11月成都市双拥办推荐上报。

【区划地名】 2014年，全区新命名道路53条、桥梁30座，建筑物备案52个，更新补充地名数据，共录入数据10 926条。制定《成都市青白江区地名委员会办公室关于进一步规范我区地名命名的通知》，推进全区地名管理规范化、标准化和科学化。加快新型城镇化进程，撤销福洪乡建制设立福洪镇。做好全国第二次地名普查的前期工作，完成组织动员、成立机构、收集资料、制定方案、重点宣传等各项准备工作。

【社区建设】 在大弯街道化工路社区、红阳街道玉带社区和大同镇凤祥社区继续开展“三社互动”，大弯街道化工路社区、红阳街道玉带社区、大同镇凤祥社区和人和乡三元村开展市级依法治村(社区)示范创建，2014年10月31日，民政部《关于确定全国和谐社区建设示范单位的通知》，确定大同镇凤祥社区为全国和谐社区建设示范社区。修订完善村规民约(居民公约)等自治制度，制定《关于进一步规范村(居)务公开工作的通知》和《青白江区城市社区公共服务和社会管理专项资金使用管理办法》。2014年5月21日，新设立红阳街道政和社区、华严社区，截至2014年年底，全区共有村(社区)123个，其中村94个，涉农社区17个，城市社区12个。为祥福镇马坪村、龙王镇清洁村争取到活动场所补助60万元、大弯街道化工路社区建设补助20万元。上报31个不达标场所村(社区)建设点位，制定《关于未达标村级活动场所整改的通知》。

【社会组织】 2014年新增社会组织67个(其中社会团体25个，民办非企业单位14个，社区社会组织登记备案28个)，完成201家社会组织年检，年检率96.2%。

2014年新增社会组织(社会团体)

序号	单位名称	登记时间	登记部门	地址
1	成都市青白江区极限运动协会	2014-3-20	民政部门登记	青白江区同济大道80号4栋2层204号
2	成都市青白江区篮球协会	2014-4-16	民政部门登记	青白江区政府北路118号
3	成都市青白江区家居装饰材料行业协会	2014-4-16	民政部门登记	成都市青白江区工业发展区大港陶瓷建材城沿街区11栋4楼
4	成都市青白江区国际象棋协会	2014-5-28	民政部门登记	成都市青白江区杨柳路2号
5	成都市青白江区西南建材行业协会	2014-7-1	民政部门登记	青白江区香岛大道8号现代物流大厦2楼
6	成都市青白江区义工联合会	2014-8-8	民政部门登记	成都市青白江区政府中路201号19-4-1号

2014年青白江区民办非企业单位

序号	单位名称	登记时间	登记部门	地址
1	成都市青白江大弯街道大弯社区物业服务中心	2014-1-14	民政部门登记	成都市青白江区文汇路302号
2	成都市青白江区向日葵残疾儿童康复中心	2014-3-20	民政部门登记	成都市青白江区石家碾西路75号
3	成都市青白江区荣轩社会服务中心	2014-4-2	民政部门登记	成都市青白江区凤凰大道三段361号
4	成都市青白江区清泉镇牌坊村心愿服务队	2014-4-10	民政部门登记	成都市青白江区清泉镇牌坊村6组
5	成都市青白江区成长幼儿园	2014-4-24	民政部门登记	成都市青白江区清泉镇花园村1组
6	成都市青白江区大同镇凤祥社区服务中心	2014-4-24	民政部门登记	成都市青白江区凤凰大道三段545号
7	成都市青白江区化工路社区物业服务中心	2014-5-4	民政部门登记	成都市青白江区滨河路36号
8	成都市青白江区大弯街道化工路社区服务中心	2014-6-4	民政部门登记	成都市青白江区滨河路50号
9	成都市青白江区玉带社区幸福树综合服务中心	2014-6-18	民政部门登记	成都市青白江区红阳街道玉带街18号
10	成都市青白江区鸣扬安康居家养老服务中心	2014-7-8	民政部门登记	成都市青白江区凤凰大道一段699号
11	成都市青白江区夕阳红社会服务中心	2014-7-15	民政部门登记	成都市青白江区石家碾东路95号1栋1楼10-11号
12	成都市青白江区红光社区物业服务中心	2014-8-19	民政部门登记	成都市青白江区大同西路42-46号
13	成都市青白江区大弯街道怡湖社区服务中心	2014-9-2	民政部门登记	成都市青白江区华金大道二段100号
14	成都市青白江区幸福常青树社会服务中心	2014-11-11	民政部门登记	成都市青白江区新河路177号
15	成都市青白江区大弯街道肖家院社区服务中心	2014-11-21	民政部门登记	成都市青白江区青华东路196号
16	成都市青白江区亲馨家园综合服务中心	2014-12-3	民政部门登记	成都市青白江区红阳街道三家巷4号
17	成都市青白江区青锋铁人三项俱乐部	2014-12-5	民政部门登记	成都市青白江区弥牟镇弥牟中街2号5栋附15号

【婚姻登记】 2014年办理婚姻登记7 315对，其中：结婚登记3 838对，离婚登记1 819对，补发结婚登记1 521对，补发离婚登记137对。出具无婚姻登记记录1 836件，依法办理收养登记11件。出具婚姻档案证明419件，婚姻登记率、婚姻登记合格率、婚姻登记档案完好率均达100%。

【老龄工作】 2014年投入资金108.59万元，对全区90—99周岁、100周岁以上老人实行高龄补贴直发，共计10 431人次。开展居家养老新增人员审批，共计321人次享受居家养老服务，补助资金5 190万元。

【养老机构建设】 创新成都市青白江红阳颐养居养老模式。成都市青白江红阳颐养居位于青白江区红阳街道蔡家庙社区红华街，占地面积18.4亩，建筑面积约7 000平方米，总投资约2 400万元，设置床位200张，交通便利，基础设施完备，功能配套齐全，环境优美，是青白江区慢性病防控示范区。2014年红阳颐养居建成后，通过公开招标，由全国爱心护理工程示范基地、成都福利协会会长单位——成都再军爱心护理院无偿营运管理15年。再军爱心护理院突出医养结合的特色，将先进的营运管理理念融入红阳颐养居，将红阳颐养居建成全区养老服务行业的标杆，带动青白江区养老服务业发展，打造一流的养老品牌。自2014年8月1日正式营运以来，已入住老人100余人。

2014年全面完成17家城乡日间照料中心建设，覆盖全区11个乡镇(街道)。按照"建管分离"的原则，积极指导乡镇(街道)和村(社区)通过公开程序，引入有资质的养老服务社会组织或企业进行营运管理，14家开始正常运行，3家正在引进社会组织。

9月27日，区领导调研区养老中心改造工作

【慈善爱心事业】 2014年区慈善会得到社会各界人士的积极参与，调动社会各界捐赠的积极性。截止12月底区慈善会共募集善款141.3万元，支出善款136.58万元。

【收养及社会救助】 2014年，办理收养登记11件，对符合救助条件的160余人实施救治和救助，救助率100%。对长期滞留本区的无法确定身份的71名救助人员实施分类管理。

【殡葬管理】 2014年，全区死亡火化2 807人，落实殡葬减免政策，解决城乡低保及低保边缘困难群众、五保对象、重点优抚对象、城镇"三无"人员、无名尸280人的火化费，减免火化费13.608万元。推进殡葬改革，大力宣传中共中央办公厅、国务院办公厅关于《党员干部带头推动殡葬改革的意见》。

(供稿人：蔡　爽)

劳动和社会保障

【概况】 2014年，在区委、区政府的正确领导下，区人社局全面贯彻党的十八大和十八届三中全会精神，坚持"民生为本、人才优先"的工作主线，深入开展党的群众路线教育实践活动，统筹推进城乡充分就业、全民社保、人才兴区战略、构建和谐劳动关系四项工作，圆满完成了年度各项工作。

【政策法规宣传】 按照国家、省、市、区六五普法统一要求，结合工作实际，制定了人社政策法规宣传要点，并充分发挥短信平台、新浪微博、广播电视、报刊、门户网站等媒体作用，加大劳动保障相关法律法规宣传。2014年，开展政策法规宣传200余次，发放相关资料1.5万余份。根据企事业单位、劳动者和城乡居民等各类组织、社会公众的不同特点，采取集中授课、分组讨论、案例分析等多种形式开展法律宣传，调动参训人员学法、用法、守法的积极性。组织全区企业人力资源部长、乡镇(街道)劳动保障经办人员参加法制培训7次，分类举办培训班9次，培训1 200余人次。

4 月 23 日，人社部政策法规司副司长余明勤到区调研人社工作

【就业与培训】 深入实施就业优先战略，深化就业创业体制机制改革，继续实施“五大”培训计划，加强基层劳动就业和社会保障服务平台建设，积极落实各类就业促进政策，大力开展各种形式的就业服务活动。进一步加强就业援助，切实服务产业转型升级，帮助重点群体就业，促进城乡就业更加充分。2014 年，全区城镇新增就业 4 217 人，劳务转移输出 93 601 人，劳务收入 235 819.47 万元，农村富余劳动力向非农产业转移就业新增 5 603 人，动态消除“零就业家庭”。共举办各类招聘活动 108 场次，提供就业岗位 15 799 个，失业人员再就业 2 522 人，就业困难人员实现再就业 545 人，培训城乡劳动者 6 125 人，培训合格 5 796 人，合格率达，94.63%，培训后就业 5 098 人，就业率达 83.23%。开发公益性岗位 225 个，为 4 095 人次落实岗位、社保等各项就业优惠政策补贴 415.54 万元。开展创业培训 901 人，培训后成功创业 586 人，成功率 64.81%。全面完成规划的 67 个标准化基层劳动就业和社会保障服务平台。为 3 524 名川化集团和攀成钢公司转型升级分流人员办理失业保险待遇和求职登记，组织 2 664 名分流人员参加创业就业培训，1 800 余名分流人员实现再就业。

【劳动工资】 巩固深化和谐劳动关系 “四项创建”成果。深入推进小企业实施劳动合同制度专项行动，充分发挥协调劳动关系三方机制作用，大力开展工资集体协商“集中要约行动月”、推进实施集体合同制度攻坚计划等工作。2014 年，全区劳动合同签订率达到 99%，全区共签订工资集体协议 40 份，覆盖职工 45 553 人，覆盖企业和单位 2 956 家，签订率 94.38%。2014 年 7 月 1 日起，青白江区执行的月最低工资标准由每月 1 200 元（每日 55.2 元）调整为每月 1 400 元（每日 64.4 元），非全日制用工小时最低工资标准由每小时 12.6 元调整为每小时 14.6 元。贯彻执行《成都市企业工资指导线》，指导企业按照《成都市企业工资指导线》合理适度的增长职工工资。

【城乡社会保险】 深入实施全民社会保障工程，认真贯彻落实《社会保险法》，不断扩大城乡社会保险覆盖面，进一步完善社会保障政策体系，稳步提高社会保障水平。落实惠民政策，将符合条件的 1328 名重度残疾人纳入社保，其中 605 名超龄人员已按月领取养老金。开展企业社保稽核 129 家，其中移交劳动保障行政机关给予行政处罚 1 家，向人民法院申请立案 1 家，全面稽核涉及职工总计 2.33 万人次，涉及未申报金额 386.68 万元，整改 382.07 万元，资金入库率 98.8%。深入推行社保业务网上经办，开通规模以上参保单位网上经办业务 127 家，经办率 76.97%，群众通过网上办理查询业务 2 343 人次，网银缴费 43 人次。2014 年，城乡居民养老保险参保人数 16.69 万人；城镇职工参加养老保险人数 8.07 万人，基金征收 73 748.81 万元。基本医疗保险参保人数 15.26 万人，基金征收 33 263.62 万元。失业保险参保人数 6.8 万人，基金征收 8 330.34 万元。工伤保险参保人数 7.03 万人，基金征收 2 313 万元。生育保险参保人数 10.02 万人，基金征收 1 981.61 万元。2014 年，办理退休手续 3 847 人，工龄认定 980 人次，全区企业退休人员养老金人均增加 178.44 元/月，累计发放养老金 11.41 亿元。生存核查认证 70 054 人，离退休人员养老金社会化发放率 100%。办理征地农民参保手续 1 722 人。

【城乡医疗保险】 深入实施全民医疗保障工程。2014 年全区城镇职工基本医疗保险参保人数 15.26 万人，城乡居民基本医疗保险参保 24.57 万人，城乡居民基本医疗保险参保率 98.39%。认定工伤 415 人，工伤人员劳动能力鉴定 351 人。3 053 472 人次（未含区外医疗机构治疗报销人次）享受各种医保政策，共报销费用 40 577.31 万元，减轻了参保群众的医疗负担。新增 12 家定点医疗机构和 22 家定点零售药店，对区内定点医疗机构组织日常检查 109 次，检查覆盖面 100%。25 家存在不规范行为的定点医疗机构下达了限期整改通知，追回违规金额共计 4.99 万元，扣除14

家保证金 22.36 万元。对存在不规范行为的 8 家定点零售药店下达了《限期整改通知书》，暂停 1 家医保定点零售药店服务协议，中止 1 家定点医疗机构门诊特殊疾病业务，审减医疗机构不合理费用 156.88 万元。与区内 25 家有住院资质的定点医疗机构签订《成都市医疗保险住院费用总额控制指标补充协议书》，全面实行总控精细管理。建立医保服务医师管理制度，组织 4 次医保专家集中评审医保医师 697 名，评审病历 499 份，对 75 名违规医保医师实行扣分处罚并集中进行医保政策培训。

【劳动争议仲裁】 深积极贯彻实施《劳动争议调解仲裁法》，不断加大办案力度，提高办案质量，合法、公正、及时地处理各种劳动人事争议案件，维护劳资双方的合法权益，稳步构建和谐劳动关系。坚持注重调解、速调速裁的办案原则，把调解工作贯穿整个仲裁流程，依托已建立的基层就业和社会保障服务平台，将基层调解工作同步下放，在各乡镇(街道)成立基层劳动争议调解组织，提供业务指导，强化基层劳动争议调解工作。遵循合法、公平、及时、着重调解的原则，及时化解劳动纠纷，妥善解决劳动争议，依法保护当事人的合法权益。2014 年，处理劳动争议案件 377 件，结案 374 件，结案率 99.20%，调解(含撤诉)269 件，调解率 71.9%。；为劳动者追索劳动报酬、经济补偿、工伤待遇等费用共计 920 余万元。在 11 个乡镇(街道)、120 个村(社区)建立劳动争议调解委员会，在 127 个大中型企业建立劳动争议调解委员，在 3 个园区建立区域性劳动争议调解组织，在 55 个机关事业单位建立劳动人事争议调解委员会，配备专兼职调解员 916 人，快速平稳化解人事劳动争议，率先在全市实现基层劳动争议调解组织全覆盖。全区企业劳动争议调解组织组建率 65%，乡镇、社区劳动争议调解组织组建率 100%，事业单位劳动人事争议调解组织组建率 100%。举办劳动人事争议调解工作培训会 2 期，260 余人参加培训。仲裁办案信息系统全面运行，所有案件均通过仲裁办案信息系统运行处理，数据的实时上传，《仲裁办案系统》办案率 100%。

【劳动保障监察】 强化劳动保障监察“两网化”管理，进一步加强网格基础建设，拓展网络服务功能。2014 年全区纳入网格化管理的用人单位 1 643 户，采集用人单位信息 90.38%，其中企业 650 户，机关事业单位 122 户，个体经济组织 712 户，民办非企业单位、社会团体和其他组织机构 159 户。坚持定期更新信息，对用人单位实施“全过程、全方位、全动态”监管，促进企业规范用工，方便劳动者就近维权。开展劳动保障执法检查，主动监察用人单位 308 家，妥善处置因劳动用工纠纷引发的突发事件，配合建设部门，认真处置建设领域因拖欠民工工资引发的群体性事件 10 件，处置率 100%，其中配合建设部门处置建设领域群体性事件 8 件，为 1 462 人追讨劳动者工资 794.56 万元。组织召开 2013 年度劳动保障网上年检及书面审查工作会议，结合年度书面审查工作完善档案资料，建立“一户一档”、“一路一册”。

3 月 12 日，区人大检查《社会保险法》贯彻实施情况

(供稿人:张胜男)

乡镇(街道)

TOWNS AND TOWNSHIPS (SUBDISTRICTS)

大弯街道

【概况】 大弯街道位于青白江区主城区，面积15.35平方千米。2014年辖4个行政村、5个社区，常住人口79 821人，其中公安户籍人口64 071人，农业人口3 054人。财政总收入8 408亿元，其中地方财政收入3 014亿元。地区生产总值60.1亿元，工业总产值108.01亿元，其中规模以上工业总产值96.28亿元，工业增加值28.72亿元，城镇居民可支配收入31 478元，农民人均纯收入14 714元。

4月30日，区委副书记、区长刘筱柳带队到大弯街道化工路社区调研基层阵地建设工作

【农业】 全境为平原，属四川盆地亚热带温湿季风气候，岷江水系，自流灌溉。村和涉农社区7个，29个村民小组，农业户1 928户，人口3 054人。耕地面积2 462亩。在现有耕地中政府统一流转2 023.23亩，作为凤凰湖旅游湿地度假区和生态隔离带等社会公益事业发展。秸秆综合利用率98%。农作物一年两熟，主要有水稻、小麦、油菜和少量蔬菜。

【工业】 境内有川化集团有限公司、中铁八局集团桥梁工程有限责任公司、三洲核能有限公司、成都玉龙化工有限公司、四川米高化肥公司、虹波钼业、鑫沙微粉等工业企业41家，形成了化工、机械加工制造、建材生产的工业体系。

【社会事业】 街道办事处自筹资金100万余元，开展城乡环境综合整治。深入治理“五乱”，改善辖区非物管小区环境，加大大气环境治理力度，重点抓好秸秆禁烧综合利用和城区三产业燃煤整治，秸秆综合利用率96%。督促施工单位实行打围湿法作业，覆盖裸土15处，施工工地打围23处，有效减少扬尘产生。深化农村环境治理，维修农村垃圾房10座，清运积存垃圾545余吨，农村垃圾无害化处理率100%。集中整治三桥广场、大弯二菜市等农贸市场及周边环境，规范占道经营商铺1 200余家，取缔违章搭建18家，规范车辆停放7 000余辆。全力做好区2014年市西博会、区“两会”和樱花节、菊花节等重大节会活动期间的市容保障。

结合党的群众路线教育实践活动，把为民办实事、办好事作为工作的出发点和落脚点，及时解决群众反映的热点、难点问题。启动革新村凤凰小区居家养老服务中心建设，做好紫苑小区安置户房屋产权证资料收集，办理房屋产权证357户。开展大规模安全检查6次，日常性安全检查24次，6月4日，大弯街道被命名为“四川省安全社区”。深入开展依法治区工作，在肖家院社区建成“青少年法制教育基地”。举办百姓故事会62场，开展文艺表演7场，放映电影108场。发挥街道人力资源劳务协会作用，为群众就业搭建平台，新增转移就业942人，开发公益性岗位43个。购买妇女两癌保险700余份，城乡居民医疗保险参保6 583人，参保率99%。

积极预防和妥善处置各类群体性事件，全力维护社会政治稳定，进一步畅通“街道-村-组”三级信息渠道，在准确掌握基层稳定动态的基础上，全力化解各类矛盾纠纷。受理群众来信来访65件，办结率97%，调处各类矛盾纠纷166件，调解成功率100%。协调处理幸福家园水云间小区内机动车停车难的问题和幸福家园新河湾小区业主与物管公司的纠纷问题。处置群访、闹访等事件6起。深入开展市、区两级平安示范社区创建活动，建立社区网格化管理信息三级平台5个。做好2014年樱花节、菊花节等重大节会活动期间的安保维稳工作。

【党的建设】 认真落实党建工作“一岗双责”制度，狠抓基层服务型党组织建设。扎实推进区域化党建工作，成立区域党委8个，院落党支部45个，院落党小组121个，开展组织活动11次，参加党员2 200人次。认真执行党风廉政责任制，全面落实“两个责任”，深化廉政风险防控，查找街道一级风险点位 12 个。提高全体党员干部拒腐防变的能力，促进各项工作管理有序、风清气正。以党的群众路线教育实践活动为抓手，加强作风整顿，切实转变干部作风，打造一支特别能吃苦、特别能战斗的讲政治、顾大局的干部队伍。

【失地农民安置】 针对辖区征地拆迁项目多、工作时间跨度长、遗留问题复杂等困难，街道加大工作力度，多措并举，强力推进拆迁工作，为区重点项目用地提供有力地支撑。发放北部新城、工业园区和预拆迁项目过渡费 4 782 人，1 130 余万元；完成双元村 8 组纬二路项目的征地协议签订工作；基本完成长流河安置房二期项目房屋拆迁、土地平场和打围工作；完成北部新城项目征地拆迁收尾工作。完成征地拆迁项目6宗，涉及土地面积共 309.853 亩。

【社区建设】 2014 年，探索弃管小区管理模式，突破市场经济体制下专业物业公司不能覆盖的瓶颈。大弯街道辖 65 个非物管小区，主要集中在化工路、大弯和怡湖 3 个社区，是企业破产、改制等原因形成。此类小区建设时间较早，规划比较落后，设施设备老旧，导致居住环境相对较差。由于规模小、住户变更频繁、收缴费用困难等因素制约，没有专业物业管理公司愿意入驻，小区长期处于无人管理的状态，“脏、乱、差”现象严重，影响城市管理和环境治理，群众意见较大。

采取措施，加强管理。主动介入，掌握情况。街道成立工作小组，深入小区院落调研，在认真倾听业主的意见和建议的基础上，对每个小区或院落的户数、面积等基本情况进行统计，对所需的管理员、保洁员、门卫等人员数量、工作量、报酬等进行初步估算。社区牵头，统筹实施。按照属地化管理原则，由所在社区成立物业服务中心，负责核算小区所需人员数量和管理经费，并负责小区管理人员的培训、考核和管理工作。积极引导，强化宣传。通过党小组会、坝坝会、院落会等形式向小区业主宣传社区物业服务中心的管理理念、工作职责和运作模式，广泛征求业主意见，对业主同意率在 90%以上的小区院落纳入社区物业服务中心统一管理。公开透明，科学管理。社区物业服务中心定期公布小区物管费用的收缴、管理人员工资、费用支出等情况，对聘请的管理人员每月开展评比，每半年邀请业主代表与服务中心一同对管理人员进行考核，对不合格或群众不满意的管理人员实施解聘。

在大弯街道的指导下，化工路社区和怡湖社区成立社区物业服务中心，将 20 余个弃管小区进行统筹管理。业主每月每户出资 15 元左右，享受到优质的物管服务，群众十分满意。在弃管小区管理上初显成效，实现由“政府管理”到“业主自治”的转变，提高了业主的参与度，突破了市场经济体制下专业物业公司不能覆盖的瓶颈。

（供稿人：黄超华）

红阳街道

【概况】 红阳街道位于青白江区主城区，面积 13.95 平方千米，辖 4 个行政村、6 个社区(其中涉农社区 2 个)，常住人口 8.7 万人(其中户籍人口 6.8 万人，农业人口 4 000 人，非农业人口 6.4 万人)。城市规划区域 8.95 平方千米，农村区域 5.05 平方千米，耕地面积 2 288 亩。

6 月 26 日，玉带社区慈善基金成立暨银龄助老(残)热线启动仪式举行

【农业】 全面完成农村产权确权和股份量化工作，积极推进生产要素在城乡之间自由流动。推进一三产业互动，发展都市现代农业，共有农家乐 11 家。治理各类养殖场污物排放，关闭搬迁养殖场 6 家。深入开展村级公共服务和社会管理改革，使用公服资金 1 152 万元，组织实施农村道路改建、水利设施修整、城乡环境综合整治、文化设施等项目 32 个。

【工商业】 红阳街道是全区商贸业的主要聚集发展区，依托人口聚集优势，发展餐饮、零售、文化、体育、娱乐、房地产等现代商贸业和生活服务业。有国美电器、苏宁电器、千盛百货等服务业企业35家，交通运输仓储和邮政业217家，个体户3 710家。按照区委、区政府的统一部署，协助驻区大型国有企业攀成钢钒做好产业结构调整和技术升级改造，帮助做好下岗失业人员再就业培训、安全监管、环保监管等协调服务工作。辖区内有规模以上工业企业25家、建筑业24家。

【社会事业】 积极参加市、区组织的各类文体活动，获得第四届青白江区运动会自行车决赛第一名、第四届青白江区运动会暨全民健身运动会团体第二名、第三届青年文化艺术节歌唱比赛第二名。实施文化"3151"工程，组织开展"百村"文体系列活动、百姓故事会、全民太极、世界读书日等活动。有群众文体团队18支、街道兴趣小组12个，覆盖辖区居民千余人。2014年开展文体活动300余场次，参与人数1万余人次。在街道、村(社区)每月开展百姓故事会活动，举办百姓故事会90余场。做好农村公益电影放映工作，放映农村公益电影66场。

【社区建设】 以"平安社区"和"安全社区"建设为抓手，成立社区三级网格化管理服务平台，统筹做好安全隐患巡查、矛盾纠纷排查化解、公共服务代办、流动人口服务、特殊人群管理、闲散青少年教育等服务管理工作。实行一格受理，一网协同，限时办理，确保社情民意第一时间掌握、矛盾纠纷第一时间化解、服务需求第一时间响应。2014年，街道陆续投入资金，为老旧小区配备消防灭火器材974个，重新充装和更换失效的灭火器材256个。创新开展依法治区工作，打造怡湖西苑"和融—调解文化大院"、红阳调解(法治)文化长廊，不断增强广大群众法治意识，切实维护社会和谐稳定。为改变"三无院落"(指无主管单位、无物业管理、无人防设施的居民生活院落)脏乱差现象，给辖区居民营造安全、文明、和谐的人居环境，实行政府引导、服务管理和居民参与相结合，重点改善"三无院落"基础设施、卫生条件、治安状况等问题，建立长效管理机制，努力将"三无院落"建成"自治健全、管理有序、服务完善"的幸福和谐小区。

【失地农民安置】 新建怡城北居(一期)安置房项目，采用BT方式融资完成工程建设。安置房1 754套，可安置约4 000人。11月安置房通过验收，街道经过比选确定了物管公司，完成安置户登记工作，对安置人员进行了公示，安置房抽签分配前期工作准备就绪。

(供稿人：陈晓舟)

弥牟镇

【概况】 弥牟镇位于成都市东北，距城区23千米，东邻红阳街道，南界新都区新都镇，西靠新都区军屯镇，北接广汉向阳镇、广兴镇。辖唐家寺(城市社区)、火星、国光(涉农社区)3个社区，狮子、曙光、白马、三星4个行政村，65个村民小组。面积22.37平方千米，耕地面积9 897亩。总人口32 763人，其中城镇人口19 634人，农业人口13 129人，回民近2 000人，城镇化水平达60%。地区生产总值42.01亿元。地方财政收入2 299万元。弥牟镇交通便捷，成绵高速、大件路、川陕干道、唐巴路、唐军路、货运大道6条公路和宝成、北环、青温铁路穿境而过，是成都北大门重要的交通枢纽，区位优势十分明显。

9月29日，区领导慰问弥牟镇敬老院老人

【工业】 2014年，工业已初步形成冶金、机械、服装、食品加工、化工、建材、汽车生产经营、包装等工业基础。商用汽车园区、粮食物流园区、大型商品交易市场、工业区四大园区落户弥牟镇，促进了弥牟镇经济快速发展。2014年，驻镇企业130家，其中工业企业69家(规模以上企业26家、建筑业7个、交通运输业

4 家、服务业 1 家、批发零售企业 49 家。工业总产值 70.74 亿元;工业增加值 21.64 亿元,同比增长 13%。

【农业】 弥牟镇属灰色冲积土淤而成,地势平坦。土壤属泥田、二泥田、油沙田,土地肥沃,自流灌溉,盛产水稻、小麦、油菜、蔬菜、花生、瓜果等。养殖业发展快,种类多。2014 年农业总收入 3 051.2 万元。农业增加值 7 587 万元,同比增长 3.8%。

2014 年耕地面积 9 897 亩, 农业户 5 724 户,农业人口 13 129 人,劳动力 11 246 人,土地承包户 5 714 户,承包面积 9 897 亩。粮食总产量 7 055 吨。林、牧、渔业总收入 832 万元。发放粮食直补 10.22 万元。农民人均收入 15 026 元。

2014 年,弥牟镇拆迁农户 120 户,面积达 65 亩。修建安置房 2 332 套。

【特色产业】 弥牟镇是川西穆斯林宗教活动区域之一,是四川省回族食品用品基地。唐家寺是川西最大的耕牛、菜牛交易集散地,为全国五大耕牛市场之一,年交易量为 6 万多头。2014 年,弥牟镇回民特色产业总产值为 7 亿多元。

【社会事业】 2014 年, 弥牟镇有综合文化活动站 1 个,村(社区)综合文化活动室 7 个,放映农村电影 84 场,观众达 15 万人次。光纤入户 4 000 户,娱乐场所 4 家。组织开展群众文化活动,丰富群众业余文化生活。

中学 1 所,小学 1 所,幼儿园 5 所,师生 4 000 余人。"八阵图遗址"、"诸葛井"、"清真寺",这些古迹有较高的历史学术研究和旅游开发价值。

已婚育龄妇女 7 131 人,独生子女 6 025 人,孕前优生健康检查率 90%,"三查一治"12 362 人次,计划生育率达 96%。合符计划生育奖特扶奖励政策 1 113 人,发放奖励金 127.9 万元。流动人口 2 249 人,流动人口办证率 85%。

落实缺乏劳动力且生活困难的家庭、义务兵家属、烈属、复员退伍军人、革命伤残军人、五保户政策,共计 435 户,发放救济扶贫、抚恤金 170 万元;救济扶贫 32 户, 发放救济金 66 834 元。补助敬老院经费 6 490 元, 发放城镇和农村低保户低保金 53.1281 万元。新增劳动就业 537 人。

发放残疾人各类救济金 42.3065 万元,赠送残疾人康复器材 128 件。

【城乡治理】 弥牟镇城管中队、青白江区城市管理执法局加强环境卫生综合治理,共同管理弥牟镇场镇秩序、环境卫生、村(社区)垃圾清运、营运车辆停放、城镇绿化等工作。2014 年,有垃圾房 57 个,农村生活垃圾集中收运处置。投入环境卫生保护资金 100 余万元,有效地控制了农村面源污染。

(供稿人:杨国荣)

城厢镇

【概况】 2014 年末,全镇面积 45.69 平方千米,耕地面积 33 823 亩; 总人口 57 756 人, 其中农业人口 22 467 人;生产总值 29.98 亿元,农业总产值 5.85 亿元,农业增加值 1.67 亿元;工业总产值 64.36 亿元,工业增加值 20.12 亿元; 地方财政收入 3 519.23 万元,全口径财政收入 7 082.88 万元, 农民人均纯收入 13 473.66 元。

11 月 13 日,市委副书记、市纪委书记邓修明到城厢镇家珍公园调研法制宣传工作

【工业】 科学调整工业发展布局,不断优化工业产业结构,大力推进工业企业转型升级,加快淘汰或搬迁高能耗、高污染、低效益工业企业,深入转变企业发展方式。加强"三上企业"协调服务工作,监督企业抓好安全生产,支持企业技改升级。大力发展高端产业,鼓励天马轴承等工业企业自主创新,发展风电轴承等优势项目。加快发展菌蔬加工业,2014 年菌蔬深加工产

品 4 万吨，年产值 4 亿元。

【农业】 2014 年，投资 5 300 余万元完成万柳、五泉、联兴等村农发工程以及沿沱、龙潭、前锋等村的末级渠系整治工程。实施食用菌园区基础设施建设、康祖食品蔬菜真空深加工生产线、宜家食品产品技改项目以及康祖、宜家、天天绿、幺姑食品污水处理站建设项目，建设设施农业 100 余亩。大力发展都市休闲观光农业，全力打造以科联玉米规模种植、贵和高科生态观光、壁峰稻田养鱼、特色食用菌园区、玉虹桥蔬菜基地、唐巴路沿线特色农家乐为主线的生态休闲观光旅游环线。推动农业合作社健康发展，田园山珍菌业合作社评为国家级农业农民合作社，新培育农业职业经理人 15 名。

【社会事业】 2014 年城镇新增就业 619 人，动态消除"零就业"家庭。加强劳动保障监察网格化，做好企业年检工作，成功调处 10 余起劳资纠纷。逐步完善社会保障体系，全镇累计养老保险参保 2.8 万余人，基本实现社会保险全覆盖。深入推进文化惠民工程，举办城厢之春等文艺演出 37 场，组织选送的现代舞《落花情》获得青白江区"艺术周末·快乐人生"百姓才艺秀第二季舞蹈类节目一等奖，参加区首届全民健身运动会暨第四届区运动会获得最佳组织奖和乡镇组第一名。贯彻执行义务教育法，落实好贫困学生助学制度，学前三年幼儿入园率 95%，学龄儿童入学率 100%，小学毕业生全部升入初中，残疾儿童少年接受义务教育率 98%以上。卫生工作成效显著，成功创建 2014 年四川省卫生乡镇，成都市青白江区"结核病综合防治示范乡镇"。十八湾村、壁峰社区成功创建为 2014 年四川省卫生村。认真做好计生、食品药品安全监管以及低保、优抚、残疾人家庭等补贴资金足额发放等工作。

【特色产业】 引导唐巴路、清泉大道休闲观光旅游带特色农家乐做精做特，增强竞争实力、形成市场活力。协助做好物商园区、北部建材中心项目保障工作，集装箱中心站辐射带动效应明显增强。加快推进中益吉城、万贯五金等机电交易市场建设，基础设施配套日益完善，发展环境不断优化。完善西街上院、翡翠港等商住小区生活配套设施，全镇规模以上服务业企业 2 家，限上商业 8 家，现代服务业拉动效应显现，产业间互联支撑，协同壮大态势进一步增强。

【城乡规划】 抓住城厢镇相继被列为全国重点镇、全省第三批"百镇建设行动"示范镇的机遇，编制《城厢镇总体规划修编 (2012—2020)》《城厢镇历史文化名镇保护规划》《城厢镇文态规划》，配合上级部门完成《新青卫星城总体规划》《青白江区区域总体规划 (三线规划)》编制工作，加快《城厢镇城市控制性详细规划》编制工作。以规划为蓝图，持续推进古城保护与开发，有序进行调查摸底、对外宣传、规划对接等工作。

【拆迁安置】 全面完成二绕拆迁、北部建材中心安置点拆迁扫尾工作。指导唐巴路、成太路等公共配套及基础设施建设项目涉及的 26 个村民小组完成征地协议签订、确定纳入城镇安置人员等工作，完成蓝光项目农转非工作，全面完成二绕涉及塔基迁改工作。积极配合完成绣川新苑、茶花新城安置小区优化调整，引导入住小区物业规范管理，完成十五里新型社区管理提档升级工作。

(供稿人：文　灿)

清泉镇

【概况】 清泉镇位于成都平原东部边缘，龙泉山脉深丘与浅丘过渡地带，西距成都 18.4 千米，北距青白江城区 22 千米，南距龙泉城区 17.5 千米，东距金堂县城 12 千米，面积 66.66 平方千米。沪蓉高速 (成南路)、成环路穿境而过，正在修建的第二绕城高速穿过镇境，城太路、清石路、清云路、清人路等县级公路连接周边区县。2014 年清泉镇相继被列为四川省第二批"百镇建设行动"试点镇和成都市 10 个"小城市"之一。2014 年耕地面积 3.69 万亩，总人口 4.19 万人，农业人口 3.7 万人。国内生产总值 6.83 亿元，农业总产值 4.86 亿元，农业增加值 2.83 亿元。规模以上工业总产值 8 100 万元，工业增加值 600 万元。全口径财政收入 1 460 万元，地方财政收入 817 万元。农民人均纯收入 1.3 万元。

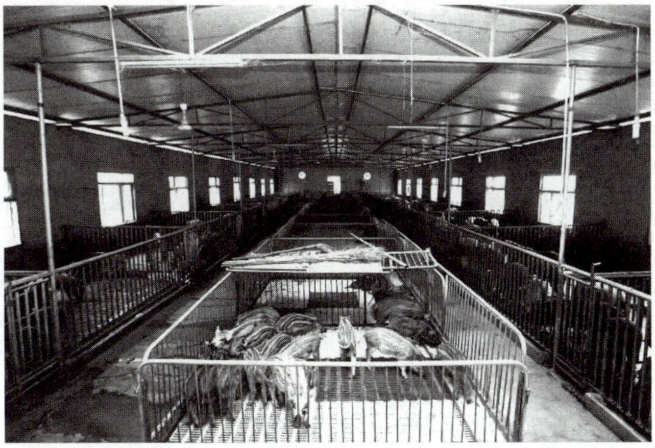

清泉镇野山猪养殖基地

【工业】 清泉镇有着丰富的页岩资源和石材资源，工业企业以页岩砖生产为主，有桔丰山建材、长旺达建材、泽众新型建材3家页岩砖厂及2家石材企业，有汇星纸业、蓝图纸业、青柠檬纸业、张张爽纸业纸制品加工企业4家，成羽体育用品公司1家。温鸭子、四联农产品公司等小型农产品加工企业。

【农业】 农业以种植业、养殖业为主。2014年粮食作物种植面积6.2万亩，粮食总产量9 200吨；油料作物种植面积1.66万亩，油料总产量2 600吨。出栏生猪2.92万头、羊5 698只、家禽20.38万只。存栏生猪1.6万头、牛254头、羊4671只、家禽13.48万只。禽蛋产量279.3吨，牛奶22.35吨，蜂蜜47.93吨。

建有青白江有机瓜果产业示范园区1 300亩，争取市农委专项资金849万元，建设园区基础设施。青白江生态观光示范园，占地380亩。红岩、红星村野李子基地，面积800亩。西平、快乐、五桂村蔬菜基地6 000亩，带动友好、秧田、五爱等村种植大头菜4 000余亩。

在金龙村投资8 000万元，占地380亩的新希望奶牛养殖场一期投产，养殖乌拉圭优质奶牛1 500头。秧田村葛根养殖野山猪项目，扩大投资400万元，养殖野山猪2 000余头。成都三品生态农业有限公司，在牌坊村流转土地及林地210亩，发展林下养殖，饲养鸽子、鹧鸪、黑鸡、珍珠鸡、茶花鸡、野鸡等特禽品种10余个、5 000余只，正在申请办理中国有机野生珍稀禽类产品认证。

【社会事业】 2014年，清泉镇认真落实充分就业政策，城镇新增就业41人，农村劳动力转移输出3 768人。医疗救助困难家庭76户，社区快速救助困难群众21户，发放医疗和专项救助金32万元，投入18.48万元为全镇1 320名残疾人购买城乡居民医疗保险。举办第四届“春暖清泉”文艺汇演、百村文体系列活动。投入资金250万元，新建蓄水池62口，整治山坪塘17口。完成全国第三次经济普查，入户调查、登记单位137个，个体户139户，投入600万元，开展“十二五”饮水管线工程建设，铺设输水管线62千米，17个村(社区)全部用上自来水。C级危房改造122户，地质灾害避让搬迁22户。建立网格化安全生产管理体系，开展“百日安全生产活动”，加强重点领域专项整治。开展学校、幼教机构食堂食品安全专项检查和回访工作，发放书面监督意见书8份。加强食药经营户监管，开展辖区食药经营户调查摸底，数据资料录入电子监管平台，受理审批食品流通许可证49户，餐饮服务许可证21户，开展餐饮服务行业、保健食品、化妆品、药品、医疗器械经营使用单位日常监督检查，监督检查覆盖面100%。

【城乡环境综合整治】 场镇环境卫生实施公司运营管理，农村环境卫生实行公司运营与村集体自治相结合的方式，由专业保洁公司负责全村公共区域的清扫保洁和垃圾清运。清扫保洁实行路段责任制、垃圾清运每天定时进行，保证无积存垃圾，场镇生活垃圾收集率100%，场镇及农村生活垃圾无害化处置率100%。投入资金10万余元，新建停车场1个，公交车停放站1个，新增避雨式候车点1个。投入70余万元，改造平安路路面；聘请专业施工队伍清掏堵塞排污管道，修护塌陷排污管道，修建污水沉降井4个，解决场镇排污管道堵塞问题。

【旅游开发】 按照“一村一品”布局规划，申请价调基金、财政专补资金等，建设北宁有机果品园，投入400万元，扩大伏季水果基地1 000亩，投入100万元，建设红岩村野李子基地，打造育苗基地和旅游环线建设。举办“第五届李花节”、“第五届野李子采摘节”和“有机梨采摘节”，旅游收入200万元。

欧滋农业开发有限公司在秧田村流转土地300余亩，建猕猴桃园基地，改善园区基础设施。修建生产性道路2千米，渠道整治740米。猕猴桃园区初具规模，相继举办猕猴桃赏花节和猕猴桃采摘节，接待观光、采摘游客3万余人次。加大农业企业招商引资力度，花园村流转土地800亩，引进“远古巨人国”一三产业项目，一期投入400万元开展场平、道路等前期施工。

【新农村建设】 “小规模、组团式、生态化”新型农村综合体建设项目通过市级评审，北宁村依托梯级人工湖安置房建设项目和川西林盘综合整治，配套进行周边聚居院落提升改造，共同构成“小规模、组团式、生态化”新农村综合体，在此基础上进行“幸福美丽新村”建设。

（供稿人：唐志犹）

大同镇

【概况】 大同镇东连城厢镇，南接祥福镇，西邻大弯街道办事处，北毗广汉市三水镇。是青白江区主城区和成都市北部新城的组成部分。北新经济开发区（即工业集中发展区）、北部新区、凤凰湖生态湿地旅游度假区、北部物流建材配送中心、西部铁路物流枢纽（含散货物流园区）等五大产业功能区均位于镇境。面积21.65平方千米，辖同福、青龙、界牌、五里、西林5个村，一心、红光、新峰3个涉农社区及凤祥1个城市社区，138个村民（居）民小组。总人口27 468人，其中农业人口4 583人。镇人民政府驻青白江区同心大道388号。

10月23日，区政协主席李光明视察凤祥社区文化体育设施建设

大同镇属都江堰自流灌区。境内长流河由新都区入境，经西林村、五里村在城厢镇境注入毗河。大同镇历史悠久、文化积淀深厚，旅游资源丰富，汉代已有集镇雏形。境内已发掘的壁山头汉墓群、战斗村汉墓群等多处汉代墓群，出土的国家一级文物青铜马、说唱俑等均出自大同镇。凤凰湖生态湿地旅游度假区和金堂县八景之一的“文澜秋月”均位于大同镇境内。

2014年末，国内生产总值（辖区）38.92亿元，同比增长9.4%；全口径财政收入6 477万元，同比增长3%，其中地方财政收入3 373万元，超额完成目标任务17.2%。完成营业税4 370万元，增值税737万元，企业所得税208万元。农民人均纯收入14 691元，同比增长13.1%。社会商品零售总额6.11亿元，同比增长11.2%。

【工业】 全镇工业以化工、铸造、机械加工、塑料制品、建筑材料等产业为主。工业企业169家，职工7943人。2014年工业总产值97亿元，同比增长9.7%，工业增加值29.1亿元，同比增长9.6%，其中规模以上工业增加值26.18亿元，同比增长9.6%。

【农业】 耕地面积6 829亩，按农业人口人均1.49亩，其中水田6 207亩，旱地622亩，种植小麦、油菜、稻谷、玉米、蔬菜。2014年农业总产值1.74亿元，同比增长1.8%，农业增加值9 550万元，同比增长1.5%。

粮食作物以小麦、稻谷和玉米为主。2014年生产粮食3 467吨，其中小麦671吨，稻谷2 521吨，玉米90吨。

主要经济作物有油菜和蔬菜。2014年蔬菜种植面积783亩，产量1 577吨，主要品种有韭菜、大葱、白菜、芹菜和青菜等。

畜牧业以猪、家禽为主。2014年生猪出栏592头，年末存栏168头。家禽出栏3.45万只，年末存栏3.07万只。肉类总产量122吨，禽蛋产量38吨。

2014年，积极推进农业集约化、规模化、现代化经营，努力挖掘现代特色农业潜力，界牌村、同福村发展规模化现代农业产业，葛根种植面积达1 330余亩。实施农村污染治理，完成秸秆禁烧工作目标。深入开展水源保护，整治凤祥社区、青龙村、新峰社区、界牌村等河道沟渠9 550米。

【社会事业】 2014年，大同镇大力实施城乡就业和劳动保障服务，完善劳动监察网格化管理长效机制，有就业和社会保障服务站5个，为全镇居民提供就业和社会保障服务；9个村（社区）设立了劳动保障站点，配备了劳动保障专员。累计开展各类劳动力培训390余人次，全年实现新增就业677人，下岗失业人员实现再就业638人，动态消除“零就业”家庭，登记失业率控制在3.5%。城乡居民基本医疗保险参保5127人，参保率达98%。对辖区残疾人提供了“量体裁衣”式个性化服务。在工业园区内开展了“新市民健康倍增计划”健康体检活动，共有358位外来已婚育龄妇女免费参加了健康体检。建立健全各村(社区)老(体）协队伍，凤祥社区居家养老服务中心已正试运营，为老年人提供更专业的养老服务。深入推进依法治镇和依法行政工作，化解王于英等省市督办历史积案3件，信访案件同比下降6.3%；解决热点、难题问题200余件，矛盾纠纷化解率达93.1%。推进凤祥社区等村(社区)“民主法治示范村”创建工作，凤祥社区为全市“法律七进”的示范点位，推进社会管理网格化服务，建成镇、村(社区)网格化管理平台。完成全国防震减灾综合示范社区、省级安全社区、平安示范村创建。凤祥社区被民政部评为全国和谐示范社区。

2014年末，全镇幼儿园4所，在园幼儿588人，专任教师51人；小学1所，在校学生1121人，专任教师82人，小学适龄儿童入学率100%；初中1所，在校学生1 028人，专任教师70人。初中适龄人口入学率、小升初升学率、九年义务教育覆盖率均达100%。

【基础设施建设】 2014年，修建青龙村道路700米，新建界牌村、同福村道路5.2千米。完成华金大道四段、大同西路、同仁路等主要道路沿线景观提升工程。完成青龙村提灌站建设，在界牌村、同福村、青龙村实施农村安全饮水工程，解决1 000余户的饮水问题。解决青龙村、界牌村、红光社区、五里村、镇机关办公场所用地问题。完善和优化凤祥社区综合服务中心、居家养老服务中心、青工驿站、市民文化活动广场、民俗活动场所功能，修建占地1 200余平方米的法治广场，在凤凰馨苑、同湾春晓等居民聚居区增设体育健身设施。

【城乡规划】 以“城乡统筹、两化互动、产城一体”示范镇为目标，加快新型城镇化进程，促进全镇经济社会统筹协调发展。按中心城区配置要求，逐步配套完善北部新区公共服务设施，推进凤凰大道东三段、凤祥大道、凤凰大道东五路、东六路等道路建设。启动凤祥社区周边配套及环境提升工程项目建设，进一步完善水、电、气、雨污管网等配套设施，健全城镇功能，提高承载能力。进一步完善早期建成小区及周边综合配套服务功能，完善早期建成小区后续公建配套设施。

做好项目协调服务和督查，加快北部物流建材中心南北干道路口、万贯五金机电、凤凰湖二期等项目用地拆迁，推进大同集中安置房、大同西路文化活动广场、界牌村、同福村农业产业化项目建设。促进凤祥社区文化教育中心、界牌新型社区居家养老日间照料中心、界牌村便民服务中心早日投入运营，加快推进界牌新型社区居民入驻。

【拆迁安置】 2014年全力做好36个项目用地拆迁，完成鑫金力、泰嘉、君邦、金茂建材、南北干道南端和中段、钱江银通二期、邦邦建材、110千伏大红线等项目的拆迁工作，保障成都龙城机电、福缘建材、银犁冷链二期等7个项目的建设用地。推进凤凰大道东三段、凤祥大道、万贯五金机电、凤凰湖二期等项目的拆迁工作。投入资金280余万元，完成怡馨花园、成青小区和同湾晓月安置小区院落改造。启动大同集中安置房项目建设，建筑面积54万平方米，修建安置房4 628套，完成界牌村11组的安置工作。

（供稿人：万成军）

祥福镇

【概况】 祥福镇位于青白江区中部，东邻城厢镇、姚渡镇，南接龙王镇，西连新都区新都镇、泰兴镇，北靠大同镇，距成都市区12千米，是成都市综合交通枢纽。全镇面积44.42平方千米，辖15个村、2个涉农社区，233个村民小组，总人口近5万人。

2014年认真贯彻党中央、国务院稳增长、促改革、调结构、惠民生一系列重大决策部署，深入实施省委“三大发展战略”、市委“改革创新、转型升级”总体战略以及区委“五区”发展战略，团结带领全镇人民，坚定信心、攻坚克难、砥砺奋进,全镇经济社会继续保持良好发展势头。2014 年全镇(含辖区内工业园区和物流园区及配套区)地区生产总值 40.83 亿元,同比增长 9.8%,固定资产投资 78.4 亿元,同比增长 8.5%。社会消费品零售总额 6.3 亿元, 同比增长 12.5%;地方财政收入 1 036 万元,同比下降 58.95%。农村居民人均纯收入 1.52 万元,同比增长 13.5%。

继 2004 年被评为全国重点镇之后,2014 年 7 月再次被住建部、国家发改委、财政部等七部委评为全国重点镇,被列为全省"百镇建设行动"示范镇,连续 3 年被评为区级目标考核先进单位。

祥福镇西江村孔雀养殖基地

【农业】 2014 年, 大力推进农业集约化、规模化经营,努力挖掘现代特色农业助农增收潜力。农业投资 1.5 亿元,西江月、时代创绿草业项目加快推进。改扩建产业道路 4.6 千米,整治沟渠 5.8 千米,整治山坪塘 10 口,新建蓄水池 17 口,新增蓄水能力 8 万立方,新增灌面 600 亩。新增农民农业合作社 2 家、家庭农场 1 家。完成无公害农产品产地复查换证工作,新增有机(转换)农产品认证 4 个。绿色无公害蔬菜种植基地、草业科研基地、生态观光、高尚运动休闲四大板块为主体的现代生态农业园区已具雏形,形成初步接待能力。2014 年接待游客 160 万人次,旅游收入 1 600 万元,同比增长 20%。

【工业】 加快新型工业集群发展步伐,逐步形成集约化生产、规模化经营、集群化发展的新型工业格局。2014 年工业总产值 21.37 亿元,规模以上工业增加值同比增长 12%。完成工业投资 31.5 亿元,金海霸、振兴金属粉末项目竣工投产,江河幕墙、齐能科技等 3 个项目加快建设,珠江电子一期、三宇纺织等 5 个项目开工建设。不断优化产业规划和空间布局,重点发展以成都建工、江河幕墙为代表的绿色建材及建筑工业化产业。

【社会事业】 2014 年实施就业优先战略, 落实就业政策,城镇新增就业 460 人,农村富余劳动力向非农产业转移新增就业 780 人,城乡失业人员再就业 290 人,动态消除"零就业"家庭。全镇养老保险参保人数 2.02 万人,基本医疗保险参保人数 2.67 万人,基本实现社会保险全覆盖。为 1 531 名残疾人制定个性化服务方案,马坪村日间照料中心建成并投入使用。结合党的群众路线教育实践活动开展文艺巡演、百姓故事 PK 赛等文化活动 246 场次,创作各类文艺作品 20 余个,放映电影 17 场。优化调整 3 路公交线路,实行公交无人售票和惠民一票制。

全面深化"平安青白江""法治青白江"建设,开展法律宣传、社会治安综合治理宣传、校园周边环境整治活动 43 场次、参与人数 6 000 余人次、发放宣传资料 8 000 余份。推行社会管理服务网格化管理,全镇划分为 18 个网格,组建 120 余人的网格员队伍,搭建网格服务两级管理平台。创新新型社区服务治理机制,实施村级公共服务和社会管理项目 118 个,全面完成东方、华家等 2 个点位公共服务和社会管理设施标准化建设。进一步加强农产品质量和食品药品监管,建立食品药品两级监管网络。认真接待群众来信来访,及时化解矛盾纠纷。建成规范化法律援助工作站和信访视频接访室,2014 年提供法律援助 179 人次, 开展视频接访 33 次, 群众信访总量同比下降 11%,来访人次同比下降 9%。

【城乡建设】 2014 年, 按照现代卫星城规划建设要求,着力构建"一轴、两带、三大板块、四级中心"区域空间结构。完成祥福镇总体规划修编,完善城镇形态和功能。坚持规划引领,建立和完善高起点、高水平、前瞻性的城镇规划体系,注重城镇空间布局,构建以"两站两园一区"配套区为中心、毗河国际商务休闲带为纽带、现代农业观光休闲区为核心的新型城镇体系,形成有序互融的城镇空间发展格局。加快大件路东绕线(青白江段)项目建设,新改建村组道路 12 公里。第二污水处理厂建成投运,乡镇污水处理实现全覆盖。桂通110千伏变电站竣工。建成4G基站1个。启动西江、上元、太山村级活动场所建设。建成新型社区25.91万平方米，安置房16.95万平方米。完成天星一期、天星二期、东方新型社区一、二期项目建设。

【城乡环境综合整治】 积极推进生态文明建设试点，启动“四改六治理”十大行动。加强污染治理，加快生活垃圾处理场扩容改造，进一步完善乡镇垃圾收集收运体系，逐步推行垃圾分类处理。全面推行节能减排，秸秆综合利用率100%。推进节水型社会重点镇建设，加强水资源“三条红线”管理，饮用水源水质合格率100%。实施毗河、羊叉河、永福渠、龙门支渠黑臭水体综合治理，治理违规排污养殖场46家，关闭禁养区内养殖场9家。严格执行环保准入制度。增设镇环保办公室，环保监督管理能力进一步提升。实施“场镇盲点死角”专项整治，加大城镇环境脏乱差、扬尘污染、道路病害等“城市病”治理力度，开展农村生活垃圾前段分类和集中收运处置，开展各项集中整治48次，投入经费202万元。

（供稿人：陈　丽）

姚渡镇

【概况】 姚渡镇位于青白江区毗河以南，距区政府所在地12.5千米。东邻金堂县、南接清泉镇、西连祥福镇、北靠城厢镇。地处龙泉山脉褶皱地带，浅丘为主。面积23.4平方千米，耕地面积15 368亩，其中田8 343亩、地7 025亩，辖6个村、113个村民小组和1个社区居委会，总人口18 589人，其中农业人口17 424人。年平均温度16.5℃，年降水量900毫米，年日照时数1 298.2小时，主导风向为东北风，气候温和、湿润，宜于居住。

2014年地区生产总值4.2亿元，同比增长10%。农业总产值3.06亿元，工业总产值5 500万元，第三产业总产值5 900万元，农民人均纯收入同比增长13%。全口径财政收入1 444万元，地方财政收入866万元；固定资产投资1.64亿元。

工业企业24家，其中规模以上企业2家，分别是成都市和谐肉食品有限公司、成都建业制品有限公司。

3月20日，青白江第29届桃花诗会在姚渡镇开幕

【农业】 稳定耕地保有量和基本农田保护面积，复垦土地面积36亩，大、小春播种面积37 969亩，粮食总产量8 992吨，农业增加值16 879万元。

打造特色农业项目。以现代农业为主线，重点打造以龙门桃花沟为核心的伏季水果产业园区，培育扶持仁康葡萄园、韵梅家庭农场等一批有示范带头作用的家庭农庄。芦稿生猪养殖合作社年出栏生猪2万余头，大耳羊繁育基地年出栏500余头，优质水产养殖基地400亩，大闸蟹、大鲵年产值120余万元。

围绕省、市、区委发展战略，确立了“一心三带四区五大引擎”的产业规划，即以场镇为核心，立足毗河、西江河，依托清泉大道、姚日路和青南大道三条主要干线，构筑“滨河生态休闲带、家庭农庄体验带、生态景观游览带”三带，围绕“旅游度假区、农事参与区、文化体验区、生态景观区”四大区域，打造“龙门桃花沟景区、生态湿地景观区、慢生活休闲区、五彩农田观光体验区、家庭农庄群”为支撑的“五大引擎”。

【服务业】 依托龙门桃花节、桃花诗会、草莓采摘节等节会活动发展特色乡村旅游，逐步整合散乱无序的农家乐、农家游，推动乡村旅游由低端的“农家乐型”向高端的“度假型”转化。2014年举办了第24届桃花节、第29届桃花诗会及首届葡萄采摘节等节会活动，利用“惠民活动进万家，同心共筑中国梦”为主题的2014年青白江区“三下乡”、“四进社区”暨文艺志愿服务活动授旗仪式，聚集商业人气。接待游客40余万人次，旅游收入2 000余万元。

【社会事业】 道全保洁公司负责场镇清扫保洁及全镇生活垃圾清运,各村的清扫保洁工作按属地化进行管理,全镇6个村利用村级公共服务资金聘请43名农村清扫保洁人员,专人负责本村的城乡环境综合治理。镇政府聘用9名城管协管员,协同城管行政执法人员负责场镇“七乱”治理,按照网格化分段管理方式,集中清理出摊占道、流动摊贩、机非车辆乱停放等现象。先后开展七次场镇秩序集中治理,场镇面貌有较大改善。

社会保障体系更加健全。2014年举办各类技术培训40期,培训1.58万人次。青年创业2人,城镇新增就业6人,农村富余劳动力向非农业转移就业新增350人,动态消除辖区内“零就业”家庭。在芦稿、黄坭分别设立残疾人康复站。C级危房改造60户。2014年城乡低保372户,重点优抚82人,长寿老人37人,及时发放低保金、生活补助金、医疗救助、城乡低保、低收入家庭500余人次,阳光圆梦求助5人。建立健全镇、村(社区)、组三级信访网络,发挥信访专干和信访代理人作用。及时上报和化解各类纠纷和矛盾隐患,制定《姚渡镇人民政府关于进一步健全信访常态化长效工作机制实施方案》,引导群众自觉依法有序上访,预防非正常上访和恶性群体性事件的发生。全面实行“三公开”,强化民主管理、民主监督,把问题解决在基层,确保隐患不积累,矛盾不激化、问题不上交。推进法律“七进”工作,建立法律援助工作站1个、法律服务工作室6个,调解各类纠纷84件,处置率100%,成功率94%。

完成第三次全国经济普查,登记上报经济实体937家,其中法人单位80家,个体户857家。

加强生产监督管理,层层签订责任书,省级安全社区建设通过现场验收。

【新农村建设】 配合推进成都第二绕城高速公路建设,开展青南大道东延线建设前期筹备工作。完成永和村、黄坭村村组道路建设3.6千米,修建村道桥梁2座,村、组道路硬化率达到100%。整治塘堰18口,新建蓄水池21口、提灌站1座,改造沟渠3千米。为4个村1 800余户农户安装了天然气,为1 000余户农户安装自来水,解决了吃水难、用水难问题;全面启动“户户通”工程。

继续实施场镇风貌改造,加快推进安置房建设,修缮加固姚渡便民服务中心。加强村内环境卫生综合整治,规范柴禾、杂物堆放标准,统筹规划庭院建设,彻底改变庭院脏、乱、杂现状。完成黄坭新型社区立面风格的规划设计,二绕安置点完成分房安置,基本完成清泉大道姚渡安置房主体装修。

【招商引资】 2014年,进一步优化发展环境,加大资金和政策扶持力度,重点扶持5个产业项目:

成都市韵梅农业有限公司。发展水产品养殖和葡萄种植,占地240余亩,年产值500余万元。

成都洲禾种植农民专业合作社。投资建设黄心猕猴桃基地,占地约400亩,计划总投资800万元。

成都盛中新农村综合建设有限公司。投资建设特色水产养殖基地,占地654亩,计划总投资2 000万元,养殖大闸蟹、烟脂鱼、大鲵等特色水产品。

成都市兴农发养殖农民专业合作社。兴建以大耳羊养殖为主,核桃树种植为辅的立体式种养农业示范园,占地323亩,计划总投资2 000万元。

成都市仁康现代农业有限公司。兴建优质葡萄、核桃、柚子等特色经济作物种植园及农事体验园区,占地415亩,计划总投资1 000万元。

(供稿人:王梦蝶)

龙王镇

【概况】 龙王镇面积29.95平方千米,耕地面积21 745亩,总人口26154人,其中农业人口25 389人。2014年,规模以上工业产值1.95亿元,全口径财政收入723万元,其中地方财政收入408.49万元,农民人均纯收入13 260元。

【工业】 按照“新型工业领先区”战略,推进全镇工业发展。执行新环境保护法,推进工业企业标准化建设。2014年关停落后产能企业7家、整改污染企业30家、培育规模以上企业2家,实现规模以上工业产值1.95亿元。

【农业】 按照“农民增收、农业增效”工作思路,大力发展有机蔬菜和生态水产养殖的特色农业,推动农业

12 月 30 日，区委书记刘筱柳到龙王镇调研指导党建工作

向“生态高效”转变。投入 2 260 万元，建成蔬菜标准化大棚和珍稀食用菌标准化钢架大棚 80 亩、更新贡韭品种 62 亩，建立质量可追溯体系的农户 84 户，发展“龙渔泉”有机蔬菜 1 120 亩，全镇蔬菜种植面积达 1.2 万亩。大力发展“龙王生态鱼”等特色水产养殖，养殖大户 20 户、养殖面积 3 150 亩，2014 年特色蔬菜、水产养殖产量 2.4 万吨，产值 9 600 万元。

【社会事业】 实施充分就业，农村富余劳动力向非农产业转移就业新增 678 人，动态消除“零就业”家庭。开展“精准扶贫”，为困难群众 3617 人次发放各类补助资金 107 万元，培训贫困残疾人 200 余名，带动 100 余户残疾人家庭创业。开展“人情保”、“错保”专项整治活动，取消不符合条件的低保户 20 户、48 人，进一步优化审批流程，低保审批时间缩短为 45 天。新建 500 平方米的日间照料中心，完成 C 级危房改造 72 户。调解劳动纠纷 8 起，帮助农民工追讨赔偿金 91.50 万元。大石路安置房“龙和小区”建成并投入使用，安置群众 155 户、582 人。

完善公共文体服务体系，组织开展文体活动。完成镇综合文化站标准化改造。先后举办 2014 年龙腾闹元宵、全国钓鲫精英赛总决赛、百村文艺汇演、“百姓故事会”等文体活动；积极参加 2014 年青白江区全民健身运动会暨第四届运动会，获得团体比赛乡镇组第五名。提高乡村卫生服务水平，成功创建全区结核病综合防治示范乡镇，三方村成功创建为市级卫生村；加快推进农村义务教育均等化，办理外地务工人员子女入学 43 人。

深化“平安青白江”“法治青白江”建设，全面加强信访化解、治安防控和安全防控体系建设。推行“网格化”管理、“红袖标”、“天网”建设和各类创建活动，全镇盗窃等发案率明显下降，矛盾纠纷调解成功率达 100%。青光村、龙王社区、红树村红树新型社区分别成功创建为市级平安村、区级法制村和区级“十和”大调解文化大院。青光村“户户联勤”典型做法被市蓉城先锋等媒体报道。加强食品、药品安全监管，全镇未发生食品安全事件。深化城乡环境综合治理，新建垃圾房 30 个，区第四座生活垃圾压缩中转站建成投运，实现场镇市场化保洁。取缔不规范再生资源回收站点 3 家，关停生猪养殖 3 家，梁湾村“三美”示范村创建通过市级验收。

【基础设施建设】 完善“天府垂钓小镇”总体规划、“场镇新区·田园水乡”规划设计。开展现代农业精品园区规划，幸福美丽新村、老旧院落整治和林盘保护、“三美”示范村、西江河整治等规划设计，进一步优化特色镇发展空间。

借鉴、运用统筹城乡改革成果和市场化手段，充分发挥龙头项目的示范带动作用。重点实施了产业基地、休闲旅游垂钓基地、场镇建设、生态工程建设等项目，夯实“天府垂钓小镇”形态基础。整合公共服务、“一事一议”等项目资金，新（改）建村组道路 8.9 千米、新建微水池 46 个，整治沟渠 2.01 千米、塘堰 24 口，农业配套设施更加完善。全面完成全区唯一的成都市农村小型公共基础设施村民自建试点村—梁湾村村民自建工作，新建微水池 4 个、山平塘 12 个、提灌站 1 个、沥青混凝土道路 1 445 米、沟渠 6 442 米，改良土壤 300 亩，为全区全面推进村民自建工作提供了经验。改建龙泰路 1.7 千米，加快推进龙泰路双河桥改建工程、东绕线建设、500 千伏龙新线建设。

【特色产业】 做强国家地理标志产品龙王贡韭，规模发展“龙渔泉”有机蔬菜 1 120 亩，在全区率先实施大面积机械化深耕作业，建立“农超对接”营销模式，带动全镇蔬菜种植散户增收致富，解决剩余劳动力 100 多名。

按照“产业与生态互动，农业与旅游齐飞”的发展思路，推动一三互动。2014 年先后举办 2013—2014 年度“龙王杯”全国钓鲫精英赛总决赛等专业、休闲垂钓活动 12 次,游客 3 万人次,成功创建为成都地区唯一的"全国钓鱼竞赛训练基地",带动了以休闲垂钓为核心的乡村旅游业融合发展。

【招商引资】 向上争取各类资金 320 万元,重点帮扶"龙渔泉"有机蔬菜基地的发展。建成标准化道路、沟渠 3.43 千米。总投资 2.3 亿元,占地 850 亩,集"生态观光、渔事体验、高端商务"接待于一体的"龙吟长滩·国际水乡休闲园"初显成效,成为全区最高端的一、三互动休闲度假胜地。

在充分尊重群众意见基础上,在全区率先实行"村出建设用地+企业出资",采取 BOT 模式,引进社会资金 1.3 亿元,实施"基础设施配套建设、商业配套建设、住宅商品房开发"于一体的场镇新区一期工程。项目占地 52 亩,已开建 6 幢 1.4 万平方米,1、2 号楼主体竣工,5 号、10 号、11 号、12 号楼完成基础施工。

(供稿人:易 娜)

福洪镇

【概况】 福洪镇紧邻龙泉驿区洛带镇和新都区石板滩镇,距成都市城区 23 千米,距青白江区政府所在地 24 千米。位于成都半小时经济生活圈,在成都市城市总体规划中,属于都市区范围。成南高速、成德南高速、青南大道、成环线和第二绕城高速穿境而过。国家级 AAA 景区福洪客家杏花村,紧邻洛带客家古镇、古金龙寺,是龙泉山脉生态旅游走廊的重要节点。全镇面积 39.4 平方千米,耕地面积 34 540 亩。辖民主、进步、杏花、幸福、字库、胜利、团结、拦冲、先锋 9 个行政村,共 31 250 人,其中农业人口 30 819 人,非农业人口 431 人。人口出生率 9.2‰,人口自然增长率 3.0‰,人口密度 794 人/平方千米。2014 年全镇流入人口 116 人,流出人口 3 958 人。地区生产总值 4.1 亿元;农业增加值 2 亿元,同比增长 5.1%;城镇居民人均可支配收入 27 367 元,同比增长 10.2%;农民人均纯收入 13 377 元,同比增长 12.5%。全口径财政收入 679.4 万元,地方财政收入 414 万元。

【工业及商业】 全镇非煤矿山生产企业 2 家,预制场

12 月 16 日,福洪乡"撤乡设镇"揭牌仪式

2 个,天然气井 20 余口,建气站 1 个。烟花爆竹销售点 13 个,二级防火化工原料储存点 1 个,加油站 2 个。大型农贸市场 1 个。规模以上工业企业 3 家,2014 年规模以上工业产值 23 000 万元。

【农业】 福洪镇兼有平坝、丘陵、低山三种地貌,属亚热带湿润季风气候,具有气候温和、四季分明和春来较早、夏长秋短、无霜期长、夏无酷暑、冬无严寒的特点。农业以种养业为主,初步形成以福洪杏为主,黑色农产品、玫瑰为辅的特色产业体系,成立各类农业专业合作社(协会)10 家。

2014 年,争取各类补助资金 4 390 万元,整治沟渠 70 千米、塘堰 66 口;新建管道灌溉、微喷灌水利设施,实现节水灌溉 1.3 万亩。完成拦冲、先锋高标准农田整治 11 248.7 亩,改建 3 米宽田间道路 7 条 9 千米,新建 0.6 米宽生产道路 2 千米、2 米宽生产道路 2.2 千米。在全区率先完成畜牧污染专项整治,完成 38 家畜牧养殖企业"零排污"整治,关闭养殖场 1 家。加大违法建设整治力度,拆除违法建设 813 平方米,处置违法占地事件 44 宗,恢复耕地 4 处。

2014 年,"福洪杏"种植面积 1.5 万亩,标准化示范种植 3 500 亩。在全市率先推广"托管公司+基地+农户"的现代农业经营模式,"福洪杏"托管面积 5 000 亩。引入社会资金 6 000 余万元,完成玫瑰种植和新品种引进、黑色农产品种植及农业配套设施建设,加快优势产业发展。

【社会事业】 2014 年,镇党委始终坚持把以人为本、惠民利民作为一切工作的出发点和落脚点,以保障和

改善民生为重点,统筹推进城乡社会建设。

在9个村成立了就业和社会保障站,杏花、幸福、民主、字库4个村完成标准化服务平台建设。累计完成技能培训390余人,创业培训30人,全镇城镇登记失业率为3.5%,动态消除零就业家庭。深入开展劳动保障监察两网化工作,发放用工信息600余条,企业及农民工劳动合同签订率均达到100%。扩大社会保险覆盖面,城乡居民养老保险参保率和城镇居民基本医疗保险参保率均达98%以上。完善社会救助机制,发放救助资金150余万元,救助5 000余人次。为40户残疾人家庭进行无障碍设施改造,扶持20户残疾人家庭发展种养殖业。加快保障性住房建设,完成C级危房改造72户。

坚持公共服务和社会管理配套设施与新型社区、场镇同步规划、同步建设,实现场镇"1+27"、新型社区"1+21"标准配置。拦冲便民服务中心、先锋新型社区便民服务中心和先锋新型社区居家养老服务中心建成并交付使用。完成中心敬老院迁建选址工作。

设立社区教育工作站,整合教育、司法等力量,开展群众健康、技能、法律等知识的教育和培训。组建文艺队伍和志愿服务队伍22支,组织开展文体和志愿服务活动123次。福洪中学综合楼、学生宿舍扩建工程完成主体建设。2014年中考40人上国家级示范高中录取线,优生率名列全区前茅。完成福洪卫生院医技综合楼改扩建工程。设立食品药品监督管理所,建立网格化管理机制,规范辖区管理工作。

【招商引资】 2014年,引进社会资金1.5亿元,启动青南大道沿线家庭农庄建设项目6个,发展一三互动特色产业,打造都市现代农业示范带。到2014年,全镇共流转农用地3.2万亩。引进、培育成都红福杏食品有限公司、东方工艺美术厂、锦宏工艺品厂等符合产业定位的小微企业,实现农村劳动力就近转移就业1 000人以上。

【基础设施建设】 2014年,加快产业特色街建设,启动产业特色街道路规划设计。青南大道建成通车,大件路东绕线正在加快建设。投资843万元,完成场镇过境道路、先锋村新型社区外联道路和福洪杏标准化种植基地道路共5.2千米。投资1 050万元建设优质杏园区道路、杏花路6千米,新建组道6.3千米。开通至青白江的7路公交车,方便群众出行。完成云石路福洪场镇段景观打造、新场镇日处理2 000吨污水处理厂、产业特色街道路和玫瑰湖等项目的规划设计。

【新农村建设】 2014年,全镇实施5个村土地综合整治,建成4个农村新型社区,场镇建成区面积1.1平方千米,居住人口1.1万人。初步建成万亩杏林、千亩玫瑰和民主字库社区、先锋新型社区现代花园式新场镇。按照"业兴、家富、人和、村美"的幸福美丽新村建设目标,完成先锋"小规模、组团式、生态化"新农村综合体建设和先锋、黄家林盘整治,启动先锋村、杏花村幸福美丽新村规划设计。成立民主字库村、先锋村社区管委会,采取服务外包方式,引入四川鑫鹏物业管理有限公司,专业管护新场镇区域卫生保洁、治安巡逻和设施维修。

【乡村旅游】 举办2014年"四川花卉(果类)生态旅游节暨青白江区第七届杏花(果)生态旅游节"和"四川果王子"评选活动,累计接待游客200余万人次,旅游及果品收入9 800余万元。完善杏花景区、场镇玫瑰产业、生态农庄(农场)的基础设施,推进天府庄园、天和四季等乡村旅游龙头项目建设,做靓乡村旅游品牌。引入社会资金3 000万元,建成西南地区最大的房车营地,投资48万元完成景区停车场道路改建工程,客家杏花村3A级景区复检通过专家评审。

(供稿人:彭明芳)

人和乡

【概况】 人和乡位于龙泉山脉中段,青白江区最南端,距成都市区35千米、青白江城区32千米,面积60.1平方千米,其中耕地面积1.76万亩。辖11个行政村,167个村民小组。总人口1.7万人,其中农业人口1.6万。2014年,地区生产总值2.8亿元,增长16%。全口径财政收入1 873.7万元,其中地方财政收入1 133.69万元,同比增长383.57%。农民人均纯收入13 406元,增长11.7%。农业总产值2.01亿元,农业增加值1.25亿元。工业总产值2 440万元,工业增加值1 854万元。

人和乡先后被评为全国环境优美乡镇、省、市城乡环境综合整治“五十百千”示范乡镇、市“魅力乡镇”、“平安乡镇” 和全市首批小城镇建设特色镇，是“四川省山地自行车训练基地”。2010—2012 年连续三年承办全国山地自行车冠军赛，2013 年 5 月成功协办亚洲第十九届山地自行车锦标赛等四项体育赛事。2014 年先后举办第五届樱桃采摘活动和第六届油桃采摘活动。境内植被茂盛、空气清新，有 69 处特色文化古迹，林草覆盖率达 80%以上，被称为“天然氧吧”。

3 月 18 日，区委副书记、区长刘筱柳率队到人和乡开展走基层调研活动

【农业】 人和乡属纯农业山区乡镇，2014 年小春农作物播种面积 1.82 万亩，其中粮食作物面积 1.27 万亩，产量 2 128 吨；大春农作物播种面积为 28 341 亩，其中粮食作物面积 2.03 万亩，产量为 4451 吨；全乡共有畜禽规模化监测户 3 户，其中畜禽监测达到规模化的有 2 家，小家禽规模养殖 1 户，散养户监测涉及两个村 57 户，肉类产量达 2 326 吨。

【社会事业】 实施就业优先战略，培训各类劳动力 410 人，农村富余劳动力向非农产业转移新增就业 380 人，动态消除“零就业”家庭。全面推进“全民社保工程”，城乡居民养老保险参保人数 1.27 万人，参保率 98%，城乡居民基本医疗保险参保人数 1.35 万人，参保率 98.4%。成立食品药品监督管理所和环境保护办公室。加大困难群众帮扶力度，开展优化低保办理流程试点，发放低保金 162.28 万元，发放医疗救助、临时救助等各类帮扶救助资金 23.43 万元，受助 2 500 人。开展已婚育龄妇女免费生殖健康普查 3 758 人次，资助家庭困难学生 1.48 万元。完成农村地质灾害搬迁 71 户、C 级危房改造 128 户、D 级危房改造 63 户。在三元村新建 1 个城乡日间照料中心，申报新民村市级卫生站创建和金星村省级卫生站创建。

开展文化惠民活动，全面落实“村村响、户户通”、农村公益电影放映点等工程。举办百村文艺汇演、农民趣味运动会等活动 11 场次，参加群众 3 000 人次。推进基层文化“3151”工程，加强连箫、老年舞、快板等 15 支特色文艺队伍建设，改编创作的《谁是最可敬的人》等作品在全区交流汇演 5 次。规范农家书屋管理，坚持全天候对外开放，阅读达 6 000 余人次。

推行网格化管理，划分 25 个网格，组建 25 人的网格员队伍。深入开展“法治大讲堂”、“法律七进”等普法活动。加大特殊人群的管控力度，建成规范化乡法律援助工作站和视频接访室。在三元村建立以调解员个人命名的“益辉和顺调解工作室”，开展平安示范村创建工作，车站村和三元村分别通过市、区两级验收。组织开展防灾救灾大演练，加强交通、食品卫生等七大类安全监管，全年无安全责任事故发生。信访接待 20 件，刑事案件 8 件，分别同比下降 16%和 25%。

加快推进农民集中居住区建设，9 月 28 日启动车站村新型社区建设，投资 2.4 亿元预计可集中安置车站村、黎明村共 924 户 2 472 人，第二绕城高速路拆迁安置房已完成主体工程施工，可安置拆迁户 120 户 318 人。按照“业兴、家富、人和、村美”和“小规模、组团式、生态化”要求，启动三元幸福美丽新村建设，完成《三元村山地运动产业发展规划》编制。

【特色产业】 扩大伏季水果、特色蔬菜、生态养殖三大特色产业规模，批准为全市伏季水果高产高效示范基地。新增油桃种植面积 1 000 余亩、核桃种植面积 500 余亩，以大头菜为主的蔬菜种植面积 1 万亩，生猪出栏 2.91 万头。车站“六和馨园”农业观光园项目完成投资 1 680 万元。完成南岳村千亩优质杏种植，发放鸡苗 2 万只。开展“生态农产品寄养扶贫”模式，联系瀚翔国际等单位寄养土鸡 5 000 余只。

成功举办第六届油桃采摘节、第五届樱桃采摘节、山地自行车嘉年华等节会活动，接待游客 15 万人次，实现旅游收入 2 000 余万元。完成景区标识标牌规范化建设，加强文物古迹保护开发，编撰三元摩崖石刻等景区文物典故3处，修建健身步道5千米。协助举办2014年青白江区登山比赛，三元村被市委宣传部和市体育局列为全市深化文化体育产业发展改革试点单位。

引进壁山村“千亩黄秋葵万羽蓝孔雀生态循环种养”等项目3个，积极洽谈油坊温泉度假、三元绿野仙踪等项目5个。与四川省老车迷自行车俱乐部签订《成都山地自行车运动休闲基地建设项目》投资协议，拟投资400余万元，建设成都周边独具特色的山地户外运动综合体及BMX小轮车训练基地。

【基础设施】 做好二绕征地拆迁及相关协调工作，整合财政扶贫资金和涉农资金376.87万元，新改建村组道路21千米；申报区级价调补贴160万元，修建南岳、东风、平桥等村组道路6.95千米，申请省发改委基础设施补贴专项资金100万元，修建黎明村条枣基地道路。配合成都二绕（青白江段）等省市重点项目建设，杏油路等骨干道路已建成通车。

新修建蓄水池22口，维修山坪塘2个，新修龙王16组人行桥一座。完成第二批3个人工湖建设前期基础工作，建成后将新增蓄水量70万余立方米。

先后铺设24.5千米的自来水主管网和天然气主管网。完成车站村、壁山村、场镇166户居民自来水改造工程，初步完成场镇、车站村、壁山村、黎明村235户居民天然气安装工程，逐步解决山区群众反映多年的“用水难”、“用气难”问题。

【依法行政】 深化法治政府建设，健全科学民主决策机制。坚持“三重一大”事项集体决策，严格执行政府采购与招投标、重大项目绩效评估、领导干部经济责任审计等制度。强化财政预算、重大建设项目批准和实施、社会公益事业建设等政府信息公开，2014年公开政务和村务信息800余条。自觉接受人大监督，办理人大代表建议和政协委员提案8件，办复率、满意率均达100%。组织乡村组三级干部法制培训1 300人次，规范行政执法行为，提升依法履职能力。

深入推进乡便民服务中心审批服务“两集中、两到位”，“一站式”办结率100%。加强乡村两级便民服务室规范化建设，认真落实服务承诺制，优化办事流程，建立规范、高效、便捷的便民服务体系。开展不定期“庸懒散浮拖”、作风纪律、工作督办等专项督查，查处工作不作为、违反机关工作纪律的行为。

严格落实中央“八项规定”和省、市、区相关规定，深入开展收受红包礼金、选人用人不正之风、滥发奖金补贴等专项整治，推动正风肃纪常态化，“四风”问题得到有效遏制，干部作风明显改善。落实党风廉政建设“两个责任”，健全惩治和预防腐败体系，聚焦人事、财经、资源“三大核心岗位”，核定权力清单，建立健全权力运行流程图。压缩“文山会海”，乡政府发文数、会议数减少15%以上。严格控制“三公”经费开支，“三公”经费支出下降23.2%。

（供稿人：邓书红）

人 物

FIGURES

先进个人

2014年青白江区获得市委、市政府以上表彰的人员

姓 名	工作单位	表彰单位	表彰时间	荣誉称号
罗顺兵	弥牟镇居民	中央文明委	2014.06	中国好人
李直蔓	区法院	最高院政治部	2014.06.11	全国司法警察枪支使用专项技能培训优秀个人
吴 峰	北大附中	教育部首都师范大学基础教育课程研究中心	2014.12.01	课题优秀教师
邹 仪	北大附中	全国教育科学“十二五”规划教育部规划课题组	2014.12.01	课题优秀教师
董 燕	川化中学	国际英语外语教师协会	2014.12.01	优秀指导教师奖(学生获国家级二等奖)
黄 敏	川化中学	国际英语外语教师协会	2014.12.01	全国高中英语竞赛指导教师奖
张雪梅	川化中学	国际英语外语教师协会	2014.12.01	全国中小学英语竞赛优秀组织奖
张雪梅	川化中学	国际英语外语教师协会	2014.12.01	优秀指导教师奖(学生获国家级一等奖)
周明新	区法院	省高院	2014.03.20	全省法院纪检监察工作先进个人
寇化勇	北大附中	省化学化工学会	2014.05.01	学生竞赛优秀指导教师
向煜暄	区法院	省高院	2014.05.09	全省法院系统第十六届学术讨论会优秀论文奖
徐和根	福洪镇人民政府	省委组织部	2014.05.30	四川省优秀乡镇党委书记
杨 琴	川化中学	省化工协会	2014.06	学生竞赛优秀指导教师
孙 鸿	区看守所	省公安厅监管总队	2014.07.04	全省优秀公安监所所长
张 雄	区看守所	省公安厅监管总队	2014.07.04	全省公安监所教育感化能手
赵 镭	区公安公局纪检组	省公安厅监管总队	2014.07.04	全省公安监管系统信息化建设先进个人
张 静	红阳派出所	省公安厅	2014.07.21	全省公安机关专业能力大比武业务能手
夏先根	福洪中学	省教育基金会	2014.09.01	四川省农村义务教育学校教师贡献奖
白美万	大弯至佳	省人社厅	2014.09.10	四川省特技教师
曾家顺	区政协办	省政协办公厅	2014.11.01	2014年度全省政协新闻宣传工作先进个人
冯文波	区政协办	省政协办公厅	2014.11.01	2014年度《四川政协报》优秀通讯员
何至纯	区法院	省高院	2014.11.03	天平奖章
何光炽	区法院	省高院	2014.11.03	天平奖章
田小松	祥福派出所	省公安厅	2014.12.10	个人二等功(在抓获网逃工作中成绩显著)

续上表

姓名	工作单位	表彰单位	表彰时间	荣誉称号
李堂顺	区民政局	省退伍军人和军队离退休干部安置领导小组	2014.12.11	四川省退役士兵安置工作先进个人
孙　鸿	区看守所	省公安厅监管总队	2014.12.16	2014年度全省优秀公安监所所长
魏　建	城厢镇人民政府	省人力资源和社会保障厅、省统计局、省人民政府第三次全国经济普查领导小组办公室	2014.12.23	四川省第三次全国经济普查先进个人
谢红梅	大弯街道党政办	省妇联合会	2014.12.25	四川省“平安家庭”创建工作先进个人
温晓君	区司法局	省妇联、省司法厅、省矛盾纠纷大调解工作领导小组	2014.12.25	四川省婚姻家庭纠纷“金牌调解员”
孙　军	区委政法委	省委政法委、省人社厅	2014.12.29	四川省党委政法委系统先进个人
陈良谷	区法院	省高院、省人社厅	2014.12.29	四川法院系统先进个人
白德全	人和学校	省教育厅	2014.12	四川省留守儿童管理学校先进个人
曾天国	区统计局	省人社厅	2014.12	四川省第三次全国经济普查先进个人
何　文	区法院	省高院机关党办	2013.12.24	2013年度《四川法院党建》宣传报道工作先进个人
陶芸辉	区法院	省高院机关党办	2013.12.24	2013年度《四川法院党建》宣传报道工作先进个人
胡德宏	蜀星中学	甘孜州委,州政府	2014.06	四川甘孜藏族自治州援藏干部先进个人
向　勇	大弯小学	甘孜州委,州政府	2014.09	甘孜州2013年年度优秀支援(援藏)教师称号
简华富	姚渡水务所	市人民政府	2014.08	2013年防洪减灾先进个人
黎元程	区城乡建设局	市人民政府	2014.09	成都市2011—2013年度爱国卫生工作先进个人
陈　泓	区广播电视台	市人民政府	2014.09	成都市2011—2013年度爱国卫生工作先进个人
夏克玖	区工商局	市人民政府	2014.09	成都市2011—2013年度爱国卫生工作先进个人
周小丽	清泉镇人民政府	成都市人民政府第三次全国经济普查领导小组办公室、成都市统计局	2014.09.01	成都市第三次全国经济普查 “最美普查员”

附　录

APPENDIX

2014年区委、区委办主要文件目录

2014年区委主要文件目录(青委发)

文号	文件标题
1	关于印发《中共成都市青白江区委2014年工作要点》的通知
2	关于贯彻落实党的十八届三中全会精神全面深化改革的意见
3	关于印发《成都市青白江区依法治区实施纲要》的通知
4	关于实行区党代表大会常任制的意见
5	关于余孝良等3名候补委员递补为委员的决定
6	关于2013年执行党风廉政建设责任制先进单位的通报
7	关于同意给予杜践民同志党纪处分的批复
8	关于同意给予刘忠余同志党纪处分的批复
9	关于表扬2013年度党管武装工作先进单位的通报
10	关于印发《成都市青白江区建立健全惩治和预防腐败体系暨建设廉洁青白江2013—2017年实施意见》的通知
11	关于深入开展党的群众路线教育实践活动的实施意见
12	关于深入推进农村改革加快实现农村全面小康的实施意见
13	关于表扬2013年度目标绩效管理工作先进单位的通报
14	关于批转《成都市青白江区人大常委会2014年工作要点》的通知
15	关于批转《区政协2014年工作要点》的通知
16	关于表扬2013年度青白江区经济发展先进企业的通报
17	关于加强和改进宣传思想工作的意见
18	关于同意给予刘云宽同志党纪处分的批复
19	关于同意给予熊剑同志党纪处分的批复
20	关于同意给予秦毅同志党纪处分的批复
21	关于同意给予刘强同志党纪处分的批复
22	关于调整区委常委部分分工的通知
23	关于进一步加强领导班子和干部队伍建设的实施意见
24	关于进一步转变作风加强和改进党的群众工作的意见
25	关于调整区委常委分工的通知
26	关于实施创新驱动发展战略加快创新型城市建设的意见
27	关于进一步加强和改进领导班子思想政治建设的意见
28	关于深入推进城市建设管理转型升级的意见
29	关于同意给予谢炬同志党纪处分的批复

续上表

文号	文　件　标　题
30	关于在党的群众路线教育实践活动中进一步加强制度建设的意见
31	关于进一步明确推进城市建设管理转型升级责任分工的通知
32	关于加强和改进新形势下信访和群众工作的实施意见
33	关于在全区深入开展“三结三帮”活动的通知
34	关于成立福洪镇党委的通知
35	印发《关于贯彻〈中共中央关于加强新形势下党外代表人士队伍建设的意见〉的实施意见》的通知
36	关于建立健全作风建设长效机制的实施意见
37	关于印发《中共成都市青白江区委关于中央第九巡视组巡视四川省情况反馈意见整改落实工作方案》的通知
38	印发《关于认真贯彻落实“三严三实”要求进一步加强党员干部教育管理监督的实施意见》的通知
39	关于调整区委党建工作领导小组人员的通知

2014 年区委办主要文件目录(青委办发)

文号	文　件　标　题
1	关于印发《2014 青白江区委经济工作暨城镇化工作会部署工作目标分解》的通知
2	关于印发《成都市青白江区依法治区 2014 年工作要点》的通知
3	关于印发《成都市青白江区高层次创新创业人才实施办法(试行)》的通知
4	关于务实节俭做好春节期间有关工作的通知
5	关于区委办公室(系统)领导分工调整的通知
6	转发《中共中央办公厅、国务院办公厅关于领导干部带头在公共场所禁烟有关事项的通知》的通知
7	关于进一步加强领导干部外出报备工作的通知
8	关于印发《成都市青白江区城乡环境综合治理工作方案(2014—2017 年)》的通知
9	关于成立成都市青白江区依法治区领导小组的通知
10	关于成立区委全面深化改革领导小组的通知
11	关于印发《2014 年区级领导调研工作计划》的通知
12	关于印发 2014 年乡镇(街道)和区级部门领导调研课题的通知
13	关于对《中共成都市青白江区委关于贯彻落实党的十八届三中全会精神,全面深化改革的意见(征求意见稿)》征求意见的通知
14	关于下达青白江区 2014 年第一批实施项目计划的通知
15	关于表扬 2013 年深化全国文明城市创建工作先进集体和先进个人的通报
16	关于印发《关于 2013 年全区执行落实中央和省、市、区改进工作作风密切联系群众规定有关情况的报告》的通知
17	关于印发《省委第五巡视组反馈意见整改责任分工方案》的通知
18	关于成立成都市青白江区全国生态文明建设试点工作领导小组的通知
19	关于印发《关于乡镇(街道)和区级部门党政领导班子及成员述责述廉的规定》的通知
20	关于印发《青白江区 2014 年贯彻执行中央八项规定反对“四风”工作要点》的通知
21	关于下达 2014 年党委信息工作目标任务的通知

续上表

文号	文件标题
22	关于认真做好《青白江年鉴(2014)》编纂工作的通知
23	关于做好2013年度党内文件清退和销毁工作的通知
24	关于调整区委人民武装委员会暨区国防动员委员会成员的通知
25	关于印发《省委和市委领导同志、区委主要领导同志批交办事项办理落实工作细则》通知
26	关于印发《成都市青白江区2014年为民办实事民生工程目标(第一批)》的通知
27	印发《关于推进网格化服务管理建设的实施方案》的通知
28	关于转发《区委宣传部2014年宣传思想工作要点》的通知
29	关于印发《区委宣传部关于区委中心组2014年度理论学习安排意见》的通知
30	关于成立成都市青白江区反恐怖工作领导小组的通知
31	关于2014年第一季度公文处理工作情况的通报
32	关于成立成都市青白江区深化农村环境综合整治加快建设幸福美丽新村推进工作领导小组的通知
33	关于印发《成都市青白江区开展全国生态文明示范工程试点工作项目规划(2014–2016年)》的通知
34	关于印发《成都市青白江区2014年党风廉政建设和反腐败工作任务分工》的通知
35	关于报送2014年上半年工作总结和下半年工作安排的通知
36	关于2014年第二季度各单位公文处理情况的通报
37	关于印发《成都市青白江区重大决策社会稳定风险评估实施意见(试行)》的通知
39	关于全力做好防汛暨地质灾害防范工作的紧急通知
40	关于印发《成都市青白江区2014年度下半年区级领导干部接访人民群众日程安排表》的通知
41	关于印发《成都市青白江区党内规范性文件备案实施办法》的通知
42	印发《关于落实党风廉政建设党委主体责任和纪委监督责任的实施意见(试行)》的通知
43	关于印发《成都市青白江区全面建立法律顾问制度实施细则》的通知
44	关于深入做好落实党风廉政建设党委主体责任和纪委监督责任有关工作的通知
45	关于调整成都市青白江区龙泉山生态旅游综合功能区领导小组组成人员的通知
46	关于建立青白江区农业项目推进工作联席会议制度的通知
47	关于调整成都市青白江区依法治区领导小组的通知
48	关于印发《青白江区学前教育提升工程实施方案(2014–2016年)》的通知
49	关于印发《成都市青白江区信访工作信息化建设方案》的通知
50	关于成立区委网络安全和信息化领导小组的通知
51	关于进一步重申值班纪律的通知
52	区委全面深化改革领导小组2014年工作要点
53	关于印发《青白江区党政机关国内公务接待管理办法》的通知
54	关于印发青白江区贯彻落实《党政机关厉行节约反对浪费》的通知
55	关于印发《关于厉行节约反对食品浪费的实施意见》的通知
56	关于印发《成都市青白江区黑臭河渠综合治理实施方案》的通知

续上表

文号	文 件 标 题
57	关于印发《关于加强和改进反腐败协调工作的意见(试行)》的通知
58	成都市青白江区党政机关办公用房维修租赁管理及公物仓管理办法(试行)
59	关于印发《公务用车定点保险、维修、加油实施办法》的通知
60	关于转发《中共四川省委办公厅、四川省人民政府办公厅关于禁止乱发钱物的通知》的通知
61	关于调整区委财经领导小组组成人员的通知
62	关于印发《区委财经领导小组工作规则》的通知
63	调整成都市青白江国土资源管理委员会成员的通知
64	印发《关于在落实“两个责任”中深化廉政风险防控工作的实施方案(试行)》的通知
65	关于调整成都市青白江区城乡规划委员会成员的通知
66	关于贯彻落实厅字〔2014〕50号文件精神严禁党政机关到风景名胜区开会的通知
67	印发《关于建立"解难题、办实事、排民忧"主题承诺活动长效机制的实施意见》的通知
68	关于印发《贯彻落实区委十届七次全会重要部署改革任务具体分工方案》的通知
69	关于印发《2014年区级领导重点调研课题》的通知
70	关于印发《青白江区出租汽车服务质量提升综合整治工作方案》通知
71	关于印发《青白江区领导包案化解重点信访事项实施办法》的通知
72	关于印发《青白江区关于培育和践行社会主义核心价值观的实施意见》的通知
73	关于成立“正风肃纪”牵头工作推进办公室的通知
74	关于印发《青白江区区级领导干部定期接待群众来访工作实施办法》的通知
75	印发《成都市青白江区党员干部直接联系群众十项制度》的通知
76	关于区社会管理综合治理委员会更名及机构人员调整的通知
77	印发《关于对成都市青白江区区管领导干部进行提醒谈话、函询和诫勉谈话的实施办法(试行)》的通知
78	关于《成都市青白江区开展乡镇(街道)党(工)委书记抓党建工作述职评议考核工作方案》的通知
79	关于调整成都市青白江区地方志编纂委员会成员的通知
80	关于印发《贯彻落实中共成都市青白江区委关于建立健全作风建设长效机制的意见责任分工方案》的通知
81	印发《贯彻落实中共成都市青白江区委关于认真贯彻落实“三严三实”要求进一步加强党员干部管理监督的实施意见责任分工方案》的通知
82	关于调整成都市青白江区流动人口服务管理工作领导小组及办公室成员的通知
83	关于调整成都市青白江区目标管理工作领导小组的通知
84	关于印发《青白江区落实党风廉政建设主体责任检查考核办法(试行)》的通知
85	关于“11·22”重大交通事故信息漏报情况的通报
86	关于印发《成都市青白江区2015年度区级领导干部接访人民群众日程安排表》的通知
87	关于印发《成都市青白江区安全生产党政同责一岗双责齐抓共管实施办法》的通知
88	关于做好2015年元旦春节期间有关工作的通知

2014 年区政府、区政府办主要文件目录

文号	文件标题
1	关于陈红蔓等同志任职的通知
2	关于任智勇等同志职务任免的通知
3	关于对 2012 年度专利成果转化优秀项目进行通报的通知
4	关于印发《成都市青白江区国家知识产权强县工程试点区工作方案》的通知
5	关于 2013 年度优秀提案和提案办理先进单位及个人的通报
6	关于 2013 年度人大代表建议办理情况的通报
7	关于印发《成都市青白江区人民政府工作规则》的通知
8	关于李强等同志职务任免的通知
9	关于对罗顺兵同志见义勇为行为给予表彰的通报
10	关于调整和划定相关区级文物保护单位保护范围和建设控制地带的通知
11	关于明确成都新开元城市建设投资有限公司企业债券偿债配套土地情况和安排的通知
12	关于做好 2014 年安全生产工作的通知
13	关于印发《成都市青白江区体育竞赛奖励办法》的通知
14	关于调整区政府领导分工的通知
15	关于唐小波等同志职务任免的通知
16	关于扩大住房保障范围提高住房保障标准的通知
17	关于李维嘉等同志职务任免的通知
18	关于免去刘忠余等同志职务的通知
19	关于进一步加强审计工作的实施意见
20	关于 2013 年度征兵工作先进乡镇(街道)的通报
21	关于免去李琦同志职务的通知
22	关于余孝良等同志职务任免的通知
23	关于印发《2014 年度服务业集聚区工作推进方案》的通知
24	关于印发《关于深化行政审批制度改革的实施方案》的通知
25	关于王雪松同志任职的通知
26	关于对陈龙飞、曾元忠、陈代兴三名同志见义勇为行为给予表彰的通报
27	关于邓刚等同志职务任免的通知
28	关于印发《成都市青白江区行政事业单位差旅费管理办法》的通知
29	关于进一步完善乡镇财政管理体制的意见
30	关于冯娅等同志任职的通知
31	关于印发《成都市青白江区突发公共事件总体应急预案(简本)》的通知
32	关于印发《成都市青白江区突发公共事件总体应急预案(2014 修订)》的通知
33	关于印发《成都市青白江区工商登记制度改革推进方案》的通知
34	关于福洪乡撤乡设镇的通知
35	关于张崇义等同志职务任免的通知
36	关于对 2013 年度专利成果转化优秀项目进行通报的通知
37	关于印发《成都市青白江区财政专项资金管理暂行办法》的通知

2014 年区政府办主要文件目录(青府办发)

文号	文件标题
1	关于区政府办公室(系统)领导分工调整的通知
2	关于调整区政府消防安全委员会成员的通知
3	青白江区2014年春运工作领导小组的通知
4	关于印发《成都市青白江区重污染天气应急预案(试行)》的通知
5	关于2013年度先进集体和先进工作者表彰的通报
6	关于做好2013年突发事件应对工作总结评估的通知
7	关于印发《成都市青白江区道路交通安全综合整治攻坚年行动方案》的通知
8	关于区政府办公室(系统)领导分工调整的通知
9	关于印发《成都市青白江区2014年主要污染物总量削减目标及工作要点》的通知
10	关于转发区粮食局《关于推进区粮食烘干中心建设的工作方案》的通知
11	关于印发《成都市青白江区2014年度地质灾害避让搬迁工程实施方案》的通知
12	关于印发《成都市青白江区危险化学品生产安全事故应急预案》的通知
13	关于印发《成都市青白江区2014年度地质灾害防治方案》的通知
14	关于成立成都市青白江区加快推进新型城镇化工作领导小组的通知
15	关于印发《成都市青白江区2014年审计工作计划》的通知
16	关于印发青白江区2014—2015年政府集中采购目录及采购限额标准的通知
17	关于印发《关于推进2014年秸秆综合利用和禁烧工作的实施意见》的通知
18	关于调整区政务公开工作领导小组成员的通知
19	关于印发《成都市青白江区行政审批事项目录》的通知
20	关于印发《成都市青白江区行政权力事项目录》的通知
21	关于表扬全区2013年消防工作先进单位和先进个人的通报
22	关于调整成都市青白江区推进依法行政工作领导小组的通知
23	关于加强“三公”经费管理的通知
24	关于印发《成都市青白江区国家创新型城市创建试点工作2014年实施计划》的通知
25	印发《关于加强园区外招商引资项目管理的实施办法》的通知
26	关于印发《2014—2017年全区统筹城乡改革发展重点工作和工作任务分解意见》的通知
27	关于印发《青白江区创建四川省结核病综合防治示范区实施方案》的通知
28	关于印发《2014年成都市青白江区首届全民健身运动会暨第四届运动会竞赛规程总则》的通知
29	关于印发成都市青白江区人民政府2014年度推进依法行政工作安排的通知
30	关于印发《成都市青白江区大气污染防治实施方案(2014—2017年)》的通知
31	关于成立正风肃纪牵头工作推进办公室的通知
32	关于成立成都市青白江区第二次全国地名普查领导小组的通知
33	关于转发《区政务中心区效能办2014年加强政务服务提升行政效能工作安排》的通知
34	关于印发《成都市青白江区重大基础设施和民生社会事业项目BT投资建设意向书》《成都市青白江区招商引资项目投资协议》基本范本的通知

续上表

文号	文件标题
35	关于成立住宅工业项目前期工作组的通知
36	关于成立青白江区人民政府毗河供水一期工程移民安置工作领导小组的通知
37	关于调整成都市青白江区重污染天气应急处置工作指挥部成员名单的通知
38	关于印发《成都市青白江区畜禽养殖污染专项治理工作方案》的通知
39	关于印发《成都市青白江区关于进一步完善城乡困难群众临时救助实施办法》的通知
40	转发区发改局《关于我区 2014 年上半年经济运行情况的分析报告》的通知
41	关于印发《成都市青白江区整治违法排污企业保障群众健康环保专项行动 2014 年工作方案》的通知
42	关于印发《青白江区加强大气污染防治工作 2014 年度实施细则》的通知
43	关于印发《成都市青白江区公益性人工湖管理办法》的通知
44	关于追加 2013 年农村危房改造目标任务的通知
45	关于调整畜禽养殖污染专项治理工作任务的通知
46	关于区政府办公室(系统)领导分工调整的通知
47	关于印发《成都市青白江区消防工作考核办法》的通知
48	关于进一步做好政府信息公开工作的意见
49	关于成立成都市青白江区饮用水源保护工作领导小组的通知
50	关于成立成都市青白江区大气污染防治工作领导小组的通知
51	关于下达 2014 年度政务信息工作目标任务的通知
52	关于道路桥梁命名的通知
53	关于印发《行政规范性文件清理结果目录》的通知
54	关于成立青白江区贯彻实施《成都市非机动车管理条例》工作领导小组的通知
55	关于印发《毗河供水一期工程征地补偿安置和工程施工工作方案》的通知
56	关于 2014 年成都市青白江区首届全民健身运动会暨第四届运动会工作情况的通报
57	关于贯彻实施《成都市规范行政执法自由裁量权实施办法》的通知
58	关于印发《成都市青白江区区级公共资源交易目录(2014 版)》的通知
59	关于转发区发改局《关于成都市青白江区国民经济和社会发展第十三个五年规划编制工作方案》的通知
60	关于印发《成都市青白江区食品安全事故应急预案》的通知
61	关于开展地方政府存量债务纳入预算管理清理甄别工作的通知
62	关于转发《四川省人民政府关于支持个体工商户转型升级为企业的意见》的通知
63	关于印发《成都市青白江区高污染燃料禁燃区管理办法》的通知
64	关于印发《成都市青白江区科技创新(知识产权)工作站建设实施方案》的通知
65	转发市政府《关于公布实施成都市征地统一年产值标准的通知》的通知
66	关于印发《成都市青白江区区级公立医院综合改革试点方案》的通知
67	关于印发《青白江区医疗纠纷预防与处置工作实施方案》的通知
68	关于开展全区流转农用地违法(违规)建设驾校教练场整治工作的方案
69	关于进一步加大攻坚力度确保完成“十二五”节能减排降碳目标的通知
70	关于印发《成都市青白江区烟花爆竹燃放安全管理规定》的通知

区级部门领导干部名单

（截至 2014.12）

部门	姓名	性别	现任职务
区委办	廖平凡	男	主任
	李为淮	男	纪检组长（正处级）
	沈　民	男	副主任，区委统筹委主任
	嘉　勇	男	副主任，区保密局局长（正处级）
	刘　莉	女	副主任、区委目督办主任
	何正海	男	副主任，常委办主任，区委政研室副主任（主持工作）
	刘兴利	女	副调研员
区委目督办	刘　莉	女	主任，区委办副主任
	杨跃国	女	副主任，区政府办党组成员，区政府目督办主任
区委政研室	何正海	男	副主任（主持工作），区委办副主任，常委办主任
	宋云骏	男	副主任
	蹇志刚	男	调研员
区委常委办	何正海	男	主任，区委办副主任，区委政研室副主任（主持工作）
区委机要局	吴志强	男	局长（区密码管理局局长、区电子政务内网建设管理办公室主任）
区人大机关	杨国益	男	区人大党组成员、办公室主任
	向万友	男	办公室副主任，研究室主任
	刘代彬	男	办公室副主任
	李　健	女	办公室副主任
	樊发强	男	办公室纪检组长
	卿晓静	女	内务司法工委主任
	张　静	女	内务司法工委副主任
	林芳莲	女	财经工委主任
	李锡文	男	财经工委副主任（正处级）
	张训富	男	教科文卫工委主任
	唐永芳	女	教科文卫工委副主任（正处级）
	段丽华	女	信访办主任
	熊　丽	女	代联工委主任
	王隆远	男	代联工委副主任（正处级）
	肖德平	男	机关党委书记（正处级）
	牟建平	男	财经工委调研员
	李祥玉	男	教科文卫工委调研员
	黄　兵	男	代联工委副调研员
	宋鲜甲	男	人大办副调研员

续上表

部门	姓名	性别	现任职务
区政府办	邓　刚	男	政府党组成员，政府办党组书记、主任，区政府法制办主任
	沈跃芬	女	党组副书记、副主任（正处级）
	徐　骏	男	党组成员、副主任，区信访和群众工作局局长
	胡　波	男	党组成员、副主任（正处级）
	陈　凌	男	党组成员、副主任（正处级）
	邓斗星	男	党组成员、副主任
	何正海	男	党组成员、副主任
	刘　之	男	党组成员、政府办（法制办）纪检组长
	唐　琪	女	党组成员、区政府外事办主任
	杨跃国	女	党组成员，区政府目督办主任，区委目督办副主任
	李生林	男	党组成员、区政府金融办主任
	张义造	男	党组成员、区政府法制办副主任（正处级）
	张建华	男	调研员
	江妮亚	女	副调研员
	李　丽	女	副调研员
区政府目督办	杨跃国	女	主任，区政府办党组成员，区委目督办副主任
	李显荣	男	副主任
区政府金融办	李生林	男	主任，区政府办党组成员
	杨福全	男	副主任
区政府法制办	邓　刚	男	主任，区政府党组成员，区政府办党组书记、主任
	张义造	男	副主任，区政府办党组成员（正处级）
区政府外事办	唐　琪	女	主任，区政府办党组成员
	陈竹江	女	副主任
区政协机关	龙慧君	男	区政协党组成员、秘书长
	李　祥	男	区政协党组成员、办公室主任
	余　江	男	办公室纪检组长（正处级）
	魏光永	男	办公室副主任（正处级）
	曾家顺	男	办公室副主任、研究室主任
	包世忠	男	提案委主任
	于　磊	男	提案委副主任
	周德昌	男	经济和人口资源环境委主任
	谢瑞前	男	经济和人口资源环境委副主任（正处级）
	胡荣才	男	科教文卫体委主任
	付　彬	男	科教文卫体委副主任（正处级）
	夏昌菊	女	科教文卫体委副主任（正处级）
	邓　竣	男	法制群团社会联谊和民族宗教委主任

续上表

部门	姓名	性别	现任职务
区政协机关	鞠天明	男	法制群团社会联谊和民族宗教委副主任(正处级)
	邹 玲	女	法制群团社会联谊和民族宗教委副主任
	丁宪军	男	学习文史委主任
	任莉莉	女	学习文史委副主任(正处级)
	王德武	男	学习文史委副主任(正处级)
	阙永德	男	农业和城乡建设委主任
	陈先铧	男	农业和城乡建设委副主任(正处级)
	刘国平	男	农业和城乡建设委副主任(正处级)
	张 松	男	机关党委书记
	吴忠良	男	办公室调研员
	李 群	女	提案委调研员
	党 云	男	科教文卫体委调研员
	何显全	男	政协办调研员
	常 辉	男	法制群团社会联谊和民族宗教委调研员
	冯莲英	女	法制群团和民族宗教委调研员
	王治才	男	经济和人口资源环境委调研员
	余孝良	男	农业和城乡建设委正处级干部，区国有资产投资经营有限公司董事长(挂职锻炼)
区纪委(监察局)	刘文道	男	区委常委、纪委书记
	吴 陈	男	区纪委副书记、监察局长
	罗永洪	男	区纪委常委、正局级纪检员、监察员，干部管理室主任
	刘 灼	男	区纪委常委、监察局副局长
	康志敏	女	区纪委常委、办公室主任
	魏 祺	男	区纪委常委
	陈一维	女	区纪委案件监督管理室主任
	王 真	男	区纪委行政效能监察室主任
区法院	黄勇智	男	党组书记、院长
	卿立中	男	党组成员、副院长(正处级)
	徐成国	男	党组成员、副院长(正处级)
	张 燕	女	党组成员、副院长(正处级)
	陈崇宽	男	党组成员、执行局局长(正处级)
	雷 震	男	党组成员、纪检组长，正局级审判员
	何 文	男	党组成员、政治处主任，正局级审判员
	何志纯	女	正局级审判员
	何光炽	男	正局级审判员，民三庭庭长
	侯正清	男	调研员
	余兴茂	男	正局级审判员，司法警察大队大队长

续上表

部　门	姓　名	性　别	现　任　职　务
区法院	任万伦	男	副局级审判员，办公室副主任
	曾启俊	男	副局级审判员
	洪正余	男	副局级审判员
	雷恩仲	男	副局级审判员，副庭长
	肖　平	女	副局级审判员，民事二庭副庭长
	邹晓棠	女	副局级审判员，办公室副主任
	何兴强	男	副局级审判员，立案庭副庭长
	张　晖	女	副局级审判员，民一庭副庭长
	曾顺勇	男	副局级审判员，民二庭副庭长
	秦际友	男	副局级审判员，行政庭副庭长
	周明新	男	副局级审判员
	付　军	男	副局级审判员
	张德荣	男	副局级审判员
	刘云书	男	副局级审判员
	肖　敏	女	副局级审判员，城厢法庭副庭长
	侯咏梅	女	副局级审判员，研究室主任
	黄　剑	男	副局级审判员，执行庭副庭长、执行二科科长
	刘美华	女	副局级审判员，立案庭副庭长
	黄光伟	男	副局级审判员，执行庭副庭长、执行一科科长
	刘红斌	女	副局级审判员
	官琼芳	女	副局级审判员
	张　军	男	副局级审判员
	万庆文	男	副局级审判员
	王慕蓉	女	副局级审判员
区检察院	何文全	男	党组书记、检察长
	刘建强	男	党组副书记、副检察长(正处级)
	刘　竹	女	党组成员、副检察长(正处级)
	王兴禄	男	党组成员、副检察长
	邱友明	男	党组成员(正处级)
	柴　伟	女	党组成员、纪检组长
	戚玉静	女	党组成员、政治处主任
	徐　勇	男	党组成员、反贪局局长
	向明智	男	专职检委会委员
	文　涛	女	专职检委会委员
	蓝履江	男	正局级检察员
	姚　敏	女	正局级检察员

续上表

部门	姓名	性别	现任职务
区检察院	余文丽	女	副局级检察员
	袁长安	男	副局级检察员
	郭燕秋	女	副局级检察员
	岳国斌	男	副局级检察员
	赵 杰	男	副调研员
	王国水	男	副调研员
	樊 敏	女	副局级检察员
	胡渠凡	女	副局级检察员
	周筱萍	女	副局级检察员
	潘小兰	女	副局级检察员
	陶 庆	男	副局级检察员
区委组织部	钟 毅	男	区委常委、区委组织部部长、区委党校校长、区总工会主席
	江 静	女	常务副部长
	杨明均	男	副部长，区人社局党组书记、局长，区公务员局局长
	张锡君	男	副部长，区委老干局局长
区委老干局	张锡君	男	局长，区委组织部副部长
	徐胜利	男	调研员
	王瑛琪	女	副局长
区委宣传部	向 进	男	区委常委、区委宣传部部长
	鲁 楠	男	常务副部长，新闻中心主任、电视台台长、《新青白江》总编
	秦鸿美	女	区委宣传部副部长（正处级），区网信办主任
	邓 梅	女	宣传部（文明办）纪检组长
	侯利俊	男	调研员
	唐丽霞	女	调研员
区新闻中心	鲁 楠	男	常务副部长，新闻中心主任、电视台台长、《新青白江》总编
	罗隆富	男	副主任（正处级）
	兰 勇	男	副主任
	刘 勇	男	纪检组长
	陈定勇	男	副主任
	张 勋	男	调研员
区委统战部	欧泽春	男	区委常委、区委统战部部长
	熊 勇	男	常务副部长
	江一平	男	副部长（正处级），区工商联党组书记、第一副主席，民间商会副会长
	胡祥坤	男	副部长，区民宗局局长
	张 蓉	女	统战部（民宗局）纪检组长
	刘 毅	男	调研员
	陈 雪	男	副调研员

续上表

部　门	姓　名	性　别	现　任　职　务
区民宗局	胡祥坤	男	局长，区委统战部副部长
	罗海涛	男	副局长
区委政法委	范　维	男	区委常委、政法委书记
	贾夏申	男	常务副书记、区综治办主任、区社建办主任
	姚建平	男	副书记，区维稳办主任，区公安分局党委委员、副局长
	蒲德勇	男	副书记，区委防邪办主任
	涂仕彦	男	政治处主任
	张义东	男	区委政法委、区综治办（社建办）、区维稳办纪检组长
	刘杭蓉	女	副调研员
	周正富	男	副调研员
	蒋家志	男	副调研员
区维稳办	姚建平	男	主任，区委政法委副书记，区公安分局党委委员、副局长
	陈禄春	男	副主任（正处级）
区综治办（区社建办）	贾夏申	男	主任，区委政法委常务副书记
	徐渝强	男	副主任
	祝　红	女	副主任
区委统筹委	沈　民	男	主任，区委办副主任
	吴德祥	男	副主任（正处级）
	肖渝卫	男	副主任
	刘　然	女	副主任，市委编办综合处副处长（挂职锻炼）
	钟志勇	男	副主任
	何兆金	男	纪检组长
区直机关工委	夏　丽	女	书记、区新经济社会组织党工委书记
	李　桃	女	副书记、纪工委书记（正处级）
	王凤茹	女	调研员
区委台侨办	罗　斌	男	主任
	孟凡忠	男	副主任
区委防邪办	蒲德勇	男	主任，区委政法委副书记
	谢瑞云	男	副主任
	江　林	男	副调研员
	胡　燕	女	副调研员
区委党史室	赵　敏	男	主任（试用期 1 年）
	陈兴全	男	纪检组长
区文明办	张茂萍	女	主任
	陈小海	男	副主任（试用期 1 年）
	刘永学	男	副调研员

续上表

部　门	姓　名	性　别	现　任　职　务
区委党校（行政学校）	王志刚	男	区委常委、区政府党组副书记、常务副区长，区行政学校校长
	钟　毅	男	区委常委、区委组织部部长，区委党校校长，区总工会主席
	卢年富	男	常务副校长
	胡　平	女	党校（行政学校）纪检组长
区信访和群众工作局	徐　骏	男	局长，区政府办党组成员、副主任
	严三惠	女	副局长
	周代军	男	副局长
	邓华南	女	纪检组长
	李　林	男	副调研员
区委编办	吴三洪	男	主任
	陈　莉	女	副主任
	李　斌	男	纪检组长
	蔡长泽	女	副调研员
区工业区（成都北新经济开发区）	高　侨	男	党工委书记、管委会主任
	曾宗俊	男	党工委副书记、纪工委书记（正处级）
	朱和金	男	党工委副书记，区经信局党组书记、局长
	李忠文	男	党工委委员、管委会副主任，成都集装箱物流投资开发有限公司总经理（挂职锻炼）
	黄永忠	男	党工委委员、管委会副主任
	岳晓东	男	党工委委员、管委会副主任
	冯　娅	女	党工委委员，管委会副主任(挂职锻炼)，区旅发局党组成员，区龙管委副主任
	向继轩	男	调研员
	刘　强	男	副调研员
	沈耀德	男	副调研员
	王小彬	男	副处级干部
区物商园区	任智勇	男	区物商园区党工委书记、区物商委主任、区物流办主任
	胡洪林	男	党工委委员、管委会副主任（正处级）
	陈道维	男	党工委委员、管委会副主任
	杜文钲	男	党工委委员、管委会副主任，市国土局规划处副处长（挂职锻炼）
	徐　敏	女	管委会副主任
	邹海英	女	党工委委员、组织员（试用期 1 年）
	李占彪	男	党工委委员、管委会副主任（挂职锻炼），区凤凰湖国际生态湿地旅游度假区党工委委员、管委会副主任
	邱锦美	女	党工委委员，管委会副主任（挂职锻炼），区政府办信息科科长
	高　跃	男	管委会调研员
	王友成	男	管委会调研员
区凤凰湖管委会	杨　波	男	党工委副书记、管委会主任，区城乡建设局党组书记、局长，区人防办主任
	李　凤	女	党工委副书记、纪工委书记（正处级）

续上表

部门	姓名	性别	现任职务
区凤凰湖管委会	曾青松	男	党工委委员、管委会副主任
	李占彪	男	党工委委员、管委会副主任，成都国际集装箱物流园区（成都市青白江现代物流与商贸园区）党工委委员，管委会副主任（挂职锻炼）
区粮食园区	姚元全	男	区政协党组成员、副主席，区粮食园区党工委书记
	许建勋	男	党工委副书记、管委会主任
	谭先锋	男	党工委副书记，纪工委书记（正处级）
	林　勇	男	党工委委员、管委会副主任
	王乐桂	男	党工委委员、管委会副主任
区发改局	任立新	男	党组书记、局长
	宁友明	男	党组副书记、调研员
	周国龙	男	党组成员，区粮食局党组书记、局长
	陈晓曦	男	党组成员、纪检组长（正处级）
	杨　华	女	党组成员、副局长
	贺春霓	女	党组成员、副局长，市发改委投资处副处长（挂职锻炼）
	许必水	男	党组成员、副局长
	廖　斌	男	党组成员、副局长，城厢街道党工委委员、办事处副主任（挂职锻炼）
	石光明	男	调研员
	魏青文	男	调研员
区经济和信息化局	朱和金	男	党组书记、局长，区工业区（成都北新经济开发区）党工委委员、副书记
	陈家义	男	党组副书记、副局长
	程　森	男	党组成员、纪检组长（正处级）
	景　勇	男	党组成员、副局长
	吴海青	男	党组成员、副局长
	冯海晏	男	党组成员、副局长，市科技局高新技术发展及产业化处副处长（挂职锻炼）
	胥荣鑫	男	调研员
	廖　燕	女	副调研员
	史　剑	男	副调研员
区教育局	何　丽	女	党组书记、局长
	米正良	男	党组副书记、纪检组长（正处级）
	郭万俊	男	党组副书记、副局长
	胡益军	男	副局长（挂职锻炼）
	赵泽高	男	党组成员、大弯中学校长
	彭传章	男	党组成员、前进职高校长
	王晓斌	男	党组成员、研培中心主任
	杨忠稷	男	副调研员
区科技局	刘　越	女	党组书记、局长，知识产权局局长，科协主席
	吴文斌	男	党组成员、科技（知识产权局）纪检组长

续上表

部　门	姓　名	性　别	现　任　职　务
区科技局	游志勇	男	党组成员、副局长
	胡　军	男	党组成员、科协副主席(正处级)
	曾　勇	男	调研员
	周　刚	男	副调研员
区科协	刘　越	女	主席,区科技局党组书记、局长,知识产权局局长
	胡　军	男	副主席,区科技局党组成员(正处级)
区民政局	包世美	女	党组书记、局长
	李龙荣	男	党组副书记、纪检组长(正处级)
	唐已文	男	党组成员、副局长
	周　瑛	女	党组成员、副局长
	李明亮	男	副调研员
区司法局	陈　川	男	党组书记、局长
	胥雪龙	男	党组成员、副局长
	温晓君	女	党组成员、纪检组长
	黄　进	男	党组成员、副局长
	陈良生	男	党组成员(正科级)
	徐声明	男	调研员
	于　健	男	调研员
区财政局	徐　杨	女	党组书记,局长
	王学才	男	党组副书记、纪检组长(正处级)
	易晓梅	女	党组副书记、副局长
	陈家刚	男	党组成员、副局长
	郭　南	女	党组成员、国有资产管理局局长
	周述勇	男	调研员
	赖建能	男	正处级干部
	蔡显军	男	副调研员
区人力资源和社会保障局	杨明均	男	党组书记、局长,区公务员局局长,区委组织部副部长
	陈智彬	男	党组成员、副局长(正处级)
	黎雪梅	女	党组成员、纪检组长
	程德洪	男	党组成员、副局长,区医保局局长
	周　娟	女	党组成员、副局长
	张韩英	女	党组成员、区就业局局长
	陈　静	女	党组成员,区社保局局长
	杨红梅	女	党组成员,区劳动人事争议仲裁院院长
	谷　雨	男	党组成员、副局长(挂职锻炼)
	吴定聪	女	调研员

续上表

部门	姓名	性别	现任职务
区人力资源和社会保障局	肖龙才	男	副调研员
	汪　勇	男	副调研员
	吴星杰	男	副调研员
	刘友萍	女	副调研员
区城乡建设局	杨　波	男	党组书记、局长，区人防办主任，区凤凰湖党工委副书记、管委会主任
	曾兴贵	男	党组成员、调研员
	龙海涛	女	党组成员、区城乡建设局(人防办)纪检组长
	杨　艺	女	副局长
	莫　珂	男	党组成员、总工程师
	李大寨	男	正处级干部
	沈　强	男	副调研员
	贾国江	男	副调研员
	李佑霞	女	副调研员
区城乡规划局	周长远	男	党组书记、局长
	吴　熙	男	党组成员、副局长(正处级)
	张晓清	女	党组成员、副局长
	周素萍	女	党组成员、纪检组长
	赵旭才	男	副调研员
区交通局	刘　跃	男	党组书记、局长
	夏　琳	男	党组成员、纪检组长(正处级)
	陈天万	男	党组成员、副局长(正处级)
	洪　流	男	党组成员、副局长(正处级)
	陈莉让	女	副局长
	杨　军	男	党组成员、局长助理(挂职锻炼)
	李道金	男	调研员
区水务局	邱方林	男	党组书记、局长
	王　伟	男	党组副书记、副局长
	唐德裕	男	党组成员、副局长
	辜继松	男	党组成员(保持原待遇不变)
	袁学全	男	党组成员、纪检组长
	向盛茂	男	调研员
	邝光全	男	副调研员
	张义柱	男	副调研员
区农发局	关先伦	男	党组书记、局长，区林业局局长、区农管委主任
	赖世久	男	党组成员、调研员
	张　林	男	党组成员，区农发局(林业局)纪检组长

续上表

部　　门	姓　名	性　别	现　　任　　职　　务
区农发局	刘洪文	男	党组成员，区农管委副主任
	白　莹	女	党组成员、副局长
	张崇义	男	党组成员、副局长
	李华琼	女	党组成员，区农管委副主任
	黄　缨	女	党组成员、副局长
	张尚杰	男	调研员
	陈传明	男	调研员
	邝宣忠	男	调研员
	魏正升	男	副调研员
	欧阳海	男	副调研员
	雷兴发	男	副调研员
	牟志伟	男	副调研员
	李明金	男	副调研员
区农管委	关先伦	男	主任，区农发局党组书记、局长，区林业局局长
	刘洪文	男	副主任，区农发局党组成员
	李华琼	女	副主任，区农发局党组成员
区商务局(投促局)	庞红英	女	党组书记，局长，区投促局局长
	陈　伟	男	党组成员、副局长，区投促局副局长，市商务局流通产业处副处长(挂职锻炼)
	胡云辉	男	党组成员、副局长，区投促局副局长
	赵　毅	男	党组成员，区商务局(投促局)纪检组长
	陈　颖	女	党组成员、副局长，区投促局副局长
	严乐云	男	调研员
	陈道蜀	男	调研员
区文体广新局	李华蓉	女	党组书记、局长
	黄　春	男	党组副书记、副局长(正处级)
	沈　梁	男	党组成员、调研员
	曾治凤	女	党组成员、纪检组长
	孔祥惠	女	党组成员、副局长
	龚　剑	女	副局长
	余　霁	女	党组成员，区文化市场综合执法大队大队长
	程福中	男	调研员
	罗　骥	男	调研员
	张　勇	男	调研员
	杨晓明	男	调研员
	邓　高	男	副调研员

续上表

部门	姓名	性别	现任职务
区卫生局	黄　莉	女	党组书记、局长
	白小成	男	党组副书记、副局长
	曾红英	女	党组成员、纪检组长
	何恒光	男	党组成员、副局长
	康　辉	男	党组成员、副局长
	石红樱	男	爱卫办主任
	李显东	男	调研员
	韦运富	男	副调研员
区人口计生局	黄　琼	女	党组书记、局长
	周国鑫	男	党组成员、副局长
	王学芬	女	党组成员、副局长
	钟盛全	男	调研员
	陈　艳	女	调研员
	吕　鸣	男	调研员
	刘友萍	女	调研员
区审计局	何法泰	男	党组书记、局长
	叶　重	男	党组成员、副局长(正处级)
	古百燕	女	党组成员、副局长
	邓雪梅	女	党组成员、纪检组长
	潘　骏	男	党组成员、总审计师
	魏国强	男	副调研员
区环保局	周宁川	男	党组书记、局长
	庄永清	女	党组副书记、副局长
	葛　磊	男	党组成员、纪检组长
	包成俊	男	党组成员、副局长
	朱　莉	女	党组成员、副局长,大弯街道党工委委员、办事处副主任(挂职锻炼)
	杜　康	男	党组成员(正科级)
	彭　宇	男	副调研员
区统计局	曾雪梅	女	党组书记、局长
	刘高廷	男	党组成员、副局长(正处级)
	伍维宇	女	党组成员、纪检组长(正处级)
	肖　敏	男	党组成员、副局长
	郭光辉	男	调研员
	朱光群	女	副调研员
区食品药品监管局	陈红蔓	女	党组书记、局长
	顾　川	男	党组成员、纪检组长

续上表

部 门	姓 名	性 别	现 任 职 务
区食品药品监管局	谭 军	男	党组成员、副局长
	金玉红	女	党组成员、副局长
	唐小波	男	食品药品稽查大队大队长
	骆开东	男	副调研员
	郜 钊	男	副调研员
区旅发局	卢 燕	女	党组书记、局长,区龙管委主任
	李 领	男	党组成员、副局长
	冯 娅	女	党组成员,区龙管委副主任,区工业区(成都北新经济开发区)党工委委员,管委会副主任(挂职锻炼)
	黄居长	男	党组成员、纪检组长
	孙 燕	女	副调研员
区龙管委	卢 燕	女	主任,区旅发局党组书记、局长
	冯 娅	女	副主任,区旅发局党组成员,区工业区(成都北新经济开发区)党工委委员,管委会副主任(挂职锻炼)
区机关事务局	黎 欣	男	党组书记、局长
	邓 虹	女	党组成员、副局长
	赖鸿雁	女	党组成员、纪检组长
区公共资源交易服务中心	朱大全	男	党组书记、主任
	陈道安	男	党组成员、纪检组长
	李俊祥	男	党组副书记、副主任
	陈先云	男	党组成员、副主任
区政务中心	罗春蓉	女	党组书记、主任,区规服办主任
	曾令准	男	党组成员、纪检组长
	陈 浩	男	党组成员(正科级)
区城乡管理局	左金雨	男	党组书记、局长
	杨明清	男	党组副书记、副局长
	朱章林	男	党组成员、副局长
	王先鹏	男	党组成员、副局长
	熊 靖	女	党组成员、机关党委书记
	卿科文	男	党组成员,区数字化管理指挥中心主任
	黄付宏	男	党组成员、区园林绿化局局长
	郝明军	男	党组成员、区城乡环境综合整治监察局局长
	宋洪甲	男	党组成员、纪检组长
	江长和	男	调研员
	谢继明	男	副调研员
区房管局	唐 斌	男	党组书记、局长
	李光成	男	党组副书记、纪检组长(正处级)
	熊恒惠	女	党组成员、副局长

续上表

部门	姓名	性别	现任职务
区房管局	杜江才	男	调研员
	秦　毅	男	调研员
	杨登祥	男	副调研员
	苏国辉	男	副调研员
	王久胜	男	副处级干部
区安监局	向继续	男	党组书记、局长
	李知虎	男	党组成员、副局长(正处级)
	吴仁勇	男	党组成员、纪检组长
	陈　涛	男	党组成员、副局长
	童　芳	女	副调研员
	来登孝	男	副调研员
区粮食局	周国龙	男	党组书记、局长,区发改局党组成员
	宋文昌	男	党组成员、副局长
	罗泽建	男	副调研员
	于志文	男	副调研员
区档案局(档案馆)	傅道荣	男	党组书记、局长(档案馆馆长)
	易　静	女	党组成员、副局长(档案馆副馆长)
	闵洪涌	男	区档案局(档案馆)党组成员、纪检组长
	陈　林	男	调研员
	时东平	男	副调研员
区供销联社	夏吉才	男	党组书记、主任
	张同辉	男	党组成员、副主任(正处级)
	张云德	男	党组成员、副主任
	李焕春	男	党组成员、纪检组长
区地志办	李维嘉	男	党组书记、主任
	李　永	男	党组成员、副主任、纪检组长(正处级)
	黄先林	男	调研员
区总工会	钟　毅	男	区委常委、组织部长,区委党校校长、区总工会主席
	刘　雷	男	党组书记、常务副主席
	沈序德	男	党组成员、纪检组长
	曾　敏	女	党组成员、副主席
	王　洁	女	调研员
	周瑞荣	女	副调研员
团区委	李明蔚	男	党组书记、书记
	何　丽	女	党组成员、副书记

续上表

部　门	姓　名	性　别	现　任　职　务
区妇联	邓清玉	女	党组书记、主席
	陈　兰	女	党组副书记、副主席、纪检组长
	廖品玉	女	党组成员(正科级)
	杨成蓉	女	调研员
区工商联	江一平	男	党组书记、第一副主席,民间商会副会长,区委统战部副部长(正处级)
	邱　军	男	党组副书记、主席,民间商会会长
	熊　剑	男	党组成员、副主席
	陈小江	男	党组成员、纪检组长
	谢寿全	男	党组成员、秘书长
	钟　骏	男	调研员
	刘再锟	男	副调研员
	张　晓	男	副调研员
	张　军	男	副调研员
区残联	温佐燕	女	党组书记、副理事长
	邱　珍	女	理事长
	鄢永德	男	党组成员、纪检组长
	刘国建	男	调研员
	廖长明	男	调研员
	邓淑梅	女	调研员
	程　力	女	副调研员
区红十字会	白　涛	女	区政府党组成员、副区长,区红十字会会长
	刘盛福	男	常务副会长
	罗隆彬	女	纪检组长
	张继平	男	调研员
大弯街道	曾　科	男	党工委书记
	周大庆	男	党工委副书记、办事处主任
	彭道勇	男	党工委副书记、纪工委书记
	张晓晖	男	党工委副书记
	夏昌军	男	党工委委员、办事处副主任
	徐　徐	男	党工委委员、办事处副主任
	谢　丽	女	党工委委员、办事处副主任
	郭拥军	男	党工委委员、武装部部长
	何泽芳	男	党工委委员、组织员
	朱　莉	女	党工委委员、办事处副主任,区环保局党组成员、副局长(挂职锻炼)
	唐继灵	男	党工委委员,大弯派出所所长,副处级侦查员
	钟会萍	女	党工委委员、化工路社区党支部书记

续上表

部　门	姓　名	性　别	现　任　职　务
大弯街道	陈晓琴	女	党工委委员(挂职锻炼)
	马武英	女	正乡级待遇
	何泽良	男	副调研员
红阳街道	陈晓华	男	党工委书记
	罗　健	男	党工委副书记,办事处主任
	王学文	男	党工委副书记、纪工委书记
	万德根	男	党工委副书记
	曾　宏	男	党工委委员、办事处副主任
	付栋成	男	党工委委员、办事处副主任
	张先翠	女	党工委委员、办事处副主任
	郑庭阳	男	党工委委员、武装部部长
	曾　静	女	党工委委员、组织员
	廖志勇	男	党工委委员,红阳派出所所长,副处级侦查员
	赖德明	男	党工委委员、同井村党支部书记
	李光和	男	正乡级待遇
弥牟镇(街道)	郑厚君	女	党(工)委书记、人大主席
	鲁　涛	男	党(工)委副书记、镇长、办事处主任
	王凌蔚	男	党(工)委副书记、纪(工)委书记,镇人大副主席
	沈　伟	男	党(工)委副书记、镇(街道)武装部长
	杨武进	男	党(工)委委员、副镇长、办事处副主任
	温　茂	男	党(工)委委员、副镇长、办事处副主任
	马　蓉	女	党(工)委委员、副镇长、办事处副主任
	黎明埔	男	党(工)委委员、副镇长、办事处副主任
	钟品富	男	党(工)委委员、组织员
	张占友	男	党(工)委委员,弥牟派出所所长,副处级侦查员
	陈　力	男	党(工)委委员(挂职锻炼)
	伍永富	男	正乡级待遇
	何成辉	男	副调研员
	王崇康	男	副乡级待遇
	王树清	男	副乡级待遇
城厢镇(街道)	刘　文	男	党(工)委书记,镇人大主席
	王祥辉	男	党(工)委副书记、镇长、办事处主任
	陈兴鹏	男	党(工)委副书记、镇(街道)武装部长
	黄大文	男	党(工)委副书记、纪(工)委书记,镇人大副主席
	周　涛	男	党(工)委委员、副镇长、办事处副主任
	庄　伟	男	党(工)委委员、副镇长、办事处副主任

续上表

部　　门	姓　名	性　别	现　　任　　职　　务
城厢镇（街道）	曾　旭	男	党（工）委委员、副镇长、办事处副主任
	万　千	男	党（工）委委员、副镇长、办事处副主任
	张桂琼	女	党（工）委委员、组织员
	廖　斌	男	党（工）委委员、办事处副主任，区发改局党组成员、副局长（挂职锻炼）
	邓纪明	男	党（工）委委员，城厢派出所所长
	兰远富	男	党（工）委委员、壁峰社区党支部书记
	穆怀东	男	正乡级待遇
	吴全中	男	正乡级待遇
	胡万培	男	正乡级待遇
	彭兴培	男	副局级待遇
	刘德树	男	副调研员
	韦运培	男	副乡级待遇
清泉镇（街道）	赵　科	男	党（工）委书记，镇人大主席
	李跃兵	男	党（工）委副书记、镇长、办事处主任
	谢　珂	男	党（工）委副书记，丹巴县副县长（挂职锻炼）
	李晗辉	女	党（工）委副书记、纪（工）委书记，镇人大副主席
	高　猛	男	党（工）委委员、副镇长、办事处副主任
	曾成军	男	党（工）委委员、副镇长、办事处副主任
	邓光优	男	党（工）委委员、副镇长、办事处副主任
	周国先	男	党（工）委委员、镇（街道）武装部长
	韩　政	男	党（工）委委员、组织员
	何　超	男	党工委委员、办事处副主任（挂职锻炼）
	刘兴建	男	党（工）委委员（挂职锻炼）
	曾启强	男	党（工）委委员，清泉派出所所长
	唐贵海	男	党（工）委委员、牌坊村党支部书记
	蒋世奇	男	正乡级待遇
	邱正发	男	正乡级待遇
	丁开松	男	正乡级待遇
	张富全	男	正乡级待遇
大同镇（街道）	郑泉峰	男	党（工）委书记，镇人大主席
	刘李俊	男	党（工）委副书记、镇长、办事处主任
	陈帝伟	男	党（工）委委员、副书记
	牟桂英	女	党（工）委副书记、纪（工）委书记
	刘云宽	男	党（工）委委员、副镇长、办事处副主任
	周峰华	男	党（工）委委员、副镇长、办事处副主任
	骆文伟	男	党（工）委委员、副镇长、办事处副主任

续上表

部　门	姓　名	性　别	现　任　职　务
大同镇（街道）	阮凌智	男	党（工）委委员、镇人大副主席、镇（街道）武装部长
	李　蓉	女	党（工）委委员、组织员
	敬朝阳	男	党委委员、副镇长<挂职锻炼>
	魏云全	男	党（工）委委员，大同派出所所长
	邹世国	男	党（工）委委员、西林村村支部书记
	李　勋	男	党（工）委委员（挂职锻炼）
	蒙进斌	男	正乡级待遇
	叶长坤	男	正乡级待遇
	范康秀	女	副调研员
	郑中贵	男	副调研员
	杨登志	男	副调研员
	徐理琼	女	副局级干部
	杨孝清	女	副乡级待遇
祥福镇（街道）	汪家坤	男	党（工）委书记、镇人大主席
	张金干	男	党（工）委副书记、镇长、办事处主任
	罗元凤	女	党（工）委副书记、纪（工）委书记
	陈　智	男	党（工）委副书记
	张盛军	男	党（工）委委员、副镇长、办事处副主任
	兰　辉	男	党（工）委委员、副镇长、办事处副主任
	向华强	男	党（工）委委员、副镇长、办事处副主任
	赵　平	男	党（工）委委员、镇人大副主席、镇（街道）武装部长
	李云坤	男	党（工）委委员、组织员
	陈昱吉	男	党委委员、副镇长（挂职锻炼）
	黄　鹤	男	党（工）委委员，祥福派出所所长
	陈其发	男	党（工）委委员、太山村党支部书记
	许必宽	男	调研员
	陈昌富	男	正乡级待遇
	严　志	男	正乡级待遇
	陈良树	男	正乡级待遇
	邱琼华	女	正乡级待遇
	赖国清	男	副乡级待遇
姚渡镇（街道）	黄国平	男	党（工）委书记、镇人大主席
	李　涛	男	党（工）委副书记、镇长、办事处主任
	刘潮建	男	党（工）委副书记、镇人大副主席、镇（街道）武装部长
	廖　敏	男	党（工）委副书记、纪（工）委书记
	李　超	男	党（工）委委员、副镇长、办事处副主任

续上表

部　门	姓　名	性　别	现　任　职　务
姚渡镇（街道）	文　强	男	党（工）委委员、副镇长、办事处副主任
	谢　涛	男	党（工）委委员、副镇长、办事处副主任
	罗琛皓	男	党（工）委委员、副镇长、办事处副主任
	汪小燕	女	党（工）委委员、组织员
	包艳萍	女	党（工）委委员，姚渡派出所所长
	罗成忠	男	正乡级待遇
	徐维汉	男	正乡级待遇
	曾亨全	男	正乡级待遇
	王树明	男	副乡级待遇
龙王镇（街道）	彭　辉	男	党（工）委书记、镇人大主席
	李中志	男	党（工）委副书记、镇长、办事处主任
	刘前武	男	党（工）委副书记、纪（工）委书记
	刘　正	男	党（工）委委员、副书记
	黄雪峰	女	党（工）委委员、副镇长、办事处副主任
	赵　亮	男	党（工）委委员、副镇长、办事处副主任
	孙　杰	男	党（工）委委员、副镇长、办事处副主任
	罗鹏举	男	党（工）委委员、镇人大副主席、镇（街道）武装部长
	陈律廷	男	党（工）委委员、组织员
	陈登强	男	党委委员，龙王派出所所长
	曾更成	男	党（工）委委员、清平村党支部书记
	李星成	男	调研员
	曾太福	男	正乡级待遇
	林培金	男	正乡级待遇
	李维升	男	正乡级待遇
	刘伯明	男	正乡级待遇
	杨成光	男	正乡级待遇
	刘忠明	男	副乡级待遇
福洪镇（街道）	徐和根	男	党（工）委书记、镇人大主席
	牟　莉	女	党（工）委副书记、镇长、办事处主任
	叶家辉	男	党（工）委副书记、镇人大副主席、镇（街道）武装部长
	葛川源	男	党（工）委副书记、纪（工）委书记
	孙文敏	男	党（工）委委员、副镇长、办事处副主任
	张　建	男	党（工）委委员、副镇长、办事处副主任
	陈兴凤	女	副镇长、办事处副主任
	黄自祥	男	党（工）委委员、副镇长、办事处副主任
	宁顺东	男	党（工）委委员、福洪派出所所长，副处级侦查员

续上表

部　门	姓　名	性　别	现　任　职　务
福洪镇（街道）	彭英忠	男	党(工)委委员、民主字库社区党总支书记、民主村党支部书记
	李义海	男	正乡级待遇
	张孝云	男	正局级待遇
	唐正贵	男	副乡级待遇
人和乡（街道）	黄　镇	男	党(工)委书记、乡人大主席
	张业辉	男	党(工)委副书记、乡长、办事处副主任
	吴　炜	男	党(工)委副书记、乡人大副主席，乡(街道)武装部长
	廖　阳	男	党(工)委副书记、纪(工)委书记
	陈晓林	男	党(工)委委员、副乡长、办事处副主任
	金　龙	男	党(工)委委员、副乡长、办事处副主任
	吴巍萍	女	党(工)委委员、副乡长、办事处副主任
	瞿富云	男	党(工)委委员、副乡长、办事处副主任
	秦永川	男	党(工)委委员、组织员
	王颖斌	男	党(工)委委员，人和派出所所长
	肖渊根	男	副乡级待遇

索　引

INDEX

说　明

一、本索引采用主题分析方法，按主题词首字汉语拼音字母（同音字按声调）顺序排列。索引词条用宋体字表明。

二、本年鉴内文的特载、专文、大事记、人物、附录部类和彩插未作索引。

三、本索引内容有交叉的词条，在索引中重复出现，可通过同一词条不同页码进行检查。

A

B

C

D

E

F

G

H

J

T

W

X

Y

Z